Process and Reality
An Essay in Cosmology
(Revised Edition)

当代世界学术名著

过程与实在

宇宙论研究

（修订版）

[英] 怀特海（Alfred North Whitehead）/著
杨富斌/译

中国人民大学出版社
·北京·

“当代世界学术名著”
出版说明

中华民族历来有海纳百川的宽阔胸怀，她在创造灿烂文明的同时，不断吸纳整个人类文明的精华，滋养、壮大和发展自己。当前，全球化使得人类文明之间的相互交流和影响进一步加强，互动效应更为明显。以世界眼光和开放的视野，引介世界各国的优秀哲学社会科学的前沿成果，服务于我国的社会主义现代化建设，服务于我国的科教兴国战略，是新中国出版工作的优良传统，也是中国当代出版工作者的重要使命。

中国人民大学出版社历来注重对国外哲学社会科学成果的译介工作，所出版的“经济科学译丛”、“工商管理经典译丛”等系列译丛受到社会广泛欢迎。这些译丛侧重于西方经典性教材；同时，我们又推出了这套“当代世界学术名著”系列，旨在逐译国外当代学术名著。所谓“当代”，一般指近几十年发表的著作；所谓“名著”，是指这些著作在该领域产生巨大影响并被各类文献反复引用，成为研究者的必读著作。我们希望经过不断的筛选和积累，使这套丛书成为当代的“汉译世界学术名著丛书”，成为读书人的精神殿堂。

由于本套丛书所选著作距今时日较短，未经历史的充分淘洗，加之判断标准见仁见智，以及选择视野的局限，这项工作肯定难以尽如人意。我们期待着海内外学界积极参与推荐，并对我们的工作提出宝贵的意见和建议。我们深信，经过学界同仁和出版者的共同努力，这套丛书必将日臻完善。

中国人民大学出版社

“七张面孔的思想家”
（代译序）

一、怀特海其人

本书是英籍美国著名哲学家怀特海过程哲学的代表作。在现代西方哲学家中，阿尔弗雷德·诺思·怀特海（Alfred North Whitehead，1861—1947）可谓是个兴趣广泛、思想独特，且在多种学科中颇有建树的大师级人物。这突出地表现在，他把数学家的严密与哲学家的智慧天才地融为一体，同时又在自然科学尤其是理论物理学方面造诣颇深，有资格对爱因斯坦的相对论做出评论，甚至提出不同的见解，从而集数学家、逻辑学家、哲学家、半个科学家、科学史家、教育家和社会学家于一身，这在19世纪后半期至20世纪中叶的现代西方哲学家和思想家中是极为少见的。因此，日本怀特海研究专家田中裕教授称之为“七张面孔的思想家”——数理逻辑学家、理论物理学家、柏拉图主义者、形而上学家、过程神学的创造人、深邃的生态学家和教育家立场的文明批评家①，应当说，这个评价并不为过。

从今天的眼光看，怀特海一生尽管写了许多著作，然而毫不夸张地说，《过程与实在》是其一生哲学思想精华之集大成，是其名副其实的代表作。用当代美国著名哲学家、美国加州克莱蒙研究生大学过程研究中心（Center for Process Studies，Claremont Graduate University）创办主任小约翰·科布（John Cobb. Jr.）教授和“建设性后现代主义”概念提出者大卫·格里芬（David Griffin）教授的话说，这部著作是“最近两个世纪以来最重要的哲学著作之一”，也是“历来最为复杂并最富创见的哲学论著之一”②。

1861年2月15日，怀特海出生于英格兰的一个田园城市——肯特郡萨尼特岛上的兰姆斯格特镇。他的家族是一个教育世家，其祖父、父亲、叔伯和弟兄们都在从事教育、宗教和其他地方行政管理工作，在当地很有威望。1815年他的祖父托马斯·怀特海（Thomas Whitehead）在21岁时便担任当地一所私立学校校长。1852年，其父亲阿尔弗雷德·怀特海（Alfred Whitehead）也在他25岁的青春年华接任他祖父的职务。大约1860年，在怀特海出生前夕，其父亲被委任为英国圣公会教会的牧师，成为当地神职人员中一位很有影响的人物。在这样一个家庭氛围中长大，对怀特海毕生热衷于文化教育事业和关心人类精神生活具有深远影响。而且，通过观察他的祖父、父亲、泰特大主教和当地其他有影响的人物，他无意识地看到了英格兰的历史，加之当地那些怀有强烈对立情绪和亲密情感的绅士们的治理，这样一幅社会图景是怀特海从小对历史产生浓厚兴趣的原因之一。他在这方面受到的另一个影响，是来自于遍布这个地区的美丽的古代文化遗迹。宏伟的坎特伯雷大教堂使怀特海从小就梦怀

---

① 田中裕：《怀特海有机哲学》，包国光译，3页，石家庄，河北教育出版社，2001。

② 小约翰·科布、大卫·格里芬：《过程神学》，曲跃厚译，177页，北京，中央编译出版社，1999。

萦绕，萨尼特岛内或岛外不远的地方，英国历史留下了各种遗迹，包括罗马人修建的里奇伯勒城堡（Richborough Castle）那高大的城垣，还有撒克逊人和圣奥古斯丁登陆的埃贝斯弗利特（Ebbes Fleet）海岸，还有不远处敏斯特村的精美修道院大教堂，依然保留着罗马人石造工程的某种特色。圣奥古斯丁就是在这里作了他的第一次布道。

怀特海从10岁开始学习拉丁文，12岁开始学习希腊文，同时又十分热爱学习数学和历史等各种相关知识。他喜欢博览群书，善于和同学讨论问题。1875年，15岁的怀特海被父母送到当地一所有一千多年历史的著名中学——英格兰南端多塞特郡舍伯恩中学（该校建于公元741年）——读书。这里历史文物更加丰富。据说阿尔弗雷德大帝（Alfred the Great，849—899）曾是这所学校的学生。学校占据着隐修院的建筑，校园以现存最宏伟的那些大修道院中的一座为界，院中有撒克逊亲王们的陵墓。在这所学校里，怀特海可以使用修道院院长的书房，在那里他阅读了大量他所喜爱的书籍。怀特海和他的同学们在寺院钟声回荡的环境中学习，还有这所中学特有的鼓励学生进行学术讨论的风气，这一切都深深地影响了怀特海的一生。少年时期的这些经历对怀特海以后的学术研究具有深远影响，他的兴趣之广泛和历史知识之渊博，就连博学的著名哲学家和思想家罗素都感到十分吃惊。怀特海自己在《自述生平》中写道，他从小经历的这些环境表明，“历史传统是如何通过自然环境的直接体验代代相传继承下来的”①。

1880年，19岁的怀特海进入剑桥大学三一学院学习，专攻纯粹数学和应用数学。他自己认为，在社交能力的培养和知识的训练方面，他得益于剑桥大学，特别是三一学院。他评论说，剑桥大学的正规教学由那些具有一流素质而又风趣的教师们承担，他们出色地完成了工作。在剑桥大学学习期间，怀特海除了正常听课、听讲座等正规

---

① 怀特海：《教育的目的》，徐汝舟译，160页，北京，三联书店，2002。

学习活动以外，还特别喜欢与朋友、同学或老师不断进行交谈和讨论。这种交谈，据他自己讲，一般从傍晚六点或七点钟正餐时开始，一直持续到大约晚上十点钟。在这种交谈之后，他通常还要再钻研两三个小时的数学。尤为值得一提的是，他的朋友圈子并不以学习科目相同来划分，他们讨论的题目也是各式各样的，包括政治、宗教、哲学、文学，特别是对文学有一种偏爱。这使他阅读了大量各种各样的书籍和报纸杂志。到 1885 年他获得研究生奖学金时，已经能够背诵康德的《纯粹理性批判》的部分章节了。但是有意思的是，他很少阅读黑格尔的著作。怀特海说，他曾经试着开始读黑格尔有关数学的一些评论，但读后发现黑格尔的那些见解毫不足取。后来，他又认为自己的这些想法可能有点儿愚蠢可笑。怀特海把当时剑桥大学的这些自由交谈学习法称为"柏拉图式的对话"，把剑桥大学的教学方式称为"仿效柏拉图式的方法"。

1885 年秋天，怀特海不仅获得了三一学院研究生奖学金，而且还有幸应聘到一个教职。1890 年 12 月，他和年轻漂亮且有智慧的女子伊夫琳·韦德（Evelyn Willoughby Wade）结婚。据他自己说，他妻子对他的世界观影响很大，所以他必须提到，这种影响在他的哲学著作中是一个重要的因素。因为他一直生活在英国职业阶层生活的那种狭隘的英国式教育之中。职业阶层影响着高居他们之上的贵族，也引导着地位比他们卑微的大众，这一社会等级的盛行是 19 世纪英国取得成功与失败的原因之一。这是几乎未能载入英国历史的国民生活倒退的一个因素。而他妻子伊夫琳的背景与他则完全不同，伊夫琳具有军事和外交方面的经历，而且生活丰富多彩。这使怀特海逐步明白："道德的和美学的意义上的美，是生存的目的；善良、爱和艺术上的满足是实现它的形式。逻辑和科学揭示相关的模式，也可以避免不相关的事物。""这种世界观或多或少把通常哲学上强调的重点转向过去。它关注那种辉煌的艺术和文学的时代，认为艺术和文学最好地表现了生活的完美价值。人类成就的高峰不等待体系学说的出现，尽管体制在文明的兴起中具有十分重要的作用。它使一种稳定的社会体制逐渐成长发展起来。”①

专攻数学的怀特海，平生发表的第一部重要学术著作是数学方面的，书名叫《一般代数论》(1898 年)，因此他于 1903 年当选为英国皇家学会会员。约 30 年后 (1931 年)，他由于从 1918 年开始哲学研究而取得的成绩当选为英国科学院研究员。同年，他与已经发表了《数学原理》第一卷 (1903 年) 的伯特兰·罗素 (Bertrand Russell) 开始合作撰写有名的《数学原理》一书，用了八九年时间才得以完成。罗素起初是怀特海的学生，后来他们成为同事和朋友。像世界其他地方的人们一样，他们分享了各自的智慧。罗素是怀特海在剑桥大学时期一个极其重要的组成部分。但是他们二人后来发现，他们在哲学和社会学方面的基本观点并不相同，由于兴趣不同，他们的合作后来就自然地结束了。

1910 年他辞去了在剑桥大学担任的最后一个高级讲师职位，迁往伦敦。从 1911 年到 1914 年，怀特海在伦敦大学附属学院担任讲师。他的《数学导论》就是在那个时期完成的。从 1914 年到 1924 年，他在附属于伦敦大学的大学学院 (University College) 担任不同教职，后来又在帝国科学技术学院 (Imperial College of Science and Technology) 担任教授。在这段时间的后几年里，他担任该大学科学系系主任、教务委员会主任以及校务会成员。在长达 14 年的教学和管理工作中，处理伦敦大学各种问题的体验，改变了他对现代工业文明中高等教育的看法。那时，仍然流行对大学的作用持一种狭隘的观点。有牛津和剑桥的模式，还有德国的模式。人们对其他的模式都采取无知的蔑视态度。那些追求知识的工匠们、社会各阶层中渴求知识的活跃的青年人，以及由此而带来的各种问题——所有这一切都是当时社会文明中的一种新的因素。但是当时的英国知识界却依然沉浸于过去。而伦敦大学在当时却是各种不同类型的教育机构的联合体，其目的是解决现代生活中人们面临的这个新问题。在那里，许多商人、

① 怀特海：《教育的目的》，167 页。

律师、医生、科学家、文学家，以及行政管理部门的官员们，都把自己的全部或部分时间用来研究解决教育中出现的这个新问题，他们正在实现一种迫切需要的变革。正是这个有利于发挥个人潜能的生活环境和生活方式，这个阶段迫切需要的人们之间的爱、仁慈和鼓励，激发了怀特海的创造热情。在这期间，还由于受爱因斯坦相对论和量子力学等现代科学发现在物理学领域乃至整个自然科学领域的重大影响，他陆续撰写和发表了科学哲学领域的三部重要著作——《自然知识原理》（1919 年）、《自然的概念》（1920 年）和《相对性原理》（1922 年）。

伦敦大学时期是怀特海一生学术生涯和行政工作中最繁忙的时期。然而，作为以研究数学和逻辑成名的怀特海，却一直对哲学情有独钟，因而他在伦敦大学时期撰写了大量的哲学学术论文，并与许多哲学家和科学家建立了亲密的个人友谊。这为他后来应聘到美国哈佛大学讲授哲学奠定了基础。据资料显示，如果没有这些朋友的大力、反复推荐，哈佛大学不可能会聘任他来校作哲学讲座教授。因为当年哈佛大学哲学系主持系务工作的伍兹教授（J. H. Woods）为重振哈佛哲学系的雄风，正在广罗人才，当时很有名望的哲学家柏格森、罗素和杜威等都是他们欲延聘的对象。1920 年 3 月 10 日，当伍兹给哈佛大学校长洛威尔（Lowell）提出欲聘怀特海为教授，主讲科学哲学时，洛威尔回答说此事务须缓缓进行，尽量不要作过多的许愿。而到 1923 年，生物化学家劳伦斯·亨德森（Lawrence J. Henderson）再次向校长洛威尔提出聘用怀特海。亨德森教授曾借用柏格森的话这样评价过怀特海：他是用英语写作的最优秀的哲学家。专门讨论科学哲学问题的“罗伊斯聚餐会”团体内的人都读过并喜欢怀特海的一些著作。他们一致强烈要求，哈佛应得到这样的人才。

因此，1924 年，在怀特海 63 岁从伦敦大学教授职位退休时，怀特海意外地收到来自美国哈佛大学哲学系的邀请函，请他前去主持哲学讲座，工作年限为五年。即将赋闲在家的怀特海，便毫不犹豫地表示同意应聘。从此，掀开了他学术生涯的光辉一章，也是其一生最具创造力的乐章。他后来写道：“我无法用语言来充分表达哈佛大学校方、我的同事、学生以及我的朋友们给予我的鼓励和帮助。他们对我妻子和我关怀备至。我出版的书中疏漏和错误一定不少，这完全由我个人负责。在此我大胆引用一句适合所有哲学著作的评论：哲学试图用有限的语言表述无穷的宇宙。”①

我们知道，尽管怀特海曾经是大名鼎鼎的英国著名哲学家、文学家和数学家罗素的老师，也是慧眼识珠，教诲并提携罗素成才、成名的“伯乐”，又与罗素一起撰写了“标志着人类逻辑思维的空前进步，被称为永久性的伟大学术著作”的《数学原理》这本数学史上的大作，然而，他却没有像罗素那样在早年就红得发紫，经久不衰。与罗素形成强烈反差的是，怀特海是名副其实的“大器晚成”，尤其是在哲学研究和著述方面，直到其63岁到哈佛大学哲学系以后，他才开始系统阐发其多年来逐渐形成、多次与学生和同行讨论、久已酝酿在胸的独特哲学思想，并且似乎是一发不可收拾，不顾有些人对其讲课风格的冷嘲热讽（例如，有人听了他的过程哲学讲座后，说他是“纯粹的柏格森主义者”，这在当时的美国哲学界无异于是骂人，是对他讲课内容的全盘否定），在讲演中把其深邃的过程哲学思想娓娓道来，并在讲演之后整理成著作出版，从而使人类的哲学思想宝库中有幸多了一份难得的哲学遗产。而且，需要特别提及的是，哈佛大学当初聘任他来的目的是想请他讲授科学哲学，结果他讲授的主要是与美国哲学界占主导地位的分析哲学大相径庭的思辨形而上学。一开始听他讲课的人很多，后来越来越少，但哈佛大学一直宽容地让他讲下去。为此，世界哲学界、文化界和一切后辈学人应该感谢哈佛大学哲学系，以及哈佛大学自由宽容的学术研究氛围，否则，怀特海多年的哲学思考成果可能就失去了适当的面世场合和机遇。

在哈佛大学时期，是怀特海哲学创作最高产的时期。他的主要哲

① 怀特海：《教育的目的》，178页。

学著作大多是在这一时期完成的。先是撰写了具有重要影响的科学哲学著作《科学与近代世界》（1925 年），这是他在哈佛大学分为八次讲授的洛威尔讲座的讲义，由麦克米伦出版公司出版；继而，他利用应邀到爱丁堡大学（University of Edinburgh）主持研究自然神学的吉福德讲座（Gifford lectures，1927—1928 年），完成了这部形而上学的鸿篇巨制——《过程与实在》，1929 年由麦克米伦出版公司出版；接下来，他又把在布林·毛尔学院、哥伦比亚大学、哈佛商学院、美国哲学学会东部分会等地所作的讲演，整理为《观念的历险》一书，1933 年仍由麦克米伦出版公司出版。1934 年，他撰写的《自然与生命》一书，由芝加哥大学出版社出版，这是上一年度他在这所大学所作的讲演记录。这些讲演记录后来又收进《思想方式》（1938 年）一书中。1936 年，怀特海向阿特兰泰克月刊投稿《回忆》、《哈佛及其未来》，后来这些著述收进其《科学·哲学论集》（第三部）一书中出版。需要提及的是，在哈佛大学做教授的十多年间，由于他妻子的好客以及他本人善于与学生和朋友开展沙龙式的研讨，经常有大批学生、朋友和同事周末到他家做客，与他讨论和争论过程哲学等相关问题。据说，最多的一次参加讨论的人达到近百人。正是这些众多睿智头脑的反复碰撞，使得过程哲学的智慧火花越来越亮。

此外，顺便提一下，1932 年怀特海在《观念的历险》一书序言中，将《科学与近代世界》、《过程与实在》和《观念的历险》三本著作的内容和关系作了评价，指出“每一本著作都可以分开来读，但它们之间则是相互补充、相互生发的”。这三本著作“都力图要表达理解事物性质的某种方式，都力图要指出那种方式是如何通过对人类经验各种变化的研究从而得到阐释的”。

1937 年，怀特海从哈佛大学退休。此后，他仍然笔耕不辍直至其逝世，这十年左右的学术活动成果，均收入《科学·哲学论集》中，于 1947 年作为“纽约哲学”丛书之一公开发行。1947 年 12 月 30 日，怀特海长眠于马萨诸塞州的坎布里奇，享年 86 岁。

二、过程哲学的基本特征

在笔者看来，过程哲学有三个基本特征：

（一）过程哲学是一种不同于传统西方哲学诸流派的新哲学

首先，怀特海的过程哲学不同于传统西方哲学中的机械唯物主义或形而上学唯物主义。不管不同的形而上学唯物主义者在具体观点上有何不同，他们在世界是由物质实体构成的这一根本观点上是完全相同的。怀特海的过程哲学明确地批判所有本体论或实在论上的实体观，认为世界在本性上或本质上既不能归结为物质实体，也不能归结为精神实体。实体实在论或本体论从根本上是错误的。因为世界在本质上是一个不断生成的动态过程，世界上的万事万物是一个不断生成的动态过程，任何存在要成为现实的，就是要成为一个过程。因此，怀特海过程哲学给我们描述的世界图景，从根本上说，不是一个实体性的世界，而是一个不断生成、不断创新的动态过程世界。这样，过程哲学就从哲学本体论上回答了长期困扰西方哲学家乃至科学家（牛顿等人）的“第一推动力”或“不动的推动者”问题。

因此，怀特海明确地批判近代以来在西方哲学界和科学界占统治地位的机械唯物主义观点，认为这种所谓的“科学唯物主义”根本不能真正地说明世界的运动和变化，也不能说明世界上物质的东西与精神的东西的真正关系，更不能科学地说明人类的经验、人类的灵魂何以产生、如何存在，尤其不能说明人类精神如何与物质的东西发生相互联系、相互作用的问题。而“说明什么是完全现实的和人类经验如何出现，是怀特海哲学的中心任务”（科布语）。我们通常所讲的形而上学唯物主义的机械性、形而上学性和唯心史观三大根本缺陷，从根本上说，都是由于坚持这种实体实在论或本体论所造成的。而怀特海对机械唯物主义或形而上学唯物主义的批判，对过程实在论的系统论述，则使他的过程哲学与历史上所有这些实体实在论或本体论哲学区别开来。

其次，怀特海的过程哲学也不同于西方哲学传统中的唯心主义哲学。唯心主义在一定意义上也是一种实体实在论，只不过它坚持这种实体是精神或观念而已。在怀特海的过程哲学看来，片面地以观念、精神、思维为本原，或者以精神实体、观念实体为根本实体来解释我们所面对的复杂世界，或者否认精神对物质的依赖性，认为观念、精神可以独立于物质的东西而存在，在根本上是十分错误的。如上所述，这样理解精神实体所遇到的理论困境，如同坚持物质实体论一样，根本无法说明物质的东西与精神的东西的相互作用、相互联系、相互影响和相互制约，而且在根本上也无法说明精神何以产生、何以能反作用于物质世界的问题。而在怀特海的过程哲学看来，所有现实存在都既有物质极也有精神极。正因如此，宇宙才经过漫长的进化和发展，在一定历史阶段上使地球上产生了“宇宙最美的精神花朵”——人类精神。否则，人类精神的出现就只能归于奇迹了。

再次，过程哲学还批判了以笛卡尔为代表的二元论哲学，坚持物质与精神并非相互独立的两个实体，而是内在关联的，统一于现实的存在过程之中。我们知道，在多数现代哲学中，物质和精神一直被严格地区分。笛卡尔教导我们要对物质和精神进行不同的形而上学思考。在怀特海的过程哲学看来，忽视物质和精神的这种本质区别将会在哲学上误入歧途，但是应当把这种区别看作每一现实存在的两个方面，尤其是人类的任何活动中都存在着这两个方面，任何人类创造物也存在着这两个方面。当代西方哲学家波普把人类创造物中蕴含的精神内容称为“客观知识”或“客观精神”，这与怀特海的观点是完全一致的。在现实的人类活动中，实际上我们根本不能把物质和精神截然分开。因此，把物质和精神当作两种不同的互不相关的实体，这正是现代西方形而上学哲学二元论的根本缺陷。怀特海坚持每一现实存在或现实发生都包含着物质性和精神性，尤为重要的是不要忘记：灵魂、精神、意识虽然不同于物质性的身体，但根据过程哲学来看，物质和精神之间根本不存在二元论所说的那种无法逾越的鸿沟。由此可见，怀特海的过程哲学对于克服近代西方哲学中物质和精神的二元对立具有特别重要的意义，并且能够合理地解释我们现实的人类经验和人类创造物的基本特征，与我们通常对物质和精神的感受也是相一致的。

第四，过程哲学还批判了现代西方分析哲学的片面性，强调经验与实在世界之间具有内在联系。我们知道，在现代西方哲学中占主导地位的是分析哲学，以至美国哲学家怀特称西方哲学的现时代为“分析的时代”。然而，现代西方分析哲学只是片面地强调对语言、经验、逻辑、精神等进行分析，强调所谓“语言学转向”等，却从根本上忘掉了语言、经验、逻辑、精神等与实在的真实关系。用过程哲学的话说，分析哲学的主要缺陷是只探讨语言的本质，而不探究与之相关的经验的本质，不探讨人类经验与世界的关系等。这样，在它探讨分析哲学的过程中，就走向了忽视生活世界的极端。而脱离生活、远离世界的哲学肯定是片面的，它不能给我们提供相对合理的世界图景和世界观。哲学作为人类对世界的总体性认识，归根到底要对我们生活于其中的世界有所解释、有所理解，对现实的人类生活和社会实践活动有所指导和启迪，否则，只对世界进行片面的局部分析，把本来是相互联系、相互作用、相互依存的万物构成的整体世界或有机的世界分析为互不相关的各种碎片，看不到世界万物之间的相互联系和相互作用，这种哲学一定是片面的因而是错误的，它不能引导人们正确地认识这个世界。怀特海明确地对语言分析哲学进行批判，指出对世界的哲学认识根本不能归结为一个单纯的语言问题。换言之，对世界的认识绝不可能只是一个把握世界的语言问题。尽管语言问题在认识世界的过程中具有很重要的作用，但构成世界的万事万物及其复杂关系在本质上并不能仅仅归结为语言。语言现象只是复杂世界的一个组成部分而已。可见，怀特海过程哲学对分析哲学的批判，不仅是十分深刻的，也是极富启发性的，对于我们正确地认识当代西方分析哲学的作用和局限具有重要的启示。

最后，过程哲学还批判了现代西方哲学中的现象学。现象学运动是现代西方哲学中颇有影响的另一种哲学运动，在欧洲大陆哲学界具有较大影响。怀特海对现象学的根本理念进行了批评，指出其最主要的片面性在于：现象学家只关注现象，而把其他一切都悬置起来，因而他们至多达到了对现象领域的深刻洞见，而对现象所表现或反映的东西则予以悬置，存而不论，不能对它们达到本质性的认识。换言之，现象学的根本缺陷在于否定现象与现象所反映的实在之间的真正联系，使认识仅仅局限在现象层面。并且现象学还把现象理解为纯粹的直接给予的东西，相当于我们通常所说的直接经验，或者直接呈现在意识中的东西。无疑，这些东西确实是现实世界的组成部分，我们的认识离开这些直接经验或直接呈现在意识中的东西，就不会有真正的认识结果。但是，如果把世界仅仅归结为这些直接呈现在意识中的东西，不承认这些东西的客观实在性，不承认现象之外还有实在，就很难真正地认识这个世界，也不能给现实的人提供在这个世界上生活的知识和真理。怀特海的过程哲学在根本上不同于这种现象学见解。在《观念的历险》中，怀特海明确地指出，我们正确地根据一种基本的信念在生存，即在显现（或现象）与实在之间有真正的连续性。也就是说，怀特海坚持在现象与实在之间具有某种真正的关联。在过程哲学看来，如果仅仅承认现象，把现象与实在的关系悬置起来，进而把实在本身抛弃，根本不考察现象与实在的内在联系，这是现象学哲学存在的根本问题和缺陷所在。

自然科学和人类经验都告诉我们，现象只是实在的反映和显现，显现与被显现之物既存在着联系，也存在着区别。若把现象当作一切，一切科学研究都成为多余的东西了。真正的哲学和科学既要研究现象，也要研究本质和实在，更要研究现象与本质、实在之间的联系。否则，把现象当作一切，与把感觉经验当作一切的经验主义或感觉论没有本质的区别。即使把现象叫作客观现象，也不能改变问题的本质。

（二）过程哲学是一种建立在现代科学基础之上的思辨哲学

与大多数现代西方哲学家尤其是实证主义哲学家拒斥形而上学相反，怀特海明确地和自觉地要建立一种奠定在现代科学基础之上的形而上学思辨哲学体系，这在现代西方哲学家中是少见的。根据怀特海的论述，可以对作为思辨形而上学的过程哲学作出如下概括：

首先，过程哲学是一种思辨形而上学体系。对此，怀特海不仅明确承认，而且高调宣扬，并以现代科学和科学史为例，说明思辨形而上学的合理性、必要性及其对科学发展的积极意义。在《过程与实在》中，他明确地指出，过程哲学的目的就是要构建一种思辨哲学体系，并首先对“思辨哲学”作出界定，认为它是一种产生知识的重要方法。

我们知道，在现代西方哲学中，如科布教授所说，“思辨”一词通常名声不好。在许多情况下，“思辨”是指提出了一些未经恰当地证明的观念。显然，怀特海并非提倡这个意义上的思辨。然而，他认为在所有思想中都有某种思辨成分，包括在自然科学中也是如此。如波普所言，科学发现的过程就是不断地猜测与反驳的试错过程。任何竭尽全力想摆脱思辨的思想家，最后都不可能成功。幸运的是，科学的思辨最终会被实验所证实，因而人们对科学的思辨没有任何怀疑。然而，对社会科学和哲学中的思辨，由于社会现象的复杂性和社会科学与哲学知识的证明的复杂性，人们对哲学思辨通常抱怀疑态度甚至否定态度。怀特海认为，我们应当承认思辨本身的缺陷，并要小心谨慎地抑制这种形而上学思辨，但不能因此而否定形而上学思辨的价值和作用。

在 20 世纪早期，英语世界中的哲学家们发展出种种综合性的思想体系，这是对科学中各种进步的回应。应当说，这种回应是积极的，也是富有成果的。哲学应当对科学有所总结和概括。然而在 20 世纪晚期，对科学进步的思辨性综合即哲学反思和概括走向了反面，出现了相当地不可靠而且异类的哲学概括。结果，这种哲学概括被分析哲学运动取代了。但分析哲学主要致力于澄清分析，却没有提出观念的综合，没有对科学揭示的有关世界的观念进行哲学的综合，形成科学合理的哲学世界观。在欧洲大陆，思辨性综合的最好范例是德国古典哲学家黑格尔的著作。那些反对黑格尔的著作家们通常转向了现象学，把现象学作为对经验的仔细描述和分析的形式，但没有对经验与其他事物的关系作任何思辨，没有对经验与实在的关系进行正确的思考，结果其哲学也存在着根本的缺陷，不能正确地解释思维与存在的辩证关系。

怀特海明确地指出，在任何情况下，他的过程哲学的兴趣都在于综合性的探究。他认为，现代物理学（主要是相对论和量子力学）中的新发现所提出的哲学问题，现存的语言和现有的物理学假定以及日常语言，都不能真正地加以解决。因此有必要对现代哲学提出的假定从根本上进行反思。这种反思要求仔细地分析经验和仔细地使用语言，但是仅仅有这些还不够，还需要发展新的假定，这些假定能依据各个领域中的材料来检验。这些新假定是一些思辨，并且没有某种思辨，科学就不能前进。怀特海力求在他的过程哲学中也采用这种同样的方法。

小约翰·科布教授针对怀特海过程哲学的思辨性特征指出，要把自己的哲学确定为思辨的，就是要着重地声称，这种哲学不是由确定无疑的结论或具有确定性的学说构成的。它是由人们目前能够提供的最好的和最充分地加以检验的假定所构成的。这种检验的一部分是这些假定所共同适合的那种方法。这些假定的内在一致性就像它们能够说明人类经验和知识各个领域中材料的恰当性一样重要。

对怀特海而言，在科学中任何事物都不能一成不变，任何科学结论都会随着科学实践的发展而不断地得到修正。因此科学中存在着思辨，科学结论并非都是经过实践检验的确定无疑的结论。在怀特海看来，在哲学中情况也是如此。因此，坚持哲学是思辨的并无不妥。当然，科学中的有些假定随着时间的推移通常可以得到彻底的检验，因而强调这些得到检验的科学具有思辨性实际上是不重要的。然而，在科学中有些理论假设在面对为它们设计的新实验时通常是有很大争议的，它们显然地和彻头彻尾地是思辨的，但人们也承认这些科学仍然是科学。怀特海认为，在哲学中这种情况也存在。因此，怀特海偶尔会呼吁人们要特别地关注某些假定与其他假定相比没有得到很好的检验这一事实。他认为，所有理论在某种程度上都是思辨的，但是某些理论比其他理论更具有可检验性，而有些理论比其他理论更具有思辨性，意思是指有利于它们的证据远不是最终的或决定性的。

其次，过程哲学是一种建立在数学、逻辑学和现代科学基础之上、由一系列范畴构成的思辨形而上学哲学体系。过程哲学建立在数学和逻辑学基础之上自不待言，这些东西已经内化在过程哲学的范畴体系之中。作为数学家和科学家出身的怀特海自觉地不妄言、不独断，言必有据——自觉地使自己提出的观点和思想与现代科学相一致，各种观点在逻辑上自洽、不矛盾、内在一致，且经得起个人直接的生活经验的检验。他完全接受休谟和康德对哲学上诸多独断论的批评，自觉地意识到并努力做到不做独断论式的宣称。而以量子力学和相对论为科学基础，自觉地阐述相对性原理和过程原理等，也体现在过程哲学的基本观点上，脱离这些现代科学基础，就无法真正理解过程哲学的真谛，也无法理解过程哲学在哲学史上的贡献，无法理解过程哲学对实体哲学和以牛顿力学为基础的机械唯物主义的批判。

关于过程哲学由一系列抽象的范畴构成，在《过程与实在》第一编第二章“范畴体系”中，怀特海有明确的论述。在那里，他明确地提出了过程哲学的四个基本概念，即现实存在、摄入、聚合体、本体论原理；提出了终极性范畴，包括结合和分离，创造性、新颖性原理和创造性进展，以及共在与合生；还提出了八种存在性范畴，即现实存在、摄入、聚合体、主体性形式、永恒客体、命题、多样性、对比。尤其是通过提出和阐述二十七种说明性范畴（譬如，现实世界是一个过程，任何两种现实存在都不会起源于同一个领域，现实存在是如何生成的，构成这个现实存在实际上是什么等）和九种范畴性要求，即主体统一性范畴、客体同一性范畴、客体多样性范畴、概念性评价范畴、概念性逆转范畴、转化性范畴、主体性和谐范畴、主体性强度范畴、自由和确定范畴，系统地构建了一个思辨的形而上学哲学体系。过程哲学之所以难以理解，也与这些抽象范畴及其构成的体系与以往哲学完全不同有关。

（三）过程哲学是一种与马克思的实践唯物主义和东方哲学相通的有机哲学

首先，过程哲学和马克思主义哲学都坚持以过程观点看世界，认为世界是一个过程。恩格斯在《费尔巴哈论》中曾明确指出，“世界不是一成不变的**事物**的集合体，而是**过程**的集合体”①。这与过程哲学的基本观点不谋而合。实际上，马克思主义哲学和怀特海的哲学都是对当代科学的哲学反思，都是坚持建立在达尔文进化论基础之上的过程和有机思想。马克思的“社会有机体论”与怀特海的“有机体哲学”有诸多契合之处。尽管怀特海侧重探讨的是有机宇宙论，马克思侧重研究的是社会有机体论，但两者都强调现实存在的关系性、有机性和动态性，强调现实事物的相互作用是发展的终极动因，这便从根本上排斥了“外力”或“第一推动力”的机械论动力观，强调了现实事物的“自我运动”、“自我发展”和“自我生成”。

其次，过程哲学与东方哲学尤其是中国哲学有许多相通之处。怀特海曾明确讲道，他的过程哲学更接近于东方哲学的有机联系和变化思想，而不是西方原子论的机械世界观。他说：“就这种一般立场来看，有机哲学似乎更接近于印度或中国的某些思想传统，而不是更接近于西亚或欧洲人的思想传统。前一个方面把过程当作终极的东西，而后一个方面则把事实当作终极的东西。”（《过程与实在》第一编第一章第二节，以下凡引自本书的论述只注明第几编第几章第几节）譬如，过程哲学坚持世界在本质上是一个不断生成的过程，事物的存在就是它的生成，因而过程才是真正实在的。这与中国古代哲学中“生生不息”的变易思想息息相通。过程哲学坚持任何事物的存在都是关系中的存在，没有任何事物是一座“孤岛”，而且万物都有不同程度的“感受”能力等思想，与东方哲学坚持万物皆有灵性的思想相契合。过

---

① 《马克思恩格斯选集》，1版，第4卷，240页，北京，人民出版社，1972。

程哲学坚持创造性演进是宇宙进化之本质的思想，与道家哲学所说的道生一、一生二、二生三、三生万物的创生思想相契合。过程哲学所批判的“误置具体性之谬误”，与我国传统哲学中坚持具体事物具体分析和实事求是的思想相契合。过程哲学强调现实存在都是能动的主体或超主体，没有纯被动的消极客体，因而现实事物间只有主体间关系等思想，与我国传统哲学思想中天人合一、主客不分的思想相一致。

由于 20 世纪以来西方主流哲学是分析哲学和现象学，因而过程哲学自创立以来一直遭到西方主流哲学界的竭力排斥。然而，随着 20 世纪后期工业文明带来的一系列负面影响，诸如环境污染、核战争危险、片面重视 GDP 增长、健康与食品安全等现代性问题日益突出，人与自然的关系日趋紧张，人们开始关注强调关系、有机和过程思想的过程哲学，并随着当代美国建设性后现代思想家小约翰·科布和大卫·格里芬等人的深入研究和大力推动，过程哲学受到越来越多的思想家的关注，其影响已经扩展到经济学、教育学、政治学、法学等诸多领域，并对后现代农业、生态城市建设和环境保护等诸多领域产生重大影响。此外，由于分析哲学和现象学运动在欧美哲学界渐趋衰落，怀特海的过程哲学反而越来越显示出蓬勃的生机。因此，深入研究过程哲学，揭示其合理思想和深刻洞见，剔除其错误观点，对于丰富和发展马克思主义哲学，为中国特色社会主义实践提供更多的理论视角和思想营养，具有重要意义。①

三、《过程与实在》的学术地位与基本内容

时光荏苒，日月如梭。《过程与实在》问世迄今已经 80 多年。纵观西方哲学发展史，《过程与实在》不仅是现代西方哲学的主要哲学著述之一，而且就整个西方哲学著述而言，该书绝对可以入围最佳哲

---

① 关于过程哲学的这三个基本特征，曾以《过程哲学要义》为题发表在 2011 年 7 月 5 日的《光明日报》上。

学著作之列。尽管由于 20 世纪以来分析哲学和各种形式的实证主义公开宣扬“拒斥形而上学”的巨大影响，同时，也由于怀特海本人在这部论著中使用了大量晦涩难懂的新概念和新范畴来表述其新思想，从而使这部高扬形而上学的著作在现代西方哲学百花园里似乎有点儿受人冷落，不少人对这部著作敬而远之，认为其中提出的思想似乎与现代西方主流哲学有些格格不入。然而，“是金子迟早要发光的”。随着分析哲学的式微及其与人本主义哲学相融合的趋势，怀特海在《过程与实在》中所阐述的过程哲学或有机哲学思想，已经日益受到越来越多的东西方有识之士的青睐。在该书自 1929 年问世以来的 80 多年中，围绕该书所探讨的诸多问题，已经（借用过程哲学的术语来说）“生成”许多二手的研究性和阐释性著作，并在美国逐渐“生成”一个过程哲学学派或有机哲学学派，出现了专门的研究机构——“过程研究中心”（Center for Process Studies，设在美国加州克莱蒙研究生大学神学院）等。这部著作中阐述的过程哲学思想已经日益深入人心，被越来越多的人所接受。特别是随着环境问题和生态问题的日益突出，以及宗教哲学研究在当代西方世界逐渐兴起，怀特海的过程哲学和有机体思想更加被人们所重视，从而成为现当代西方哲学中的热门话题之一。“国际怀特海大会”（International Whitehead Conference）已经在世界不同国家召开过八届，一般每两年举行一次。前几届在美国等国召开，第五届在韩国首尔召开，第六届在奥地利萨尔斯堡召开，第七届在印度班加罗尔召开，第八届于 2011 年在日本东京上智大学召开。世界上许多国家包括美、英、日和韩国等成立了过程思想研究会，我国也在不同大学成立了二十几个“过程思维研究中心”和中国过程学会，而且过程哲学还有诸如哈特肖恩、小约翰·科布和大卫·格里芬等几代在当代美国学术界颇有影响的传人，这在现当代西方哲学学派中是非常少见的。而且在过程哲学影响下，哈特肖恩、小约翰·科布和大卫·格里芬等人还发展出建设性后现代主义和过程神学，并在美国出现了几十个接受过程神学的教会组织；在过程哲学影响下出现的后现代教育理念和实践，深刻地影响着美国教育改革；在过程哲学影响下出现的生态文明活动、女权主义活动，深刻地影响着美国的生态文明和环境保护运动；甚至过程哲学还影响着美国的法律运动，出现了过程法学学派。总之，如今过程哲学已经深刻地影响着美国社会的许多方面和领域，尤其是对哲学、形而上学、伦理学、美学、教育学、经济学、法学、文学和宗教学，以及对生态学、环境保护、生态文明和儿童智慧教育、博雅教育等研究具有越来越重要的影响。因为人类从 20 世纪以来面临的巨大生态问题、环境伦理问题、战争与和平问题以及可持续发展问题等，都可以从过程哲学中找到相对合理的解决问题的哲学理念和思想方式，找到解决问题的思想材料和某些智慧启迪。而传统的实体主义哲学包括机械的和形而上学的唯物主义哲学，或者如怀特海所说的建立在牛顿机械力学基础之上的所谓“科学的唯物主义”哲学，都不能满足当今时代和当今世界各种现实社会问题对哲学和形而上学提出的迫切需要。作为建立在人类传统思想中的过程思想和有机思想之精华之上，建立在现代量子力学和相对论等科学之上的一种过程—关系哲学，有可能代表着人类未来哲学发展的一种新趋向。恩格斯曾经断言，甚至随着自然科学领域中每一划时代的发现，唯物主义也必然要改变自己的形式。那么，随着量子力学、相对论以及后来出现的系统科学、信息科学、协同论、混沌科学等复杂性科学的出现，哲学也必然要改变自己的形式。过程哲学、信息哲学、系统哲学等新哲学形态在近几十年的出现，无疑都是给人类的哲学百花园中增添的鲜艳夺目的奇葩。需要特别指出的是，怀特海的过程哲学或有机哲学影响了整整一代系统哲学家。系统哲学家拉兹洛曾写有一篇《怀特海的形而上学》，他认为怀特海是“从有机体研究中得来的概念去解释从物理学到心理学的其他一切东西”。拉兹洛甚至认为，怀特海的有机哲学就是一种系统哲学，只不过用词不同而已。[①]

从基本内容来看，《过程与实在》可以说是一部张扬形而上学思

---

① 参见拉兹洛：《系统哲学讲演集》，闵家胤译，2 页，北京，中国社会科学出版社，1991；黄小寒：《世界视野中的系统哲学》，89 页，北京，商务印书馆，2006。

辨理性的哲学杰作，是一部独辟蹊径、磨砺辩证发展过程思想的别开洞天的哲学著述，也可以说是怀特海集数十年（这本书是在他 66 岁以后开始撰写的）对数学、逻辑、历史、科学和哲学的潜心思考，及其与朋友、同事和学生多年的柏拉图式的对话，为我们精心熬制的一道高蛋白、高浓度的哲学靓汤。

《过程与实在》全书共分五部分。第一部分阐述了过程哲学的基本范畴体系及其派生概念；第二部分阐述了这些基本范畴及其派生概念在各个具体领域的应用；第三部分阐述了过程哲学最具独创性的摄入理论；第四部分阐述了过程哲学的广延理论；第五部分阐述了过程哲学关于终极解释的理解。

本书的核心内容是在批判西方思想传统中各种实体哲学和二元论哲学的基础上，以量子力学和相对论等现代科学揭示的基本理念为基础，通过批判地继承和发展东西方哲学史上的各种过程思想和有机论观点，系统地阐述了一种以过程—关系为根本特征的过程哲学或有机哲学。通过一系列独创的新概念、新范畴，诸如现实存在、现实发生、摄入、聚合体、永恒客体、主体间性、本体论原理、相关性原理、过程原理、创造性进展等，过程哲学阐述了一系列新命题和新观点，并对思辨哲学的作用、哲学研究的方法、理性主义方法、因果关系理论、决定论与非决定论、自由与必然、普遍与特殊、事实与价值、命题与感受、主体与客体、经验与事实、流变与恒定、伟大与渺小、运动与静止、时间与空间、哲学与宗教和科学的关系、有机体与环境的关系等提出一些全新的解释。因此，小约翰·科布和大卫·格里芬教授称赞怀特海的《过程与实在》是“最近两个世纪以来最重要的哲学著作之一”，也是“历来最为复杂并最富创见的哲学论著之一”。

在学术界看来，虽然怀特海在《过程与实在》中总是以“有机哲学”来指称自己创立的新哲学，并明确地指出该书致力于阐述的哲学理论叫作有机哲学，然而，用“过程哲学”来概括怀特海在该书中所阐述的基本思想和观点，似乎更为明确和确切，并且现在也成为西方学术界和国际怀特海哲学研究者约定俗成的说法。

根据译者的理解，怀特海在《过程与实在》一书中所阐述的过程哲学基本思想和观点，主要有如下几点：

首先，过程哲学明确地把自身设定为某种抽象的和思辨的形而上学理论，并认为形而上学对于人类的经验和认识具有其他学科不可替代的特殊作用。这使怀特海的过程哲学与现当代西方哲学尤其是各种形式的实证主义明确地"拒斥形而上学"的价值取向形成鲜明的对照。

在怀特海看来，"哲学是对抽象的说明，不是对具体的说明"（第一编第二章第一节）。"形而上学范畴不是对明显的道理的独断陈述，而是对终极的普遍性所作的试探性陈述。"（第一编第一章第三节）对具体的经验现象的说明是实证科学的任务，而对抽象和普遍的说明，才是形而上学的任务，因此，形而上学必然要创立一系列一般概念。形而上学创立一般概念的最终目的，不是要建立一个抽象的理性王国，而是要帮助人们更好地理解自然和宇宙。用怀特海的话说："通过提供一般概念，哲学应当使人们更易于理解那些孕育在自然母腹中尚未成为现实的无限多样的特殊情况。"（第一编第一章第六节）换言之，真正的哲学或形而上学是要把已经成为物理学定论的知识和概念进一步扩展到物理学适用的范围之外，检验一下它们是否也能适用于这些领域。除此之外，形而上学所具有的现实目标之一是精确地分析各种命题。不仅要分析形而上学的各种命题，还要分析诸如"今天的宴会有牛排"和"苏格拉底是会死的"这类极为普通的命题。尽管每一种哲学都会依次遭受被其他哲学所取代的命运，但是，由各种哲学体系所组成的总体，则表达了关于宇宙的普遍真理，并期待着对各种有效性领域进行协调和分工。这些观点对我们今天正确认识和评价形而上学的作用，批判各种哲学无用论，无疑具有重要的借鉴意义。

怀特海还具体分析了建构形而上学体系所要坚持的原则和手段。他说："当存在的范畴体系还没有得到很好的定义时——这会产生一个令人满意的形而上学体系——哲学论证的每一个前提都是可以存疑的。”（第一编第一章第三节）因此，他特别推崇笛卡尔的怀疑方法，并以此为前提，首先精确地定义了他的形而上学的基本范畴（共 27 种范畴），以此为基础批判性地考察和分析了自古希腊哲学以来，特别是近代以来西方哲学各主要派别的基本思想。他还明确地指出，每一门科学都必定会设计自己的工具，而哲学所需要的工具是语言（第一编第一章第五节）。然而，哲学又不能原封不动地照搬日常语言的原有用法，而是要赋予其特殊的含义，使其成为各门哲学特有的专业语言。“哲学的专门语言表明，各个思想派别都力图清晰地表达经验事实所预设的一般观念。由此可见，形而上学学说中的任何创新，都表现出与现行哲学文献中的事实陈述有某种程度的不一致性。这种不一致性标志着形而上学方面的分歧程度。”（第一编第一章第五节）

通常认为，形而上学理论作为哲学中最抽象的基本理论，是远离人们现实的社会实践活动的。然而怀特海则认为，形而上学与实践具有密切的关系。他明确地指出：“凡是可以在‘实践’中发现的东西，都一定在形而上学的描述范围之内。如果这种描述不能包含这种‘实践’，这种形而上学就是不充分的，需要作修改。……形而上学不过是对适合于全部实践细节的普遍原理所作的描述而已。”（第一编第一章第五节）并且强调检验形而上学理论之真伪的最终标准是实践及其效用，当然，用他的话说，“任何形而上学体系都不能完全地期望满足这些实效性的检验。这样一种体系充其量只是对所寻求的那些普遍真理的逼近”（第一编第一章第五节）。

怀特海还明确地讲道：每一种哲学理论中都有一种根本原则。在过程哲学中，这种根本原则叫作“创造性”。过程哲学“抛弃了思想的主词—谓词形式，因为斯宾诺莎的哲学假定这种形式是对事实的最终特征的直接体现。其结果便是有机哲学排除了‘实体—属性’概念，并且以动力学的过程描述取代了形态学的描述”（第一编第一章第二节）。在这里怀特海一方面坚持用创造性原则来说明宇宙及其过程，另一方面明确地提出了他的形而上学原理所采用的基本方法是以流变和生成为基本特征的动力学方法，而不是静态的形态学描述方法。

那么，如何论证形而上学理论的正确性呢？对此，怀特海清醒地认识到：“哲学的主要危险在于证据材料选择的狭隘性。”（第五编第一章第一节）所以，怀特海尽力从各门自然科学（主要是现代物理学，特别是相对论和量子力学）、数学、逻辑学、语言学和符号学等学科中广泛地选取证据，尤其是以整个近代科学的发展（其代表作就是《科学与近代世界》）来说明和证实他的过程哲学。

在怀特海看来，“理性的任务是探寻事物多方面越来越深的奥秘。对于那些意义深远的问题，我们一定不要指望有简单的答案”（第五编第二章第一节）。正是在这种思想观念支配下，怀特海创造了一系列新概念和新范畴来表述其过程哲学，即使是使用旧概念也要赋予其新的含义。这样一来，他的阐述形式便显得非常抽象晦涩、冗长费解，与罗素等人简洁流畅的哲学叙述相比，确实令人难以轻松地登堂入室，把握过程哲学的真谛，因而他在当时就被有些听其讲座的人诅咒为典型的柏格森主义者。即使是在今天，甚至哲学圈内的人阅读《过程与实在》也并不轻松。只要预先没有把实体论哲学思维方式“悬置”起来，没有以过程思维的方式“进入”或体验过程哲学，就很难真正地理解过程哲学的真谛。同时，这也许是任何具有独创性的思想体系所具有的共同特征，也是多数开创新思想的哲学著述一开始面临的境遇。正因如此，科布教授明确地说，他并不建议初学过程哲学的人一开始就读《过程与实在》，而是要先读一些入门性的著作，如罗伯特·梅斯里（Robert Mesle）教授的《过程—关系哲学》或杰伊·麦克丹尼尔（Jay McDaniel）教授的《什么是过程思想》，尽管有一定过程哲学思想基础的学者要真正地研究《过程与实在》除了研读原著以外没有别的捷径。

怀特海还特别谈到了哲学与数学的关系。他认为：“欧洲哲学的兴起在很大程度上就是由于数学发展为一门抽象的普遍性科学所推动的。但是在哲学后来的发展中，哲学的方法也深受这种数学典范之害。数学的主要方法是演绎法，哲学的主要方法则是描述性的概括。在数学的影响下，演绎法作为标准的方法强加给哲学……这种对哲学方法的误解掩盖了哲学在提供一般观念方面的巨大功绩，而这种一般观念可以使我们对经验事实的理解更加清晰。”（第一编第一章第四节）对于思辨哲学应当采取的方法，怀特海打了一个形象的比方：“真正的发现方法宛如飞机的航行：它从特殊的观察基地起飞，继而在有想象力的普遍性的稀薄空气中飞行，最后降落在由理性的解释使之更为敏锐的新的观察基地上。”（第一编第一章第二节）这些论述对于我们今天深刻理解哲学与数学的关系以及哲学研究的一般方法论，均有重要的启发，其内在的意蕴尚需我们进一步做深入系统的研究和阐释。

其次，在本体论上，过程哲学坚持过程就是实在，实在就是过程。整个宇宙是由各种事件、各种现实存在相互联系、相互包含而形成的有机系统。自然、社会和思维乃至整个宇宙，都是活生生的、有生命的机体，处于永恒的创造和进化过程之中。构成宇宙的基本单位不是所谓原初的物质或物质实体，而是由性质和关系所构成的“有机体”。有机体的根本特征是活动，活动表现为过程，过程则是构成有机体的各个元素之间内在联系的、持续的创造，它表明一个有机体可以转化为另一个有机体，因而整个宇宙表现为一个生生不息的活动过程。因此，怀特海有时也把自己的这种实在论叫作“有机实在论”，认为“用物理科学的语言来说，从唯物论向‘有机实在论’——可以这样来称呼这种新的观点——的转变就是用流动的能量概念取代静止的质料概念”（第四编第三章第五节）。

怀特海指出：“根据本体论原理，世界上的任何事物都不会是无中生有，空穴来风。现实世界中的任何事物都可从现实存在中找到原因。它要么是从过去的现实存在转化而来，要么是它属于其合生的那种现实存在的主体性目的。”（第三编第三章第一节）在这里，怀特海明确地反对传统西方哲学的实体实在论观点，认为构成世界的最终的基本单位既不是亚里士多德哲学意义上的“第一实体”，也不是笛卡尔哲学意义上的“实体”，更不是什么绝对的“精神实体”。在他看来：“‘现实存在’——亦称‘现实发生’——是构成世界的最终的实在事物。在这些现实存在背后再也找不到任何更为实在的事物了。”（第一编第二章第一节）

那么，什么是现实存在呢？怀特海明确地回答说：“现实存在的本质仅仅在于这样一种事实：它是一种正在摄入的事物……”（第二编第一章第一节）何谓摄入？他说，现实存在与宇宙中每一事项存在都有某种完全而确定的联系。这种确定的联系，就是它对那一事项的摄入。所谓摄入有两种类型，一种是肯定性摄入，一种是否定性摄入。否定性摄入是把宇宙中的某一事项从积极的促成作用中确定地排除，而肯定性摄入则是对进入积极的促成作用中的那一事项的确定的包含。

有时，怀特海也从现实存在与主体的关系角度来界定现实存在。在《过程与实在》中他曾明确地讲道：“现实存在既是经验活动的主体，同时又是自己的经验的超体。现实存在是一种主体—超体，这种描述中的任何一半须臾不能离开我们的视野。当考察现实存在自身的实在的内在构造时，在多数情况下将会使用‘主体’这一术语。但是‘主体’永远应当被理解为‘主体—超体’的缩写形式。”（第一编第二章第四节）有时，他又从现实存在与事实的关系角度谈道，“终极的事实就是这些现实存在，一切概莫能外；并且这些现实存在就是点滴的经验，它们既错综复杂又相互独立”（第一编第二章第一节）。从这个意义上说，怀特海的过程哲学是广义的经验论。在他看来，万物都能经验，即都能对其他现实存在或现实发生有所感受。

怀特海认为，每一种现实存在都可以用无数方法来分析。把现实存在分析为各种“摄入”，是一种揭示现实存在本性中的具体成分的分析方式，这种分析方式可叫作“区分”。每一种摄入都能在其自身中再现现实存在的各种普遍特征：它与外部世界是有关联的。因而它具有某种“矢量特征”，它涉及到情感、目的、评价和因果性（参见第一编第二章第一节）。

同笛卡尔的二元论不同，怀特海的过程哲学试图以某种单一类型的现实存在为基础，对宇宙进行富有洞察力的哲学描述（参见第一编第二章第一节）。怀特海认为，现实存在由于彼此摄入而相互关联。现实存在的这种共在的事实叫作“聚合体”。“当下现实经验的终极事实就是这些现实存在、摄入和聚合体，而其他一切对我们的经验来说都是派生的抽象物。”（第一编第二章第一节）从这个意义上说，过程哲学是一种多元论哲学，而不是一元论哲学。

对于现实存在，不仅可以作形态学的分析，还可以进行发生学的分析。正是从发生学意义上，怀特海明确地把现实存在看作一个过程。在他看来，现实存在是变动不居的，处于不断流变的世界之中。根据过程哲学的观点看，“现实存在完成之日，就是它‘消逝’之时”（第二编第二章第六节）。这种创造物在不断地消逝，因而成为永恒的。这个过程从发生学上说可以分析为一系列预设了它们的先行者的那些次级阶段。因此，现实存在是一个过程，这里存在着从一个阶段到另一阶段的生长；存在着整合与再整合的过程（参见第四编第一章第一节）。这样一来，整个宇宙，包括自然、社会和人的生命，都是由各种现实存在的发展过程所构成的一条历史轨迹，它在相当的程度上是前后相继的。从这个意义上说，过程哲学是一种过程—关系哲学，而不是静态—实体哲学。

总之，从本体论角度看，过程哲学“试图把世界描述为个体的现实存在的生成过程，每一种现实存在都有其自身绝对的自我造就能力”（第二编第一章第七节）。整个宇宙就“是一个面向新颖性的创造性进展的过程”，而不是一种稳定的形态学意义上的宇宙（参见第三编第一章第三节）。

当然，关于现实存在一直处于流动世界之中的观念，并不完全是怀特海的首创。怀特海本人就曾明确地指出，早在柏拉图《蒂迈欧篇》中就有关于事物永远处于生成和消灭过程之中的思想，因而其提出的过程观念只不过是这种思想的延续和扩展而已。然而，他也批评道：“整个近代思想都在暗中预设了非进化的物质观。直到最近几年，唯一可能的选择还是：要么物质性的宇宙及其现存的秩序是永恒的；要么根据耶和华的命令而诞生并最终走向灭亡。”（第二编第三章第三节）因此，他致力于根据近代科学成果来系统地和明确地阐述早在《蒂迈欧篇》中就已经包含着的过程思想。

需要强调的是，怀特海从本体论上把“过程”看作是实在，把实在看作是过程，这与传统的过程思想是有本质区别的。因为传统的过程思想一般是在坚持实体的本体论前提下讨论过程思想的，因此这种过程思想是不彻底的，并且难以说明这些实体何以会相互联系起来，何以会产生运动和流变。而怀特海则是从本体论意义上，把过程当作最实在的东西，当作本源性的东西来看待。因此，怀特海的过程哲学既可以内在一致地说明现实存在相互联系的内在关系，同时也不需要再去费力地为这种不动的实体去寻找所谓“第一推动力”，从而也不会导致把某种实体理解为“不变的变化者”这种自相矛盾境地。因此怀特海强调：“对有机哲学的形而上学学说来说，至关重要的是要完全抛弃把现实存在看作不变的变化主体这一概念。”（第一编第二章第四节）

此外，怀特海还详细地考察和论证了宇宙的过程性，并把这种过程明确地区分为宏观过程和微观过程，分别对其做了详细说明，这也是怀特海的开创性贡献。怀特海明确指出，过程有两种，即宏观过程和微观过程。宏观过程是从已经达到的现实向正在达到的现实的转化；而微观过程则是把各种仅仅是实在的条件转变为确定的现实。前一过程造成从“现实的”到“仅仅是实在的”转化；而后一过程则造成从实在的到现实的增长。前一过程是动力性的过程，而后一过程则是目的性的过程。未来只是实在的，尚未成为现实；而过去则是由诸现实所组成的一个聚合体。这些现实是由它们的实在的发生阶段所构成的。当下是目的性过程的直接性，实在就是通过这种直接性而成为现实的。前一过程提供了那些实际上支配着达到现实的各种条件；而后一过程则提供了现实地达到的种种目的。“有机体”概念以双重方式同“过程”概念相结合。各种现实事物所构成的共同体便是一种有机体，但它不是一种静止的有机体，而是处于产生过程中的一种未完成物。因此，就现实事物而言，宇宙的扩展是“过程”的首要意义；而处于任何扩展阶段上的宇宙则是“有机体”的首要意义。在这个意义上，一个有机体就是一种聚合体。

其次，每一现实存在本身只能被描述为一种有机的过程。它在微观世界中复制着宏观的宇宙。它是从一阶段到另一阶段的发展过程，每一阶段都是其后继阶段向完成相关事物发展的实在基础。每一现实存在在其构成中都包含着其条件为何是这样而不是那样的“理由”。这些“理由”就是为这一现实存在而客体化的其他现实存在。

“客体”是一种超验要素，它标志着我们的经验必须与之相一致的那种**确定性**。在这个意义上，未来具有当下的**客体**实在性，但没有任何**形式**的现实性。因为未来内在于直接的、当下的现实性之构成中，因而未来会取代当下的现实。同时，未来必须与之相符合的种种条件，由于包含着与当下有关的各种实在的关系，实际上都是直接现实中的客体条件。

因此，每一现实存在，尽管就其微观过程而言是完成的，但由于其客体上包含着宏观过程，因而它又是未完成的。它真正经验到的未来必定是现实的，虽然那个未来已完成的现实还是不确定的。在这个意义上，每一现实发生都在经验着其自身的客体永恒性（参见第二编第十章第五节）。

再次，在认识论上，过程哲学也提出一些独特看法。我们知道，近代哲学研究的中心问题就是认识论，而认识论的基本问题是主体与客体的关系问题，并认为主体与客体相区分是认识发生的前提。怀特海则认为，认识论问题和实在论问题如果相互孤立起来，就不可能得到恰当的解决。认知者与被知者、知识与对象、观念与事物的二元论，正是他认为近代哲学乃至整个西方哲学所具有的根本性弊端。因此，他试图用摄入概念来消解这种二元对立。

以摄入理念为基点，怀特海所提出的一个重要观点是，作为主体的自我是在过程之中出现的突现物。传统西方哲学认为，在实际进行认识和取得知识之前，必须先有认识者。而怀特海的观点则与此相反。他认为，执行摄入功能者即主体是摄入活动的产物。用怀特海的话说，感受者（feeler）是从自己的感觉活动中出现的统一体。同时，根据过程哲学的基本观点，怀特海指出传统哲学中的“主体”一词容易引起误解，认为最好使用“超体”一词来表达有关的思想。因为“这种作为主体的超体正是产生那些感受的过程的目的。感受不能与它们所要达到的目的相割裂，这种目的就是感受者。感受的目的指向于感受者，把它们作为目的因。感受之所以是感受，就是为了使它们的主体可以成其为主体”（第三编第一章第三节）。

关于认识的客体，怀特海也不同意传统西方哲学认识论的基本观点，即把认识客体当作外在于认识活动和认识者的自在对象。相反，怀特海认为，任何东西，只要在主体身上能够唤起某种特定的活动，它就构成认识的客体。也就是说，客体也是在认识的过程中生成的，是与主体现实地发生关系的客观对象，或者说是主体的认识活动所指向的对象。就其本身而言，也是一种能动的主体，而不是纯粹消极被动的客体。从这个意义上说，所有现实存在都不是纯粹消极被动的客体，而是能动的主体。认识者作为主体去认识另一个主体，实际上是主体与主体之间的关系，怀特海把这种关系叫作“主体间关系”（inter-relation），把认识主体的这种根本特性叫作“主体间性”（inter-subjectivity）。因此，在怀特海看来，每一种实在的经验发生都是一个主体，发生的主体性随发生的出现而存在。现实存在从主体性上说永远在消逝着，而在客体性上却是永恒的。消逝着的现实性得到了客体性，同时失去了其主体性的直接性。打个比方说，我们那些逝去的祖先，作为直接的主体他们无疑已经消逝了，然而作为客体却始终存在着，对我们发生着现实的影响。因而怀特海写道，这样理解的客体是自然中永远不会消逝的原素。

如此看来，在认识过程现实地发生之前，根本无所谓主体和客体之分。主体和客体是在现实存在的相互作用过程中逐步生成的，主体与客体的关系以及主体对客体的认识也是一个逐步生成的过程。正是在这个意义上，怀特海明确地批评近代以来在西方哲学中占主导地位的主客二元对立的思维方式，指出："全部现代哲学都是以如何根据主词和谓词、实体和属性、特殊和普遍来描述世界这个难题为转移的。其结果总是与我们的直接经验相抵触"（第二编第一章第五节）。他认为，这种传统哲学只能把我们引到某种孤立的实体之中，不能使我们更清晰地认识真实世界。而实际上，一种现实存在被另一种现实存在"摄入"或"感受到"，是一种完全的相互作用。而且主体的"意识以经验为先决条件，而不是经验以意识为先决条件"（第二编第一章第六节）。这同近代西方哲学强调的认识主体必须具有自我意识为前提才能进行认识的观点形成鲜明的对照。他还强调，某物要成为现实的认识对象，就必定意味着所有现实事物都同样要成为客体，同时还意味着，全部现实事物都要成为主体，每一个主体都要摄入产生它的宇宙。

就身心关系而论，在怀特海看来，"物质活动和精神活动是难解难分地相互交织在一起的"。这同笛卡尔明确坚持的身心二元论及洛克的有关论点也大相径庭，因为在他们看来，物质世界与精神世界是相互独立的两个世界，尽管这两个世界具有难以说清的偶然联系。过程哲学则把物质性和精神性看作是同一个现实存在的两个属性或两个极，他称之为"物质极和精神极"，认为在任何现实存在中都有这两极存在，只是发展到人类这里，才达到了自我意识的地步。这些观点对我们深刻理解长期困扰西方哲学家的身心关系问题具有重要的启发。

在过程哲学中，知识被当作过程之中的中介状态，认识属于一种主观的形式，这种主观形式或者被客观内容吸收到满足的主体性之中的那种功能所承认，或者不被其所承认。对于"感受"，过程哲学也有自己的独特理解。它把"感受"归之于整个现实世界，而不仅仅是主体的感受。怀特海指出，"感受"可从以下几个方面来考察：（1）所感受到的现实发生；（2）所感受到的永恒客体；（3）所感受到的各种感受；（4）它自身的主体性强度形式。在这种合生的过程中，这些不同的感受会继续达到更广泛的整体感受的普遍性。"从所有方面看，感受都是确定的，具有确定的主体、确定的原初材料、确定的否定性摄入、确定的客体性材料和确定的主体性形式。”感受是主体内在地包含的一个方面，因此，“感受不可能脱离包含它的现实存在。这种现实存在叫作感受的‘主体’。正是由于感受的主体，感受才成为一种事物”（第三编第一章第三节）。对于感受的这些论述包含的深刻蕴意，也有待于我们做进一步的研究。

在《过程与实在》中，怀特海专辟一章讨论“高级经验阶段”。他说，有意识的知觉和直觉判断构成了比较性感受和理智性感受。意识包含在直觉判断的主体性形式中。在经验中，意识借助于理智性感受而产生，并与这类感受的种类和强度成正比。意识是经验的顶峰，它只是偶然地被获得，而不是经验的必然基础（参见第三编第五章第二节）。而感受的材料既可以是现实存在，也可以是命题。当感受的材料是命题时，这种感受可叫作“信念”，或者如通常所说包含着“信念”要素。怀特海认为，在实践中，至少对人类来说，只有改变了的感受才能获得意识，而简单的物质性感受决不会有意识。意识产生于整合的高级状态，并且是用更大的清晰性和明确性对这些状态的说明（参见第三编第二章第一节）。怀特海关于意识的本质、意识的产生和功能及其与经验的关系等论述，值得我们进一步探讨和阐释。

怀特海还考察了语言、命题的本质及其作用。他说，每一种现实存在都是一种经验搏动，包含着经验范围内的现实世界。他认为，过程哲学中的判断理论既可以被很好地描述为一种符合论，也可以被描述为一种融贯论。而实际上它是一种符合论，因为它把判断描述为关于某种命题与客观化的聚合体之间的一致性或不一致性能综合摄入的主观形式。在怀特海看来，判断是主体在过程之中的某种感受。就这种主体而言，它有可能是正确的，也有可能是不正确的。而命题则是对判断的分析。判断是一种综合感受，是感受的某种决定，而命题则是所感受的内容，而且只是被感受到的那部分材料的一部分。怀特海对判断和命题所做的这种区分和界定，也值得我们从认识论上进一步研究。

怀特海还把过程哲学与康德的先验哲学作了对比。他认为，过程哲学是对康德哲学的颠倒。他说，《纯粹理性批判》描述了主观材料进入客观世界的现象之中的过程。而过程哲学则试图描述客观材料如何进入主观的满足之中，以及客观材料中的秩序如何提供主观满足之中的强度。在康德看来，世界是从主体中显现出来的；在过程哲学看来，主体是从世界中显现出来的——世界是“超体”而不是“主体”。对于“主体是从世界中显现出来的”这一观点，值得我们进一步思考与分析。

对于认识结果的检验问题，如上所述，怀特海提出一个非常重要的思想：“恰当的检验不是要检验最终的结果，而是要检验其是否取得了进步。”（第一编第一章第六节）这在现代西方哲学中可谓独树一帜。众所周知，科学理论的检验问题是现代西方科学哲学中的一个热门话题，也是一个似乎无解的难题。由此导致一些哲学家甚至都不敢承认客观真理的存在了，因为这种真理即使存在，也无法检验。卡尔·波普等人就曾绝望地这样谈过真理的检验问题，因此他提出科学理论只能证伪，不能证实。虽然他抽象地承认真理的存在，但又认为真理就像黑屋子里的黄金，即使我们摸到了也不知道；或者真理就像云雾缭绕的山峰，登山者即使登上了山峰也不知道，从而又具体地否定了人们可以获得真理。而怀特海提出的“过程检验”论也许是一个值得进一步探讨的新途径和新方法。

此外，从认识论角度看，过程哲学还试图建构一种对纯粹感受的批判。为此，怀特海详细考察了感觉、知觉、判断、直觉、因果观念、审美体验和符号等在认识过程中的作用，考察了语言、逻辑和命题在认识过程中的作用，并且考察了有意识的知识的正确性何以保证的问题等，这些论述中都有许多值得进一步研究的问题，甚至对美学、伦理学、价值理论和符号学研究等也有重要启发。

最后，从方法论上看，过程哲学所使用和所推崇的方法是所谓发生学方法。与过程思想相一致，怀特海试图以动态原则和过程原则来重建哲学，并以一系列新范畴和新阐释来系统阐述其过程哲学的基本主张，力求避免所谓对自然的二重化、简单位置的谬误和误置具体性的谬误等。

四、过程哲学对我们的启示

要对怀特海过程哲学思想做出全面而科学的评价，尚需进行全面系统的研究，也是至少需要用一部专著来解决和阐释的问题。这里仅就其对我们的基本启示，做一些初步探讨。

我们知道，人类思想中最宝贵、最重要、最有用的属性之一，是它有能力一般性地揭示并解释真实世界的构造。不管我们是否同意或者是否完全同意怀特海提出的过程哲学的基本思想和观点，我们必须首先看到和承认，过程哲学是怀特海对真实世界的构造所提出的一种解释方式、一种概念图式、一种新的理论范式。尽管这种解释方式和概念图式不是最终的和绝对的，怀特海就明确反对把任何解释图式和方式看作是最终的和绝对的观点，并称之为独断式的教条，但必须承认，这是现代西方哲学家提出的一种新的解释方式和概念图式。这种解释方式明显地不同于传统西方哲学的解释方式。总体上说，以往的西方哲学家们都是以某种实体为出发点去考察世界，因而要么把这种实体归结于某种物质实体，要么归结于某种精神实体。近些年来，又有人以“场”和“系统”等为视角来解释世界。其实，这些解释方式，都是以实体思维方式为出发点的，因而归根到底不可避免地会以不同形式的静态的形态学分析方法和思维方式去看待世界。而过程哲学则完全是一种新视角和新范式，是一种新的世界观。它要求我们以过程—关系视角看世界，坚持过程就是实在，实在就是过程。凡是要成为现实的东西，都必须成为过程的。由此看来，不论是从物质实体、精神实体，还是从场和系统出发去解释世界，本质上都是一种静态的形态学分析，这种分析的结果很难与活生生的现实世界和我们对这个现实世界的直接经验相符合。相反，若从过程角度来看，一切存在物都不是静止不动的，也不是一成不变的，而是处于永不停息的生成和发展过程之中，这种过程性就是它们的本真状态。显然，这种过程实在论同传统的实体实在论具有明显的和本质的区别，它所蕴含的生成和发展理念，同传统的实体实在论所蕴含的静止不变理念是针锋相对的。

可能有人会说，在西方哲学史上，许多具有辩证思维的哲学家，不是早就指出了事物是不断发展变化的吗？古希腊哲学家赫拉克利特就已经明确指出了“一个人不可能两次踏进同一条河流”，其他哲学家也强调过事物的发展变化和变动不居的思想，尤其是德国古典哲学大师黑格尔集西方哲学辩证法之大成，系统论述了世界是发展过程的基本思想，马克思主义经典作家恩格斯在《费尔巴哈论》中更是明确地讲过“世界不是一成不变的**事物**的集合体，而是**过程**的集合体”，等等。

但是，不管是西方哲学史上的辩证法大师也好，还是马克思主义经典作家也好，他们似乎都不是从本体论上谈论真实世界或实在世界的过程性的。众所周知，德国古典哲学家黑格尔所讲的是绝对观念自我运动、自我发展的过程，而自然、社会和思维的运动、变化和发展过程，只不过是这个绝对观念的外化而已。恩格斯所讲的世界“是过程的集合体”的思想，也是在坚持“世界的物质统一性”的前提下，在坚持“世界的真正的统一性是在于它的物质性”这个本体论前提下，谈论物质的运动、变化和发展的。反过来说，恩格斯并非是在本体论意义上谈论世界的过程实在性，这同怀特海的过程哲学的基本出发点是不一样的。不管我们是否同意怀特海的这种“过程即实在”的基本观点，都必须首先承认和弄清其过程哲学的这种基本理论取向。

所以我们认为，怀特海自觉地建立这样一个以过程为实在的形而上学体系，并自觉地以这个体系为概念图式或理论范式，批判一切其他与此相悖的哲学观点，包括在西方哲学史上长期占主导地位的预成论观点、主客二元对立观点等，并试图以过程—关系为基点建立一种新哲学，这是一种全新的尝试。正是在这个意义上我们说，过程哲学是超越传统西方哲学中的实体实在论和主客二元对立的思想方式的新尝试，从而有可能成为现代西方哲学的生长点。他把古希腊时期提出的“一个人不可能两次踏进同一条河流”的思想，扩展为“一个思想者不可能作两次同样的思考”，而且更为一般地说，“一个主体不可能有两次同样的经验”（第一编第二章第四节）。这样，他便把古代哲学家提出的客体流变思想扩展到主体流变思想，世界从整体上看都是流变的，都是一个不断生成的过程。而且在怀特海看来，除了这些现实的能动主体的生成或流变外，世界上根本不存在其他任何现实的东西。存在之外不可能有存在，因为非存在是没有界限的。

当然，正如有些批评家所说，怀特海在所有这些争论点上都只是提出了问题，并试图解决这些问题，然而最后并没有完全成功，因而他的思想只具有过渡性质。譬如，他一方面批判机械唯物论将自然分解成静态的物体和变化的特征，他自己却又将自然分解成相反的形态：动态的事物（发生、事件、过程）和静态的特征（永恒客体）。他一方面认为现实存在是最终的实在，同时又承认上帝是最终的创造者（参见第二编第四章第一节），其他一切都是创造物。他一方面坚持过程才是实在，成为现实的就是成为过程的，同时又承认永恒客体也是实在，等等。

最后，尚需指出的是，怀特海一方面批判一切旧唯物论的实体观点，同时又不得不使用“客观实在”概念，尽管他把这个概念重新界定为“现实存在”或“现实发生”。作为一位对黑格尔哲学缺乏研究的哲学家，他也没有对黑格尔学派关于事物的“自我运动”、“自我发展”思想予以批判地继承，对马克思的辩证唯物论的普遍联系和永恒发展思想也没有给予多大关注，因此，马克思和恩格斯通过引进科学的实践观而在哲学上所实现的革命性变革，对马克思强调的“社会生活的本质是实践的”、“问题在于改变世界”等思想均缺乏合理的评论和借鉴，特别是对马克思和恩格斯在改造黑格尔哲学的基础上所论述的“世界不是一成不变的**事物**的集合体，而是**过程**的集合体”的唯物辩证的过程哲学思想，根本没有进入他的视野。

怀特海的过程哲学之所以出现这些问题，可能与其长期作为数学家，在他身上烙下了太深的理性主义理想和习惯有关，以至于使他虽然锐意重建西方哲学，却难以彻底摆脱西方哲学传统的理性主义静态逻辑观点的束缚。同时，由于他受静态逻辑思想的束缚，因而对自黑格尔以来直到马克思和恩格斯所继承发展的辩证逻辑难以认可，这样，当他试图借助静态逻辑去重建动态的实在时，便遇到了不可克服的理论困难。所以，美国学者巴姆批评怀特海说："机体哲学极性不够，不够层次论，不够辩证法，因而不够有机性。从'感受'、'摄入'、'想象'的意义来看，机体论哲学也过于唯心论，这些术语都采自经验的心理方面，偏重于表达存在界的极限特征。"① 还有的批判者说，怀特海"本可以继续发挥一种妥协的方法以自己的术语去处理过程，而以其自己的术语研究过程就会意味着试图在过程之中发现一种功能结构，而不是在过程之外去发现一种永恒绝对的'实在'"②。这种批评的另一种说法是，他虽然反对自亚里士多德以来的逻辑中所镶嵌的主语—谓语观念，然而，当他论述他的哲学时，却仍然运用主语—谓语式的语言在思维，这样，他通过其形而上学体系的论述，在他所反对的前提下，让这种语言却盘踞得更加顽强。因此，在他的著作中所贯穿的基本思想，不是借助于过程思想使逻辑动态化，而是借助于永恒客体使逻辑静态化，这类似于从亚里士多德的哲学回到了柏拉图的哲学，因而难怪怀特海认为，"欧洲哲学传统最可信赖的一般特征在于，它是由对柏拉图的一系列注脚构成的"（第二编第一章第一节）。此外，根据巴姆的看法，怀特海哲学中还存在一种双重还原主义倾向，就是说，他将现实发生的存在还原成了转瞬即逝的流变，又把现实发生的本性还原成了永恒客体。其实，现实发生只要达到有机状态，就会作为一种功能结构状态持续地发挥作用，而现实发生的

① 阿尔奇·J·巴姆：《有机哲学和世界哲学》，江苏省社会科学院哲学研究所巴姆比较哲学研究室编译，342 页，成都，四川人民出版社，1998。

② 同上书，338 页。

本性也不是一成不变的永恒客体，而是不断生成和变易的存在物。

五、关于几个重要概念中文译名的说明

第一，关于 actual entity 的译名。本书一律译为"现实存在"。因为怀特海使用这个术语，是指不同哲学家对于这个世界上究竟什么是真正现实的东西的表述。对此，不同的哲学家和哲学流派往往有不同的看法，并以此作为出发点来建构其哲学体系或者形而上学体系。例如，在柏拉图看来，世界上真正的"现实存在"（actual entity）就是他所说的"理念"，我们这个现实世界上的一切不过是这个理念世界的影子而已。而在原子论哲学家看来，真正的现实存在（actual entity）就是原子。在莱布尼茨看来，这个"现实存在"（actual entity）就是他所理解的"无窗口的单子"。在笛卡尔看来，这个"现实存在"（actual entity）则是他所说的"物质实体"和"精神实体"，因此他被称为二元论者。而在黑格尔看来，这个"现实存在"（actual entity）就是他所说的"绝对观念"或者"绝对理念"。只有少部分哲学家不承认世界上有这种"现实存在"，他们可能只承认"现象"或只承认人对世界的主观感受。而在怀特海看来，这种"现实存在"（actual entity）就是"现实发生"（actual occasion）。

第二，关于 actual occasion 的译名。这个术语是怀特海的首创，也是中外哲学家研究和翻译怀特海过程哲学遇到的最困难的术语之一。本书一律译为"现实发生"。因为根据怀特海的阐述，现实存在亦称"现实发生"，这种"现实发生"是构成过程的最小单位，在它之前再没有其他更实在和更原初的东西了。"现实世界是由现实发生所构成的；根据本体论原理，在'存在'的任何意义上存在的任何事物，都是从现实发生中抽象出来而产生的。"（第二编第二章第四节）国内不同中文译本有的把这个概念译为"现实场合"，有的译为"现实事态"，有的译为"现实机缘"，译者感到都没有确切地表达出怀特

海使用这个概念的特有意思：他是要刻意表达这个世界上自我生成、自我发生的那种现实存在。这种存在是自我生成的、动态的，既有其物质极又有其精神极，通过这种“现实发生”客体化为下一个“现实发生”，或者说这个“现实发生”被其继生的下一个“现实发生”所摄入，这就是现实的“生成”或者“过程”。因此，译为“现实发生”可能恰恰表达了这个概念的动态生成性。而且，“现实发生”还不同于“事件”（event）：怀特海是在更一般的意义上使用“事件”一词的，他用“事件”来指称“一个广延量中以某种确定方式相互关联的现实发生的聚合体。一个现实发生就是只有一个成分的这种有限事件”（第二编第二章第四节）。由此他还界定了什么是“变化”：“变化”一词的最一般意义就是“一个事件中各种现实发生之间的差异”（第二编第二章第六节）。

第三，关于 nexus 的译名。本书一律译为“聚合体”。国内现有译本，有的译为“连结”，有的译为“联系”，有的译为“结合体”。根据怀特海的论述，“聚合体是各种现实存在的集合”，这个概念表达的是“这些现实存在由于相互摄入而构成关系性的统一体，或者——反过来说也一样——由于它们的相互客体化而构成关系性的统一体”（第一编第二章第二节）。各种现实存在或现实发生相互联系，构成聚合体，进而各种聚合体相互连接起来，构成一个集合体（society）。一个事件就是以某种确定的方式在一个广延连续体中相互关联的现实发生的聚合体。在怀特海看来，可以做出这样的区分：（1）现实存在；（2）永恒客体；（3）粒子集合体；（4）非粒子集合体；（5）非集合的聚合体。非集合的聚合体是对“混沌”概念的回应。一个聚合体一定是一个集合体，而一个集合体未必是一个聚合体。

第四，关于 society 的译名。对这个概念的译名，国内有的译为“群集”，有的译为“社群”，有的译为“集合体”。本书把这个概念一般译为“集合体”，只是涉及人类社会时，才把这个概念译为“社会”。根据怀特海的阐述，“集合体”（society）这个术语在这里所使用的意义上，是与集合体秩序有关的一种聚合体；而“持续客体”或

“持续创造物”则是其集合体秩序采取了“个体秩序”的特殊形式的集合体。聚合体在下列情况下享有“集合体秩序”：（1）存在着共同的形式要素，这种形式要素是由其包含在每一现实存在中的确定性来加以说明的；（2）这种共同的形式要素起源于聚合体的每一构成成分之中，因为它对该聚合体中某些其他成分的摄入而给它强加了一些条件；（3）这些摄入强加了这种再生条件，因为它们包含着对那种共同形式的肯定性感受。这样一种聚合体就叫作“集合体”，这种共同形式则是这个集合体的“确定特征”。这一“确定特征”概念与亚里士多德的“实体形式”概念是有关联的（参见第一编第三章第二节）。而且怀特海用这个概念是指包括无机物在内的所有现实存在，因此，译为具有一般性质的“集合体”可能更符合过程哲学的原意和中文的表达习惯。

第五，关于 prehension 的译名。对怀特海独创的这个概念，大陆学者一般译为“摄入”，也有的学者如李步楼先生译为“包容”，台湾学者有的译为“摄受”。本书一律译为“摄入”。根据怀特海的论述，一个现实发生被继生的现实发生所摄入，这个关系是单向的、不对称的。前一个现实发生只能客体化为继生的现实发生，不能“摄入”继生的现实发生。而“摄受”似有被动接受的含义，而怀特海所讲的“现实发生”所进行的“摄入”活动则是积极的和主动的。这样，译为“摄入”似乎更为合理和传神。

第六，关于 objective immortality 的译名。以往通常把这个概念译为“客观不朽”，本书改为“客体永恒性”。根据怀特海的阐述和科布教授的理解，一种发生作为另一种直接主体性的状态就是**客体永恒性**。在一种发生获得满足时，这种发生就成为其他发生的**材料**，并立刻开始在这些其他发生的主体性自我构成过程中发挥作用。在这个**过程**中，这种发生即使在不同的后继者中发挥着不同的作用，并且由它们加以不同的解释，也不会有什么变化，而是永远保持着自己所生成的状态。这种发生就其本身作为客体地给予其他发生的东西而言是“永恒的”。因此，把“immortality”概念译为“永恒性”似乎更符合过程哲学的原意和中文的表达习惯，它主要是指现实存在或现实发生在不断生成和转化过程中，只是在不断地变换着自己的存在形式而已。作为发生的客体性材料，它是永恒的，在整个宇宙中既不增加也不减少，这和物质不灭和能量守恒定律也是完全一致的。如果把这个术语译为“不朽”，似乎难以确切地表达这个意思。我们在汉语里通常对故人的逝世使用“永垂不朽”的概念，而且在汉语里“永恒”与“不朽”的意思似乎差别很大。

最后，尚需说明的是，这次在重新修订和翻译《过程与实在》的过程中，借鉴和参考了周邦宪和李步楼两位老先生的译本。我初次接触并着手翻译《过程与实在》大约是在1999年，当时与中国社会科学院哲学研究所霍桂桓研究员一起做“西方思想经典文库”第二辑，我承担翻译《过程与实在》的任务。由于那时对过程哲学了解不多，因此2003年在中国城市出版社出版的《过程与实在》初译本，其中错讹之处甚多。之后，随着对过程哲学研究的深入，特别是2002年在北京师范大学召开的过程哲学与价值哲学国际学术研讨会上有幸与王治河博士、范美筠博士相识，并通过他们两位的热情帮助、鼓励和介绍，又有幸与过程哲学传人和大家小约翰·科布教授、大卫·格里芬教授相识，与对过程哲学有深入研究和独到理解的杰伊·麦克丹尼尔教授、罗伯特·梅斯里教授相识，并先后与他们以及王治河博士（现为美国加州克莱蒙研究生大学神学院过程研究中心研究员和中美后现代发展研究院常务副院长）一同在北京第二外国语学院、上海理工大学、河北工业大学等“过程哲学暑期班”上给有关学员讲授和研讨过程哲学的基本观点和概念范畴，通过参加在美国召开的有关怀特海哲学的学术会议，以及在奥地利萨尔斯堡、印度班加罗尔和日本东京分别召开的第六、七、八届国际怀特海大会，通过会议前后和会议期间与各路过程哲学和过程思想专家的交流与研讨，逐渐加深了对过程哲学的理解。对过程哲学中的一些关键术语和疑难问题，译者于2009年冬季在加州克莱蒙研究生大学作高级访问学者期间，曾经当面向小约翰·科布教授长时间地请教，并承蒙他赠送新近出版的怀特海《过程与实在》一书的“术语解释”（Word Book）。此次修订《过程与实在》，承蒙科老同意，把这个术语解释作为《过程与实在》修订本的附录，一并发表，以帮助读者理解和研究《过程与实在》。杰伊·麦克丹尼尔教授也同意把他撰写的《何谓过程思想？对七个问题的七个回答》（What is Process Thought? Seven Answers to Seven Questions）作为译者正在撰写的《怀特海过程哲学研究》一书的前言部分使用。在这里，对以上所有对我翻译、学习和研究过程哲学提供过帮助的朋友、先生和前辈表示衷心的感谢。

最后，也要衷心感谢中国人民大学出版社，尤其是胡明峰先生和吴冰华女士两位编辑。修订《过程与实在》译本是我近几年一个非常迫切的愿望，以便有机会纠正初译本中的许多不当理解和翻译错误，并尽可能使译文符合原著精神和明白流畅，便于中国读者阅读和研究时参考。在中国图书出版业已经非常商业化的今天，中国人民大学出版社能够慷慨允诺出版这个修订译本并给译者报酬，实在难能可贵。没有对繁荣中国学术、加强中西文化交流和建设文化强国强烈的使命感和责任感，不可能做到这一点。而且，中国人民大学既是我在河北师范大学 1982 年 3 月毕业留校任教后进修一年的学校，也是后来于 1997—2000 年我攻读博士学位的母校，她不仅使我拿到了在世俗世界求职晋升必不可少的博士学位，而且使我确实学到了不少真知识，结交了许多好朋友、好老师和好同学。导师夏甄陶教授在认识论研究方面的精深造诣和笔耕不辍的勤奋精神，这些年来一直激励着我不断地思考和研究一些哲学问题。我本人因为工作岗位的原因，现在主要从事法理学和法哲学教学和研究工作，但一直对哲学研究情有独钟。尤其是过程哲学是我一直难以割舍的兴趣，并一直致力于把它应用于法哲学研究，尤其是建设性后现代法哲学或者过程法学的研究。诚望这个凝聚了我十几年心血的新译本的出版，能使更多喜爱过程哲学的朋友和读者受益，使过程哲学开启的智慧和思想观点能在中国文化和世界文化发展过程中发挥更大的作用，能为中国复兴和建设文化强国发挥一定的作用。

本书根据美国麦克米伦出版公司（Macmillian Publishing Co.，Inc.）1929年版怀特海著《过程与实在》（*Process and Reality*）翻译，根据麦克米伦出版公司分支机构自由出版社（The Free Press）1978年怀特海著《过程与实在》修订版校对。

2012年2月22日于望京花园

目　录

第三编　摄入理论

第四编　广延理论

第五编　终极解释

前　　言

本书中的这些演讲是以重新发现从笛卡尔开始到休谟为止这个阶段的哲学思想为基础的。这些演讲致力于阐述的哲学体系叫作“有机哲学”。就已经提出的哲学学说而言，任何一种学说都可以引用这个阶段某个思想家的清晰陈述为其辩护，或者引用整个西方思想的两位奠基人柏拉图和亚里士多德的清楚陈述为其辩护。但是，有机哲学则倾向于强调这些大师们著作中那些被后来的创造体系的哲学家们所抛弃的内容。最充分地预见到有机哲学的主要观点的哲学家是《人类理解论》的作者约翰·洛克，尤其是他在该书最后几卷中的论述。[①] xi

本书的这些演讲分为五编。第一编解释了有机哲学使用的方法，并概要地阐述了构成宇宙论的观念体系。

在第二编，我则致力于揭示这个观念体系可以恰当地解释那些构成西方文明思想的复杂结构的观念和问题。如果没有这种研究，第一编的概要性陈述实际上便难以理解。因此，第二编的讨论中便通过运用这个体系的专门术语来揭示这些用语的意义，同时表明这个体系有

① 见《人类理解论》第四卷第六章第十一节。

能力把我们的各种经验要素转化为彼此协调一致的关系。为了从自然地产生的哲学问题的关系上来考察人类经验，从而使人类经验能得以合理而完整的说明，我们考察了一组属于 17、18 世纪的哲学家和科学家，特别是考察了笛卡尔、牛顿、洛克、休谟和康德。这些思想家中的任何一个在阐述经验的基础时都是片面的，但是从总体上看，他们给出的一般论述则支配着后来的哲学发展。在着手这项研究时，我曾期望尽力阐明与这些思想家中每一个人之间的分歧。但是在仔细考察他们的精确陈述后却发现，有机哲学基本上是对前康德主义思想方式的重新发现。这些哲学家被他们所继承的表达方式中包含的各种不
xii 一致的前提所困扰。由于他们或者他们的后继者竭力想建立严格的哲学体系，这种倾向一直要抛弃的东西，正是他们的思想中可以作为有机哲学的基础的那些成分。我努力所做的则是要指出这些成分与有机哲学在哪些地方相一致，在哪些地方不一致。

在第二编，对现代思想的讨论只限于物理学和生物学最一般的概念范围内，并尽力避免讨论一切细节问题。同时，建构一个观念体系，这个观念体系能把各种审美的、道德的和宗教的旨趣同产生于自然科学的那些关于世界的各种概念联系起来，这一定是完美的宇宙论的目标之一。

在第三编和第四编，这个宇宙论体系根据自己的各种范畴概念逐步展开，没有太多地关注其他思想体系。例如，在第二编有一章论述了“广延连续体”，主要关注的是笛卡尔和牛顿的观点，并同有机哲学解释这个世界的特征必须采用的方式相比较。但是在第四编，处理这个问题的着眼点则是把有机哲学建立关于这个问题的理论的具体方法逐步展开。必须充分理解的是，这些演讲的主题不是要对某些传统思想体系中亟待解决的各种传统哲学问题进行孤立的考察。这些演讲的目的是要阐述一种严密的宇宙论观念，通过探讨各种经验论题来揭示这些宇宙论观念的意义，最后建立一种适当的宇宙论，使所有特殊论题都能根据这种宇宙论获得自身的内在联系。因此，这种处理方法的统一性应当在这个体系的意义和相互关联性的逐步发展中去寻找，

而不是通过连续地处理这些特殊论题来寻找。例如，随着宇宙论的发展，关于时间、空间、知觉和因果性的学说一再地反复出现。在每一次重新出现时，这些论题都给这个体系提供了新的阐释，或者获得某些新的说明。最后，只要这项事业能够取得成功，任何有关时空的、认识论的或者因果关系的难题，就不必再进行讨论了。这个体系应当制定和阐述出所有那些适合于表达事物之间任何可能的相互联系的一般观念。

在当代各种思想流派中，我得益于英国和美国实在论者是显而易见的。在这方面，尤其应当提到伦敦大学的 T. P. 纳恩教授。他在《亚里士多德学会会报》中已经预见到近年来实在论学说的某些观点，然而人们对此似乎并没有充分的了解。

我还要十分感谢柏格森、威廉·詹姆士和约翰·杜威。我的首要任务之一是使他们的思想免遭反理智主义的指责，这种指责或正确或错误地与之有关联。最后，尽管在本书的整个主体部分中，我的观点 xiii
与布拉德雷的观点迥然不同，然而我们的最终结论却并非水火不容。我尤其得益于他论述“经验的本质”的那一章，这是他的《论真理和实在》一书中的内容。他所坚持的“感受”观点与我自己所作的结论非常一致。这种整体的形而上学立场含蓄地否定了“空洞的现实”学说。

第五编涉及如何看待宇宙论问题的终极方法的最终解释问题，回答的问题是“万物最终归于什么”。在这一编里，我的观点与布拉德雷学说的接近是不言而喻的。实际上，如果这种宇宙论学说被认为是成功的，那么，在这里自然会提出的问题是这种相关类型的思想是不是绝对唯心主义的某些主要观点在实在论基础上的某种转化形式。

如果我们注意到下列这些就其对哲学的影响而言是应当被否定的流行思想习惯，那么，我们就会很好地理解这些演讲的内容：

(1) 不要相信思辨哲学。

(2) 相信语言可以恰当地表达命题。

(3) 哲学的思想方式包含着官能心理学，同时这种思想方式也包含在官能心理学之中。

（4）表达式具有主词—谓词形式。

（5）关于知觉的感觉论学说。

（6）空洞的现实学说。

（7）把客观世界当作是根据纯粹主体经验而理论地建构起来的康德主义学说。

（8）归谬论证中的任意性推论。

（9）相信逻辑矛盾除了表示某些前提错误以外还表示其他东西。

由于先入为主地部分接受或全部接受了这九个神话和错误方法，19 世纪的许多哲学使自己脱离了与日常生活中那些普通的不可改变的事实的联系。

这些演讲所肯定的学说涉及到生成、存在和各种“现实存在”的联系。“现实存在”就是笛卡尔意义上的“客观实在”。① 它是笛卡尔意义上的实体，而不是亚里士多德意义上的“第一实体”。但是，笛卡尔在他的形而上学理论中仍然坚持亚里士多德主义关于“性质”范畴支配着“关系”范畴的观点。而根据本书这些演讲中的观点，“关系”支配着“性质”。所有关系在各种现实的关系中都有自己的基础，而且这种关系完全关涉到活的东西占有死的东西——也就是说，关涉
xiv 到“客体永恒性”，因此，凡是剥夺了其自身活的直接性的东西，都成为其他生成的活的直接性的实在成分。这就是关于世界的创造性进展是共同构成不可改变的事实的那些事物的生成、消逝和客体永恒性的学说。

哲学史揭示了在不同历史时期支配着欧洲思想的两种宇宙论，这就是柏拉图的《蒂迈欧篇》② 表达的宇宙论和 17 世纪的宇宙论，后

① 我从索邦神学院的吉尔森教授那里了解了笛卡尔思想中的这个要素。我相信他是第一个坚持这一要素的重要性的人。当然，他并不需要为我在这些演讲中对这个概念的用法负责。

② 我感到遗憾的是，A. E. 泰勒教授的《柏拉图〈蒂迈欧篇〉评注》一书是在本书已准备付印时才出版的，因此，除了一个小的附注以外，未能使用该书。泰勒教授的其他论著也使我受益匪浅。

者的主要代表人物有伽利略、笛卡尔、牛顿和洛克。要想发展一种同样的事业，遵循下列路线是极为明智的：也许真正的解决办法在于把先前这两种宇宙论体系结合起来，并根据自洽性和知识进步的要求作一些修正。这些演讲中所说明的这种宇宙论，正是按照这种方式依靠哲学传统的肯定价值而构成的。在一种观念体系范围内，检验这个体系是否成功的标准就是要看它是否能对各种各样的经验给予恰当的理解。我一直在努力满足这个条件，通过把本书第二编标题分别为“自然秩序”、“主体性原理”和“过程”的第三章、第七章、第十章，同标题分别为“高级经验阶段”的第三编第五章、第四编标题为“测量”的第五章、第五编标题为“上帝与世界”的第二章加以比较就可以看出来。通过比较可以看出，这些篇章就是本书第一编第二章所陈述的观念体系必然得出的合理结论。

在这些演讲中，我竭尽全力简要地阐述我在多年间苦思冥想的那些实质性观点。在拿出这些成果时，有四个强烈的印象一直萦绕在我的脑海中：首先，从总体上说在近两个世纪占支配地位的对这些分散的问题进行历史的、哲学的批判运动，已经完成了自己的历史使命，现在则需要通过建设性的思想更加坚持不懈地努力来加以补充。其次，哲学建设的正确方法是构成一种尽可能完善的观念体系，并且坚持不懈地探索如何根据这个体系去解释经验。再次，所有关于科学旨趣的各种特殊论题的建设性思想都是受这样的观念体系支配的，这种体系虽然尚未得到人们的承认，但对于指导人们的想象力仍有重大的影响。哲学的重要性就在于，它能持之以恒地努力促使这种观念体系清晰明确，并因而能使这种观念体系不断地得到批判和改进。

最后还有一个反思就是，我们试图在事物的性质上一探究竟，追根溯源，这种努力是多么肤浅无力和不尽完善啊！在哲学讨论中，关于终极性陈述即使对其确定性有丝毫独断式的确信，都是一种愚蠢的表现。

在把这些演讲扩充为现在这个大部头著作的过程中，我非常地感 xv
谢在哈佛大学听我讲课的那些班级的全体学员提出的批判性难题。此外，如果没有我妻子的不断鼓励和忠告，这部著作是绝不可能写成的。

阿尔弗雷德·诺思·怀特海

1929 年 1 月于哈佛大学

第一编

思辨体系

第一章 思辨哲学

第一节

这些讲演的宗旨是要对思辨哲学进行探讨，其首要任务便是对 3
“思辨哲学”做出界定，并为其作为一种形成重要知识的方法做辩护。

思辨哲学的目的是要致力于构建一种内在一致的、合乎逻辑的且具有必然性的一般观念体系，根据这一体系，我们经验中的每个要素都能得到解释。我使用“解释”这一概念的意思是指，我们所意识到的一切，不管是我们欣赏的、知觉到的、渴望的还是想到的所有东西，都具有这种一般体系中一个具体实例的特征。因此，这种哲学体系应当是内在一致的、合乎逻辑的，并且就其解释力而言，还应当是适用的和适当的。这里“适用的”是指某些经验是可以这样来解释的，而“适当的”则是指任何一项经验都能这样来解释。

这里所使用的“内在一致性”是指这一体系赖以发展起来的那些基本观念都是互为前提的，因而它们在孤立状态下便是毫无意义的。

这种要求并不是说这些基本观念可以相互定义，而是指凡是不能以这样一种单独观念来界定的观念，都不能脱离它同其他观念的联系。思辨哲学的理想就是它的基本概念似乎不能彼此分离。换言之，思辨哲学假定，不可能设想任何存在能够完全地脱离宇宙系统，思辨哲学的任务就是要揭示这一真理。这一特征就是思辨哲学的内在一致性。

“合乎逻辑的”这一术语在这里具有其通常的含义，包含“逻辑的”自洽性，或者无矛盾性，根据逻辑术语来定义各种构成成分，用具体事例来说明一般的逻辑概念以及各种推理原则。我们将会看到，各种逻辑概念本身必定会在这种哲学概念体系中找到自身的位置。

我们还要注意到，这种思辨哲学的理想既有其理性的一面，也有其经验的一面。其理性方面是由“内在一致的”和“合乎逻辑的”这些术语来表达的。其经验方面是由“适用的”和“适当的”这些术语来表达的。但是，只有通过澄清先前对“适当的”这一术语的解释中存在的模糊性，这两个方面才能结合到一起。这种哲学体系对每一项
4 经验的适当性，并不是指它对那些碰巧想到的经验事项具有适当性，而是指被观察经验的基本结构，作为这种哲学体系的具体说明，能够使全部相关的经验必定会表现出同样的基本结构。因此，这种哲学体系应当是“必然的”，意思是指，如果我们把我们自身限定在同直接的事实相沟通上，那么，这个体系本身就能保证对全部经验具有普遍性。但是，凡是不能进行这种直接沟通的东西，都是不可知的，而不可知的东西就是不知道的①；因此，这种由“沟通”所界定的普遍性可以满足这个要求。

这种哲学体系对全部经验具有必然的普遍性的学说意味着宇宙具有一种本质，这种本质禁止其自身之外的关系，因为这些关系违背这种本质自身的合理性。思辨哲学就是要寻求这种本质。

---

① 这个观点是一个悖论。由于迷恋于某种虚假的谦逊，一些“谨小慎微的”哲学家采用了这个定义。

第二节

哲学家们决不要奢望最终构成这些形而上学的第一原理。人在洞察力方面的弱点和语言自身的缺陷会无情地妨碍这一目标的实现。各种词汇和短语必定会在其一般意义上被加以引申，使其超越通常的用法。然而，不管这些语言要素如何被固定化为专门术语，它们仍然是一些隐喻，需要暗中求助于富有想象性的跳跃来补充。

第一原理本身决不是不可知的、不能为人的洞察力所把握的。但是，撇开语言方面的诸多困难不说，单是想象力的缺乏就会阻碍获得第一原理的任何形式的进步，而只能逐渐地接近于某种原理体系，而这种原理体系只有根据哲学家们应当满足的理想才可定义。

这一困难也存在于哲学的经验方面。我们的材料是包括我们自己在内的现实世界，并且这个现实世界是以我们的直接经验的主题形式展现出来为我们所观察到的。阐明这种直接的经验是任何思想获得正当性的唯一理由，而思想的出发点就是对这种经验的构成成分进行分析性的观察。但是，根据构成经验的确定性的各种细节来看，我们意识不到对直接经验的任何清晰完整的分析。我们习惯于根据差异法来观察。有时我们能看到大象，有时则看不到。结果便是，只有当大象出现时，才能被我们看到。观察的技巧取决于这样一种事实：观察对象出现时才是有价值的，而有时观察对象不出现。

形而上学的第一原理绝不能没有具体的实例。离开这些原理的支配，我们绝不能把握现实世界。因此，就形而上学的发现而言，迫使思想停留在对细微区分进行严格系统化的那种方法，由于受先前的观察所影响，现在已经失效。这种严格的经验主义方法的破产并不仅仅
局限于形而上学。每当我们寻求更大的普遍性时，这种情况就会出 5
现。在自然科学中，这种严格的方法就是培根式的归纳法。如果执著地坚持这种方法，将会使科学停滞不前。培根所忽略的是自由想象的

作用，这种自由想象是由内在一致性和合乎逻辑性的要求支配的。真正的发现方法宛如飞机的航行：它从特殊的观察基地起飞，继而在有想象力的普遍性的稀薄空气中飞行，最后降落在由理性的解释使之更为敏锐的新的观察基地上。这种富有想象力的理性化方法所以能取得成功，是因为当差异法失效时，在富有想象力的思想影响下，那些经常出现的因素还能被人们观察到。这种思想提供了直接观察缺少的种种差异，甚至还能利用不一致性，将经验中那些一致而持续的因素与想象的不一致因素做比较，从而阐明经验中那些一致而持续的要素。这种否定性判断是精神的顶峰。但是，这种富有想象力的建构要获得成功，就必须严格地遵守各种条件。首先，这种建构必须源于对人类关心的特殊主题中分辨出来的特殊要素进行概括，例如对物理学、生物学、心理学、美学、伦理学、社会学，或者对被认为是人类经验之宝库的语言学等主题之中的特殊要素进行概括。这样一来，这种建构的首要要求便得到了保证，即无论如何都会有某种重要的应用。这种想象性实验是否成功，永远要通过把它应用于产生它的范围之外的结果来进行。如果没有这种扩大的应用，那么一种例如说从物理学中做的概括，就不过是仅可应用于物理学的概念的另一种表述而已。而一种部分地获得成功的哲学概括，即使其起源于物理学，也可应用于物理学以外的经验领域。这将会为那些遥远领域中的观察提供启迪，从而在说明过程中能够分辨出这些一般原理，而如果没有这种富于想象力的概括，这些一般原理就会被那些连续不断的实例弄得模糊不清了。

因此，首要的要求就是要通过这种概括方法不断前进，以便确保这种方法能得到一定的应用。而要检验这种方法是否有所成功，就是要把它应用到直接起源以外的地方。换言之，就是要获得某种概括的想象力。

在这种哲学方法的描述中，“哲学概括”这一术语的含义是指“用适用于一组有限事实的特殊概念来推测适用于全部事实的一般概念”。

自然科学对这种方法的使用显示出理性主义与非理性主义的奇特的混合。在自然科学自身的范围内，其普遍的思想特征一直是顽强的理性主义，而在这些范围之外，便表现为独断的非理性主义。实际上这样一种态度很容易变成一种独断的否定态度，认为世界上的任何因 6
素都不能根据其自身缺乏进一步概括的原始概念而得到充分的表达。这样一种否定是思想的自我否定。

想象的建构要取得成功还需要第二个条件，这便是坚定地追求两种理性主义理想，即内在一致性和逻辑的完满性。

对逻辑的完满性在这里不需要做任何详细的说明，数学在自然科学的有限领域内所发挥的作用已经为逻辑的完满性提供了重要的例证。数学史展示着那些在具体事例中观察到的特殊概念的普遍化。在数学的任何分支领域，这些概念都是互为前提的。思想史的一个显著特征是，由纯粹想象力产生并控制的各个数学分支最终都获得了重要的应用。这种应用也许要假以时日。锥线论的应用就不得不等待了一千八百年。在更为晚近的年代里，概率论、张量论和矩阵理论也是这方面的典型例子。

对内在一致性的要求是维护健全的理性主义精神的重要因素。但是，它的批判的有效性却并非总能得到认可。如果我们考察一下哲学上的各种争论，我们就会发现，那些争论者们往往要求他们的对手保持一致性，而他们自己则拥有不一致的特权。有人认为，一种哲学体系绝对不是被驳倒的，而只是被抛弃的。其理由是：除了心灵上的暂时疏忽——虽然是暂时的却是大量的——之外，逻辑矛盾是最没有理由可说的错误，并且这些错误通常也是微不足道的。因此，在经过批评之后，这些哲学体系显现出来的不仅仅是不合逻辑，它们还有不适当和不一致的缺陷。当这种体系范围内没有包含某些显而易见的经验要素时，它就会粗暴地否定这些事实。同样，当一种哲学体系仍然保持着任何创新的魅力时，它在一致性上的失败就会得到完全的宽容。但是，一个哲学体系一旦获得正统地位，并且以权威观点来传授之时，它就会受到更加尖锐的批评。它对事实的否定及其内在不一致会逐渐地被人发现难以容忍，于是，人们便开始对它进行反击。

不一致性是对第一原理的任意割裂。在近代哲学中，笛卡尔的两种实体即物质实体和精神实体即表现出这种不一致性。笛卡尔哲学并没有给出任何理由来说明为什么不能存在只有一种实体的世界，或者是单一物质实体的世界，或者是单一精神实体的世界。根据笛卡尔的观点，一种实体性个体“自身就能存在，无需其他任何东西”。因此，这一哲学体系就造成了不一致性。但是，另一方面，事实似乎是相互关联的，而笛卡尔的体系则并非如此，例如，在处理身心问题上就是这样。笛卡尔的哲学体系显然说出了某些正确的东西，但是这个哲学体系的概念太抽象了，因而未能探究到事物的本质。

斯宾诺莎哲学的魅力在于其修正了笛卡尔的立场，达到了更大的
7 一致性。他以一种实体即自因为出发点，考察了它的本质属性及其个体化方式，即实体的方式。这种哲学体系的缺陷在于任意地引入了各种“方式”。然而，如果这种体系要与经验世界中的许多发生保持任何直接联系的话，多种多样的方式确实是个可靠的必要条件。

有机哲学与斯宾诺莎的思想体系具有密切的联系，但与之不同的是，有机哲学抛弃了思想的主词—谓词形式，因为斯宾诺莎的哲学假定这种形式是对事实的最终特征的直接体现。其结果便是有机哲学排除了“实体—属性”概念，并且以动力学的过程描述取代了形态学的描述。同时斯宾诺莎的“方式”在有机哲学中成为纯粹的现实。因此，尽管对这些现实的分析会增强我们的理解，却并未引导我们去发现任何更高层次的实在。这种哲学体系所要寻求保持的内在一致性正是要发现，任何一种现实存在的过程或合生都将会涉及到其自身组成成分之中的其他现实存在。这样一来，世界的明显的协同性就会得到合理的说明。

在所有哲学理论中都有一种终极的东西，这种终极的东西通过自身的种种偶然性而成为现实的。只有通过其自身种种偶然性的具体体现，这种终极的东西才能具有各种特征，而脱离了这些偶然性，它便没有现实性。在有机哲学中，这种终极的东西叫作“创造性”，而上

帝就是这种创造性的原初的、非时间性的偶然性。在一元论哲学中，例如在斯宾诺莎哲学或绝对唯心主义中，这种终极的东西就是上帝，也可以称之为“绝对”。在这些一元论哲学体系中，这种终极的东西被非法地当作某种终极的、“显明的”实在，超越了任何归于偶然性的实在。就这种一般立场来看，有机哲学似乎更接近于印度或中国的某些思想传统，而不是更接近于西亚或欧洲人的思想传统。前一个方面把过程当作终极的东西，而后一个方面则把事实当作终极的东西。

第三节

每一种哲学都会依次遭受被其他哲学所取代的命运。但是，各种哲学体系综合起来则可表达各种关于宇宙的普遍真理，不过这些真理在各个领域的有效性有待于协调和阐述而已。这种协调方面的进步是由哲学的发展提供的。从这个意义上说，哲学自柏拉图以来一直在不断向前发展。根据这种对理性主义成就的说明，哲学上的主要错误便是夸大的陈述。哲学起先概括的目的是合理的，但对这种成功的估计则被夸大了。这种夸大主要有两种形式。一种形式是我在其他地方所说过的[①]，即所谓“误置具体性之谬误”。这种谬误表现在，当现实存在仅仅被作为某些思想范畴之实例来考察时，忽略了所包含的抽象的程度。只要我们把思想严格地限制于这些范畴，就会有一些现实的 8
方面被直接忽略掉。因此，衡量一种哲学是否成功，就是在思想被限制在这种哲学的各种范畴之内时，它在多大程度上能避免这种谬误。

另一种形式的夸大陈述则是错误地估计了逻辑方法在确定性和前提方面的作用。哲学一直受到一种不幸观念的困扰，这就是认为哲学方法可以独断地表示那些各自清晰、明确和确定的前提，并可在这些前提之上建立起一种演绎的思想体系。

① 参见《科学与近代世界》第三章。

但是，精确地表达这些终极的普遍性概念是哲学讨论的目标而不是其开端。哲学一直被数学的样板所误导，而即使在数学中，对终极的逻辑原理的陈述也被各种困难所困扰，迄今这些困难也未能克服。[①] 对一种理性主义体系的确证，应当检验其第一原理是否取得了普遍的成功，而不是看其是否有特别的确定性，或者是否有原初的清晰性。在这方面，必须注意归谬论证法的滥用，许多哲学推论深受其害。当一系列推理出现矛盾时，人们所能得出的唯一逻辑结论便是，这种推理的前提中至少有一个是假的。通常人们不再进一步质疑，就会轻率地假定这个错误的前提可以立刻被确定。在数学中，这种假定通常可以被证明为是正确的，哲学家们便由此而受到误导。但是，当存在的范畴体系还没有得到很好的定义时——这会产生一个令人满意的形而上学体系——哲学论证的每一个前提都是可以存疑的。

哲学只有把逐渐阐发范畴体系当作自身的恰当目标，并且在每一发展阶段上都能得到确切的阐述时，才能重新获得恰当的地位。也许会有各种对立的哲学体系，它们彼此冲突，各有其长，也各有其短。因此，研究的目的就是要协调这些差异。形而上学范畴不是对明显的道理的独断陈述，而是对终极的普遍性所作的试探性陈述。

如果我们把任何一种哲学范畴体系都看作一种复合的断定，并且把逻辑学家或真或假的选择应用于这种体系，那么回答必定是，这种范畴体系是错的。对于现已阐明的任何科学原理的类似问题，必定都可以给予同样的回答。

这种体系确实有一些尚未详细阐述的条件、例外和局限，并且根据更为一般的概念可以做出新的解释。我们还不知道如何把这种体系改造成一个合乎逻辑的真理。但是，这种体系却是一个母体，从中可
9 以引申出可应用于各种特殊情况的真命题。我们目前只能信任我们受过训练的天赋，从而来分辨这个体系对哪些情况是有效的。

使用这样一种母体，就是要根据这种母体大胆地并且以严密的逻

① 参见《数学原理》，伯特兰·罗素和 A. N. 怀特海著，第一卷导言和第二版导言。这些入门性讨论实际上是由罗素进行的，第二版的导言就是全部由他完成的。

辑来论证。所以，要使这种论证能得以进行，就应当以最精确和最确定的方式来阐述这种体系。因此，这种论证的结论还应当能够应对它所能应用的各种情况。

这样获得的主要好处在于，人们不会以麻木的压制常识的方法来拷问经验。由这种论证的结论所唤起的期望，使观察获得了强大的洞察力。这个方法产生的结果无非是采用如下三种形式中的某一种形式：（1）结论可能与观察事实相一致；（2）结论与观察事实可能大体一致，而在细节上则不尽相同；（3）结论可能与观察事实完全相反。

在第一种情况下，事实可得到更充分的认识，而且说明了这个体系可应用于这个世界。而在第二种情况下，对事实的观察和这个体系的细节都需要进行批判。思想史表明，对观察事实的错误解释往往会进入关于这些事实的观察记录之中。因此，无论是关于事实的理论，还是所接受的关于事实的观念，都是可疑的。在第三种情况下，则需要对理论进行根本的重建，要么将理论限制于某个特殊的领域，要么完全抛弃其主要的思想范畴。

自从人类以文明语言奠定了理性生活的最初根基以来，全部富有成效的思想进步，要么是通过艺术家富有诗性的洞察力来实现的，要么是通过思想家富有想象力地来阐述可用作逻辑前提的思想体系而实现的。从某种程度上说，进步永远是对那些明显的东西的超越。

理性主义从来没有动摇过其在试验性探险活动中的地位。数学与宗教的共同影响极大地促进了哲学的兴起，同时也造成使哲学束缚于僵化的独断论的不幸结果。理性主义是一种思想澄清过程的历险，这种历险不断进步，永无止境。然而，这种历险即使部分地取得成功，也具有重要意义。

第四节

一门具体科学的领域通常只局限于某一类事实，这就是说，这门科学所做的任何有关事实的陈述都不会在这一类事实之外。一门科学总是围绕着一组事实而产生的，正是这个情况保证了这一类事实之间具有全人类看来都是显而易见的各种确定的关系。当人们对事物的清楚明白的掌握对生存的目的或享受的目的，也就是说，对人类的“生存”和“幸福”具有直接的重要性时，事物的这种共同的明显性就产
10 生了。在人类经验中通过这种方式挑选出来的要素正是语言能够充分表达的要素，并且是在其界限之内能够精确表达的要素。所以，具体科学探讨的主题通常易于探究，而且易于用语词来表达。

哲学研究宛如通向更大的普遍性的航行。正是由于这个原因，在科学的幼年时期，人们的注意力主要是放在发现可有益地应用于相关主题的最一般的观念上，哲学与科学还没有严格地区分开来。在这个时期，一门新科学若在概念上有任何实质性的创新，就会被认为在某些方面具有独特的哲学见解。在科学发展的晚期阶段，除了偶然的干扰以外，大多数科学都毫无疑问地接受了它们赖以发展的一般概念，其主要的关注点是如何协调和直接证实那些更加具体的陈述。正是在这个时期，科学家开始拒斥哲学。牛顿只满足于他的物理学原理，但却拒斥了形而上学。

牛顿物理学的命运警示我们，科学的第一原理是有所发展的，并且只有通过解释它们的意义和限定它们的应用范围，才能保持这些原理的原初形式——这些解释和限定在其成功应用的最初时期是无可置疑的。文化史的一个重要时期就是有关各种普遍性概念的增长时期。在这样一个重要时期，人们可以看到旧的普遍性概念如同古老的山峰被风吹日晒不断侵蚀，高度不断降低，并被后起的山峰所超越。

因此，哲学的目标之一便是向构成科学的第一原理的那些似是而非的陈述提出挑战。知识的系统化不能在封闭状态下进行，所有的普遍真理都是互为条件的，并且如果使它们脱离了与更大的普遍性原理的相互关联，也不能恰当地界定它们的应用范围。对这些原理的批判必须首先采取的一种形式，就是要确定我们赋予各种科学的这些基本概念的恰当意义，并且要通过它们相互之间的地位来考察这些概念。

而对这种地位的确定就需要超越任何特殊主题的普遍性。

如果我们相信毕达哥拉斯的传统，那么就可以说，欧洲哲学的兴起在很大程度上就是由于数学发展为一门抽象的普遍性科学所推动的。但是在哲学后来的发展中，哲学的方法也深受这种数学典范之害。数学的主要方法是演绎法，哲学的主要方法则是描述性的概括。在数学的影响下，演绎法作为标准的方法强加给哲学，而不是把这种方法的真正作用当作检验这些普遍性原理适用范围的基本的辅助性证实手段。这种对哲学方法的误解掩盖了哲学在提供一般观念方面的巨大功绩，而这种一般观念可以使我们对经验事实的理解更加清晰。柏 11
拉图、亚里士多德、托马斯·阿奎那、笛卡尔、斯宾诺莎、莱布尼茨、洛克、贝克莱、休谟、康德和黑格尔的哲学前后相继，互相替代，只不过是说这些人物引进哲学传统中的那些观念必须被理解为是有局限的、可以修正或者转换的，而他们对此或者不知道，或者甚至会明确地反对。一种新观念通常会引入一种新选择，而且我们即使采纳了一位思想家所抛弃的选择，我们对这位思想家依然应当怀有感激之情。在经由一位哲学大师的思想冲击之后，哲学再也不会回到其原先的状态了。

第五节

每一门科学都必定会设计自己的工具，而哲学所需要的工具则是语言。因此，如同物理学通常要对先前存在的工具重新进行设计一样，哲学也以同样的方法对语言重新进行设计。正是在这一点上，求助于事实却是难以做到的。这种诉求不仅仅是用流行的语言陈述对事实做出表达，具有争议的主要问题在于这类句子是否恰当。确定无疑的是，人类对经验事实的普遍认同可用语言给予很好的表达。但是，文学语言恰恰不能完成以清晰明白的形式表达更大的普遍原理的任务，而形而上学所要力求表达的正是这些普遍原理。

问题在于，每一命题所涉及的论域都会展示某种普遍的和系统的形而上学特征。脱离这个背景，那些将要构成这个命题的各自分散的存在以及整个命题本身，便都会没有确定的特征，任何东西都得不到界定，因为每一种确定的存在都需要有一种系统的论域来为其提供必要的位置。因此，每个提供了某个事实的命题归根到底都必须提供这个事实所要求的论域的普遍性质。根本不存在任何漂浮在虚无之中的自足的事实。关于一个命题不可能与其自身在现实世界中的系统背景相割裂的这种学说，是第四种和第二十种基本范畴说明的直接结论，对此我们将在后面进一步展开和说明。一个命题可以体现部分的真理，因为它仅仅要求一定类型的系统环境，其自身的意义是以这种系统背景为前提的。命题并不涉及这个论域的所有细节。

形而上学的一个实用的目的是精确地分析各种命题。不仅要分析形而上学命题，还要分析诸如“今天的宴会有牛排”和“苏格拉底是会死的”这类极为普通的命题。构成某一个具体科学领域的一类事实，通常需要有关于这个论域的某种共同的形而上学前提。把某些口头用语当作对命题的恰当陈述简直太轻率了。这种口头用语与完全命题的区分，正是逻辑学家的严格选择即“真或假”为何在很大程度上
12 与追求知识毫不相干的原因之一。

众所周知，过度地相信语言措辞一直是希腊人以及继承希腊传统的中世纪思想家的哲学和物理学遭受严重损害的原因。例如，约翰·斯图亚特·穆勒便如此写道：

> 他们（希腊人）既很难区分被他们的语言所混淆的事物，也很难把他们的语言所区分开的事物在头脑里整合起来，并且几乎不能把这些客体按其本性组成任何类别，而只能按照他们自己国度里流行的术语把这些客体分类，或至少他们禁不住幻想这些分类是自然的，而所有其他分类则是任意的和人为的。因此，希腊思辨学派及其在中世纪的追随者们所进行的科学探究，只不过是细究和分析日常语言中的那些概念罢了。他们以为，他们确定了

> 语词的意义，就获得了对事实的认识。①

穆勒随后又进一步引证了惠威尔的一段话②，以说明希腊思想具有同样的缺陷。

但是，无论穆勒还是惠威尔，都没有找到关于语言这一困难产生的根源。他们两人都假定语言能阐明定义明确的命题，这是完全错误的。语言完全是不确定的，因为事实是每一个事件都是以某种系统的环境为其先决条件的。

例如，表示哲学家“苏格拉底”的那个词在一个句子中所代表的存在，可能要比在另一个句子中的表示“苏格拉底”的同一个词假定更为严密定义的背景。同样，“会死的”这个词也提供了类似的可能性。一门精确的语言必须有完善的形而上学知识才会形成。

哲学的专门语言表明，各个思想派别都力图清晰地表达经验事实所预设的一般观念。由此可见，形而上学学说中的任何创新，都表现出与现行哲学文献中的事实陈述有某种程度的不一致性。这种不一致性标志着形而上学方面的分歧程度。因此，批评某个形而上学流派的学说没有沿用另一学派所接受的关于事实的语言表达方式，这种指责是无效的。全部争论就在于这些相关学说是否更接近于充分表达了这些命题。

真理本身不过是世界上各种有机现实的复合性质如何在神圣的自然中获得充分表现的问题。这一类表现构成了上帝的“继生性质”，
并且同进化着的世界相联系和一同进化，同时还不会损害其原初的概 13
念性质的永恒完成。以这种方式，这种“本体论原理”得以坚持——因为除了这种确定的真理所涉及的一种现实存在以外，它不可能不偏不倚地与诸多现实存在的部分经验相关联。这种时间性世界与上帝性质的反作用，随后将在第五编中进行考察：在那里这种反作用被称为“上帝的继生性质”。

---

① 《逻辑学》第五卷第三章。

② 参见惠威尔的《归纳科学史》。

凡是可以在“实践”中发现的东西，都一定在形而上学的描述范围之内。如果这种描述不能包含这种“实践”，这种形而上学就是不充分的，需要作修改。只要我们仍然满足于我们的形而上学学说，我们就不要诉诸实践去补充形而上学。形而上学不过是对适合于全部实践细节的普遍原理所作的描述而已。

任何形而上学体系都不能完全地期望满足这些实效性的检验。这样一种体系充其量只是对所寻求的那些普遍真理的逼近。特别是，不存在任何精确陈述的、可作为出发点的公理式的确定性，甚至根本不存在用来构成它们的语言。唯一可能的方法是以词语表达方式作为出发点，而若以这些词语表达方式的现行意义本身来看，它们则是定义不明和含糊不清的。除非通过进一步讨论来说明，这些表达式不是可以直接进行推理的前提。它们力求陈述的是一些一般原理，而这些原理将要通过随后的经验事实描述来说明。这一随后的阐述应当说明人们赋予这些所用词语和短语的意义。只有对宇宙给这些意义提供的形而上学背景相应地有精确的理解时，人们对这类意义才可能有精确的理解。但是，任何语言都不过是省略性质的，它需要人们运用想象力的飞跃来理解其与直接经验相联系时所具有的意义。只有牢记任何语言陈述都不能充分地表达命题，才能理解形而上学在文化发展中的地位。

一种历史悠久的形而上学体系会获得某种充分精确的虚假外表，这是由于它的词汇和术语已经进入了现行的文献。这样，它的语言所表达的命题就更容易与我们稍纵即逝的直觉相联系而形成形而上学的真理。一旦我们相信了这些语言陈述，并用它们来论证，仿佛它们对意义做了充分的分析时，我们就会陷入种种困境，就会对实践中作为前提的东西采取否定的态度。但是当这些语言陈述作为第一原理被提出来时，它们却表现出某种本不当有的清晰明显的样子。它们的缺陷在于，一旦得到充分的表达，它们所表达出来的真命题就会失去它们的根本性质。例如，考察一下诸如“草是绿的”和“鲸鱼是大的”这类命题。这种主—谓陈述形式似乎非常简单，直接通向了形而上学的

第一原理，然而在这些例子中却隐藏着这一类复杂的和多样的意义。 14

第六节

思辨哲学一直受到一种责难，认为它的目标过于宏大。人们承认理性主义是具体科学在自己的有限范围内获得进步的方法。然而，通常认为，这种有限的成功绝不应鼓励人们试图去构建表达事物普遍性质的宏大体系。

进行这种批评的一种所谓的正当理由是，构建思辨哲学体系的努力一直不成功：欧洲思想表现为一堆零乱不堪的形而上学体系，它们要么被抛在一边，要么彼此不一致。

这种论断是在暗中把过去的教条式检验标准强加给了哲学。如果用同样的标准来强行检验科学，科学也是不成功的。我们对 17 世纪笛卡尔哲学的继承就远甚于继承那个世纪的物理学。然而在一定限度内，这两种体系都表达了重要的真理。同时，我们也开始理解那些更大的范畴，它们规定了这些真理恰当的适用范围。当然，在那个世纪，教条主义观念占据统治地位，因此无论是物理学概念还是笛卡尔的哲学概念，它们的有效性都遭到误解。人类从来不明白自己到底要追寻什么。当我们考察思想史以及同样的实践发展史时，我们会发现，人们尝试过一个又一个理念，限定了这些理念的范围，阐发过这些理念的真理性内核。在把这种天性用于各个特殊时代所要求的智力探险时，奥古斯丁的意味深长的说法含有许多真理性："世界的判决是可靠的"（*Securus judicat orbis terrarum*）。至少人们已尽其所能在努力进行体系化，并且最终也取得了某些成就。恰当的检验不是要检验最终的结果，而是要检验其是否取得了进步。

但是，对哲学思辨的主要责难是认为哲学思辨是无用的，这种观点起源于 16 世纪，最终是由弗兰西斯・培根明确表达出来的。这种责难所持的立场认为，我们应当描述具体的事实，并从中概括出具有普遍性的规律，这种普遍性应当严格限制在所描述的那些细节的系统化方面。这种观点认为，普遍性的解释对这一方法没有任何意义。因此，任何普遍性的解释体系，不管其真假如何，本质上都是空洞无用的。遗憾的是，对于这种责难根本不存在任何纯粹的和自足的事实，除非把事实解释为系统中的一个要素，否则我们就不可能理解这种事实。无论何时我们力图表达直接的经验问题，我们都会发现，对这一问题的理解都会引导我们超越经验自身，超越经验的现在、过去和未来，并达到能够展示经验的确定性的各种普遍。但是这一类普遍，由于具有普遍性的性质，往往以各种确定性来体现其他事实的潜在性。因此，要理解直接的原初事实，就需要把这个事实作为与这个世界有系统关系的一个事项，以此来获得对于它的形而上学的解释。当思想发挥作用时，就会发现这些解释都是实践问题。哲学并不是要启动解释，而是要寻求一种理性主义的体系，也就是对我们必然要使用的解释寻求更充分的批评和更充分的辩护。我们习以为常的经验中交织着解释的成功与失败。如果我们期望记录未经解释过的经验，我们就只能让石头自己写自传了。每一篇科学备忘录对“事实”的记载从头到尾充满着解释。理性解释的方法论是意识时而清醒时而模糊所造就的产物。这些意识要素在某些情况下闪烁着直觉的清晰性，在另一些情况下则可能会显得或明或暗、模糊不清，而在另一些场合则会完全陷入黑暗。然而所有情况都表明它们是坚实世界的流变中的各种现实，需要一种统一的解释。

哲学通过意识到自身最初过分的主体性而可自我纠正。每一种现实发生都能通过给自己原初的环境提供一些新的构成要素来加深自己独特的个体性。意识只是这一类要素中最后的和最重要的要素而已，正是凭借这一要素，个体的选择性才使得产生了意识，并且意识所要表现的整个外在总体世界变得模糊不清了。一个这样的高级现实个体，由于其纯粹的现实性，便与事物的总体性有了关联，但是它通过有选择地着重局限于自身的目的，因而获得了自己个体存在的深度。哲学的任务就是要恢复由这种选择所模糊了的总体性。它要在理性的经验中取代那些沉没在高级感觉经验之中的东西，取代由于意识本身最初的作用而沉淀得更深的东西。个体经验的选择性只要符合理性想象揭示的意义平衡，就是符合道德的；反之，如果理智的洞察力转化为情感力量，便会在道德的方向上修正感性的经验。这种修正与理智洞察力的合理性是成正比的。

道德性的观点与普遍性的观点是不可分割地联系在一起的。普遍的善与个体利益之间的对立，只有当这种个体利益就是普遍的善，因而个体表现出轻度损失是为了在更大利益范围内重新发现有更好的组合时，才能加以消除。

哲学由于同宗教、自然科学和社会科学的密切联系使自身摆脱了无用的坏名声。哲学由于将宗教和科学融合为一种合乎理性的思想体系而使自身获得了主要的意义。宗教应当把哲学理性的普遍性与特定社会、特定时代中产生的，并受特定的先前条件制约的各种情感和目的结合起来。宗教是把普遍的观念转化为特殊的思想、特殊的情感和特殊的目的——它要达到的目的是扩展个体的利益，使个体的利益超越己所不欲的特殊利益。哲学找到了宗教，并对宗教做了修正，相反，宗教则成为哲学必须织入自身体系之中的经验材料。宗教是一种 16
终极渴望，是要把主要属于概念性思想本身的永恒普遍性融入持续的特殊情感之中。在高级有机体中，除非能实现这种高级的融合，否则，这种纯粹性情感与概念性经验之间的节奏差异就会产生对生命的厌烦。有机体的这两个方面需要和谐一致，情感性经验通过这种和谐体现着概念的合理性，而概念性经验通过这种和谐找到了情感性表现。

这种对纯粹经验进行理智性证明的要求长期以来也是推动欧洲科学发展的动力。从这个意义上说，科学的旨趣不过是不同形式的宗教旨趣而已。任何对科学献身于“真理”这一理想的探究都将会确认这一陈述。然而，就科学与宗教关注个体经验的不同阶段而言，它们之间仍然存在着严重分歧。宗教关心的是理性思维与产生经验的知觉材料的感官反应之间的和谐，而科学关注的则是理性思维与知觉材料本身的和谐。科学在探讨情感问题时，所讨论的情感是知觉材料，而不是直接的情感冲动——即科学探讨的是他人的情感，而不是研究者自己的情感；科学探讨的至多是研究者记忆中的情感，而不是直接的情感。宗教探讨的是经验主体的形成过程，科学探讨的则是客体，这些客体是构成这种经验的初级阶段的材料。主体来源于既定的条件，并处于这些条件之中；科学把思想与这种原初事实相调和，而宗教则把这一过程中包含的思想与这一过程中涉及的感官反应相调和。这个过程只不过是正在经验的主体自身而已。在这一说明中，假定了经验主体是对现实世界的感官反应的一种发生。科学在其知觉材料中可以发现宗教的经验，而宗教则可以在与特殊感官反应相融合的概念经验中发现科学的概念。

这一讨论的结论是：首先，我们要坚持古老学说的这样一个论断，即思想的广度与感觉经验的强度发生着相互作用，这明显地是存在的一个终极要求；其次，要坚持这样一个论断，即从经验上看，思想的自我证明的发展必须通过一系列复杂的过程来实现，先是要从各种特殊主题中做出概括，然后再通过想象把这些概括体系化，最后再把这种想象的体系与其应当适用的直接经验相比较。

在任何特殊阶段，都不存在检验普遍性概括的合理方法。每一阶段的概括都展示着其自身特有的简明性，这种简明性明显地表现在这个阶段而不是其他阶段。一根钢条的运动有其简明性，但如果我们不能把这一运动同各个个体分子分离开来，它的简明性就会被模糊；人的行为也有某些简明性，但如果我们拒绝把人的行为从这种特殊物种的个体特性中抽象出来，其简明性也要被掩盖。同样，关于日常行为世界中的现实事物也存在着某些普遍真理。当我们思考这些普遍真理时，如果我们把注意力集中在某一具体而琐碎的方式上，这些普遍真
17 理也将会被掩盖。这些包含在事物各种活动的每一特殊概念的意义中的普遍真理，正是思辨哲学所要研究的主题。

如果哲学只是迷恋于卓越的说明技巧，就会使自己的有用性丧失殆尽。这样一来，它就是在用错误的手段侵蚀特殊科学的疆域。哲学的终极诉求应当是对我们在实践中所经验到的一切具有普遍意识。无

论是何种预设思路，只要其能表现贯穿于理性社会各个时代的社会表达方式的特征，都必定会在哲学理论中找到其用武之地。既要有大胆的思辨，又必须在逻辑和事实面前保持全然的谦卑。当哲学既不大胆也不谦逊，而仅仅反映异常人格的情绪性预设时，这便是哲学的病态表现。

同样，我们也不相信仅仅根据一次性且不可重复的异常试验便对科学理论进行重铸的任何做法。终极的检验永远是广泛的、可重复的经验，并且这种理性主义体系越普遍，这一最终的诉求就越重要。

哲学的有用性功能就是促进文明思想最普遍的系统化。专门知识与常识总是相互作用的：专门科学的作用是修正常识，而哲学则是把想象力和常识相融合，从而形成对专家的制约，同时也扩大他们的想象力。通过提供一般概念，哲学应当使人们更易于理解那些孕育在自然母腹中尚未成为现实的无限多样的特殊情况。

第二章　范畴体系

第一节

18　这一章的内容是要预先对构成有机哲学的基本概念做一概述。随后各讲全部讨论的目的都是为了使这一概述得以充分理解，并要表明全部讨论就是要把这些普遍概念具体化，而这些普遍概念是我们在反思经验时不可避免地要作为前提的——虽然以这些普遍概念为前提，它们却很少得到清楚明确的表达。在这个概述中，我们要挑出四个概念加以讨论，因为它们涉及到与以往哲学思想的某些分歧。这四个概念就是“现实存在”（actual entity）、“摄入”（prehension）、“聚合体”（nexus）和“本体论原理”（ontological principle）。哲学思想由于专门使用非常抽象的概念例如纯粹意识、纯粹私人感觉、纯粹情感、纯粹目的、纯粹表象和纯粹因果性等概念进行讨论，因而给自己造成许多困难。这些概念都是陈腐的“机能”的幽灵，已经从心理学中被驱逐出去了，但迄今却仍然在形而上学之中徘徊。不可能有这样一些抽象的“纯粹的”共在，其结果就是使哲学讨论陷入“误置具体性”的谬误。① 我将力求通过现实存在、摄入和聚合体这三个概念，将哲学思想建立在我们的经验中最具体的要素之上。

“现实存在”——亦称“现实发生”（actual occasions）——是构成世界的最终的实在事物。在这些现实存在背后再也找不到任何更为实在的事物了。现实存在彼此不同：上帝是一种现实存在，遥远虚空中一丝最微小的存在也是一种现实存在。但是，尽管其重要性有不同等级，在功能上也各有差异，然而就其现实性所展示的原理而言，它们都处于同一层面。终极的事实就是这些现实存在，一切概莫能外；并且这些现实存在就是点滴的经验，它们既错综复杂又相互独立。

就有机哲学重新发现了许多现实存在的概念来看，它是彻底的笛卡尔主义的。“本体论原理”拓展和引申了洛克在其《人类理解论》（第二卷第二十三章第七节）中提出的一个普遍原理。洛克在那里断言，“能力”是“构成我们的复杂的实体观念的重要组成部分”。有机 19
哲学在这里把“实体”概念转化为“现实存在”的概念；而“能力”概念则被转化为这样一个原理：事物存在的理由总是能在确定的现实存在的复合性质中找到——在上帝的性质中可找到最高绝对的理由；在确定的暂时性现实存在的性质中可找到有关特殊环境的理由。这种本体论原理可以概括为：没有现实存在，就没有任何理由。

每一种现实存在都可以用无数的不同方式来分析。以某些分析方式所得出的构成要素要比以其他分析方式得出的要素更抽象。把现实存在分析为“摄入”，就是要揭示现实存在的性质中最具体的要素的分析方式。这种分析方式可叫作对相关现实存在的“区分”。每一种现实存在都可用无数的不同方法来“区分”，而每一种“区分”方法都会产生一定数量的摄入。摄入能在其自身内繁衍出现实存在的普遍特征：它是与外部世界有关联的，在这个意义上可以说它具有“矢量

① 参见我的《科学与近代世界》第三章。

性质”；它涉及到情感、目的、评价和因果关系。实际上，现实存在的任何特征都可以在摄入中繁衍出来。摄入本来应该是完全的现实，但由于某种不完全的局限性，它就只能是现实存在的一种从属要素。这就需要参照完全的现实性来说明，这样一种摄入为何成为它现在的这种主体性形式。这种主体性形式是由进一步整合的主体性目的所决定的，以便获得完成后的主体所具有的那种“满足”。换言之，终极的因果关系与原子论是相互联系的哲学原理。

为建立起一种只有单一实体的宇宙论，我们从笛卡尔的精神的“沉思”和洛克的“观念”中概括出“摄入”概念，以表达适用于每一级个体现实的最具体的分析方式。笛卡尔和洛克都坚持一种具有两种实体的本体论——笛卡尔是明确表述的，洛克则是通过含蓄方式表述的。作为数学物理学家，笛卡尔着重说明了物质实体；而作为医师和社会学家的洛克，则仅仅解释了精神实体。有机哲学则在其只包含一类现实存在的体系中采用了如下观点，即洛克对精神实体的说明，较之笛卡尔对物质实体的说明，以一种非常特殊的形式，具体表达了更深刻的哲学描述。不过，笛卡尔的说明对有机哲学体系必定也有影响。从总体上说，这是从莱布尼茨的《单子论》中汲取的教训。他的单子论充其量可以看作是对当时关于精神的各种概念所作的概括，而当时关于物质实体的概念只是其哲学的从属的和派生的部分。有机哲学则力求使物质与精神之间的这种平衡更加稳定，但它的确发轫于对
20 洛克关于精神活动的说明所作的概括。

现实存在由于彼此摄入而相互关涉。因此，便有了共在的现实存在的实在的个体事实。这些事实是实在的、个体的和特殊的，同样，现实存在和摄入也是实在的、个体的和特殊的。现实存在中任何这种共在的特殊事实都可称作“聚合体”。当下现实经验的终极事实就是这些现实存在、摄入和聚合体，而其他一切对我们的经验来说都是派生的抽象物。

哲学的说明性目的经常被人误解。哲学的任务就是要说明如何从比较具体的事物产生比较抽象的事物。如果追问如何从普遍的东西构

成具体的特殊事实，这就完全错了。对这个问题的回答就是“完全不可能”。真正的哲学问题是①：具体事实如何体现从其本身抽象出来而又分有其自身性质的那些存在？

换言之，哲学是对抽象的说明，不是对具体的说明。所以，各种类型的柏拉图学派的哲学，尽管与任意的幻想和返祖的神秘主义有许多联系，但由于它们都本能地抓住了这一终极真理，因而至今依然保持着持续的魅力，它们要寻求的是事实中的形式。每一种事实都不只是自己的形式，而每一种形式却都“分有”着整个事实世界。事实的确定性取决于自己的形式，但是个体事实却是一种创造物，而且创造性是所有形式背后的终极原因，这种终极原因不可能由形式来说明，然而受自己的创造物所制约。

第二节

范畴

1. 终极性范畴
2. 存在性范畴
3. 说明性范畴
4. 范畴性要求

这些演讲所做的讨论，其目的是要弄清这些范畴的意义、适用性及其适当性。这个讨论的过程将会表明，这些演讲离满足这一理想还有多么遥远。

每一种存在都应当是某一种存在性范畴的特例，每一种说明都应当是说明性范畴的特例，而每一种要求则应当是范畴性要求的特例。 21
终极性范畴表达的则是作为这三种比较特殊的范畴的预设前提的普遍

① 在这个方面，我可以提到我的著作《相对性原理》第二章，剑桥大学出版社 1922 年版。

原理。

终极性范畴

“创造性”、“多”、“一”是包含在“事物”、“实有”、“存在”这些同义词的意义中的终极性概念。这三个概念完全构成了终极性范畴，是所有更具体的范畴所依据的先决条件。

“一”这个术语并不代表作为复杂的具体概念的“整数一”，而是代表诸如不定冠词“a 或 an”、定冠词“the”、指示代词“this 或 that”和关系代词“which、what 或 how”这些词所依托的一般观念，它所表示的是存在的唯一性。“多”这个术语是以术语“一”为先决条件的，而“一”这个术语也以术语“多”为先决条件。“多”这个术语传达的是“分离性的多样性”概念，这个概念是“实有”概念的基本要素。有许多“实有”是以分离性的多样性形式存在的。

“创造性”是表征终极事实的普遍之普遍。正是通过这个终极原理使得这种“多”，即呈现为分离状态的宇宙，生成为一种现实发生，即呈现为联合状态的宇宙。创造性存在于事物的性质之中，因而这种“多”才能进入复杂的统一体之中。

“创造性”是**新生事物**的本原。一个现实发生便是一种新的存在，它有别于由现实发生把其统一在一起的“多”之中的任何存在。因此，“创造性”把新颖性引进“多”的内容之中，这种“多”便是呈现为分离状态的宇宙。“创造性进展”就是把创造性这种终极原理应用于其所产生的每一种新的情境。

“共在”是一个涵盖了多种特殊方法的全称术语，各种各样的存在都是通过这些方法而“共在”于任何一种现实发生之中的。因此“共在”是以“创造性”、“多”、“一”、“统一性”和“多样性”等概念为先决条件的。终极的形而上学原理就是从分离状态向联合状态进展，创造出一种新的、有别于呈分离状态的各种既定存在的存在。这种新的存在旋即成为它所找到的“多”的共在，同时也成为它所离开的呈分离状态的“多”中之一。它是一种新的存在，在它所综合起来的诸多存在中呈分离状态。多生成一并由一而长。就其本性而言，各种存在在走向呈联合状态的统一体过程中都是呈分离状态的“多”。这个终极性范畴取代了亚里士多德的“第一实体”范畴。

因此，“新的共在的产生”就是体现在“合生”术语中的终极概念。“新颖性的产生”和“具体的共在”这些终极概念，既不能根据更高的普遍来说明，也不能根据合生中加入的成分来说明。对 22
这些成分的分析便是要从合生中做出抽象，这里唯一的办法是诉诸直觉。

存在性范畴

存在性范畴有 8 种：

1. 现实存在（亦称现实发生），或终极实在，或实在事物。
2. 摄入，或关系性的具体事实。
3. 聚合体，或公共事实。
4. 主体性形式，或私人事实。
5. 永恒客体，或对事实进行特别规定的纯粹潜在性，或确定性的形式。
6. 命题，或潜在规定中的事实，或对事实进行特别规定的非纯粹潜在性，或理论。
7. 多样性，或不同存在的纯粹分离状态。
8. 对比，或多种存在在一种摄入中的综合方式，或模式化的存在。

在这 8 种存在性范畴中，现实存在和永恒客体明显地具有某种极端的终极性。其他类型的存在性范畴则具有某种中间性质。第 8 种范畴包含着诸范畴不确定的进展，如我们从“对比”进展到“对比之对比”，进而不确定地进展到更高层次的对比。

说明性范畴

说明性范畴有 27 种：

1. 现实世界是一个过程，过程就是各种现实存在的生成。因此，现实存在都是创造物，也可称为“现实发生”。

2. 在现实存在的生成过程中，以分离的多样性形式存在的诸多存在，不论是现实的还是非现实的，其潜在的统一性可获得一种实在的现实存在的统一；因此，这个现实存在就是各种潜在性的实在的合生。

3. 在现实存在的生成过程中，新的摄入、聚合体、主体性形式、命题、多样性和对比也都生成了；但这里不存在任何新的永恒客体的生成。

4. 促使诸多存在进入一种现实之中，成为一种实在的合生之中的要素的潜在性，是所有现实和非现实的存在都具有的一种普遍的形而上学特征；这个领域中的每一项要素都与每一种合生相关联。换言之，潜在性属于“实有”的本质，因此对每一种“生成”来说，它都是一种潜在性。这就是“相关性原理”。

23 5. 任何两种现实存在都不会起源于完全等同的一个领域，尽管这两个领域间的差异仅仅在于某些现实存在包含在这一领域而非另一领域之中，并且在于每一种现实存在可把其引入世界之中的诸从属性存在。永恒客体对全部现实存在都是一样的。在与合生相关的领域中，这些现实存在的聚合体可称为与那种合生相关联的“现实世界”。

6. 在一个既定的合生领域中，每一种存在，就其自身性质而言，都能以诸多方式中的这种或那种方式包含于这个合生之中。但实际上它只能以一种方式包含于其中：包含的具体方式只是由于这个合生才成为完全确定的，虽然它是以那个相关领域为条件的。这种不确定性——它可以在实在的合生中转化为确定性——正是“潜在性”的意义之所在。它是一种**有条件的**不确定性，因而可称之为“**实在的**潜在性”。

7. 我们只能根据永恒客体“进入”各种现实存在的生成中的潜在性来描述永恒客体，而且对它的分析只会揭示出其他的永恒客体。永恒客体是一种纯粹的潜在性。“进入”一词是指永恒客体的潜在性在某种具体的现实存在中实现自身的特殊方式，这种特殊方式对这种现实存在的确定性有所贡献。

8. 对现实存在需要有两种描述方式：一是可以分析它对其他现实存在的生成中的“客体化”有何潜在性；二是可以分析构成其自身之生成的过程。

“客体化”一词是指一种现实存在的潜在性在另一现实存在中得以实现的特殊方式。

9. 一个现实存在是**如何**生成的，构成了这个现实存在**是什么**；因而现实存在的这两种描述方式并不是互不相干的。现实存在的“存在”是由其“生成”所构成的。这就是“过程原理”。

10. 对现实存在进行分析的第一步就是要把它分析为最具体的要素，以此来揭示它是各种摄入的合生，这些摄入来源于这种现实存在的生成过程。所有进一步进行的分析都是对摄入的分析。根据摄入所做的分析可称为“区分”。

11. 每一种摄入都是由三个因素构成的：(1) 从事摄入的“主体”，即以这种摄入作为具体要素的现实存在；(2) 被摄入“材料”；(3)“主体性形式”，即这个主体是**如何**摄入那些材料的。

对现实存在的摄入，也就是其材料包含现实存在的摄入，可称为“物质性摄入”；而对永恒客体的摄入则可称为“概念性摄入”。这两种类型的主体性形式，不论哪一种都并非必然地包含着意识。

12. 摄入有两种：(1)“肯定性摄入”，可称之为“感受”；(2)“否定性摄入”，可以说它是“排除感受”的摄入。否定性摄入也有其主体性形式。在构成该主体之统一性的诸摄入渐进的合生过程中，否定 24
性感受使其材料不再起作用。

13. 主体性形式有许多种，例如情感、评价、目的、喜欢、厌恶、意识等等。

14. 聚合体是各种现实存在的集合，这些现实存在由于相互摄入而构成关系性的统一体，或者——反过来说也一样——由于它们的相互客体化而构成关系性的统一体。

15. 命题是由某些现实存在所构成的统一体，这些现实存在具有其构成聚合体的潜在性。这种统一体的潜在关系性部分地是由某些永恒客体所规定的，而这些永恒客体则具有一种复杂永恒客体的统一性。这里所涉及的各种现实存在叫作“逻辑主词”，而所涉及的这种复杂的永恒客体则叫作“逻辑谓词”。

16. 多样性是由诸多存在所构成的，而其统一体则是由下述事实所构成的：组成该统一体的全部存在都至少分别会满足任何其他存在都不能满足的一个条件。

关于特殊的多样性的每一个陈述都可以表述为以下相关陈述：(1) 分别与全部成员有关；或者 (2) 分别与不确定的**某些**成员有关；或者 (3) 对这些陈述中某一陈述的否定。任何不能以这种形式来表达的陈述都不是有关多样性的陈述，尽管其陈述的可能是与某种多样性紧密相连的存在，即与某种多样性中每一成分从系统上看都具有联系的存在。

17. 任何感受材料都有某种可以**被感受到的**统一性。因此，一种复合材料的诸多组成部分都有一种统一性：这种统一性就是各种存在的“对比”。在一定意义上，这意味着有无数的存在性范畴，因为把各种存在综合为某种一般的对比会产生一种新的存在类型。例如，命题在一定意义上就是一种“对比”。从“人类理解”的实际目的来看，考察一些基本的存在类型，并且把更多的派生类型归并在“对比”的主题下也就足矣。在这种“对比”中，最重要的就是那种“肯定—否定”对比，命题和聚合体就是通过这种对比而综合在一种材料之中的，这种聚合体的成分就是这个命题的“逻辑主词”。

18. 在任何特定情况下，生成过程所遵循的每一个条件都有其理由，这种理由要么出自于这个合生的现实世界中某种现实存在的性质，要么出自于处在合生过程中的主体的性质。这种说明性范畴称为“本体论原理”，亦称“动因和终极原因原理”。这种本体论原理意味着现实存在乃是唯一的**理由**；因此，寻找**理由**就是要寻找一种或更多的现实存在。由此可得出结论说，由一种现实存在在其过程中所满足的任何条件都表达了某种事实，这种事实或者是关于某些其他现实存在的“实在的内在构造”，或者是关于制约那个过程的“主体性目的”。

“实在的内在构造”这一用语可在洛克的《人类理解论》（第三卷 25
第三章第十五节）中找到：“因此，事物的实在的内在构造（但一般处于未知的实体之中），即它们可被人感知的性质所依托之物，可称之为这些事物的‘本质’。”[①] 同时，“摄入”和“感受”这两个术语将要与洛克的“观念”一词的各种意义相比较。但是，我采用这两个概念时，是把它们作为比洛克使用的“观念”更一般和更中性的术语来使用的，洛克则似乎把观念限制在有意识的精神性方面。而且，对“命题”的日常逻辑说明只是表达了它们在宇宙中的有限作用，此时命题是感受的材料，其主体性形式就是判断的形式。坚持命题的首要功能是与感受的吸引相关联的，这正是有机哲学的一个基本主张。例如，某些命题是具有主体性形式的感受材料，因而它们所构成的感受能欣赏笑话。另外一些命题则是通过其主体性形式是恐怖、厌恶或愤怒来感受到的。而控制着主体之生成的“主体性目的”不过是主体在感受一个具有主体性形式的命题，其目的是在这个自我创造的过程中实现自身。

19. 存在的基本类型是现实存在和永恒客体，而其他类型的存在则只是表达了所有这两种基本类型的存在在现实世界中是如何彼此共处于一个共同体之中的。

20. “发挥作用”的意思是指对现实世界的聚合体中的各种现实存在赋予规定性。因此，一种存在的规定性和自我同一性不能与全部存在的不同功能所组成的共同体相割裂。我们可以把“规定性”分析为“确定性”和“位置”，其中“确定性”表明的是所选择的永恒客体，而“位置”则是指其在现实存在的聚合体中所处的相关

① 参见洛克：《人类理解论》，398～399 页，北京，商务印书馆，1959。此处译文略有改动。——译者注

地位。

21. 一种存在只有在对其自身有意义时才是现实的。这样说的意思是指，一种现实存在是针对其自身的规定性而发挥作用的。这样一来，一种现实存在便把自身的同一性与自身的差异性结合在一起了。

22. 一种针对自身而发挥作用的现实存在在自身的构成中发挥着不同的作用，而同时又不失去其自身的同一性。这就是自我创造，并在其创造过程中把其多重角色转化为一种内在一致的角色。因此，“生成”就是把不一致转化为内在一致，并且在每一种具体情况下，这种转化实现之时，便是生成中止之时。

23. 这种自我发挥功能的过程，就是一种现实存在的实在的内在构造过程。这就是这个现实存在的“直接性”。一个现实存在可被称为其自身的直接性的“主体”。

24. 一种现实存在在另一种现实存在的自我创造中发挥作用，这是前一个现实存在为后一个现实存在而进行的“客体化”。一种永恒客体在一种现实存在的自我创造中发挥作用，就是这个永恒客体“进入”该现实存在之中。

25. 构成一个现实存在的合生过程的最后阶段，是一种复杂的、
26 完全确定的感受。这一最终状态可称为“满足”。这个满足充分地确定了：(1) 自己的发生；(2) 自己超验的创造性的客体性质；(3) 对自身领域内各项要素的肯定性摄入或否定性摄入。

26. 在现实存在的发生过程中，每一要素在最终的满足中都有一种自我一致的功能，不管这种功能有多么复杂。

27. 在合生过程中存在着一系列阶段，新的摄入在这些阶段中通过整合先前阶段的摄入而产生。在这些整合过程中，“感受”把自己的“主体性形式”和自己的“材料”提供给新的整合性摄入的形成过程。但是“否定性摄入”只提供它们的“主体性形式”。这一过程还会持续进行下去，直到全部摄入都成为一种确定的整合性满足之中的成分时为止。

第三节

范畴性要求有 9 种：

1. **主体统一性范畴。**许多感受属于某一现实存在生成过程中的未完成阶段，然而，尽管由于该阶段的未完成而没有得到整合，却由于其主体的统一性而与整合是一致的。

2. **客体同一性范畴。**一个现实存在获得“满足”后，其客体性材料中的任何要素，就其在“满足”中的作用而言，都是不可复制的。

在此，像通常那样，“满足”一词是指一种完全确定的复杂感受，它在该过程中处于完成状态。这一范畴表达的是，每一要素都有一种自我一致的作用，不管这种作用多么复杂。逻辑便是对这种自我一致性所进行的一般分析。

3. **客体多样性范畴。**各种不同的要素，就其在满足中的作用而言，都不可能在一个现实存在的客体性材料中“合并”。

“合并”在这里是指这样一种概念，即各种不同的要素发挥了绝对相同的功能，却没有它们的诸多多样性中内在固有的各种对比。

4. **概念性评价范畴。**每一种物质性感受中都会产生某种纯粹的概念性感受，这种概念性感受的材料就是永恒客体，它们规定着现实存在的确定性，或者规定着物质上可感受到的聚合体的确定性。

5. **概念性逆转范畴。**概念性感受会因那些材料而第二次发生，这些材料与构成精神极第一阶段的材料的永恒客体部分地相同，部分地不同。这种差异是由主体性目的所决定的相关差异。

须注意的是，范畴 4 涉及的是物质性感受的概念繁衍，而范畴 5 涉及的则是与物质性感受不同的概念性差异。

6. **转化性范畴。**当（与范畴 4 或者与范畴 4 和 5 相一致）摄入 27
主体根据对现实世界中各种现实存在的类似单纯的物质性感受而无偏

狭地得出同一概念性感受，因而在随后阶段把这些单纯物质性感受与这种衍生的概念性感受相整合时，摄入主体可能会把这种概念性感受的材料转化为聚合体的特征，或聚合体中某一部分的特征。这种聚合体包含着其构成要素中那些被摄入的现实存在。以此方式，这种聚合体（或其组成部分）由于具有这种特征，就成为这个摄入主体的感受的客体性材料。

显然，这种被转化的感受的全部材料是一种对比，即“聚合体，作为一方，与永恒客体形成对比”。这种类型的对比是“物质实体由属性规定”这一概念的意义之一。

这个范畴是有机哲学——一种关于现实的原子论——处理所有单子论宇宙观固有的困难的方法。莱布尼茨在其《单子论》中是以“模糊的”知觉论对付同一困难的，但他没有弄清这种“模糊的知觉”何以会产生。

7. **主体性和谐范畴。**对概念性感受的评价是由对这些感受的适应共同决定的，即要适应于这些感受成为与主体性目的相适合的对比要素。

范畴 1 和范畴 7 共同表达了任何一个主体在合生过程中的前定和谐。范畴 1 与被感受到的材料有关，而范畴 7 则与各种概念性感受的主体性形式有关。这种前定和谐是由下述事实造成的：我们不能根据摄入的主体来抽象地考察摄入，虽然摄入产生于其主体的创造过程之中。

8. **主体性强度范畴。**使概念性感受得以产生的主体性目的是：（1）直接主体中的感受强度；（2）**相关的**未来中的感受强度。

在**直接的**现在和**相关的**未来中的这种双重目的的区分并不像表面看上去的那样明显。因为**相关的**未来的确定性，以及为其感受强度等级**先行**提供的感受，是影响感受的直接复杂性的要素。大部分道德是以未来相关的规定性为转移的。相关的未来是由预想的未来中那些要素所构成的，而这些要素可由现在的主体通过有效的强度感受到，因为在这些主体看来，真正的潜在性产生于其自身。

9. **自由和确定范畴。**每一个别现实存在的合生都是内在地被确定的，而外在地看则是自由的。

这一范畴可简述为下列公式：在每一种合生中，凡是可确定之物都是已被确定的，但是总会有一些剩下来的东西要由该合生的主体— 28
超体来确定。这种主体—超体就是那样一种综合的宇宙，在那种宇宙之外，一切都不复存在。这种终极确定是整体的统一性对其自身内在规定性的反作用。这种反作用是对情感、欣赏和目的的终极修正。但是，整体的确定产生于其各部分的确定，以便部分与整体严格地相关联。

第四节

随后各部分所进行的全部讨论，要么会导出（这四类范畴中的）这些范畴，要么是对它们的说明，要么是根据这些范畴来考察我们关于这个世界的经验。但是，先做一些初步的说明或许是有用的。

从第四种说明性范畴可以看出，“完全抽象”这一概念是自相矛盾的，因为你不可能把宇宙从任何现实的或非现实的存在中完全抽象掉，从而在完全孤立的状态下考察这个存在。无论我们何时思考某种存在，我们都是在追问：它在这里与什么东西相适合呢？在一定意义上，每一种存在都普遍地存在于整个世界，因为对任何现实存在或由现实存在构成的任何聚合体来说，每一种存在对这个问题都有确定的回答。

从第一种说明性范畴可以推出，“生成”是通向新颖性的创造性进展。正是由于这一原因，“现实世界”这一术语的意义只是相对于既新颖又现实的确定的现实存在的生成，并且只是相对于这个术语的这种意义而不是任何其他意义的。因此，反过来说，每一个现实存在都符合于“现实世界”本身特有的意义。这一点在说明性范畴第三和第五种中得到了更广泛的讨论。现实世界是聚合体，而一种现实存在的现实世界则会降低为这个现实存在以外的各种现实世界的一个次级聚合体的水平。

第一、第四、第十八和第二十七种范畴陈述的都是同一个一般的形而上学真理的不同方面。第一种范畴以一般方法表述了这样一种学说：每一个终极现实在其自身本性中都包含着亚历山大所说的“动态原理”，即这个现实的生成。① 第四种范畴把这个学说应用于“存在”这个概念上，断言“存在”这个概念是指“一种有助于生成过程的要素”。在这一范畴中，我们有了最普遍的“相关性”概念。第十八种范畴断言，归之于任何特殊现实存在的生成的要求，都是产生于其他现实存在的构成。

29 从第十到第十三这四种说明性范畴，构成了经常出现在实在论哲学之中的虚空现实这个概念的反驳。“虚空现实”这一术语在此是指没有主体直接性的实在事物这样一个概念。这种反驳对有机哲学（参见第二编第七章“主体性原理”）来说是至关重要的。“虚空现实”这一概念与“实体属性的内在性”这一概念的联系非常密切。这两个概念——在它们被滥用为基本的形而上学范畴时——都误解了对“表象的直接性”的真实分析，以为在这里找到了自己的主要依据（参见第二编第二章第一节和第五节）。

对有机哲学的形而上学学说来说，至关重要的是要完全抛弃把现实存在看作不变的变化主体这一概念。现实存在既是经验活动的主体，同时又是自己的经验的超体。现实存在是一种主体—超体，这种描述中的任何一半须臾不能离开我们的视野。当考察现实存在自身的实在的内在构造时，在多数情况下将会使用“主体”这一术语。但是“主体”永远应当被理解为“主体—超体”的缩写形式。

在这里，“一个人不可能两次踏进同一条河流”这一古老的学说被引申了。一个思想家不可能作两次同样的思考；而且更一般地说，一个主体不可能有两次同样的经验。这正是洛克提出他的时间就是

① 参见《艺术创造和宇宙创造》，第 13 卷，不列颠科学院公告，1927 年。

“永恒的消逝”的学说时本应具有的意思。

这个反驳直接地与康德的“经验的第一类比”的两种表述方式相对立（第一版或第二版中的两种表述方式）。在有机哲学中，具有永恒性的不是“实体”，而是“形式”。形式经历着不断变化的各种关系，现实存在从主体上说是在“永恒地消逝着”，而于客体上则是永恒的。现实性在不断消逝的过程中获得客体性，同时又丧失了直接的主体性。现实性失去了作为其内在动态原理的终极因，但是获得了动力因，从而成为描述创造性要求的根据。

现实发生在其“形式的”构造中没有任何不确定性。潜在性此时已转化为现实，它们都是完全的和确定的事实，没有任何未决定的成分。它们构成了要求的根据。但是永恒客体、命题以及某些更为复杂的对比，则在其自身本性中包含着某些未决定的成分。它们像所有存在一样，对生成过程而言都是潜在性。它们的进入表达了这种相关现实性的**明确性**。但是，它们的自身性质本身并未揭示这种进入的潜在性在何种现实存在中得以实现。因此，它们所包含的不确定性，从一定意义上说，比前一组潜在性更为复杂。

多样性只有通过自己的个别成员才能进入过程之中。关于多样性所做的陈述，只不过是要表明其个体成员是如何进入现实世界的过程之中的。任何以此种方式进入过程之中的存在，都属于这种多样性，而其他存在则并非如此。可以把存在当作实现这一目的的统一体，并且仅仅是这一目的的统一体而已。例如，在刚才提到的六种范畴中， 30
每一存在都是多样性（即都不是个别的存在，而是各种存在的集合）。多样性与现实世界之间只存在分离性的关系。一个现实存在若含有绝对的原始材料，这个“宇宙”就是一种多样性。把多样性当作具有属于另外六种范畴之中任何一种存在的统一性，都会导致逻辑错误。无论何时，只要我们使用“存在”一词，除非作其他声明，我们都是在假定，它所指的是作为六种范畴之一的存在，而不是指多样性。

任何突现进化都与多样性无关，因而关于多样性的每一陈述，都是关于其个体成员的分离性的陈述。前六种范畴中任何一种存在，以及一般的对比，都可称为“适当的存在”。

在随后进行的对有机哲学的讨论中，有一个信念居于支配地位：命题的主一谓形式，除了应用于各种主体性形式以外，都与高级的抽象有关。除了这一例外，这种抽象与形而上学描述几乎没有任何关联。由于亚里士多德逻辑学的支配地位，自古典阶段后期以来，已经把其术语中自然派生的各种范畴强加给了形而上学思想。亚里士多德逻辑学的这一支配地位，似乎并非其自己的形而上学思辨具有的特征。我的这些演讲中所表达出来的与其他哲学学说之间的各种分歧，在很大程度上取决于这样一个事实：许多哲学家尽管在公开的陈述中批评亚里士多德的“实体”概念，然而在他们的全部讨论中却都隐含了一种假定，即命题的“主一谓”形式体现着关于现实世界最终的和充分的陈述方式。亚里士多德的“第一实体”造成的恶果，正是形而上学这种强调命题的“主一谓”形式的习惯。

第三章　一些派生概念

第一节

被创造的原初事实是对全部多样性的永恒客体无条件的概念 31
性评价。这就是上帝的“原初性质”。由于这种完全的评价，上帝在每一个派生的现实存在中的客体化，导致永恒客体与这种派生的发生的各个合生阶段具有不同等级的关联。对所选择的这些永恒客体而言，由于它们进入了派生的现实存在，而这些现实存在隶属于相关的合生发生所组成的现实世界，因而这些永恒客体将会有新增的关联性根据。但是不论情况是否如此，永远会有源自上帝的确定的关联。如果没有上帝，在现实世界中尚未实现的永恒客体对相关的合生来说就是非存在的了。因为有效的关联需要比较的作用，而作用唯一地属于现实发生。这一神圣的秩序性本身是客观事实，并由此规定着创造性。因此，超越已实现的暂时性事实的可能性，便与创造性进展有了实在的关联。上帝是原初的创造物；但是，对上帝本性的描述是不能通过这个概念性方面来穷尽的。上帝的“继生性质”产生于他对那些派生的现实存在的物质性摄入（参见第五编）。

“创造性”是亚里士多德的“质料”和近代的“中性材料”的另一种说法。但是，创造性已经消除了被动接受的概念，既不是被动地接受“形式”，也不是被动地接受外部联系，而是纯粹的主动性概念，现实世界的客体永恒性就是以此为前提的——这个世界绝不会同样地出现两次，尽管它永远有神圣的秩序性这一稳定的要素。创造性没有其自身的性质，正像亚里士多德的“质料”没有其自身性质一样。创造性是现实性的根基中具有最高普遍性的终极概念。它不能被赋予特征，因为所有特征都比它本身更为特殊。但是创造性永远存在于各种条件的制约之中，并且被描述为是以条件为转移的。就包罗万象且不受限制的评价而言，其非暂时性的活动同时既是创造性的创造物，也是创造性的条件。创造性同全部创造物一样，都有这种双重特性。由于其作为创造物的特性，且永远处于合生之中，决不可能存在于过去，因而创造性便获得一种来自世界的反作用；这种反作用就是其继
32 生性质，在此被称为“上帝”。因为对我们的本质的沉思，就是享有产生于所有秩序的永恒源泉的真实感受，这种沉思需要有宗教所追求的那种新生和友爱的“主体性形式”。

各种创造物构成了变化不已的创造性特征，创造物的这种功能在这里叫作现实存在的“客体永恒性”。因此，就其原初性质和继生性质而言，上帝具有客体永恒性。关于上帝的继生性质的客体永恒性，我们在后面再做考察（参见第五编）；现在我们关心的是上帝的原初性质。

就其原初性质而言，上帝在世界上无处不在，这种无处不在是以当下的欲望为基础而面向未来的迫切要求。欲望是要立刻对直接的物质性感受进行概念性评价，并与这种迫切要求相结合，以实现对材料的概念性摄入。例如，“渴”是一种与满足渴的欲望的概念性摄入整合在一起的直接的物质性感受。

欲望[1]是其本身包含着动态原理的直接事实，涉及到尚未存在却可能会存在的东西的实现。直接发生据此而规定了创造性的条件，以便根据其概念性摄入内在固有的各种评价，在未来物质性地实现其精神极。全部物质性经验都伴随着对其持续性的渴求或反对的欲望：自我保存的欲望就是其实例之一。但是，对新的概念性摄入的源头尤其必须要加以说明。渴是对某种差异的欲望——关于某种有关联性的、在很大程度上相同但又有确定的新颖性的东西的欲望。这是低层次中的一个实例，但却显示着自由想象的萌芽。

在何种意义上尚未实现的抽象形式才可能具有关联性？什么是这种抽象形式的关联性的基础？“关联性”必定表现着诸形式间之共在的某种实在的事实。这个本体论原理可表述为：所有实在的共在都是现实性的形式构成的共在。因此，如果暂时性世界中某物的关联性没有实现，那么，这种关联性必定表达着某种永恒现实的形式构成中所存在的共在这一事实。但是根据相关性原理，只能有一种非派生的现实，它不受对其现实世界的各种摄入的制约。这种创造性的原初的超体，在其满足的统一体中，获得了对全部永恒客体的完全的概念性评价。这是对创造性秩序所依赖的永恒客体的共在所进行的终极的、根本性的调节。它是对表现为喜欢和厌恶形式的全部欲望进行的概念性调节，并构成了关联性的意义。它作为现实的有效事实的地位是通过把它命名为“上帝的原初性质”而得到确认的。

“欲望”一词表达了一种潜藏在许多专门术语之中的危险。这个危险同样也表现在弗洛伊德创立的心理学中。现实的各种精神极把各 33
种层次的复杂感受归之于现实性，把它们作为要素包含在自己之中。精神的基本作用是“概念性摄入”，这些才是“纯粹的”精神作用。精神的所有其他作用都是“不纯粹的”，意思是说，它们包含着概念性摄入与物质极的物质性摄入的整合。由于摄入的“非纯粹性”是指摄入产生于“纯粹的”物质性摄入与“纯粹的”精神性摄入的整合，

① 见莱布尼茨的《单子论》。

由此可以说，非纯粹的精神性摄入也是“非纯粹的”物质性摄入，反之亦然。因此，应用于摄入的“非纯粹”一词就具有了完全确定的意义，并且除非为了在有关讨论中引导人给予关注，否则便根本不需要“精神的”或“物质的”这些词汇了。

“概念性摄入”这一专门术语完全是中性的，没有任何暗示。但是，这类术语给理解造成很多困难，这是因为在客体上这些术语提供不出任何具体事例。因此，我们就要寻求与之大体相当的术语，这些术语能围绕它们对类似事实给出一些暗示。我们选择了“欲望”这个术语，它给我们提供了一些我们自己经验中的事例，并且也是低级的生命形式，诸如昆虫和蔬菜。但即使在人类经验中，“欲望”也只是指出了这种基本行为在其比较紧张的活动中具有的不体面的观念。我们更加关注的是柏格森所说的“直觉”——尽管具有某些差异。柏格森所讲的直觉是某种“非纯粹的”活动；它是一种整体感受，起源于概念性摄入与物质性摄入的综合，根据“概念性评价范畴”（第四个范畴性要求），直觉正是通过这种综合而产生的。柏格森的“直觉”这一术语似乎与这些演讲第三编中“物质性目的”一词具有相同的意义。此外柏格森的“直觉”似乎是从感情与目的的主体性形式中抽象出来的。这种主体性形式是“概念性摄入”这一概念的最基本要素，实际上同样是任何摄入概念的最基本要素。它在“物质性目的”（见第三编）中是最基本的要素。如果我们要在“纯粹”精神活动最紧张的活动中对之加以考察，我们就应当选择“洞察”这一术语。概念性摄入是对善或恶的某种可能性的直接洞察——即关于现实如何**可能**是**确定的**这种可能性的直接洞察，这里根本不涉及任何特殊的现实或任何特殊的现实世界。加上“善或恶”这样的术语才会包含与主体性形式的关联；单纯的“洞察”一词是从概念性摄入这一因素中抽象出来的。如果我们说上帝的原初性质是完全的“欲望”，那么，我们就要给予这种主体性形式以应有的重视——付出一定代价。如果我们说上帝的原初性质是“直觉”，我们提出的精神就是“非纯粹的”，因为它是与物质性摄入综合在一起的。而如果我们说上帝的原初性质是“洞察”，我们提出的就是一种不完全的主体性形式观点，使它不再追求具体事实——不是特定的事实，而是**某些**现实。在上帝的原初性质中存在着缺陷，这一缺陷被“洞察”一词弄得模糊不清了。“洞察”这 34
个术语也有一个优点，就是它使这种上帝学说与哲学传统更加紧密地联系起来了。“展视”这个术语或许比“洞察”更可靠。

上述观点小结如下：上帝的“原初性质”是从他与“具体物”的交往中抽象出来的，因而没有那些与命题有关的“非纯粹的”理性思考（见第三编）。这种原初性质就是抽象的上帝，只与其自身同在。这样一来，它就只是上帝中的一个因素，缺乏现实性。

第二节

“集合体秩序”与“个体秩序”这两个概念在这一初步的概述中不能省略。“集合体”，在该术语在这里使用的意义上，是与集合体秩序有关的一种聚合体；而“持续客体”或“持续创造物”则是其集合体秩序采取了“个体秩序”的特殊形式的集合体。

聚合体在下列情况下享有“集合体秩序”：(1) 存在着共同的形式要素，这种形式要素是由其包含在每一现实存在中的确定性来加以说明的；(2) 这种共同的形式要素起源于聚合体的每一构成成分之中，因为它对该聚合体中某些其他成分的摄入而给它强加了一些条件；(3) 这些摄入强加了这种再生条件，因为它们包含着对那种共同形式的肯定性感受。这样一种聚合体就叫作“集合体”，这种共同形式则是这个集合体的“确定特征”。这一“确定特征”概念与亚里士多德的“实体形式”概念是有关联的。

这种共同形式要素就是表现在聚合体中每一成分里的复杂的永恒客体。但是，聚合体的集合体秩序并非只是这样一个事实：这种共同形式是其所有成分所表现的。这种共同形式通过聚合体而再生，是由聚合体中各成分彼此间的传承关系造成的，也是由下列新增的事实造成的：这些传承关系包含着关于这种共同形式的感受。因此，这种确定特征是通过整个聚合体而继承下来的，每一成分都产生于聚合体中那些先于其自身的合生的其他成分。

聚合体在下列情况下享有“个体性秩序”：(1) 它是“集合体”；(2) 当其成分间的传承关系“系列地”安排这些成分时。

使用由传承关系产生的“系列秩序”这一用语，意思是指这个聚合体的任何成员——不包括第一个和最后一个，若有这些成员的话——都形成这个聚合体中的一个“切口”，因此：(1) 这一成员继承了这个切口一个方面的全部成员，未继承这个切口另一个方面的任何成员；(2) 若 A 和 B 是这个聚合体中的两个成员，且 B 继承于 A，那么，从 B 中继承而来的 B 的切口的一个方面，就构成了从 A 中继承的 A 的切口那一方面的一部分，而 A 继承的 A 的切口的那一面则构成了 B 所继承的 B 的切口的那一面的一部分。这样，这个聚合体就构成其确定特征的单线继承性。这样一种聚合体可称作“持续性客
35 体”。在这一术语的法律意义上，本可以称之为“个人”，但不幸的是，“个人”这个词暗示了意识的概念，因而使用这一术语会造成误解。这个聚合体“保持一种性质”，并且这还是拉丁词“角色”(persona) 的诸多含义之一。但是，作为“个人”的“持续性客体”不只是保持某种性质。因为这种保持产生于这个聚合体各种成员间的特殊传承关系。一种日常物质客体，若有时间持续性，便是一个集合体。在理想的简单情形中，它具有个体秩序，并且是一种“持续性客体”。一个集合体可以（或不可以）被分析为诸多“持续性客体”系列，大多数日常物质客体的情形就是这样。这些持续客体和“集合体”，由于可被分析为系列的持续客体，因而便成为永恒的存在，它们经历着贯穿于时间和空间之中的各种变化的历险。例如，它们构成了动力学这门科学的主题。现实存在会消亡，但不发生变化；它们一直是其本来的样子。一种聚合体，若 (1) 享有集合体秩序，(2) 可分析为系列的持续客体，那么，我们就可以把这些持续客体称为“粒子式集合体”。各种持续客体的确定特征与整个粒子式聚合体的确定特征相比，

前者的确定特征具有相对的重要性。根据这种相对的重要性，集合体可能或多或少是粒子式的。

第三节

有一种流行的误解认为，“生成”包含这样一个概念，即生成向新颖性的进展有一种唯一的序列性。这个概念是古典的“时间”概念，是哲学从常识中概括出来的。人类根据自身关于持续客体的经验做出了一种不幸的概括。近来的物理学已经抛弃了这一概念。因此，我们现在应当从宇宙学中清除掉这个本不该被当作终极形而上学原理的观念。在这些演讲中，“创造性进展”这一术语将不被解释为具有唯一序列的进展的意义。

最后，物质性宇宙的广延连续性通常被解释为是指存在着一种生成的连续性。但是，如果我们承认“某物生成”，那么，根据芝诺的方法，就很容易证明不可能存在任何生成的连续性。有连续的生成，但却没有生成的连续。① 现实发生是生成着的创造物，而且正是它们构成了一个有连续性的广延世界。换言之，广延在生成着，而“生成”本身则不是广延的。

因此，终极的形而上学真理是原子论。各种创造物都是原子的。在现在这个宇宙时期存在着连续的创造。或许这种创造是适用于所有宇宙时期的终极的形而上学真理，但是这一结论似乎不是必然的。更 36
有可能的观点是，这种广延连续性是一种特殊条件，它产生于构成我们这个当下宇宙时期各种创造物组成的集合体。但是原子论并不排斥复杂性和普遍的相关性。每一个原子都是一个由各种事物构成的系统。

原子论与连续性保持恰当的平衡，这对物理科学具有至关重要的

① 参见第二编第二章第二节；也请参见我的《科学与近代世界》第七章对这一论证的讨论。

意义。例如，在此所阐述的学说就把牛顿关于光的微粒说与波动说协调起来了。因为无论是粒子还是波的前进成分，两者都不过是从一种原子创造物传递到另一种原子创造物的永恒形式而已。一个粒子实际上就是一个“持续客体”。然而“持续客体”概念或多或少能够完全实现。因此，一种光波在其行程的不同阶段，可能或多或少是粒子性的。一系列这样的光波在其前进的所有阶段上都会涉及到集合体秩序，但是，在其早期阶段，这种集合体秩序通常会采取由一系列个体秩序松散关联而构成的更为特殊的形式。这一占主导地位的个体秩序随着时间的流逝逐渐趋于消失，其确定性质也随其多样性特征的消失而变得越来越无关紧要。此时，波变为具有重要的集合体秩序的而不是一系列个体秩序的聚合体。因此可以说，波的序列以粒子式集合体开始，以非粒子式集合体终结。

第四节

最后，在这里所概述的宇宙论体系中，我们拒斥了以往哲学传统中隐含的一个假定。这个假定认为，经验的基本要素可以根据意识、思想、感官知觉这三个成分中任何一个或全部来描述。感官知觉这个术语是在“以表象的直接性方式表现出来的有意识的知觉”意义上使用的。同时在实践中，感官知觉还被缩小到视知觉。根据有机哲学，这三个成分不论在物理的经验还是在精神的经验中都是非本质的要素。任何的经验事例都是两极性的，不论这种事例是上帝还是世界上的现实发生。上帝产生于精神极，而现实发生则产生于物质极。但是不论在哪种情况下，这些要素即意识、思想和感官知觉都属于合生的派生的“非纯粹”阶段，即使它们是在任何有效的意义上进入这些阶段的。

这种拒斥说明了关于直接表象的地位这个主题为什么会在随后几编与我讨论的话题相关而反复出现的原因。

第二编

讨论与应用

第一章　事实与形式

第一节

人类的所有言论，只要基于要求考虑陈述的真理性，就必须诉诸 39
事实。无论哪一派哲学，都不能声称可以摆脱这一规则。然而就哲学的情况而言，因为关于这些事实的记载一部分是通过文明语言和学术文献的各种语言表达方式含糊不清地流传的，一部分则是由于受科学和哲学传统中流行的思想体系的影响得到了较为精确的表达，因此便出现了困难。

在本书第二编各讲中，作为有机哲学基础的思想体系要面对各种各样的对事实的解释，这些解释在欧洲文学、哲学和科学传统中得到广泛的接受。就哲学而言，只有经过选择的一组哲学思想才能明确地加以讨论。如果竭力要把不同哲学家的各种解释强制性地形成一种含糊不清的一致，那是没有任何意义的。重要的是，这里所采用的解释体系能为自己的每一主要观点在柏拉图、亚里士多德、笛卡尔、洛克、休谟、康德这些顶级思想大师的著作中找到明确的权威性依据。但是，任何思想最终都不能依赖于权威，最终作出判决的是内在的合理性。

欧洲哲学传统最可信赖的一般特征在于，它是由对柏拉图的一系列注脚构成的。我这样说并不是指学者们有可能从柏拉图著作中概括出的系统思想体系，而是指散见于这些著作中的丰富的一般观念。他的个人天赋，他在一个伟大的文明时期广泛的经验机会，他对尚未因过分的体系化而僵死的理智传统的继承，凡此种种，使他的著作成为当今用之不竭的思想源泉。因此，在某种意义上，当我声称这些演讲中的一系列思想都是柏拉图的这一信念时，我只不过是要表达这样一种希望：这一系列思想都没有超出欧洲的思想传统。但是，我的意思还不止于此：我的意思是指，如果由于两千年来人类在社会组织、美学成就、科学和宗教方面的经验而使得我们必须使柏拉图的一般观点有一点变化，那么我们就必须着手建构一种有机哲学。根据这种哲学，构成世界的过程的各种现实被看作是体现了其他事物的进入（或
40 "分有"），这些其他事物是构成任何现实存在的确定的潜在性。那些暂时性的事物的产生是通过分有永恒的事物而产生的。这两类事物是由一种能把暂时性事物的现实性与潜在事物的永恒性相结合的事物协调起来的。这种终极的存在便是世界上的神圣要素，那些贫乏无效相互分离的抽象潜在性就是通过这个神圣要素而在根源性上获得了丰富有效的相互联系的理想实现。各种潜在性在原初现实存在中的这种理想实现构成了形而上学的稳定性，现实过程正是据此而得以体现形而上学的一般原理，并获得了各种适合于特殊类型的突现秩序的目的。由于对纯粹潜在性的这一原初评价成为现实，每一永恒客体与每一合生过程便有了确定的和有效的关联。如果没有这一类秩序安排，那些在现实世界中尚未实现的永恒客体便会完全地分离，新生事物也成为毫无意义和不可想象的了。在这里，我们将要扩展和严格地应用休谟的原理，即反省的观念产生于现实的事实。

由于对神圣要素有这种认可，亚里士多德的一般原理便得以坚

持：除了现实事物以外，无论在事实上还是在功效上都没有任何事物存在。这是真正的一般原理，笛卡尔的以下论断也是以这个原理为基础的：“因为这一理由，当我们感知到任何属性时，我们就会因此而得出结论说，该属性所属的某存在物或实体是必然存在的。”① 他还说：“因为任何清楚明白感知的毫无疑问是某种事物，因而不能把它的产生归于无……”② 这一普遍原理将被称为“本体论原理”。这个原理认为，每一事物在现实中都确定地存在于某个地方，而从潜在性上说则无处不在。在这个原理的一种应用中还产生了“概念论”的学说。因此，寻找一个理由永远是在寻找支持这个理由的现实的事实。这里所界定的这种本体论原理构成了把宇宙描述为多种现实存在的协同体③的第一步。每个现实存在都可以被认为是由材料产生的经验活动。这种存在是“感受”诸多材料的过程，以便把这些材料吸纳到一种统一的个体“满足”之中。在这里“感受”这个术语是用来描述把材料的客体性转化为相关现实存在的主体性这种基本的一般活动的概念。感受是各种各样的具体化活动，这些活动影响着向主体性的转 41
化。“感受”取代了某些实在论哲学家使用的“中性质料”概念。现实存在是一个过程，不能用“质料的”形态学术语来描述。对“感受”一词的这种用法与亚历山大④对“享有”一词的用法非常相似，也与柏格森对“直觉”一词的用法具有密切关系。最相近的类似用法是洛克对“观念”包括“特殊事物的观念”一词的用法（参见洛克《人类理解论》第三卷第三章第二、六和七节）。但是，这些演讲中所使用的“感受”这个词很容易使人想起笛卡尔。例如他说：“就算是这样，至少仍然十分确定的是，我觉得我看到了光，我听到了嘈杂的

---

① 《哲学原理》第一部分，52页，由哈丹尼和罗斯译为英文。本书所有引自笛卡尔的论述都引自这个译本。

② 《形而上学的沉思Ⅳ》接近结尾处。

③ “协同体”一词是从威尔顿·卡尔教授在亚里士多德学会1917—1918年度会议的主席致辞中借用的。这个致辞的题目是《身心的相互作用》，其中阐发了这个词所揭示的基本原理。

④ 见他的《空间、时间与无处不在的神》。

声音，而且我还感觉到了热。那不可能是假的。恰当地说，就是在我心中被称作感觉的东西；严格地说，这无非就是思维而已。”

用笛卡尔的语言来说，现实存在的本质仅仅在于这样一种事实：它是一种正在摄入的事物（即一种实体的全部本质或本性就是摄入）。[1]“感受”属于那一类肯定性“摄入”。摄入有两种类型，即“肯定性类型”和“否定性类型”。现实存在与宇宙中每一事项都有完全确定的联系。这种确定的联系便是它对那个事项的摄入。否定性摄入是确定地排除那个事项对主体自身实在的内在构成的肯定性贡献。这一学说包含的观点是：否定性摄入表征着一种联系纽带。肯定性摄入是肯定地包含那个事项，使之成为对主体自身实在的内在构成的肯定性贡献。这种肯定的包含可叫作它对那个事项的“感受”。其他存在则被要求来表现任何一个事项是**如何**被感受的。在现实世界中，所有现实存在，相对于作为“主体”形式的既定现实存在而言，必然地要被该主体“感受”到，尽管一般说来这种感受是模糊不清的。被感受的现实存在通常被认为是因该主体而“被客体化的”。只有永恒客体中被选中的部分被既定主体“所感受”，并且这些永恒客体因而被说成是“进入”了这个主体之中。但是，那些没有被感受到的永恒客体并非因此就可以忽略不计。因为每个否定性摄入都有其自身的主体性形式，不管其多么微不足道和模糊不清。它对情感的复杂性有所增加，尽管其对客体性材料没有影响。情感的复杂性是终极“满足”的主体性形式。否定性摄入的重要性产生于下述事实：（1）现实存在形成一个系统，意思是指彼此进入对方的构造之中；（2）根据这个本体论原理，每一存在都可被某种现实存在所感受；（3）由于（1）和（2）的缘故，在由合生现实组成的现实世界中，每一存在都与该合生具有某种级别的实在关联；（4）由于（3）的缘故，存在的否定性摄
42 入是具有其主体感受形式的确定事实；（5）摄入的各种主体性形式之间相互具有感应性，因而它们相互之间并非漠不相关；（6）合生导致

① 与此句相似的说法见《形而上学的沉思Ⅵ》：以“摄入”代替“认知”。

一种具体的感受，即满足。

第二节

我们在经验中找不到任何不能内在地表现为一般理论之实例的要素，这正是理性主义所希望的。这种希望不是形而上学的前提，而是一种信念，这种信念构成了包含形而上学在内的所有科学追求的动力。

就形而上学能使我们把握事物的合理性而言，上述论断是正当的。考虑到所有形而上学体系都不完备，我们总是恰恰在我们发现自己正确的观点上失去希望。而要保持上述这种信念，我们就必须依赖于对理智活动的性质保持终极的道德直觉——它应当体现这种希望的历险。这种道德直觉标志着一个转折点，这就是形而上学——实际上也是每一门科学——从宗教获得保证并进入宗教的转折点。但是，这种信念本身并不表现为理论由以出发的前提，而是一种追求满足的理想。就我们相信这种学说而言，我们都是理性主义者。

然而，断言宇宙中的所有要素都可以由“理论”来解释，这一断言一定是有限定的。因为“理论”本身要求有一些“既定的”要素，以便形成理论化所需要的材料。柏拉图本人承认这种限定。在此，我引用 A. E. 泰勒教授关于《蒂迈欧篇》的一段摘要：

> 在实在世界中，总是存在着超越“规律”的“纯粹既定的”或作为“原初事实”的因素，这种因素没有得以说明，而只是被接受为既定的东西。科学的使命决不是默认在这种纯粹的既定物中去寻求借助于理性规律把它“解释”为某种更为简单的原初既定物的结果。但是，不管科学能在多大程度上使用这种方法，永远必须在对事物的说明中保持关于原初事实的某种要素，即纯粹既定的东西。对既定物的这一要素来说，正是其性质中的这种存

在，这种偶尔被人称为荒谬性或非理性的东西，使蒂迈欧篇在论述必然性的语言中有拟人化色彩。①

就关于柏拉图的解释而言，我宁愿相信泰勒教授的权威性。但是，除了这一历史问题以外，清晰地理解世界上的“既定”要素，对任何形式的柏拉图式的实在论来说，都是必不可少的。

对理性主义思想而言，“既定性”概念具有超越相关材料的意义。它是指一种“决定”，“既定的”东西与那个场合下“非既定的”东西
43 就是依据这种决定而区分开来的。在事物中，“既定”要素意味着某种获得限定的活动。“决定”一词在这里并不意味着有意识的判断，尽管在某些“决定”中意识将是一个因素。在此，这个词是在其本意即“割下”的意义上使用的。这种本体论原理宣称，每一种决定都会涉及一种或更多的现实存在，因为一旦与现实存在相分离，一切便都不复存在，只有纯粹的无——“其他一切都销声匿迹了”。

这种本体论原理肯定了决定的相对性，因此，每一种决定都表征着**为之**作出决定的现实事物与**因之**作出决定的现实事物之间的关系。但是，我们不能把“决定”理解为现实存在偶然附加的属性，而是它所构成的正是现实的意义。现实存在起源于种种为它作出的决定，并且正是由于它的存在而为那些代替其本身的其他现实存在提供了种种决定。因此，在构成包含着“现实存在”、“既定性”和“过程”这些概念的理论中，这种本体论原理是其第一阶段。正如“过程的潜在性”具有更普遍的术语“存在”或“事物”的意义一样，“决定”一词是由“现实的”一词引入“现实存在”时所增加的意义。“现实性”是“潜在性”的决定，它代表着不可更改的事实，这种事实不可避免。现实存在的实在的内在构成逐渐地构成一种决定，这种决定是以超越现实性的创造性为前提的。爱丁堡的“岩石堡垒”之所以时时刻刻、世世代代存在着，就是由其自身诸多先前发生的历史轨迹所造成

① 《柏拉图：其人其书》，纽约，林肯·麦克威格出版社，1927。

的决定。而且即使在一次巨大自然灾害中这块巨石被打成碎片，那么，这种剧变依然是以摧毁巨石这个事实所决定的。这里所强调的重点是持续地表现出特殊性的被经验之物和实际的经验活动。布拉德雷的学说①——“狼吃羔羊”作为一种普遍限制着绝对——是一种滑稽的证据。**那只**狼在**那个**时间、**那个**地点吃**那只**羔羊：对这一点，这只狼知道，被吃的那只羔羊知道，那些吃腐肉的鹰鸟也知道。这些语句中非常明显地或者隐晦地包含在接受这个语句的主体的理解中的是，命题的每一种表达方式都包含着指示的成分。事实上每个语词以及每一符号用语，都是这样的成分，都引起了对属于存在范畴之一的某种存在的有意识的摄入。

第三节

相反，哪里没有包含排除的决定，哪里就没有既定的因素。例如，柏拉图的所有多样性的形式就都不是“既定”的。但是，每一种现实存在都有这类既定的形式。每一种现实的决定性的确定性都表征着对这些形式的一种选择，并为它们划分了不同等级的关联。这种关联性 44
的秩序性开始于在最完满的意义上以具体实例来表示的诸形式，并且这些形式通过关联性的等级而直达那些形式，这些形式在某种微弱的意义上，由于同现实的事实相对比，因而是与之密切相关的。这种关联性的整个范围都是“既定”的，并且必定会指向该现实性的决定。

在这里，“柏拉图主义的形式”这一术语，是以表示那些相关存在最简明的方式来使用的。但是，这些演讲并不是要给柏拉图著作做注释，因而这些相关存在并不必然地局限在那些他认为是“形式”的东西里。此外，在现代哲学中，“观念”这一术语同样具有某种主体性的暗示或联想。就我现在的目的而言，“观念”一词很容易引起误

① 参见《逻辑》第一卷第二章第四十二节。

解，并且在任何场合下，这个概念一直都是在多种意义上被使用的，因而其含义已模糊不清。“本质”这个术语，正如批判的实在论者所使用的那样，同样地表现出其用法与我的想法大相径庭。因此，为了使用一个不容易引起误解的术语，我用“永恒客体”这个短语来表示我在这一节前面几段中用“柏拉图主义的形式”这一术语所要表示的东西。任何存在，只要其概念性识别没有包含必然涉及现实世界任何确定的现实存在，就都可称为“永恒客体”。

在这一定义中，“概念性识别”当然一定是一种构成属于某种现实存在的实在感受的活动。其关键在于，仅仅感知着永恒客体的现实主体，除了在感知主体的构成中所存在的任何其他独特性以外，并不会因此而与其他现实存在直接关联。这一学说同样适用于上帝的原初性质，这种原初性质是上帝对那些永恒客体完全地实现。因此，上帝不会直接地与既定的历史路径相关联。这种既定的历史路径要以上帝的原初性质为先决条件，但是，上帝的原初性质并不以这种既定的历史路径为先决条件。

永恒客体永远是各种潜在的现实存在。但是，就其自身而言，作为概念上被感受到的东西，在现实世界任何具体的现实存在中，相对于其物理进入的事实而言，永恒客体是中性的。“潜在性”与“既定性”是相互关联的。“既定性”的意义就是，“既定的”东西有可能还不是“既定的”；而不是“既定”的东西则有可能已经是“既定的”了。

进一步而言，在现实存在的完全具体的“既定性”中，存在着一种排他性要素。各种原初材料和合生的感受并不只构成一种纯粹的多样性。它们在一种现实存在的终极统一性的综合中，是另一种“既定”的事实。这种现实存在的生成终止在一种复合感受中，这种复合感受包含着与宇宙中每一事项之间完全确定的联系，这种联系要么是一种肯定性摄入，要么是一种否定性摄入。终止就是这种现实存在的“满足”。因此，再增加一种成分就会改变这种综合的“既定”。因而增加任何成分与这种来源的“给予性”都是对立的。这一原理可通过

我们对一幅画的视觉来说明。颜色的类型对我们来说是“既定的”。 45
但是，如果给画面上再添一块红斑，这就并不只是单纯的添加，这样会改变整个画面的平衡。因此，在现实存在中，全部平衡统一的“既定性”排除了所有非既定的东西。

这就是超体的自然发生的统一性学说。一个现实存在应当被看作既是一个统领其自身直接的生成的主体，也是一种发挥着其自身客体永恒性功能的原子创造物的超体。它已经成为一种“存在”，同时它作为每一种潜在的“生成”，又属于每一个“存在”的本性。

这个学说认为，现实存在的最终“满足”不容许任何的添加。这就表达了这样一个事实：每一种现实存在——由于它本来就是这个样子——归根结蒂是其自身忽略某些东西的原因。在现实存在实在的内在构成中，总是存在着与忽略的要素恰恰相反的要素。在这里，“相反的”意思与不可能同时进入的意思是相同的。换言之，不确定性从“满足”中消失了，因而对于这个宇宙有一种完全确定的“感受”或完全确定的“感受之否定”。这种不确定性的消失只不过是考察现实存在从材料中产生的另一种方式。因此，在另一种意义上，每一种现实存在都包含着宇宙，因为它对宇宙中的每一个要素都有确定的态度。

因此，一是通过现实世界的确定性对生成过程的限制，二是通过生成过程概念性地摄入永恒客体的不确定性，生成过程具有两极性。这个过程是由永恒客体进入新的确定性感受之中，并把现实世界吸收到新的现实之中而构成的。

现实存在的“形式”构成是从不确定性向最终的确定性转化的过程。但是，这种不确定性是同具有确定性的材料有关联的。一个现实存在的“客体性”构成就是其自身的最终的确定性，这种确定性被认为是一些确定要素构成的复合体，该现实存在正是由于这个复合体而成为创造性进展的材料。现实存在就其物理方面来说是由其自身的现实世界的确定性感受组成的，而从其精神方面来看则是由其自身的概念性欲望产生的。

我们回过头来再看“既定性”与“潜在性”的相互关系，可以看出，“既定性”关涉到“潜在性”，而“潜在性”也关涉到“既定性”。我们还可以看到，在现实的事实中，“既定性”的完成把该事实的“非既定性”转变为该事实的“不可能性”。现实存在的个体性包含着排他性限制，这个“排他性限制”因素是现实存在的综合统一性必不可少的确定性。这种综合统一性不容许对那些被包含的要素作单纯增加的概念。

显然，“既定性”和“潜在性”脱离了多样的潜在存在便是毫无
46 意义的。这些潜在的存在就是“永恒客体”。脱离了“潜在性”和“既定性”，在各种新的现实事物先后接替的过程中，就不可能有任何现实事物的聚合体，其结果就只能是一种一元的静止宇宙，没有未实现的各种潜在的东西，因为这样一来“潜在性”就成为一种无意义的术语。

“决定”必须同一种现实存在有关，这个推论并没有穷尽这种本体论原理的范围。每一种事物必定存在于某个地方。在此“某个地方”是指“某种现实存在”。因此，宇宙的普遍潜在性必定存在于某个地方，因为它与那些尚未实现的存在保持着密切的关联。这种“密切的关联”在随后的合生中衍生为调节新颖性突现的终极原因。这一“某个地方”成为永恒的现实存在。这样，“密切的关联”便意味着“存在于上帝的原初心灵中的关联”。

如果设想一种解释性的事实能从非存在飘浮到现实世界之中，那么这种设想便是一种用语上的矛盾。所谓“非存在”就是虚无。每一个解释性事实都涉及一种现实事物的决定和功效。“独立存在”概念仅仅是永恒客体如何能够成为上帝的原初性质之中的组成部分的概念。这是后面所要讨论的一个问题（参见第五编）。但是，上帝原初性质中的永恒客体则构成了柏拉图的理念世界。

然而，没有任何一个存在纯粹是由全部永恒客体所组成的**类**。因为即使我们能想象出由永恒客体所组成的类，其中还会有一些其他永恒客体只是以该类为先决条件，但其本身却并不属于该类。正是由于

这一原因，在这一节开头，我们使用了“柏拉图主义的形式多样性”这一术语，而没有使用更为自然的术语“柏拉图主义的形式组成的类”。多样性是一种复合事物，它具有由某种限制所派生的统一性，这种统一性分别渗透于其每一组成部分之中。但是，多样性并没有任何纯粹由其各组成部分所派生的统一性。

第四节

刚才阐述的这一论点，即每一种解释性的事实都会涉及现实事物的决定和功效，要求参照第九种范畴性要求进行讨论。这一范畴认为，“每一个别的现实存在的合生都是内在地被决定的，而从外部看则是自由的”。

这种历史方法的特殊性说明了“本体论原理”同这一范畴性要求的共同关联性。历史的进化可通过考察先前事件决定后继事件而得以理性化。但是，另一方面，由于表现为一种有选择的参与形式的流变，这种历史的进化又不能实现合理化。没有任何内在的历史根据可以用来说明为什么这种流变而不是其他流变应当得到说明。毫无疑问，任何流变都必定会表现内在决定的性质。从这个本体论原理中得出的就是这些。但是，每一个内在决定性的实例都表现为可以达到**那个**点的**那种**流变。没有任何理由能够说明为何不会有任何其他流变来表现这种内在决定原理。现实的流变仅仅呈现出其自身具有纯粹“既定”的特征，并没有揭示出“完满”的任何特殊性。相反，世界的不完满是每一种提供了解脱之路的宗教所包含的主题，也是每个探讨流行迷信的怀疑论所包含的主题。莱布尼茨提出的“可能世界中最好的”理论是一种大胆的梦想，他提出这一梦想是为了挽回由当时和先前的有神论者所建构的创世者的面子。此外，在那些其直接经验最完全地对我们人类开放着的场合中，那种直接的超主体所做的终极决定，由于构成了对主体性目的的终极调节，因而成为我们关于责任、

47

赞同或反对、自我证明或自我责备、自由和强调的经验基础。经验中的这个因素非常重大，不能把其仅仅作为错误的建构抛在一边。这个因素支配着人类生活的整个基调，可以通过事实或想象的实例来对之予以说明。但是，这些实例仅仅是对每时每刻存在的人类经验显著的例证。事物的终极自由，超越一切决定的自由，则是由伽利略小声说出来的那种自由——“可地球还是在转动”。这种自由在宗教裁判所的审判官看来是错误的而伽利略认为是正确的自由，是世界不管伽利略和审判官的观点如何只管自己运动的自由。

有机哲学的观点是，不管动力因的作用范围对合生的组成要素——它的材料、它的情感、它的评价、它的目的、它的主体性目的状态——的决定能推进多远，在对这些要素的决定之外，总是还存在着宇宙自我创造的统一性的终极的反作用。这种终极的反作用通过给动力因的决定性赋予着重创造的决定性而完成了这种自我创造活动。每一种发生都表现出自身的创造性着重程度与自身的主体性强度程度相一致。这类强度的绝对标准是上帝的原初性质，它要么是伟大的，要么是渺小的，因为它并非产生于任何现实世界。它在其内部没有任何可作为对比标准的成分。但是，在暂时性世界中，对于相对较轻的经验强度来说，它们所强调的这些创造性决定，与它们所接收和传递的被决定成分相比较而言，从个体性上说是可以忽略不计的。但是，所有这类决定的最终积聚——关于上帝本性的决定和所有发生的决定——构成了历史上形式流变之中的特殊要素，这种特殊要素是“既定的”，其内部每一种可以决定的成分都是内在地被决定的，而在这种事实之外则不可能有合理的说明。

这种有机学说认为，每一种合生都同某种确定的自由的开始和某种确定的自由的终结有关联。原初的事实是宏观宇宙的事实，这样说
48 的意思是指，这种事实同所有的发生都有同等的关联。而终极的事实则是微观宇宙的事实，这样说的意思是指，这种终极事实对于这个发生来说是特殊的。这两种事实都不能得到合理的说明，意思是说，都不能追溯到那些决定这个事实的先前事实。这种原初事实是原始性欲

望，而这种终极事实则是最终创造了“满足”那种着重的决定。

第五节

“普遍”和“特殊”这两个对偶术语是常用词，分别用来表示不同的存在，与这里使用的“永恒客体”和“现实存在”这两个术语大体相当，但并不完全对应。① “普遍”和“特殊”这两个术语的含义，不论是其暗含的意义还是其在哲学中的通行用法，都容易引起误解。我们现在进行形而上学讨论所依据的本体论原理以及更广泛的普遍相关性原理，则是要消除普遍的东西和特殊的东西之间严格的区分。所谓普遍观念就是能够进入诸多特殊描述中的观念，而特殊观念则是由普遍来描述的观念，并且其本身并不进入任何其他特殊的描述之中。根据作为现在这些演讲中所论述的形而上学体系之根基的相关性原理，这两种观念中都包含着误解。现实存在不能通过普遍来描述，即使是不充分的描述也不可能，因为其他现实存在也都可以参与对任何一个现实存在的描述。因此，每一种所谓“普遍”，就其本身是其自己而不是其他一切事物来说，它是特殊的；而每一种所谓的“特殊”，就其参与其他现实存在的构成来说，又都是普遍的。这种相反的观点导致了笛卡尔哲学的众多实体论崩溃，成为斯宾诺莎哲学的唯一实体论；导致了莱布尼茨哲学的封闭的单子论及其单子前定和谐论；导致了休谟哲学的怀疑论还原——这个还原首先由休谟本人提出，随后又由桑塔亚那在其《怀疑论与动物信念》中作了最优美的阐述。

问题在于，关于普遍和特殊的流行观点必然会导致由笛卡尔所表述的这种认识论观点：

> 由此我将做出结论说，我是通过视觉而不只是通过心灵的直

① 例如，摄入和主体性形式也是“特殊”。

> 觉知道这块蜂蜡的。当我从窗子往外看，并且说我看到了从街上走过的人群时，除非碰巧我记得我确实没有看到他们，但却推论出我所看到的是人，正像我说我看到了蜂蜡一样。那么，当我从窗子里所看到的有可能只是帽子和外套所覆盖的自动机时，我能看到什么呢？我仍然会判断这些是人。同样唯一地依靠建立在我的心灵之上的判断功能，我理解了那些我认为我用我的眼睛所看到的东西。①

49 从这段话可以设想②，笛卡尔——即所说的自我——是一个特殊，只能由普遍来表征。因此，他的印象——用休谟的话来说——是由普遍来表证的一些特性。因此，根本不存在关于特殊的现实存在的知觉。他是通过“判断的功能”获得关于那个现实存在的信念的。但是，根据这一理论，他绝对不可能依据任何类比作出任何这种具有最小或然性的推论。由于接受了笛卡尔关于知觉的说明（在这一段话中），洛克在其《人类理解论》的某些章节中也表述了同样的思想，休谟由此轻松地概括出了他的怀疑论的结论。桑塔亚那无可辩驳地揭示了这种怀疑论必然会达到何种程度。而有机哲学则重申了笛卡尔关于“客观实在”的另一种理论，并且努力根据一种前后一致的本体论来解释它。笛卡尔曾经竭尽全力想把这两种理论结合起来，然而由于他未加批判地接受了主词—谓词形式的教条，使他不得不陷入一种知觉的表象论，包括判断的有效性需要由我们对上帝的能力和善的确信来保证。有机哲学对摄入的说明采取了笛卡尔以“客观实在”、“内省”和“直觉”等术语所表达的观点。后两个术语在有机哲学中分别被转换为“肯定性摄入”概念和以各种物质性及概念性来源范畴加以描述的作用。重申“上帝”概念对于物质性摄入和概念性摄入的相互

① 《形而上学的沉思Ⅱ》。

② 也许同笛卡尔在别的地方所讲的不一致：在别的论述中，有关的心灵活动似乎是发现“客观实在”是观念的组成要素的分析活动。因而在那里就有“内省”而不是“判断”。

联系仍然是必要的，但不是采取对“判断”给予有限信任这种粗俗的形式。

实际上，休谟赞同“心灵”起源于原初材料的合生过程的观点。根据他的说明，这些材料是“感觉印象”，并且在这类印象中，除了普遍性因素不可能有任何其他要素。对有机哲学而言，这些原初材料永远是一些现实存在，它们是借助于客体化的现实和经验主体共同拥有的某些普遍因素而被吸收到感受之中的（参见第三编）。笛卡尔采取了一种中间观点。他用休谟的术语去解释知觉，但却增加了通过心灵产生的“内省”和“判断”对特殊的现实存在的领悟（《形而上学的沉思Ⅱ》、《形而上学的沉思Ⅲ》）。这样，他就为康德及其把世界降低为“纯粹的表象”铺平了道路。

全部现代哲学都是以如何根据主词和谓词、实体和属性、特殊和普遍来描述世界这个难题为转移的。其结果总是与我们的直接经验相抵触，而这种直接经验是通过我们的各种活动、我们的种种期望、我们的各类同情心和我们的诸多目的表现出来的，尽管我们缺乏对这种直接经验进行语言分析的术语，我们却都有这种直接经验。我们发现 50
我们自己生活在一个吵吵嚷嚷的①世界上，各种创造物平等地存在于其中。而传统哲学在这样那样的借口下，只能引导我们看到各种孤立的实体，每个人都分享到某种虚幻的经验：“啊，波顿，你变样了！我在你身上能看到什么呢?”尽力按照常识的压倒性意见来解释经验，必定会使我们重新回到相信柏拉图实在论的某些论述并加以修正，从而避免17世纪和18世纪的哲学研究显露出来的缺陷。

真正的分歧点在于“特殊”和“普遍”这些词的自然意义的对立显示出的错误概念。因此，“特殊”仅仅被理解为其自身的个体性自我，与其他任何特殊毫无必然联系。它对笛卡尔的实体定义的回答是：“当我们感知到实体时，我们只是感知到一种存在着的事物，这种事物的存在除了其自身以外不需要其他任何事物。”② 这一定义确

① 这个描述词无疑是从威廉·詹姆士那里借用的。

② 《哲学原理》第一部分，51页。

实来源于亚里士多德的定义：第一实体“既不是断定为主体，也不是存在于主体之中的”①。我们还必须加上笛卡尔《形而上学的沉思Ⅱ》中的标题用语：“关于人类精神的本性；以及精神比肉体更容易了解”，还有他的两个论断：“……思想构成思维实体的本质”和“我们在心灵中所发现的一切只是许多不同的思维形式”②。这些引文具体说明了导致洛克的经验论和康德的批判哲学的一些基本前提，这两种哲学是现代思想由以产生的两个主要来源。这里所要抛弃的正是17世纪哲学的这个方面。

这种普遍相关性原理直接否定亚里士多德的名言：“实体不存在于主体之中。”相反，根据这一原理，一个现实存在**存在于**其他现实存在之中。事实上，如果我们承认不同程度的关联性，承认微小的关联性，那么我们就必须承认，每一现实存在都存在于每一其他现实存在之中。有机哲学的任务主要就是致力于弄清“存在于其他存在之中”这个概念。这里的这个用语是从亚里士多德那里借用来的：这个用语并非很恰当，在随后的讨论中，我们将用“客体化”一词来代替它。亚里士多德的这个用语表示的是这样一个粗疏的概念，即一个现实存在被单纯地加到另一个存在之上。这不是永恒客体所要表达的意思。永恒客体的一种作用是要说明永恒客体是这样一些要素：它们表
51 征着任何一个现实存在如何通过综合其他现实存在而构成其自身，以及这种现实存在如何从原初材料阶段发展到包含其个体的享有和欲望的个体现实存在。现实存在由于是宇宙的这样一个特殊的合生，因而它是具体的。

第六节

简要地考察一下洛克的《人类理解论》，将会说明有机哲学由以

① W. D. 罗思：《亚里士多德》第二章。

② 《哲学原理》第一部分，53页。

产生的那些预设前提。这些引自洛克的论述清楚地表达了常识的明显意见，尽管这些表述有其天然的局限。任何令人满意的哲学体系对这些表述所呈现的事实不得不接受，就这个特性来说，这些表述已达到完美无缺的水平。

需要指出的首要一点是，洛克的有些陈述已经非常接近于这里明确阐述的有机哲学的观点。只是他没有注意到，他的问题是要求对传统范畴做更激烈的修改，而他实际上没有做到。结果导致他的陈述含糊不清，各种要素之间也不一致。正是洛克哲学中这个保守性的一面导致休谟对他进行了怀疑论的颠覆。而休谟同样也是一位彻头彻尾的保守主义者（尽管他在其《人性论》第一部分第六节对这种保守性有明确的拒斥），在其对精神及其内容的解释中，他从未摆脱思想的这种主—谓形式的习惯。由于在长期的中世纪人们对亚里士多德式的逻辑重视得有些过头，这种习惯对欧洲人的心灵产生了巨大影响。从其对心灵的扭曲来看，亚里士多德本人或许并非是一个亚里士多德主义者。但是，休谟对归纳知识的怀疑，就其论证来看，完全依赖于把心灵作为主词和把内容作为谓词这样一种暗含的前提——而这种预设前提是他明确加以拒斥的。

洛克《人类理解论》的优点是其论证的充分性，而不是其一致性。他对经验中那些绝不会被常识忽略的要素作了最冷静的描述，但遗憾的是，他从未加以批判过的那些不合适的形而上学范畴阻碍了他，使其本应把其著作的标题扩大为《人类经验论》，实际却没有做到。他的真正论题是分析现实存在享有的各种经验。但是，这种完全的经验只不过是自在自为的现实存在本身。我将采用康德主义以前的术语，断言一种现实存在享有的经验也就是作为形式构成者的那个存在。我用这个概念的意思是指，当我们“从形式上”考察一个存在时，就是从它的构成形式上来描述这个存在，依据这些形式，它就是具有其自身绝对自我实现尺度的那个个体的存在。它的“关于事物的观念”就是其他事物为之而存在的东西。用这些演讲中的术语来说，这些观念是这种存在自身的“感受”。这种现实存在是复合的和可分

析的；它的“观念”表征着其他事物如何以及在何种意义上是其自身
52 构成中的组成部分。因此，应当通过分析洛克的观念来发现其自身构成的形式。洛克讨论的是“理解”和“知觉”。本来，他应该以更为一般的中性术语为出发点，去表达宇宙中诸多事物据之而成为一种现实存在的那种综合的合生。因此，我采用“摄入”一词，以表达现实存在用来影响其自身凝聚其他事物的行为。

一种现实存在被另一种现实存在“摄入”是一种完全的相互作用，可以分析为前一种存在客体化为后一种存在的一种材料，也可分析为完全包含着感受，那些材料就是由这种感受而被吸收到主体性满足（包含着其自身的各种“主体性形式”的满足）之中的。但是，这一定义也可以更为一般地表述，从而包含现实存在摄入永恒客体的情况；也就是说，现实存在“肯定地摄入”一个存在，是一种完全的相互作用，这种相互作用可以分析为这个存在进入或客体化为感受材料，和能把这种材料吸收到主体性满足中的感受。我还抛弃了洛克的“观念”一词。取代这一术语的是，其他事物被称为这个事物的“客体”，因为它们作为这个相关现实存在的要素的作用是有限的。客体主要的类型有四种，即“永恒客体”、“命题”、“客体化的”现实存在和“聚合体”。这些“永恒客体”是洛克在其《人类理解论》（第二卷第一章第一节）中已解释过的观念。他在那里写道：

> 观念是思维的对象——每个人在思维着的时候，他自己都会意识到他是在思想，并且他的心灵所思考的对象就是他心中存在的那些观念，因此毫无疑问，人们心中一定有一些观念，例如“白、硬、甜、思、动、人、象、军、醉”等词所表达的观念。

但是，后来（在《人类理解论》第三卷第三章第二节）洛克在讨论一般术语时（并且早在第二卷第二十三章讨论“实体”时下意识地）附带加上了另外一种观念，这些观念实际上就是我所说的“客体化的现实存在”和“聚合体”。他称之为“特殊事物的观念”，并解释了这类观念为什么一般地说不能有它们独立的名称。这个原因很简单并且不可否认：存在着太多的现实存在。他写道：“但是人类的能力并不能对我们所遇见的一切特殊事物都形成明确的观念并保存下来：人们见到的每一只鸟、每一头野兽，感官感受到的每一棵树和每一种植物，即使在容量最大的理解中也不可能都找到一个位置。”这一段话表明，困难不在于我们不可能形成关于任何特殊事物的“观念”，困难只在于它们的数量太大了。对现实存在有一种直接的“观念”（或“感受”）是一切常识的前提，桑塔亚那把它归结为“动物的信念”。但是，这与知识的感觉论很难完全一致，而这种感觉论有可能 53
来源于洛克著作的其他部分。洛克和笛卡尔两人所着力解决的正是相同的困难。

我要采用的原理是：意识以经验为先决条件，而不是经验以意识为先决条件。意识是某些感受的主体性形式中的一种特殊要素。因此，现实存在也许会意识到，也可能意识不到自己经验的某个组成部分。它的经验是其自身完全的形式构成，也包含它自身的意识，如果有某种意识的话。因此，根据洛克的用语，“关于特殊事物的观念”是指另外一些事物，它们作为其构成中被感受到的成分发挥着其自身的功能。当这些客体化的东西属于由意识所唤起的经验区域时，洛克只会把它们称作“观念”。在同一章第四节，他明确地说所有知识都是“建立在特殊事物上的”。他写道：“……可是每一个特殊事物有了一个具体的名称以后，亦不能在推进知识方面有多大进步。因为知识**虽然建立在特殊的事物之上**①，可是只有通过一般的观点才能扩大；把事物在一般名称下归为很多种，才能恰当地应用。”因此，在洛克看来，根据这一段话，不是先有那些性质然后才有那些猜测性的特殊事物，而是相反。他还用“树叶”、“乌鸦”、“羊”、“沙粒”等例子来说明特殊事物的意义。所以他不是在思考一块特殊的色斑或其他感觉

① 黑体是作者所加。

材料。①例如，在同一章第七节，在谈到儿童时他写道："在他们的心中清楚地形成了保姆和母亲的观念，这些观念如同她们的画像一样，只是代表着那些个体。"必须把洛克的这个学说与笛卡尔关于"客观实在"的学说相比较。洛克继承了心灵与身体二元分立的思想。如果他以一种基本的现实存在概念为出发点，那么，意识中显示的复杂观念就会立刻变成这个现实存在自身意识（如果它是有意识的——阵发的、部分地或者根本没有）中显示的复杂构成。洛克明确地陈述了观念是如何转化为一般的。在同一章第六节他写道："……观念之所以成为一般，乃是因为人们把它们从时间、空间的具体情节，以及决定它们成为或此或彼的特殊存在的其他观念分离开。"因此，对洛克来说，"关于特殊存在的观念"是先于抽象观念的；"［儿童］形成一个观念，他们发现许多特殊包含在其中"。我们应当把洛克的这一陈述与概念性评价范畴即第四种范畴性要求相比较。

54 洛克在《实在的本质》这个题目下讨论了现实事物的构成。他写道（同一章第十五节）："因此，事物的真正的内在的（但一般是在未知的实体中）为事物的种种可发现的性质所依赖的那种构造，可以称为事物的'本质'。"问题在于洛克完全同意现实存在起源于包含其他存在在内的复杂构成的观点，但由于他不幸地使用了诸如"密室"这样的术语，因而他对"过程"概念的重视程度还不如休谟。

洛克在他的著作中事实上表达了有机哲学的一个主要问题。他发现心灵是一个把各种观念肯定地摄入一个具体事物而产生的统一体。遗憾的是，他既预设了笛卡尔的二元论，即心灵是一种具体物，自然存在是另一种具体物，也预设了那种主—谓形式的教条。因此，同笛卡尔一样，他也不得不承认表象知觉论。例如，在前面已引过的一段文字中，他写道："如同她们的画像一样，只是代表着那些个体。"这个学说显然给认识论提出一道不可解决的难题，因而只能或者通过坚定地相信"动物信念"来解决，这是跟随桑塔亚那的观点；或者依赖

① 正如他在该书第一卷第二章第十五节中写道的："感官首先让特殊观念进来，而提供的仍然是空的密室……"要注意"特殊观念"与"关于特殊事物的观念"的区别。

某种幻想观点来解决——这种幻想观点是一种纯粹的表象学说，如果把它当作实在的，就会出现矛盾——这是跟随布拉德雷的观点。无论如何，“表象性知觉”，在其自身的形而上学观点范围内，绝不可能保证观念对于事实表象的有效性。

洛克及其同时代——17 世纪和 18 世纪——的哲学家们都被一种根本的错误概念所误导。即他们都认为，逻辑简单性在构成经验发生的过程中应当优先得到确认——这是一种无意识的和未加批判的假定。洛克的《人类理解论》的前两卷，除了一开始论述“实体”的那些章节（这些内容马上就要在下面引述）以外，就是建立在这一假定之上的。在《人类理解论》的第三卷和第四卷中，他却抛弃了这一假定，而且对此仍然似乎是无意识的。

这种把逻辑的优先性等同于实践的优先性的做法，自从希腊人最早发现了数学和逻辑以来，就一直在使思想和方法受到损害。例如，教育方法中有一些最坏的缺陷就是因此而产生的。洛克的观点最接近于有机哲学的观点，而且从这种有机论学说来看，他的主要纰漏最清楚地体现在他的“论我们关于实体的复杂观念”这一章的第一节。他写道：

> 我已经说过，心灵提供了大量简单观念，它们或者是由感官在外部事物中发现而传进来的，或者是通过心灵自身活动的反省来发现的。心灵也会注意到，有些简单的观念是经常在一块的，因而被认为属于同一个事物，用一些适合于共同理解的词来称呼它们，以便能迅速传递；这些词被联合在一个主体中，并用一个名词来称呼它们；后来我们又不知不觉地把它们当作简单观念来谈论或思考，而实际上它们是由许多观念结合在一起的复杂观念。因为，我说过，我们不能想象这些简单观念怎样会自己存 55
> 在，所以我们便习惯于假定它们所依赖的某种基质，假定它们是从这种基质中产生的。因此，我们就把这种基质叫作实体。

在这一节，洛克的第一个陈述是这一节中其他论述的基础，而这个陈述正是有机哲学的基本假定。“心灵提供了大量简单观念，它们或者是由感官**在外部事物中发现而传进来的……**”这里的最后一句话“在外部事物中发现”，断定了我在后面要说的原初感受的**矢量性**。这种相关的普遍性由于是“在外部事物中发现”的，因而能够取得那种地位。这是洛克的论断，也是有机哲学的论断。也可以把这一论断看作是对笛卡尔“客观实在性”学说的发展。只有这些普遍的东西才是材料中可以通过概念描述的要素，因为概念只能起到分析普遍性的功能。但是，这些“外部事物”只不过是一些感受的材料而已，虽然不可能用概念来表达它们的个体的特殊性。因此，合生的现实性来源于对它们的个体特殊性的地位的感受。这样一来，这种特殊性便作为一种感受由之产生并与它们有关的要素而被包含进来。

随后，洛克接着讲道：“这些一定数量的简单观念不断地聚合在一起。”这句话只能理解为，在直接的知觉中，可以发现“这些一定数量的简单观念”共在于外部事物之中，并且先前那些瞬间的经验集合表明了同样的事实，即处于外部事物中的共在性具有同样的简单观念。此外，有机哲学赞同这一描述符合瞬间的直接经验。但是，由于洛克的“不断地聚合在一起”这句话掩盖了他的第二个前提，所以他没有考虑那些处于连续瞬间的“外部事物”是否同一的问题。

有机哲学对这一问题的回答是，在洛克于这里所说的意义上，那些处于连续瞬间的外部事物并不是彼此同一的。每一种外部事物要么是一种现实存在，要么（更为经常地）是具有相互同时发生的直接性的那些现实存在的聚合体。为简便起见，我们只谈论较为简单的情形，其中，“外部事物”在相关的瞬间是指一种现实存在。但是，洛克明确关心的自我同一概念，是持续存在了若干年或若干年代的持续物质实体的自我同一概念。他所考察的概念是哲学界现在流行的关于个体化的具体实体（亚里士多德意义上的）概念，这种实体虽然历经变化的历程，却在各种偶然的转化中保持着自己的实体形式。在整个《人类理解论》中，洛克在正确地坚持概念的抽象性和含糊性时，实

际上保持了这一概念。有机哲学赞同洛克和休谟的如下观点：非个体 56
化的实体形式只不过是普遍的集合——或者更精确地说，一种复杂的普遍——这种普遍在各自的连续瞬间对“外部事物”的连续性来说是共同的。换言之，“外部事物”要么是一种“现实存在”，要么是某种具有“确定特征”的“集合体”。对有机哲学而言，这些“外部事物”（在前一种意义上）是终极的具体现实性。这种（洛克式的）个体化实体必定会被解释为是由某种基本的“外部事物”的集合体所构成的历史路径，从最初的“事物”一直延伸到最后的“事物”。

但是，在整部《人类理解论》中，洛克都正确地坚持“实体”概念中的主要成分是“能力”概念。有机哲学坚持认为，为了理解“能力”，对于每一种个别的现实存在如何归属于其后继者由之产生和它们必须与之保持一致的材料，我们必须具有正确的概念。至于这种能力学说为何特别地与这些具有持续性的事物相关（洛克时代的哲学认为这些具有持续性的事物就是个体化的实体），其原因在于，历史路径中那些连续发生之间的任何相似性，在它们与任何后继的现实存在的材料的归属中，获得了一种相应的同一性，因而也保证了相应地增强一致性的影响。这个原理同样也适用于虚空中更加零散的发生。但是，历史路径中的这种齐一性增强了这种路径对未来的一致性要求。尤其是，每一种相同发生的历史路径都倾向于延续自身，因为它的组成成分可以产生一致的遗传影响。有机哲学废除了这种分离的心灵。精神活动是某种程度上属于全部现实存在的一种感受方式，只有在某些现实存在中，它才等同于有意识的智能。这种高级精神活动是由合生的晚期阶段产生的精神性感受对未完成的早期阶段的存在所作的理智性自我分析。

现实存在的知觉构成提出这样一个问题：各种其他现实存在，每一种都有其自身的形式存在，缘何也能客体性地进入这种相关现实存在的知觉构成之中呢？这个问题是宇宙的协同性问题。古典学说关于普遍和特殊、主词和谓词的理论，关于个别实体不能存在于其他个别实体中的理论，关于外在关系的理论，同样都不能使这一问题得以解决。有机哲学对这一问题的解决办法是提出了摄入学说，这些摄入包含在合生的整合过程中，结束于确定的、复合的感受统一性中。要成为现实的就一定意味着所有现实事物都同样是客体，在形成创造性活动中都有客体的永恒性；同时，一切现实事物都是主体，各自摄入着
57 产生自己的宇宙。这种创造性活动乃是宇宙在特殊而统一的自我经验中总是生成为“一”，并由此而增加了作为多的宇宙的多样性。这种持续的成为统一体的合生过程是每一种存在最终的自我同一的结果。任何存在——不管是普遍的还是特殊的——都不能起着离散的作用。自我同一要求每一种存在都有一种联合的自我维持的功能，不管这种功能具有什么样的复杂性。

第七节

洛克的理论还有其另一方面，这就是他的“能力”学说。这个学说更好地说明了他的理论令人赞赏的恰当性而不是其一贯性。根据休谟的探究，无一例外，任何学说都不能与纯粹的感觉论哲学相容。这种哲学的建立虽然是从洛克那里引申出来的，但他并没有这方面的明确目的。每一个哲学学派在其自身的历史过程中都要有两位起主导作用的哲学家。一位应当在这个学派主要观点的影响下探讨经验的某种恰当性，但他往往缺乏一致性，而另一位则应当使这个学派的各种观点具有严格的一致性，因此他要进行一种归谬论证。在这些人物出现之前，任何思想流派都不可能使自身以完全形态出现在哲学上。从这一观点看，感觉主义经验论学派正是由于洛克和休谟才获得了自己在哲学史上的重要地位。

洛克是这样引出他的“能力”学说的（《人类理解论》第二卷第二十一章第一至三节）：

这个观念是怎样得来的——人心天天借着感官，知道它所见

> 的外界事物中各种简单的观念时有变化，并且注意到现在的观念时时要终止了，消灭了，未存在的观念时时又要开始存在起来。不止如此，它还要进而反省自身中所发生的各种现象，还进而观察它的各种观念的不断变化；这种变化有时来自外物在感官上所印的各种印象，有时来自人心自己的决定作用。因此，它就根据它寻常所观察到的来断言，在将来，用同样执行者和同样途径在同样事物中发生同样的变化。它以为一种事物有变化其简单观念的可能性，另一种事物有引起那种变化的可能性。因此，它就得到所谓能力的观念。因此，我们就说，火有熔金的能力……而金有被熔的能力；在这种以及类似情形下，我们所考察的能力都是就可深邃的各种观念的变化而言的：因为离了任何事物的可感觉的观念之明显的变化，则我们便观察不到它发生什么变化，接受什么作用，而且我们若非先想象它的一些观念有了变化，则我们也不能想象它本身有了任何变化……在这样考究之下，能力便有两种：一种是能引起变化的，一种是能接受变化的。前一种可叫
> 作“自动的”能力；后一种可叫作“被动的”能力……我承认， 58
> 能力中含有某种关系——一种动作关系或变化关系。任何一种观念若加以仔细考察后，都有一种关系。就如我们的广袤观念、绵延观念、数目观念，都包含着各部分的一种秘密关系。至于形相和运动，则其中更显然含有关系。又如各种可感的性质，如颜色、气味等，它们不也是各种物体同我们的知觉发生关系后所表现出的各种能力么？……因此，我想，我们的能力观念也可以列在其他简单的观念里边，被认为是简单观念之一，因为它也在我们的复杂的实体观念中形成一个主要的成分。这一点，我们以后还有机会看到。

在这个重要段落中，洛克阐明了有机哲学的主要学说，即：相关性原理；永恒客体的关系属性，由此它们构成现实存在相互客体化的各种形式；现实存在（即实体）的组合属性；作为构成现实存在（实

体）概念的主要成分的“能力”概念。在这后一个概念中，洛克既预示了本体论原理，也预示了一种现实存在对其他存在的“能力”不过是前者如何客体化为后者的原理。因此，知觉问题和能力问题是同一个问题，至少在知觉被归结为是对现实存在的纯粹摄入的意义上是同一个问题。而从知觉作为这种摄入的意识这个意义上说，则要求概念性摄入永恒客体这个新增因素和把这两个因素相整合的过程（参见本书第三编）。

洛克的这种“能力”学说在有机哲学中通过两种客体化学说而重新出现，这就是：(1)“因果性客体化”；(2)“表象性客体化”。

在“因果性客体化”中，由客体化的现实存在**主体性地**感受到的东西被**客体性地**传递到接替自己的合生现实之中。用洛克的话来说，这种客体化的现实存在就是这样在发挥着“能力”。在这种客体化中，使客体与主体相互关联的永恒客体表征着客体化现实存在的形式构成。

在“表象性客体化”中，这种关系性永恒客体分为两类，一类是从知觉者的地位出发，由被知觉要素的“广延性”视界所提供的永恒客体，另一类则是由知觉者先前的合生阶段所提供的永恒客体。通常所说的“知觉”就是关于表象性客体化的意识。但是，根据有机哲学，对于这两类客体化都可能存在意识。之所以有可能存在这两类意识，在有机哲学看来，是因为这种可知性是认知者的完全的本性，至少认知者的这些阶段是先于认知活动的。

洛克忽略了一种根本性的学说，即内在关系学说决定了不可能把
59 “变化”归之于任何现实存在。每一种现实存在都是现在这个样子，在宇宙中具有其确定的地位，这是由其自身与其他现实存在的内在关系所决定的。“变化”乃是对永恒客体在现实事物构成的不断进化的宇宙中进行各种探险的描述。

这种内在关系学说还引入了另一种不出偏差就不可能忽略的思考。洛克考察了事物的“实在本质”和“名义本质”。但是，根据现实事物相互之间的普遍相关性学说和这些关系内在性学说，有两个不

同的重要概念隐藏在“实在本质”一词中。洛克写道（《人类理解论》第三卷第三章第十五节）：

> 本质可以看作是任何事物的存在，凭借这种存在，事物成其为事物。因此，事物的实在的内在构成（这在实体方面往往是不能被认识的），就是其自身可感知的性质所依托的东西，这种东西可称为本质。……的确，通常人们假设各种事物有其实在的构成，而且毫无疑问一定有某种实在的构成，因而任何一组共同存在的简单观念必定要依赖于这种构成。不过很明显的是，各种事物所以在各种名称下归于不同的种属，只是因为它们符合我们用那些名称表示的抽象观念。因此，事物的每个种或者类的本质不是别的，而是那些种或者类名（如果我可以根据“种”而称其为种名，正如可以根据“类”而称其为类名一样）所表示的抽象观念。而且我们会发现，人们对“本质”一词最熟悉的用法多半是指这种含义。因此我提出把这两种本质一种叫作“实在”本质，另一种叫作“名义”本质，并无不妥。

有机哲学的基本概念，用洛克的用语来表达就是，“毫无疑问一定有某种实在的构成，因而任何一组共同存在的简单观念必定要依赖于这种构成”。洛克说得清楚明白（见《人类理解论》第二卷第二章第一节），即他用“简单观念”指的是某种非复合的抽象性质（如“柔软性”、“温暖”、“白”）进入现实存在（如“一块蜡”、“一块冰”、“一朵玫瑰”）。对洛克而言，这些简单观念，由于**共存于**现实存在之中，要求该存在的**实在的**构成。现在有机哲学进一步超越洛克的清晰陈述，用实在的构成概念来表示，永恒客体的作用在于引入多种现实存在，把它们作为相关现实存在的构成要素。因此，这种构成之所以是“实在的”，是由于它规定了这种现实存在在实在世界中的地位。换言之，这种现实存在，由于它**是其所是**，也就**在其所在**之处。它在某处乃是由于它是与现实世界相互关联的某种现实事物。这就直接否定了笛卡尔的学说："……一个存在物的存在除其自身以外不需要任何东西。"这与亚里士多德的说法也不一致：实体"既不断定一个主体，也不存在于一个主体之中"。

60 确实，我并不是要坚持，洛克在他的话语中已经清楚明白地掌握了有机哲学所发展了的那些含义。但是，不经意间说出的话往往是通向洞见闪烁的捷径。如果说洛克比他的某些追随者更加深刻地看到了形而上学的种种问题，也并非不可信。但是，且不谈洛克自己心中想什么，"有机学说"要求一方面完全地分析形成相关现实存在的那些现实存在的关系及其相互关系，要求这个意义上的"实在的本质"；另一方面要求某种"抽象的本质"，在这种抽象本质中，非特定的存在概念代替了**这样**结合起来的特定的存在概念，这就是非特定现实存在的概念。因此，这种实在的本质包含着特定现实存在实在的客体化，而抽象的本质则是一种复合的永恒客体。许多现实存在有同样的抽象本质，这个思想并无任何自相矛盾，但是只能有一个现实存在具有同样的实在本质。因为这种实在的本质表明了这种存在处于"何处"，也就是说，表明了这种存在在实在世界中的地位，而抽象本质则没有指明这种地位具体在哪里。

由于有机哲学诉诸事实，因此，它也能通过求助于约翰·洛克的洞察力而为其自身提供支持。洛克在英国哲学中，就其生活的时代而言，就其个人天赋、丰富的经验和对相互冲突的直觉作出冷静的陈述而言，他的作用可与柏拉图相媲美。

这种有机学说试图把世界描述为个体的现实存在的生成过程，每一种现实存在都有其自身绝对的自我造就能力。这种个体的具体终极物无非是一种与超越其自身有关的决定。因此，这便注定了个体绝对性的"永恒消逝"（见洛克《人类理解论》第二卷第十四章第一节）。但是，这种绝对性的"消逝"又是"客体永恒性"的获得。最后这个概念表达了有机学说更深远的要素——应当根据现实存在来描述生成过程。

第二章　广延连续体

第一节

首先，我们必须考察对世界的“广延”联系具有清晰而独特的有意识的知觉方式。这些广延联系包含“空间的广延性”和“时间的广延性”。不幸的是，这种清晰性，至少对于空间来说，仅仅是在日常知觉中通过各种感觉而获得的。这种知觉方式在这里被称为“直接表象”。根据这种方式，共时性世界被有意识地理解为由各种广延联系所组成的连续体。 61

在欧洲思想观念中，有些主要观念是在某种错误理解影响下所形成的，而它们只是部分地被上个世纪的科学进步所修正。对此，人们很难清楚地了解。这种错误理解就是，把纯粹的潜在性与现实性混为一谈了。连续性涉及的是潜在的东西，而现实性涉及的必然是以原子形式存在的东西。

这种错误理解是由忽略如下原理所造成的：就物理关系而言，共时性事件的发生没有相互的**因果关系**。[①] 这一原理在后面考察过程和时间时还要加以解释。这个原理具体地表现在我们对各种共时性现实存在组成的世界的知觉本性中。对我们来说，这种共时性世界被客体化为“客观实在”，通过不同的感觉材料区分各种组成部分来体现单纯的广延。这些性质，如颜色、声音、身体感受、味道、气味以及由各种广延关系产生的各种视界，都是一些关系性的永恒客体，那些共时性现实存在就是通过这些永恒客体而成为我们的构成中的要素的。这种客体化（参见前一章第七节）我们称之为“表象的客体化”。

因此，根据共时性的独立性原理，共时性世界在我们看来就是以这种被动潜在性态势被客体化的。把共时性世界各个组成部分区分开来的，正是由我们身体的先前状态所提供的感觉材料，它们在共时性空间中的分布也是如此。因此，我们关于共时性世界的直接知觉便归结为广延性，这种广延性规定着：（1）我们自身的几何视界；（2）其
62 他共时性存在彼此可能的相互视界；（3）各种可能的区分。这些可能的区分把外部世界构成一种连续体，因为连续体是可以区分的。就共时性世界可由各种现实存在来区分而言，共时性世界不是一个连续体，而是以原子形式存在的存在。因此，共时性世界是由于具有广延上可区分的潜在性而被人们知觉到的，而不是因为其现实的原子可以区分而被人们知觉到的。

由各种感觉所知觉到的共时性世界是共时性现实的材料，因而是连续一可分的，但实际上是不能分割开的。而共时性世界在事实上则是可以分割的和以原子形式存在的，它是一个由多种多样确定的现实存在构成的世界。这些共时性现实存在是彼此分开的，但它们本身不能分割到其他共时性现实存在之中。对于这个反题，我在后面还要加以讨论（参见本书第四编）。但是，在此有必要概略地加以说明。

共时性现实存在与相关主体的“形式”存在是有关联的，对这种关联方式的限定首先体现了这样一个普遍原理：客体化可以把被客体

① 这个原理依据爱因斯坦关于物理连续体的基本公式。

化的存在的完全构成降为无关联的或者只有从属性关联的东西。在这种已经实现客体化的存在中，某种实在的构成成分显示的作用是，这种特殊存在如何成为该主体经验中的材料。在这种情况下，那些已客体化的共时性存在，因其性质产生于作为广延连续体的材料，因而与该主体便只有直接的关联。事实上，它们确实使这种连续体原子化了。但是，那种原初的潜在性，即它们所包含的和所要实现的东西，就是它们在自己的客体化中所提供的那种相关因素。因此，它们便把这个共时性现实的共同体表现为一种具有数学关系的共同世界——"数学"一词在这里是在柏拉图、欧几里德和笛卡尔所一直理解的那种意义上使用的，即在发现现代纯数学的真正定义之前的意义上使用的。

为了假定那些实在的客体对该主体所起的作用，广延连续体的纯数学潜在性要求增加内容。这个内容是由被称为感觉材料的永恒客体所提供的。这些客体是"给予"该主体的经验的。它们的给予不是产生于被如此客体化的共时性存在的"决定"。这种经验是由该主体先前具有的物质性身体发生作用的结果，同时也可把这种作用分析为是对更远的过去的表现，这种过去类似于该主体及其各种共时性现实存在。因此，这些感觉材料是扮演着复杂的关系性角色的永恒客体，它们把过去的那些现实存在与共时性世界中的各种现实存在联系起来，并因而影响着当下事物和过去事物的客体化。例如，我们可以看到当下这把椅子，但我们是用我们的眼睛看到的；我们可以触摸到当下这把椅子，但我们是用我们的手摸到的。因此，这些颜色以一种方式把这把椅子客体化为主体经验中的各种要素，而以另一种方式把我们的眼睛客体化为主体经验中的各种要素。同样，触觉以一种方式把这把 63
椅子客体化为主体经验中的要素，以另一种方式把触摸椅子的手客体化为主体经验中的要素。但是，这些眼睛和手都处在过去（几乎是刚刚消逝的过去），而这把椅子则处于现实之中。这样被客体化的这把椅子，就成为各种现实存在在其作为一种聚合体的统一体中的当下聚合体的客体化。这种聚合体可以在空间区域上描述为构成，具有各种视界关系。这一区域实际上被这种聚合体中的构成要素原子化了。通过转化范畴（参见第三编和第四编）的活动，在这种客体化中，除了这一区域的占有以外，可以从这些组成构成要素的多样性及其形式构成的全部组分中做出某种抽象。这种摄入，在所考察的这个具体例子中，可称为对“椅子映像”的摄入，而且同过去的交织并不局限于先前的眼睛和手。在该物体外部的整个自然中还有更遥远的过去。这种遥远的过去具有的直接关联性——这种直接关联性是由其直接客体化在直接的主体中所造成的——就某种严格的物质性摄入来说，实际上是可以忽略不计的。

但是，外部自然由于传递了类似的摄入而具有某种非直接的关联性。因此，在它之中存在着各种中介性的客体化历史路径。这种相关的历史路径逐渐导向动物身体的各个组成部分，并把构成外部环境对动物身体的物质影响的各种摄入传递到这些组成部分之中。但是，处于合生主体的过去之中的外部环境，由于可以忽略的例外情况，也处于已经客体化的椅子映像的各种聚合体的过去之中。如果存在着一把“实在的椅子”，那么，在这种环境中，就将会有另一条聚合体之间的客体化历史路径。每一种聚合体的组成部分都将会互为共时性存在。而且，这种历史路径将会逐渐导向作为椅子映像的聚合体。由这种历史路径和椅子映像所构成的这种完全的聚合体，将会构成一种“微粒子的”集合体。这种集合体就是那一把“实在的椅子”。

因此，对这种合生主体的这些摄入，和作为椅子映像的当下聚合体之组成部分的形式构成，是以同过去相同的环境所具有的诸多属性为条件的。动物的身体就是这样构造起来的，由于具有大致的精确性，并且是在正常条件下构造的，因此，其重点放在了共时性世界中的这些区域上，它们尤其是同该持续客体的未来存在密切相关。在这些未来客体中，直接的知觉是一种发生。

对转化范畴的参照将会表明，对“直接表象”方式的当下“映像”的知觉，是一种“非纯粹的”摄入。那些附带的“纯粹”物质性摄入是一些提供了关于物质世界确切信息的成分，而那些附带的“纯粹”精神性摄入则是那些被引入知觉理论之中的“第二性质”的成分。这里所给予的说明，追溯了这些第二性质在由“身体的运用”所 64
表达的物质性摄入中的根源。

如果那些物质路径与椅子和动物身体的生命史之间相似的相互关联没有得到满足，我们就会倾向于认为，我们的知觉是难以捉摸的。“难以捉摸的”这个词，就其作为一个技术用语来说，是非常好的；但是，一定不要误认为它是我们已经直接地知觉到的东西，实际上我们对它没有直接的知觉。我们通过我们的感觉对直接的广延形体的直接知觉，在对我们自身的某种几何视界中，并且在与共时性世界一般的几何关系中，仍然是一种终极事实。我们的推论是有缺陷的。用笛卡尔的语言来说，它是一种终极的“审察”（也可称为“直觉”），当清除掉所有“判断”——即推论——时，对信念来说它才是终极的。关于“难以捉摸的”知觉问题，后面还要从总体上予以更加详细的考察（参见第三编第三章到第四章）。然而，我们可以立刻看到，“难以捉摸的”是分等级的。在有些情况下，并不存在难以捉摸。例如，当我们看到一把椅子的影像，并且确实有一把椅子存在时，情况就是如此。而当我们通过一面镜子观看时，则存在着部分的难以捉摸的情形。在这种情形下，我们所看到的椅子映像，就不是我们称之为实在的椅子的那些存在所构成的粒子集合体。最后，也许我们一直在吸毒，因而我们所看到的椅子映像在粒子式集合体的任何历史路径中均没有任何相似的对等物。此外，还存在着其他难以捉摸的层次，其中时间的流逝是其主要因素。这些情形是由我们对神圣身体的知觉所说明的。在那些难以捉摸的情形中，我们习惯于以一种混乱的方式声称，由我们没有看到但却正确地推导出来的那些存在所组成的集合体，是我们“真正地”看到的事物。

这种讨论的结论是，被称为“感觉材料”的永恒客体进入主体的经验中，不能被理解为是这种现实存在的单纯的客体化。用日常语言来说，我们把作为某种性质的感觉材料归之于现实存在。这种进入包含着一种复杂的关系，感觉材料就是通过这种关系而突现为“既定的”永恒客体的，而某些过去的存在则通过该永恒客体而被客体化（例如，颜色是用眼睛看到的，坏脾气是通过内脏而遗传的）。同时，这种感觉材料也是通过这种永恒客体而进入处于共时性世界之中的现实存在所构成的集合体之客体化中的。因此，某种感觉材料之所以能够进入经验当中，是由于它构成了那一发生之内的诸摄入所具有的非常复杂的多重整合的内容。例如，视觉材料的进入就包含着对各种先前身体器官的因果客体化，和所看到的那种形状的呈现的客体化，这种形状是各种共时性现实存在之间的一种聚合体。根据对感觉材料的进入的这种说明，动物的身体只不过是先前确定的世界中最密切相关的部分。这一说明可总结如下：当我们知觉到当下我们称之为“椅子”的那种具有广延性的形状时，所涉及的这些感觉材料并非必然地
65 是这把椅子的映像的“实在的内在构成”中的要素；它们是——以某种感觉方式——存在于人体先前各种器官的“实在的内在构造”之中的要素，而那些器官正是我们用来感知那把“椅子”的器官。对这类先前的现实存在的**直接**认知——我们正是**用**这种认知来感知共时性存在的——受到了阻碍，并且除了特别的环境之外，影响了这类材料的时—空模糊性会使这种直接认知变得不可能。在后面（参见本书第三编第三章到第五章）我们还要根据摄入理论，并结合转化范畴，讨论关于聚合体的这种模糊知觉即对组成知觉的现实存在不作区分的全部问题。

第二节

关于“直接表象”所做的这种说明，预设了如下两个形而上学假定：

1. 现实世界，就其是已被确定的、现实的和已经生成的存在的共同体而言，是以超越其自身的创造性的潜在性为条件和为限制的。这种“给予的”世界提供了一些以关于其自身的客体化的形式存在的

确定材料，而这些材料是其各种现实存在的本性所能提供的。这是一种局限，它建立在由永恒客体所提供的一般潜在性之上，仅仅考虑其性质的一般性。因此，相对于任何现实存在而言，存在着一个由已经确立的现实存在所组成的“被给予的”世界和一种“实在的”潜在性，这种潜在性是超越该观察点的创造性的材料。这种材料，作为构成某种现实存在的过程中的原初材料，不过是现实世界本身而已，这是就其作为被感受过程的可能性的性质而言的。这具体地说明了如下形而上学原理：每一种“存在”都是“生成”的潜在性。现实世界是每一种新的创造的“客体内容”。

因此，我们必须永远思考潜在性的两种意义：(1)“普遍的”潜在性，它是各种可能性的集合，彼此一致或可以相互替代，由永恒客体的多样性所提供；(2)“实在的”潜在性，它以现实世界所提供的材料为条件。普遍的潜在性是绝对的，而实在的潜在性对现实存在来说则是相对的，它被当作一种观察点，现实世界就是根据这种观察点而得以界定的。必须牢记的是，“现实世界”一词类似于“昨天”和“明天”，表现在它可以根据一定的观察点而改变自身的意义。现实世界必定永远意味着由全部现实存在构成的共同体，包含被称为“上帝”的原初现实存在和暂时性现实存在。

非常奇怪的是，甚至在形而上学讨论的早期阶段，现代物理学的“相对论”的影响也很大。根据经典的“一维序列”的时间观，两种同时性现实存在规定了同一个现实世界。根据现代科学观点，任何两 66
种现实存在都不能规定同一个现实世界。只有当现实存在都不属于由其他存在所规定的“既定的”现实世界时，这些现实存在才能被称为“同时性的”。

就一定意义上是“相邻的”一对同时性存在来说，由它们所构成的那些现实世界之间的差别，是人类的大多数目的都不予考虑的。因此，关于时间的“经典”观点和“相关性”观点之间的差别，只是在极为罕见的情况下才具有重要的关联。我将永远采用相对论的时间观。这一方面是因为它似乎能更好地与有机哲学假定的关于相关性的一般哲学观点相一致；另一方面是因为，除极个别情况以外，经典的时间学说可以被看作相对论的特殊情形——这种情形似乎与实验证据不一致。换言之，这种经典观点似乎限制了普遍的哲学学说；它是一种较大的假定；并且在与其他科学原理相结合时，它的结论似乎是假的。

2. 第二个形而上学假定是，与所有观察点相关的实在的潜在性，被置于同广延连续体的不同决定相同的类别。这种广延连续体是一种关系性的复合体，全部潜在的客体化都在这种复合体中找到了它们的生存环境。它构成过去、现在和未来组成的整个世界的基础。就其完全的普遍性来考察，除了那些只对电子、质子、分子和星系所组成的宇宙时代来说相适合的附加条件以外，这个连续体的属性极为罕见，且不包含度量几何的各种关系。

广延连续体是由各种存在所组成的复合体，这种复合体是由各种属于同一系列的整体对部分的关系、为拥有共同的组成部分而形成的交叠关系、相触关系，以及产生于这些原初关系的其他关系所统一起来的。“连续体”观念既涉及不确定的可区分的属性，也涉及不受限制的广延的属性。存在之外永远有存在，因为非存在是没有边界的。这种广延连续体表征着所有观察点在整个世界发展过程中的协同性。这种协同性不是先于这个世界的事实，而是由这个世界的普遍性质所产生的首要的秩序性规定——即实在的潜在性的秩序性规定。就其超越当前这个宇宙时期的充分普遍性而言，这种协同性并不包含那些形状、维度或可度量性，它们是由我们的宇宙时期形成的实在的潜在性增加的规定。

这种广延连续体是“实在的”，因为它所表达的事实既是由这种现实世界所产生的，又是与共时性现实世界有关联的。根据这一连续体的规定，全部现实存在都是相互联系的；并且全部可能的现实存在在未来都必定把这些规定具体地体现在它们与已经存在的现实的各种联系之中。未来的实在性与这一连续体的实在性是密切联系在一起的。就其作为现实事物实在的构成成分的本性而言，它是潜在之物的

实在性。必须根据摄入的关联性来解释这种实在的构成成分。这一工 67
作将在本书第四编第五章进行。

各种现实存在可使广延连续体原子化。这个连续体本身仅仅具有可以区分的潜在性，而现实存在则影响着这种区分。共时性世界的客体化只是表征着世界可以根据自身的潜在性来进一步区分，可以根据这种相互视界而进一步区分，这种相互视界可使任何进一步区分产生实在的效果。这些视界是任何现实存在的主导性基本材料，因为它们表征着全部现实存在如何能处于世界的协同性之中。随着任何一种现实存在的生成，先前在时空连续体中处于潜在状态的东西，此时便成为以某种现实状态存在的主要的实在状态。因为每一种合生过程都在这个世界上采取了一种区域观察点，这种区域观察点规定着客体化的有限潜在性。在纯粹的广延连续体中，没有哪一个原理能规定哪个区域的量子将要原子化，因而便形成了那些原初材料的实在的视界观察点，而这些原初材料则构成现实存在合生的基本阶段。现实世界中那些造成这一规定的因素，我们将在这个研究某个后期阶段加以讨论。这些思想束缚构成了“主体性目标”的起始阶段。这种起始阶段是从上帝原初性质中直接派生的。就这种作用而言，正如其他作用一样，上帝是旨在起强化作用的创新机关。

在纯粹的连续体中，存在着各种相反的潜在性；而在现实世界中，则存在着各种确定的以原子形式存在的现实性，它们通过这一现实性的区域而规定着一种内在一致的由实在的区分所组成的系统。每一种现实存在在其与其他现实存在的关系中都是在这种意义上处于该连续体之中的某个地方，并且是从这一观察点所提供的材料中产生的。但是，在另一种意义上，它在整个连续体中无所不在；因为它的构成中包含着现实世界的客体化，并因而包含着该连续体。同时，其自身的各种潜在客体化把该连续体所表现的它们之间的密切关联赋予了这些实在的潜在性。因此，这种连续体存在于每一种现实存在中，而每一种现实存在也都普遍地存在于这个连续体之中。

这个结论也可以用另一种方式来表述。除了其空间性和时间性以外，广延性是关于种种关系的普遍体系，它提供了一种接纳能力，许多客体凭借这种能力便能融合到由经验所组成的实在的统一体中。因此，经验活动具有一种客体的广延秩序体系，这是由如下的双重事实造成的：它自身的视界观察点具有广延的内容，而其他现实存在由于保持了它们的广延关系而被客体化。这些广延关系比它们自身那些更为具体的空间和时间关系更为根本。广延性是实在的潜在性具有的最普遍的体系，它为所有其他机体的关系提供了背景。这种潜在体系不能决定其自身由现实存在造成的原子化。它是可分的；但是，由现实
68 存在对它所做的实在的区分，取决于构成先前环境的那些更具体的特征。就时间而言，这种原子化采取了一种特殊的"时间的时期理论"形式。① 就空间来说，它是指暂时性世界中每一现实存在由于其视界观察点都可归之于一种空间容量，这些结论是通过考察芝诺的论证而得到的②，与现实存在是一种经验活动的假定有关。我们可以引用威廉·詹姆士的权威论述来支持这一结论。他写道："你的经验要么既无内容，也无变化，要么具有一定的可感知内容或变化。你对实在的认识就是通过这些点滴知觉逐渐增加的。你可以从智力上通过反思把这些知觉区分为各种不同的组成部分，但是作为直接的给予，这些知觉成分要么是整个地产生，要么完全没有。"③ 詹姆士也援引了芝诺的思想。在实体方面，我同意他根据芝诺的观点所做的论证，尽管我并不认为他充分地承认了芝诺悖论中的这些要素——悖论是不恰当的数学知识的产物。但是，我承认在除掉这些无效的部分之后，这仍然是一个有效的论证。

这个论证就其是有效的而言会从如下两个前提中引出一个矛盾：（1）在生成中总有某种实在事物在生成；（2）每一种生成活动都可分为前后两段，这两个前后两段本身也属于生成活动。例如，我们可以

① 见我的《科学与近代世界》第七章。

② 见上述引文以及本书第四编。

③ 《一些哲学问题》第十章；我是通过 J. S. 别克斯勒教授在他的《威廉·詹姆士哲学中的宗教》一书中的引文而注意到这段话的。

考察一下一秒钟内的某种生成活动。这个活动可以区分为两个活动，一个在这一秒的前半秒，一个在这一秒的后半秒。因此，在整个这一秒钟内的生成是以前半秒的生成为前提的。与此类似，前半秒钟内的生成是以前四分之一秒内的生成为前提的，如此类推，永无止境。因此，如果我们考察这种生成过程，一直追溯到相关这一秒的开端，并且追问此时到底生成了什么，那么，我们不会得到任何答案。因为，无论我们是指任何创造物，都会假定会有一种更早的创造物，这种创造物是在那一秒的开端之后生成的，并且先于所指示的这种创造物。所以，要产生向所说的这一秒转变，并没有任何东西生成。

这个困难，即使我们假定某物可以在每一种非广延性瞬间生成，也不可能消除。因为在这一秒时间的开端并不存在某物可以生成的下一个瞬间。

芝诺在其“飞矢不动”的命题中似乎对这一论证有模糊的把握。但是，他引入运动则带来许多毫不相关的细节。真正的困难在于理解
这一支飞矢如何能在时间流逝之后依然存在。遗憾的是，笛卡尔对 69
“持续性”的处理非常肤浅，而后来的哲学家们都是在仿效他的这种处理方法。

在“阿基里斯和龟”的论证中，芝诺由于不知道无限收敛级数理论而做了一种无效论证。除去这个比赛和运动无关紧要的细节——各个时代的学术文献都喜欢这个悖论的细节——把前半秒看作一种生成活动，把下一个四分之一秒看作另一个这样的生成活动，把下一个八分之一秒看作另一个这样的生成活动，如此循环，永无止境。因此，芝诺非法地假定了这种无限的生成活动系列是绝不能穷尽的。但是，并不需要假定这样一种无限系列的生成活动：有了第一个活动，每一个活动都有直接的后继活动，其生成过程不可穷尽。简单的算术就会使我们确信，上面指出的这种级数在一秒钟内就会穷尽。因而在整个这种级数之外，新的生成活动的介入途径是敞开着的。因此，这个芝诺悖论是建立在某种数学谬误之上的。

对上述“飞矢”悖论的修正造成这样一个原理：如果我们承认有某种东西生成，那么，每一种生成活动一定会有某种直接的后继，因为否则我们就不可能指出，在进入相关的那一秒钟时，将会生成何种创造物。但是，如果不增加某个前提，我们就不可能推论出，每一种生成活动都必定有某种直接的后继。

由此我们可以得出结论说，在每一种生成活动中，都会生成某种具有暂时性广延的东西，但这种活动本身却不是广延的，意思是指，它并不像已生成之物具有广延可分性一样，可以分为早期的生成活动和后来的生成活动，

这一节阐明的学说是，创造物是有广延性的，但是它的生成活动则是没有广延性的。对于这个主题，我们在第四编中还要继续讨论。然而，现在需要对第三编和第四编的某些部分做一些简要说明。

实在的事物，就其自身具体的满足性质而言，可分为涉及自身前一半时间段的摄入和涉及自身后一半时间段的摄入。这种可分性构成了其自身的广延性。但是，这与时间和空间的从属区域相关，意味着这种相关摄入的材料就是由于这个从属区域以之为视界而被客体化的现实世界。然而，摄入获得了主体性形式，并且这种主体性形式只是由于与那些隶属于实在事物精神极的概念性感受相整合，才会获得完全的规定性。合生是由一种主体性目的支配的，这种主体性目的本质上涉及那种作为终极超体的创造物。这种主体性目的正是这种超体本身，它决定着自身作为一种创造物的自我创造。因此，这种主体性目的并不拥有这种可分性。如果我们把注意力集中于与前一半有关的摄入，它们的主体性形式则无从产生，因为这样就排除了整体的主体性目的。因此，这种主体性形式的进化不可能涉及任何现
70 实性。这样就违反了本体论原理，仿佛有某种事物从虚无飘浮到世界中来了。

这个讨论的总结性陈述就是，精神极决定着主体性形式，而这个精神极与作为整体的实在事物是不可分的。

第三节

通过前面几节的讨论，我只是对欧洲哲学学说中一种最古老的学说给出一种现代的阐释。但是，作为一种常识性学说，这种最古老的学说实际上其历史还要悠久——与意识本身的历史一样长。最一般的概念通常是以“时间”和“空间”概念为基础的，我们这个讨论的宗旨是揭示这些一般概念与现实世界的真实联系。而另一种学说，即牛顿的宇宙观，强调的则是时空的“容器”理论，并把潜在性因素降到最低程度。这样一来，片断的时间和空间被看成如同其他任何事物一样也是现实的，同时又被其他作为片断质料的现实所“占有”。这就是牛顿的“绝对的”时空理论，虽然有人偶尔也会默认这种时空理论，哲学家们却从来没有真正地接受它。在《自然哲学的数学原理》一书中，牛顿针对其提出的前八个定义所作的著名的注释①，异常清楚地表达了这一观点：

> 至此，我已把关于这类词语的定义当作未知的，并解释了其所包含的意义，在随后的叙述中，我将使这些意义成为可理解的。正如众所周知的那样，我没有给时间、空间、位置和运动下定义。我唯一要做的是：我必须进行观察，普通人在没有其他观念的情况下，只是根据他们与可以感知的事物的关系而感知到了那些量。因此，他们对这些物体的运动状态形成某些偏见，很容易把它们区分为绝对的和相对的、真实的和表象的、数学的和日常的。
>
> 1. 绝对的、真实的和数学的时间，就其本身而言，并且根据其自身的本性，不管任何外在物如何，都在均匀地流逝着。它

① 安德鲁·摩特译，1803年伦敦新的修订版。

的另一种名称叫作持续性：相对的、表象的和日常的时间，是由运动对这种持续性所做的某种可以被人感知的和外在的度量（不论是精确的还是不均等的），而这种度量通常被用来替代真实的时间，例如一小时、一天、一个月、一年。

2. 绝对空间，就其自身的本性而言，并且不管任何外在物如何，总是保持着同一和静止。相对空间是某种可以移动的维度，或者是对绝对空间的度量。我们的感觉是由其相对于各种物体的位置而确定的，并且通常被当作是静止的空间……绝对空间和相对空间在图形和大小上是相同的；但是在数量上它们并非总是相同的……

4. ……正如组成时间的各部分的顺序是不可改变的一样，
71 组成空间的各部分也是如此。假定这些部分可以从它们所在的位置移走，那么，它们就会从它们自身中移走（如果允许使用这种表达方式的话）。因为时间和空间仿佛也像所有其他事物一样，也占据着它们自身的位置。所有事物都是根据时间顺序而被放置的，以便获得连续性的顺序。根据它们的本性，它们是一些位置；并且，若认为事物的最初位置竟然是可以移动的，这是荒谬的。所以，这些位置是绝对的；在这些位置以外的转化，只是那些绝对的运动……此时，除那些从无限到无限依次保持着相同的既定位置的位置以外，任何其他位置都是不可移动的；并且基于这种原因，必定会继续保持静止；因此构成我所说的不可移动的空间。那些能够把真实运动和相对运动区别开来的原因，正是那些施加到物体之上从而使其运动的力。真实的运动既不是被产生的，也是不可改变的，而是被某种力施加到运动物体之上的。但是，在没有任何力施加于物体之上时，其相对运动既可以产生，也可以改变。因为只要对与前者相比较的其他物体施加某种力就足够了，因而由于它们的消失，这种关系就会改变，从而构成了另一物体的相对静止或相对运动……把绝对运动与相对运动区分开来的那些作用力，正是离开循环运动轴心的那些力。因为在纯

> 粹相对的循环运动中，根本不存在任何这样的力，但是，在真实的和绝对的循环运动中，根据运动的量，它们或多或少是存在的……为此，那些相对的量不是量本身，不是如它们所具有的名称那样，而是对它们的可感知的（精确或不精确的）度量，这些度量经常被用来代替那些被度量的量本身……

我之所以如此冗长地引用牛顿的注释，是因为这些文献已构成人类的宇宙学假说中最清楚、最确定和最有影响力的陈述。这种宇宙学假说最早假定了先于并启发了柏拉图的毕达哥拉斯学派在科学上的重要性。牛顿假定了四种存在，但他没有区分它们的现实性：在他看来，心灵是现实事物，身体是现实事物，时间的绝对性是现实事物，绝对空间是现实事物。他并未使用“现实的”一词，但是他所谈论的是事实问题，因而他把它们全部都放在了同一层次上。其结果便是，他把自己放在一个清楚地加以表达的但却是复杂的和自我矛盾的空间自身关系的体系中；放在持续性自身的关系体系中；放在心灵、身体、时间和位置之间的关系体系中，因为它们之间的联合全都进入了那种唯一的宇宙的协同性之中。对科学的目的而言，它是一个相当清晰的陈述，也就是说，对所有以后二百年间的科学的目的来说，并且就自那时起它的大多数目的来说，确实如此。但是，作为一个基本陈 72
述，它很容易受到怀疑论的攻击。而且，正如牛顿本人所承认的那样，这与人们的日常感觉是相反的——“普通人在没有其他观念的情况下，只是根据他们与可以感知到的事物的关系而感知到了那些量”。康德为了挽救常识只是把它归结为对一种结构的描述，通过这个结构，“纯粹直觉”使混沌材料有了秩序；并且，对那些起源于康德的先验论学派来说，这一结构仍然存在于由恰当的终极物质实在所派生的次要位置上。对这些哲学家们来说，这个结构是“现象”中的一种要素；而现象与实在是应当区分开来的。而有机哲学则试图通过最小的批判性调整使哲学回到那些“普通人”的概念。首先，用牛顿的用语来说，这一讨论必须紧紧抓住“可感知的对象”这个概念。我们可以扩展牛顿的术语，宣称人类的常识可以认识到，全部观念最终都指向于现实的实体，或者用牛顿的用语来说，可指向“可感知的对象”。牛顿依据流行的物理学概念，把“可感知的对象”理解为力学研究的物质实体。这样便给他留下了“可感知的对象”与虚空之间的对立命题。牛顿的确作为私人意见提出一种猜测，认为空间中有一种物质性介质。但是他又认为也许没有这样的介质。在他看来，“虚空”概念，也就是说，纯粹的空间性概念，是有意义的，可以把它理解为“从无限到无限”的一种独立现实存在。在这方面，他不同于笛卡尔。现代物理学支持笛卡尔的观点，它引入了“物理场”的概念。而且，最新的思考倾向于消除物理场中“已占据的”部分和“未占据的”部分之间的严格区别。此外，在这些演讲中（参见第二编第三章），我们引进了一种区别，然而，无论在“普通人”还是在牛顿的头脑里都不清楚这种区别。这一区别便是在如下几种东西之间所做出的：（1）现实存在，（2）永恒客体，（3）粒子集合体，（4）非粒子集合体和（5）非集合的聚合体。非集合的聚合体是对“混沌”概念的回应。广延连续体是经验中的一般关系性要素，而所经验到的那些现实存在以及那样一组经验本身，就是通过这种关系性要素而被统一到一个共同世界的协同性之中的。现实存在把广延连续体原子化，因而使先前只是纯粹的潜在物成为实在物了。广延连续体的原子化也是其自身的暂时化；也就是说，它是现实性进入纯粹潜在之物本身中的生成过程。这种系统体系，由于完全地包含着现实的过去和潜在的未来，被摄入到每一种现实存在的肯定性经验之中。从这个意义上说，它就是康德的“直觉形式”；但它是从作为材料的现实世界之中产生的，因而在康德所说的纯粹意义上，这种系统体系还不是“纯粹的”。并不是它产生了这个有序的世界，相反它是从这个有序世界中产生的。对这个体系的摄入是说明现实的事实在其自身的构成中包含着实在的潜在性的又一个例证，这种潜在性同其自身以外的东西有关。前一个实例是“欲望”。

第四节

牛顿在描述时间和空间时混淆了“实在的”潜在性和现实的事实，因此使他背离了“普通人”的判断，普通人“除了依据他们可以感受到的对象来看待这些量以外，不可能依据任何其他观念”。有机哲学则是以赞同“普通人”的看法为出发点的，只不过它用“现实存在”代替了“可以被人感知的客体”，因而使我们的观念摆脱了感官知觉的认识论。当我们进一步思考如何对牛顿的其他描述作一些调整，使它们适应有机哲学时，便出现了这样的惊人事实：我们必须把与现实存在有关联的那些原子化的、具有广延性的量子等同于牛顿的绝对场所和绝对持续性。牛顿的如下证明也是成立的：运动不适用于本性上不运动的绝对场所。这样一来，现实存在便从来不运动：它永远处在其所在之处，永远是其所是。为了用一个词来强调把“现实存在”概念同我们日常的思维习惯更密切联系的这一特征，我还用“现实发生”一词来代替“现实存在”一词。这样一来就可以说，现实世界是由现实发生所构成的；根据本体论原理，在“存在”的任何意义上存在的任何事物，都是从现实发生中抽象出来而产生的。我将在更一般的意义上使用“事件”一词，用它来指谓一个广延量中以某种确定方式相互关联的现实发生的聚合体。一个现实发生就是只有一个成分的这种有限事件。 73

很显然，我们必须确定“运动”和“运动物体”这些概念的意义。就目前来看，这一探究必须推迟到后面的一章（见本编第三章和本书第四编）。我们完全可以说，一个分子在运动物体的意义上，如果只有局部变化的历史，还不是一个现实发生；所以，它必定是现实发生的某种聚合体。在这个意义上它是一个事件，而不是现实发生。“变化”这个概念的基本意义乃是“组成某个确定事件的现实发生之间的差异”。

在有机哲学中，要进一步说明广延连续体的地位，需要通过与笛卡尔的物质实体学说相比较来进行。显而易见，相对于牛顿的观点来说，有机哲学曾一度与笛卡尔的观点更为接近。在这一论题上，斯宾诺莎哲学实际上是笛卡尔哲学的逻辑系统化，他消除了笛卡尔哲学中的前后不一致。但是，这种逻辑一致性恰恰是通过强调笛卡尔哲学中那些被有机哲学所抛弃的因素而获得的。在这一方面，斯宾诺莎哲学对笛卡尔哲学所起的作用与休谟哲学对洛克哲学所起的作用相同。可以把有机哲学看作是对笛卡尔哲学和洛克哲学中某些因素的复兴，这些因素往往由于同他们的后继者所发挥的因素不一致，通常会遭到他
74 们的拒绝。因此，与斯宾诺莎的单子论相比而言，有机哲学是多元论学说；而与休谟的感觉主义现象论相比，有机哲学则是一种摄入现实的经验学说。

首先，让我们回到把实体灾难性地区分为物质实体和精神实体这两类实体的思想阶段之前的笛卡尔。在《形而上学的沉思Ⅰ》的开头，他写道：

> 比如我在这里，坐在炉火旁，穿着大长袍，手上拿着这张纸，以及诸如此类的东西。我怎么能否认这两只手和这个身体是我的呢，除非也许是我和那些疯子相比？……但是，怎么啦，那是一些疯子，如果我也和他们相比，那么我的荒诞程度也将不会小于他们了。
>
> 虽然如此，我在这里必须考虑到我是人，因而我有睡觉和在梦里跟疯子们醒着时所做的一模一样、有时甚至更加荒唐的事情的习惯。……尽管如此，至少我们必须承认出现在我们的梦里的那些东西就像图书一样，它们只有模仿某种真实的东西才能做成，因此，至少那些一般的东西，比如眼睛、脑袋、手，以及身体的其余部分并不是想象出来的东西，而是真的、存在的东西。……同样道理，就算这些一般的东西，例如［身体］①、眼

① 哈丹尼和罗斯用方括号括起来的词语是法文本出现而拉丁文本中所没有的。我与拉丁文本作了比较。

> 睛、脑袋、手以及诸如此类的东西都是幻想出来的东西，可是总得承认有更简单、更一般的东西是真实的、存在的，由于这些东西的掺杂，不多不少正像某些真实的颜色掺杂起来一样，就形成了存在于我们思维中的东西的一切形象，不管这些东西是真的、实在的也罢，还是虚构的、奇形怪状的也罢。
>
> 物体的一般性质及其广延，以及具有广延性东西的形状、量或大小和数目都属于这一类东西；还有这些东西所处的地点，所占的时间，以及诸如此类的东西。

在《形而上学的沉思Ⅱ》中，在简短地作了复述之后，笛卡尔在谈到上帝时继续写道：

> 因此，如果他骗我，那么毫无疑问我是存在的；而且他想怎么骗我就怎么骗我，只要我想到我是一个什么东西，他就总不会使我成为什么都不是。所以，在对上面这些很好地加以思考，同时对一切事物仔细地加以检查之后，最后必须做出这样的结论，而且必须把它当成确定无疑的，即有我，我存在，每次当我说出它来，或者在我心里想到它的时候，这个命题必然是真的。

在我们引用的《形而上学的沉思Ⅰ》中那段话的末尾，笛卡尔使 75
用的“实在事物”这一用语的意义与我使用“现实的”一词的意义相同。在最完全的意义上，“存在”这个用语的意思是指在它之外再没有其他事物。笛卡尔实际上应当把一般地说完全不同意义的“存在”归之于上帝。在这里所创立的有机哲学中，上帝的存在并非一般地不同于其他现实存在的存在，他只是在“原初的”意义上不同于其他存在。这种“原初的”意义将会逐步加以解释。

在本章第四节已经给出这样一种本体论原理：现实发生构成了全部其他类型的存在由之产生和抽象出来的基础——笛卡尔没有根据这种本体论原理而明确地形成现实性的定义，然而他实际上以主—谓形式的术语表明了同样的思想。他写道：“因此，当我们感知到任何属性时，我们便会因此做出结论说，必然存在着这些属性所属的某种存在或实体。”① 笛卡尔所用的“实体”一词与我的用语“现实发生”是相同的。我避免使用“实体”一词，原因之一是它含有主—谓形式的概念；另一原因是因为笛卡尔和洛克都允许他们的实体经历着改变限制条件的历程，因而造成许多困难。

在上述摘自《形而上学的沉思Ⅱ》的引文中，笛卡尔写道：“有我，我存在，每次当我说出它来，或者在我心里想到它的时候，这个命题必然是真的。”笛卡尔采取的立场是：一种经验活动是一种基本的现实发生。但是，在其随后的论述中，他则假定他的精神实体具有持续性的变化。在此，他超越了自己的论证。因为当他每次说出“有我，我存在”时，那种作为自我的现实发生都是不一样的；而且，对这两个“自我”来说是共同的那个“他”就是一种永恒客体，或者换个说法，是连续发生的聚合体。同样，在上述《形而上学的沉思Ⅰ》的引文中，他是通过诉诸经验活动而开始的——“我在这里，坐在炉火旁……”然后，他把这种经验活动与他的身体相联系——“这两只手和这个身体是我的”。因此，他在最后那段有名的论断中，诉诸关于现实存在的终极观念：“同样道理，就算这些一般的东西，例如[身体]、眼睛、脑袋、手以及诸如此类的东西都是幻想出来的东西，可是总得承认有更简单、更一般的东西是真实的、存在的，由于这些东西的掺杂，不多不少正像某些真实的颜色掺杂起来一样，就形成了存在于我们思维中的东西的一切形象，不管这些东西是真的、实在的也罢，还是虚构的、奇形怪状的也罢。”

要注意，笛卡尔宣称他的身体与直接经验有特别密切的联系，这种联系超越了对共时性世界的纯粹的感官知觉——“这两只手和脚是我的”。在有机哲学中，这种直接联系就是承认它们是在经验来源中
76 可以直接感到其形式构成的那些可区分的材料。在这种职能方面，动

① 《哲学原理》第一部分，52页。

物的身体原则上与其他过去的现实世界并无不同，但是在联系的密切程度上确有不同，由于这种联系，使其在主体经验中的空间和时间联系获得某种确定性。对其余世界来说是模糊不清的东西，对身体器官来说则获得某种更加明确的程度。但是，从原则上说，这与“现实世界是我的”的说法都同样是真实的。

笛卡尔还强调说，“那些更简单、更一般的东西是实在的、真实的”，“我们思想中那些事物的形象”就是由这些东西构成的。这似乎与他后来在其《哲学原理》第四部分第196～198页上论述的知觉理论并不一致。在后来的理论中，他重点强调的是“推论”意义上的判断，而不是在对客体实在的探究这个意义上的判断。但是，这与有机哲学则是一致的，因此，其他现实发生的客体化构成了造成现实发生的既定材料。他还使身体与经验活动直接联系起来。笛卡尔同牛顿一样，都假定广延连续体作为现实存在在充分意义上是现实的。但是，他避免使用牛顿所提出的其他物质性实体概念。而且，他在努力保护他的表象性“观念”不至造成精神符号与符号化的现实之间的致命鸿沟时，他实际上在某些句子中表达了我们这里提出的客体化学说。因此他写道：

> 因此，关于太阳的观念将是存在于心灵之中的太阳本身，而不是实际上像它存在于太空中的一样，但是，客观地说，例如，各种客体并不存在于头脑之中；这种存在方式与事物在心灵之外的存在相比，其完满性要差得多，但它并非因此而成为纯粹的无，对此我已作过论述。①

为了消除描述性的观念与“被描述的现实存在”之间的割裂，笛卡尔和洛克都需要这种“存在于心灵之中的太阳本身”的观点。但是，正如在这一段论述中所说的一样，尽管他们为了排除这种认识论

---

① 《对〈形而上学的沉思〉驳论Ⅰ的答复》，引自我的《科学与近代世界》第四章注。

难题而不时地顺便提到它，他们两人谁都没有履行这一承诺。他们又重新暗中预设了心灵具有私人观念，而实际上这些私人观念是一些性质，与被描述的存在没有任何可理解的联系。

但是，假如我们认真地对待这种客体化学说，广延连续体就会成为客体化中的基本因素。它提供了广延视界的一般体系，这个体系展示在所有相互的客体化之中，现实存在通过这些客体化而相互摄入。因此，就其自身而言，广延连续体是一种实在的潜在体系，它必须在所有现实存在的相互摄入中体现出来，也会体现在每一种“形式地”
77 考察的现实存在之中。从这个意义上说，现实存在都是具有广延性的，因为它们是由潜在性的区分产生的，而在现实的事实上是分不开的（见本书第四编）。正是由于这个缘故，如上所述，可以用“现实发生”这一术语代替“现实存在”。

笛卡尔关于物质世界表现为是由现实存在构成的广延性充实空间的学说，实际上与“有机”学说是相同的。但是，笛卡尔的物体必须是运动的，因而这个预设带来一些新的模糊性。正是在这一点上，牛顿提供了一种比笛卡尔的概念更为清晰的概念。而根据“有机”学说，运动不能归于现实发生。

在“有机”学说中，（1）只有一种暂时性现实存在；（2）每一种这样的现实存在都是具有广延性的；（3）根据任何一种现实存在的观点来看，被既定的现实世界是由现实存在所构成的聚合体，它把这种广延性体系的潜在性转化为由现实发生所构成的充实空间；（4）在这种充实空间中，运动不可能有意义地归于任何现实发生；（5）充实空间就其源于潜在性而言是连续的，但是每一现实存在都是以原子形式存在的；（6）“现实发生”这一术语是作为“现实存在”的同义语使用的，但是，这主要地是在它的广延性本性与下述讨论具有某种直接的关联时才是这样：这种广延性要么以时间的广延性形式存在，也就是说存在于“持续性”之中，要么这种广延性以空间的广延性形式存在，要么以意义更加完全的时空广延性形式存在。

第五节

关于“无差别的持续性”的形而上学学说是一种无根基的形而上学学说，这种学说是由错误地理解广延性体系的恰当本性而导致的次要的派生物。

在我们通过直接表象获得的关于共时性世界的知觉中，现实存在的聚合体是通过它们的广延连续性本性的视界而对感知者客体化的。例如，在关于当下一块石头的知觉中，构成那块石头的聚合体的每一种现实存在都具有相互分离的个性，这些个性被融合到充实的广延性统一体中，对笛卡尔和常识来说，这种统一体就是那块石头。这种完全的客体化是由对那块石头的一般广延性视界造成的，并且被专门化为对某些感觉材料（例如，某些确定的颜色之类）的具体视界。因此，这种直接的知觉假定了那块物质性石头具有稳定而无差别的持续性本性，这是通过其颜色的性质而被知觉到的。这个基本观念支配着语言，并且经常出现在科学和哲学之中。进而言之，由于不幸地应用了如下这个至理名言，即我们的猜测性解释总是要利用真实的原因才能做出，因而每当科学或哲学敢于超越直接知觉的直接陈述界限进行推断时，令人满意的解释总要遵循如下条件：实体应产生无差别的持续性本质属性，而这种活动则应当被解释为这些实体的偶然性质和关 78
系的偶然变更。因此，支配人类想象力的是平稳且有广延性的石头具有各种位置关系及其颜色的性质——这些关系和性质偶尔会发生变化。经过这样解释以后的石头便为真实的原因提供了保证，并且成为科学和哲学中的推测性解释所遵循的模式。

这样，那种连续性的质料具有永恒的属性，可以无差别地持续下去，不论经历多长时间都能保持其自身的同一性的观念，就构成宇宙论的基本观念了。这种质料的偶然性质和关系经历着变化。但是，就其作为一种现实存在的性质，在自身全部偶然的历险活动中，却始终会在数目上保持着自身的同一。承认这种基本的形而上学概念，就会使各种各样的多元实在论体系遭到毁灭。

这种形而上学概念构成了科学唯物主义的基础。例如，当需要科学地阐释与所谓虚空有关的活动时，19 世纪的科学家们就提出一种物质性的以太，以之作为最终的基元，认为这种以太的偶然历险构成了这些活动。

但是，整个概念所依据的对石头的解释已经被证明是完全错误的。首先，自从 17 世纪以来，关于石头颜色的单纯内在一致性的观念已经必须抛弃了。但这样又引出了新的困难，即正是这种颜色是有广延性的，并且只是根据它才推论出这块石头，而现在我们又不得不把颜色与石头分开。其次，分子理论已经消除了石头的连续性、统一性和被动性。如今，人们把石头理解为是由剧烈运动的、相互分离的分子组成的集合体。但是，由对石头的错误理解产生的形而上学概念现在又应用到单个分子上了。每个原子仍然是一种质料，在任何时间段内——不论多么长久或多么短暂——都保持着自身同一及其本质属性。这种观念假定了原子不会毁灭，并且仍然应用了无差别的实体持续性概念，这种实体具有各种本质属性和偶然的历险活动。这是唯物主义的基本学说：这样设想的实体就是终极的现实存在。

但是，这种唯物主义概念用于解释原子正如解释石头一样，已被证明是错误的。原子只能被解释为有一定周期且具有节奏性活动的集合体。而且这种概念又改变了它的用途：质子和电子被理解为物质性的电荷，电荷的活动则被解释为运动的探险。我们现在正在接近我们的科学知识中任何合理的确定性的极限。但是仍然有证据表明，这种概念很可能是错误的。那些神秘的能量子的出现仿佛是从质子或电子的某些隐秘处产生的。对这种唯物主义概念更糟糕的是，这些量子似
79 乎消失在光的波动中，而且各种恒星物质似乎要把自身消耗在这种波动的产生过程中。

此外，能量子是由我们在分子中所探测到的一个具有周期性节奏

的简单规律结合到一起的。因此，就其自身的本性而言，这些量子本身由于某种未知的原因呈现为波动状态；但是，它们源于质子和电子。这样就有充分的理由相信，这些有节奏的周期不能与这些以质子和电子形式存在的存在相分离。

同样，这种唯物主义概念在其他方面的应用甚至更加明显是失效的。常言道："人是有理性的。"这个命题明显是假的：人们只是间歇性地有理性——只是倾向于有理性而已。同样，"苏格拉底是会死的"这一说法只是"也许他会死的"的另一种说法。苏格拉底的理智是间歇性的：他有时睡觉，也有可能服了麻醉药或昏迷过去了。

关于持续性实体或者在本质上或者是偶然的具有持续属性这种简单观念，表达了一种对许多生活目的来说都非常有用的抽象。但是，无论何时，当我们试图把这种观念当作是对事物本性的基本陈述时，往往会被证明是错误的。这种观念起源于一种错误，并且在任何应用中都从未获得过成功。但是这种观念曾经取得过一个成功：它使自身保持在语言中，保持在亚里士多德逻辑和形而上学中。因为它在语言和逻辑中的应用，如上所述，因而它就获得一种合理有效的保护。但是，在形而上学中，这一概念是完全错误的。这种错误不在于使用了"实体"这个词，而在于使用了以本质属性为特征的现实存在观念，并且这种现实存在在各种偶然关系和偶然属性的变化中仍然在数量上保持同一。与此相反的理论则认为，现实存在从来不发生变化，并且它正是可以用性质或关系的方式归之于它的那种东西的产物。因而，这里仍然存在着两种可能的哲学选择：（1）一元的宇宙，其中变化是幻象；（2）多元的宇宙，其中"变化"意味着现实存在的多样性，这些现实存在属于某一种确定种类的集合体。

第六节

至此，我们可以初步地做一下总结，概括一下有机哲学同现代哲学与科学传统的17世纪的创立者们，在哲学观点上有哪些一致之处和不一致之处。

认为知觉可以揭示客体性材料，并且这些客体性材料与直接经验（对知觉来说这些直接经验就是其材料）具有一致性——这正是任何实在论哲学的基础。这种“一致性”是涉及相互包含的共同活动的一致性。这一前提被断定为一种基本事实，在我们生命组织的每一细节中都默示了这一假定。洛克在他的如下陈述（《人类理解论》第二卷第二十三章第七节标题）中默示了这一假定：“能力是复杂的实体观
80 念中的主要部分”。有机哲学通过确认这种“本体论原理”，并把它看作“现实性”的定义而扩展了笛卡尔的主体论。这相当于假定每一现实存在都是宇宙的一个轨迹。因此，笛卡尔的其他陈述，即每一属性都要求有一种实体，只不过是这个更为一般的原理的一个特殊的和有限的实例而已。

在处理空间问题时，牛顿把潜在性转化为现实的事实，也就是说，转化为一种创造物，而不是创造物的材料。根据有机哲学，广延时空连续体是现实世界对抽象潜在性的基本限定。对这种有限的、“实在的”潜在性的更加完全的描述是“物理场”概念。一种新的创造物必定起源于现实世界，正如它起源于纯粹的潜在性一样：它起源于整个宇宙，而不是唯一地起源于其自身纯粹的抽象要素。它也对这个宇宙有所增加。因此，每一现实存在都产生于那个自为存在的宇宙。每一种现实存在都必定能容纳**其自身的**现实世界，因果关系只是这个原理的一个结果而已。

在牛顿看来，空间的部分是不能移动的。我们不得不问的是，这个根据牛顿的观点显而易见的真理在有机理论中采取了何种形式。我们应当考虑的不是一个空间区域，而是一片物理场。这一片物理场由于表达了现实世界用来包含潜在的新创造的一种方式而要求获得现实存在的统一性。这一片物理场以这种方式被原子化为确定的区分：成为由各种现实组成的“聚合体”。这种广延连续体的量子（即每一现实的区分）是初始阶段的创造物。这种量子是由其自身的全部关系构

成的，而且还不能移动。这种创造物还不能有任何外在的历险活动，只能有内在的生成历险。这种创造物的诞生之日便是其自身终结之时。

这是一种单子论，但它不同于莱布尼茨的单子论，因为他的单子是能变化的。在有机理论中，这些单子只是在**生成**。每一单子式创造物都是以各种确定的方式“感受”这个世界、以一个单元的复杂感受包容这个世界的过程。这样一个复合感受的单元就是一个“现实发生”，是这个创造过程产生的终极创造物。

“事件”一词是在更一般的意义上使用的。一个事件就是以某种确定的方式在一个广延连续体中相互关联的现实发生的聚合体：它要么是一个自身形式完全的聚合体，要么是一种客体化的聚合体。一个现实发生就是一种有限类型的事件。变化的最一般意义就是“一个事件中各种现实发生之间的差异”。例如，一个分子就是各种现实发生的一种历史路径；这样的一种路径就是一个“事件”。因此，分子的运动不过是其自身生命历程中那些相继的发生相对于产生它们的广延量子之间的差异，而且分子的变化就是随之而来的这些现实发生中的差异而已。

有机哲学更接近于笛卡尔的学说而不是牛顿的学说，同时也接近 *81*
于斯宾诺莎的学说，但是斯宾诺莎把自己的哲学建立在一元的实体基础之上，现实发生则是比这些实体低级的样式。有机哲学把这个观点颠倒过来了。

关于作为直接感受材料的现实世界的直接知识，我们首先要提到笛卡尔的《形而上学的沉思Ⅰ》：“这两只手和这个身体是**我的**”；还要提到休谟关于“我们用眼睛看”这类论断中的许多说法。这一类陈述表明了身体在感官知觉方面有先行作用的直接知识。他们两人都同意——休谟则更明确——对共时性世界的感官知觉伴随着“使用”身体的知觉。正是这种对身体的使用成为我们认识周围世界的起点，我们在这里获得了我们关于“因果效验”的直接知识。休谟和笛卡尔在他们关于直接知觉知识的理论中忽略了对身体的使用，因而把知觉局限于直接表象。桑塔亚那在其关于“动物信念”的学说中，实际上同意休谟和笛卡尔关于现实世界包含身体的使用这一观点。桑塔亚那还把我们关于世界的知识同既定的东西分开。笛卡尔把它称为一种“理解”，桑塔亚那把它叫作由“震惊”所激起的“动物信念”，而休谟则称之为“实践”。

但是，为了避免“当下时刻的唯我论”，我们必须在直接的知觉中包含某种超越直接表象的东西。对有机理论来说，最原始的知觉就是“感受到身体的作用”。这是对过去的世界的感受，是要承继作为感受集合体的世界，也就是说，是要感受那些产生出来的感受。后面这种复杂的知觉就是要“感受共时性的世界”。即使这种直接表象也开始于对当下身体的感官表象。然而，身体只是一小块特别密实的世界而已。诚如笛卡尔所说：“这个身体是我的”；所以，他本应当说：“这个现实世界是我的”。我“成为我自己”的过程，就是我从我拥有的那一部分世界中生成的过程。

显然，这里会出现一些比较性的关联性和比较性的模糊性问题，它们构成了这个世界的视界。例如，身体从因果知觉上看是这个世界中有某种明确的区域划分的那个部分，而身体以外的过去世界从因果知觉上看则没有这种明确的区域划分。我们通过从因果知觉向感官表象或者反过来从感官表象到因果知觉的“符号转换”来扩充我们的知识。

那些把自己的理论建立在实体观念之上的实在论者，并没有摆脱现实存在可以运动和变化的观念。从有机哲学的观点看，牛顿的不可移动的容器的观点具有很大的优点。但是，在牛顿看来，这些容器是永恒的。洛克的时间观念则更好地击中要害：时间是“永恒地消逝”。
82 根据有机哲学，现实存在完成之日，就是它“消逝”之时。这种对现实存在的有效使用，即构成现实存在静止不变的生命，只能留待于未来。这种创造物消逝**而又**永恒。在这种创造物之外现实存在可以说：“我才是永恒的。”但是这种拥有也有一致性。

现实存在处于流变的世界之中——这个概念不过是对柏拉图《蒂

迈欧篇》中一个句子的扩展而已①："但是，由意见借助感觉而不是理性所感知到的东西，永远处于生成和消逝的过程之中，从来没有真正地存在过。"柏格森在反驳"空间化"的观点时，只是回应了柏拉图的"从来没有真正地存在过"这种说法而已。

① 见《蒂迈欧篇》28A，乔伊特（Jowett）译。A. E. 泰勒教授在他的《柏拉图〈蒂迈欧篇〉评注》中将"δόξα"一词译为"信念"（belief）或"判断"（judgment），以代替乔伊特所用的"意见"（opinion）一词。泰勒的译文显示了笛卡尔的《形而上学的沉思》中受到的柏拉图主义的影响，也就是说，柏拉图的"δόξα"就是笛卡尔的"推断"（*judicium*）。

第三章　自然秩序

第一节

83　在本章和下一章，我们重点关注的现代哲学家是休谟和康德，重点关注的古代哲学家是柏拉图及其《蒂迈欧篇》。这些章节要讨论关于“宇宙的秩序”、“归纳”和“普遍真理”等相关问题。从总体上说，本章关注的主题是“秩序”。对有机哲学来说，秩序问题具有首要的意义。任何现实存在的产生都不能超越现实世界所能允许的范围，这一现实世界是来自于其自身观察点——**其自身的**现实世界——的材料。每一个这样的存在都产生于各种客体化的合生的初始状态，这些客体化在某些方面是确定的：其经验基础是“既定的”。此时，与“秩序”相关的是“无序”。如果没有这种对比，“秩序”概念便没有任何特别的意义。除此以外，“秩序”必定是“既定性”的同义词。但是“秩序”不仅仅意味着“既定性”，虽然秩序是以“既定性”为前提的；“无序”也是“既定的”。每一现实存在都要求有一种完全的

“既定性”，而每一种完全的“既定性”都有其自身对“秩序”的量度。

“秩序”的四种根据由此便显现出来：

（1）现实世界的“秩序”不同于单纯的“既定性”，因为它为达到一定目的引入了适应。

（2）这种目的同现实存在（该聚合体的成分）的满足中不同等级的强度有关，相关的聚合体（即该聚合体先前的成分）在这些现实存在的形式构成中实现客体化。

（3）强度的增强来源于秩序，因而这种聚合体中的多样性成分可以作为对比因素进入明确的感受之中，同时不会消散于不相容的否定性摄入之中。

（4）“强度”在主体—超体的形式构成中包含着其自身作为超体的**客体性**作用的“欲望”。

“秩序”是一个纯粹的类属词：只能有某种确定的具体“秩序”，不能只是模糊的“秩序”。因此，“既定性”的每一确定的总体状态都会与这个具体“秩序”有关联，同时由于其自身包含着排斥这种理念完满实现的“既定”成分，这种总体状态中也包含具体的“无序”。这种理念的实现是部分的，因而存在着“无序”；但是，由于这种理 84
念有一部分实现，因而存在着某种“秩序”。并不是只有一种理念的“秩序”是所有现实存在应当实现而实际上都未实现的。在每一种情况下，都有一种每一具体的现实存在所特有的理念，并且是从自己“既定”状态的主导成分中产生的。关于这种“主导性”概念，我们在后面还要结合“宇宙时期”的系统性和宇宙时期包含的“集合体”的从属系统性概念加以讨论。这种只有唯一理念的概念，是在宗教狂热或者学究们卖弄学问的影响下，由灾难性的过分道德说教造成的。认为每一个现实存在都有一种特别的主导性理念，这个概念属于柏拉图主义的概念。

众所周知的是，任何生物科学必须有一套专门术语才能表达自身，这一套术语只适合于表示相关有机体的理念，否则便是无意义的。宇宙的这一方面对伟大的生物学家和哲学家亚里士多德也有深刻影响。在基督教中世纪，他的哲学导致一种广泛的过分强调“终极原因”的概念，并且作为一种反作用还由此导致现代科学时期产生了一种相关的过分强调“动力因”的概念。健全的形而上学有一项任务，那就是要揭示终极因和动力因的恰当的相互关系。这项任务的必要性和困难性，休谟在其《自然宗教对话录》一书中已经作了强调。

因此，“秩序”的概念同现实存在包含着实现具体的满足这个概念密切相关。这种满足就是要实现相关存在特有的某种东西。不能把这种满足理解为给自身的合生贡献一个成分；满足是这个存在特有的终极事实。这种“满足”的概念是从“合生过程”中抽象出来的“作为具体存在”的概念；它是从该过程中分离出来的结果，因而失去了既是过程也是结果的那种原子式存在的现实性。“满足”提供了构成这个现实存在的个体性要素——即导致把实体定义为“除自身以外不需要任何东西而存在”的那种要素。但是，这种“满足”是“超体”，而不是“实体”或“主体”。它封闭了这个存在，然而作为超体，它给该存在增加了创造性的特性，因而在这个相关存在之后又相继生成了许多存在。这种相关现实的“形式的”的实在性属于其自身的合生过程而不是其自己的“满足”。这就是有机哲学用来解释柏拉图所说的“从来没有存在过”的意义，因为超体只能根据自己的“客体永恒性”来解释。

“满足”是一个类属词：不同的存在的“满足”之间存在着具体的差异，包含着不同等级的强度。这些具体差异只能通过分析产生该现实存在的合生中的成分才能表现出来。满足的强度是由产生合生并且合生要经过的诸阶段中的“秩序”来强化的，而满足强度的削弱则
85 是由“无序”所导致的。合生中的成分因而成为促进“满足”的“价值”因素。因此，合生乃是构成确定的“满足”的过程，它使各种分离的成分构成了完全现实的共在。合生的过程随着完全确定的“满足”的实现而结束，创造性由此而进入其他现实之合生“既定的”初始阶段。这种超越也由此在完成该超越的存在实现了**确定的**“满

足”时得以建立。完成乃是直接性的消逝：“它从来没有真正地存在过。”

任何现实存在都不能意识到自身的满足，因为这样一种认识将会成为该过程的一个成分，从而会改变这种满足。对于这种相关的存在来说，满足只能被理解为创造性的规定，它使这种存在超越其自身的客体化被确定下来。换言之，一个存在的“满足”只能根据该存在的用途来讨论。这是对创造性的一种限定。这种满足中所体现的感受情调由于这些客体化而进入超验世界之中。这个世界是自我创造的，因而作为自我创造物的现实存在便获得了这种超验世界部分创造者永恒的功能。在自己的自我创造过程中，现实存在自身的理念作为个体性满足和超验创造者在引导着自己。对这个理念的享有就是那种“主体性目的”，现实存在就是根据这种主体性目的而成为一种确定的过程。

这种主体性目的最初并不是理智性的，而是对感受的诱导。这种感受的诱导乃是心灵的萌芽。这里，我使用“心灵”一词是指现实存在的构成中包含的精神性活动的复合。精神性活动并非必然地包含意识。由于合生能把产生的材料吸收到直接的私密性之中，因此这种合生就在于能把这些材料与那些可引起私密综合的感受方式相结合。这些主体性感受方式并非只是接纳这些作为异化事实的材料，它们还能使这些干枯的骨骼具有真实存在的、有情感的、有目的和有鉴赏力的血肉。这种创造的奇迹可用先知以西结（Ezekiel）① 的预言来描述：“因此，我要按照上帝给我的旨意作出预言：气息进入了枯骨，使他们复活，他们用双脚站立起来，成为一支超凡的伟大军队。”②

这种创造新的个体性事实的感受气息，它们的产生并不能完全追溯到那些单纯的材料。这些气息与那些材料是一致的，表现在这些气息能感受到那些材料。但是，这种感受是**如何**进行的，则并非完全取决于那些材料，虽然它与那些材料是密切相关的。这种相互关联的感

① 以西结，公元前6世纪的以色列祭司，相传《以西结书》为其所作。——译者注
② 《旧约·以西结书》37：10。

受，就其包含或者不包含“主体性形式”而言，不是由与该感受有关的材料来确定的。合生的过程就是要消除主体性形式的这些不确定
86 性。这种感受的特性对于永恒客体而言必须是确定的，感受就是通过这种永恒客体而使自身包含在自己的自我规定之中的。这是永恒客体进入现实发生的一种方式。但是，这种自我规定可分为两个阶段。第一阶段，永恒客体以双重角色概念性地进入现实发生：既同这些材料相适合，又是产生物质性感受的潜在因素。这就是永恒客体以概念性感受诱导角色进入现实发生的方式。第二阶段是允许这种诱导进入实在的感受之中，或者遭到这种实在的排斥。永恒客体在自己的诱导角色中具有的这种**关联性**是材料中固有的事实。从这个意义上说，永恒客体乃是这种“客体性诱导”的构成要素。但是，实在的概念性感受究竟是接纳还是拒绝这种诱导，则是现实发生的原创性决定。在这个意义上，现实发生是自因的。在合生的一个阶段上，这些摄入的主体性形式控制着该合生随后各阶段各种摄入的具体整合活动。

休谟本人提供了一个关于感受诱导的实例。在其《人性论》第一节，他提出如下命题：“我们的全部简单观念在最初出现时都是来自简单印象，这种简单印象和简单观念相应，并且为简单观念精确地再现出来。”必须记住的是，在有机哲学中，“客体化的材料”与休谟的“简单印象”是最接近和最相似的。因此，如果要对休谟的原理加以改进，概念性感受的唯一诱导就是要与客体化现实中实现的那些性质恰当地相一致。但是，休谟提到了一个例外（见上引文），就是刚才提到的那个原理，即具有相互关联性的潜在性虽然尚未在材料中实现，却依然是构成与那些材料最接近的“客体性诱导”因素。这里的关键在于，现实世界的“秩序”引出了永恒客体中的派生性“秩序”。休谟写道：

> 但是，有一个与此矛盾的现象可以证明，有些观念不是绝对不可能出现于它们相应的印象之前。我相信，人们会毫不迟疑地承认，通过眼睛进入心中的个别不同的颜色观念，或是通过听觉

> 传入心中的声音观念，它们是各不相同的，虽然它们同时又是彼此类似的。那么，如果各类颜色是这种情形，那么同一颜色的各种深浅程度也必然有同样的情形，也就是说，各个色调都产生一个和其他色调的观念不同的另一个观念。……因此，假设有一个人三十年来视觉正常，并完全熟悉各种颜色，只有一种特殊的蓝色色调，偏偏不幸从来没有遇到过。现在，把这种颜色的全部色调都放在那个人的面前，从最深的色调开始，逐渐降到最浅的色调；显然，他在没有那个色调的地方，将会看到一片空白，并且觉察到，在那个地方、两个互相邻接的色调要比在其他地方有较大的距离。现在我要问，那个人是否可以凭他的想象来弥补这个缺陷，并使那个特殊色调的观念呈现在他的心中，虽然那种色调从未被他的感官传入到他的心中？我相信，很少有人会以为他不 87
> 能做到这一点。这就可以用来证明简单观念并非总是从相应的印象中得来的；但这种例子极为特殊和稀少，几乎不值得我们注意，也不值得因它而改变我们的一般准则。

除最后一句话以外，对这段话不必作任何评论。休谟把那个“实例”放在一边，作为“极为特殊和稀少”的情况对待；然而正是这个评价，受到有机哲学的挑战。通过对这里所采用的合生的分析，我们认识到，概念性感受也有来源，也就是承认还是拒绝与基本材料有密切关系因而易于感受的一切。永恒客体在这种联系程度方面的等级就是对感受的“客体性诱导”，而合生过程则承认从这种“客体性诱导”变为主体性功效的选择。这就是引导该过程的主体性“理念本身”。同时，这些基本材料也是由现实世界所构成的，而这个现实世界“属于”这个合生过程的具体表现。感受是“矢量”，因为它们能感受到何物在**那里**，并能把它传递到**这里**的东西之中。

“潜在差异”一词在物理科学中是一个古老的用语，近年来生理学引进了这个词，然而其含义则不同于其在物理学中的本来意义，虽然一般地说还有些类似。在使人想起这一术语的现实存在的构成中，其终极事实是对感受的客体性诱导。通过对这两种现实存在作比较，其客体性诱导之间的对立就是它们的“潜在差异”，这一术语的所有其他用法都是这种终极意义所派生的抽象概念。

现实世界中各种现实存在的“客体化”，相对于某种确定的现实存在来说，构成了该现实存在从中产生的有效原因；而“满足”中的“主体性目的”则构成了这种终极原因或诱导，由此便产生了一种确定的合生；而所获得的“满足”则仍然是创造性目的的内容中的一个要素。这样就有了一种创造性的超越，这种超越造成了确定的客体化，使各种现实合生的过程超越那个满足的超体而获得更新。

由此看来，现实存在具有三重特性：(1) 过去给予的“既定”特性；(2) 追求自己合生过程的主体性特性；(3) 超体的特性，这种特性具有限定那种超验创造性的具体满足的实用价值。

在原初的现实存在即上帝那里，根本不存在过去。因此，概念性感受的理想实现便占有优先地位。上帝不同于其他现实存在，表现在休谟认为概念性感受具有派生特性的原理对上帝不适用。然而，上帝同样也有三重特性：(1) 上帝的“原初性质”就是诸概念性感受统一
88 体的合生，就是把所有永恒客体包含在诸概念性感受的材料之中。这种合生是受主体的目的所引导的，因而诸感受的主体性形式将会例如把永恒客体构造为感受的相关诱导物，这些诱导物分别地适合于所有可实现的基本条件。(2) 上帝的“继生性质”是上帝对不断进化的宇宙中各种现实性的物质性摄入。上帝的原初性质指引着诸客体化过程视界的方向，因而暂时性世界中每一新颖的现实性都尽其所能把这类要素归之于上帝中的实现，这种实现可免受不和谐所造成的张力的种种限制。(3) 上帝的“超体性质”是其特殊的满足所具有的实用价值的性质，该满足可限制各种暂时性实例中的超验的创造性。

这就是上帝的概念。根据这一概念，可以把上帝看作是创造性的产物，看作是秩序的基础，看作是达到新颖性的刺激物。“秩序”和“新颖性”不过是上帝实现其主体性目的的工具而已，这种目的是对“形式的直接性”的强化。应当注意到，每一种现实存在，包括上帝，

都是某种因其自身而存在的个体，因而都可以超越其他的现实性。还应该注意到，每一种现实存在，包括上帝，都是可以由其所限定的创造性所超越的创造物。一种暂时性发生，就其性质的第二要素而言，以及上帝，就其性质的第一要素而言，都能满足斯宾诺莎的实体定义，即它是自因的。自因的意思是指，就诸感受的限制性形式而言，合生的过程就是其自己做出该决定。它最终要对这种决定负责，感受的任何诱导都是靠这种决定而被认可为有效的。宇宙内在固有的自由就是由这种自因的要素所构成的。

在随后的讨论中，除了特别地说明上帝也包含在讨论中以外，“现实存在”将被用来指谓暂时性世界中有条件的现实存在，而“现实发生”一词的含义中将永远不包含上帝。

有机哲学是对康德哲学的颠倒。《纯粹理性批判》描述了主体性材料赖以进入客体世界的现象之中的过程。有机哲学则试图描述客体性材料如何进入主体性满足之中，以及客体性材料中的秩序如何提供主体性满足中的强度。在康德看来，世界产生于主体；而在有机哲学看来，主体产生于世界——世界是一个“超体”而不是“主体”。这样一来，“主体”一词便意味着一种可成为感受中某一成分的潜在性的存在；而“超体”一词则是指由该感受过程所构成的存在，并包含这一过程在内。感受者是产生于其自身各种感受的统一体，而感受则是沟通该统一体与其诸多材料的该过程中的具体成分。这些材料对感受来说是一些潜在物，也就是说，它们是一些客体。而过程则是要从一种主体性经验的统一体中排除感受的不确定性。这些材料中的秩序 89
度是由该客体性诱导中的丰富性程度来衡量的，而其获得的“强度”属于该满足的主体性形式。

第二节

在前一节已经阐明，“秩序”观念主要适用于个体现实存在的客体化材料。为了表明这种情况是如何可能的，有必要对适用于现实存在的某些范畴大致地作一下描述。但是，“秩序”一词具有某种本源性的意义，当我们使用这个词时，这个意义通常会出现在我们的脑海里。当我们讲到“自然秩序”时，其意思因此便是指在宇宙的这一有限区域内起支配作用的秩序①，抑或是指在地球表面起支配作用的秩序，这种秩序已进入我们的观察之中。我们也可以谈论一个人的有序生活或无序生活。在这些意义的任何一种意义上，“秩序”一词显然都适用于其自身之中的各种关系，这些关系是由诸多因此而构成一种集合体的现实存在所共有的。“集合体”这一术语将永远限制在指谓诸现实存在的聚合体，而这些现实存在本身是在本节所阐述的意义上“被赋予秩序的”。② 正如这一词在这里所使用的那样，“集合体”的主要含义在于，它是自我维持的；换言之，它是其自身的原因。因此，一个集合体不仅仅是同一分类名称所适用的诸存在的集合：也就是说，它所涉及的不仅仅是“秩序”的纯数学概念。为构成一个集合体，分类名称必须适用于每一组成元素，这是由该同一集合体中其他元素的遗传性派生所造成的。该集合体的诸元素都是相似的，因为由于其共同的性质，它们便会把导致该相似性的诸条件强加在该集合体的其他元素上。

这种相似性③存在于下述事实之中：（1）一定的“形式”要素就是有助于这个集合体每一成员的个体性满足的成分；（2）这种要素有助于这个集合体中任何一个成员被其他成员所摄入而进行的客体化，促进了那些其他成员的满足中产生类似的再生活动。因此，一组存在便是一个集合体，原因有二：一是其成员都有一种“确定的特征”；二是这个确定特征的存在是由这个集合体本身提供的环境造成的。

例如，人的生命就是由各种现实发生所构成的一条历史轨迹，在

① 见《环境的合理性》，纽约，麦克米伦出版公司，1913；《自然的秩序》，哈佛大学出版社，1917；《血统》，第一章，哈佛大学出版社，1928。上述著作的作者都是L.J.亨德森教授。这些著作是讨论这一主题的基本著作。

② 亦可见本书第一编第三章第二节。

③ 参见本书第一编第三章第二节。

相当的程度上——后面对此还要作更充分的讨论——这些现实发生是相互继承的。人的这一整套发生，从他最初掌握希腊语开始，直到他 90
失去该语言的所有足够知识为止，这期间的所有发生都包括在内，构成一个关于希腊语知识的集合体。这类知识具有在该历史轨迹中从一个发生到另一个发生所继承下来的共同特点。我之所以有目的地选择这个例子，是因为它涉及秩序的一个微不足道的要素，即希腊语知识；秩序的更重要的特点本来更为复杂，一个人正是根据这一复杂特点才被认为从生到死都是持续存在的同一个人。同样在这个例子中，该集合体的诸元素是因其自身的遗传关系而被安排在一个系列秩序之中的。这样的一种集合体可以说具有“个体秩序”。①

因此，一个集合体对于其每一个元素来说就是一种具有某种秩序要素的环境，由于其自身成员之间的诸遗传关系而持续存在着。这种秩序的要素便是该集合体中普遍存在的秩序。

但是，任何集合体都不会孤立地存在。对每一种集合体都必须以诸现实存在所构成的更加广阔的环境为背景来加以考察。这些现实存在还提供了该集合体的成员必须与其相一致的客体化。因此，该环境中的这些既定的贡献至少必须允许该集合体的自我维持。同时，根据其不同的重要性程度，这一背景还必须提供一些一般性质，这些一般性质是该集合体中那些更为特殊的性质为其成员所预设的。但是，这就意味着这个环境以及相关的集合体，必定会形成一个更大的群体，相对于限定我们以之为出发点的这个集合体的特点来说，具有某些更为一般的特点。这样一来，我们便达到这样一个原理：每一个集合体都需要另一个集合体作为自己的背景，而其自身就是这个集合体的一部分。就任何既定的集合体而言，诸现实存在所构成的世界可以看作是以不同层次的集合体秩序构成的背景，随着我们对这个背景的拓宽，其确定的特征就变得更加宽泛和更为一般。当然，这个背景中那些遥远的现实具有其自身不同类型的集合体秩序的特有特征。但是，

① 见本书第一编第三章第二节。

由于不一致亦即无序导致了诸多抑制和衰减，这些特有特征已经同这个相关集合体没有关系了。

现实存在的形而上学特征——就“形而上学”恰当的一般意义而言——应当是适用于所有现实存在的那些特征。人们也许会提出疑问：这类形而上学概念是不是根据严格的纯粹性加以阐述的——甚至考虑到了最一般的逻辑和数学原理？我们不得不把我们自身局限于充分宽广的集合体，然而即使如此，其确定的特征仍然不能有把握地归之于全部一直存在的或可能存在的现实存在。

91 支配一种集合体环境的各种因果律是这个集合体的确定特征的产物。但是，这个集合体只有通过其个体成员才是有效的。因此，在一个集合体中，其成员只是依赖于支配这个集合体的各种规律才能生存，并且那些规律只是由于该集合体的成员具有相同特点才能形成。

但是，没有任何一种完美的理想秩序的实现可以保证一个集合体的无限持续。集合体是从无序中产生的，这里的“无序”是参照该集合体的理想来界定的。一个更大的环境的有利背景或者自行衰退，或者在经历某个增长阶段之后，不再有利于该集合体的持续存在：此时这个集合体便会停止再生产其成员，并且在经历一个衰落阶段之后最终便丧失自己的存在。因此，决定宇宙某一部分再生产的“规律”系统就会逐渐形成并占居主导地位；这个系统具有自己持续的阶段，并随着产生这个系统的该集合体的衰落而逐渐丧失其存在。

自然规律中那些反复无常的、仿佛是“既定的”要素警示我们，我们处在一个特殊的宇宙时期。这里使用的“宇宙时期”这个术语是指由现实存在所构成的最广大的集合体，这个集合体与我们自身的直接关联是可以追溯的。这个新时期具有电子的和质子的现实存在的特征，甚至具有难以用能量子来识别的终极的现实存在的特征。麦克斯韦的电磁场方程式由于众多电子和质子的存在而占统治地位。此外，每一个电子都是电子发生的集合体，每一个质子都是质子发生的集合体。这些发生正是电磁规律的根据；但是，它们的再生力本身是由这些相同的规律决定的，因而每一个电子和每一个质子都有长久的生命，并因而可以产生新的电子和新的质子。但是，这其中也存在着无序，意思是指这些规律并不能完全得到遵守，因而其再生掺杂着诸多失败的事例。与此相应，有一种向新型秩序的逐渐过渡，这种秩序随后逐渐地在当下各种自然规律的这个部分中占居主导地位。

但是，自然秩序中那些反复无常的因素并不局限于电磁规律。还有四维的时空连续体、几何公理甚至这个连续体的纯粹象限特征——特殊的象限数除外——和可测量性事实。在随后的章节中（参见第四编），显而易见，所有这些属性都附属于广延性这一更基本的事实。同时，即使广延性也允许不同等级的特殊化，可任意地以这种或那种方式在引入这些附属观念之前进行。由于这一发现，近两个世纪以来的逻辑和数学研究才与哲学密切联系起来。从宇宙论上说，笛卡尔、牛顿、洛克、休谟和康德在建立其学说时，都忽视了这一事实。实际上，在《蒂迈欧篇》中，柏拉图似乎比其后继者更为明确地意识到这一点，表现在他提出的那些陈述的意义是由其明确地认可那一事实而 92
得到阐明的。几何学中所“既定的”这些因素指明了一种更大的集合体，现在的电子宇宙时期只构成这个集合体的一个片段。

一个集合体在任何意义上都不会创造出一个由诸永恒客体组成的、构成其确定特征的复合体。它只是使这个复合体对其成员有重要意义，并保证其成员的再生。在谈论一个集合体时——除非其背景明确地要求给出另一种解释——所谓“成员”永远是指现实发生，而不是指由现实发生所构成的从属性持续客体，诸如电子或人的生命。后面这些集合体是已进入诸多集合体之中的“个体”秩序的组成部分；一般说来，不论我们何时关注已被占据的空间，我们都是在与这种受到限制的粒子集合体打交道；无论我们何时思考虚空中的物理场，我们都是在与那些更大的集合体打交道。可以说，光波的历程似乎说明了集合体从受限制的类型向更大的类型转变。

因此，我们的宇宙时期应当首先看作是由电磁性发生构成的集合体，其中包括电子和质子的发生，并且只是在偶然情况下——为陈述简洁起见——把它看作是由电子和质子构成的集合体。其区别就如同把一支军队或者看作由许多人组成的类，或者看作由许多团队组成的类一样。

第三节

因此，在物理的和几何的自然理论中所包含的各种物理关系、几何的测量关系、维度关系和各种等级的广延关系，都是从一系列集合体中产生的，这些集合体的普遍性广度在不断增长，一些比较特殊的集合体包含在更大的集合体之中。这种情形构成了物理的和几何的自然秩序。在这些集合体之外便是无序，这里的“无序”是个相对概念，这个概念表示这些相关集合体的确定特征在其有效范围之外是无足轻重的。当这些集合体衰退时，并不意味着它们的确定特征也不复存在，而是意味着它们的地位有所下降，因而对于那些相关现实存在而言，已经没有意义。“无序”一词是指集合体对于以普遍规律的形式所表现的特征只有部分的影响。认为秩序是一种集合体的产物，这种学说在现代科学中是以自然规律的统计理论出现的，并且强调的是发生学关系。

但是，显然也可能有一种状态中没有任何占支配地位的集合体来确保任何和谐统一的结果。这便是混沌的无序状态，这种无序接近于这个词的绝对意义。在这种理想的无序状态中，对任何现实存在来说是“既定的”东西，都是与来自确定世界的各种决定相反的阻碍性活动的结果。混沌的无序是指，在所获得的各种满足中缺乏对相容性对
93 比的支配性限定，随后便产生了强度的衰减。这就意味着降低到更微弱的现实。把一种更微弱的现实看作是接近于非存在，这自然是一种修辞，也只是一种修辞而已。但是，你不可能接近于无，因为没有任何东西可以接近。这种说法接近于在相反的理由间进行微弱妥协的无效状态。各种集合体和谐地相互需要，这样的集合体占支配地位是深度满足的基本条件。

柏拉图的《蒂迈欧篇》和牛顿的《注释》——后者已被大量地引用——是对西方思想产生主要影响的两种宇宙论主张。对当代读者来说，与牛顿的《注释》相比较，如果把《蒂迈欧篇》看作是对科学细节的陈述简直荒唐可笑。但是，它在表面细节上的缺乏之处，为其有哲理的深度所弥补。如果把它作为寓言来读，那么它所传达的真理可谓寓意深远。而《注释》对细节的陈述则显得才华横溢，无与伦比，在一定范围内完全可以看作是对真理的演绎，与其抽象的等级完全相称，尽管从哲学角度看其抽象程度并不恰当。它在哲学上的不足使其受到谴责，表现在《注释》没有传递任何有关其自身适用范围的信息。结果，便在实际上造成诸多读者，以及牛顿本人几乎也是如此，在理解《注释》一书的意义时陷入我在别处[①]曾经说过的“误置具体性之谬误”。而确定这类抽象概念的适用范围，正是形而上学的职责之所在。

由于对自然中非常明显的自生、繁衍、自然、自然本性方面没有提供任何线索，《注释》便显露出它的抽象性。根据《注释》，自然纯粹是并且完全是外在地被设计并且顺从地在**那里**存在着。现代进化论横扫一切的冲击可能会使写了《注释》的牛顿迷惑不解，但却会使写了《蒂迈欧篇》的柏拉图受到启迪。就牛顿而言，我们可以用他自己的话来佐证这一陈述。在写给本特利（Bentley）的一封信中，他写道：“当我在写有关我们这个体系的论文时，我一直盯着这类把人看作信仰上帝时才会发挥作用的原理……”[②] 牛顿头脑中的概念是一种已经得到清晰阐述的体系的概念，该体系要求一种得到清晰阐述的确定的超自然的起源。这便是那种宇宙论证明的形式，如今一般地被当作无效而抛弃；因为我们的因果观念涉及的是现实世界内部各种事物状态之间的关系，因而我们只能非法地把因果观念扩展到超验的派生。在后面（见本书第五编）将要加以讨论的上帝观念是关于一种内

---

① 见《科学与近代世界》第三章。

② 这段引文出自吉布的《本特利的一生》第二章。该书也发表于《英国名人书信》系列丛书。

在于现实世界但却超越任何确定的宇宙时期的现实存在的观念——这
94 种存在既是现实的又是永恒的，既是内在的又是超验的。上帝的超验性对他来说并不特别。每一种现实存在，由于自身的新颖性，都会超越自己的领域，上帝也不例外。

根据《注释》的观点，空间和时间及其所有通行的数学属性，都是为物质体预先准备好的；这些物质体是为构成其作用和反作用的各种“力”预先准备好的；而空间、时间、物质体和各种力则同样是为神在整个宇宙中所施加的各种原初运动预先准备好的。而要从《注释》中——依据误置的具体性来解释——概括出有神论或无神论或经得起与事实相对照的认识论，那是不可能的。这是可以从休谟的《自然宗教对话录》中必然推出的结论。生物学也被归结为某种神秘的东西；最后，物理学本身这时业已达到实验知识的阶段，不能再根据《注释》的范畴加以说明了。

在《蒂迈欧篇》中，有许多术语和陈述都可以在《注释》中找到清晰明白的最终表述。如果我们注意到引导着西方思想的这两部伟大的宇宙论文献所具有的这种共同性，那么我们就能最清楚地理解，在其所作的抽象范围内，《注释》所说的是正确的，并且是以天才的明晰性来表达的。因此，任何宇宙论文献，若不能被看作是对《注释》的某种解释，那是毫无价值的。但是，《蒂迈欧篇》中还有《注释》中尚未发现的另一方面。用一般术语来说，《蒂迈欧篇》中的这个方面可称为它的形而上学属性，也就是说，它力图把事物的**行为**与事物的**形式性质**相联系。行为脱离了事物就是抽象的，同样，事物脱离了它们的行为也是如此。牛顿——对他的目的来说明智地——作出了《蒂迈欧篇》力图避免的这种抽象。

首先，《蒂迈欧篇》把行为与现实存在的终极的分子特征联系起来。柏拉图接受了由现实的分子存在所构成的那种确定的集合体概念，认为每一种集合体都具有其确定的特征。他不接受这种作为自因的集合体之集合。但是，他把这种集合看作是次一级的神的工作，这些神是使那些自然部门赋有生机的本源。在希腊思想中，不论是以诗歌形式存在的思想，还是以哲学方式存在的思想，自然与这类神灵之间的分离，都没有它对我们这些作为闪米特人的耶和华之后裔的人所具有的这种绝对性质。

牛顿也可能像柏拉图一样轻松地接受分子理论，但是他们之间存在这样一种差别：对于现代量子论以及量子转化为波这样的观点，牛顿可能会很吃惊，而柏拉图则会接受这一思想。当我们注意到柏拉图在《蒂迈欧篇》中所说的那些今天看上去很愚蠢的许多事情时，我们必须同时赞赏他的学说中的另一面，即他超越了他的时代两千年。柏拉图说明了各种自然物之间的严格差别，假定了那些最基本的分子分 95
别近似于那些等边立体的数学形式。他还假定，各种发生中一定量的对比，例如音符之间的对比，取决于这些发生以某些简单比率在整数之间的分有。因此，他获得了一种根据，可以说明为什么各种分子之间的严格差别应当有一种近似值，以及为什么在不谐和音中应当有严格的和谐关系。这样一来，"对比"——作为不可比性的对立面——就取决于环境的某种简单性，但是，那些高级的对比则取决于众多低级对比的集合，而这种集合再次展示了那些高级种类的简单性。

这里，我们最好想一想现代量子论，由于在处理原子方面的惊人成果，这种量子论成为自然的明显性质的唯一最新实例，它的每一种具体发生都只能由某种"特别的"独断假设来解释。生物进化论本身不会使我们期望我们通常在自然界中所发现的那些具有显著差别的属和物种。围绕某些典型的形式可能偶然地会有一串个体，但是对几乎完全不存在的中介形式则没有任何说明。同时，牛顿的《注释》对原子的 92 种可能性，以及对原子相互结合以构成分子的有限方式，没有提供任何线索。当代物理学家解释这些化学事实时所用的概念，可能是柏拉图所喜欢的。

还有一个关键问题是有机哲学唯一地重复柏拉图的。在《蒂迈欧篇》中，现代宇宙时期的起源根据我们的理念可以追溯到原初的无序和混沌状态。这就是有机哲学的进化学说。柏拉图的概念使批评家们感到迷惑不解，因为这些批评家们迷恋于闪米特人关于完全超验的上帝从无中创造出一个偶然宇宙的理论。[1] 牛顿也主张这种闪米特人的理论。《注释》对物质的进化未作任何说明——这非常自然，因为这个话题不在其讨论范围之内。其结果便是整个近代思想都在暗中预设了非进化的物质观。直到最近几年，唯一可能的选择还是：要么物质性的宇宙及其现存的秩序是永恒的；要么根据耶和华的命令而诞生并最终走向灭亡。因此，从所有方面来看，柏拉图关于新型的秩序以新型的主导型集合体为基础而进化的寓言成为一种白日梦，使那些评论者们迷惑不解。

令人惊诧的是，密尔顿在他的《失乐园》中徘徊于《蒂迈欧篇》和闪米特人的学说之间。这只是把古典的观念与希伯来人的观念混合
96 在一起的又一个实例而已，密尔顿的思想魅力正是建立在这种混合的基础之上的。在关于撒旦穿越混沌之旅的描述中，撒旦发现：

> 在古老悠远的深处，是幽暗无边的海洋；
> 没有边界，没有上下，没有长、宽、高，
> 时间和空间在那里也杳无踪影；
> 最古老的黑夜和混沌——自然的祖先，
> 在无休止的战争之喧嚣中，
> 占据着永恒的统治地位，
> 这里的主宰是混沌。[2]

密尔顿在这里为柏拉图表演的颂诗礼如同卢克莱修为德谟克利特表演的颂诗礼一样——没有什么论证，因为柏拉图完全能够作他自己的诗人。而且撒旦之旅的事实也有助于演化成秩序，因为他留下了一道永久的足迹，这对那些恶魔和受上帝惩罚的人是有用的。

在这一节我们之所以求助于柏拉图，是为了利用这个事实来反对最近几个世纪以来所流行的那些表达方式。近些年来的这些表达方

① 《创世记》过于原始，还不能影响这个观点。
② 《失乐园》卷二。

式，部分地是把神学与哲学相混合的结果，部分地是由牛顿的物理学所造成的，如今它们都不再被认为是最根本的陈述了。但是，语言和思想却一直是以这种模式来构造的，因而有必要提醒我们自己，这种方式已经不是某些最伟大的智者描述世界的方式了。对柏拉图和亚里士多德来说，现实世界的过程被认为是一些实在的形式进入实在的潜在性之中，成为那种作为现实事物的实在的共在。同样，对《蒂迈欧篇》来说，这个世界的创造就是要产生确立宇宙新时期的秩序。这种创造不是事实的开端，而是一定集合体秩序的到来。

第四节

本章其他部分将要讨论——在很大程度上是推测性的——构成我们当前这个宇宙时期各种集合体的层次结构。这样，前面关于“秩序”的讨论可以进一步得到阐明。需要特别注意的是，我们现在不讨论形而上学的普遍性，而是要考察更为具体的说明与我们的一般宇宙学说相一致的可能性问题，这种一致性并非是必然的。

物质世界是由一种普遍的关系结合在一起的，这种普遍关系把物质世界构成一种广延连续体。当我们分析这种连续体的种种属性时，我们便可发现，这些属性分为两类，其中比较特殊的那一类属性是以
另一类比较普遍的属性为前提的。① 这一类比较普遍的属性表达的是 97
由“广延的抽象”所产生的各种类型的“几何元素”、“整体和部分”之间的“广延关系”这种纯粹的事实，但是却排除了那些可以用来定义直线，从而可引入测量的那些更为特殊的属性。②

在这些广延性联系的普遍属性中，我们可以看到远远超越我们的直接宇宙时期的巨大聚合体所具有的确定特征。这种聚合体自身包含一些更为特殊的互不相容特征的聚合体。因此，从我们现在这个宇宙

① 更详细的讨论见本书第四编。

② 见本书第四编第三、四、五章。

时期的观点看，这种基本的集合体由于超越了我们自己的宇宙时期似乎是一个巨大的混沌状态，但由于其自身“广延性联系”的确定特征中包含一些微弱的秩序要素而有所减轻。我们不可能辨认出这个集合体的其他具有严格秩序的时期，而只能把这种聚合体看作是我们自己的宇宙时期包含的一丝微弱的秩序之光。这种终极的巨大集合体构成了我们的宇宙时期在其中得以建立的整个环境，因为我们可以在当前的发展阶段辨认出这些系统特征。将来，理论的增长也许会使我们的后继者具有更加敏锐的辨识能力。

我们的逻辑分析能力，再伴之以直接的直觉，使我们能够在纯粹广延的集合体中辨认出一种更加特殊的集合体，这就是“几何的”集合体。在这种集合体中①，那些可用来定义直线的特殊关系被保持下来。系统几何学就是根据这种几何集合体而得到说明的；在任何一种系统几何学体系内，度量关系都可以根据各种相似功能来界定。这些“相似功能”就是“重合”概念所指的意思。如果脱离这种系统的几何学，这个概念就是毫无意义的。在基本的范畴概念中包含“广延的量”，这是完全错误的。这个概念可以根据每一种系统几何在几何集合体中的应用来定义。需要注意的是，系统几何是通过界定适用于相关集合体的直线而决定的。与一般的意见相反，这一定义不依赖“测量”概念也是可能的。但是不可能证明，在同一个几何集合体中就不可能有相互竞争的轨迹族同样会要求获得完全的直线族身份。

给定一个直线族，表示“几何”集合体的一个关系系统，那么，就可以以系统的方式在整个集合体中来确定“重合”的概念，并因而确定“测量”的概念。但是，在这种情况下，无疑仍然会有与之竞争的测量系统。因此，与每一个直线族相联系——假定允许有一个以上
98 这样的直线族——就会有几种可能的**度量**几何系统②，任何一个系统都不比其他系统更基本。我们现在的宇宙时期是由各种“电磁”集合

① 见本书第四编，尤其是第三、四、五章。

② 存在其他可选择的系统是由凯莱在他的《对量子论的第六个研究报告》中论述的，载《皇家学会会报》，1859。

体形成的，是包含在几何集合体中的一个较为特殊的集合体。在这个集合体中，还可以获得更为特殊的确定特征。这些特征是以包含“电磁”集合体的两种更大的集合体的特征为前提的。但是，在这种“电磁”集合体中，那些相互竞争的直线族（如果有这些相互竞争的直线族的话）相对重要的模糊性，以及那些相互竞争的重合定义相对重要的模糊性，都是由偏爱一个族和一个重合定义①而规定的。这种规定是由整个集合体中增加一组物理关系而造成的。但是，这一组物理关系由于构成了我们的相邻环境而失去了自身单纯的系统特性。这些关系包含的成分表征着作为聚合体成员的各种发生之间特定的个体差异和同一性。但是，这些差异和同一是根据系统规律而相互关联的，而这种系统规律可根据这个几何聚合体产生的系统测量来表达。在这里我们得到了各个个体互不相同的物理量概念，这就是个体差异的系统化概念，即“规律”概念。

以我们这个宇宙时期完全的普遍性来阐述这种系统性规律，正是数学物理学家的理想。通过把这个集合体的成员称为“电磁性发生”来表示这个规律的假设性质，就能足以达到我们的目的。因此，我们现在的宇宙时期是由电磁性发生的集合体支配的。就这种支配作用接近于完成而言，物理学寻求的这种系统规律是绝对占统治地位的。而就这种支配作用尚未完成而言，遵从这种规律就是一种具有相应缺陷的统计性事实。

电磁集合体表现了物理电磁场，这是物理科学研究的主题。而这种聚合体的成员就是电磁性发生。

但是，反过来说，除非这种电磁集合体充满了更加特殊的集合体即成为这类秩序的载体，否则，它就不会为个体发生的产生提供任何合适的秩序，以实现特殊的经验“强度”。这样，物质世界便表现为这样一种错综复杂的集合体，它们既相互支持又相互竞争。

这一类集合体最普遍的例子就是一系列有规则的波、单个电子、

---

① 变换为不定的坐标族——“张量理论”指的就是这种变换——所有变换都以一个重合定义为前提。爱因斯坦的“ds”（远距离观察）的不变性表达的就是这个事实。

质子、单个分子、分子的集合体如无机物体、活性细胞以及细胞的集合体如蔬菜和动物身体。

第五节

99 显然，把集合体简单地划分成“持续客体”、“粒子集合体”和“非粒子集合体”（参见第一编第三章第二节）还需要进一步扩展。这就必须引进新的集合体概念，包括从属性集合体和具有确定类型的结构性相互关系的聚合体。我们称这一类集合体为“有结构的”集合体。

一个有结构的集合体作为整体为其自身包含的从属集合体提供了有利的环境，同时这种整体性集合体也必须建立在能使其自身持续发展的更大的环境之中。有些组成这种有结构的集合体的发生群可以叫作“从属性集合体”，而其他一些这样的发生群则必须有一个更广泛的名称，即“从属性聚合体”。所以会产生这种区别，是因为在一些实例中，一个发生群例如一个特殊的持续存在，除了有结构的集合体以外，还能在一般的环境中保持其确定特征的主导性特征。它可能会失去某些特征；换言之，相同的持续存在在一般环境中的确定性方式并不完全等同于有结构的环境中的持续存在。但是，如果从这些普遍化的确定特征中抽掉这些附加的细节，那么，这种具有普遍化特征的持续客体就可以看作是独立于它存在于其中的这种有结构的集合体。例如，我们可以说一个分子在活细胞之中，因为它的分子的一般属性并不依赖于这个细胞的环境。因此，一个分子就是我们称之为“活细胞”的那种有结构的集合体的从属性集合体。

但是，在有结构的集合体中也许还包含着其他聚合体，除了外部环境的那些一般的系统特征以外，这些其他聚合体不会呈现出任何能够从起源上保持其自身的属性，当然，那种有结构的集合体给其提供的特殊环境除外。所以，如果脱离整个有结构的集合体而开始考虑把这类聚合体称作“集合体”，这会引起误导。在这种抽象中，它可能被赋予非“集合体性的”属性。让我们重新回到活细胞的例子上，可以证明的是，构成这个细胞内的“虚空”的那些发生所显现的特殊属性是这个细胞以外的其他类似发生所没有的。因此，这种聚合体，即活细胞内部的虚空，可叫作“从属性聚合体”，但不能叫作“从属性集合体”。

分子是有结构的集合体，离散的电子和质子多半也是如此，晶体也是有结构的集合体。但是，在有结构的集合体这个词的任何重要意义上，气体都不是有结构的集合体，尽管气体的单个分子是有结构的集合体。

必须记住，在特殊形式的集合体中，每一单个发生所包含的属性都不会出现在外部环境中同类的发生上。在系统化研究的第一阶 100
段，人们一定总是会辨别出这个集合体之内的发生与这个集合体之外的发生之间具有的相似性。在这个研究的第二阶段，则要用更精细的方法关注这个集合体内的行为和这个集合体之外的行为有哪些差别，以及那些彼此非常相似的发生所展示的行为有哪些差别。在找到这些差别之前，科学史一直在强烈而独断地否定这一类差别。

关于这类行为差别有一个明显的例子，这就是电子的形态会根据电子的物理位置变化而产生形变的概念。

“有结构的集合体”可能或多或少是“复合的”集合体，因为与之有关联的从属集合体和从属聚合体是多种多样的，它们的结构类型也是复杂的。

一个高度复杂的有结构的集合体可能相应地有利于其一定组群的组成成分的满足强度，这种强度是由这个集合体为这些成分提供的有序的复杂对比所产生的。

这些结构性关系从个体经验中的这种强度中积聚着强度。因此，一种复杂的有结构集合体的增长，具体地体现着自然界中普遍存在的一般目的。这样，产生对比的复杂秩序便代替了会造成各种不相容的那种单纯的复杂既定性。

第六节

每一种集合体都需要更广阔的集合体环境，这种学说导致了集合体与环境的一个区别，即集合体相对于环境中一定的变化而言或多或少是“稳定的”。一种集合体如果能够经受环境相关部分发生的变化而在这种环境中继续生存下去，那么这个集合体相对于那种变化来说就是“稳定的”。而如果这种集合体不能在这种异质性环境中继续生存下去，那么，这种集合体在这一方面就是“不稳定的”。一个稳定的复杂集合体假如对这个环境展示的某些特征来说是稳定的，那么，就可以说这个集合体相对于这些特征来说是“专门化的”。这个“专门化”概念似乎既包含了“复杂性”概念，又包含了具有严格限定条件的“稳定性”概念。

一种非专门化的集合体能经受环境的重大变化而生存下来。这就意味着这种集合体能根据自己同不断变化的环境之间的关系发挥不同的作用。一般说来，这样一类集合体的确定特征不包含结构类型的任何特殊的规定性。由于结构类型的这种灵活性，这种集合体能够采纳适应于当时环境的特定类型。因此，非专门化的集合体从总体上看在结构类型上容易存在缺陷。

101 因此，一般说来，非专门化集合体不能保证为自己的成分提供有利于增强满足的条件，而一种具有高度复杂性的结构化集合体一般说来在维持生存价值的方面是有缺陷的。换言之，这一类集合体一般说来是“专门化的”，也就是说，它们往往要求具有某种非常特殊的环境。

因此，对自然界来说，问题就在于产生的集合体既要有高度“复杂”的“结构性”，同时又是“非专门化的”。这样一来，强度与持续生存才是相称的。

第七节

有结构的集合体解决这一问题的方式有两种，这两种方式都依赖于作为经验强度之因素的精神极的加强。一种方式是引起聚合体总体平均的客体化，同时消除这种相关聚合体中各个成分的细微差异。事实上，这种方式使用的手法舍掉无关的细节，依赖的基本真理是认为客体化就是抽象化。它利用了客体化固有的这种抽象化作用，以便消除聚合体中具有阻碍作用的要素，并使聚合体成为否定性摄入。同时，有结构的集合体中这种复杂的强度受到许多环境聚合体的大量客体化的支持，每一种客体化都是作为一种聚合体的统一体，而不是作为**许多**现实发生的杂多。

根据转化范畴（即第六种范畴性要求），这种解决方式要求精神活动的干预。由于聚合体中普遍存在的某种相似的一致性在这种聚合体中占据绝对优势地位，这种解决方式就忽略了细节的差异。因此，这可能会使环境因为忽略这些细节（如果能忽略的话）而发生不确定的改变。

所有有机的和无机的物体同可由直线来定义的“被呈现轨迹”之间的紧密联系表明[①]，这种精神的发展是那些构成有结构的集合体即我们所知道的“物体”的现实发生的特征。这种紧密联系可由动力学中“加速度”的重要性得到证明，因为“加速度”不过是评估从一族“被呈现轨迹”转换到另一族“被呈现轨迹”的方式而已（见本书第四编）。

这种精神性表明了超越单纯的再现阶段的第一种层次的上升，单纯的再现阶段只是使用了概念性再现范畴（即第四个概念性要求）。这里有某种原创性的概念性整合，但没有原创性的概念性摄入，因为

① 见本书这一编第四章以及第四编。

这种原创性属于转化范畴，而不属于逆转范畴。

102 这些物质实体属于最低层次的结构化集合体，这些集合体在我们的日常理解看来是显而易见的。它们构成了各种复杂的集合体——晶体、岩石、行星和太阳。这一类物体是我们所知的最易长久存在的结构化集合体，我们可以探索这些个体的生命史。

第二种解决这个问题的方式则是通过概念性摄入即欲望的原创性。这种原创性的目的是接纳环境中的各种新要素，形成具有这类主体性形式的明确感受，从而使这些新要素同适合于结构化集合体成员的复杂经验相协调。这样，在每一种合生的发生中，新要素的主体性目的所创造的新颖性都能与环境的新颖性相匹配。

在高级有机体中，这种概念性原创作用相当于是对各种不同经验的**思考**，而在低级有机体中，这种概念性原创作用不过相当于依照和谐理念对审美重点没有思想的调整。在这两种情况下，这种创造的规定性因能超越有关的发生而会对这种发生的原创性冲动造成偏斜。这种偏斜一般地说会产生整个集合体的自我保存反应。这种反应可能是不利的或者不恰当的，在持续失败的情况下我们就处于病理学范围了。

这第二种解决方式也是以前一种方式为前提的。因此，概念性逆转范畴和概念性转化范畴都会发挥作用。

第二种解决方式在自身中有重要意义的结构化集合体叫作“有生命的集合体”。显然，结构化集合体或多或少是“有生命的”集合体，因而“有生命的”和“无生命的”集合体之间并没有绝对不可逾越的鸿沟。对某些目的来说，不管集合体中有什么样的“生命”，都可能是有重要意义的，而对其他目的来说，生命则是无关紧要的。

如果一个结构化集合体中第二种解决方式无关紧要，而第一种方式在其中是有重要意义的，那么，这个集合体可以称为“无机的集合体”。

按照这种“生命”学说，“生命”的首要意义就是创造新的概念——创造新的欲望。这种创新按照逆转范畴才会出现。因此，一个集合体只有在某种产生的意义上才可以被称为“有生命的”集合体，一个“有生命的集合体”乃是包含某些“生命的发生”的集合体。因此，一个集合体可能或多或少是“有生命的”，这要取决于生命的发生在这个集合体中是否普遍存在。同样，一个发生也可能或多或少是有生命的，这要取决于其自身最终的满足中那些新要素的相对重要性程度。

因此，那些在结构化集合体中占支配地位的成员，要想在新环境中保持稳定有两种方式：(1) 消除各种不同的细节；(2) 创造新的概念性反应。其结果便是，对这些细节的强调要么是减少了，要么是增加了，主体性目的就是依据这种增加或减少来指导各种摄入在支配性成员各个合生阶段上的整合活动。

第八节

在“有生命的”集合体中，还有一种因素需要作更为缜密的分析。一个结构化集合体就在于具有明显不同的确定特征的各种聚合体模式相互交织在一起。在这些聚合体中，有些类型同其他类型相比是低级类型的聚合体，而有些类型则明显地属于高级类型的聚合体。因此在同一个结构化集合体中，既有“辅助性的”聚合体，也有“支配性的”聚合体。这种结构化集合体将会为每一个从属性集合体提供维持生存的直接环境，无论对辅助性集合体还是对支配性集合体都一视同仁。在有生命的集合体中，只有某些聚合体才能使其全部成员的精神极都有一些**原创性的**反应。这些将是“完全有生命的”聚合体，并且实际上一个集合体中只有当这一类聚合体占主导地位时，才可以称为是“有生命的”。因此，一个有生命的集合体都会包含一些“无机的”聚合体，而无机的聚合体不必受到整体上“有生命的”集合体的保护，就能在不断变化的外部环境中生存下来。这样的聚合体就是集合体。但是，如果这些“完全有生命的”聚合体要生存下去，就必须 103

获得这样的保护。根据这种理论的猜测，“完全有生命的”聚合体并不是一个“集合体”。这就是关于包括单细胞体作为特例的动物躯体理论。复杂的无机相互作用系统是为了保护“完全有生命的”聚合体而建构起来的，而活要素的原创性作用就是要对整个系统起保护作用。另一方面，整个系统的相互作用则提供了“完全有生命的”聚合体所需要的直接环境。我们不知道任何有生命的集合体可以脱离这些无机的集合体的辅助作用。

“物理生理学”研究的正是这些辅助性的无机条件，而“心理生理学”寻求解决的“完全有生命的”聚合体，则部分地脱离了这些无机的环境，部分地同它们对这些无机环境的反应有关，部分地则同它们的相互反应有关。在上个世纪，物理生理学已经把自身确立为一门统一的科学，而心理生理学迄今仍然处于孕育过程之中。

必须记住的是，一种整体性生命集合体，如我们所知，不仅包含辅助性的无机条件，也包括许多有生命的聚合体，至少每一个“细胞”是这样的一个集合体。

第九节

如果像有机哲学宇宙论和前面对我们的宇宙时期的“集合体”所作的各种猜想所提示的那样来设想心理生理学的一些基本原理，那么，这将会有助于阐明有机哲学的宇宙观。并不是由于有了这种宇宙观，才使这些原理成为必不可少的，而是这些原理似乎是一些既同这种宇宙观相一致，也与事实相符合的最简单的原理。

104 首先，请思考一下有生命的单细胞。这样一种细胞包含辅助性的无机集合体，比如分子和电子。因此，这个细胞是一种“动物体”，并且我们还必须假设“物理生理学”适合于这个例子。但是，对于那些个体的有生命的发生来说，情况又是怎样的呢？

第一个要提出的问题就是：如果使这些有生命的发生脱离动物体

的无机的发生，它们是否还能构成一种粒子性从属集合体，从而每一种有生命的发生都能成为具有其自身个体秩序的持续存在的成员？特别是我们可能要问：这种粒子性集合体能否归结为这样一类极端的集合体，即只有一种个体秩序的持续存在呢？

诚然，我们面前的证据极其稀少，但是就其作为证据而言，已对这两个问题作了否定回答。一个细胞不能提供任何证据来证明其每一种发生中都有承继于过去的东西来引导一种单一的统一精神。这里所要解决的难题是一个细胞如何在对外部刺激的反应中有一定的原创性问题。认为持续性存在具有自身遗传的精神，这种理论给我们说明了为什么这种精神竟然要受自己过去的支配。我们所要寻求的是此时此刻有原创性的东西，而给我们提供的理由则是有限的原创性。生命是对自由的追求：持续的存在把自己的任何一个发生都同自己的谱系线联系起来。认为持续的灵魂具有自己永恒的特征，这种学说对于生命提出的难题恰恰是一种毫不相关的回答。这个难题就是：怎么会有原创性呢？而这个答案解释的则是灵魂为何同石头一样不需要原创性。

认为粒子集合体是由许多持续存在构成的，这种理论同样不能提供这种证据，因为我们可以运用同样的反驳理由对它进行反驳。基本的事实乃是“持续性”是一个发生同一个物理谱系线具体地连在一起的手段，而“生命”则意味着根据概念性逆转范畴所引入的新东西。对**许多**传统的反驳同对**一种**传统的反驳是一样的。必须给予解释的是对刺激反应的原创性问题。这就相当于这样一种观点：当我们在某种程度上不能根据**任何**纯粹的物理遗传传统来解释机体的反应时，我们就说这个机体是“有生命的”。

靠“传统”来解释只不过是靠“动力因”来解释的另一种说法而已，而我们需要的是借助于“终极因”来解释。因此，如果决定一个单独发生的合生过程的主体性目的引入了一种确定的新颖性，而这种新颖性在其初始阶段继承的材料中又不存在，那么，在这种情况下就可以说，这种单独的发生是有生命的。这种新颖性是概念性地引入的，并且干扰了主体性形式的遗传“适应性”调节。它改变了艺术家所说的那种意义上的“价值观”。

根据这些考察可以得出，一个“完全有生命的”聚合体如果脱离了动物体，就根本不是一种恰当的集合体了，因为“生命”不可能是一种确定的特征。生命的名字乃是原创性而不是传统。单纯的刺激反应是所有集合体的特征，不管是无机的还是有机的集合体都是如此。105 作用和反作用是紧密联系在一起的。生命的特征是在一个巨大且异常复杂的环境下为适应强度获得而作出的一种反作用。但是这种反作用听从现在而不是过去的指令，是对生动的直接性的控制。

第十节

有生命的集合体的另一特征是需要食物。在博物馆中，各种水晶石都保存在玻璃器皿中，而在动物园里，动物则需要喂养。考虑到它们与环境的普遍的反作用，这种区别并不是非常绝对的，然而这种区别又是不能忽略的。水晶石并不是那些因摧毁环境产生的复杂集合体需求的能动力量，而有生命的集合体则是这样的能动力量。它所要摧毁的集合体就是它的食物。这些食物是通过被分解为某些更简单的集合体要素而被摧毁的，它总要被剥夺掉某些东西。因此，全部集合体都需要与自己的环境发生相互作用，而在有生命的集合体中，这种相互作用采取了掠夺的形式。有生命的集合体与它所分解的食物相比，也许是更高级的机体，也许不是。但是，不管是否为了达到普遍的善，生命都是一种掠夺。正是在这一点上，对生命来说道德成为尖锐的问题，因为这种掠夺需要得到合理性证明。

那些共同构成上帝目的的原初欲望所追求的是强度而不是保存，因为它们是原初的，所以没有什么东西可以保存。上帝在其原初性质中并不为偏爱这种特殊事物或那种特殊事物而感动，因为在这种根本的创造过程中，并不存在任何预先构成的特殊事物。在其本身存在的基础中，上帝对于保存和创新都同样地无所偏爱，一视同仁。他对一种直接的发生是旧的还是新的漠不关心，只要这种直接发生来自于自己的祖先就行。他造就这种直接发生的目的[1]是达到深度满足，作为完成其自身存在的过渡性步骤。上帝的慈爱指向它所产生的每一种现实发生。

因此，上帝的目的就是唤起创造性进展的强度。相对于这种绝对目的而言，唤起各种集合体纯粹是附带性的。生命集合体的特征就是各种结构复杂的无机集合体交织在一起，以产生一种非集合性的聚合体，其成员表现出强烈的物理经验特征。但是，这类经验产生于物质性动物身体的复杂秩序，而不是产生于具有类似经验的过去发生的单纯“个体秩序”。有些强烈的经验不受过去重复经验的束缚，这就是概念性反作用的自发性的条件。从这个论证中可以得出的结论是，生命是“虚空”的特征，而不是由任何粒子集合体“占据”的空间的特征。在各种有生命的发生组成的聚合体中，存在着一定的集合性的缺陷。生命潜藏在每一个活细胞的组织间隙和大脑的组织间隙之中。在 106
一个生命集合体的历史上，在这个集合体各个部位游移的更加生动的表现就是从这种动物性身体中获取大量的不同经验。这种经验，如果以无机的方式来处理，就一定是通过正常调节纯粹的反应性接收而归结为相容性。这就意味着把那些不相容因素排除到否定性摄入之中了。

动物身体的复杂性就是这样排列有序，因此在其组织间隙的关键部位，各式各样的物理经验材料也是复杂的，而在这些部位之外，纯粹的无机方式就可达到相容的边缘。新的概念性摄入可以扰动原初反应阶段的主体性形式，这样便避免了一些否定性摄入，同时还能把一些更高的对比引入经验之中。

就动物身体的功能而言，全部结果就在于，通过动物体内的虚空进行的物理影响的传递与支配无机集合体的物质规律并不完全一致。动物体内的分子表现出的一些特殊的行为特性是动物体外觉察不到

① 见本书第五编。

的。事实上，有生命的集合体说明了这样一种观点，那就是自然规律与构成一个宇宙新时期的集合体共同发展。对这些普遍的相互作用有各种统计学表达方式，而在活细胞中，这种统计学平衡则受到干扰。

“食物”与“生命”之间的联系如今是非常明显的。细胞或其他生命体的结构所需要的高度复杂的无机集合体，在不同的环境中会失去自身的稳定性。但是，在由原创性的有生命的发生所产生的真空物理场中，则会发生在其他情况下不会发生的化学分解和化合，因而使得这种结构不断地被破坏又被修复。食物就是从外部对这些高度复杂的集合体的供给，在生命的影响下，食物将进入必要的同化过程中，以补充各种消耗。因此，生命活动仿佛在起某种催化作用。

对活细胞的这种说明可作如下简短概括：（1）活细胞是一种极为复杂并精细地保持平衡的化学结构；（2）相对于组织间隙的“真空”中的各种发生，活细胞是产生于这种复杂结构的一种复杂的客体性材料；（3）活细胞根据正常的“适应性”方式活动，缺乏创新性，其复杂的细节被否定性摄入还原为简单的物质；（4）由于概念性感受（欲望）的原创性产生了情感的和有目的的再调节，这种再调节便为肯定性感受保存了活细胞的这种细节；（5）物理场的变形导致活细胞结构的不稳定；（6）活细胞的结构接受来自环境的食物修补。

第十一节

自然界的复杂性是不可穷尽的。到此我们已经论证了对生命本质
107 的探索不能通过把它等同于某种发生的集合体来进行，并不是一个集合体具有确定的特征就是有生命的。一种“完全有生命的”聚合体就其生命而言并不具有集合体的性质。这种聚合体的每一个成员都是通过对其复杂的集合体环境的各种摄入产生自身存在的需要。就其本身而言，这种聚合体缺少“集合体”的那种创生能力。但是，一个有生命的聚合体，虽然就其“生命”的本质来说是非集合体性质的，但它

可能会沿着其成员的某些历史路径支持一种个体秩序。这样一个持续的存在便是一个“有生命的个体”。生命的本质并不是要成为一个有生命的个体。实际上，一个有生命的个体要求自己的直接环境是一种有生命的、非集合性的聚合体。

一个有生命的个体的确定特征就是从其自身存在的一个发生到另一个发生所传递的某种确定的混合性摄入。“混合”一词在本书第三编中还要给予更具体的界定。在这里，只要说明“混合性”摄入是由属于另一主体的精神活动的概念性摄入或“非纯粹”摄入的一个主体所进行的摄入就已经足够了。通过这种传递，有生命的发生的原创精神便获得一种特性和深度。以这种方式，原创性既“被疏导”——用柏格森的话说——又被强化，其范围被有限地拓宽了。如果没有疏导，原创性的深度将会给这种动物身体带来灾难。由于这一原因，个体的精神便能进化，从而把其个体的原创性与其依赖的物质性机体的可靠性结合起来。因此，生命又重新回到集合体之中：它把原创性限制在一定范围内，同时由于性质重复出现而获得扩大。

在单细胞、植物和低级形式的动物生命中，我们没有任何根据去推测它们有生命的人格。但是在高等动物身上则存在着中枢指导，这表明在这种情况下，每一种动物身体中都包含着某种或者某些有生命的个体。我们自身的自我意识就是对我们自己是这样的个体的直接觉察。[①] 这类统一控制有各种限制，这些限制表现着人格的分解、相继变化的多重人格，甚至共同拥有多重人格。后面这种情形属于宗教的病理学，在原始时代被解释为魔鬼附体。因此，尽管生命在本质上是通过自由获得强度，然而生命也能服从疏导，从而使得秩序扩大。但是，也不一定仅仅要把这种个体秩序的极端情形作为前提。虽然没有充分的证据，我们也可以推测，即使在最低等的生命形式中，完全有生命的聚合体也能通过疏导，成为某种微弱形式的相互一致。这种一致性相当于集合性的秩序，它依赖于混合性地摄入先前的聚合体成员

---

① 这种对有生命的人格的说明，需要参照其在上帝的继生性质中的客体化才能完成。见本书第五编第二章。

精神极的各种原创性。由此便可以解释由适应和再生所产生的生存能
108 力。因此，生命就是从物质秩序到纯粹的精神原创性、从纯粹的精神原创性到被疏导的精神原创性的演变过程。还必须注意到，纯粹的精神原创性只有通过上帝的原初性质产生的关联性的疏导才能起作用。因此，暂时性世界中的原创性受一种由所有秩序和所有原创性的根据所提供的初始的主体性目的所制约，但并不是由它决定的。

最后，我们还必须考察一下那种引起了传统的身心问题的结构化集合体。例如，人的精神部分地是人体的产物，部分地是人体唯一的指导性因素，部分地是一个与人体的物质关系没有多少关联的认知系统。笛卡尔哲学就是建立在这种表面事实——平常事实——基础之上的哲学，认为一个身体和一个心灵是具有因果联系的两种实体。而在有机哲学看来，这个难题被改变了。

每一种现实在本质上都是两极性的，一是物质的，一是精神的，而物质性的继承本质上伴随着概念性的反应，部分地与之一致，部分地引入一种新的关联性对比，但总是要引入强调、评价和目的。把物质的和精神的方面整合为一种经验的统一体是一种自我构成的活动，这是一种合生的过程，并且这个过程通过客体永恒原理标志着超越自身的创造性。所以，尽管精神是非空间性的，但是精神总是来自对空间性物质经验的反应并且与之相整合。显然，我们不可能要求有另一种精神来管理这些其他的现实（就像凌驾于所有美国公民之上的那位山姆大叔）。身体中的全部生命都是个体细胞的生命。因此，在每一种动物身体中都有数百万个生命中枢。所以，需要解释的不是为什么会有人格的分解，而是为什么会有统一的控制，因而使我们不仅具有统一的行为，能够被其他人观察到，而且我们还能意识到某种统一的经验。

有相当多的活动似乎不能归之于这种统一的控制，例如，使用恰当的刺激，一颗心脏从体内取出后仍然能继续跳动。有许多反应和控制中心不能等同于经验的中心。对昆虫来说，尤其如此。例如，蠕虫和水母似乎只是一些协同一致的细胞，几乎没有形成中心；即使它们

被砍为两段，被砍下的这些部位仍然能继续独立地实现自己的功能。通过对一系列动物的观察，我们可以追溯到向某种控制中心逐步上升的过程。昆虫具有某种中心控制；即使在人身上，许多身体活动也都是在某种独立状态下完成的，然而这些都与大脑中具有非常高级特性的某种中心控制器官有关联。

根据有机哲学，事情的状态非常不同于托马斯·阿奎那关于心灵给身体提供信息的经院哲学观点。有生命的身体是各种高级现实发生的协调一致，而在低级生命体中，这些发生非常接近于一种民主制度。在高级生命体中，存在着不同等级的发生，它们由贯穿于整个身 109 体中的遗传通道来协调，从而使身体某些部位的不同发生享有特别丰富的继承物。最后，大脑起着协调作用，从而使得这些特别丰富的继承物时而被这个部位享有，时而被那个部位享有，这样，身体中此刻便会产生一种占支配地位的人格。由于身体有精细的组织，因而便会有循环性的影响，这就是由起支配性作用的发生所导致的遗传，它能通过身体其他部位对后来的发生进行矫正。

我们必须记住，持续性客体概念具有极大的普遍性，它是通过现实发生的历史进路而继承下来的原生特性。有些持续性客体构成了物质实体，有一些则没有，但是，有生命的发生与无生命的发生之间的差别不是截然分明的，而是或多或少有些差别，同样，由原子式物质实体组成的持续客体与不是由原子式物质实体组成的持续客体之间的差别，也只是程度上的差别而已。因此，把持续性客体称作物质的转换还是性质的转换，这个问题完全是词语表述问题，正如你把各种属性之间的分界线划在哪里的问题（例如，质量与辐射能量之间的区别现在已经消失了）。

因此，在动物身体中，那种起支配作用的发生，如果有的话，就是许多持续性客体的复杂结构中最终的节点或交点。这种结构遍布于人体，身体各部位之间的和谐关系把这些丰富的继承物构成一种和谐的对比，形成了经验的强度。各种对立物的相互抑制被调节为各种对立物的对比。这样，人类心灵便意识到了自己身体的遗传。还有一种持续性客体是由占支配地位的发生到占支配地位的发生这种遗传性所构成的。这种心灵的持续性只是身体据以建构的一般原理的又一个实例而已。这种支配性发生的进路或许能在大脑各部位之间游移，与人体的物质性微粒相分离，但是中枢人格的支配作用只是局部性的，在病理学情况下很容易消失。

第四章　有机体与环境

第一节

到此为止，我们的讨论主要集中于如何区分各种功能的不同方 110
式。这些方式的萌芽状态，或者其纯粹的容纳力，都表现在每一种现实存在的构成之中。认为只有一种现实存在，这种假设构成了一种有机哲学试图与之保持一致的宇宙论理想。对现实存在的一般性质进行描述不仅应当包含那些最低等的现实事件，而且还应当包含上帝，尽管上帝的性质与任何发生的性质都具有特殊的差别。

同样，各种现实发生之间的差别——这些差别或者由其材料的特性所造成，或者由其感受的广狭度不同所造成，或者由其各个阶段相比较的意义不同所造成——能形成分类，因而使得这些发生归结为不同的类型。从形而上学观点看，这些类型并不能截然区分开来，虽然从经验观察看，这些发生确实看起来可分为明确不同的类型。

现实存在的性质最终由其材料所控制。源自合生的感受不管有何种自由，都不可能超越其材料固有的容纳力。这些材料既能限制，也能提供。由这一学说可得出如下结论：机体的特性依赖于其环境的特性。但是，环境的特性是共同构成该环境的诸现实存在所组成的各种集合体之特性的总和；尽管认为每一种环境中都完全充斥着由各种存在所构成的集合体只是一个假定。分布在环境中的存在可能有许多不能归属于由存在所构成的任何集合体。处于环境中的这些集合体将会构成其有序的要素，而那些非集合体性质的现实存在将会构成其混沌的要素。就我们迄今的知识而言，还没有任何理由把现实世界设想为要么是纯粹有序的，要么是纯粹混沌的。

除了从其集合体中获得的重复以外，环境并不能提供大规模的强调，把其对立要素驱除，使其进入否定性摄入之中。任何关于满足深度的理想，由于其产生于广狭度的结合，都只能通过恰当的秩序来实现。与这种混沌成比例的是细微的存在。有各种不同的秩序，但是，
111 若要说与这种秩序性成比例的是深度，却不符合事实。存在着各种各样的秩序，其中有些秩序所提供的满足要比其他秩序所提供的细微。因此，如果有超越有限理想的进展，那么，由逃逸方式所形成的历史进程，在其以高级秩序取代低级秩序时，必定有濒于混沌边缘的风险。

上帝的无所不在给下述信念提供了根据：纯粹的混沌从本质上说是不可能的。从另一角度看，世界的浩瀚无边也否定了如下信念：任何秩序状态都只能这样建立，在它之外不可能有任何进展。这一在宗教和哲学思想中很流行的终极秩序信念，似乎可归之于如下普遍的谬见：所有类型的系列性都必然会包括终极的事例。因此，丁尼生（Tennyson）所说的如下诗句：

……一桩遥远的神圣事件
全部的创造向它趋近。

表达了一种荒谬的宇宙观念。

现实存在必定是根据其“满足”来分类的，并且这是由构成其“过程”的活动所提供的材料造成的。满足可根据“细微性”、“模糊性”、“狭度”和“宽度”来分类。细微性和模糊性是满足的特征，它们分别产生于该材料的相互对立的特征。细微性产生于材料的各个因素之间缺乏协调，因而任何起源于一个因素的感受都不能由任何起源于另一个因素的感受所强化。换言之，我们所讨论的这种现实存在的特殊构成并不是这样，因而可以从这样呈现的各种对立物中抽引出感受的深度。不可比性支配着对立物。因而，该过程既不会涉及从被强化的狭隘性中所产生的协调强度，也不会涉及由和谐的深度中所产生的高级对立物所造成的关联性的强化。细微性是由那种错误的宽度所造成的；也就是说，它是由于该宽度在其高级范畴中没有得到任何强化的狭度。和谐就是这种宽度与狭度的结合。对深度来说，使某种狭度集中于一组有限的结果是极其重要的；但是，这种差别是在有关对立范畴的不同层次上产生的。高级范畴包含着深不可测的潜在性，它有助于在其低级元素中造就深度。这样，“细微性”便从过量的不相容的差别性中产生了。

另一方面，“模糊性”是由过量的同一化造成的。在这些材料中，各种现实存在的客体化都是一些复制品，它们与视界的对比之间的协调性极其微弱。在这些条件下，各种客体化之间的对比是微弱的，并且在把各种客体彼此区别开来的辅助感受方面是有缺陷的。因此，在对整个聚合体的摄入中，有可能存在着强度的狭隘性，并且由于某种共同性，这种狭隘性与模糊性相结合，而与该聚合体中确定的诸现实存在之间的差别性毫不相干。那些被客体化的存在通过它们的相似性 112
彼此得以强化。但是，由于相关的对比中所存在的缺陷，在那些元素的客体化中并不存在差异。

这样，一组现实存在作为一种具有广延性的整体有助于满足。它是可分的，但是，这些现实的可分物，以及它们的本质所具有的那些偶发的差别，除了属于其整体及其任何部分的那一本质以外，都成为相对的非关联物。

由于模糊性，多被看作一，并具有区分为这类多重统一体的不确定的可能性的倾向。当存在着这种模糊的摄入时，所摄入的那些现实存在之间的差别就是环境中的微弱的混沌因子，它们因而被降低为非关联的东西。这样，模糊性就成为狭度的本质条件，而狭度是相关性的深度的条件之一。它能使背景贡献出它的相关份额，使前台中的集合体组织为其本质的共同体获得集中的关联性。这种正常的混沌和这种正常的模糊性是任何有效的和谐都必不可少的。它们造成了巨大的简单性，这种简单性一直是以“狭度”一词来表述的。因此，混沌与恶并不等同；因为和谐需要混沌、模糊、狭度和宽度之间恰当的协调一致。

根据这个理由，必须把环境得以确立的背景分为两个层次。第一层次是相关背景，它提供着巨大的系统统一性。这种背景是全部日常命题所指向的那个假定的世界。第二层次是那种比较遥远的混沌背景，就我们所讨论的现实存在中那种直接的客体化而言，这种混沌背景只具有非关联的细微性。这种背景表现着具有这类视界的遥远性的现实世界之中的那些存在，因而甚至会存在某种不同的宇宙时期的混沌。在这种背景中存在着细微性、模糊性和巨大的一致性；而在前景中则存在着区分和对比，但是，永远存在着对非关联的多样性的否定性摄入。

第二节

强度是对狭度的奖赏。一些集合体组织在环境中占主导地位，这既会产生现实存在之间的模糊性，也会强化共同特征之间的关联性。这些便是狭度的两大必要条件。低等机体具有低级类型的狭度，而较高级机体则强化了较高级范畴中的对比。在描述有关现实发生的那些能力时，不论其已经实现或尚未实现，我们与洛克一样，都把人类经验默认为样板，以此为基础来进行形而上学所要求的一般化描述。但是，当我们转向较低级的机体时，我们必须首先确定这类能力中有哪些能力尚未实现，从而退化为非关联物。也就是说，通过与人类经验相比较来确定哪些能力尚未实现，因为人类经验是我们的标准。

在任何以康德或黑格尔传统为基础的形而上学体系中，经验都是 113
较高级的人类功能模式中各种活动的产物。对这类体系而言，有序的经验都是**思想**方式的模式化所造成的，这些思想方式涉及到因果性、实体、质和量。

因此，经验的统一性得以实现的过程可以被视为思想方式的形式。唯一的例外可在康德论“超验美学”的开头几节里看到，在这里康德提出了他关于时间和空间的看法。但是，康德步休谟的后尘，假定作为材料的诸印象之间是毫不相关的；因而他视其超验美学仅仅是对主体过程的描述，这种主体过程通过感受的秩序而占有着那些材料。

有机哲学渴望建构一种对纯粹感受的批判，采用康德在其《纯粹理性批判》中所采用的哲学观点。这还应当取代康德哲学中所要求的那些剩余的**批判**。因此，在有机哲学看来，康德的超验美学被扭曲了，成为原本应当是其主旨的碎片。这些材料包含着其自身的相互联系，并且感受过程的第一阶段就是把感受接受到作为反应的感受的一致性之中，因而作为纯粹潜在性的材料便成为实现了的复杂统一性的个体化基础。

有机哲学确立的这一观念，实际上与洛克在其《人类理解论》后半部中所论述的思想方法是一样的。他论述了关于被感知到的客体的各种观念，并且暗中假定它们与正在进行感知的心灵中的相应观念是相同的。关于这些客体的观念一直被正在进行感知的心灵的主体功能所占用。这种措辞方式可以被认为是洛克的论述随意而精心，或者在哲学上不一致。但是即使没有这种不一致，洛克的哲学也会崩溃，正如它事实上在休谟手中所遭受的命运一样。

然而，可以看到，在洛克哲学以及在流行的知觉理论中都有一种根本的错误概念。这一概念涉及到如何描述原初类型的经验问题。洛克假定经验的最原初性存在于感官知觉之中。17 世纪的物理学，由于第一性质和第二性质的复杂性，本来应当给哲学家们以警示，使他们认识到感官知觉包含在复杂的功能模式中。原始的感受存在于较低级的层次上。这种错误对中世纪和希腊哲学家来说是自然而然的：因为在他们面前没有现代物理学作为清晰的警告。在感官知觉中，我们断然行动，把直接的知觉同较高级的心智诸形式区分开来，这是在以错误自娱，并因而建立起理智的帝国。

较为原始的经验类型通常涉及到感官接受，而不是感官知觉。这
114 个陈述需要更详细的解释。但是，这种思想进程可采用柏格森的值得称赞的术语来表示，即感官接受是“不占空间的”，而感官知觉则是“占有空间的”。在感官接受中，感觉材料是情感的确定性：它们是从发生到发生进行传递的情感形式。最后，在某种充分的复杂发生中，转化范畴赋予它们以刻画这些聚合体之特征的新功能。

第三节

首先，那些将被归类于“感觉材料”名下的永恒客体构成了最低级的永恒客体范畴。这类永恒客体不表达其他永恒客体之间的关系性方式。它们不是对比物或者类型。感觉材料作为构成要素在任何现实存在中都是必不可少的，在更高级的存在的实现中是有关联的。但是，就其自身的实现来说，感觉材料不要求任何低级的永恒客体，尽管它确实会涉及到类型的潜在性，并且确实会以某种已经实现的模式，通过某种身份的实现而获得一定强度。因此，为补救其零宽度的肤浅性，感觉材料要求获得与更广的复杂永恒客体之间有选择的关联性，这些复杂永恒客体把这种关联性作为一种构成要素包含于自身之中。但是，它并不包含作为其前提的任何永恒客体的关联性。因此，在一种意义上，感觉材料是简单的；因为它的实现并不包含某些确定的永恒客体的共时实现，这些永恒客体是其确定的简单的构成要素。

但是在另一种意义上，每一种感觉材料都是复杂的；因为并不能为进入任何现实存在之中而把它从其潜在性中分离出来，把它从其对比物的潜在性中分离出来，也不能把它从它与其他永恒客体的模式化关系中分离开来。因此，每一种感觉材料都拥有所有永恒客体共有的特征，因而它以两种形式引入了逻辑变量概念，即非选择性的“任何”和选择性的“某一”。

关于“感觉材料”的这个定义有可能排除了通常所说的“感觉材料”的某些对比情形，并且包含某些通常被排除在外的情感性质。它的方便性在于如下事实：它是建立在形而上学原理之上的，而不是建立在对人体生理学的经验研究之上的。

最低范畴中的狭度获得了这类属于此种经验的强度，但却因宽度不足而失效。对比造成了深度，然而当缺乏模式化的对比时，只能获得浅薄的经验。休谟注意到，这种较高级的想象官能若与纯粹感觉材料比较，相对而言会失败。但他把这种相对失败夸大了，因而固执地绝对禁止想象新的感觉材料。而他本人所引证的证据，即想象逐渐暗淡下去的阴影之中所缺乏的颜色，表明了所给定的阴影之间的对比可以通过想象而扩展，因此，可以产生对缺失层次的想象。但是，休谟所举的例子也表明，在永恒客体的较高级范畴中，可以进行最自由的 115
想象。

模式在一定意义上是简单的：模式是复杂对比的“方式”，这种对比是从构成该对比之“质料”的特殊永恒客体中抽象出来的。但是，这种模式毫无选择地是指任何这样的永恒客体，它们有潜在性成为以那种“方式”进行某种对比的“质料”中的要素。

因此，就两者在其自身的实现中都未涉及特殊的永恒客体而言，模式和感觉材料都是简单的。一种模式的**方式**就是该模式的个别本质。但是，脱离了其自身的某些关系性潜在性，即脱离了其关系性本质，任何个别本质都是不能实现的。但是，在另一种意义上，即在感觉材料包含着简单性的意义上，模式则缺乏简单性。模式的实现必然包含着可以以该模式来对比的一组永恒客体的共时实现。该模式的实现是通过这种对立的实现而实现的。这种实现或许可以通过这同一模式中的另一种对比而实现；但是，在该模式中却需要某些复杂的对比。然而，一种理想的肤浅强度和零宽度的感觉材料，其实现并不需要任何其他永恒客体，而只需要其个体本质和关系本质的内在组织；它仍可保持其自身，同时保持着其自身尚未实现的模式化对比潜在性。现实存在具有这种绝对的狭度，就会有某种理想的微弱满足，从而不同于理想的零混沌状态，但却同样是不可能实现的。因为实现意味着进入一种现实存在，而这便会牵涉到所有成分与产生于复杂宇宙的材料相综合。从理想上说，实现与对比物的进入是可以区分的，但是事实上却无法区分。

最简单级别的现实发生应被视为是对一些感觉材料的经验，且是以最小量的类型化对比进行的。这些感觉材料因而是从情感上被经验到的，并构成了特殊的感受，这些感受的强度综合起来，成为满足的统一体。在这类发生中，过程不足以达到其最高状态，相反，过程成为材料的奴仆。形式化感受有其个体化阶段，但补充性感受和概念性感受的创造性阶段则是可以忽略不计的。

第四节

根据上述说明，可以把现实存在的最简单级别的经验，看成是对材料的非创造性反应，这种材料具有简单的感觉内容。这种材料是简单的，因为它以简单性的形式表现了过去的被客体化的经验。发生A、B和C进入了发生M的经验之中，而发生M本身正在经验着由S_1和S_2之间的某种微弱对比所统一起来的感觉材料S_1和S_2。发生M分别地感觉到感觉材料S_1和S_2，以此作为其自身的感觉。因此，从A、B和C到M有一种感觉情感的传递。如果M具有自我分析的才智，那么，由于从A、B和C到其自身的传递，M就会知道它感觉
116 到了其自身的感觉。因此，A、B和C的（无意识的）直接知觉便只

是 A、B 和 C 作为 M 之构成中的要素的因果效验而已。这种直接知觉将会有模糊性；因为如果 A、B 和 C 以差异微小的强度表现同一内容，那么把 A、B 和 C 彼此区别开来将是无关紧要的。这样一来，可能还会存在对现实存在的因果效验的感觉，而这些现实存在在外部世界中的确切关系通常被遮蔽了。因此，M 的经验可被认为是一种量化的情感，这种情感来自于 A、B、C 的感觉材料的贡献，并由 M 均衡地一致化。

用物理学语言来概括，M 的经验是起源于特定感觉材料的强度，受 A、B 和 C 所指导。事实上，从 A、B、C 中涌出一股有方向的量化感受，这种感受源自于特定的感受形式。该经验具有矢量性，即一种共同的强度量，并具有特定的感受形式，能传递该强度。如果我们用“能量”一词来替代“量化情感强度”概念，用“能量形式”一词来替代“特定的感受形式”概念，并且还记得“矢量”在物理学中是指来自别处的确定的传递，那么我们便会看到，对现实存在之构成中各种最简单要素的这种形而上学描述，与现代物理学概念据以形成的一般原理是绝对一致的。形而上学中的“材料”是物理学矢量理论的基础；形而上学中的量化满足是物理学中能量的标量定位的基础；形而上学中的“感觉材料”是能量用来聚集自身的多样性特定形式的基础。科学的描述当然要与几何定律和物质规律的特殊细节相互交织，这些规律源于我们生活于其中的宇宙期的特定秩序。但是，物理学的一般原理，恰如我们应当期望的那样，应作为有机哲学所要求的形而上学的特殊实例。没有对任何科学原理提供丝毫的真知灼见，这一向是现代各派哲学的缺陷。科学应探究个别的种类，而形而上学则应探究那些特殊原理所属的一般概念。然而，现代各种实在论对各种科学原理均未置喙，而现代各派唯心论则只是提出一种无用的说明，即认为现象世界是“绝对”的下等爱好之一。

因此，使得直接主体中的材料得以从过去中被继承的直接知觉，在抽象状态下可以被看作情感能量搏动的传递，这种传递是包裹在由感觉材料所提供的特定形式之中的。由于经验主体之中的模糊性将会遮蔽那些各自分开的客体化（其中存在着对整个满足的诸个体化贡献），最终满足中的情感能量便披上了整体强度的外衣，能分成全部级别的理想层次。但是，它最初表现为一种整体性，这是由各自分开
117 的诸客体对该能量形式的贡献所造成的。因此，就其起源而言，每一能量形式的实在原子结构，都可以如此这般地与每一种客体化的现实发生区别开来，并且只有有限的现实发生将是与此相关联的。

这种直接的知觉，由于具有纯粹的主体反应特征，并且在较高级的状态中缺乏创造性，因而在接受性的伪装下展现出现实存在的构成。用因果性的语言来说，它描述了在现实世界中起作用的因果效验。用认识论的语言来说，正如洛克所说的那样，它描述了关于特定存在的观念如何被吸收到理解者的主体性之中，且如何成为其经验外部世界的材料。用科学的语言来说，它描述了定域能量的定量强度如何在其自身中负载其起源的矢量标志，及其特定形式的诸特性；它还说明了可在能量构造中发现的原子式量子。有机哲学正是以这种方式——理所当然地——诉诸事实。

第五节

对知觉的各种流行阐释是现代形而上学最难攻克的堡垒。这些阐释起源于同样的误解，这种误解导致了实体—性质诸范畴的梦魇。希腊人观察一块石头，知觉到这块石头是灰色的。这些希腊人对现代物理学一无所知；而现代哲学家们对知觉的讨论则是根据这些源于希腊人的范畴来进行的。

希腊人是以最复杂而精致的知觉形式即视知觉为出发点的。在视知觉中，原始的知觉由经验中的创造性阶段完全加以改造，这些阶段在人类的经验中尤其明显。如果我们希望把两种早期的摄入阶段——两种接受阶段，即材料和主体反应——与更高级的创造性阶段区分开来，我们就必须考虑，在令人眼花缭乱的各种创造性扩展中，全部知

觉模式共有的东西是什么。

在这一题目上我愿意求助于休谟。他写道："但是我的感觉只是将有颜色的点的印象传递给我，这些点是以一定的方式安排好的。如果眼睛能感觉到任何更多的东西，我极望能给我指出来。"① 他还写道："研究光学的人都会普遍同意，眼睛无论在什么时候看到的都是同样数量的物质点，一个在山顶上的人，他的感官所能接受的形象决不会大于当他被禁闭于最狭小的院子里或房间时所接受的形象。"②

在这两段引文中，休谟都明确断言**眼睛**在看。传统观点对这段话的评论是，休谟为便于理解使用了通常的表达方式，而实际上他只不 118
过是在谈论作用于心灵的种种印象。因此，在遥远的未来，某一位有学识的学者若把"眼睛"修正为"自我"，将会获得极大名望。我之所以要引述这一段话，是为了强化如下命题：这种言语形式是文字性的和可理解的，因为它表达了关于动物的知觉的终极真理。这种终极的瞬间"自我"把"正在经验某些景象的眼睛"当作其自身的材料。在第二段引文中提到的物质点数，实际是指视网膜上的兴奋区域。因此，"正在经验某些景象的眼睛"作为一种材料而被通过，从视网膜的各种细胞，经过一系列构成相关神经的现实存在，最后到达大脑。眼睛与大脑的任何直接联系都被这种非直接传递的强度完全遮蔽了。当然，这一陈述只不过是根据视觉的生理理论所得出的一种苍白无力的抽象。但是，这种生理学的说明并不伪称自己是任何不同于间接归纳知识的东西。这里需注意的关键是"正在经验某些景象的眼睛"这一用语在文字上的直接明显性。这正是休谟尽管有自己的哲学，却仍然使用这种表达方式的缘故。有机哲学由此所得出的结论是，在人的经验中，知觉的基本事实是：在材料中包含着具有某些经验的人体之先前部分的客体化。休谟非常赞同这一结论，在这一结论适合其目的时，他以之为根据进行论证。他写道：

① 《人性论》第一卷第一部分第三节。
② 同上书第一卷第三部分第九节。

> 有些哲学家把他们的大部分推理建立在实体和偶性的区分上，并想象我们对两者都有清晰的观念。我很想问一下这些哲学家：关于“实体”的观念是来自于感觉印象，还是来自于反省？如果它是由我们的感官传递给我们的，那么，我要追问，是哪种感官传递给我们的，并且是按照何种方式传递给我们的？如果它是由眼睛感知到的，它必定是某种颜色；如果是由耳朵感知到的，它必定是某种声音；如果是由味觉感知到的，它必定是某种味道；其他感官也必定如此。①

我们还可以把休谟所列的单子延长：对石头的感受在于**手**上；对食物的感受在于**胃**中的疼痛感；根据《圣经》作者们的看法，恻隐之心在**肠子**里；幸福的感受在**内脏**各处；而坏脾气则是从失调的肝脏中衍生出来的情感调子。

在这张休谟所列的和被我们延长了的单子上，在某些情况下——例如在视觉方面——终极主体的补充阶段，相对于由眼睛所传递的材料的重要性而言，要大得多，因而两者之间失去了平衡。在其他情况下，例如在触觉方面，“手上的感受”材料则保持着自身的重要性，不论这种感受的强度抑或特性在多大程度上可归之于终极主体的补
119 充：这一实例应当与视觉的实例相对比。在疼痛感的例子中，作为材料的胃具有首要的重要性，而食物尽管被模糊地感觉到，却是第二位的——至少在由专业的或业余的医生对这种情形进行智力分析之前是如此。在恻隐心、幸福感和坏脾气的例子中，终极主体的补充感受占据着主导地位，虽然与作为遗传材料的身体器官有一些模糊的联系。

这一探究支持下述观点：知觉的主要基础是各种各样的身体器官的知觉，它们通过各种传递通道和强化通道传递它们的经验。物理科学中已被接受的理论是，一个生命体可根据物质宇宙中其他已知部分

① 《人性论》第一卷第一部分第六节。

来解释。这是一条合理的公理，但它是一把双刃剑。因为它本身也包含着逆向的推论，即宇宙的其他部分也可依据我们对已知的人体知识进行解释。

还有一个合理的规则是：所有解释都应当建立在真实的原因之上。如今，现代物理学已表明，我们原来对“灰色的石头”的信赖，是由对某种复杂情形的误解所造成的；但是，对于我们的核心智能与我们的身体感受之间的关系，我们却有直接的知识。根据这种解释，人体可以被看作一种复杂的“放大器”——用电磁学技术的语言来说。构成人体的各种各样的现实存在彼此协调一致，因而人体任何部位的经验，都可以传递到一种或更多的核心发生之中，它们一路增长，或因增强而得以遗传，或因最终的整合而增加。持续的人格便是生命发生的历史路径，这些生命发生在处于相继时刻的身体中分别占据着主导地位。因此，人体便以一定规模的集中效验，获得了某种类型的集合性组织，这种组织以各种等级的效验构成了秩序性，宇宙时期正是以这种秩序性在其自身中包含着满足的强度。

直接知觉的原初性质是继承性。被继承的东西就是具有其起源证据的感受调子：换言之，就是矢量感受的调子。在较高等级的知觉中，模糊的感受调子将自身区分为各种不同类型的感觉材料——诸如触觉、视觉、味觉等——每一种感觉材料都由最终的感知者转化为对音调的当下聚合体的一种确定摄入。

第六节

从原理上说，动物身体不过是其占主导地位的现实发生的一般环境中那种高度组织起来的直接部分而已，它就是终极的感知者。但是，从动物体外到动物体内的转变，则标志着现实发生从低级通向高级阶段。这种等级的层次越高，从补充阶段所得到的强化就越严格，

120 越有原创性。纯粹的感受和传递让位给生命的发动活动，这使得能量以新的形式释放出来。因此，被传递的材料便获得一些感觉材料，这些感觉材料在从低级的外部世界进入人体内部的过程中，其关联性得到强化，抑或其性质得以改变。从石头传递来的材料成为手上的触觉，但是，它仍然保留着其原初来自于石头的矢量性。手上的触觉连同来自于石头的这种矢量被传递到大脑中的知觉者。因此，最终的知觉是通过手上的触觉而对那块石头的知觉。在这一知觉中，与手相比较，石头是模糊的，具有微弱的关联性。但是，不管多么微弱，它是存在的。

在把遗传从 A 传递到 B 和 C，然后再传递到 D 这一过程中，A 由永恒客体 S 客体化为 B 的材料；其中 S 是一种感觉材料，或一种复杂的感觉模式。然后，B 又被客体化为 C 的材料。但是，B 的材料因而便可与 C 具有某种关联性，即客体化为 B 的材料的 A，再度被客体化为 C 的材料，如此这般一直客体化为 D 的材料，因而贯穿于整个客体化链条之中。这样，对终极主体 M 来说，这些材料便包含着这样被传递的 A、这样被传递的 B，如此等等。对 M 来说，最终的客体化受到一组永恒客体 S_1 的影响，这一组永恒客体是对原来那一组 S 的修正。这种修正部分地在于把那些要素的关联性相对降低，部分地在于强化其他要素的关联性，部分地在于通过把原来的 S 中不存在的一些永恒客体引入重要的关联而实现补充。一般说来，作为 M 的材料中的元素，A、B、C 和 D 等之间的功能区分具有模糊性。这一链条中的某些材料，例如 A 和 C，由于原创性补充中的某些特殊业绩——这种原创性补充在随后的传递中保持着明确的重要性——可能会格外突出，而该链条中的其他元素则可能会被湮没。例如，在触觉中，既要参照与手相关联的石头，也要参照手；但是，在正常而健康的身体活动中，沿手臂而传递的一连串发生都沉入到背景之中，几乎完全湮没。因此，对材料具有一定分析意识的 M，在手触及到石头时，会意识到其手上的感受。根据这一说明，原初形式的知觉可以意识到外部世界的因果效验，知觉者由此而成为一种构成确定的材料的合生。该材料的矢量性便是这种因果效验。

因此，在这种原初意义上，知觉就是对过去业已确立的那个世界的知觉，这种知觉是由其感受基调所构成的，并且由于这些感受基调使之成为有效验的。在该术语的这一意义上，知觉可以被称为“因果效验方式的知觉”。记忆就是这种知觉方式的一个例子。因为记忆是与材料有关的知觉，这些材料来自于终极知觉主体 M_1、M_2、M_3 等主体的历史路径，并通向 M，即进行记忆的知觉者。

第七节

显然，“因果效验方式的知觉”并不是哲学传统中被着重关注的 121
知觉。哲学家们一向蔑视通过其内部感受而获得的宇宙信息，他们关注的是视觉感受。

我们通常所说的视知觉，是知觉发生之合生中后期阶段的产物。当我们在意识中记录了我们关于一块灰色石头的视知觉时，其意义并不仅仅是某种视觉景象。这块“石头”与其过去有关：如果它非常小，就可能被用作一个投掷物，而如果它足够大，就可能被用作一个座位。一块“石头”确有其历史，也可能有其未来。它是现实世界中的诸要素之一，必须被当作现实的根据而不是抽象的潜在性来参照。但是，众所周知，关于灰色石头的知觉中所包含的这种纯粹景象，既是与知觉者共在，也是与知觉者的某种空间关系共在的那种关于灰色形状的景象，它或多或少被模糊地加以限定了。因此，这种纯粹景象便被限定在将某种几何视界关系、某种当下空间区域演示给知觉者，并且这种演示受到“灰色”中介的影响。该感觉材料“灰色”使得这一区域不至于与其他区域模糊地相混淆。

就其空间形状及其对知觉者的空间视界而言，通过某种感觉材料，使得当下某一空间区域不至于被模糊的知觉，可以称作“直接表象方式的知觉”。

这种方式的知觉在第二编第二章中已经作了考察。这里可以对它进行更详细的讨论。[①] 刚才对知觉所给出的定义可以扩展到具体的视觉情形以外。阐明这两种知觉方式——因果效验和直接表象——之间复杂的相互影响，是知觉理论的主要难题之一。[②] 通常，对知觉所作的哲学讨论几乎都会涉及到这种相互影响，然而却忽视了对于恰当地解释知觉来说是最基本的这两种纯粹的知觉方式。这两种方式的相互影响可以叫作“符号参照”。

这类符号参照在人类经验中早已习以为常，因此，需要十分谨慎
122 地区分这两种方式。为了找到纯粹因果效验方式的明显实例，我们必须求助于内部感觉和记忆；为了找到纯粹直接表象方式的实例，我们必须求助于所谓“虚幻的”知觉。例如，在镜子中看到的一块灰色石头的影像，表现了镜子里面的空间；产生于某些神志失常或某些想象性兴奋的视觉上的错觉，表现了周围的空间区域；同样地，视觉上的重影是由眼睛的失调所造成的；在夜晚，对恒星、星云和银河的视觉标志着当下天空的模糊区域。截肢后的感觉说明了现实身体之外的空间；身体某个部位的疼痛，只是指某个部位疼痛，并不是指疼痛的原因，它表现了那个正在疼痛的区域，尽管这并不是造成疼痛的区域。所有这些都是纯粹的直接表象方式的绝好实例。

“虚幻的”这一说法，即使并非适合于所有的直接表象的实例，至少适合于许多这类情形。这表明，作为中介的永恒客体不能被当作被知觉区域的赠品，它一定在知觉发生的某一原初阶段就已进入这种方式之中了。在这个限度内，有机哲学与17世纪的第一性质和第二性质学说是一致的，起着中介作用的永恒客体存在，在这种进入方式之中，就是一种第二性质。但是，在有机哲学中，这一学说却没有以

---

① 也请参见随后在第三编和第四编进行的讨论。

② 参见我的“巴伯-佩奇（Barbour-Page）讲座”：《符号论：其意义和效果》（纽约，麦克米伦出版公司，1927；剑桥大学出版社，1928），1927年4月作于弗吉尼亚大学。对此问题，在那里还做过另一次讨论，给出另一些阐述。也请参见诺曼·肯普·史密斯教授的《观念主义知识论绪论》，麦克米伦出版公司，1924。

前诸哲学流派中那些随之而来的后果。

我们刚才对纯粹直接表象方式的知觉所做的说明，与笛卡尔的知觉学说总体上是完全一致的。这可以从他以知觉为前提的论述中做出判断，而无需考虑他那些不相干的论述。在这些不相干的论述中，他的观点接近于"客体化"学说，也接近于洛克关于"观念决定于特殊存在"的第二个学说。不过，他的结论紧接着讲道，在这样所描述的知觉中，所有被知觉之物都是有广延的客体，并且包含在与知觉者的动物体之间复杂的广延关系之中。笛卡尔哲学所面临的部分困难，以及任何把这一说明当作是对知觉的复杂说明的哲学所面临的部分困难，就在于说明我们对于世界的知识为何并不限于这些少许的事实，尽管我们唯一的直接知识通道限制了我们，使我们只能认识到这些贫乏的残余物。此外，如果这是我们所能感知到的全部物质世界，我们便没有任何根据，可以把那些具有中介性质的感觉材料的原创性归于任何人体功能。这样，我们便被迫退回到笛卡尔主义关于身体和心灵两类实体的属性说。相对于空泛的广延宇宙而言，知觉被归之于精神活动。这样，由于我们把人体抛在一边，淘汰出局，我们实际上已经违背了我们的直接信念；因为正如休谟本人所宣称的那样，我们知道我们是在**用我们的眼睛观看，用我们的味觉品尝**。但是，当我们达到这一步后，就不可避免地要再进一步，抛弃我们的另一信念，即我们正在知觉由现实事物所构成的世界，一个我们生活于其中的世界。因为说世界是一个空泛的广延世界，这并非我们 123
的真实意图。这样一来，我们便可以把知觉还原到关于心灵印象的意识，它是由具有各种关联"方式"的感觉材料所构成的。这时我们便走向休谟，继而走向康德。康德哲学致力于恢复为我们所抛弃的两种信念的某种意义。我们已注意到，洛克对知觉的说明是摇摆不定的，因此，在其《人类理解论》前半部分，他赞同休谟的观点，而在其后半部分，他则赞同有机哲学的观点。我们还注意到，休谟的不一致达到了这样的程度，以至于他竟然根据他的哲学所抛弃的某个信念来进行论证。

第八节

直接表象表现了当下的世界，因为它表现了世界进一步划分为粒子现实的潜在性，还表现了由此而发生的诸视界关系的系统。但它却并未提供有关这种当下“实在潜在性”的现实原子化的任何信息。由于其局限性，它只是具体说明了上面已经说过的这一学说：共时性世界的发生并不依赖于与其共时存在的现实发生。实际上，这正是对共时性的界定（参见第二编第二章第一节）；也就是说，现实发生 A 和 B，当 A 不给 B 提供材料，而 B 也不给 A 提供材料时，它们是相互共时的，除非 A 和 B 在潜在的时空广延体系中都是微粒区域，且这种体系是 A 和 B 两者的材料。

事实上，休谟对因果性的批驳是一个详尽且令人信服的论证。他论证道，纯粹的直接表象并未揭示任何因果的影响，因此，一个现实存在要么由此而构成有感知能力的现实存在，要么一个被知觉到的现实存在由此而构成另一个被知觉到的现实存在。由此而得出的结论是，就直接表象可提示现实存在来说，共时宇宙中的现实存在在因果关系上是相互独立的。

以此种方式，知觉的这两种纯粹方式揭示了各种各样的轨迹，这些轨迹是通过参照有感知能力的发生 M 而界定的。例如，存在着稳定世界的诸种现实发生，它们给 M 提供材料；这些现实发生从因果性上看居于 M 的过去。同样，还存在着一些潜在发生，为了这些潜在发生，M 要决定它给它们的材料提供多少潜在性；这些潜在发生从因果性上说位于 M 的未来。还有一些现实发生从因果性上说既不存在于 M 的过去，也不存在于 M 的未来。这类现实发生叫作 M 的“共时存在”。这三种典型的轨迹都只是参照纯粹的因果效验方式而界定的。

现在，我们来看纯粹的直接表象方式。我们立刻可以看到，它与先前那种获得轨迹的方式具有重大区别。在考察因果方式时，过去和未来都得到了肯定的界定，而 M 的共时存在则是被否定地界定的， 124
因为它们既不存在于 M 的过去，也不存在于 M 的未来。在讨论直接表象时，必须采取相反的方式。因为直接表象所给予的只是关于由其自身所界定的直接当下的肯定信息。通过感觉材料，直接表象说明了世界的某一剖面内部潜在的次级区分，这一剖面以此种方式为了 M 而被客体化。这一剖面就是 M 的直接在场。以这种方式所说明的就是进一步区分为现实的原子发生的潜在性；我们还可认识到进一步进行区域划分的种种潜在性，这些次级划分尚未由任何感觉材料的对比来说明。这类未加说明的潜在性的直接知觉具有众所周知的种种局限，这种知觉通过感觉材料的对比而超出了对划分的实在的说明。这类局限构成了最小可感物。

休谟关于因果性的批驳构成了如下证明：M 的“直接在场”存在于 M 的诸共时物组成的轨迹之中。将这一轨迹呈现给 M，构成了它的直接在场，这便给 M 的材料提供了有关宇宙的两个事实：一个事实是存在着某种“生成的一致”，这种和谐构成了这一共同体中的所有发生与它们之中任何一个发生的肯定关系。这一共同体中的构成要素都分享共同的直接性；就其生成而言，它们是“和谐”的：也就是说，这些轨迹中的任何一对发生都是共时存在。另一事实是对潜在的广延次级划分进行的主体说明，这一说明就现实的原子化而言是完全模糊的。例如，石头在直接的当下是一组众多的现实发生，但却被表现为一个灰色的空间区域。但是，回到先前的那个事实，构成当下这块石头的众多现实存在和知觉者在“直接的生成之和谐”中是密切联系在一起的。这一合生发生的共同体形成了 M 直接的在场，因而确立了一种共同的联系原理，一种在 M 的材料中实现为要素的原理。这便是“生成的一致”中的相互联系原理。但是，这种相互联系不依赖于造成 M 表象直接性的那些感觉材料的表现。而且，这些感觉材料的表现在整个轨迹中对 M 来说都有不相等的关联。在其空间上遥远的那些部分中，它变得越来越模糊，越来越微弱；然而，尽管感觉材料的重要性在逐渐减小，“生成的一致”原理仍然有效。因此，我们发现，该轨迹——即M的直接当下——是由这种“相互和谐一致”的条件所决定的，这和M的表现性感觉材料中的相关价值的变化是无关的，并且会扩展到其最遥远的微弱边缘，在这种界限之外同样是具有决定性的。这样，我们便获得了轨迹的概念。根据这一概念，任何两个以原子形式存在的现实都处于“合生的一致”之中，并且该轨迹被下述事实具体化：M隶属于它，并且所有属于广延区域的现实发生也都隶属于它，这些区域位于M的直接当下之中，是由重要的
125 相关感觉材料所表现的。这一完全的区域是M的直接当下的延伸，它超越了M的直接知觉，而这一延伸则是由“合生的一致”原理所造成的。

一种满足“合生的一致”原理的完全区域，可以称作“持续性”。一个持续性便是宇宙的一个剖面，根据关于时间的古老“经典”理论——一种直到最近几年才被怀疑的理论——它是世界在某个时代直接在场的条件。我们将会看到，有机哲学接受这一概念，并对这一概念做了界定。在某种程度上，接受这一概念是强加给形而上学的。如果这一概念完全遭到拒斥，那么，追求普遍确信的明显性的任何诉求，便不可能有任何分量；因为不可能存在任何比这种明显性更给力的实例。

“经典”的时间理论明确地假定，持续性包含着其每一元素直接被知觉到的直接在场。相反的命题则遵循着上述说明，即每一现实发生的直接在场都存在于持续性之中。现实发生可以被界说①为持续性中的“共同成分”或“稳定的”东西，包含其直接地被知觉到的直接在场。这种现实发生包含在它自身的直接在场之中；因此，每一现实发生通过其依据纯粹的直接表象方式的感知——如果这种感知具有重要关联的话——而界定了包含在其中的那一种持续性。有感知能力的发生在这种持续性中是“稳定的”。

① 参见我的《自然知识原理》第十一章和我的《自然的概念》第五章。

但是，这种经典理论还假定了相反的陈述。它假定任何现实发生仅仅存在于一种持续性中；因此，如果N存在于包含着M直接在场的持续性中，那么M就存在于包含着N的直接在场的持续性中。与最近的物理学进展相一致的有机哲学则反对这种相反陈述，但它坚持认为，这种反对是建立在科学地考察我们的宇宙纪之上的，而不是以任何更为一般的形而上学原理为基础的。根据有机哲学，在当前的宇宙纪，只有一种持续性包含着所有M的直接在场；这一种持续性叫作M的“被呈现的持续性”。但是，M本身存在于许多持续性中；每一种包含着M的持续性也都包含着M在场的持续性的某些组成部分。在人类知觉中，实际上所有重要的部分都因此而包含于其中；同样，在人类经验中，与这类持续性的关系正是我们通过“运动”概念所要表达的东西。

以上讨论可做如下小结。关于任何一种现实发生M，有三种根本不同的发生聚合体需要考虑：

（1）由M的诸共时存在构成的聚合体。它有如下特征：M及其任何一个共时存在在因果性上都是彼此独立地发生的。

（2）包含M在内的诸持续性。任何这类持续性都有下述特征：这种持续性的任何两个组成要素都是共时的。（由此可以得出结论： 126
这类持续性中的任何元素与M都是共时的，因而这类持续性都包含在轨迹（1）中。持续性的这种典型属性叫作“生成的一致”。）

（3）M的被呈现轨迹。它是以直接表象方式被感知到的共时聚合体，同时具有由感觉材料所界定的区域。以直接的直觉为基础，人们假定，M的被呈现的轨迹与包含M在内的某一种持续性具有密切关系。作为现代物理理论的成果，人们还假定，存在着不仅只有一种包含M在内的持续性。那种与M被呈现的轨迹如此这般联系起来的单一持续性，叫作“M的被呈现的持续性”。但是，这种联系在本章后面几节将会受到批评。在第四编，这些“被呈现的”轨迹与由直线所界定的诸区域之间的联系将会得到更详尽的考察；在那里引入了“应变轨迹”的概念。

第九节

物理科学最近达到一个新阶段，在这个阶段上，上一节所讲到的现实存在的“被呈现的轨迹”与“生成的一致”之中的轨迹之间在实践上的认同，由于这种现实存在而必定会受到限制。

“被呈现的轨迹”与“生成的一致”是两个截然不同的概念。把两者相等同的做法，其所依据的仅仅是日常生活中显而易见的经验。任何思想重建活动都必须包含这种等同在内，把它当作对真理的实践上的逼近，当作对日常生活有充分理由的东西。由于受这一限制，就没有任何理由拒斥证据所表明的二者间的任何区别。

首先，被呈现的轨迹是由其与人体之间的某种系统关系所界定的——只要我们不能脱离人的经验，就必定如此。而人的经验是我们必须依赖的。在人体中，一定的几何应变状态，以及人体细胞内一定性质的生理兴奋，支配着整个直接表象的过程。在感官知觉中，身体之外各种先前事件的整个功能，只不过是要激起身体之内这些应变和生理兴奋而已。但是，任何其他产生方式同样能做到这一切，只要在事实上能造成身体的相关状态就行。这些知觉是身体状态的各种功能。那些被投射的感性知觉的几何细节取决于身体中的几何应变，那些具有确定性质的感觉材料则依赖于身体中所必需的细胞的生理兴奋。

因此，被呈现的轨迹必定是与身体具有系统的几何关系的轨迹。根据所有证据来看，它完全独立于那些事实上构成了该轨迹中诸现实存在之聚合体的共时性现实存在。例如，我们用直接的视觉观看墙壁上的一幅画。但是，如果我们转过身来，背对着墙壁，往一面质量很好的镜子中凝视，我们就会在镜子中看到那幅同样的作为影像的画。这样，假定身体的生理状态没有问题，那么，呈现在感性知觉中的轨
127 迹就独立于它所包含的现实事件的细节。这并不是说感性知觉与实在

世界是不相关的。它向我们表明了那种实在的广延连续体，这些当下事件就是根据这个连续体而使它们自己的经验受到限制的。它的其他以定性的感觉材料来表示的信息与直接的身体状态同贯穿于该轨迹中的直接事件之间的相关性具有成正比的关联。两者都起源于对它们来说实际上都是共同的过去。因此，永远存在着某种关联性；正确地阐释这种关联性是一门艺术，这门艺术把直接表象知觉方式看作把世界理解为媒介的一种手段。

但是，对这一讨论至关重要的问题是，这种系统的关联性，即身体与被呈现的轨迹之间的关联性，如何才能界定呢？这并非是一个纯粹的逻辑问题。这里的难点在于指出事物性质中的那个要素，因为正是它构成了身体与被呈现的轨迹之间的几何关联性。如果其中存在这样一种要素，我们就可以理解，身体的特定状态可能会把它提升为我们经验中的某种重要因素。

唯一有可能超出人体之外，并具有这种延伸系统关联性的要素是直线和平面。平面可以根据直线来定义，因此，我们可以把注意力集中于直线。

直线不能根据纯粹的广延概念来定义，这已是科学中的定论。因此，近年来在说明物理理论时，直线通常是根据现实的物质性事件来定义的。这一学说的不足之处在于，我们无法描述在物质性事件现实地出现之前，这些物质性事件都有哪些可能性。我们很容易证实，就某种潜在系统而言，事实上存在着某种隐性的关联，物质轨迹——包括“直线”——正是通过参照这种关联而得以界定的。问题在于如何用“纯”直线来界定这一潜在系统，即在不参照诸事件的偶然细节情况下是可规定的。

后面将会说明（参见第四编第三章和第四章），那种认为直线是不可定义的教条是错误的。因此，身体与被呈现轨迹之间的**系统**关系，便不会发生任何理论困难。

一切度量都是通过观察感觉材料而引起的，这些感觉材料具有这一被呈现轨迹内的种种几何关系。同时，所有关于事物不变性质的科学观察，最终都取决于保持对这类轨迹内的几何相似物进行直接的观察。

无论工具的检验能走多远，所有科学解释最终都建立在如下假定之上：我们可以直接观察到，某种工具在数秒、数小时和数年间保持不变。当我们检验这一假定时，我们只能使用另一种工具；而工具的无限使用是不可能的。

因此，从终极意义上说，所有科学都依赖于直接观察系统内部状
128 态的同源性。同时，被观察系统是某一被呈现轨迹之内诸几何关系的复合体。

其次，由处于“生成的一致”状态之中的诸存在所组成的轨迹，明显地依赖于具体的现实存在。广延连续体事实上是如何被原子现实原子化的，这一问题是与该轨迹的规定性有关的。为任一现实所选择的时间持续性因素，都会依赖于其最初的“主体性目的”。支配这种“主体性目的”的诸范畴条件，我们将在后面第三编中加以讨论。它们一般地是要满足一个极值的某个条件，这可以通过传递某种遗传秩序而获得。这便是诸“稳定”条件的基础，物理科学的最终阐述就是根据这一基础才得以数学表达的。

因此，“生成的一致”的轨迹只有根据世界内的诸现实事件，才能得以规定。但是，它们所要满足的条件，则是根据源自广延连续体的系统特征对诸现实之限制的度量来表达的。

“持续性”一词可用来指一种“生成的一致”的轨迹，而“被呈现的轨迹”和“系统轨迹的应变轨迹”这些术语则涉及到直接表象。①

应变轨迹为系统几何学提供了贯穿于其全部区域的各种关系的同源性；而持续性则都具有该物质领域之同源特征的缺陷，这是由各种现实事件的独特性所引起的。

---

① 在《自然的概念》中，这两个轨迹，即持续性和应变轨迹，没有区分。

第十节

现在我们可以对有关机体、秩序、集合体和聚合体的讨论作一小结。

有机哲学的宗旨是要表达一种内在一致的宇宙论，这种宇宙论建立在如下概念之上："系统"、"过程"、"进入新颖性的创造性进展"、"实在事物"（笛卡尔意义上的）、"严格的事实"、"经验的个体统一性"、"感受"、"永恒消逝的时间"、"再创造的持续性"、"目的"、"作为确定性形式的普遍"、"作为严格事实之终极动因的特殊——即实在事物"，等等。

这些概念中的每一个概念，要么笛卡尔曾给以清楚的阐述，要么洛克曾给以清楚的阐述，而且漏掉任何一个概念，都会违背常识。但是，不论是笛卡尔还是洛克，都没有把这些概念贯通，构成一个内在一致的宇宙体系。即便他们两位都是自成体系的哲学家，他们所依赖的概念，最终导致休谟走向极端的感觉论。

在有机哲学中，所坚持的观点是，"机体"概念具有双重意义，即宏观意义和微观意义，这两个意义是相互关联的，但在理智上则是相互分离的。其微观意义关涉到现实发生的形式建构，可以把它看作 129
是实现经验的个体统一性的过程。其宏观意义关涉到现实世界的被给予性，可以把它看作是当下既限制现实发生，又为其提供机会的严格事实。挖掘创造性冲动，即大量繁殖集合性聚合体，在通常意义上，最终是要展示严格事实的力量。同时，在我们的经验中，我们从本质上说产生于我们的身体，而身体不过是由直接相关的过去所构成的严格事实。我们也会受到我们个人过去的切身经验的支配；我们说出一句话是**因为**我们已经开始说。这句话可能包含新思想，以前闻所未闻，也可能是以新词表达的旧思想。先前的声音与后来的词汇之间，并不需要任何陈腐的联想。但是，我们说出一句话是**因为**我们已经开始说，这依然是冷酷无情的真实情况。我们受制于严格的事实。

正是面对这种“严格的事实”，现代哲学的种种理论最软弱无力。哲学家们一直为那些遥远的结果，以及对科学的归纳性阐释而忧心忡忡。而实际上，他们的注意力应当集中于那些直接的转化之流上。这样一来，他们的解释所固有的荒谬性就昭然若揭了。

第五章　洛克与休谟

第一节

在本章和随后的章节中，我们越是详尽地讨论笛卡尔、洛克和休 130
谟，就越会弄清楚有机哲学是如何深深地扎根于 17 世纪的思想沃土之中，并且会弄清楚在哪些关键问题上，有机哲学与这种思想分道扬镳。

如果我们以对休谟哲学所赖以开始的种种预设做某种分析为出发点，我们将会对这一讨论有更好的理解。这些预设并非由休谟最早提出，它们也并未止于休谟。它们在很大程度上为康德所接受，并广泛流行于现代哲学之中。如果把有机哲学看成是这样一种哲学，它接受了休谟和康德的大部分阐述，同时摒弃了这些预设以及直接来自它们的推论，那么，有机哲学就能得到最好的理解。作为著作家，休谟文笔清晰，无与伦比，这使得他有能力尽可能地用自己的语言来表达他的观念。他写道：

我们可以说，哲学家们公认的、并且本身也相当明显的一个理论就是：除了心灵的知觉或印象和观念以外，没有任何东西实际上存在于心中，外界对象只是借着它们所引起的那些知觉才被我们认识。恨、爱、思维、触、视：这一切都只是知觉。①

他还写道：

人类心灵的一切知觉可分为截然不同的两类，这两类我称之为印象和观念。这两类的区别在于它们在我们心灵上留下印象以及进入我们的思想或意识时，其力量和生动程度不同。那些以最大的力和强度进入我们心灵的知觉，可称为印象；我把我们所有的感觉、激情、情感都归于这一名目之下，因为它们首先位于灵魂之中。至于观念，我指的是在思维和推理过程中这些印象的模糊影像，比如说目前这一论述所激起的所有知觉，只要除开那些来自视觉和触觉的知觉，以及这一论述可能引起的直接的快感或不安。②

131 在上述引文中，之所以要除开那些来自视觉和触觉的知觉，当然是因为如下事实：以这些例外方式所产生的“知觉”是“印象”而非“观念”。休谟立刻注意到的事实是，他抛弃了洛克对“观念”一词的广义使用，而将其恢复到更常见、更狭窄的意义上。他把观念和印象两者都区分为“简单的”和“复杂的”两种。因此，他补充道：

……我们在此将满足于建立一个一般命题：我们首次获得的所有简单观念都是来自简单印象，它们相互对应，并且这些观念

① 《人性论》第一卷第二部分第六节。
② 同上书第一卷第一部分第一节。

可精确地表现印象。①

当休谟进而论述复合印象和观念时，他部分地丧失了他那令人尊敬的清晰性。他未能充分地区分下述概念：（1）多个简单知觉构成某单个复合知觉即印象或观念的**“方式”**（或**“秩序”**）；（2）这种复合知觉由之而产生的那种**有效事实**；（3）以这种确定方式构成复合知觉的那种由简单知觉构成的纯粹多样性。在这一方面，休谟的追随者们与休谟的区别仅在于，他们抛弃了一部分休谟从来没有完全放弃的清晰性。这三个观念中的每一个都是其论证之中的基本要素。他写道：

> ……我们可以确定无疑地做出结论说，广延的观念不过是这些有色的点及其外观方式的摹本。②

他还写道：

> 如果观念完全是松散而无联系的，单是机遇就会将它们联系起来；同时，如果同样的简单观念之中没有某种联系的纽带，没有一个观念赖以自然地引进另一个观念的某种联合的性质，那么，这些简单观念要有规则地组成复合观念（像它们惯常的那样），那是不可能的。诸观念之间的这一联合原理不应被视为是一种不可分割的联系，因为这种联系已被从想象中排除③：我们也不打算做出结论说，没有这一联合原理，心灵便不能把这两个观念结合在一起；因为没有什么比那个官能更自由：但是我们只能把它看作一种温和的力，它通常会占上风，而且也是语言缘何如此密切相关的原因之一；自然以某种方式向每个人指出了那些简单观念，这些观念最适于联合成复合观念。④

---

① 《人性论》第一卷第一部分第一节。

② 同上书第一卷第二部分第三节。

③ 参见休谟此前的那一节。

④ 《人性论》第一卷第一部分第四节。

最后再引用一段，以说明休谟对第三个概念的运用：

> 实体的观念以及样态的观念，不过是诸简单观念的**集合**，想象把它们联合在一起，并赋予它们一个特殊的名称……但是这些观念的差别却在于，那些构成一个实体的诸特殊性质，通常被归
> 132 于一个未知的**某物**（黑体字为休谟所加）；这些特殊性质被认为该物所固有；或者即使这种假设不成立，但至少可认为它们是被一些相邻关系和因果关系密切而不可分割地联系在一起的。这样产生的结果便是：我们无论发现任何什么新的简单性质与其余的有**同样的联系**，我们立刻认为它是它们之中的，即使它此前并未进入该实体的概念中……把**结合原理**看作复合观念的主要部分，这使得后来出现的任何一个性质都可进入，并同样被其所包容，正如其他最初出现的性质一样……①

在最后这段引文中，“结合原理”一语是模糊不清的，它介于“方式”和“有效的”理由之间。不论在哪一种意义上，它与“不过是一些观念的集合”一语都是不一致的。而在引文开头的“不过是诸简单观念的集合”这一用语则非常简洁地解释了“实体”概念。

现在我们回头来看这三段连续引文中的第一段。我们可注意到，任何特殊的构成“方式”本身必定是一个简单观念或印象。因为倘不如此，我们就需要另一种构成“方式”来作为原初方式，乃至如此无穷倒退，没有终点。这样一来，要么会有一种恶的无限，要么会有一种终极简单观念。但休谟承认，有一些新颖的复合观念不是那些复合印象的摹本。这样，他也应当承认，有一种能传递这种新“方式”的简单观念，且这种简单观念并非印象的摹本。在发现颜色的一系列层次中会有缺失的层次时，休谟本人还注意到另一种例外。这一例外不能只局限于颜色，还须延伸到声音、气味和所有感觉的诸层次之中。

① 《人性论》第一卷第一部分第六节。除加说明的以外，黑体字在原文中均无（即均为怀特海所加。——译者注）。

因此，休谟的命题，即简单观念是所有简单印象的摹本，容易受到诸多限制，不能被当作一条终极的哲学原理，至少在以休谟这种不严谨的方式阐述出来时是如此。在上面那个因其与观念间的联想学说有关而被援引的段落中（第一章第四节），休谟本人就说过："……因为没有什么比那个官能［即想象］更自由"。但是，他仅把想象的自由限制于产生新的复合观念，忽视了想象可以补充缺失的颜色层次这种例外情形。休谟对想象自由这一问题的处理显然十分肤浅。想象从来都不是非常自由的：它似乎并非如他所断言的那样仅局限于复合观念；但是，它事实上所具有的这种自由似乎确立了这样一个可能性原理：不同的现实存在可能具有不同层次的想象自由，有些比当下讨论的实例多一些，有些则较少。

在关于休谟想象自由学说的讨论中，另外两点被搁在一边了。其中一点是各种层次的类的抽象之间的区别，例如，绯红色与红色之间 133
的区别，感觉材料与不同感觉材料的联系方式之间的区别。另一点便是"简单性"和"复合性"之间的对比。我们可能会怀疑，"简单性"是否不只是一个关系性术语，可考虑某一确定的分析方法。我坚持认为情况就是这样；并且根据这一见解，还可以发现另一个理由，以抛弃休谟的这样一种学说：想象不能自由地产生任何种类的永恒客体的概念，例如休谟所说的"简单观念"。但是，根本不存在绝对自由这样的事实；每一现实存在所拥有的自由，只是在其初始阶段下所固有的，由其相关性观点给予现实区域的自由。自由、给予、潜在性，这些都是互为前提又相互限制的概念。

第二节

在论述观念联系的那一段末尾，休谟写了这样一段话："……自然以某种方式向每个人指出了那些简单观念，这些观念最适于联合成复合观念。"休谟的哲学主要有两种探究，一是结合的方式，许多简单印象就是通过这种方式而成为一种复合印象的；二是恰当的标准，据之可评判观念的产生。

休谟只能找到一种恰当的标准，这就是**重复**。重复可以有多有少：各种印象越是经常地重复，观念对它们的摹仿就越恰当。幸运的是，同时也无需休谟所发现的任何理由，经常重复的复合印象，也经常被与它们相关的复合观念所复写。

此外，伴随着相关印象的频繁出现，观念也会频繁出现，与此同时还伴随着对印象重复出现的期待。休谟还认为，这一期待从实效性上可被证明为正当的，虽然他没有给出任何理由。正是这种实效的证明，构成了“重复”所具有的恰当性，虽然没有形而上学的根据。这便是休谟对思想进程的分析，这种分析包含在休谟有关因果性的以及休谟最终诉诸实践的观念联想学说之中。

如果认为休谟不相信“原因和结果”概念的重要性，那就大错而特错了。在整个《人性论》中，他始终肯定这一概念具有根本的重要性；直到后来，当他不能使这一概念符合其形而上学时，他才超越其形而上学，诉诸一个理性分类之外的终极证明。这种终极证明便是“实践”。

休谟写道：

> 我们的感官在一个例子中向我们展现出处于某种接续关系和接近关系中的两个物体或两种运动或两种性质，而我们的记忆给
> 134 我们展示的却只是大批的实例，在其中我们总是能找到处于类似关系中的类似物体、运动或性质。从任何过去的印象的单纯**重复**中，即使无穷地重复下去，永远也不会产生像**必然联系**这样的任何**新的原始观念**；而且在这种情况下，印象的数量所具有的影响只相当于我们仅限于一个印象时的那样。但是，虽然这一推理似乎是正确且清楚的，可是如果我们失望得太早，那也未免愚蠢；所以我们还是把讨论继续下去。我们既然知道，在发现了任何一些对象的恒常结合以后，我们总是要由一个对象推断另一个对象，所以我们现在就可以考察那种推断的性质，以及由印象向观

念的推移过程的性质。或许我们最终会看到，那个必然的联系依靠于那种推断，而不是那种推断依靠于必然的联系。……对象间的唯一联系或关系就是**原因**与**结果**的关系，它能引导我们**超越**我们的记忆和感官的直接印象；而且正因为它是唯一的关系，因而它便是我们可以据以从一个对象正确地推断出另一个对象的依据。关于原因和结果的观念是由**经验**（黑体字为休谟所加）得来的，这告诉我们，这类具体对象，在以往所有情况下，都是相互结合在一处的：由于与这些对象中某一对象相似的对象被认为直接出现在其印象之中，我们便因此而**推测**存在着一个类似于其伴随物的对象。根据对事物的这一说明——我认为，在每一点上它都是没有问题的——假定我们经验过的对象与没有经验过的对象之间具有相似性，是非常可能的；并且因此这一**假定**是**不可能**来自概然推断的。①

休谟在“因果”问题上的困难在于，因果关系“超越了有关我们的记忆和感觉的直接印象”。换言之，任何印象中都没有给予这种联系**方式**。因此，这种观念的全部基础，它的恰当性，都可以追溯到这些印象的重复性上。就其论证的这一点而言，休谟似乎没有注意到这一困难，因而“重复”对“各种印象”的地位与“原因和结果”的地位完全相同。休谟把“印象的重复”与“有关印象的重复的印象”弄混了。用休谟本人论述另一话题时的语言来说就是（第二章第五节）：

它究竟来自何处呢？它产生于感觉的印象还是反省的印象呢？清楚地向我们指明这一点，以便我们能认识它的本质和属性。但如果你指不出**任何这类印象**（黑体字为休谟所加），那么你可以肯定，当你想象自己有**任何这类观念**时，你是弄错了。

① 《人性论》第一卷第三部分第六节。黑体字为怀特海所加。

诚然，休谟对这一批评的回答可能是他承认“记忆”。但是，问
135 题在于休谟自己的学说与何种东西相一致。下面是休谟的记忆学说（第三章第五节）：“既然记忆不是通过它的**复合**观念的秩序，也不是通过它的**简单**观念的性质而被人认识的，那么，记忆和想象的差别就在于，记忆具有更大的力量和生动性。”但是，（在第一章第一节）他却写道：“使用‘**观念**’一词，我是指这些［即，印象］在思维和推理中的微弱影像。”而后来他又把“微弱的”扩展为“力量和生动性的程度”。[①] 因此，纯粹依据“力量和生动性”的不同，我们具有如下的秩序：印象、记忆、观念。

这一学说非常不合理；坦率地说，是与清楚明白的事实相矛盾的。但是，更糟糕的是，它忽略了记忆的至关重要的性质，即它是**记忆**。事实上，**重复**这一概念全部迷失在“力量和生动性”学说之中了。休谟的解释只是将一些同时发生的不同知觉，根据其力量和生动性，归类于三个不同的等级。但是，关于重复的性质，即他归之于简单观念的东西，而且这也是记忆的全部意义，却并未给予解释。如果不重新构造他的基本哲学概念，要想给予解释也是不可能的。

第三节

休谟的论证成为循环论证。在《人性论》开头，他提出的“一般命题”是这样的：“我们的所有简单观念，就其最初出现来说，都源于简单印象……”他用经验的探究来证明这一论断。但是，这个命题本身运用了——就其语言方面来说，是偷偷摸摸地运用的——“重复”的概念，而这一概念本身则不是一种“印象”。而且，他后来又发现了“必然的联系”：因为不能发现相应的印象，他又抛弃了这一

① 这一关于“力量和生动性”的学说在休谟《人性论》附录的最后一个句子中被取消了。但是，《人性论》的论证实际上是建立在这一学说基础上的。鉴于这一取消，整个“感觉论”学说便需要重新考虑。这一取消不能被认为是一个微小的调整。

概念。但是，原来那个命题只是建立在经验探究之上的；因此，这一被抛弃的论证纯粹是一种循环论证。进而言之，如果休谟仅仅关注自己精彩的第二章第六节“论存在观念和外部存在观念”，那么他将会记得，不论我们思考什么东西，从某种意义上说，都是对“存在”的思考。因此，由于已经认识到了“必然的联系”，那么，唯一的问题便是关于它如何具体地体现在我们的“印象”的联系性之中。他把观念的重要性与我们拥有观念这种事实混为一谈了。除非我们**正在**思考“必然的联系”，否则我们根本不能错误地思考我们在思考“必然的联系”。当然，我们可能非常错误地相信这个概念是重要的。

对于休谟的包括那些冗长的引文的考察，其理由是：(1) 对于我们的经验的诸重要方面，休谟的陈述异常清晰；(2) 他的陈述中所存在的缺陷，显然既非常自然，也极为清晰，因为他的描述无与伦比； *136*
(3) 休谟与大多数追随者的区别，主要表现在他所使用的方法，他用这种方法来面对他自己的哲学所提出的各种难题。

需要注意的首要一点是，在休谟的哲学中，从头到尾在使用“重复”概念，而记忆只是这一经验特征的一个具体实例。因而在某种意义上，在其基本的性质中，存在着这样一种相互缠绕的事实，即某种东西在重复着。若把“重复”从“经验”中剔除，经验中便一无所有了。另一方面，“直接性”或“第一手性”是经验中的另一元素。感受淹没了重复；并且仍然存在着直接的、第一手的事实，这一事实就是处于直接的感受复合统一体之中的现实世界。

经验中还有另一对围绕时间概念所产生的对比元素，这就是“持续性”和“变化”。笛卡尔既强调“实体”概念，也强调“变化”。休谟则最小限度地使用“实体”概念，同样地也强调“变化”。他写道：

> 时间既然是由不能共存的各个部分组成，而一个不变的对象既然只能产生共存的印象，它就产生不出能够给予我们时间观念的任何印象。因此，时间观念必然是由可变的对象的接续得来

的，而且时间在最初出现时绝不可能和这样一种接续现象分开。

而笛卡尔则写道：

……因为这［即，“时间的性质或事物持续性的性质”］是这样一种类型，因而它的部分不是一个依赖另一个，因而它们从来不是共同存在的；如果某种原因——与最初产生我们的原因相同——不继续产生我们，也即继续保持我们的话，根据我们现在存在这一事实，并不会得出结论说：我们将会存在于后来的某个时刻。

他还写道：

我们对持续性、秩序和数字将同样具有非常不同的理解，如果我们对它们的观念与关于实体的知觉相混同，我们就只会考虑每一事物的持续性是一种模式，我们根据这种模式来考虑这一事物，只要它继续存在……①

在我们的哲学中，我们确实必须为这两种对立的观念留有余地，一个是每一现实存在都是持续的，另一个是每个早晨都是一个新事实，其变化可以测量。

可以把这些形形色色的诸方面概括为如下陈述：**经验**包含着某种
137 **生成**，**生成**则意味着**某物生成**，而**何物生成**则包含着已被转化为新颖的直接性的重复。

这一陈述直接地否定了笛卡尔和休谟所明确陈述的一个主要预设。这一预设就是：连续的暂时发生从个体上看是独立的。例如，笛卡尔在上述引文中写道：“［时间的性质是这样的］因而它的各个部分

① 《原理》第一编第二十一节和第五十五节。

并非是相互依赖的……”而且，休谟所说的印象是自我包含的，因而他只能发现任何暂时性的关系都不同于纯粹的系列秩序。关于休谟的这一陈述需要加以限制，只能限定在“印象”和“观念”之间的联系上。这里存在着一种“观念”起源于“印象”的关系，对此他总是引用但却从未予以讨论。只要认真地加以考虑——因为他从未用它指称一个相关的“印象”——它就能构成那些连续“知觉”的个体独立性的例外。关于个体独立性的这一预设，我在别处称之为“简单位置的谬误”。“简单位置”这一概念与任何对“重复”的承认都是不一致的；休谟的困难产生于他以简单位置开始，而以重复结束。在有机哲学中，“重复”这一概念是最基本的。客体化学说就是要试图表达在现实性中所确立的东西如何在各种界限之内重复，以便直接性“被给予”。在后面，当讨论“时间”问题时，这个学说将被称为“客体永恒”学说。

第四节

实在事实的个体独立性学说起源于如下概念：陈述的主—谓形式传递着某种真理，这种真理在形而上学意义上是终极的。根据这一观点，某种具有其谓词的个体实体构成了终极类型的现实性。如果只承认一种个体，这种哲学就是一元论的；如果承认多种个体的存在，这种哲学就是多元论的。由于这种形而上学假定，各个单个实体之间的关系就构成形而上学的麻烦；其中没有它们的位置。因此——不论对我们的直觉的“偏见”有多么明显的意见——每一种有一定影响的主—谓类型的哲学都是一元论的。

中世纪时期对逻辑的偏爱极大地促进了这种实体—属性形而上学的独占统治地位。对柏拉图和亚里士多德的研究则削弱了这种统治地位。这些著作家们的著作中包含了这一学说所提出的那一思想链条，但是其内容却不一致，并与其他概念混合在一起。实体—属性形而上学在笛卡尔学说中取得了独占统治地位的巨大胜利。但不幸的是，他并不理解他的实在事物（*res vera*）的概念并不需要与终极事实相分
138 离，而这是亚里士多德的“原初实体”概念所必需的。洛克导致对这一统治地位的反叛，但却并不一致。对他来说，以及同样对休谟来说，在这一背景以及在所有解释暗含的假定中，仍然存在着那个具有其知觉的心灵。对休谟来说，这些知觉是心灵所知道的关于其自身的东西；其中所隐含的是，这些可以认识的事实总是被看作主体的性质——这个主体就是心灵。他对“心灵”这一概念的最后的批评并未改变下述清楚明白的事实：前面的全部讨论都包含着这一假定。休谟的最后批评只是表明，他以前阐述的那些命题从形而上学上看是极其浅薄的。

在有机哲学中，一个主—谓命题被认为表达了一种高度的抽象。

相对于休谟来说，洛克在形而上学方面的优越性表现在，他广泛地应用了“观念”一词，这个词是洛克本人引进的，而休谟则放弃了这个词。这个词的应用表明了如下事实：他暗中对主—谓形式的偏爱在其反常的效果中是微乎其微的。他起初（在第一卷第一章第八节中）解释说：“……我使用它（即，观念）是表达幻想、概念、种类所意指的东西，或任何可用心灵来思考的东西……”但是后来（在第三卷第三章第六节中），在对这一使用的扩大未作任何明确说明的情况下，他写道：“……通过把观念与时间境况和地点境况以及任何其他可能**决定它们与这种或那种特殊存在**的观念相分离，观念**成为一般的**观念。”① 在这里，对洛克来说，心灵的各种活动起源于由那些特殊存在所“决定的”观念。对洛克而言，这是一个基本原理；对休谟而言，这是对语言习惯的偶然让步；而对有机哲学而言，这则是一个基本的原理。在早期的一节（第二卷第二十三章第一节）中，洛克更加模糊地表述了这种相同的观点，虽然在这个语境中，他直接地把它放入某种未经解释的概念“不断地结合在一起”之中：“心灵，作为一种存在……是由各种感官所传递的许多简单观念装备起来的，正如

① 黑体字系怀特海所加。

它们在外部事物中所发现的那样……还必须注意到，一定数量的这些简单观念不断地结合到一起。”

但是，洛克在使用关于“特殊存在”的某种知觉的这个原理时是摇摆不定的；休谟是通过抛弃它而寻求一致性的；有机哲学则通过抛弃他的哲学中与这个原理不一致的部分而寻求重建洛克。但是，这个原理本身则是由洛克发现并加以清晰阐述的。

休谟只有关于“感觉”和“反省”的印象。他写道：“第一种是由我们所不知的原因开始产生于心中。”① 请注意把“灵魂”作为主词和把“关于感觉的印象”作为谓词这种隐含的预设，也请注意这里未考虑与特殊存在所具有的任何微妙的关联性，这种特殊存在的意义就如同“灵魂”是一种存在的意义一样；而洛克则通过谈论（参见第三卷第三章第七节）一个“小孩”以及这个孩子的“保姆”（这个小 139
孩关于保姆具有其观念）来说明他的意义。

休谟的观点确实具有不一致性，因为他不能完全地无视日常感觉。但是，他的不一致过于强烈，因而他的主要论点否定了洛克的用法。作为其明显的用语不一致的例子之一，请看如下论述：

> 至于由感官所发生的那些印象，据我看来，它们的最终原因是人类理性所完全不能解释的。我们永远不可能确实地断定，那些印象是直接由对象发生的，还是被心灵的创造能力所产生，还是从我们的造物主那里得来的。②

在此，他不一致地谈到了该对象（the object），而在其哲学中，他对该指示冠词 the 未给予任何说明。在第二个参考中，“该对象”明显地提出来了。他写道：“在任何对象中都不会包含其他任何对象的存在，即使我们仅仅考察这些对象本身，决不超越我们对于这些对象所形成的观念时，也是如此。”这段引文展示了一种天才的混淆，

---

① 《人性论》第一卷第一部分第二节。

② 同上书第一卷第三部分第五节，也可参见第六节。

休谟正是据此而完善了两个形而上学世界，一个是洛克的原理存在的世界，另一个是他自己的世界，这个世界中没有洛克的原理。

但是，洛克的原理大体上是这样的：有许多现实的存在，并且在某种意义上，一种现实存在在另一种现实存在中重现其自身，因而在分析后一种存在时，可以发现“决定于”前一种存在的元素。有机哲学通过“摄入”和“客体化”学说表达了这一原理。洛克总是假定意识是关于有意识的心灵中诸种观念的意识。但是，他从未把“观念”与“意识”区别开来。有机哲学做出了这种区分，同时还把意识降到次要的形而上学位置；并且对洛克的《人类理解论》做出了形而上学的解释，而这是洛克从来没想到的。这种区分断言了康德的原理：“思维无内容是空洞的，直觉无概念是盲目的。”① 但是，这里对康德原理的应用与康德自己对它的应用恰巧相反。康德对“直觉”的精神性迷惑不解，因而对它在意识中必然的复杂性也迷惑不解。他所隐含的前提是“直觉决不是盲目的”。

第五节

在一个重要方面，休谟的哲学概念明显地优于洛克。在《人类理解论》中，洛克把重点放在“人类理解”的形态学结构上，考察了各种“观念”之间的逻辑关系。现在，不论在物理学、生物学还是在其
140 他学科中，从逻辑关系分析的意义上说，形态学构成的是知识的第一阶段。它是笛卡尔所引进的新“数学”方法的基础。正如康德所说，形态学处理的是分析命题。例如，洛克写道：“普通的实体名称，亦同别的概括的名词一样，所表示的都是种类。这就是说，它们只不过被作为各种复杂观念的标记，使各种特殊的实体在事实上，或在可能性上，都同这些观念相契合，因而它们可以包含于一个共同概念之

① 《纯粹理性批判》，“超验逻辑”，导论，第一节。

下，并且可以为一个名称所表示。”[①] 又写道：“**我们的抽象观念就是我们判断物种时所依据的尺度**。”又写道：“物种亦不是依生殖关系来分别的——人们或者会说，动物可以借牝牡交合来生殖，植物可以借种子来生殖，因此，这种生殖能力就可以使那个假设的实在的物种完全不杂。”[②] 用技术性语言来说，洛克的观点对于遗传进化论没有任何意义。

另一方面，休谟的思想链条却不自觉地强调了“过程”。他的怀疑论只不过是发现了世界上的有些东西是不能用分析命题来表达的。休谟发现“我们扼杀了仔细分析”。他并没有明确地说出这句话，因为他属于18世纪中叶的人物；因而这为华兹华斯的评论留下余地。但是，在实际上，休谟发现了现实存在同时也是过程，并且是以原子形式存在的；因此，在任何意义上，它都不是其各部分的简单相加。休谟宣布了形态学的破产。

休谟对于可在“灵魂”中发现的这一过程的说明是这样的：首先，关于感觉的各种印象，其起源是未知的；其次，关于这类印象的观念，“起源于”这些印象的观念；再次，关于“起源于”先前那些观念的反省的印象；最后，关于反省的各种印象的种种观念。在这一过程中的某个地方，可以发现种种印象的重复，并且因而是由“习惯”所造成的——通过习惯，我们可假定这是指一种具体的“起源”方式——由于习惯，有一种相关观念的重复；因而可以期望相关的各种印象的重复。这种期望将是某种“印象或反省”。很难理解休谟为何没有像批判原因概念那样批判“习惯”。我们没有对“习惯”的印象，正像我们没有对“原因”的“印象”一样。原因、重复和习惯的状况是相同的。

稍有不一致的是，休谟从来不允许感觉印象起源于相关的观念；尽管它们之间的区别仅仅在于“力量和生动性”，这一拒绝的理由在他的哲学中根本找不到。实际情况是，休谟对外部世界抱有一种顽强

---

① 黑体字系怀特海所加。

② 《人类理解论》第三卷第四章第一、第二十二、第二十三节。

的信念，而他的原理不允许他在其哲学构造中承认这一点。他为他的日常生活、为他的历史学和社会学著作、为他的《自然宗教对话录》保留了那种信念。

休谟的说明所具有的价值是，他所描述的那一过程是在“灵魂”
141 之内的。在有机哲学中，出现在休谟哲学中的“灵魂”和出现在洛克哲学中的“心灵”，被“现实存在”和“现实发生”这些用语所取代，这些用语是同义词。

可以发现，在洛克和休谟的哲学中都存在两个缺陷。首先，混淆了洛克的“观念”与关于这种观念的意识；其次，在感觉的“观念”和反省的“观念”之间赋予某些联系。用休谟的语言来说，这后一点涉及到“感觉印象”与“反省印象”之间的关系。休谟和洛克，由于哲学家中流行的那种对知识的过分偏爱，都假定了情绪感受必然地产生于感觉。实际情况显然并非如此。这类感受与感觉之间的相互关系从整体上说是一种次要的结果。情绪显然会排斥感觉，并把那些“特殊的”客体强加于它——用洛克的术语来说——某些“观念”是“被决定的”。把我们对其他现实存在的摄入限制在私人感觉这一媒介上，纯粹是神话。与此相反的学说则更接近于真理：更为原初的客体化方式是通过情绪调子，并且只有在异常的机体中，客体化才通过感觉而产生一些效果。在其理论中，对于这一观点，洛克和休谟可能仅仅重复了中世纪的传统，并且他们把这种传统传给了他们的后继者。然而，这种学说不是建立在思想的任何必要性基础之上的，并且缺乏经验的证实。如果我们从生理学上考察这种物质，那么，这种情绪调子就主要地取决于在产生感觉方面特别无效的那些内脏的状况。这样，整个摄入概念就应当颠倒过来。我们摄入其他现实存在，更为原初地直接依赖于情绪调子，其次才不确定地依赖于感觉。这两种方式把一些有关我们的知觉知识的重要结果混淆了。这个话题还必须留待进一步讨论（参见第三编和第四编）。但是，在有机哲学中，这一问题是最根本的。为了对经验的性质进行初步的探究，在诉诸现代心理学时，我们遇到一个困难，这就是：现代心理学中的许多观点是建立在感觉主义神话学的假定之上的。因此，对于洛克和休谟哲学的探究越简单明了和纯朴，从哲学上说就越有用。

随后，在第三编我们将要对“摄入”做出分析，把它分为“摄入主体”、“被摄入客体”和“主体性形式”。有机哲学追随洛克，承认特殊的“外在事物”可进入“被摄入客体”的范畴之中。有机哲学也追随休谟在其《人性论》附录末尾所承认的观点：“如果我说，关于同一客体的两个观念只是对它们的不同感受是不同的，我将更接近真理。”休谟在此称之为“感受”的东西，在有机哲学中被扩大为“主体性形式”学说。但是，在某些摄入之间存在着另一种根深蒂固的区别，那就是当这两种摄入处于那种不同的方面时，它们的摄入主体具有多样性。随后对“感受”一词的使用是在摄入的“肯定”意义上使用的，而不是在休谟在上述引文中所使用的那种意义上使用的。 142

有机哲学之所以接近桑塔亚那的“动物信念”学说，是由“感受”中介的这一客体化学说造成的。

桑塔亚那否认“动物信念”中有任何既定性要素。他之所以做出这种否认，大概是考虑到了这种感觉论观点，即所有关于外部世界的知识都产生于对各种私人感觉的判断。如果我们允许使用“动物信念”这一术语描述某种被哲学传统所忽视的知觉，那么实际上桑塔亚那的整个讨论与有机哲学都是一致的。①

有机哲学与桑塔亚那的学说之间的差异和相似性，可以通过引述下面的句子来理解：

> 我因而提议使用存在一词……不仅描述直觉材料，而且描述被认为出现在自然之中的事实或事件。这些事实或事件首先包含直觉本身，或意识的实例，诸如疼痛、快乐和所有被记住的经验和精神历程；其次包含物质性事物和事件，它们与直觉材料具有超验的关系，这些直觉材料在信念中可以用作它们的符号……

① 参见他的《怀疑论与动物信念》。

可以说，这段引文表明桑塔亚那的思想具有令人钦佩的清晰性，这是他与17世纪和18世纪那些天才人物所共有的特征。现在，桑塔亚那不同于有机哲学的观点是，他明确地假定“直觉本身”不可能在“直觉材料”中，也就是说，不可能在其他直觉材料中。这种可能性是桑塔亚那所否认而有机哲学所断定的。在这一方面，桑塔亚那说出了那种隐晦地或明确地弥漫在现代哲学之中的观点。只是由于他的思想的清晰性，他才与众不同。即使桑塔亚那的观点是理所当然的，仍然有一种现象的遮蔽，一种与活动和评论有关联的原始的轻信，和一种从这种遮蔽物到遮蔽物背后的实在的神秘的符号论。这类哲学家之间的唯一区别就在于，他们对这种符号论有不同的解读方式，有些哲学家解读得多一些，有些哲学家则解读得少一些。他们之间不可能有任何决定，因为没有任何理性原理能穿透这种遮蔽物，抵达实在的昏暗背景之中。

有机哲学否定这一学说，因为，首先，它与素朴的经验相矛盾；其次，“记忆”是先前的经验活动成为另一种经验活动的直觉材料的一种非常特殊的例子；再次，这种被拒斥的学说产生于对洛克的误
143 解，这在前面已经提到过（参见第二编第一章第六节），即逻辑上的简单性可以看作合生过程中的优先性。在其最初的两部著作中，洛克曾经试图根据关于感觉的简单“观念”的基本要素来构造经验。这些简单观念实际上是桑塔亚那的“本质的直觉”。桑塔亚那明确地批判这种误解，但是他这样做赶走了他的学说的一个支持者。因此，拒斥这一学说的第四个理由是，这种方法为宇宙学的合理体系敞开了大门，根据这种宇宙学，终极实在被认为是与经验活动完全等同的。

第六章　从笛卡尔到康德

第一节

如果对笛卡尔和洛克各自看待其研究范围的不同方法进行比较，144
便会立刻显示出洛克引入哲学思想传统之中的一种非常重要的转换。笛卡尔探究的是形而上学的基本问题，即什么是现实存在？他发现了三种现实存在，即思维着的心灵、具有广延性的身体和上帝。他表述现实存在的语词是“实体”。基本命题所采取的形式是表达相关实体的某种性质，对现实性的分析正是据此命题而进行的。一种性质要么是偶然属性，要么是本质属性。根据笛卡尔哲学，有三种不同的变化：一种是持续实体的偶然变化；另一种是个体实体的产生；第三种是持续实体的存在中止。任何个体，不管属于前两种实体的哪一种，都不会为了自身的存在而需要这些实体之中的任一个体，但是却需要上帝的出现。因此，心灵的诸本质属性是其对上帝的依赖性及其思想性；而身体的诸本质属性则是其对上帝的依赖性及其广延性。笛卡尔没有把“属性”一词应用于“对上帝的依赖性”；但是，在他的哲学中这个词是一种本质要素。很显然，不同的个体实体之间的偶然联系给笛卡尔构成一个巨大的难题。若把它们包含在他的现实世界体系中，它们就必定是实体的诸性质。因此，一种关系是一对属性之间的关联性，其中一个属性专属于一种个体，而另一个属性专属于另一种个体。这种关联性本身必定把上帝作为其自身诸偶然属性之一。这正是笛卡尔在表象观念论中采用的方法。根据这一理论，被感知到的个体具有一种性质；正在感知的个体则具有另一种性质，这后一种性质便是表现这一性质的“观念”；上帝意识到了这一关联性；而感知者有关上帝的知识则保证着其观念的准确性。日常感觉认为，这是我们关于其他现实存在的直接知识，我们没有必要批评这种说明的极端武断性。但是，只有这种说明是与笛卡尔提供的形而上学材料相一致的，并可与他对现实存在的多重性假定相结合。在关于现实存在的多
145 重性假定方面，有机哲学步笛卡尔的后尘。然而，显而易见的是，只有两种方式可以摆脱笛卡尔的困难，一种方式是求助于某种形式的一元论，另一种方式是重建笛卡尔的形而上学机器。

但是，笛卡尔宣称了一种全部哲学可以之为根基的原理：他坚持认为，整个知识大厦是建立在直接认知活动之上的，这种活动在直接的现实存在的构成中，（对笛卡尔来说）既是基本的要素，也是起一定作用的要素。这也是有机哲学的首要原理。但是，笛卡尔允许命题的主—谓形式，并且这种哲学传统就是由此而产生的，这就决定了在他之后的形而上学的发展。对于他的哲学来说，“现实性”意味着“是一种具有各种遗传性质的实体”。对有机哲学来说，感知的发生是其自身现实性的标准。即使在其知识中其他现实存在出现了，也只能是因为它们符合其现实性的标准。只能有由各种现实存在所构成的世界的证据，即使该直接的现实存在把它们作为本质显示给其自身的构成。笛卡尔关于外部世界的非本质的经验概念完全不同于有机哲学。这是它们之间的根本差异点，也是有机哲学为何必须放弃对现实性的实体—属性概念做任何研究的缘故。有机哲学把经验的含义解释为

“作为多中之一的自我享有，并且自我享有成为产生于多之构成中的一”。笛卡尔把经验的含义解释为“由单个实体所实现的自我享有，即自我享有诸观念而对它的限制”。

第二节

洛克明确地抛弃了形而上学。他的探究范围具有某种限制：

> 我的目的既然在探讨人类知识的起源、确定性和范围，以及信仰的、意见的和同意的各种根据和程度，因此，我现在不愿从物质方面来研究心灵，不愿费力来研究人心的本质由何构成……我们现在只考究人的辨别能力在运用于它所观察的各种物象时，有什么作用好了……①

洛克的著作所以具有持续的重要性，源于他陈述其证据时所具有的那种直率、清晰性和恰当性，未受形而上学理论偏见的影响。他的解释明白晓畅，没有那种较为常见的“辩护”意味。通过思想史上颇具讽刺意味的发展，洛克的后继者们虽然自称为“经验主义者”，却主要致力于为明显的经验事实做辩护，以便与那种先验的感觉论学说相一致，这种学说是从他们所蔑视的中世纪哲学中继承下来的。对于 146
那些希望通过诉诸事实而直面其形而上学构造的人来说，洛克的《人类理解论》是一座无价的宝藏。

休谟通过这一先验的理论而削弱了他的解释，对此，在上一章我们从他的《人性论》所引用的第一段话中，他做了明确的陈述。这里再重复一遍也不为过：

---

① 《人类理解论》第一卷第一章第二节。

我们可以说，哲学家们公认的、并且本身也相当明显的一个理论就是：除了心灵的知觉或印象和观念以外，没有任何东西实际上存在于心中，外界对象只是借着它们所引起的那些知觉才被我们认识。恨、爱、思维、触、视：这一切都只是知觉。

由于赞同“哲学家们公认的”观点，休谟在感觉论意义上解释了这一陈述。为了与这一意义相一致，印象只不过是心灵中的普遍意识的一种特殊例子，它可能是简单的，也可能是许多简单普遍的结合方式。对休谟来说，恨、爱、思维、感受只不过是起源于这些基本印象的知觉而已。这是一种先验的感觉论教条，它把休谟的全部发现限制在经验领域。在洛克撰写《人类理解论》整个前半部分时，这个教条很有可能正是其心中所想。但是，洛克并未寻求与任何先验教条相一致。他还在经验中发现了“观念”，这些观念具有的特征“决定了它们属于这个或那个特殊的存在”。与其教条的这种不一致性，使经验论者十分震惊，于是他们便直率而果断地拒绝承认经验，把其先验的遮羞布抛弃。洛克不过是陈述了实践中无人怀疑的事实而已。但是，洛克也许会同意休谟的观点，即拒绝承认“反省的诸观念”或许直接地“决定于某种特殊的存在”，没有掺杂“关于感觉的观念”。从这一方面看，洛克是一位感觉论者，而有机哲学则不是感觉论。但是，洛克对形而上学的回避，只会使他达到一个形而上学本质上具有清晰性的思想阶段。而关于“特殊存在”的地位问题，以及决定于特殊存在的观念问题，都需要进行形而上学的讨论。在诋毁“实体”概念方面，洛克从来不懈怠；但他并未提出任何可供替代的范畴，可使他用来分析“现实存在”概念和“实在”概念。然而，他的《人类理解论》确实包含着一条思想路线，这条思想路线可以发展成为一种形而上学。首先，他明确地坚持，关于特殊存在的观念——例如，孩子对其母亲的观念——构成了一些基本材料，精神功能通过其确定的吸收过程，包含比较、强调和抽象，可以把这些基本材料结合为一种统一
147 性。他还坚持认为，“力量”可归之于特殊的存在，其他特殊存在的

诸构成正是以此为条件的。与此相关，他坚持认为，特殊存在的构成必须这样来描述，以便展示它们的“能量”，其他特殊存在中的这类“力量”正是以此能量为条件的。他还坚持认为，所有性质之中在某种意义上都有一种关系性要素。或许，尽管洛克没有明言，诸性质中的这种关系性要素的概念在下述论断中得到了说明：“此外，我们还看到，在任何存在着的特殊事物中，各种性质同外界事物所发生的关系亦不同，有的能同多数事物发生关系，有的能同少数事物发生关系……”①洛克在此所表达的概念是，拥有共同属性的特殊存在之间有某种“沟通”形式，而两个简单观念若具有这种“沟通”形式，它们便具有某种同一性。这段话也表明洛克具有这样一种习惯，即他对“观念”一词的使用，其意义并非是意识活动的特殊内容。最后，洛克关于时间进程的概念是指某种事物在“永久地消逝”。如果他对这一概念的理解是指现实存在“消逝”于时间进程之中，因而没有任何现实存在事实上是变化的，那么，他便会达到有机哲学的观点。而实际上他所说的是“连续性中永久消逝的部分”②。在此，正像在其他地方一样，洛克对那些终极问题的忽略反过来又在报复他。任何东西都不能使他的《人类理解论》的各个部分之间相互一致。他从来不修正那些实体—性质范畴，这些范畴一直是整部《人类理解论》所预设的东西。在《人类理解论》前两卷中，他表示要为观念学说奠定基础。这些著作里暗中占支配地位的概念，正是观念可作为纯粹的基础性心灵的限制条件。在《人类理解论》第三卷中，他显然更进一步，把已确立的这种观念学说运用到了较之低一级的语言功能问题上。但是，他明确地引入了一种新的观念学说，这种学说很难与前两卷著作中的感觉论学说协调一致。休谟的注意力集中在洛克早期著作的观点上，而有机哲学则主要关注《人类理解论》后面几卷中的观点。如果洛克的《人类理解论》被解释为一种前后一致的思想体系，那么毫无疑问休谟是对的；但是，这种解释与洛克对哲学的贡献发生了激烈

① 《人类理解论》第三卷第四章第十四节。

② 同上书第二卷第十四章第一节。

冲突。

第三节

在有机哲学中，现实存在被假定为是复合的。这种复合物的基本实例是“现实性”；而该“复合物”的所有其他意义都参照这一基本意义。但是，“现实性”是一个一般术语，它只是指这一终极类型的复合统一体：存在着诸多复合统一体，这一般术语对这些复合统一体都适用。不存在一般的复合事实，它们也不能根据个体发生的复合构成来表达。每一命题都包含在某种单一现实存在的构成之中，或者分
148 别包含在许多现实存在的构成之中。这只是“本体论原理”的另一种表达方式。它遵循这样理解的本体论原理，即：若就其本身来分析，“日常世界”概念必定会在每一现实存在的构成中发现其实例。因为除非是在这种“日常世界”是其自身构成的组成要素的意义上，现实存在不可能是“日常世界”的组成要素。由此可以推论说，宇宙的每一项，包括所有其他现实存在，都是任一现实存在的构成之中的组成要素。这个结论已经以“相关性原理”的名义加以运用了。这一相关性原理是一个公理，本体论原理就是根据这一公理使自己摆脱了极端的一元论。休谟在其关于“重复”的概念中预示了这一原理。

现在需要某种原理来使诸现实存在摆脱彼此无差别的重复，摆脱只有纯粹的量的差异。这一需求可由“强度的关联性原理”来满足。对于诸如“可供替代的可能性”、“或多或少”、“具有重要意义的或无足轻重的”这类概念的意义来说，“强度的关联性”这一概念是必不可少的。这一原理断言，宇宙中的任何事项，不论其作为抽象的思想多么荒谬，也不论其作为现实存在多么遥远，在任一现实存在的构成中，都具有其自身所摄入的关联性等级；它或许具有较大的关联性，或许关联性不大，包括消极摄入中的零关联性；但事实上，它恰恰具有**那种**在**该**现实存在的构成中找到其自身地位的关联性。不要忘记，

休谟发现有必要在“力量和生动性”中引入变异的概念。在此，他对强度关联性的一般原理做了某种特殊的应用——在我看来，这种应用是不成功的。

在同一个现实存在中，不同事项的关联性程度之间存在着相互关联。相互关联这一事实是由“相容性和相反性原理”所断言的。有一些事项在某种各自存在的关联性等级方面，彼此是相反的；因此，由于这些事项各自的关联性强度不同，因而它们不能共存于一个现实存在的构成之中。如果某一组事项，因其多种多样的关联性，能共存于一个现实存在之中，那么，就像此类关联是多种多样的一样，这一组事项便是相容的。一个类若有各种各样的特殊本质，则表明这两组事项是不相容的，现实存在根据这些特殊本质既可属于这个种类，也可属于那个种类，但却不能只属于一个种类。而且，既然特殊的本质是复合性的，即使一直有该种类的任何实例，这一特殊本质必然是由相容事项所组成的。但是，“感受”是这样一些存在，它们在根本上要么是“相容的”，要么是“不相容的”。这些术语的所有其他用法都是由此而派生的。

在这一说明中，“实在的”和“潜在的”这两个词是在相反意义上使用的。就其原初意义而言，它们都是用来限定“永恒客体”的。这些永恒客体决定着现实存在的世界**如何**通过其各种感受而进入其每一组成部分的构成之中。它们还表达了任一现实存在的构成**如何**能被分析为各个阶段，这些阶段被假定为是相互关联的，并且是以之为前提的。各种永恒客体表现了先前状态**如何**被吸收到后继状态之中，它们失去其自身的界限，但却有一些附加物，这些附加物对以个体满足形式出现的现实统一体的决定是必不可少的。根据各种感受的不相容性所强加的限制条件，这些**现实存在**进入彼此的构成之中。这类不相容性把被感知客体之构成中的各种要素降到了零强度，可称之为“非关联性”。**先前状态**进入其后继状态之中时携带着一些**附加物**，这些附加物减少了各种**不确定因素**。各种限制条件**如何**，以及附加物**怎样**，同样是永恒客体在相关现实存在之构成中的**实现**。从任一特殊现 149

实存在中抽象出来的永恒客体都是一种可进入现实存在之中的潜在性。在其进入任一现实存在之中时，无论有无关联性，它都保持着这种潜在性，以使其进入方式具有无限的差异，可使潜在的非确定性在这一情况下转化为确定性。确定地进入某种特殊的现实存在，不能被认为是从“非存在”中把该永恒客体召唤出来，使之成为“存在”；它是从非确定性中把确定性呼唤出来。潜在性此时成为实在性；然而仍然保持着其可供替代的信息，这是现实存在所要避免的东西。在现实存在的构成中：其组成元素事实上是红的，却有可能表现为绿的；其组成元素事实上是可爱的，却有可能表现为冷漠而恐怖的。“普遍”一词在用于永恒客体时是不幸的；因为它似乎是要否定，并且事实上它也确实曾经被用来指否定，因而诸现实存在也会落入相关性原理的范围。如果“永恒客体”一词不招人喜欢，那么“潜在性”一词可能是恰当的。永恒客体是宇宙的纯粹的潜在性，正是通过对这些潜在性的实现，现实存在彼此区分开来。洛克的“观念”一词，在其《人类理解论》前两卷中最初使用时，是指永恒客体确定地进入相关现实存在之中。但是，他也把这种限制引入有意识的精神性之中，在这里限制被抛弃了。

因此，在有机哲学中，洛克对“观念”一词的最初使用，被永恒客体“进入”现实存在的学说掩盖了；他对这同一个词的第二种用法则被现实存在的“客体化”学说掩盖了。这两种学说不能彼此分开来解释：它们构成了对本体论原理和相关性原理这两种基本原理的解释。

在前面第二编第三章第一节中，已谈到过构成现实存在的四个阶
150 段。可以把它们称为材料、过程、满足和决定。其中，作为终端的两个阶段，必须把“生成”理解为从既定现实世界到新的现实存在的转化，该既定性就是相对于这种新的现实存在而得以界定的。但是，该“界定”必定会被发现是有关现实存在中的一个要素。现实存在所“发现”的那种“既定性”便是它的材料。它被认为是对相关永恒客体所提供的“既定”世界的有限视界。这种材料是由既定世界所“决

定的”。它是由该新出现的存在所“摄入的”。该材料便是该经验的客体内容。该决定，由于提供了该材料，便传递了对自我限制的欲望；该既定世界则提供了“实在的潜在性”，因而其诸多现实性被感受为相容的；而新的合生便从这种材料开始。视界则是由减少不相容性所提供的。作为最后阶段的“决定”，便是现实存在获得其个体的“满足”之后，如何据此而把确定的条件增加到超越其自身的未来既定性之中。这样看来，“材料”便是“得到的决定”，而该“决定”则是“被传递的决定”。在这两种决定之间，即在得到的和被传递的决定之间，还有两个阶段，即“过程”和“满足”。相对于该最终满足而言，这种材料还是非确定的。“过程”则是由那些感受要素附加的，这些非确定因素正是在这里消失，成为获得了个体现实存在的该现实统一体的确定聚合体。该现实存在，在生成其自身的过程中，也解决了其本身将要成为**何物**的问题。因此，过程就是创造性观念为界定和获得确定的个体性而发挥作用的阶段。过程就是终极目的的生长与获得。对该终极目的不断向前推进的界定是获得这一目的的有效条件。现实存在的确定统一性是由指向某种理想的终极因果性结合到一起的，而该理想是由其同该材料的确定性和非确定性渐进关系所逐步界定的。该理想因为可以感知到其自身，因而界定着何种“自我”将从该材料中产生，并且该理想还是由此而产生的那种自我之中的一个要素。

根据这一说明，因果效验表达了从现实存在到现实存在的转化；而终极因表达了现实存在据以成为其自身的内在过程。材料有其生成过程，它是在世界的过去中被发现的；并且这里还有来自该材料的直接自我的生成。这后一种生成便是直接的现实过程。现实存在旋即便成为该有效验的过去的产物，同时也是——用斯宾诺莎的话说——自因的。每一种哲学都以某种形式承认这种自因要素，表现在每一种哲学都把它当作现实的终极事实。斯宾诺莎的论述我们已引述过。笛卡尔的论证则是，从思维这一事实出发，假定这种自由决定的活动由此便构成现实存在持续存在过程中的某种发生。他写道：“我在，即我

151 存在，每当我说出这句话时，或者我在精神上对之有知觉时，它就必然地是真的”（《形而上学的沉思Ⅱ》）。在其哲学中，笛卡尔认为该思想者创造了这种新产生的思想。有机哲学把这一秩序颠倒过来了，因而认为该思想是创造了该新产生的思想者的构成活动。思想者是终极目的，思想正是由此而成为存在的。在这一颠倒中，我们对实体哲学和有机哲学有终极的对比。机体活动指向于把机体当作“超体”，而不是把机体当作“主体”。这些活动的取向是**从**先前的机体**出发**，**达至**直接的机体。它们是一些“矢量”，表现在它们能把诸多事物传递到单个超体的构成之中。这种创造过程是有节奏的：它从诸多事物的公开性转向个体的隐秘性，然后又从隐秘的个体性转向客体化的个体公开性。前一转化是由目的因主导的，该目的因是其理想；而后一转化则是由动力因主导的，该动力因是现实的。

第四节

从有机哲学的观点看，应该归功于休谟的是，他强调“过程”是作为心灵的事实中内在固有的。他对该过程的分析从细节上看是有缺陷的。这在当时必定会如此；因为在洛克影响下，休谟误认为他的问题是对精神活动的分析。而实际上他本来应该把它当作是对构成现实存在的诸活动的分析。这样一来，他便可以在合适位置发现这些精神活动。康德与休谟一样，也有这种误解；因而导致他把世界与思想相等同——忘记了缺少思维的供给。但是，休谟、康德和有机哲学都一致认为，批判理性的任务是对结构进行分析；而“结构化”就是“过程”。休谟对构成精神发生的结构做了这样的分析：首先是对感觉的印象，接着是有关感觉的印象的观念，然后是反省的印象，最后是关于反省的印象的观念。这一分析在洛克的哲学中可隐隐约约地看到。但是，休谟把它展示为一种有序的过程，并且随后还致力于根据它来表达我们的日常信念——他也有这种信念，当然，他并没有完成这一任务。

对于后来的经验论者来说，这个教条带来的愉悦已经胜过形而上学的自明性规则：即我们必须服从那些假定，因为那些假定虽然已受到批评，却依然要被用作我们的生活规范。这些假定在经验中是有强制性的。理性主义便是对这些假定的内在一致性的探寻。在其一系列观念和印象中，即在感觉印象派生的东西中，休谟默认了经验的建构是给原初材料中增加东西的过程。有机哲学在这一方面赞同休谟的观点，而对那些原初材料的恰当特征，则与休谟的观点相左。在休谟的哲学中，原初印象是根据普遍来描述的，例如在其《人性论》第一节，他把颜色“红”当作一种说明。这也是洛克《人类理解论》前两 152
卷中的观点。但是，洛克在其第三卷中提出了不同看法，即明确地把这些原初材料说成是“特殊存在的观念”。根据洛克的第二种观点，普遍的观念是通过比较和分析的过程而源于这些原初材料的。有机哲学在原则上同意洛克的第二种观点。然而，要精确地确定这种同意的程度并非易事，也无关紧要，因为洛克和休谟的论述引入一些有关意识的派生性活动。有机哲学并不认为，脱离普遍还能摄入这些“特殊的存在”；相反，它坚持认为，只有借助于普遍这一中介，才能摄入它们。换言之，每一现实性都是由其自身确定性的某一要素而被摄入的。这就是现实存在的“客体化”学说。因此，在现实存在的合生中，其最初阶段就是先前的领域进入该存在之构成中的方式，以便构成其初期个性的根基。考察这一真理的相反方式则是，它自身在现实世界中的地位与其他现实存在的关联性是其合生过程中的原初材料。当期望强调对该材料作这一解释时，“客体内容”这一术语将作为“材料”一词的同义词来使用。当然，严格地说，诸普遍也是客体，休谟把它们限定为材料；但是，“客体内容”这一术语则意味着强调现实存在的“客体化”观点。如果经验不以客体内容为基础，那么，便不能逃脱唯我论的主体主义。但是，休谟以及洛克在其主要学说中，所提供的经验没有任何客体内容。对康德来说，“过程”主要是一种思想过程。他接受了休谟关于“材料”的观点，并且把“明显的”客体内容转化为结构的目的。至此，康德的“明显的”客体内容，似乎取代了有机哲学中的“满足”。以此方式不可能真正地逃脱唯我论的难题。但是，康德在诉诸“实践理性”时，也承认了与有机哲学的意义相类似的“满足”；并且通过分析其复合特征，他达到了那些终极的现实性。根据他的解释，这些终极的现实性不能通过任何“纯粹现象”的分析而认识。这是一种非常复杂的学说，它在所有起源于康德的哲学中不断地再现。该学说赋予每一现实存在以两个世界，一个是纯粹的表象世界，另一个是充满了终极实体事实的世界。在这一点上，即经验材料中缺乏“客体的内容”，桑塔亚那①似乎同意休谟和康德的看法。但是，如果认为他引进“动物信念”是要根据休谟学说的怀疑论观点的影响而重新审视那些材料，那么，正像
153 其第二种观点一样，他实际上重新断言了洛克的第二个观点。但是，如果他不是批判地考察我们的信息来源而是求助于“实践”，那么，他必定与休谟和康德同伍，尽管在每一具体方法上他与他们两人都不同。

鉴于休谟满足于诉诸“实践”这种反理性主义观点，我们很难理解——除了作为又一种反理性主义的实例之外——休谟及其“经验论的”后继者们为何会强烈地反对某些形式的宗教信仰具有的反理性主义基础。由洛克和休谟明确引入哲学中的这种强烈的反理性主义，标志着反对中世纪理性主义的这一反理性主义反应终于大获全胜。理性主义是一种认为只有把解释推到极限，才能达到清晰性的信念。洛克希望在他关于人类理解的分析中达到最终的清晰性，从而与形而上学划清界限，然而至此他却是个反理性主义者。但是，由于迄今为止休谟一直被认为满足于两种不协调的信念，一种建立在批判地考察我们的知识来源上，另一种建立在非批判地考察有关“实践”的信念上，休谟达到了哲学中的反理性主义高级水平；因为“解释”就是对协调性的分析。

---

① 参见《怀疑论与动物信念》。

第五节

在第三编，我们还要更为具体地对过程予以分析，由此也要更为具体地分析现实存在，即分析它如何从其客体内容出发来获得其个体的满足。这一过程的主要特征是：对该现实存在来说，它是个体的；它表达了与现实世界有关的该材料如何成为一个现实存在的组成部分。因此，必定不会再进一步涉及到其他现实存在；该解释可获得的要素不过就是客体内容、永恒客体和可选择的感受合生，现实存在就是通过这种合生而成为其自身的。必须记住，可以根据有限视界把这种客体内容分析为诸现实存在，这些有限视界是由诸现实存在的自身性质所提供的，它们涉及到关联性等级不同的永恒客体。如果该“过程”主要是一种理解的过程，那么我们就必须注意到，“关联性等级不同”只是其他诸永恒客体处于不同关联等级之中而已，并且这种等级永无止境。但是，我们并没有这种包含此类无限进展的理解力。因此，如果该过程本质上是一种理解的过程，那么这里便有一种恶的回归。但是，这并非是对它的基本描述；该过程是一种“感受”的过程。在感受中，被感觉之物并非必然地被分析过；而在理解中，已被理解的东西，就其已被理解而言，是被分析过的。理解是感受的一种特殊形式。因此，由于被感觉内容的无限复杂性，在感受中没有恶的回归。康德在其超验美学中强调的学说是，在直觉中复杂的材料被直 154
觉为一。

同样，“选择性合生”一语中所包括的选择，并非客体内容的组成成分中的选择。因为根据假设，客体内容是一种材料。那些给视界施加影响，并把现实世界转化为材料的诸相容性和不相容性，都是事物性质中内在固有的。因此，该选择是对相关永恒客体的选择，凭借这些永恒客体，来自外部的材料被转化为一种内部事实，即它的完全的规定性。该合生所要解决的问题是，客体内容的众多组成要素如何被统一为一种具有其复杂主体性形式的被感受内容。这一被感受内容就是“满足”，现实存在正是据此而成为其特殊的个体自我；用笛卡尔的术语来说，它“除了它们自身不需要任何东西便可存在”。根据满足阶段的现实存在的概念，该存在与其他事物区分开来，获得其个体性；它已吸收该材料，并且在转回该“决定”时，仍没有丧失其自身。正是凭借这一“决定”，它的欲望成为它之后产生的其他存在的材料中的要素。时间依然静止不动——只要有可能的话。

因此，过程就是承认永恒客体具有新的作用，即把该主体的个性赋予该材料。该材料，作为纯粹材料，包含着现实世界的众多个性。满足便包含着这些众多个性，把它们当作该单一个性的从属因素。过程或者承认或者拒绝这些永恒客体，而由于这些永恒客体被吸收到众多感受的主体性形式之中，从而影响这一整合。获得满足后，所有那些未被“感受到”的永恒客体——它们或者被作为该材料的确定性的规定物，或者被作为该满足之主体性形式的确定性的规定物——被降为那些被感受到的永恒客体的对立物。因此，有关宇宙诸潜在性的所有未定性，就相关主体的满足而言，都得到了确定的解决。

从发生学上说，可以把该过程分析为一系列从属状态，它们均以其先行状态为前提。无论是诸中间状态，还是作为所有阶段之最初状态的材料，都不能决定确定的个体化进程的最终状态。因此，就其主体方面而言，一个现实存在不过是宇宙在它身上所显现的样态，也包含其自身的诸反应。这些反应便是各种感受的主体性形式，它们历经过程诸阶段而成为确定的东西。一种现实存在通过确定地感受材料的每一项而获得自身的统一性。材料中每一个体的客体化都有由其自身的诸永恒客体所规定的视界，这些永恒客体具有自身的关联性，这种关联性与其他客体化的关联性是相容的。材料的每一种这样的客体化，以及每一种这样的客体化的复合体，都会遇到相应的感受，并具
155 有其确定的主体性形式，直到这“多”成为“一”种经验，即满足。各种实体哲学都以一种主体为前提，然后让这一主体与材料邂逅，并对这些材料做出反应。有机哲学则以 种材料为前提，让这种材料与

感受邂逅，因而逐步获得主体的统一性。但是对于这一学说，“超体”这个术语要比“主体”好。洛克的“反省观念”，就其已进入意识中而言，其实就是感受。

正是参照感受，“直接性”概念才获得其意义。由永恒客体造成的现实存在的纯粹客体化缺乏“直接性”。它只是“重复”，而这是与“直接性”相对立的。但是，“过程”是感受的流动，二手的东西正是据此而获得主体直接性的；以这种方式，主体性形式压倒了重复，并把它转化为直接感受到的满足；客体的东西被吸收到主体的东西之中。把对经验活动的建构这一分析与康德的分析作一比较，是有裨益的。首先，康德的经验活动从本质上说是认识。因此，任何不是认识的东西，都必然地是未充分发展的，尚在通向认识之途中。把康德的方法与有机哲学的方法相比较，一定不要忘记，“明显的”客体内容是康德哲学的过程之终结，并由此而取代了有机哲学所分析过的该过程的“满足”。在《纯粹理性批判》开头，根据康德的说明，这一“明显的”客体内容是指“客体”。他还接受了休谟对材料的感觉论解释。康德把如下这段话放在了《纯粹理性批判》的开头：“客体因而是通过我们的感觉而给予我们的。唯有感觉给我们提供直觉。这些直觉通过理解而成为思想，并因而出现了概念。”① 这段话后来以某种形式被引申，使得康德坚持休谟关于材料的学说更为明显了：

> 在此我们看到，感觉印象造成了与它们有关的整个认识功能的最初冲动，因而产生了经验，这些经验包含两个异质要素，即：一是来源于感觉的认识材料；二是安排该材料所需要的一定形式，这种形式产生于纯粹直觉和纯粹思想的内在源泉，它首先被前者带入活动之中，然后形成种种概念。②

① “Vermittelst der Sinnlichkeit also werden uns Gegenstande gegeben, und sie allein liefert uns Anschauungen; durch den Verstand aber werden sie gedacht, und von ihm entspringen Berriffe.” 书中的英译文是由马克斯·缪勒（Max Müller）翻译的。

② 《纯粹理性批判》，“超验分析”，第二章，第一节（马克斯·缪勒英译）。

还有：

思想无内容是空洞的，直觉无概念是盲目的。①

156 在最后这一陈述方面，有机哲学与康德是一致的，但是其根据却不一样。其一致性在于，概念的作用是认识中的一个基本要素，因此，“直觉无概念是盲目的”。但是对康德来说，除概念以外，其他任何东西都是不可认识的。因为可知世界中相互联系的诸客体是概念发挥作用的产物，范畴形式正是通过这种概念的作用而被引入感觉材料之中的，否则，它就会以纯粹时空的感觉流形式被直觉到。认识要求这种纯粹的感觉流可通过概念的作用而具体化，因而这种感觉流被理解为由诸“客体”组成的聚合体。因此，对康德来说，经验产生的过程便是从主体性到明显的客体性的过程。有机哲学则把这一分析颠倒过来，因而把这一过程解释为从客体性到主体性的过程，即从外部世界由此而成为材料的那种客体性进到一种个体经验因此而得以产生的那种主体性。因此，根据有机哲学，在每一种经验活动中都有认识对象；但是，除非该经验活动中包含着理智的作用，否则便不会有知识。

至此我们讨论了康德，这位伟大的哲学家首次充分而明确地把一种新概念引入哲学，即经验活动具有建构作用，它既能把主体性转化为客体性，也能把客体性转化为主体性。与一般观念相比，这一秩序是非物质性的。我们发现，在洛克和休谟的著作中已有这一观念的萌芽。其实，在洛克那里，对这一过程的设想，其秩序是正确的，至少从有机哲学的观点看是这样。但是，整个概念在他那里仅仅是模糊地和不充分地被设想的。完全阐述清楚这一概念应归功于康德。就哲学思想的现代时期而言，其下半叶应当始于休谟和康德。其中，宇宙论的发展之所以受到阻碍，其原因在于强调了如下三种错误观点中的某

① 《纯粹理性批判》，“超验逻辑”，导论，第一节。

一方面：

（1）关于现实性的主体—属性学说。

（2）关于知觉的感觉论学说。

（3）康德关于客体世界是由主体经验建构的学说。

这三种错误学说的影响结合在一起，导致哲学在形成当代思想方式中的影响成为无足轻重的了。休谟本人并不高明地提出诉诸“实践”——但并非是批判他的前提，而是要补充他的结论。布拉德雷不同意休谟的观点，但他却发现，我们在其中居住、活动和生存的客体世界，“如果被当作是实在的，便是矛盾的”。他们两个都没有使关于实在世界的哲学概念与日常经验世界协调一致。

第七章　主体性原理

第一节

157 对于我们赋予经验活动材料的特征，无论如何仔细考察也不为过。整个哲学体系都是以之为基础的。休谟的“感觉印象”说（《人性论》第一卷第一部分第二节）具有二重性。我将称其学说的一部分为“主体性原理”，称另一部分为“感觉论原理”。通常可以把这两者结合起来，名之曰“感觉论学说”；但是，这两个原理确实是相互关联的，并且许多哲学家——例如，洛克——并不同样一致地同时坚持这两个原理。就它们在本章所考察的那种形式上，有机哲学对这两种学说都持否定态度，尽管有机哲学接受一种经过改造的主体性原理（参见后面第五节和第二编第九章）。洛克接受感觉论原理，然而在其关于主体性原理的陈述中，他却并非首尾一致，一以贯之。除了某些失言之处外，他在其《人类理解论》前两卷中接受了后者，而在第三和第四卷中却又暗中固执地驳斥它。康德（在其《纯粹理性批判》

中）接受了主体性原理，但却反对感觉论原理。

如果这种主体性原理被接受，感觉论原理便会获得占支配地位的重要性。康德意识到了这种重要性，其对哲学的贡献正在于此。现代哲学的历史，就是人们试图躲避或明或暗地接受这种主体性原理所带来的严重后果的历史。休谟和康德的巨大功绩正在于他们态度鲜明地面对这一难题。

主体性原理就是认为，经验活动的材料可以纯粹地根据普遍来进行充分的分析。

感觉论原理就是认为，经验活动的原初行为就是纯主体性地获得材料，不存在任何主体的接受形式。这是一种关于**纯粹**感觉的学说。

主体性原理遵循三个前提：（1）承认“实体—属性”概念，认为它表达了终极的本体论原理。（2）承认亚里士多德的第一实体定义，认为它永远是主词，而绝不是谓词。（3）假定经验主体就是第一实体。第一个前提表明，终极的形而上事实永远被表现为内在于实体之
中的某种性质。第二个前提把属性和第一实体区分为两个互不相容的 158
类别。这两个前提综合起来便构成了传统哲学中区分普遍和特殊的基础。有机哲学则否认这一区分得以建立的这两个前提。它承认互不相容的两类终极存在。一类由“现实存在”所构成，在哲学传统中它们被误称为“特殊”；而另一类则由确定的形式所构成，这里称之为“永恒客体”，它们与现实存在相比较而言，被误称为“普遍”。对这些误称，我们在前面已作过考察（见第二编第一章第五节）。

笛卡尔坚持了关于材料的这种主体性原理，只是由于他使用了“客观实在”概念，因而他偶尔会有某些前后不一致。然而，他同时认为，对主体性原理的这种降低标准的理解可使经验内的“过程”包含一种关于上帝存在的合理性证明；同时，也可因此而合理地证明关于外部世界的那些假定具有普遍的有效性，它们不知何故出现于该过程之中。

根据有机哲学，只有把那些隐秘的不一致引入主体性原理之中，

正如这里所陈述的那样，才有可能摆脱桑塔亚那所说的“当下唯我论”。因此，笛卡尔的摆脱方式要么是一种幻想，要么是它的前提还没有完全地陈述出来。这种隐秘的引入永远会发生，因为日常感觉会固执地坚持客体主义。我们知觉到的其他事物同我们一样也处于由诸现实性构成的世界之中。同时我们的情感也是指向于其他事物的，当然也包含我们的肉体器官。这些便是我们的基本信念，哲学家们所要着手剖析的正是这些信念。

现在，哲学总是以这一合理原理开始：它的概括必须建立在现实经验的基本要素之上，以之为出发点。希腊哲学借助于日常的语言形式提出其概括。它发现的典型陈述是：“那块石头是灰色的”；并且它所引申的概括是，可以把现实世界视为受普遍属性限定的诸第一实体的集合。当然，这并非是所引申的唯一概括：希腊哲学精微细致而形式多样，同时它也并非总是内在一致。但是，这种一般概念一直在或明或暗地影响着思想。

认识论也是人们所需要的。哲学又开始坚持这样一条合理的原理：所有认识都要以知觉为基础。这样，知觉便成为可分析的，并发现它是这样一种意识：普遍的属性制约着特殊的实体。这样看来，所谓知觉便是对特殊实体加以限定的活动中对普遍性质的获取。因此，可以追问：知觉者是如何进行知觉的？答案便是：通过他的感觉器官。这样一来，制约那些被知觉实体的普遍性质，就知觉者来说，便
159 是他的私人感觉，这些私人感觉参照的是诸特殊实体，而不是知觉者自身。迄今为止，除其他要素外，哲学传统还包含着形而上学中的一种极端客体主义的因素，据此，命题的主—谓形式被视为表达了某种基本的形而上学真理。笛卡尔以两种对立的方式修正了传统哲学。他增强了形而上学对思想的实体—属性形式的强调。现实事物“除了它们自身不需要任何东西便可存在”，并且人们是根据它们的性质来思考它们，它们中有些是基本的属性，另一些则是偶然的属性。同时他还确立了如下原理：那些作为享有有意识经验的主体的实体，为哲学提供了原初材料，即享有这类经验的它们自身。这就是通过笛卡尔而

进入现代哲学之中的那一著名的主体性偏爱。在这一学说中，笛卡尔无疑做出了自柏拉图和亚里士多德时代以来最伟大的哲学发现。因为他的学说直接扭转了如下概念：“石头是灰色的”，这一命题表达了一种已知事实的原初形式，以此为出发点，形而上学可做出自己的概括。如果我们可以回到对经验的主体享有，那种基本的出发点便是“我对这块灰色石头的知觉”。原始人并非形而上学家，他们对表述具体的经验也不感兴趣。他们的语言只是在表达有用的抽象看法，例如“那块石头的灰色性”。但是，正如从未访问过美洲的哥伦布一样，笛卡尔也没有对他自己的发现进行完全的清算，他和他的后继者洛克和休谟则仍然继续根据那些实体—属性范畴去解析经验的主体享有的种种功能。然而，如果经验的享有是作为构成要素的主体事实，那么，这些范畴就不再有任何形而上学的基本特征。休谟——在坚持这一方法的同时——试图通过解释心灵的知觉享有而寻找一种能限制心灵的普遍属性。现在，如果我们审视“我对这块灰色石头的知觉”，以便找到一个普遍，那么唯一有可能获得的便是“灰色性”。因此，在休谟看来，“灰色性”由于可作为限制心灵的感觉而起作用，便是形而上学概括的一种基本事实。其结果便是休谟关于感觉的各种简单印象，正是这种感觉构成了休谟哲学的出发点。但是，这一观点完全是混乱不堪的，因为进行知觉的心灵并不是灰色的，这样一来，灰色此时便被弄得在扮演一种新的角色。从“我对这块灰色石头的知觉”这一原初事实中，休谟抽象出“关于灰色感觉的意识”，并进一步把它作为这种经验要素中的终极材料。

在寻找普遍性质时，休谟抛弃了关于石头形象的客体现实性：这种“客体现实性”就是笛卡尔的“客观实在性”。如果笛卡尔的发现可以接受的话，休谟在寻找普遍性质时所遵循的形而上学原理便没有任何的有效性。因此，他满足于“关于灰色性的感觉”，这种感觉只不过如同该原初的石头形象一样，也是一种特殊。他意识到了“关于灰色性的**这一**感觉”。他所做的就是武断地坚持这种“主体性”和 160
“感觉论”原理可应用于经验的材料：“关于灰色性的**这一**感觉”，这个概念与任何其他现实存在无关。因此，休谟便把笛卡尔的原理，即不需要其他任何现实存在便可以存在，应用于经验的主体。休谟最后批判了笛卡尔的心灵概念，然而这一事实并未改变另一事实，即他此前的论点是以这一概念为前提的。

可以看到，休谟只能根据普遍及其在进行摄入的心灵中的实现来分析这种感觉。例如，以他在其《人性论》中给出这类分析的第一批例子为例，我们可发现"红色"、"猩红"、"橘黄"、"甜"、"苦"。因此，休谟对"感觉印象"的描述所使用的术语，与有机哲学描述概念性感受所用的术语完全相同。它们是关于各种普遍的特殊感受，而不是关于其他作为普遍之实例的特殊存在的感受。休谟承认这种共同性，并且可发现除了"力量和生动性"之外，它们没有丝毫区别。他写道："刺激我眼球的首要因素，是我们关于每一特殊的印象与观念，除力量与生动性程度有所不同之外，十分相似。"

与休谟哲学相反，有机哲学把"这块灰色的石头"当作相关经验的材料。事实上，它就是某种物质性感受的"客体性材料"，属于合生后期状态中的派生类型。但是，这一学说完全接受了笛卡尔的这个发现，即主体的经验过程就是提供给形而上学作分析用的主要形而上学情境。这一学说是"经过改造的主体性原理"，这在本章前面已经提到过。因此，"这块灰色的石头"概念是个派生的抽象概念，要描述基本的经验感受，它确实是个必要因素，而作为形而上学的出发点，它则是虚妄的。这一派生的抽象可称为"客体化"。

这一方法的正当性，首先在于它是常识，其次在于它可避开纠缠着现代哲学的主体性和感觉论原理的那些难题。笛卡尔在主体论方面的发现需要关于经验材料的"客体性"原理来平衡。同时，伴随笛卡尔主体论的出现，实体—属性范畴便失去其对形而上学首要性的全部诉求；并且由于这种实体—属性的消除，我们还可以拒斥个别实体的概念，传统观点认为，这些个别实体都有自己的由诸属性和感觉组成的世界。

第二节

在有机哲学中，认识被降低为过程的中介状态。认识属于这样一类主体性形式，它们要么被承认，要么不被承认是一种把客体内容吸收到满足的主体性之中的功能。因此，它的“意义”在具体的现实存 161 在中并非必要因素。在任一这类存在中，它可能仅仅构成洛克称为“能力”的一个实例。如果我们考察历史路径中由连续的现实发生所组成的集合体，该集合体构成了某一持续客体的生命，那么，某些早期的现实发生或许就没有认识，而某些后来的现实发生则或许有认识。在这种情况下，无认识变成有认识。这一结论无任何令人惊讶之处；对我们大多数人来说，我们每天夜晚入睡，早晨醒来，它每天都在发生。每一现实存在都有认识的能力，并且形形色色的各类认识强度是有等级的；但是，一般说来，脱离了某些现实发生的构成中特殊的复杂性，认识便似乎是微不足道的。

我们——作为具有人格秩序的持续客体——可以在我们的直接当下，以独特的完全性，把我们自身过去的种种发生客体化。从我们当前的观点可以认识到的是，在这些发生中我们可以发现，我们已实现的知识在范围和强度方面都有某种惊人的变化。我们睡觉；我们处于半醒状态；我们意识到我们的知觉，但在思维中还没有做出概括；我们沉浸于某一狭小的抽象思想区域中，忘却了周围的世界；我们专注于我们的情绪——某些激情的迸发——全神贯注，心无旁骛；而我们的注意力却游弋不定，无所归依；最后，我们又回到暂时的忘却状态，睡着了或迷糊了。我们也能记得在我们直接的过去中所经验到的那些因素，那些都是我们在当时并未注意到的。当我们考察自己的认识能力的曲折多变的历程时，难道常识允许我们相信判断活动——即要求我们根据有意识的理解而界定的活动——就是这样一些活动：作为存在之中的基本活动，它们要么是现实存在的基本属性，要么是经验的统一性据以获得的最终顶点？

就有意识的知觉而言，它的一般情形①是一种否定性的知觉，即“知觉到这块石头不是灰色的”。这样“灰色”便达到了它的概念新颖性的完全性，表明它具有某种选择性。在肯定的情形下，即“知觉到这块石头为灰色的”，灰色达到了可能的新颖性，但事实上，这是通过强调它同被盲目地感受到的那种随意给予的灰色的一致性而达到的。意识就是这种否定的感受：在对“灰色石头”的知觉中，这类感受处于萌芽状态；而在“那块石头不是灰色的”知觉中，这类感受则发展到极致。因此，否定的知觉是意识的胜利。它最终达到了自由想象的顶峰，在这种自由想象中，概念的新颖性在它们不被当作赠予的宇宙中四处寻觅。

可能是错的“理论”和“给予的”事实之间会形成对比，意识就是感受这种对比的那种主体性形式。因此，意识关涉到被称为“任
162 何”和“正是那个”的诸永恒客体之对比的意义的提升。因此，有意识的知觉是最原始的判断形式。有机哲学坚持认为，意识只是在各种复杂整合的后期派生阶段才能产生。如果现实发生是这样的，乃至于这类阶段在其合生中就是微不足道的，那么在其经验中便不存在任何认识；由于意识属于这些晚期阶段的主体性形式，这种事实表明，它所直接反映的种种摄入是一些“非纯粹的”摄入。意识只能说明那些较为原始的摄入，因为这些摄入仍然是整合产物中的要素。因此，在我们经验中，那些清晰而明确地呈现于我们的意识之中的要素并非是其基本的事实；它们是产生于该过程中经过修正的派生物。例如，意识只是模糊地以因果效验方式表现了那些摄入，因为这些摄入是我们经验中的原始要素。但是，直接表象方式的摄入只是我们以最生动的意识所享有的摄入。这些摄入是经验主体合生中后来的派生物。这些后来的派生要素是由意识而不是由那些原始要素所表现的，如果忽视这一法则，其后果便是不能恰当地分析经验的发生。事实上，大多数

① 完整的说明，请参见第三编。

哲学难题盖源于此。人们一直是根据某种乱七八糟的方式来解释经验的，其目的首先就是错的。尤其是，人们有关情感的和目的的经验就一直在追随休谟关于感觉印象的观点。

小结：（1）意识是产生于合生高级阶段的主体性形式。（2）意识主要地表现它产生于其中的高级阶段，且只是派生性地表现其早期阶段，因为它们仍然是高级阶段的组成部分。（3）因此，意识中清晰而渐显明确的秩序并不是形而上学优先性的秩序。

第三节

身体经验的原始形式是情感性的——盲目的情感——它被认为是在其他地方、在另一发生中被感受到的，并且被一致地当作主体的激情。用适于更高经验阶段的语言来说，这种原始要素是**同情**，也就是说，**在**另一感受**中**感受该感受，且**与**另一感受相一致地感受。我们非常习惯于考察高级的抽象，如“那块绿色的石头”，因而我们在把“绿色”概念引入意识时便会遇到困难，因为它有限制情感的特点。然而，美感——绘画艺术由此而产生——不过是潜藏于限制情感的多种色彩间的对比所造成的，这种对比因为色彩间图案的关联性而成为可能。把情感的经验与表象的直觉相分离，这是一种高度的抽象思 *163*
维。因此，原始经验是情感性的感受，它是通过与外在世界相关联而被感受到的。这种感受是盲目的，该关联也是模糊的。同时，感受及其与外部世界的关联，也都可变成欲望，这一欲望便是感受到与即将形成的世界具有确定的关联。用物理学术语来说，这种原始经验是“矢量感受”，也就是说，这种感受来自于遥远而确定的过去，指向遥远而待定的未来。但是，这种感受从主体性上说植根于当下发生的直接性中：它是该发生对其自身的感受，来自于过去，并融入未来。在原始感受的这一矢量传递中，情感的搏动确保了为对比提供的宽度，它在发生的并列区分中（参见第四编）表现为不同的波长和振动。在任何特殊的宇宙期，自然秩序均通过引导具有该时期之特征的感觉材料，使之与某一确定的情感搏动相结合，从而确保必要的功能分化，以避免种种不相容。因此，每一感觉材料的传递都与其自身的波长相联系。在物理学中，这类传递既可以被理解为粒子性的，也可以被理解为波状的，这要依其在所考察事例中的具体属性的特殊意义而定。经验的诸高级阶段增加了这种宽度的范围，并引出更高类型的对比。由此避免了低级范畴中各种不协调情感之间的冲突：抑制的和暂时满足的方面减少了。经验实现了其自身，成为某永恒物中的要素（参见第五编第二章），并在其自身中体现了宇宙的该永恒的成分。这一获得并非必然地要包括意识。同时，它还会包括被强化了的主体性强调。就其主体性经验而言，该发生变得越来越不像细节，而更像一个整体。对这一宽度的感受，由于其持续性得以加强，表现为盲目热情的形式，由于过度强调主体性而自我挫败。因缺乏足够的宽度来把环境中内在固有的对立物相结合，会对热情造成种种抑制，这些抑制会导致相关秩序的破坏。敏感性的每一增强都要求向适应性演进一步。然而，必须记住，人类经验甚至动物经验中的情感，并非都是单纯的情感，而是经过解释和整合过的情感，并且被改造为更高级的感受范畴。但即使如此，我们的意识经验之中的那些情感欲望要素，仍然是与所有物质经验的基本要素关系最密切的相似要素。

第四节

就合生的诸阶段而言，它们之间的区别就在于相关永恒客体不同的进入方式。内在的决定——现实存在的诸阶段即是因该决定而发生
164 的——永远是达到完满的整合过程中的规定性——至少这类“形式上的”完满对某个单一的现实存在来说是恰当的。这种规定性与概念摄入一同产生，而概念摄入是同诸物质性摄入一起进入整合之中的，它既修正材料，也修正主体性形式。

将永恒客体的视界降低到背景之上，这一限制正是决定的特征。超验的决定包含上帝的决定。它便是诸永恒客体的整个复合体据以获得其与合生的每一阶段具有不同等级的关联性的那种现实存在。脱离了上帝，便不可能有任何有关联的新颖性。在诸现实存在中，凡是产生于上帝所决定的东西，首先是概念性地产生，然后才经嬗变而进入物质世界之中（参见第三编）。在“超验的决定”中，存在着从过去到直接当下的过渡；而在“内在的决定”中，则存在着获得主体性形式和整合诸感受的过程。在这一过程中，贯穿于整个现实性之中的那种创造性，具有来自于过去的诸材料的特征；并且它以其从纯粹的潜在性复合体中所选择的那种可使他物富有活力的新颖性，与这种死的材料相遇——这些死的材料被普遍化为创造性的特征。在这一过程中，新旧材料相遇，且这种相遇构成了直接的特殊个体的满足。

诸永恒客体不管采用任何一种主体的进入方式，都会因此而假借可与来自于过去的客体性材料相遇的主体新颖性而发挥作用。“感受”这个词只是个技术用语；但人们一直在选择这个词来表示一种功能，即合生的现实性用来占有材料，以使其成为它自己的那种功能。感受有三种前后相继的阶段，即“保形的”感受阶段、“概念的”感受阶段和“比较的”感受阶段，在最后这一感受阶段中还包含着“命题的”感受。在保形感受中，**如何**感受繁衍着被感受之物。某种结构作为矢量转换的基础是必不可少的，过去就是通过这一结构而与现在综合起来的。一种永恒客体若具有双重功能，即既可作为材料的规定性，也可作为主体性形式的规定性，它便会因此成为关系性的。在这个意义上，宇宙的统一性便是以永恒客体的关系性功能为基础的。这后两个阶段可结合在一起，构成“补充”阶段。

当永恒客体通过其把现实世界客体化的功能而获得进入，以便给摄入提供材料时，它是“以材料形式”在发挥作用。因此，概括地说，永恒客体进入现实存在之构成中的功能方式有四种：（1）材料性的进入；（2）保形的物质性感受；（3）概念性感受；（4）比较性感受。

但是，不同的永恒客体相加其实质并非“补充”：其实质在于通过主体性起源的功能作用而调整主体的重要意义。主体的不同等级的
165 情感强度，通过参照物质材料——它们被赠予在那里，并被保形地感受到——而构成其自身。所有对“注意”的参照通常是指这样一种补充，其中不同的永恒客体的相加是最小的；而对“情感”的参照，则通常是指由不同的永恒客体过量增加而弄得复杂化的那样一种补充。补充性的感受是情绪化和有目的的，因为它仅仅是由于主体占有客体性材料而被感受到的东西。但是，就其实质而言，它是一种补充性的感受，因为它并未通过参照任何不相容性来挑战其保形感受的初始阶段。永恒客体进入主体的每一阶段都包含着实质的相容性，该过程表现出不可避免的功能连续性。每一阶段自身都携带着其后继者的指望，而每一后继阶段自身也都包含着它从其中产生的先前阶段。例如，材料的复杂性本身就包含着从保形感受到补充性感受的过渡，在这种过渡中，材料中潜在的对比便获得诸成分间实在的统一性。这样，材料中的诸成分，作为材料性的东西，由于是多种多样的，便在已实现的具体对比中成为统一的东西。作为材料中的要素，这些成分是一个一个地被给予的，具有构成对比的潜在性，在补充阶段这种潜在性要么被纳入其中，要么被排除在外。保形阶段只是将客体内容转化为主体的感受。但是，补充阶段则会增加或者排除对比物的实现，那些原初材料正是通过这种对比而进入其情感统一性之中的。

这一说明能使我们把意识阶段理解为补充阶段的延长。合生就是将总体的宇宙个体化的过程。每一永恒客体，不论是否与材料有关联，都可与材料相对比。这类对比被接纳或被拒斥的过程包含着概念性感受的阶段；而意识显然只是这种补充性感受阶段的进一步展现。概念性感受并非必然地包含意识。这一观点在第三编里有详细阐述。

同样，根据这一解释，“对比”仍然是作为一般情形而出现的；而“等同”则是当同一个永恒客体以两种功能方式作对比时所产生的次级类别。

因此，后两个感受阶段是由实现了差异性和同一性这两个特殊方

式所构成的，这一实现还包含对关联强度的调整。纯粹的差异性和纯粹的同一性都是一些一般术语。在现实存在的构成中，两个成分具体地看既有差异性，也有同一性，其根源在于复杂的永恒客体的差异性中包含着确定的潜在性对比，同时每一永恒客体又具有确定的自我同一性。通过综合一种永恒客体的不同功能方式可造成一种具体的同一性，这种同一性正是该永恒客体的“个体本质”。但是，合生要达到客体统一性范畴所要求的目的：在任何主体中，一个存在只能被感受 166
一次。无物能被复制。一种存在的诸多潜在性必定可以综合为一个事实。由此便产生了那些可导致淘汰的不相容性。

恰当地说，发生作用的各种方式是可比较的，因而便产生了特定的对立和特定的认同。这后两个感受阶段是比较阶段；这些阶段包含着各种比较和各种比较之比较，并且包含着接纳或排除等级不断上升的诸潜在性之比较的不确定的复杂性。

最终获得的是“满足”。这是对一种现实存在——即通常被称为“主体”的“超体”——的感受统一性所做的终极特征描述。在一定意义上，这个满足是二维的，一维是狭度，一维是宽度。狭度之维是指产生于材料个体成分的个体情感强度。在这个维度上，各种高层次的协调之间没有关联。宽度之维则产生于各种高层次的协调，狭度之维的强度就是通过这种协调而服从于以高层次对比为基础的协调。只有通过宽度之维，才能满足对宇宙复杂性的体察。低层次的情感深度具有其局限性：宽度的功能便是使感受的海洋增加深度，并阻止由高层次上诸多情感不协调的干扰而造成的深度减少。黑格尔坚持各种思想范畴是有等级的，而有机哲学则发现各种感受范畴也有等级。

第五节

有机哲学采用的这一经过修正的主体性原理，不过是相关性原理（第四种说明性范畴）的另一表述而已。这个原理宣称，“存在”是每一“生成”的潜在性，此乃存在的本性。因此，所有事物都可被当作现实发生的条件。根据第九种解释性范畴，现实存在**如何**生成，构成该现实存在之为**何物**。这个原理表明，实在事物的**存在**是由其“生成”构成的。一个现实存在受制于其他现实存在的方式，就是由作为主体的该现实存在享有的现实世界所“经验”。主体性原理就是坚持认为，整个宇宙是由分析各种主体的经验时所揭示的那些要素所构成的。过程就是经验的生成。由此可以说，有机哲学完全接受现代哲学对主体性的偏爱。它也承认休谟的学说，即：凡是不能在主体经验中
167 发现的要素，哲学体系都不承认。这便是本体论原理。这样看来，休谟要求因果关系可以描述为经验中的要素，根据这些原理，完全是合理的。若要批判休谟的观点，关键在于我们对遗传和记忆有直接的直觉：这样，唯一的难题便是，如何描述经验的一般特征，才可能把这些直觉都包括进去。而休谟的失败正在于此。同样，那些用“规律”替代“因果关系”的现代经验论者比休谟失败得更惨。因为“规律”与“因果关系”一样，不能满足休谟的检验。我们不可能有任何关于“规律”或“规律性”的“印象”。即使承认记忆，根据休谟的原理，凡是在经验中发生的一切都已经在经验中发生了，我们所能言说的仅此而已。其他一切都是虚张声势，并伴有某种欺骗，在结论中加入“或然性”，而这一结论所需要的只是“茫然无知”。

全部现代哲学派别所以面临各种难题，乃在于这样一个事实：它们虽然接受了主体性原理，却在继续使用源自其他观点的哲学范畴。这些范畴并不错，但是它们所处理的抽象观念却不适合在形而上学意义上使用。正是由于这一原因，诸如“广延连续体”和“直接表象”这类概念，才需要从不同观点出发进行仔细讨论。像“绿叶”和“圆球”这类概念都是建立在传统形而上学基础之上的。它们导致两种错误观念：**一个**是空洞的现实性概念，它缺乏主体的经验；**另一个**是认为属性是实体固有的概念。就其恰当的特性而言，作为高度抽象的观念，这两类概念的作用都是极为实用的。事实上，人们构造语言主要就是来表达这类概念的。正因如此，按其日常用法，语言只能达到各

种形而上学原理的表层。最后，尚需再重复一下经过改造的主体性原理：除主体的经验之外，什么也不存在，纯粹是无。

至此显而易见，在前言中曾经提到，有机哲学与黑格尔学派的各种哲学观点最终有相似性不是偶然的。宇宙既是各种客观实在的多样性存在，同时也是各种客观实在的协同统一体。这种协同性本身就是宏观的实在事物的效能，体现了无限的永恒通过流变获得新颖性的原理。而宇宙的多样性则是由微观的实在事物构成的，每一微观实在事物都体现着有限的流变获得“持续”永恒的原理。一方面，一生成为多；而另一方面，多又生成为一。但是，凡是生成的东西永远是实在的事物，而且实在事物的合生便是主体性目的的发展。这一发展不过是黑格尔的观念的发展而已。阐明有机哲学的这一方面，其目的就是要对人类的宗教经验作出解释，这些将在本书第五编中进行。

宇宙学的故事，在其每一部分和每一章，都关系到静态的观察与动态的历史之间的相互作用，但是，整个故事都是由实在事物的主体性合生的说明构成的。

第八章　符号参照

第一节

168 纯粹的直接表象方式并未提供任何有关过去和未来的信息，它只呈现那个被呈现的持续性中已被展现的部分。因此，它界定了宇宙的某个剖面：但其本身并未界定过去在哪一面，未来又在哪一面。为解决这类问题，我们现在着手来讨论这两种纯粹方式之间的相互作用。这一混合的知觉方式在此可称为“符号参照”。造成形而上学难题的诸多原因之一，便是对符号参照没有给予适当的重视，结果导致把“意义”概念变成神秘莫测的了。

解释符号参照的第一原理是：这种参照需要一个“共同基础”。所以要有“共同基础”这一必要性，意思是说，经验中必须有一些成分可以直接地被看作在每一纯粹的知觉方式中是相同的。在向经验的较高级阶段过渡时，有一种合生可把这两种方式的摄入结合为感受的统一体：这种合生统一体源于它们的主体性形式的一致性，因为这两种摄入间的关系具有同一性，某些组成成分相同。因此，符号参照属于经验后期各种创生阶段之一，这些后期阶段因其有创生自由这一新要素而显突出。这样一来，尽管这两种纯粹的知觉方式不会出错，符号参照却导致有此可能。当探讨人类经验时，“知觉”几乎总是指“以混合的符号参照方式表现出来的知觉”。因此，一般而言，人的知觉容易出错，因为就这些成分十分清楚地存在于意识之中而言，人的知觉是有解释力的。事实上，犯错误是较高级机体的标志，它像老师，由于它的作用才有向上的进化。例如，智能进化的作用就在于，它能使个体从错误中受益，不被错误吞没。但目前，我们不是在考察概念或智能的功能。

在这两种纯粹方式共有的共同基础中，一种主要因素是被呈现的轨迹。这一轨迹从属地进入因果效验知觉方式中，模糊地表现着它在广延相互联系总体系中的参与性，是实在的潜在性中所包含的。它不 169
是由该知觉方式以任何其他方式所揭示的，至少不是被直接揭示的。进一步的揭示一定是间接的，因为诸当下事件本身既不是能引起，也不是由具有知觉的现实发生引起的事件。这样，虽然就当下的现实发生来说，其各种各样的具有因果性的过去（即，“诸现实世界”），并不完全等同于有知觉能力的现实发生的因果性的过去，然而，就其所涉及的重要关联而言，这些具有因果性的过去实际上是同一的。因此，对这些先前的现实发生，有一种以因果效验方式存在的直接知觉。这些先前的发生对知觉者和被呈现轨迹中的相关事件来说，都具有因果效验。所以，因受其自身视阈的局限，知觉者摄入的是被呈现轨迹在其重要区域内易受影响的那些因果作用。这相当于对这一轨迹的间接知觉，根据这一知觉，其直接的组成部分属于纯粹的因果效验方式。如果我们现在转向这一直接表象的知觉方式，那么，由直接和间接认识分别知觉到的这些区域，与另一方式相比较，便被颠倒了。被呈现轨迹是由感觉材料直接表现的，而其因果性的过去、因果性的未来，以及其他当下事件，都只是间接地通过它们与这种被呈现轨迹的广延联系知觉到的。必须记住的是，被呈现轨迹有其时间密度的第四维，它被“空间化”为知觉者徒有其表的当下。因此，被呈现轨迹，连同知觉者的动物身体，即各种视界所集中的区域，就是该区域的起源，通过以这一知觉方式来参照该区域，诸广延区域的完全体系就变为确定的了。这两种知觉方式在经验中各起什么作用，可由下列事实予以恰当的表现：所有科学观察，诸如测量、对相对空间位置的确定，对诸如颜色、声音、味道、气味、冷热感、触感等的确定，都是以直接表象的知觉方式进行的，并且要竭尽全力保持这一方式的纯粹性，也就是说，要避免对因果效验的符号参照。这样便可保证其精确性，意思是说，要把所有解释从直接观察中排除。另一方面，所有科学理论都是唯一地参照该关联性体系而阐述的，就所观察到的而言，该体系还包括以纯粹因果效验方式获得的知觉对象。这样一来，令我们豁然开朗的是，我们想要认识的东西，无论出自好奇还是从技术观点看，主要地都居于由因果效验揭示的世界的那些方面；但是，我们能清楚明白地记录下来的东西，却主要地存在于以直接表象方式存在的知觉对象中。

被呈现轨迹是符号参照的共同基础，因为它是由直接表象直接而明确地知觉到的，同时是以因果效验方式模糊而间接地知觉到的。在后一方式中，其模糊性使得具体的几何关系大部分都不可避免地模糊
170 不清。根据这一知觉方式，具体的区域一般说来都是不可区分的。在这一方面，因果效验与直接表象形成对比，直接表象可直接地展现某些明显的区域。

但是，这一因果效验几何关系的模糊性有一些例外。首先，潜在的广延体系区分为过去和未来，其原因在于因果效验方式，而不是直接表象方式。从后者中导出的数学测量与这种区分毫不相关；而根据前者所表达出来的物理理论，则完全与之有关联。其次，有知觉的动物身体是一个区域，正是因果效验为其区域区分获得某种精确性——虽不如另一方式那样明确，却足以做出重要的区分。例如，我们**用**眼睛看，我们**用**味觉尝，我们**用**手摸，等等；此处因果效验限定了那些区域，它们与另一方式知觉到的更为明确的区域是相同的。举个例子

来说，在视觉活动中，眼睛的轻微收缩便是直接表象进行区域限定的一个例子。但是，就其自身而言，它只不过与投射的光线有关联而已，就像胃一阵疼痛或脚一阵痉挛一样。眼收缩与光线间明显的关联，是由另一种知觉方式造成的，即视觉中有因果效验的眼睛造成的。这一相互关联的发生是因为这两个区域有同一性，一是眼睛收缩的区域，一是眼球发生效验的区域。但是眼睛收缩在限定区域的能力上具有不可估量的优势，乃至我们通常依赖它去确定与身体其他部分之间明显的几何关系。从这一方面看，动物身体是所有符号参照的重要核心基础。就身体知觉而言，这两种方式都获得了最大的符号参照，并汇集了相同区域的感受。对世界上物质实体间的几何关系做任何陈述，归根结底都是把某些确定的人体当作参照源。一位旅行者迷路后不应当问：我在哪里？他真正想知道的是其他地方在哪里。他有自己的身体，但却迷失方向，不知其他地方在哪里。

第二节

符号参照的第二个“基础”是这两种方式之间的联系，这一联系是由作为它们两者之组成成分的永恒客体的同一性所造成的。应该记得，前一“基础”是贯穿于直接知觉和综合这类阶段中的广延区域的同一性，此时存在着诸永恒客体，例如，视界、视觉材料和眼睛收缩的差异。但此时我们达到了与永恒客体——例如，视界效应所给予的视觉材料——的同一性相结合的诸区域的同一性，以及这同一视觉材 171
料所表现的直接表象方式所知觉到的石头的区域。在这一方面，通过把休谟《人性论》中两段不相干的话并列在一起，便可充分展示现代经验主义的“虚假”性[1]：“印象可分为两类，一类是**感觉**印象，一类是**反省**印象。第一类印象最初产生于灵魂，是由于**未知的原因**。”

① 《人性论》第一卷第一部分第二和第六节。黑体字系怀特海所加。

另一段是：“**如果它可由眼睛知觉到**，它一定是一种颜色……”

前一段话是休谟在作假，那时他所考虑的是他的哲学原理，因而他把“灵魂中的”视觉归于“未知的原因”。但是在第二段话中，在论证达到高潮时激起了他真正的确信——人人都有此真正的确信——即视觉是“由眼睛”引起的。其原因根本不是“未知的”，并且在其中通常可以发现眼睛的功效。如果休谟当初静下心来探究视觉出现的诸可能原因——例如，视力或过度饮酒——他或许会踌躇不决，不会表现其在专业方面的无知。如果引起视觉的原因确实是未知的，那么为视力和醉酒烦恼就是荒谬的了。眼科大夫和禁酒主义者存在的理由是，引起视觉的各种原因已为人所知。

我们此时可完成我们对直接表象的说明。使用这一知觉方式时，感觉材料对知觉者来说是“既定的”，但是，这一赠品并不能归之于由此所呈现的具有空间性的客体，例如那块石头。这样，基本的学说便是：凡“既定”之物之所以是既定的，乃是由于它们来自于已被固定化的过去的诸现实存在的客体化。所以，我们要寻求的是这一赠品到底是哪些现实发生的客体化。在这一过程中，我们只同意笛卡尔的第五十二条原理（第一部分）的基本精神：“由于这一理由，当我们知觉到任何属性时，我们就会因此而断定，这些属性所属的某些存在物或实体必然存在。”常识、物理理论和生理学理论，都一致地指出了一条继承的历史路径，从现实发生到随后的现实发生，一开始物质性地发生在外部环境中，然后这种发生生理性地——若是视觉材料，便要通过眼睛——沿神经而进入大脑。该赠品——以视觉为例——并不局限于确定的感觉材料，例如颜色的层次：它还包含与一般环境之间的几何关系。在这一继承链中，眼睛被衬托出来，上升到知觉的突出地位，因为另一条生理继承的历史路径是从它开始的，后一发生（几乎与前一发生相同）由此便是由直接表象方式的“眼睛收缩”感觉材料来表现的；但这种眼睛收缩又不是孤立的行为。在知觉者的视觉材料中，首先有这些颜色感觉材料的成分，它们与固定的过去所组成的外部世界之间的几何关系相结合；其次，材料中还有一些一般的几何关系，它们把这一完成了的潜在体系构造为共时性世界，并且还构成了未来。反应阶段吸收了这些材料，把它们当作主体的感受统一 172 性的质料：通过把那块石头的当下区域衬托为效验历史轨迹的当下代表，补充阶段加强了颜色感觉材料的关联性，补充了过去的几何关系。于是便以直接表象方式产生了关于该区域的知觉，该区域是由被称为“灰色”的感觉材料所表现的。“石头”一词主要地用来指过去的某一历史路径，它是这一事件链中的一个有效因素。只有假定这一当下区域是该历史路径向被呈现轨迹的延伸，它才可被恰当地应用于由“灰色”所表现的当下区域。这一假定可能是真的，也可能不是。此外，“灰色”对当下区域的表现或许可完全归之于其他有效的历史路径——例如，归于由剧务人员安排的灯光效果——在此种情况下，“石头”一词所暗示的错误可能会比前一个例子中更为严重。被直接而确切地知觉到，且没有丝毫疑问的东西，就是被呈现轨迹的灰色区域。再做任何解释，不管出自本能还是理智的判断，都只能归结为符号参照。

这一阐述已经说明：直接表象的知觉方式源于合生过程后期原创性的和整合性的阶段，而因果效验的知觉方式则可追溯到材料的构成，由此才有具体的知觉存在。这样一来，我们就必须把因果效验方式归于某个发生的基本构成之中，因而这一方式在其萌芽状态甚至可归之于最低等的机体；而直接表象方式则要求过程的后期阶段有更复杂的行为，因而只属于相对高级的机体。就我们所能做的判断而言，与我们的直接环境中的机体总量相比，这类高级机体相对较少。直接表象源自因果效验所植入的复杂材料。但是，由于补充阶段的原创力，因果效验中那些模糊不清、界限不明且几乎毫不相干的因素，在直接表象中成为清晰明确、界限分明且有重要关联的因素。在反应阶段，灰色以及有效的身体路径与当下诸发生之间的几何关系，都是与几乎无关的几何关系相连的主体感觉：它们表现的是生动的感觉性质，在享有这些性质时，知觉主体几乎不能分辨与外部世界之间的那些模糊而间接的关系。补充阶段将被呈现的持续性提升得生动而明晰，这样一来，对直接的过去中那个不清晰的外部世界来说，其模糊不清的功效被抛入当下现实的代表性区域。用通常的语言来说，感觉被投射出去了。这一措辞是不幸的：因为脱离这些几何关系，决不会
173 有感觉。直接表象是对材料中业已模糊而松散地存在的诸关系的强化。“直接表象”处理的材料与“因果效验”处理的材料相同，这一事实对“符号参照”为何具有共同“基础”提供了终极理由。这两种方式根据不同比例的关联表现着同样的材料。必须仔细地区分包括表象直接性的两个发生过程。首先，存在着直接表象得以产生的复杂发生过程。这一过程向下甚至可延伸到一些发生，这些发生属于某些种类的无机持续客体的历史路径，即可以延伸到这样一些持续的客体，它们的聚合体构成了牛顿动力学的主题。其次，直接表象方式的摄入，作为组成成分，包含在其他摄入的整合之中，其他摄入通常——尽管并非总是——采用其他方式。这些整合通常涉及各种类型的“符号参照”。这类符号参照是人类经验中的解释性要素。语言几乎只是指由符号参照所解释的直接表象。例如，当我们说“我们看到了石头”时，其中的“石头”实际是对石头形象的解释；我们也可以说：“我们用眼睛看到了石头的印象”，这是一种解释，它源于对如下因素的复杂整合：(1) 先前的眼睛在视觉中的因果效验；(2) 石头形象的直接表象；(3) 眼睛收缩的直接表象。当我们说“我们用眼睛看到了石头”时，对这两个例子的解释就结合在一起了。

第三节

对于由因果性与知觉的关系所构成的难题的讨论，是由自休谟和康德以来各种思想流派因颠倒了真正的经验构成所产生的误解所导致的。这种颠倒在休谟和康德的著作中是很明确的：在他们两人看来，直接表象就是知觉的基本事实，而任何对因果关系的理解，都会以某种方式从这一基本事实中产生。关于作为经验中之事项的因果性和知

觉的关系的这一观点，并非这两位大哲学家的独创。我们可以发现，在洛克和笛卡尔的著作中已把它们作为前提，而他们又是从中世纪的先驱者们那里继承来的。但是，现代哲学的批判运动则是从休谟和康德强调这一学说对于任何哲学承认其真理具有基本的、不可或缺的重要性而开始的。有机哲学不承认其真理性，并因此而拒斥这一试金石，认为它只是“批判”哲学过时的武器。千万不要忘记，意识的清晰性并非发生过程之原始性的证据：相反的学说倒更接近真理。

由于其长期占主导地位，人们通常便把直接表象的首要地位假定 174
为当然的事实。我们睁开眼，张开其他感觉器官，接着去观察，看到共时性世界充满着光线、声音和味道；然后，仅凭关于当下如此这般装饰的世界的这点信息，我们便得出我们对这一现实世界所能得出的结论。没有哪位哲学家会真正地认为这便是信息的唯一来源：休谟及其追随者模糊地诉诸“记忆”和“实践”，以便补充他们的直接信息；而康德则写了其他几个“批判”，以便补充他的《纯粹理性批判》。但是，现代哲学“批判主义”的一般方法则是，将对手紧紧地绑在作为唯一信息源的直接表象的前门，而自己的哲学却披着日常语言用法的伪装从后门逃走了。

如果这一“休谟式的”学说是真的，那么就应当对“行为”做出某些结论——然而这些结论都不能以最明显的方式加以证实。把哲学家的注意力从哲学知识的经典源泉引开，使他们去关注日常生活的琐碎事务，这几乎有些卑鄙，然而竟然是经验论者开启了这种诉诸全民公决的活动。

在休谟看来，我们以因果性为前提的行为是由于对相联系的诸表象经验的重复。因此，先前的知觉对象的生动呈现会在行动或思想上生动地造成相联系的结果。对一种结果的明白清晰且占主导地位的知觉是向另一结果主体过渡的最主要的理由。因为含有因果性因而是可解释的行为，根据这一理论，是对直接表象的主体反应。在休谟看来，这一主体反应是关于因果性所能谈论的起点和终点。在休谟的理论中，这一反应是对直接表象的反应，而不是对任何其他东西的反应。同时，在反应中所产生的情形只不过是直接表象，或对表象的记忆。我们且将这一解释用于反射行为：在黑暗中，电灯突然被打开，人便会眨眼。对这种微不足道的小事，可做出简单的生理学解释。

但是，这一生理学解释完全可用因果效验来表达：可将它猜测性地记录为，一阵兴奋沿神经线而达到某个节点中心，然后经一阵收缩又回到眼睑。这些正确的专业术语并不会改变如下事实：这一解释无论在说明神经内的现实发生，还是在说明该眨眼的人时，都没有涉及任何对直接表象的诉求。充其量其中隐含这样一种假定：如果有一位
175 生理学家在场——事实上他并不在那儿——并且如果他能对该人进行解剖而同时又不影响这些事件，同时如果他还能用显微镜进行观察——事实上显微镜也不存在——那么，他将会看到什么。因此，根据休谟哲学的观点来看，这一生理学解释仍然是一连串毫不相干的解释而已，它以之为前提的领域的一个方面，根据休谟的理论，我们对之只能继续处在茫然无知的状态。

现在，我们且撇开生理学的解释，回头再看一下眨眼人的私人经验。根据直接表象方式，知觉对象的先后顺序是闪光、闭眼感、瞬间黑暗。这三者实际上是同时的，虽然闪光先于其他两者，而后两个知觉对象难以区分先后。根据有机哲学，该人还在以因果效验方式经验着另一知觉对象。他会感觉到，在闪光时，**眼睛**的经验是眨眼的原因。该人自己对此没有任何怀疑。事实上，正是对因果性的这一感受使该人分辨出闪光在先；而相反的论证，即认为“从闪光到眨眼”的时间顺序被当作“因果”信念的前提，则源于纯粹的理论。这个人将会解释他的经验说：“闪光使我眨眼”；如果有人怀疑他的说法，他将会回答说：“我的认识就是这样，因为我感觉到了它。”

有机哲学接受该人这个说法，即闪光**使得**他眨眼。但是，休谟却做出另一解释。他首先指出，在直接表象方式中，没有任何闪光的知觉对象**使得**该人眨眼。以此方式，只有两个知觉对象——闪光和眨眼——他将三个知觉对象的后两个结合为一个术语即“眨眼”。休谟拒绝该人的抗辩，即眨眼冲动确实是他感觉到的。该拒绝基于如下教

条：所有知觉对象都是以直接表象方式知觉到的——这一教条不是仅仅诉诸直接经验就可颠覆的。此外，休谟对该人的经验另有一种解释：该人实际上所感觉到的是他在闪光后的眨眼**习惯**。根据休谟的观点，“联想”一词可以解释一切。但是，当不能感觉到“原因”时，何以能感觉到“习惯”呢？在感觉到“习惯”时，有任何表象直接性吗？休谟变戏法似的将“闪光后感受到眨眼的习惯”与“**感觉到**闪光后感觉到眨眼的**习惯**”混为一谈了。

在这里，我们有一个完美的例子，表明实际地应用直接表象的检验，便可获得对某些教条的批判性拒绝，并可允许其他学说从后门溜走，以便避开这一检验。因果关系概念所以会出现，就因为人类生活在因果效验方式的经验之中。

第四节

我们将继续诉诸日常经验，并将考察另一种情形，这是休谟哲学因自身的理论缺陷而不能予以解释的。根据这一学说，“因果性的感 *176*
觉”产生于感觉材料的明显呈现即一个先于另一个的长久联想。由此来看，对以直接表象方式既定的感觉材料的抑制，不应当伴随着相应的“因果感觉”，因为对何以会有“因果感受”的说明假定了直接表象中存在着一些明显熟悉的感觉材料。不幸的是，实际情形恰巧相反。抑制熟悉的感觉材料容易使我们成为茫然恐怖的牺牲品，这种恐怖与诸因果活动组成的周围世界有关。在黑暗中，通常会有一些模糊不清之物令人疑虑而担忧；万籁俱寂之时，大自然那不可抗拒的因果效验对我们形成压抑；八月间，森林里昆虫低鸣，景色朦胧，我们身处包罗万象的自然中，身心受压，备感渺小；当我们似睡非睡、意识朦胧之时，各种感觉逐渐隐褪，我们模模糊糊能感受到的，只有周围朦胧的事物对我们的影响。因此，认为对这些影响的各种感受依赖于熟悉直接呈现的明显感觉，这一观点非常不合实际。无论以何种方式省却这些感觉材料，仍然会使我们难以摆脱对那种影响的模糊感觉。这类感觉，若脱离直接的感觉材料，要么会令人愉悦，要么会令人不快，那全依心情而定了；但是，从空间和时间界限看，它们永远是模糊不清的，虽然它们在经验中的明显优势或许会在感觉材料不存在时得以加强。

进一步说，我们关于自身各个部位的经验主要就是关于它们的各种知觉，并把它们知觉为“被投射的”感觉材料的**理由**：**手**是被投射的触感材料的理由，**眼**是被投射的视觉的理由。我们的身体经验主要就是去体验直接表象如何依赖于因果效验的。休谟的学说颠倒了这一关系，认为作为经验的因果效验依赖于直接表象。不管这一学说有何优点，都不是以诉诸经验为基础的。

身体的各种经验，因其采用因果效验方式，可由其相对精确的空间界限而区分开来。来自身体的因果影响，同外部世界流入的影响不同，没有极端的模糊性。但是，即使对于身体，因果效验同直接表象相比也受模糊性的困扰。如果我们考察低级的有机物，这些结论就会得到证实。低等生物似乎并非缺乏因果意识感，它们缺乏的是各种感觉表现，并因而缺乏生动的直接表象的清晰性。但是，各种动物，甚至植物，都以低级机体形式表现出自我维护为目的的行为方式。它们以各种方式表现出，它们对自身与外部世界的因果关系有模糊感受，对某种强度有模糊感受，可模糊地确定性质，也会模糊地确定方位。水母既会前行，也会后退，它这样做，表明它对自身与外部世界的因果关系有某种知觉；植物既会向潮湿的泥土中扎根，也会向阳光处生
177 长。这使我们有直接的理由，把它们归之于对因果联系模糊而缓慢的感受，虽然我们没有任何理由把它们归之于直接表象方式的确定知觉对象。

但是，有机哲学认为整个现实世界都能“感受”。这一学说建立在如下直接观察事实之上：“感受”是作为一种已知要素而现实地存在的，它构成我们能最易于观察的这类现实存在的“形式”存在。同时，当我们观察这种因果联系时，由于缺乏与感官表现的相互作用，

我们所发现的正是这种模糊的性质和“矢量”界定的感受之流。由于在牛顿物理学中标量物理量、惯性占主导地位，模糊了人们对如下真相的认知：所有基本的物理量都是**矢量**而非**标量**。

当我们进而考察无机的现实发生时，我们便失去“过程”中两个较高级的原始阶段，即“补充”阶段和“精神”阶段。说它们失去了，就我们的观察所及，是指它们可以忽略不计了。世界诸现实性之客体化流变，作为感受的有机载体，其所引起的反应不过是主体占有这类被知觉关联中的感受要素，而无机的发生只不过是因果性的过去允许它们成为的那种东西。

随着我们转向无机界，因果性似乎须臾未丧失其控制力。失去的只是原创性和任何关于当下直接吸收的证据。就我们所知，无机存在是接收的载体、贮存的包裹，可毫无损益地恢复。

在现实世界中，我们可分出四个级别的现实发生，当然这些级别彼此之间的界限并非泾渭分明。第一，也是最低级别的，是所谓“虚空空间”中的现实发生；第二级别的现实发生是持续非生命客体例如电子或其他原始机体生命史中的诸瞬间；第三级别的现实发生是持续生命客体生命史中的诸瞬间；第四级别的现实发生是具有有意识的认识的持续客体生命史中的诸瞬间。

凭想象我们可推测，第一级别的现实发生，同那些“被呈现之持续性”在其材料中是微不足道的因素的现实发生相同，其微不足道是因为其直接表象是微不足道的。因此，对于包含它们在内的历史路径来说，不可能有任何可理解的静止和运动定义，因为它们与现实世界的内在空间化不符。

第二级别的现实发生，同那些“被呈现之持续性”在其材料中是重要要素的现实发生相同，但是其局限只有在人的经验的较低瞬间可被观察到。在这类发生中，被感觉到的感觉材料之材料，由于起源于更为原始的因果效验材料，被投射到当下“被呈现轨迹”之上，但并 178
不表现该轨迹的任何特殊区域。过去被提升到现在，但是过去的模糊分化却并未转化为现在的任何精确分化，精确性的提高还尚未实现。

第三级别的现实发生是同那些其直接表象有某种提高的现实发生相同的现实发生，因而“符号传递”将“被呈现之持续性”中精确区分的区域提升到重要地位。此时这些自我维持的精妙活动便成为可能，因为有关过去的模糊信息已被传递到被呈现之持续性中更加精确区分的区域。符号传递须依赖于这些构成生命的概念原创性的闪现。

第四级别的现实发生同自由的概念功能定向意义相同，盲目的经验据此可通过与纯粹潜在性在想象中实现比较而得以分析。以这一方式，通过想象的享有和判断的共同作用，可以对经验中各组成部分的相对重要性予以重组。理性的增长就是通过想象性享有的训练而增强批判性判断的意义。

第五节

因果性之所以产生了诸多哲学难题，原因之一是休谟随后还有康德认为，就其基本性质而言，因果联系源于以直接表象序列为先决条件。但是，如果我们拷问经验，情况则恰好相反。直接表象知觉方式以更为原始的因果效验方式提供了关于知觉对象的信息。

因此，虽然符号参照在复杂的人类经验中是同时以这两种方式在起作用的，它却主要地被看成是通过以直接表象方式不断地干预知觉对象，以因果效验方式来说明知觉对象。

前一方式产生的知觉对象是模糊而失控的，并且情感色彩浓重：它所产生的感觉起源于直接的过去，并流向直接的未来；这种感觉是具有感情色彩的感受，既属于往日的自我，又过渡到当下的自我，并从当下自我把自身推向未来；这种感觉是从其他更为模糊不清的诸过去之当下中发生的影响流，它被定位然而却不受位置的限定，这类影响对我们接收、同化、享有和传递的感受之流予以修饰、强化、抑制、转移。这便是我们一般的存在感，感到自己作为他物中的一员，存在于一个有效验的现实世界之中。

通过转移注意力，我们可抑制其进入意识之中；但是，不论精神是否可分析，它仍然是既定的、尚未得到控制的根基，我们的性质即以此为转移。我们的身体在很大程度上是创造物，某些核心的现实发 179
生因此可能会继承其先前部分的这些基本经验。因此，有机体的有些组成部分是由其相互继承的特殊活性来协调的。在一定意义上，活的机体与无机的环境之间的差异只是一个程度问题；但是，正是这一程度差异造成了所有的差异——事实上这是一种质的差异。

以直接表象方式取得的知觉材料则具有相反的性质。相比较而言，它们是明确的、确定的、可控的，适合直接享有，并且极少参照过去或未来。我们对因果效验方式的知觉材料比较熟悉，却常以直接表象方式对我们的知觉材料予以调整。但事实上，我们为取得统一经验而形成的自我建构过程却产生了新东西，在这一新东西中，以这两种知觉方式存在的知觉材料被综合到一种主体感受之中。例如，我们知觉到我们眼前有一块灰石头。

我们将会发现，一般地说——虽然并非总是——形容词表达的信息产生于直接表象方式，而实词传达的则是以因果效验方式获得的模糊知觉材料。例如，“灰色”指的是直接在我们眼前的灰色形状：这些知觉材料是确定的、有限的、可控的、令人愉悦或不快的，并且与过去或未来没有任何关系。正是这类知觉材料，使笛卡尔把实体定义为：“除了它们自身，不需要任何东西便可存在的东西”，并导致他把“广延性”概念定义为一类实体的主要属性。它还导致休谟把“感觉印象”理解为是由未知来源产生的，并且就可认知的联系而言，其产生是完全独立的。但是，复合知觉材料的另一要素则有完全不同的性质。人们选择的是“石头”一词，这是没有疑问的，因为其辞典意义对理解这一特殊的知觉材料的意义可提供某些帮助。但是，这个词的意思是指对直接过去中的因果效应的特殊感受，并与对直接未来的预测结合在一起；这一感受的位置模糊不清，推测性地相当于“灰色”知觉材料的确定位置。

因此，就有意识的判断而言，符号参照就是接受以直接表象方式存在的知觉材料的证据，把它当作以因果效验方式存在的模糊知觉材料定位和分辨的证据。就身体感受而言，对这一方法有某种直接的检验；但是在身体之外，则要求有实际结果，包括某种可检验的未来身体感受状态。

但是，在对知觉的这一讨论中，自始至终对试验过程中的精神状态给予了过分的强调。这是不可避免的，因为我们只能讨论那些已进入有意识的分析之中的经验。但是，知觉作为感受在试验过程的前两
180 个阶段，即“反应”阶段和“补充”阶段有其地位。知觉在这些阶段中是主体占有材料的过程，以便把材料转化为统一的主体感受。因果效验方式属于反应阶段，在这一阶段中，根据客体化在材料中的关联性，可以感受到诸客体化；直接表象方式属于补充阶段，在这一阶段中，材料中所包含的微弱的间接关联，即与被呈现轨迹的区域所具有的联系，被提升为清晰而显著的关联性。而哪个区域与材料的构成成分——例如“灰色”——有联系因而被强调的问题，则取决于身体诸器官之间的协调，继承的路径正是通过这些器官而进行的。在一个有幸被解析的动物体中，这一选择主要是由表面器官——皮肤、眼睛等等——从外部环境所获得的遗传所决定的，并保持着与该外部遗传的矢量性的关联。当情形是这样时，直接表象的知觉方式便与外部环境的未来效验具有确定的关联，并因而间接表现着被呈现轨迹从直接的过去所接收的遗传。

但是，这一表现并未从任何理性分析中获得其首要的意义。这两种方式是由一种盲目的符号参照连为一体的，通过这一参照，由强大而模糊的因果效验方式所产生的补充感受，便沉淀为由直接表象方式中所表现的明确区域。补充感受中这两种方式的整合，形成了相对明确而言有些模糊的东西，相对强度而言有些空洞的东西。这便是以混合的符号参照方式所获得的对灰石头的知觉。

这类知觉可能是错的，意思是指该感受与从过去继承而来的被呈现轨迹中的区域有关联，而事实上它并未因此而被传递到现在的区域。在混合方式中，知觉的确定性纯粹是由身体器官造成的，因而可

以说，在该知觉逻辑中有断裂。这一断裂并不是由概念上摆脱了任何终极主体的作用所造成的。它并非由意识产生的错误，而是由下述事实所造成的：身体，作为感受的综合和强化手段，是有缺陷的，意思是指，它所产生的感受只是稍稍参照了被呈现持续性的真正状态。

第六节

这两种知觉方式之间的符号参照提供了支配所有符号论原理的主要实例。符号论之所以是必不可少的，是因为有两类知觉对象；而一类知觉对象与另一类知觉对象有某种共同的“基础”，因此便确立了这一对知觉对象之间的相互关联。与一类知觉对象的组成部分有联系 181
的感受、情绪和一般特征，明显地在某些方面不同于与另一类知觉对象的组成部分有联系的感受、情绪和一般特征。因此，在这两类知觉对象之间便存在着“符号参照”，此时，对一类知觉对象中某个成分的知觉会引起它在另一类知觉对象中的关联，并且会给这一关联沉淀下感受、情绪和派生行动的混合物，它们既属于这一关联中的东西，同时又被这一关联所强化。符号参照由之开始的那一类型叫作“符号类型”，而它在其中得以结束的那一类型叫作“意义类型”。以这种方式，在这两种类型之间可能会以同样的知觉方式产生符号参照；但是，符号论的主要实例就存在于这两种知觉方式之间，所有高等动物的生命绝大部分是以这一实例为基础的。

符号论可能是正当的，也可能是不正当的。对正当性的检验一定永远要注重实效。就符号论可导致继承路径，根据知觉的发生而组成知觉着的“个体”，由此而构成一种幸运的进化而言，符号论是正当的；而就符号论会导致某种不幸的进化而言，它又是不正当的。从稍微狭隘的意义上说，符号论既可能是正确的，也可能是错误的，并且其正确性或错误性总是可从实效性上予以检验。根据“历史路径”，产生于符号参照的诸感受有继承性：现在，如果关于经验中某种确定要素的感受可归之于两种源泉，其中一种源泉是这一遗传，而另一种源泉是这两种纯粹方式之一中的直接知觉，那么，产生于这两种源泉的感受彼此因综合而得以加强，这种符号参照就是正确的；但是，如果它们不一致，因而互相压制，这种符号参照就是错的。符号论的对与错是符号论是否幸运的一个实例。但是，在上述意义上，纯粹的“正直”并不能涵盖所有能被包含在更为一般的“幸运”概念之中的东西。因此，多数人类经验与符号参照密切相连，说真理的意义就是有效，简直是毫不夸张。但是，尽管这一说法**简直**毫不夸张，却依然是一种夸张，因为效用的检验从来不起作用，除非在某种未来或当下的发生中，对该发生中什么是真的有明确的规定。否则，可怜的实用主义者就依然是智力上的哈姆雷特，永远地把做出判断的决定向后推迟。根据这里所讲的学说，只有在“意义”足够清晰和有关联之时，才是做出判断之日。此时，知觉对象以其恰当的纯粹方式，提供了与产生于符号参照的感受沉淀物的比较。这类作为符号的知觉对象与作为意义的知觉对象，没有任何天然的区别。当这两类知觉对象通过某种关联“背景”相互联系起来时，就会依赖于关于哪一类是符号组，
182 哪一类是意义组的实验过程，它构成了知觉的主体。同时，还会同样地依赖于知觉者是否有任何符号参照。

语言是符号论的一个实例，它最自然地把自己表现为是对符号论用途的考量。它多少有点儿人工性，这使得符号论的各种构成要素成为更加明显的证据。为简单起见，这里只考察口语。

一个单词并非一种明确的声音。说出的每一个音都在某些方面不同于其他声音：音的高低、语调、口音、音质、音素的节奏关联、音的强度，都会变化不定。因此，一个词便是一种声音的种类，具有特殊标识和个体差异。当我们识别出这种类型时，我们便听到了这个词。但是，我们所听到的只是声音而已——或者悦耳或者刺耳，与其他伴音相协调或不协调。这个词是以纯粹的直接表象知觉方式听到的，且主要地只会引起与那种方式中的其他知觉材料的对比和认同。至此，还没有任何符号介入。

如果该词的意义是一个事件，那么，这个事件要么是被直接知道的，是在知觉者先前发生的生命中被记住的知觉材料；要么是该事件只因同直接了解的事件有日期上的时空关系而只是抽象地知道一点。不管怎样，这里有一条符号参照链（根据知觉者的生命史路径而继承，因该路径的各种发生中出现的新颖参照和符号参照而强化），因而在该材料中，就知觉发生而言，所说出的词和该事件之间有微弱的关联性的聚合体。该词的发声，以直接表象方式，通过符号参照引出这种聚合体，并把它引入重要的关联性中，因而沉淀为感受和思想，施加于被强化的事件客体化进程。事件的这类被强化的关联性或许是不幸的，甚至是不正当的，但这却是词语的功能所产生的。对其精神性的讨论留待第三编中再进行：把词语主要地看作思想的载体，这是错误的。

语言还表现着如下学说：就一对有恰当关联的事物类型来说，它依赖于知觉主体的构成指派哪一类发挥“符号”的作用，哪一类发挥“意义”的作用。“森林”一词可能是指对森林的记忆；但对森林的视觉或记忆同样地会指“森林”一词。有时，我们会由于没有恰当的词语来表达直接的经验而颇感困惑。在这种情形下，词与经验的那种关联，就不能成为我们的经验构成中的重要关联。

但是，我们通常并不认为这些事物可以把与之相关的词语符号
化。不能使我们的观念发生颠倒，这正是符号论最有用的方面。一般 183
地说，符号更多地是我们经验中的方便因素，而不是意义。只要我们
喜欢，随时都可以说“森林”一词。但是，只有在某些条件下，我们
才能直接地经验到实存的森林。获得这种经验通常会包括只有在我们
的假日里才有可能出现的交通问题。同时，即使要记住任何生机盎然
的森林景色，也并非轻而易举之事；我们通常会发现，对“森林”一
词的直接经验会有助于引出这类回忆。在这些方面，语言可方便地当
作交往手段，根据历史路径的连续发生，构成一个体生命。通过延伸
这些相同的行为原理，它能把在一个体身上所发生的情形传递给另一
后继个体所发生的情形。相同的原理是指，一个词只要能方便地获得

对自己的直接呈现，就同样能有效地呈现给另一个人。这样，我们便可有一个包含二人（A 和 B）的双向符号参照系统。A 所回忆的森林对 A 来说把“森林”一词符号化了；然后 A，因其自身和 B 的缘故，说出了“森林”一词；接着，由于环境和 B 的身体各部位的因果效应，且由于 B 的体验过程而导致的补充强化，“森林”一词被 B 以直接表象方式知觉到；最后，通过符号参照，B 知觉到各种模糊不清的森林景色。语言用于两人沟通时的这一作用，原则上没有任何东西不同于一个人根据自己的现实发生路径进行沟通时的作用。

这一讨论表明，符号的基本目的之一源于其方便性。由于这一原因，埃及的草纸使得用墨水书写的语言比刻在砖上的巴比伦语言成为更有用的符号。同产生某种宗教感情相比，嗅出熏香的味道要容易得多；因此，如果这两者能联系起来，熏香对这类感受来说是更合适的符号。实际上，出于多种目的，某些容易产生的审美经验，比书面的或口头的词汇所产生的符号更好。对符号论的争论构成了关于宗教分歧的众多原因之一。符号论的难题之一表现在，那些难以使用的意义通常是含糊不清的。例如，存在着这样的情形，其中，因果效应方式的知觉材料是由直接表象方式的知觉材料所符号化的；同样，作为另一实例，熏香是确定的或有限的，而宗教感受则通常是不确定的或无限的。其结果便是，它们的意义常常游移不定。这种情形甚至发生在词汇方面：其他人通常会误解它们的意思。同样，在熏香的例子中，最终所达到的那种宗教感受是非常不确定的，或许我们更喜欢它们之中的某些感受从来就没有出现过。

符号论对高级生命来说是必不可少的；而符号论的错误则根本不能完全避免。

第九章　命　　题

第一节

一个有生命的发生在其精神极诸欲望中通常有新颖性闪烁的特征。这类“欲望”，即“概念性摄入”，既可是“纯粹的”，也可是“非纯粹的”。“非纯粹的”摄入源于“纯粹的”概念性摄入与物质极所产生的物质性摄入的整合。纯粹概念性摄入的材料是永恒客体，而非纯粹概念性摄入的材料则是命题，另外也可叫作“理论”。 *184*

概念性摄入与物质性摄入的整合不一定会产生非纯粹摄入：作为纯粹潜在性的永恒客体，其物质的实现尚未确定，若它与自身相整合，作为物质性摄入的物质材料中已实现的确定性的元素，那么它就会失去其不确定性，即它的一般性。在这种情形下，我们便获得了第三编中所说的“物质性目的”。在物质性目的中，主体性形式获得一种特殊的欲望——喜欢或厌恶——这一欲望与该永恒客体相关，该永恒客体是该物质材料中所实现的确定性要素。这一欲望的获得源于概念性摄入。精神活动的“突发性”在此可得以说明。该物质材料本身表现着无限多的永恒客体，而该“物质性目的”则把欲望集中在突然选中的永恒客体上。

但是，随着精神极的强度增加——这可由欲望中新颖性的闪现来证实——该欲望便会采取“命题摄入”的形式。这些摄入将会在第三编中再做更具体的研究。它们是对“理论”的摄入。然而，显而易见的是，理论的主要功能是诱导感受，由此而产生了直接的享有和目的。不幸的是，理论被以“命题”的名义传递给逻辑学家，他们所赞同的学说是，命题的功能之一是让人判断其真假。其实，布拉德雷在其《逻辑》一书中并未提到“命题”，他只讨论了“判断”。其他著作者都把命题定义为判断的组成部分。这里所主张的观点是，在实现命题时，“判断”是非常罕见的组成要素，“意识”也是如此。虚构文学
185 的存在本应使逻辑学家警觉到他们狭隘的学说是荒谬的。很难相信，所有逻辑学家在读到哈姆雷特的台词“是生还是死……”时，就开始判断这一最初的命题是真还是假，并坚持在整个三十五行中都一直在做判断。无疑，在阅读的某一点上，审美的喜悦会使判断黯然失色。对观看戏剧的观众来说，这句台词纯粹是理论的，只是对情感的一种诱导。

再来看一下强烈的宗教情感——设想一位基督教徒在对福音书中的格言做冥想。他并非是在判断“真或假”，而是在发掘这些格言作为情感要素的价值。事实上，他有可能会根据价值的实现与否来判断其真伪。但是，如果命题的首要功能是成为判断的要素，那么这一方法便是不可能的。

“诱导感受”是引导各种感受之合生的终极原因。通过这种合生，第一阶段的多重材料被集中于感受的最终满足的统一性中。“客体的诱导”则是诸永恒客体中的区分，这些永恒客体是由诸现实发生实在的内在构造引入宇宙中的，而该现实发生则构成了合生的材料。这一区分除了包括那些包含这类发生的永恒客体之外，还包括该材料的时间性发生中没有价值的永恒客体。

例如，看一下滑铁卢之战。这场战役以拿破仑的失败而告终，并且以这场败仗为基础，建构了我们的现实世界。但是，假如拿破仑胜利了，历史将会是另一种路径，这样的抽象观念与实际发生的事实并非没有关联。我们可能会认为，一些富于想象的历史学家醉心于这类假设会有什么现实意义。但是，我们得承认，他们对滑铁卢之战所作的这些设想，甚至他们打消这些设想，都与这场战事有关。然而，某些善于想象的著作家们并不会打消这类观念。这样一来，在我们今日之现实世界中，便存在着诸永恒客体的模糊阴影，这是由与滑铁卢之战的关联性所构成的。有些人承认这一阴影般的复合物，把它们接收到有效的感受中，而另一些人则完全排斥它们。有些人对这一内在的承认或排斥的决定有明确的意识，而对另一些人来说，这些观念则像白日梦一样浮现在他们头脑之中，对有意的决定毫无自觉意识；还有一些人，他们的情绪调子，无论是满意还是反悔、友谊还是仇恨，都暗中受到这一模糊阴影的影响，而对其内容却未做任何有意识的分析。这些阴影的要素就是命题性摄入，而不是纯粹的概念性摄入；因为它们对于那个特殊聚合体即滑铁卢之战的暗示，才是实质性的因素。

因此，这一阴影复合物的要素就是被称为所谓“命题”的东西。
命题是一类新的存在，它是介于纯粹潜在性与现实之间的混合物。现 186
实世界若包含一组确定的现实存在，这些现实存在处于相互作用的聚合体之中，这一聚合体包含假定的一组确定的永恒客体的进入，那么，这一现实世界的潜在性便是所谓“单称”命题。

“一般”命题之不同于“单称”命题，表现在它把“一组确定的现实存在”概括为“任何一组属于某一类现实存在的存在”。如果这类存在包含所有具有该相互作用之聚合体的潜在性，那么，这种命题就叫作“普遍”。

为简便起见，我们将专注于单称命题。虽然在阐述上稍作努力，我们就会很容易地把讨论扩展到包含一般命题和全称命题。

一组确定的现实存在叫作“命题的逻辑主词”，而一组确定的永恒客体则叫作“命题的谓词”。谓词规定了主词的关系潜在性。谓词还可构成一种复杂的永恒客体：这就是“复合谓词”。“单称”命题就是这一复合谓词的潜在性，这种潜在性在诸逻辑主词相互作用的聚合体中能得以实现，并能在各种逻辑主词的模式中有固定的位置。

在命题中，各种有关的逻辑主词都平等地相关联。命题并非只是一种逻辑主词而非另一逻辑主词的命题。但是，根据本体论原理，每个命题都必定处在某个地方。命题的“轨迹”就是由那些其现实世界包含该命题之逻辑主词的现实发生所组成的。当现实存在属于一个命题的轨迹时，这个命题反过来会成为该现实存在的感受诱导的要素。如果通过合生的决定，这个命题被接纳到感受之中，那么，这个命题便会构成该感受所感受到的**东西**。这个命题构成其轨迹中某个成分的诱导，因为就该成分的现实世界中那些确定性的形式，及其先前的诸感受阶段而言，复合谓词与诸逻辑主词密切相关。

对逻辑的兴趣，由于一直在支配着过于理性化的哲学家，因而遮蔽了命题在事物性质中的主要功能。它们主要地不是关于信念的命题，而是关于无意识的物质层次的感受的命题。它们构成了未被局限为纯粹材料的感受得以产生的源头。一个命题“实现”为其轨迹的一个成分，便是它被接纳到感受中之时。

命题与其轨迹中的成分所构成的现实世界之间，有两种类型的关系，即这个命题与现实世界之间可能是一致的，也可能不一致，可能是真的，也可能是假的。

当一致的命题被接纳到感受之中时，它与材料的相互作用只会导
187 致感受与事实的一致性，同时情感上会有增减，内在于不同事实中的感受因此便被综合为一种新的个体评价。对这个命题的摄入会骤然强调一种由事实所表现的确定性形式。

当不一致的命题被接纳到感受之中时，它与材料的相互作用会导致事实与该复合谓词可供选择的潜在性相综合。此时，新颖性突现为创造。新颖性既可能会促进秩序，也可能会破坏秩序；既可能是善的，也可能是恶的。但它是新的，一种新型的个体，而不仅仅是一种

新的个体感受强度。其轨迹中的这个成分把一种新形式引入现实世界中，或者说，至少引入一种具有新功能的旧形式。

命题是判断的纯材料，这一概念对理解命题在宇宙中的作用是至关重要的。在纯逻辑方面，不一致的命题是完全错误的，因而比无用还糟糕。但是，就其基本作用而言，它们为世界走向新颖性铺平了道路。错误是我们为进步所付出的代价。

“命题”一词适合于这些混合的存在，只要我们用广义的“感受”概念去替代狭义的“判断”和“信念”概念。命题是指定给感受的客体性诱导中的要素，当它被接纳到感受之中时，它就会替代**所感受到的东西**。对命题的“想象性感受”（参见第三编）是感受它的方法之一；而理性信念是另一种感受命题的方法，一种以想象性感受为前提的方法。判断就是将命题接纳到理性信念中的决定。

任何一个人在睡眠中有意识地回顾白天发生的种种事件，都会潜意识地把这些事件投射到各种明暗交织的混杂之中。他也会潜意识地决定一些感受，以便尽量扩大他的最初感受，并确保这种感受扩大到超出他的直接当下发生。在考察各种发生的生命史形成一个持续物质客体的历史路径时，有三种可能的主体性目的支配着相互分离的各种发生的内在合生，这三种可能就是：或者（1）先前诸发生的满足或许是彼此一致的，并且每一种发生都内在地没有不一致或者没有激起新东西的产生。在这种情况下，除了由环境引入的新的不一致以外，只有隶属于该材料的纯一致感受转化为隶属于该直接主体的同一感受。这类纯粹的一致包括排除诱导中涉及的各种对立，它们具有各种不同等级的相邻和距离。这是一种绝对极端的无差别的持续性，我们对它并无任何直接的证据。在我们所能分析的连续发生的形式构成的每一个例子中，不论多么不完全，这些构成都表现出伴随原初材料而发生对立的特征，但其具有的变化的规则性却保护着生命史的稳定性。这样便获得了对比。在物理科学中，这就是“振动”。这是稳定 188
型的无机物质客体生命史的主要特征。

或者（2）有一种强化某种主导性感受要素的冲动，这种冲动是从材料中获得的，并且通过决定容许概念性感受与该材料中其他要素不一致而得以强化，并且由于新颖的对比和限制，传递了这种主导性要素的强化，最终达到一种满足。这样一种生命历程便包含着由某种单一终极目的所支配的生长过程。这就是一个物质客体成长过程中的主要特征。就我们目前关于世界的知识而言，这类物质客体主要是“有机的”客体。

或者（3）有一种消除所有主导性感受要素的冲动，这种冲动也是从该材料中获得的。在这种情形下，该路径很快便失去其历史的个性。这就是衰退的情形。

需要注意的首要一点就是，接纳这些由诱导所选择的要素，当作被感受到的对立物，它们首先会产生目的；然后又会产生满足；而满足则规定了动力因。但是，感受到某种“对立”便是萌芽状态的意识。当这类感受之间的对立和同一本身被感受到时，我们就有了意识。用洛克对这一术语的说法，这便是关于观念的认识。意识所要求的不只是仅仅拥有见解。就见解仅仅作为见解，事实仅仅作为事实而言，意识是对见解与事实之对比的感受。不管该见解是否正确，这种对比总是存在的。

一个命题，如果脱离可以使它在感受中实现的任何具体的现实存在，那么它就是一种表示某种永恒客体与某种现实存在密切关联的方式。每一个命题都以这些作为其逻辑主词的现实存在为前提。在一个广阔的系统聚合体中，它还要以某些确定的现实存在，或某种类型的现实存在为前提。在某种极端的情形下，这种聚合体可能会由任何现实存在所构成。

这些作为预设的逻辑主词可能并不存在于由某种现实存在所构成的现实世界之中。在这种情况下，命题就不是因为那种现实存在而存在了。关于**这类**命题的纯粹概念在超越那种现实存在的假定未来中才会有所指。这种命题本身一直在期待着它的逻辑主词的产生。因此命题随着世界的创造性进展而成长。它们既不是纯粹的潜在性，也不是纯粹的现实；它们是包含纯粹潜在性和纯粹现实之潜在聚合体的一种方式。它们是一种新型的存在。这种非纯粹的存在是以那两种纯粹的存在为前提的。

命题在现实存在中的实现，其主要方式不是通过判断而是通过接受来进行的。当一个命题被感受所接纳时，它就被接受了。恐惧、宽慰和目的是包含着命题接受的主要感受。

总之，宇宙中主要有四种类型的存在，其中两种是基本类型，两种是混合类型。属于基本类型的有现实存在和纯粹潜在性（永恒客体）；而属于混合类型的有感受和命题（见解）。感受是现实存在的 189
“实在的”构成成分。命题只有在作为一种“客体的”感受材料时才是可实现的。

“诱导感受”的首要因素是主体对上帝的原初性质的摄入。这样，概念性感受得以产生，并通过与物质性感受相整合，随后出现了命题感受状态。诱导感受随着相关主体的合生状态而一同发展。对此，我在其他地方（参见《科学与近代世界》第十一章）已做过讨论。

> 正是在这种超越现实发生的相互关系之外实现的永恒关系的扩展，将全部永恒关系摄入到每一发生之中了。我把这种骤然实现叫作“等级展视”，每一种发生都把它摄入到其综合体之中。这种等级展视就是现实发生如何把（一定意义上的）“非存在”作为积极因素摄入到其自身的达成态之中的过程。这就是错误、真理、艺术、伦理和宗教的源泉。由于它，事实才有不同的可能。

第二节

所有那些承认个体经验的组成要素与外部世界的组成要素相互分离的形而上学理论，都必定会不可避免地遇到关于命题真假和判断的根据问题上的困难。前一个困难是形而上学方面的，后一个困难是认识论方面的。但是所有关于第一原理的困难都不过是经过伪装的形而上学的困难。因此，认识论上的困难也只有诉诸本体论才能加以解决。第一个困难引起了关于真假的说明问题，第二个困难引起了对于真假的直觉性知觉的说明问题。前者涉及到命题，后者则涉及到判断。在个体的经验中，诸构成要素有一种共在性。这种“共在性”具有“经验中之共在性”的专门的特殊含义。它是其自身的共在性，不需借助其他任何东西就能够得到说明。就这一讨论的目的来说，无论我们谈论的是经验的“流动”，还是经验的“发生”，都是无关紧要的。对前一种情况而言，在流动中有共在性，而对后一种情况而言，在经验的发生中有共在性。不论在哪一种情况下，都有这种唯一的“经验的共在性”。

对经验的共在性的考察所提出的终极的形而上学问题是：“共在性”是否还有其他意义？否定共在性的任何其他意义，也就是说，否定任何不是从经验意义中抽象出来的意义，这就是一种“主体性”学说。这种经过改造的主体性学说就是有机哲学的观点。

190 而与之相反的观点，认为有一种“共在性”并非起源于经验的共在性，这种观点导致主体的经验成分与外部世界的共同体相分离。这种分离造成了认识论上不可克服的困难。因为直觉判断与经验的共在性相关联，而经验的共在性与非经验的共在性之间没有任何联系的桥梁。

这一困难正是康德的“先验”批判的要点所在。他采取的是一种主体性的观点，因此，时间性的世界只是被经验到的世界。但是，根据他的《纯粹理性批判》之中的主体性学说的形式，时间性世界中的任何要素本身都不可能是经验的。他的时间性世界，正像他在《纯粹理性批判》中所阐述的那样，本质上是无生气的、虚幻的和现象的世界。康德是一位数学物理学家，因而他的宇宙论解决方式只能局限于数学物理学的那些抽象。

当这种主体性学说同分析经验中共在的诸成分的“感觉论”学说相结合时，它的种种困难便出现了。根据这种分析，在这种成分中，只有那些没有打上经验的个体“发生”——或经验之“流”——的特殊性印记的要素，如“红”或“形状”才是普遍。按照这种感觉论假定，或者按照这种学说的任何概括，只要这些相关要素是普遍的，那么唯一可能的选择便或者是布拉德雷的单一经验者即绝对的学说，或者是莱布尼茨的许多无窗口的单子学说。康德在其最终的形而上学理论之中要么必须退回到莱布尼茨那里，要么前进到布拉德雷那里。无论哪一种选择，都会使经验蒙上某种虚幻的气氛。莱布尼茨的解决方式只能仰赖虔诚地求助于上帝才能减轻这种虚幻性。笛卡尔和莱布尼茨都使用了这一原理，以便拯救他们的认识论。这是一种与内在一致的合理性极不协调的方法。认识的可能性恰恰不应当是上帝之善的偶然产物，而应当依赖于相互联系的事物本性。毕竟，即使是上帝的认识也同样能得到解释。

有机哲学承认（这里所陈述的）这种主体性学说，但是却拒斥这种感觉论学说：因而便有了它关于一种现实发生可以客体化于另一种现实发生的经验之中的学说。每一种现实存在都是一种把现实世界包含于其自身范围之内的经验搏动。有关动力因和认识的各种难题可依据现实发生的这一本质而获得共同的解释。有机哲学中的判断理论同样既可以被恰当地描述为一种符合论，也可以被描述为一种“融贯”论。它所以是一种符合论，是因为它把判断描述为关于某个命题与被客体化的聚合体之间的一致或不一致的整体性摄入的主体性形式。这里所说的摄入源于两种摄入的综合，一种是物质性摄入，另一种是精 191
神性摄入。物质性摄入就是对这种客体化的现实发生的聚合体的摄入。精神性摄入是对命题的摄入。这后一种摄入必然地是“非纯粹的”，它产生于先前的综合过程，通过这种综合，纯粹的概念性摄入把它的材料作为假设性关系的谓词转变为某些物质性摄入材料中的现实性（参见第三编）。但是，命题摄入的产生与我们对判断的这种描述无关。唯一重要之点是要把物质性摄入和命题摄入综合为“理智的”摄入（参见第三编），其主体性形式中包含着判断。

这种判断涉及同一种经验的两个成分之间的一致性，因此它是一种“融贯”论。它也涉及到不局限于那种个别经验的一个命题与一种聚合体之间的一致性，这种聚合体的关联源于其自身成员的种种经验，而不是源于进行判断的经验者的经验。在这个意义上，它便是一种“符合”论。但是，在论证的这一点上，必须做出某种区分。我们可以说，一个命题可以是**真的**或**假的**，一个判断可以是**正确的**或者**不正确的**或者是**悬而未决的**。根据这种区分，我们便可以看出，这里有一种关于命题真与假的“符合”论以及有一种关于判断正确、不正确和悬而未决的“融贯”论。

在“有机”学说中，判断和命题已经被明确区分开来。判断是判断主体在该“过程”之中的一种感受，并且就**这个**主体而言，这种感受或者是正确的，或者是不正确的。它作为一种价值进入该主体的满足中；并且它只能由对未来诸现实存在的判断来评判。判断涉及到判断主体摄入过程中的全部领域。它将首先涉及确定地选择被客体化的现实存在和永恒客体，进而通过进入那些永恒客体而肯定那些现实存在的物质客体化——对判断主体而言；因此，在那些永恒客体中存在着一种由这些现实存在所组成的客体化的聚合体，它被判断为真正的相互联系，并受到那些永恒客体的限制。这种判断正确地或不正确地肯定了判断主体的构成中的实在事实。这里，没有为任何限制判断的范畴属性留下余地。这种判断是该判断主体对自身做出的判决，并且是构成该判断主体的一种感受。这个判断明确包含的那些现实存在组成了该判断的“逻辑”主体，而所选择的那些永恒客体则构成了这些逻辑主体所肯定的“性质”和“关系”。

这种关于逻辑主体的断定显然是在一定意义上派生于关于判断主体的“断定”意义上的“断定”。把这两种意义完全等同将会导致错误。在后一种意义上，存在着来自于判断主体的抽象。在这里，主体性原则已经被超越，因而该判断已经把其重点从被客体化的聚合体转
192 移到相关命题的真值上。鉴于判断所涉及的非纯粹感受的主体性形式产生于更简单的感受的整合，我们提出可以把这些判断分为两种。这两种判断是：（1）直觉性判断；（2）派生性判断。在直觉性判断中，

物质材料与命题相结合，通过参照物质材料的复杂细节，比较其相同或者相异，把命题的充分复杂的细节引入感受。直觉性判断就是关于这种复杂的细节进行同异比较的意识。这种判断就其本质来说是正确的，因为它是关于**事物本性**的意识。

在派生性判断中，物质材料与命题的结合把命题的充分复杂的细节引入了感受，但却没有把这种细节与物质事实的复杂的细节的充分比较都引入感受。有一些比较包含多余的细节。但是这种主体性形式囊括了全部命题，而不是设定了一种复杂模式来区分比较过的和未比较过的成分。在派生性判断中有可能会出现错误。逻辑是对命题之间的关系进行的分析，以便使那些派生性判断不会产生错误，而不是那些在前提中已经附着于前提的东西。大多数判断是派生性判断；这种判断说明了这样一个学说：感受的主体性形式受整个现实发生的影响。这种情况被称为一种发生之中的诸感受的“敏感性”。在直觉性判断中，同意或不同意的主体性形式会受到限制，因而这一判断的性质只能从材料的对比中产生。即使在这种情况下，这种判断的情感力量，在它成为目的时，也是从整个判断主体中派生的。

不仅如此，这种判断的主体和逻辑的主体都涉及一个具有一般形而上学特征的领域，这种形而上学特征既表现了这个领域对那些主体的“容忍力”，也表现了它对那些永恒客体的“容忍力”。在每一种判断中，这一领域的安排都是一种由诸集合体所组成的越来越广的等级结构，这在前面已作过解释（参见第二编第三章）。由此可见，逻辑主体及其各种性质和关系，与作为系统背景的这一领域之间的区别，并不像前面所说的那样非常清楚明确。因为在那些相近的集合体中，哪些可被看作逻辑主体，哪些可被看作背景，这只是一个习惯问题。这个问题的另一种陈述方式是把这些逻辑主体隐蔽在背景之中，也就是说，这一领域对判断主体中的实在事实的容忍，是一种涉及系统的分级本质的有等级容忍。这一讨论证实了上面所作的陈述（参见第一编第一章第五节），即语词陈述绝不是对命题的充分表达。

我们现在再回到命题和判断的区别上来。命题产生于对判断的分 193

析；它是从判断主体和该主体性形式中抽象出来的该判断的材料。判断①是一种综合感受，它把两种从属感受包含在一种统一的感受之中。在这些从属性感受中，一种是命题感受，它仅仅包含着作为其材料的命题。同一个命题可能被正在进行判断的不同存在分别构成不同的判断内容。不同的判断因不同的现实存在会有（与“聚合体”相对比的“命题”的）相同的内容，这种可能性要求诸逻辑主体组成的复合体，通过同样的永恒客体而客体化后，能作为部分的构成成分而进入不同的现实存在的“实在的”本质之中。判断是感受的一种决定，而命题则是所感受到的内容；但它只是一部分被感受到的材料而已。

但是，由于每一现实世界都是相对于一定观察点的，因而只有某些现实存在才具有这些观察点，从而在其现实世界中包含构成命题之逻辑主体的现实存在。因此，每一命题都确定了使其成为命题的判断主体。每一命题都是以其判断主体的现实世界中某些确定不变的现实存在为前提的，因而其可能的判断主体在它们的每一现实世界中必定具有这些现实存在。一切判断都要求有关于这些被预设的现实存在的知识。因此，除了命题所预设的现实世界的必要成分以外，还必须对判断所预设的那个世界有必要的知识，不论该判断正确与否。对现实存在来说，如果其现实世界没有必要的组成成分，那么该命题就是非存在的；对现实存在来说，如果没有必要的知识，该判断则是不可能的。诚然，一个较为抽象的命题可以模仿原初的命题，以避免预设原初命题中那些作为逻辑主体的某些或全部确定不变的现实存在。这个新命题将对一组比原初命题更广的可能主体有意义。某些命题在我们看来似乎对所有可能的判断主体都有意义。情况或许如此，但我不敢肯定我们的形而上学能力是否已经发展得足以保证对这个问题的任何确定性，或许我们永远会预设我们的想象力不可能超越的某种广阔的集合体。但是，语词陈述的模糊性就是这样，以至可用同一形式的语词来表达一整套具有不同抽象等级的同类命题。

① 参见第三编第五章。

随着知识的增强，命题会削弱或强化被判断命题据以作为诱导成分的决定，使被判断命题被接纳为合生中的有效要素。判断就是对感受之诱导力的批判。

第三节

现在我们尚需考察现实世界以某种系统方面进入每一命题中的意 194
义。这一研究完全是有关命题的逻辑主体概念的。这些逻辑主体，在该词原来的含义上，是指“特殊”。它们不是与其他概念相比较而言的概念，而是以潜在方式存在的具体事实。

但是，特殊必须要表示出来，因为命题只涉及这些特殊而不涉及其他。因此对特殊的表示属于命题的职能；也就是说，“以如此这般的谓词模式**这样表示出来的**那些特殊”构成了命题。除了这个表示以外，不存在任何命题，因为没有任何确定的特殊。因此，我们必须研究有关这种**表示**的理论。

这里需要作一些界定：

各种发生之间的“关系”就是相互摄入的复合体所体现的永恒客体，这些发生根据这一复合体而构成聚合体。

当这种关系在其中得以实现的聚合体是由两个并且仅仅是由两个现实发生组成时，这种“关系”叫作“二重关系”。当该聚合体是由三种发生组成时，这种关系叫作“三重关系”，以此类推，以至无穷。

一般说来，在任何一个聚合体中，将会有无数的永恒客体如此这般表现为相互摄入；也就是说，有无数的关系会在任何具体的聚合体的诸发生之间实现。

“一般原理”就是只能通过其“各种实例”来体现的永恒客体，这些实例也是永恒客体。因此，实例的实现也即该一般原理的实现，而该永恒客体则是该一般原理的一个实例。但是，相反的情形则不是真的，即这种一般原理的实现并不涉及任何具体实例的实现，尽管它确实有必要实现某种实例。因此，每一实例都包含着一般原理，而一般原理则至少包含一种实例。一般说来，一般原理的各个实例之间是相互排斥的，因而一个实例的实现会涉及对其他实例的排斥。例如，颜色是一个一般原理，而各种色彩则是颜色的各种实例。因此，如果所有有感觉的物体都能体现颜色这个一般原理，那么每个物体便都会体现某种确定的色彩，并且每个体现确定色彩的物体因而都是“有颜色的”。

当出现如下情况时，聚合体便在其组成成员中体现为由双重关系组成的“表示系统”：(1) 该系统中有一种关系并且只有一种关系与聚合体的每一对成员相关联；(2) 这些关系是一般原理的实例；(3)（该系统中）任何成员 A 和任何其他成员 B 之间的关系与 A 和聚
195 合体中除 B 以外的成员没有关联；(4)（该系统中）A 和 B 之间以及 A 和 C 之间的关系足以确定（该系统中）B 和 C 之间的关系，其中 A、B 和 C 是该聚合体中的任何三个成员。

因此，如果 A 和 X 是该聚合体的任何两个成员，并且如果 X 已知 A 与 X 的系统关系，并且已知 A 与 B、C 与 D 的系统关系，其中 B、C 和 D 是该聚合体的成员，那么，X 就知道它自身与 B、C 和 D 的系统关系，并且知道 B、C 和 D 相互之间的系统关系。这样的聚合体能根据任何一个成员的观察点而认可对其成员的确切表示。关系词“哪里”便是以体现某表示系统的聚合体为前提的。可以确定更为复杂的表示系统，但是这一最简单的表示系统已足以说明这一相关原理。我们一直在确定亚里士多德的“位置”范畴。须注意的是，在具有关系表示系统的聚合体中，可以从相关命题中消除经验的主体性方面。因为从 A 中产生的对 B、C 和 D 的认知会引出从 B 中产生的有关 C 和 D 的命题。因此，认为就事情的本性而言，在经验事实中绝不能消除具体的经验主体，这种流行的概念是完全错误的。

每一命题都会预设某种具有表示性关系系统的一般聚合体。这种聚合体包含着其判断主体及其逻辑主词的轨迹。这个预设是该命题的一部分，而这个命题不可能被任何对它来说该预设是无效的主体所接

纳。因此，在一个命题中都要为判断主体和逻辑主体预设某些特征。这种预设特征可能要比单纯的表示性要求走得更远。例如，在“苏格拉底是会死的”这个命题中，单纯的时—空表示系统就可能足以表示“苏格拉底”。但是，这个命题可能是指“这个**男人**苏格拉底是会死的”，也可能是指“**哲学家**苏格拉底是会死的”。这些多余的表示可以是该命题的一部分。无论如何，至此我们已经阐明这样一个原理：命题以体现某一系统方面的现实世界为前提。

这个讨论可以由“恺撒已经渡过了卢比孔河”这一命题来说明。这一词语形式可以表示无数不同的命题。在其最低的抽象形式上，“恺撒”代表着从判断主体的观点看现实世界中确定的现实存在组成的集合体，以及该主体有意识地知觉到的这些现实存在的客体化。整个知觉理论还会在随后的一章中作进一步的讨论（参见第三编）；在此可对知觉理念作一定想象。“卢比孔河”一词可以与“恺撒”一词以同样方法来解释。关于“恺撒”和“卢比孔河”唯一仍然模糊不清的地方是，这些集合体——其中之一或者两者，并且每一个都具有其确定特征——都可推测性地假定为可以延伸到与判断主体属于同时代的世界，或者甚至可以更多推测性地延伸到超越该主体的未来世界。过去时“已经”一词表明这一含糊之处是无关紧要的，因而忽略掉这 196
一含糊之处仍可构成这个命题。但是，也不必把它构造成这样：恺撒的一名老兵若干年后可能会坐在那条河岸上，冥想着恺撒遇刺的情景，也冥想着恺撒渡过了他在凝视的那条平静的小河。这可能会成为另一个命题，不同于我现在思考的更直接的命题。这是对语言不可救药的含糊性的最好说明，因为这两个命题都适合于同样的语词用法。然而还有第三个命题：一位现代旅行者坐在卢比孔河岸边，并且思索着他对诸现实发生的各种直接知觉，他可能通过时空区分来确定相对于他自身的某个事件，他通过推论和猜测相信这个事件包含着他所直接知道的卢比孔河以往历史的一部分。他也可以通过类似的推论和猜测以及时空区分的过程，来确定相对于他自身的另一事件，他认为这一事件包含着他没有直接认知的恺撒的生活情况。这位旅行者坐在现代的卢比孔河岸上所思索的命题与恺撒的老兵头脑中的命题显然是极为不同的。因此，还有一种命题可能存在于曾经聆听过安东尼演讲的一名听众的头脑中，这个人见过恺撒而没有见过卢比孔河。

显然，以这种方式可以产生无数极为特别的命题，通过细微的不同等级它们彼此可以区别开来。一切都依赖于直接的知觉知识的这些差别，这些差别是这些不同命题为其主体所预设的。但是，还有一些更为一般的命题，就这些命题来说，“恺撒”和“卢比孔河”具有更为概括和模糊的意义。在这些更加模糊的意义中，“恺撒”和“卢比孔河”所表示的存在，如果有的话，是由某种**类型**的推论和猜想为出发点的某种**类型**的路径中任何一个成员所确定的。还有某些这样一类的命题，其中存在着这样一些如此被确定的存在，这个事实是该判断的真或假所依据的一部分内容；并且还有其他一些命题，甚至连这种就真和假而言是必要的要求也没有了。正是由于这些各种各样的更为抽象的命题，我们才能设想一些更为特别的命题的假设性存在，这些命题对我们某些人来说作为判断主体可能是毫无意义的。

这一讨论应当表明，采取任何语词陈述，诸如“恺撒渡过了卢比孔河”，并且还要为**其**意义进行论辩，都是毫无用处的。同时任何一个能满足这种语词形式因而成为其一种可能意义的命题，都规定了其自身的主体轨迹；只有对这类主体，才可能有一个该命题是其内容的判断。

一个命题就是某些预设的现实存在通过某些性质和关系而实现客
197 体化的潜在性，这种客体化使这种预设在某个不确定的主体的直接经验中具有意义。判断是由一个特定主体所作的有意识的断定——预设就是为这种断定而做出的——即断定这种潜在性对它来说实现了还是没有实现。必须指出，“实现了”并不意味着“在直接的有意识的经验中实现了”，而是指“有助于该判断主体从中产生的该材料而实现了”。由于直接的有意识的经验通常不在场，因而判断可能会出错。

因此，命题是洛克称之为“决定于特殊存在的观念”的例子之一。它是这类观念的潜在性；已实现的、纳入既定主体之决定的观念就是判断，它可能是关于具体事物的真观念或假观念。在考察概念性的活动时，对这一问题还要再进行讨论（参见第三编）。但是显而易见，命题是一个处于永恒客体与现实发生之间的复合存在。同永恒客体相比较，命题拥有现实发生的具体特殊性；而与现实发生相比，命题拥有永恒客体的抽象普遍性。最后，必须记住，命题不是以判断感受方式，而是以其他方式进入经验之中的。

第四节

形而上学命题——在“形而上学”一词恰当的和一般的意义上说——表示这样一种命题：(1) 对于作为主体接纳它的任何现实发生都有意义；(2) 它是“一般的”，意思是指它的谓词潜在地与所有现实发生的集合有关联，能为这种谓词模式提供数量合适的逻辑主词；(3) 它具有“统一的”真值，意思是指根据它的形式和范围，它的真值等同于把谓词的应用限制在任何逻辑主体的集合而获得的每一单称命题的真值。显然，如果一个形而上学命题是真的，那么第三个条件就是不必要的。因为只有在这一条件得到充分满足时，一个普遍命题才可能是真的。但是，如果这个普遍命题都是假的，那么，只有当每一个派生命题都是假的时，它才是形而上学的。如果任何一个派生的单称命题都是假的，那么这种普遍命题也将是假的。但是，第三个条件无需依赖于该命题的真假的确定，就在该命题中表达出来了。

不可能存在任何这样一个宇宙时期，即从一个形而上学命题中导出的各种单称命题在真值上不同于任何其他宇宙时期的真值。

我们确实会认为我们拥有形而上学命题，但是，鉴于过去有关几何原理的错误，对此保持某种怀疑乃是明智之举。那些看起来显然是 *198*
形而上学的命题实际上是一些算术定理。因此，我将通过考察这类定理中一个最简单的定理——1+1=2，既说明这种信念的正当性，也说明保留一点怀疑论的正当性。①

无疑，如果把这一命题的意义解释为“一个存在加上另一个存在等于两个存在”，它似乎是恰当的形而上学命题，同时又丝毫不限制其一般性或真理性。但是，即使在这里，我们也必须有所疑虑，因为我们可以注意到，即使确实是有局限的，并且有时是不正确的，人们通常也会以同样的自信来断定形而上学真理的普遍性。在我们谈到现实世界时，我们很少考虑单个的现实存在。我们思考的对象几乎总是一些现实存在的集合体，或者是一些比较松散的现实存在的组合。现在，为简便起见，我们来考察一个“个体”类型的集合体。这种集合体将是一种由线性的现实发生所组成的连续体，这些现实发生形成一条历史路径，其中每一现实发生都从其先前的发生中继承了某些确定的特征。这种类型的集合体是一种“持续的客体”。或许，一种简单的持续客体要比我们通常知觉到或想到的任何客体更简单。这是一种最简单的集合体；并且对其存在的任何延续，都要求它的环境在很大程度上由类似的简单持续客体所组成。我们通常所考虑到的都是更大的集合体，在其中可以发现有多种持续客体系列，它是一种“粒子性集合体”。

现在，让我们考察两个根本不同的持续客体。如果它们的确定特征不同，我们对它们的思考将更加容易。我们将把这两个确定特征叫作 a 和 b，并且用 a 和 b 这两个字母作为这两个持续客体的名称。那么，“一个存在加上另一个存在等于两个存在”这一命题，通常可以解释为如下意义：既定两个持续客体，任何有意识地从这两条历史路径中的每一条路径中理解某种现实发生的注意活动，都将会必然地发现两种现实发生，它们各自产生于这两条历史路径中的一条路径。例如，假定一只杯子和一个盘子是这样两个持续客体，当然它们实际上并不是这类持续客体；我们永远假定，只要它们两者存在，并且保持在一眼可以看到的距离之内，那么，任何注意活动，即我们用来知觉

① 对这一命题的论证，参见《数学原理》第二卷，110、643 页。

到这只杯子和知觉到这个盘子的注意活动，都将涉及到对两种现实存在的知觉，一种是对其存在的一种发生中的杯子的知觉，另一种是对其存在的一种发生中的盘子的知觉。在这个具体例子中，对于这一假定的真理性并不可能有任何有根据的怀疑。但是，在做出这一假定时，我们已经远离了我们据以作为出发点的形而上学命题。实际上，我们陈述了一种关于我们的生命置于其中的那些广阔的由诸存在所组成的集合体的真理。它是关于这个**宇宙**的真理，而不是一种形而上学真理。

让我们返回到这两个真正简单的持续客体 a 和 b。同时，我们还假定这两个客体的确定特征 a 和 b 不是对立的，因此，它们两者都能规定同一个现实发生。那么，没有任何一般的形而上学理由能够说明，a 和 b 这两条根本不同的路径为什么不能在至少一种现实发生中相交。事实上，鉴于简单的持续客体概念具有极大的普遍性，因而实际上确定无疑的是——由于对确定特征 a 和 b 的恰当选择——a 和 b 相交的历史路径必定会经常成为现实的存在。在这种偶然情况下，一种能够有意识地区分这两种持续客体 a 和 b，因而具有关于它们的不同的确定特征和它们的不同的历史路径的存在，有可能发现以一种现实存在的方式而存在的 a 和 b。这只杯子和盘子仿佛在一瞬间成为同一的东西，然后在后来才恢复它们不同的存在。 *199*

如果不加上那些其真理性建立在支配着我们生活于其中的宇宙时期的集合体特征上的假定，我们几乎从来没有在纯粹的形而上学意义上应用算术。一个几乎不为人注意的事实是，日常的语词陈述不可能区分算术陈述可能被理解的不同意义。

想象有这样一个世界——即宇宙时期——毫不困难：在这个世界上，算术对一些梦想家来说是一种有趣且富有想象力的话题，而对全神贯注于生活事务的务实之人则毫无用处。事实上，我们似乎难以摆脱这种事物状态。因为这些现实发生若处于所谓“虚空”荒野之中，且完全脱离那些将要构成持续物质实体的持续客体，那么在这些现实发生之中，对于算术的思考就完全有可能不会把注意力指向任何极其重要的事物之间的关系。当然，任何现实存在，如果出现在这样一种成就协调极其微弱的环境里，要想达到有意识的精神活动所要求的那种复杂而精致的构成，纯粹是一种臆想。

第五节

我们可以提出这样一个形而上学问题：在事物的本性中有什么东西能使我们有意义地把一个归纳推论或关于一般真理的判断称为“正确的”或“不正确的”？例如，我们现在——1927 年 7 月 1 日——相信美国的火车时刻表在此前的五六月间是有效的，表明的事实是列车的过去运行情况，即偶尔会晚点和少有故障发生。我们还相信，7 月份的现行时刻表将会像以前一样，遵循同样的规定。按照我们面前的证据，只要把我们想断定的所有高概率的某种估计引入我们的判断，那么我们所相信的东西就是合理的。如果我们考虑天文事件，我们的断
200 定将包含更高概率的估计，尽管即使在这里也存在某种程度的不确定性。某个著名天文台的计算机可能会犯前所未有的错误；或者某个未知的物理规律可能会与主要关注的这颗恒星的条件有重要关联，导致其出乎意料的爆炸。[①]

关于这种天文学上的偶然性，以及围绕它而产生的信念，已做了详细的陈述，因为——正如这样所表达的那样——它们说明了这一问题本身在哲学中是如何形成的。而且火车时刻表的例子还说明了另一点。因为 1927 年 7 月 1 日在佛蒙特州，人们有可能暂时忘记那一年的五六月间发生的出乎意料的密西西比河洪水泛滥[②]；因此，虽然对列车误点的估计可被我们面前意识到的证据证明为合理的，在事实上却没有料到美国其他一些州相当大的交通混乱情况。关于铁路方面的这一例证所要说明的要点是，这些判断所体现的事实有一致性，即使

---

① 这句话写于 1927 年 7 月，而一颗星体在 1928 年 3 月出乎意料地分裂为两颗。

② 在写这句话时，更不会预见到佛蒙特州 1927 年 11 月的大洪水。

这些有关事件未曾发生，或者不会发生。这些思考引入了关于“判断”的基本原理。这就是，所有判断都是直言判断；它涉及命题在用于做出这一判断的主体的现实发生时是真还是假。这一学说与布拉德雷在其《逻辑学》中所解释的有关判断的观点并无太大的不同。根据布拉德雷的观点，每一判断的终极主体都是那个终极实体，即绝对。同时，在他看来，判断主体是这个绝对的一种样态，如果把它看作是独立现实的，那将是自相矛盾的。在布拉德雷看来，判断主体只有派生的现实性，表明其地位受绝对的影响。因此，根据布拉德雷的观点，判断是一种活动，绝对在其一种影响的范围内，享有对其影响之享有的自我意识。须注意的是，在对布拉德雷的观点这种大致的概括中，我借用了斯宾诺莎的“实体的样态”这一术语。

在有机哲学中，一个现实发生——如上所述——是获得某种具体满足的过程中的整个区域。这不过是布拉德雷的现实性学说的颠倒。最终的现实就是以其具体方式获得满足的具体过程。该区域的现实性只是从其每一现实存在的聚合性或整体协调一致中产生的。必须坚持的观点是，判断所涉及的是根据判断主体的观点而被客体化的区域。判断通过该主体而与该区域相关。

我们以这一观点为前提，进一步讨论在何种意义上或然性有可能在现实存在中成为肯定的事实；因此，一个命题表达了另外某个命题 201
的或然性，有可能在这一方面与那种正在进行判断的存在的构造相一致或者不一致。这一最广意义上的“或然性”概念提出一个令人困惑的哲学问题。数学上的概率论是以某些统计学假定为基础的。当这些假定成立时，概率的意义就非常简单；剩下来的困难只是有关专门的数学发展问题。但是，要理解这种统计学理论如何能够应用于所有那些或然性概念或多或少惯于适用的情形，是非常不容易的。例如，当我们考察——我们确实考虑过——有关恒星的内部构造，或关于在某种不可预见的动乱之后，对人类社会未来的科学猜测的或然性时，我们似乎受到某种类比的影响，而这种类比很难被转化为对任何确定的统计事实的诉求。我们可能会考虑到这个判断有可能被某种统计诉求证明为合理的，只要我们知道到哪里去寻找这一诉求。这就是要相信统计的概率本身是或然的。但是，在这里显然要求助于一种更广意义的概念，以便支持这种统计性概率应用于现在的情形。有争议的是，这种更广意义的概率本身是另一种统计概率，即与这种科学论证有关的专门统计学存在相关的概率。但是在这一解释中，令人困惑的问题一直在不断增加，这就不可能避免这样一种怀疑：我们受到一种假装的解释的阻碍，这些解释对于固执于某种理论的推论者非常有用。有机哲学提出了可以从一定区域中产生或然性直觉的两种不同要素，其中之一便是统计学上的要素。在这一节和下两节中，我将试图论证这种统计学理论的合理性。因此，有必要更仔细地研究必然会遇到的各种困难。

首先，或然性永远与证据有关；因此根据统计学理论，数字概率将意味着被选作统计对比“根据”的那一类具体“实例”中，有利的与不利的实例之间的数字比率。但是，可供选择的其他“根据”肯定是存在的。因此，我们必须提供一种并非建立在“或然性”之上的理由，来说明为什么我们选择这一种“根据”而不选择另一种。我们可能会接纳这种越来越模糊的或然性链条，其中我们选择的第一个根据在统计学上可能会优于其他类型的另一些根据。我们因此便被迫退回到或然性的第二层“根据”。从逻辑上说，我们还可以继续进到第三层次的“基础”，如此等等，永无止境。但是，如果这种统计理论可被证明是有根据的，那么经过有限步骤之后，我们必定会达到一种并非出于任何或然性理由而被选择的“根据”。由于它是我们的所有推论中所假定的**那种**“根据”，所以它必须被选出来。除了某个这样的终极“根据”，如果把统计理论看作是对所有我们使用“或然性”概
202 念的终极解释，那么这种统计理论就必定会不可避免地遭到失败。造成这种失败的原因是那种终极“根据”的完全随意性，对或然性的整个估计最终就是建立在这种“根据”之上的。

其次，对适合于统计概率的“根据”的基本要求，其本身似乎也要诉诸或然性。这种被称为“根据”的类，其诸成员本身必定是“等

概率的实例”，其中有些实例是有利的，有些则是不利的，可能有些限制型的“根据”中所有成员都是有利的，抑或所有成员都是不利的。其或然性有待估计的相关命题必须已知是该“根据”的成员，但是该命题属于那一类——是有利的还是不利的，则没有任何其他证据可供考虑。显然，对终极根据来说，“等概率的实例”这一术语必定是无需参照任何或然性概念就可得以解释。这种解释原理通过参照六面体的骰子就很容易找到。一个骰子是一个既定事实；它的各个面，对于任何投掷情况下，是这一面朝上或者另一面朝上，作为面来说并没有什么不同。而且除了这一既定事实，我们一无所知。因此，我们被迫再次寻找某种终极的事实：必定存在一个终极的种类，并且这种特殊属性必须与该种类成员所能容纳的实例是“有利的”还是“不利的”毫不相关。所有这一切必须是直接的认知中所给予的，无需诉诸任何或然性。此外，还必须对这个种类——至少在结论中所预设的精确或模糊的限度——之内的有利或不利实例的比率同样是有直接认知的。

再次，对“根据”的另一个要求是，它所包含的实例数目是有限的。当基数是无限的时，统计概率所依据的全部基数比率理论就失败了。

最后，“取样”方法的专门任务就是要避免两个缺点。一个缺点是如上所述，当“根据”中的实例数目是无限的时所导致的失败。另一个要避免的缺点是，这一有关实例实际上是新的，它并不属于事实上要被审察的“根据”。根据这第二个缺点，除非有某种进一步的证据，否则对于该“根据”的统计状态对这种相关实例来说就是虚假证据。概而言之：取样方法致力于克服：（1）根据的无限性产生的困难；（2）这种相关实例是新的因而它并不属于所审察的根据而产生的困难。在这一讨论中必须记住，我们所考察的是一种终极根据，它必须对自身以外的或然性不再有任何诉求。因此，关于这一根据的统计事实必须是“既定的”，不能只是“或然的”。

因此，（1）当我们具有某种无限的“根据”，且包含着数量无限

的有利实例和数量无限的不利实例时，“随机的”抽样对于确定统计
203 概率没有任何帮助；原因之一是没有这样一种比率概念能适用于这些无限实例；另一个原因是，任何样本都不是“随机的”，它只是遵循一种复杂的方法。不论每一种方法多么复杂，数目有限的样本，每一个都遵循着其自身的方法，都给出一个完全依赖于这些方法的统计结果。就所谓随机抽样的重复性会给出一致结果而言，可以得出的唯一结论便是，在这些“随机的”方法之间存在着相关的（尽管是隐蔽的）相似性。因此，有限的“根据”对统计概率来说是根本性的。必须理解的是，这一论点并不意味着是对适用于有限“根据”并得到恰当解释的抽样的批评。

（2）当这种相关“实例”并不属于所考察的根据时，除非能进一步获得其他信息，否则从这个“根据”中不可能得到任何有关那个新实例的合理推论。如果或然性确实是纯粹统计性的，并且如果没有任何新增的信息，那么就会不可避免地得出这一结论。但是，我们确实在毫不犹豫地根据一个并不包含这种相关实例的“根据”进行论证，以推出一个有关那个实例的或然性结论。因此，**要么**这一推论是不合理的、无结果的和无用的；**要么**当这种推论被证明是合理的，那么还有其他新增的信息。这便是那个困扰着归纳理论和或然性理论的著名的二难推理。

第六节

显然，所有或然性判断必定会涉及的终极“根据”只能是判断主体所客体化的现实世界。判断主体总是在对其自身的材料进行判断。因此，如果统计学理论要得以坚持，那么，判断主体与其材料之间的关系就必须能避免困扰着该理论的诸多困难。

每一现实存在就其性质而言都是集合性的，这表现在两方面。首先，这一现实存在自身特点的概貌是由它的环境为其感受过程所提供

的材料所决定的。其次，这些材料对该存在来说不是外在的，而是构成了内在于该存在的那个世界的展示。因此，主体据以构成判断的材料本身就是规定该判断主体之特征的构成要素。由此可以说，任何有关这一经验主体之特征的一般前提，同时也包含着该集合体环境为该主体提供展示的一般前提。换言之，一种类型的主体要求一种类型的材料作为其合生的初级阶段。但是，这类材料只不过是由客体化所造成的那种抽象之中的集合体环境。而且，这种抽象本身的特性也依赖于这种环境。这种假设的判断主体所必需的这种材料是以具有一定集合体特性的环境为前提的。

因此，根据有机哲学，归纳推理由于某种隐含的前提而获得有效 204
性。这种默示的前提就是，特定的未来作为通过归纳方法而被证明了的该判断的逻辑主体，将会包含享有特定经验的某个当下主体相类似的现实性；例如，与有关判断主体相类似，或者与现实世界中被设定为归纳判断的逻辑主体的现实相类似。它还假定了这种未来产生于当下，通过连续的继承使这一条件得以保持。因此，这里便存在着保持一般集合体环境的前提——**要么**是参照判断主体，**要么**是更为直接地参照对那个普遍类型的物质世界的保留，而这个物质世界是该命题的一个或更多逻辑主体所必不可少的。

在这方面，我只能重复我在《科学与近代世界》（第三章）中的一段话，以作为最后的总结：

> 下面可以看到，就归纳的本质来说我不认为是由一般规律中引申出来的。这是从过去某种特殊情形的性质来推论未来某种特殊情形的某些性质的方法。但适用于可认识的发生的一般规律，是一个比这种方法更为广泛的假定，对这种有限的知识说来是一个很不妥当的扩大。我们对目前发生所能要求的一切只是用它来决定由诸发生构成的某特殊共同体，这一共同体由于被包括在同一共同体内而在某些方面互相影响着。

显然，在对归纳的这个讨论中，有机哲学似乎是扩展了伦理讨论的前提：“人是一种社会的动物”。与此相类似，每一种现实发生都是集合体性质的，因此我们假定存在着任何持续类型的现实发生时，我们就会同时假定了包含在环境中的各种类型的集合体。对归纳有效性的解释还有另一种陈述方式，这就是在每一种预测中都预先假定了一定类型的现实存在，而接着要追问的问题是：在何种条件下才能发现这些存在本身？能够给出某个答案的理由就是，所预设的这种类型的存在要求某种预设的材料作为这些现实存在的初始阶段；而一种预设的材料要求一种预设的集合体环境。但是，自然规律是集合体环境的产物。因此，当我们预设了某种现实发生时，我们实际上就已经对那些贯穿于整个环境之中而起作用的自然规律有了某些信息。

所以，就归纳范围内的现实存在而言，在每一个归纳判断中，都包含着要保持该直接环境的一般秩序这一预设前提。这种归纳判断注重这种既定秩序固有的统计概率。这些预测若没有它们所预设的确定
205 宇宙秩序，便会失去意义。而且生存要求秩序，因而预设生存而又没有那种生存所要求的那种秩序，这是一种自相矛盾。正是在这一点上，有机哲学不同于任何形式的笛卡尔主义“实体哲学”。因为如果实体为了存在除自身之外不需要任何东西，那么，实体的生存便对其环境中的秩序的生存没有任何关系。因此，便不能得出关于存在着的实体与其未来环境之间的外在关系的任何结论。对有机哲学来说，关于一块石头的未来情况的预测，都会预先设定这块石头所要求的那种秩序的环境。因此，那种全然未知的环境决不会进入归纳判断之中。归纳就是关于这种环境的统计概率，或者是关于永恒客体与这种环境等级不同的关联。

因此，在归纳中求助于某种纯然的未知情况就会自然地被排除。关于不确定的环境中不确定的存在将会发生什么情况的问题，不会有任何答案。归纳永远与那些对直接环境的稳定性至关重要的现实存在的集合体有关。

第七节

在上一节，一直有某种求助于或然性的隐含要求。这一节的目的则是要解释怎样才能使这种要求的或然性根据统计学理论加以说明。首先，我们必须确切地指出对或然性的这一求助是从哪里进入归纳概念之中的。归纳证明永远包含着某种假定，即作为思考主题的环境总是包含着与当下的集合体相类似的诸现实发生的集合体。但是，类似的集合体要求它们的发生有类似的材料；而类似的材料只有由类似环境所提供的客体化来提供。但是，自然规律是从支配着该环境的集合体的特性中产生出来的。因此，支配着相关环境的自然规律与支配着直接环境的那些自然规律具有某种相似性。

这里的“相似”和“支配”概念都有一定程度的不确定性。我们可能会问：这种相似达到了何种程度？这种支配达到了何种程度？如果有确切的相似和完全的支配性，那么将会把关于一般条件的确定性与对具体细节的完全无知混在一起。但是，这种描述既不适合于我们关于直接当下的知识，也不适合于我们关于过去的知识，此外也不适合于我们关于未来的归纳知识。我们的意识经验包含着由确定性、无知和或然性组成的令人气馁的混合。

至此很显然，由于现实发生的集合体的支配作用，这种宇宙时期理论为从统计学上对或然性的说明提供了基础。在任何一个宇宙时期，一定的秩序化相互联系中都有一类确定的主导性集合 206
体，还有一些混沌的发生混合体不能归之于任何集合体。但是，鉴于任何宇宙时期都有巨大的范围，我们实际上处理的是无限的东西，因此我们就需要某种植根于实例之本质而不是任意采用的抽样方法。

这种自然的抽样方法是由构成任何一个现实发生的初始阶段的材料所提供的。每一现实发生都会把它的环境中的其他现实发生客体化。这个环境可能会限制于该宇宙时期的相关部分。它是一个广延连续体的有限区域，这是就其在现实发生之间的个体差异方面有恰当的重要性而言的。同时，关于个体差异的重要性，我们还可以假定在这一区域之内每一相关发生的广延都有一种限制较低的范围。有了这两个假定就可以得出，构成任何一个发生之相关材料的那些相关的客体化，都会涉及到该环境中诸现实发生的有限样本。与此相应，我们关于外部世界及其规律所依据的条件的知识，完全是统计概率论所要求的那种数值性质。这种理论并不需要作精确的统计学计算。这种理论所包含的全部意义就是我们的或然性判断最终源自于一种数值意义上的“多或少”的模糊估计。我们对事物以这种方式得以发生的统计学基础具有一种尚不精确的直觉。

注：迄今对或然性哲学理论所做的最好的讨论可见于J·梅纳德·凯恩斯（J. Maynard Keynes）的《论或然性》。这部论著必定会长期地保持为关于这一论题的标准著作。我在本章中的结论，在我看来与凯恩斯先生在该书第21章所做出的结论并无根本的不同。但是凯恩斯先生在此似乎又回到一种非常类似于“频率理论”那种形式的或然性观点，而这种“频率理论”在我看来正是他在该书第8章作了严厉（且正确的，就那种特殊形式而言）批评的。

第八节

到此为止，前三节的论证一直在致力于说明或然性判断的统计学基础。但是，这些讨论同样也揭示了这种判断的另一种非统计学基础。

这种思想的主线是：（1）每一现实发生在构成其自身的根据中都有其赖以产生的环境；（2）由于环境的这种功能是从无限多样的确定

性形式中所作出的抽象，因而便获得一种有关所保持的那些要素的协
调一致的经验；（3）任何属于特定种类的现实发生，都需要一个适合
于该种类的环境，因而预设一个种类就包含着预设了相关环境； 207
（4）在每一个归纳判断以及每一个或然性判断中，都或明或暗地有一
种预设，即对隐含在该情形之中的一种或多种现实发生的预设，所
以，根据（3），有一种对某种一般环境的预设。

因此，所有或然性和归纳的根据就在于预设环境与直接经验到的环境之间事实上存在着相似性。

这样一来，关于或然性的统计学根据的论证又回到了集合秩序的观点。根据这一观点，所有集合秩序都依赖于属于必要集合体的那些发生在环境中的统计性支配地位。各种自然规律就是产生于这一事实的统计性规律。因此，关于或然性的判断可能产生于关于这种预设环境的统计性根据的直觉——一般地说，这种直觉是模糊且不精确的。这种判断也可能产生于与被经验环境的类比，因而在经验中将会有这类适合于证明归纳型判断的因素。

但是还有另一种因素，与上述四个前提相结合，可以得出一种非统计性的或然性判断。永恒客体与经验的原初物质材料之间的逐级"增强的相关性"，这一原理表达了一个实在事实：被选择的永恒客体更偏爱于适应特定环境产生的新生事物。

这个原理所表达的是，每一种具有等级秩序的创造物对各种欲望的摄入构成了上帝的原初性质。因此，对预设情形的某种确定结果可能有一种内在适应性的直觉。这种内在适应性中不会有任何统计性因素。它依赖于事物的根据中存在的不同等级的基本欲望，并消除了过渡状态的所有不确定性。

以这种方式，便可能会有一种关于某种新颖性产生的或然性的直觉。显然，统计学理论完全不能为这种判断提供任何根据。

千万不要认为，这些非统计性判断具有任何宗教意义。这些判断所处的经验层次比宗教情感的经验层次要低得多。上帝在世界上的作用这一概念的暂时性至少像经验中其他要素的暂时性一样，是一个迫

切的思想要求。上帝概念确实是宗教情感中的一个根本要素，但是其逆命题则不成立；宗教情感的概念并非是上帝在宇宙中的作用概念的根本要素。在这一方面，宗教文献一部分是通过吸引力，一部分是通过排斥力，从哲学理论看一直在悲哀地误导人。

第十章 过 程

第一节

“万物皆流”是由人们尚未系统化的、几乎未经分析的直觉所作 208
的第一个含义不清的概括。它是《旧约·诗篇》中一些最好的希伯来诗歌的主题，也是希腊哲学中以赫拉克利特的格言形式出现的最初的一个概括。在盎格鲁撒克逊尚未开化的晚期思想中，这一格言又出现在飞过诺森布里亚国王宴会厅的麻雀的故事中。在文明的各个阶段，这一格言的重现都会给诗歌带来伤感情调。毫无疑问，如果我们要回到那种尚未被理论的复杂化所扭曲的终极的完全经验，回到哲学当作最终目标所要阐明的经验，那么，事物的流变就是我们必须以之为中心而构造我们的哲学体系的一种终极性概括。

在这里，我们把“万物皆流”这个说法转换为另一说法“事物的流变”。在这样做时，我们的思想便可以抓住“流变”概念，把它当作进一步分析的一个首要概念。但是，“万物皆流”（all things flow）这个句子有三个单词——我们是以把这三个单词中最后一个词孤立起来而出发的。我们再回到第二个词“事物”并且拷问：何种事物在流动？最后，我们达到第一个词“所有”并且追问：这种共同流动中所包含的“众多”事物是什么意思，在何种意义上——如果有一些意义的话——“所有”一词能表示由这些许多事物构成的具有确定指谓的集合？

阐明“万物皆流”这句话所包含的意义是形而上学的一项主要任务。

但是，还有一个相对立的概念与前面的概念相反。我此刻想不出一个像赫拉克利特所用的概念一样完满的永恒话语来表达这一概念。这个对立的概念刻意表达的是诸如坚实的大地、山川、岩石、埃及金字塔、人的精神、上帝等事物的永恒性。

完全经验的最佳表达，由于表现了经验的一般形式，去掉了无关的细节，通常出现在表达宗教愿望的话语中。现代形而上学之所以如
209 此浅薄，其原因之一便是它忽略了表达终极情感的这一宝藏。因此，我们在一首著名的赞美诗的头两行诗句中，发现了这两个概念在一个完全经验中统一的完美表达：

与我同住吧，
黄昏已来临。①

其中第一行表达的是永恒性，通过“住”、“我”和“存在”来表示；而第二行则使这些永恒性处于不可避免的流动之中。在这里我们终于发现这种完全的形而上学问题得到了充分阐述。那些以第一行诗句作为出发点的哲学家们给我们提供了关于“实体”的形而上学；而那些以第二行诗句作为出发点的哲学家们则发展出关于“流变”的形而上学。但实际上这两行诗句不能以这种方式分开，因而我们发现更多的哲学家的特点是在这两者之间摇摆不定。柏拉图在静止的精神天国里发现了他的那些永恒之物，而在不断流变的非完满物质世界里发

① 参见《圣经·路加福音》24：29。——译者注

现了纠缠着他的形式的流变。在此，我提醒大家注意“不完善”这个词。关于柏拉图的任何断言，我所说的都有待于修正；但是我相信，柏拉图如下观点的权威性是可信的：凡是流变的事物都是不完善的，也就是说，它们是“有局限的”，并且要“确定地排除许多似是而非的东西”。前面从赞美诗中所引用的两行诗句几乎完美地表达了形成柏拉图哲学主要观点的那种直接的直觉。亚里士多德修正了他的柏拉图主义观点，使其具有某种别样的平衡。他是区分“实体和属性”的开创者，也是这一概念所包含的分类逻辑的最初创立者。但是，另一方面，他对“生成”概念作了精彩的分析。亚里士多德以其自身的独特方式有效地反驳了那种把静止的精神世界与流动的表面经验世界相割裂的柏拉图主义倾向。后期柏拉图学派强调了这一倾向：正像中世纪的亚里士多德学派的思想允许使用亚里士多德逻辑的静止概念来阐述某些主要的形而上学问题一样，这一做法一直沿用至今。

总的说来，哲学史支持柏格森关于人类理智“使宇宙空间化”的责难；也就是说，人类理智倾向于忽视流变性，倾向于根据静止范畴来分析世界。实际上，柏格森走得更远，他把这种倾向看作是理智内在固有的必然性。我虽然不相信这种指责，但是我的确认为，“空间化”是用相当熟悉的语言来表达一种清晰的哲学的捷径。笛卡尔对这样一种思想体系提供了一种几近完美的样板。笛卡尔主义因其有三个明确的实体及其以“绵延”和“被量度的时间”作为背景而导致许多困难，这些困难表明了将流变性置于从属地位的后果。这种从属地位在未经分析的赞美诗对永恒的渴望中，在柏拉图对完美天空的想象中，在亚里士多德的逻辑概念中，以及在笛卡尔的数学精神中，都可以看到。牛顿这位思想界的拿破仑，直率地把流变性召回到世界，把 210
它编进他的“不受任何外部事物影响而均匀流逝的绝对的数学时间”之中，而且还以其微分理论的形式赋予流变性一种数学的统一形式。

在这个重要问题上，17、18 世纪的各派哲学家实际上都有一个发现，尽管这个发现就在他们的著作表面，他们却只是一知半解。这个发现就是存在两种流变。一种流变就是**合生**，用洛克的语言来说，就是“具体存在物实在的内在构成”。另一种流变是从具体存在到具体存在的**“转化”**。这种转化，同样用洛克的语言来说，是“永恒的消亡”，它是时间观念的一个方面；而另一个方面，这种转化就是根据过去的“能力”而产生现在。

“具体存在物实在的内在构成”这种说法，把人类理解描述为对材料的反映过程，“永恒的消亡”这种说法和“能力”一词以及对能力的阐述，所有这些都可以在洛克的《人类理解论》中找到。然而，由于其研究范围所限，洛克并没有做出概括，或者说没有把他零散的观念汇集到一起。关于两种流变的这一隐含的概念在休谟的著作中也没有进一步得到有意识的阐述。只是在康德的著作中，才得到明确的阐述，尽管——在我看来——他的描述是错误的。最后，在黑格尔的进化一元论及其派生学派那里，这种流变观念消失了。由于洛克的著作中有各种不一致的地方，如果我们渴望弄清描述流变的世界所需要的这两种流变的发现，那么回到洛克这位哲学家的论述是最有用处的。一种流变是具体存在物之构成中固有的流变，我称这种流变为“合生”。另一种流变是过程的消亡所依托的那种流变，它在完成那个具体存在物之时构成了那种存在物，把这个存在物当作过程的重复所造成的其他具体存在物之构成中的原生要素，我称这种流变为“转化”。合生趋向于它的目的因，这是其主体性的目的；而转化则是动力因的载体，这种动力因就是永恒的过去。

现实的具体发生如何成为新的创造物的原生要素，关于这个问题的讨论叫作客体化理论。被客体化的各种具体发生结合在一起，形成了创造性合生的材料的统一性。但是，在获得这种程度的联系时，它们固有的互为前提的预设消除了它们的构成中的某些要素，并把其他要素引入相互关联之中。因此，客体化就是相互调整的抽象活动或者排除活动，现实世界的许多发生因此而成为一种复合材料。这种因综合而造成排除的事实有时被叫作从那种合生观点观看现实世界的视界。每一种现实发生都规定着它自身由之产生的现实世界。任何两个发生都不可能有完全相同的现实世界。

第二节

由众多事物所构成的世界在过程中获得一种个体的统一性，使“多”之中的每一项要素确定地降为新的“一”之构成中的从属成分——“合生”就是这种过程的名称。 211

最一般的术语“事物”——或者同样也可叫作“存在”——只不过是指“多”中之一，在合生的每一种实例中都可找到其合适的位置。合生的每一种实例**本身**就是那个新生的个体“事物”。并不存在“合生”**与**“新生事物”：当我们分析新生事物时，我们发现除了该合生以外别无他物。“现实性”只不过意味着这种达到具体的最终进入，抽掉了这种具体就只有非存在了。换言之，抽掉了“达到具体的进入”概念是一种自相矛盾的概念，因为它要我们把事物看作不是事物。

合生的实例叫作“现实存在”——或者其同义词“现实发生”。没有一个完成了的事物之集合是现实发生，因为创造性是一个不可逃避的基本事实，根据这种创造性，不可能有任何“众多事物”不从属于具体的统一性。因此，所有现实发生的集合，按照事物的本性，都是另一合生的观察点，它会从那些众多现实发生中引出一种具体的统一性。因此，除非从直接合生的观察点出发，证明该预设的完成是虚假的，否则，我们便绝不可能观察到现实世界。根据创造性，任何相对完成的现实世界，就事物的性质而言，都是新的合生的材料，这种创造性便叫作“转化”。这样一来，由于转化，“现实世界”永远是一个相对的术语，并且是指被预设的现实发生的根据便是新的合生的材料。

现实发生是可分析的。这种分析揭示了各种活动把这些各自异在的存在转化为具体存在的复合体的构成要素。“感受”一词将被用来对这种活动作一般描述。因此我们可以说，现实发生是由感受的过程所造成的合生。

我们可以从以下几方面来考察感受：（1）感受到的现实发生；（2）感受到的永恒客体；（3）感受到的感受；（4）感受本身的主体性强度形式。在合生过程中，这些不同的感受会继续前进，达到完全感受的更大的普遍性。

这种更大的普遍性是一种复合感受之感受，包含着它们的具体的相同和对立要素。感受的这一整合过程会继续前进，直到获得具体的统一性。在这种具体的统一性中，所有关于实现诸可能性的不确定性都会被消除。世界的诸多存在，包括合生本身产生的存在，都会在这
212 种最终的统一体中发挥各自的作用。这种最终的统一体叫作“满足”。“满足”就是合生达到了顶点，成为完全确定的事实。在其先前的任何阶段上，这种合生对于其众多组成要素之间的结合来说，所展示的只是不确定性。

第三节

现实发生不外是可归之于合生的具体实例的统一体而已。因而这种合生无非是所讨论的该现实发生的“实在的内在构成”。对现实存在的形式构成所作的分析可得出感受过程的三个阶段：（1）反应阶段；（2）补充阶段；（3）满足。

满足只不过标志着消除了所有的不确定性，达到了最顶点；这样，就所有感受方式和宇宙中所有存在而言，达到满足的现实存在便体现着“是”或“否”的确定态度。因此，满足就是作为合生的目的因的隐秘理想的实现。但是，这一过程本身存在于前两个阶段之中。第一个阶段是以审美综合的客体材料形式纯粹地接受现实世界的阶段。在这一阶段中，只是存在着把现实世界接受为一种多样性的隐秘感受中心，这些中心包含在互为前提的聚合体之中。而这些感受则是当作属于外在中心而被感受到的，并没有被吸引到隐秘的直接性中

去。第二个阶段则是由过程本身中逐渐形成的隐秘理想所支配，通过这个理想，诸多派生的作为异在之物被感受到的感受，被转化为一种直接被感受为隐秘的审美欣赏的统一性。这便是“欲望”的注入，在其更高的实例中，我们称之为“想象”。用物理学语言来说，就是“标量”形式超过了原初的“矢量”形式：这些原初形式成为从属于个体经验的东西。矢量形式并未消失，而是沉降为标量上层建筑的基础。

在这个第二阶段，诸感受由于概念性感受的这种流变而呈现出某种情感特征。但是，这些原初形式之所以没有消失在隐秘的情感之中，原因就在于宇宙中的任何要素都不可能是纯粹隐秘性的要素。如果我们能够对意义进行完全的分析，那么，纯粹的隐秘性概念就将被视为自相矛盾的。情感性感受仍然会服从第三个形而上学原理：成为“某物”就是要“具有与其他存在达到实在的统一的潜在性”。因此，“成为某个现实存在的实在的组成成分”在某种程度上就是“要实现这种潜在性”。这样一来，“情感”就是“情感性感受”；“所感受之物”就是所预设的矢量情景。在物理科学中，这一原理采取的形式决不应当在基本的思辨中被忽略，即标量是从矢量产生的结构。用更为熟悉的语言来说，这一原理可以表达为如下陈述：“传递”概念要比 213
隐秘的个体事实概念更为根本。用这里表达形而上学陈述的抽象语言来说，“传递”变成了“创造性”，即辞典里对动词“创造”(*creare*)的释义：“产生、引起、生产”。因此，根据这第三个原理，任何存在都不能脱离创造性概念。一种存在至少是一种能把其自身的特殊性融入创造性之中的特殊形式。一个现实存在，或者现实存在的一个阶段，还不止于此；但是，它至少是那样。

洛克的“特殊观念”只不过是先前的现实存在发挥了自身的作用，把“传递”融入了其自身的特殊性，这种传递便是相关现实存在的“实在的内在构成”的初始阶段。由于受一种流行的错误观念的影响，洛克把这后一种存在称为“心灵”；并且在他本应讨论“精神活动”在后来诸阶段现实存在的构成中的能力时，却又讨论了心灵的

"内容"。洛克本人匆忙地表达了他的"观念"的这种基本的矢量功能。在我们前面已经引述过的一段话中，他写道："我承认能力中包含着某种关系——一种行动关系或变化关系；的确，在我们的观念中，不论何种观念，当专心致志地考察时，哪一种观念不含有关系呢？"①

第四节

第二个阶段即补充阶段，本身又分为两个从属阶段。这两个阶段也许是不甚重要的，同时它们也不是能真正分开的，因为它们由于强化或抑制而相互干扰。如果这两个阶段都是不重要的，那么，整个第二阶段就不过是对个体创生的明确否定，并且该过程会被动地达到自身的满足。现实存在因此便只是传递继承的感受构成的工具而已。它的隐秘的直接性便成为完全不相干的了。在这两个从属阶段，前一个阶段——如果有先后顺序的话——是审美补充阶段，后一个阶段是理智补充阶段。

在审美补充阶段，对一个现实发生的合生中内在于统一的客体内容里的对比和节奏，有一种情感欣赏。在这一阶段，由于知觉呈现为痛苦与快乐、优美与厌恶，因而被得以强化。这是一种抑制和强化阶段。在这一阶段，蓝色由于种种对比而变得更强烈，形状由于其可爱而取得支配地位。那些被认为是异己的东西，经再创造而成为自己的。这是知觉发挥作用的阶段，包含对知觉的情感反应。在这个阶
214 段，隐秘的直接性把感受材料融化为盲目感受的新事实。纯粹的审美补充解决了它的难题。这个阶段需要概念性感受的流入及其同纯粹物质性感受的整合。

但是，这一过程的"盲目性"至此仍保持着某种不确定性。对理

① 《人类理解论》第二卷第二十一章第三节。

智的“观察力”要么必须有确定的否定，要么给予承认。否定理智的观察力就是要把那些处于抽象的纯粹潜在性地位的永恒客体排除，使之成为不相关之物。“可能的东西”与“事实上的东西”具有相关的对比能力。如果把这种处于抽象能力状态的纯粹潜在性从关联性上予以排除，那么，第二个从属阶段就成为微不足道的了。这样该过程便会构成一种盲目的现实发生，所谓“盲目的”在这里是指不包含任何理智的活动，虽然其中永远包含着概念性活动。因此，总是有“想象”形式的精神活动，但并不总是存在有意识的“理智性”精神活动。

但是，如果以抽象能力形式存在的某些永恒客体在与现实事实的关联中得以实现，那么就会有一种具有理智活动的现实发生。这种理智活动的复合有时被叫作现实发生的“心灵”；而现实发生也被称为“有意识的”。但是，“心灵”一词具有独立实体的意味。而在这里不是这个意思：较好的用语是现实发生具有“意识”。

一个永恒客体，就其纯粹潜在性与**确定的**逻辑主体相关而得以实现来说，可称之为相关现实发生的精神活动中的“命题性感受”。现实发生所具有的意识是理智补充过程的从属阶段，如果这个从属阶段不是完全微不足道的话。这种从属阶段给感受中引入了纯粹命题性潜在性与已经实现的事实之间的充分对比。

第五节

小结：过程有两种，即宏观过程和微观过程。宏观过程是从已经达到的现实向正在达到的现实的转化；而微观过程则是把各种仅仅是实在的条件转变为确定的现实。前一过程造成从“现实的”到“仅仅是实在的”转化；而后一过程则造成从实在的到现实的增长。前一过程是动力性的过程，而后一过程则是目的性的过程。未来只是实在的，尚未成为现实；而过去则是由诸现实所组成的一个聚合体。这些现实是由它们的实在的发生阶段所构成的。当下是目的性过程的直接性，实在就是通过这种直接性而成为现实的。前一过程提供了那些实际上支配着达到现实的各种条件；而后一过程则提供了现实地达到的种种目的。“有机体”概念以双重方式同“过程”概念相结合。各种现实事物所构成的共同体便是一种有机体，但它不是一种静止的有机
215 体，而是处于产生过程中的一种未完成物。因此，就现实事物而言，宇宙的扩展是“过程”的首要意义；而处于任何扩展阶段上的宇宙则是“有机体”的首要意义。在这个意义上，一个有机体就是一种聚合体。

其次，每一现实存在本身只能被描述为一种有机的过程。它在微观世界中复制着宏观的宇宙。它是从一种阶段到另一种阶段的发展过程，每一阶段都是其后继阶段向完成相关事物发展的实在基础。每一现实存在在其构成中都包含着其条件为何是这样而不是那样的“理由”。这些“理由”就是为这一现实存在而客体化的其他现实存在。

“客体”是一种超验要素，它标志着我们的经验必须与之相一致的那种**确定性**。在这个意义上，未来具有当下的**客体**实在性，但没有任何**形式**的现实性。因为未来内在于直接的、当下的现实性之构成中，因而未来会取代当下的现实。同时，未来必须与之相符合的种种条件，由于包含着与当下有关的各种实在的关系，实际上都是直接现实中的客体条件。

因此，每一现实存在，尽管就其微观过程而言是完成的，但由于其客体上包含着宏观过程，因而它又是未完成的。它真正经验到的未来必定是现实的，虽然那个未来已完成的现实还是不确定的。在这个意义上，每一现实发生都在经验着其自身的客体永恒性。

注：这里归于“客体”的功能，一般说来，是与肯普·史密斯（Kemp Smith）教授对康德《纯粹理性批判》的评论中的一段话（第2版249页）相一致的，他在那里考察康德在《纯粹理性批判》第一版中所讲的“客体演绎”时说：“当我们考察这种

客体（的演绎）时，我们发现，它与主观演绎相区别的主要特征，就是这种客体演绎对我们的心灵施加某种强制，限制我们须以某种方式来思考它。使用‘客体’一词，意味着不允许我们对某种东西作任意的思考。”

当然，肯普·史密斯的观点与有机哲学仍然有重要的区别，他在解释康德著作时使用“思维”的地方，有机哲学则代之以“经验”。

第三编

摄入理论

第一章　感受理论

第一节

有机哲学是关于现实的最小构成单位的理论。事实的每一终极单位都是一种最小构成单位的复合，不可能再被分析为具有同样完全的现实性的构成成分。 219

这个最小构成单位可以从发生学和形态学上进行考察。在这一编，我们要进行发生学理论的考察，在第四编则以现实存在的“广延性分析”为题进行形态学理论的考察。

根据发生学理论，这个最小构成单位表现为把它得以从中产生的宇宙中的各种要素据为己有，作为其自身存在的基础。把具体要素据为己有的每一过程叫作摄入。以这种方式据为己有的那些宇宙的终极要素就是那些已经构成的现实存在和永恒客体。所有现实存在都是被肯定地摄入的，但对永恒客体的摄入却有所选择。在整合这些各式各样的摄入的过程中，其他一些范畴类型的存在都成为相关的存在；而这些类型的某些新存在，诸如新的命题和类属对比，也进入存在之中。这些其他类型的相关存在也被摄入到合生的最小构成单位的构成之中。现在，我们对这种发生过程的主要轮廓进行探讨。

现实存在是一个过程，许多未完成的主体统一性活动在这一过程中最终成为完成了的活动统一体，我们称这种统一体为“满足”。所谓“满足”就是由于实现了创造性冲动的范畴性要求而产生的满足感。对这些范畴进行分析是形而上学的目的之一。

过程本身就是现实存在的构成过程；用洛克的用语来说，它是现实存在的“实在的内在构成”。用笛卡尔早期使用的用语来说，过程就是现实存在本身，即“形式的形成”。“形式的”和“形式地”这些术语在这里正是在这个意义上使用的。

最终形成的活动统一体——在这里叫作“满足”——表现着现实存在能超越其自身。用洛克的术语来说，在分析满足时可发现现实存在有“能力”。用笛卡尔的术语来说，就其“对象性”存在而言，满足就是那种被认为是可分析的现实存在。它就是那种作为明确的、确
220 定的、固定的事实的现实存在，既顽强又具有不可避免的结果。如果对这种现实存在的满足作形态学的描述，那么，用柏格森的话来说，就是“已被空间化的”现实存在。这种被空间化的现实存在是被其自身的“实体形式”所实现的一种既定个体事实。它自身的过程，即其自身的内在存在，已经挥发、耗尽并得到满足，但其结果则全都可以根据它的“满足”来描述。现实存在的这些“结果”就是它介入其自身以外的合生过程。任何存在，只要这样介入超越其自身的过程，都可以说具有“客体”的功能。根据第四种解释性范畴，这是一切种类的存在的一种一般的形而上学特性，即它们都具有客体的功能。正是这种形而上学特性构成了宇宙的协同性。现实存在的特殊性就在于，它既能被看作“客体的”，也可以被看作“形式的”。就这种现实存在而言，其“客体性的”方面是形态学的：这样说是指相关过程相对这个现实存在而言是超验的，因而它的满足的存在（*esse*）就是被感知（*sentiri*）。就这种现实存在而言，其“形式的”方面则是功能性的：这样说是指该相关过程内在于这一现实存在之中。但是，这种客体性考量是注重实效的，它是关于现实存在的结果的考察。在本章，我们

重点是对现实存在的形式进行考察。但是，对一种现实存在作这种形式的考察需要其他现实存在的客体性介入。其他存在的这种客体性介入构成了相关合生以之为条件的创造特性。每一现实存在的满足都是宇宙的一个既定要素：它限制着无限制的、抽象的可能性，使它成为每一种新的合生从中产生的实在的具体潜在性。所谓“无限制的、抽象的可能性”是指仅仅考察与永恒客体介入的可能性有关的创造性，而抽掉了属于任何确定的现实世界的现实存在的客体性介入，包括被抽掉现实性的上帝。

第二节

有限真理的可能性取决于如下事实：现实存在的满足可分为各种各样的确定性活动。这些活动就是“摄入”。但是，否定性摄入由于排除了对合生的贡献，可以把它们看作从属于肯定性摄入。这些肯定性摄入就叫作“感受”。合生的过程可分为许多感受构成的初级阶段、整合了先前的较简单感受因而由更加复杂的感受组成的后继阶段，直到作为感受之复杂统一体的满足阶段。这是对“满足”所作的“发生学”分析。对满足的“并列”分析将在后面第四编中进行。

因此，感受作为满足的构成成分，就其起源而言，应归之于该合 221
生的早期阶段。

这是从根据发生学观点对满足的可分性所作的一般描述。广延性作为宇宙的时空关系的基础，是这种可分性的另一个结果。同时，一种现实存在客体化于其他现实存在的构成中时会涉及它自身的充分的形式构成，从这一形式构成作出的抽象同样取决于这同一种可分性，现实存在根据这种可分性可在一种感受的特殊性中得以传递。感受——即肯定性摄入——本质上是一种造成合生的转化。它的复杂构成可分为表明这种转化是由什么构成的五个因素和后果。这五个因素是：(1) 感受的“主体”；(2) 被感受到的“原初材料”；(3) 根据否定性摄入而进行的“排除”；（4）被感受到的“客体性材料”；（5）该主体**如何**感受该客体性材料的“主体性形式”。

从所有方面看，感受都是确定的，具有确定的主体、确定的原初材料、确定的否定性摄入、确定的客体性材料和确定的主体性形式。通过排除会造成从原初材料到客体性材料的转化。原初材料会构成一种“杂多”，或者仅仅构成一个“恰当的”存在，而客体性材料则是一种“聚合体”、一个命题或某种范畴类型的“恰当的”存在。这里有一种原初材料与客体性材料的合生，它是由排除而成为可能的，并受到该主体性形式的影响。客体性材料是原初材料的视界。这种主体性形式从否定性摄入、主体性材料和该主体的概念性起源中获得其规定性。否定性摄入是由支配着感受的那些范畴性条件、主体性形式和原初材料所规定的。一种感受中的这些相关要素之间具有相互规定性，这种相互规定表达了感受主体是**自因的**这一真理。一种感受的不完全性不同于完全的满足，它表现为不求助于整个主体，就不可能理解它的产生过程。在一种主体中存在着各种感受的相互感应，这是由各种范畴条件所支配的。这种相互感应表达了以前定和谐的形式出现的目的因概念。

第三节

一种感受不可能脱离包含它的现实存在。这种现实存在叫作感受的“主体”。正是由于感受的主体，感受才成为一种事物。如果我们从感受中抽出主体，那么留下的便是杂多的事物。因此，感受是一种特殊性，正像我们可以说每一现实存在都是一种特殊性一样。感受是其自身主体的一个方面。

222 “主体”一词被保留下来，是因为在这个意义上它是人们所熟悉的哲学概念。但是这会引起误解。使用“超体”（superject）一词可能更好。这种作为主体的超体正是产生那些感受的过程的目的。感受不能与它们所要达到的目的相割裂，这种目的就是感受者。感受的目的指向于感受者，把它们作为目的因。感受之所以是感受，就是为了使它们的主体可以成其为主体。因此超验地说，由于主体借助感受才成其为主体，只有通过种种感受，该主体才能在客体上决定超越其自身的先验创造性。在我们自身这种相对高级的人类存在方面，这种关于感受及其主体的学说最好是通过我们的道德责任概念予以说明。主体由于其感受而要负起作为主体的责任。同时，主体还要相应地为它的存在的结果负责，因为这些结果是从它的感受中产生出来的。

如果把陈述的主语—谓语形式当作形而上学上的终极之物，那么，就不可能表达这种关于感受及其超体的学说。最好是说感受的**目的是成为**主体，而不要说感受的**目的是指向**它们的主体。因为后一种表达方式已使主体离开了感受的范围，被归之于一种外在的作用者。这样一来，就会使感受错误地脱离自身的目的因。这种目的因是感受内在固有的要素，因之才构成感受的统一体。一个现实存在之所以像它实际感受的那样去感受，就是为了成为它是其所是的这种现实存在。正是以这种方式，现实存在满足了斯宾诺莎的实体概念：它是**自因**的。创造性不是具有自身隐秘目的的外在力量。所有现实存在都与上帝一样，拥有这种自因的特征。正是由于这一原因，每一现实存在也都与上帝一样具有超越所有其他现实存在（包括上帝）的特征。因此，整个宇宙是一个面向新颖性的创造性进展的过程。与这一学说不同的另一种选择则是一种关于静态宇宙的理论。

第四节

有三种主要的范畴条件源自事物的终极性质。这三种范畴条件是：（1）主体统一性范畴；（2）客体同一性范畴；（3）客体差异性范畴。在后面，我们还要分出其他五种范畴条件。但是，上述三个范畴条件具有终极的形而上学普遍性的意味。

第一个范畴必须处理自我实现。自我实现是各种事实之终极事实。现实性就是可自我实现的，而任何可自我实现的东西都是现实性。现实存在既是自我实现过程的主体，同时又是已被自我实现的超体。

第二个和第三个范畴必须处理客体的规定性。所有存在，甚至包括其他现实存在，都是作为那种现实性的确定性之规定者而进入现实
223 性的自我实现过程中的。正是由于各种存在的这种客体性作用，才有了真和假之分。因为每一种现实性都没有一点含糊性的影子：它恰好就是它本身之所是，这是因为其他存在掌握着它的客体确定性。脱离了现实化过程，真和假便毫无意义：我们会处于一个无意义的区域，处在一个没任何东西有存在权利的不定状态。但是确定性是现实性的灵魂：获得一种具体的确定性就是一个特殊过程具有生机的终极原因；而确定性的获得则会使这一过程终止，这样它便通过超越而成其为客体的永恒性，作为一种新的客体条件被添加到可以获得的丰富的确定性即宇宙的“实在潜在性”之中。

这里必须做出某种区分。每一种创造性的工作都是一种集合性的努力，使用的是整个宇宙。每一种新颖的现实都是增加新条件的新的参与者。每一个新条件都能够被吸纳，增加获得的丰满性。另一方面，每一条件都会排斥差异性，不能容纳差异性，除非它能在一种把它的排斥转化为对比的条件网络中找到自己的位置。一种新的现实有可能会出现在错误的集合体中，在这一集合体中，现实对效能的要求主要是表现为各种抑制作用。这样一来，新的创造时期便给创造性功能提出一项消除抑制作用的艰巨任务。坚持在错误的季节诞生，这是恶的诡计。换句话说，新的事实可能会倒退、停滞和延迟。但是，创造性进展一旦到来，它便会在内容上更加丰富，条件更加充分，并且会更加稳定。因为就其客体效能而言，一个现实存在只能因其另一种肯定性贡献才能起到抑制作用。

诸事实构成的链条犹如一座巨型堤礁，一边会有失事船只的残骸，另一边则是可以停船的港湾和安全地带。支配着事物之规定性的

种种范畴说明了世上为何会有恶，同时也说明了在世界的前进过程中那些具体的恶的事实为何最终被超越了。

第五节

范畴Ⅰ：属于现实存在之过程中未完成阶段的许多感受，虽然由于该阶段未完成而没有被整合起来，但由于这些感受主体的统一性，它们是适合于综合的。

这就是“主体统一性”范畴。这个范畴是如下一般原理的一种表达形式：即一种主体是规定每一种作为构成成分的感受的最终目的。因此，超体是已经存在的一个条件，它决定着每一种感受如何产生其自身的过程。虽然在任何未完成阶段有许多尚未得到综合的感受，但这些感受中的每一种感受都受到其他感受的规定。每一种感受的过程都是可以使该感受能与其他感受相整合的过程。

这种主体统一性范畴说明了为什么任何感受都不能脱离其主体。224 因为该主体在感受中发挥着作用，以便它能成为那种感受的主体。这种感受是自我产生过程中的一个片段，并且是与其目的有关联的。这种目的就是伴随其感受的某种确定的统一性。

这种关于主体内在于其产生过程中的学说，要求在这一主体性过程的初始阶段对主体性目的有一种概念性感受：物质性感受和其他感受都是作为实现这种概念性目的的步骤，通过它们对原初材料的处理而得以产生的。这种基本的概念性感受在连续的合生阶段中不断遭受着简化。它以那些有条件的可能选择出发，并通过连续的决定而达到内在的融贯。关于责任的学说完全是有关这种修正过程的。在每一阶段，这种相应的概念性感受都以“主体性目的”作为该阶段的特征。众多感受，在任何未完成阶段，由于其每一个感受都与那个阶段逐步形成的主体性目的相一致，因而它们必然是彼此相容的。

这种主体统一性范畴是一种前定和谐论，它适用于未完成阶段中的众多感受。如果我们由此而想起那七种“恰当的”存在，并追问如何对未完成阶段作分类，那么我们就会发现，这个阶段具有命题的统一性。创造性冲动使每一个这样的阶段都不过是过程中的一个偶发事件，如果脱离这一创造性冲动，那么这个阶段就不过是关于组成它的感受及其终极超体的一个命题。前定和谐就是这个命题的自洽性，也就是说，是命题的实现能力。但是，这样与过程相脱离，的确有悖于其本性；因为这个阶段是过程中的一个偶发事件。如果我们打算公正地对待这个阶段的这一方面，我们就必须说，这是一个求真的命题。它是诱导那些相互整合的感受随后产生的，通过这些感受，命题的纯粹潜在性，及其在宇宙细微结构中的具体位置的显著不确定性，就转变为完全确定的现实。

这种合生过程的基础或根源就是宇宙中多种多样的材料、各种现实存在、永恒客体、命题和各种聚合体。在合生中，每一个新阶段都意味着面对不断地掌握实在的感受统一性，纯粹命题的统一性则在不断退却。每一相继的命题阶段都是在诱导促使其实现的感受的创造。每一种时间性存在，在一定意义上，都产生于类似上帝本身的精神极。它从上帝那里获得基本的、与现实世界相关的概念性目的，然而仍有一些不确定性有待其自身来决定。这种主体性目的，虽然在不断修正，却仍然是实行统一的因子，并支配着后继各个阶段上的物质性感受和概念性感受的相互作用。在合生的各个阶段中，那些先于新生事物而尚未成熟的创造物，是不可能做出这些决定的。但是，这个陈
225 述反过来却需要扩充。由于这种扩充，那种认为时间性现实存在的初始阶段是物理阶段的观点又得以恢复。“物质性感受”在这里被界定为是对其他现实的感受。如果这个其他现实能被其概念性感受客体化，那么，相关主体的这种物质性感受就可称为“混合的”感受。因此，就上帝的概念性感受直接与为该合生而“给予”的宇宙相关联而言，这种初始阶段就是上帝的一种混合性物质性感受。因此，根据概念性评价范畴，即第四种范畴性要求，有一种派生的概念性感受为该主体再生产材料，并对上帝的概念性感受进行评价。这种概念性感受

就是前面的陈述所涉及到的初始概念性目的。在这个意义上，可以称上帝为每一种时间性现实存在的创造者。但是，这一说法容易引起误解，因为它暗示了可以把宇宙的终极创造性归之于上帝的意志。正确的形而上学观点是，上帝是这种创造性的原初表现，因而也是限制其行动的原初条件。表现这种创造性是现实性的职能，而上帝就是这种永恒的原初性质。但诚然，如果脱离其“创造物”，“创造”也就没有任何意义；如果脱离“创造”和“现世的创造物”，“上帝”也没有任何意义；而如果脱离了“创造”和“上帝”，“现世的创造物”也没有任何意义。

范畴Ⅱ：一个现实存在达到满足之后，其客体性材料中的任何要素，就该要素在该满足中的作用而言，都是不可复制的。

这就是“客体同一性范畴”。这个范畴断定，任何存在，就其在宇宙的每一个体化过程中的地位而言，本质上都是自身同一的。在这样一种合生中，一种事物只有一种作用，并且不能表现出任何二重性。这正是自身同一性的意义之所在，即在事物与事物的任何现实的遭遇中，一个事物不可能以异己的角色面对自己。任何一种事物都在顽强地保持其自身，以自我一致的统一体发挥作用。这个范畴是不相容性的一个根据。

范畴Ⅲ：现实存在的客体性材料中有不同的要素，就这些要素在该满足中的作用而言，它们是不可能“合并”的。

这就是“客体差异性范畴”。在这里，那些有差异的要素若在发挥绝对同一的作用，没有内在于其差异中的对比，那么，“合并”一词就意味着一种自相矛盾的概念。换言之，在一个实在的复杂统一体中，每一特殊成分都使其自身的地位具有自己的特殊性。任何存在都不可能在一个实在的统一体中具有一种抽象的地位。它的地位一定达到了这样一种特殊性：只有它才能占有这个地位，而且唯有那种现实才能提供这种地位。

忽视这一范畴是形而上学推理中的一个普遍错误。这一范畴是不相容性的另一个根据。

第六节

226 上述这些范畴的重要意义，只有把每一个现实世界看作是通向相关现实存在之合生的“中介”，才能得以理解。须记住的是，“现实世界”这一术语永远是指某一种合生。

任何现实存在，我们把它命名为A，都可以感受到其他现实存在，我们把这些现实存在命名为B、C和D。因此，B、C和D都处于A的现实世界之中。但是，C和D也可能处于B的现实世界之中，因而可被它感受到；同时，D也可能处于C的现实世界之中，并且可以被它感受到。这个例子还可以简化，或者也可以改变为任何复杂程度的一个例子。现在，B作为A的感受的原初材料，也表现着C和D通过B为中介而为A所感受到。同时，C作为A的感受的原初材料，也表现着D通过C的中介作用而为A感受到。因此，在这样一个人为简化的例子中，A通过如下三种不同的来源使得D被呈现出来而为A所感受到：(1) 直接作为一种原始材料；(2) 以B为中介；(3) 以C为中介。就B和C作为中介而言，通过这三重形式表现出来的就是D，它具有A感受到它的原初材料的作用。但是诚然，对这两个居间的中介作这种人为的简化，与任何实在的情形相距甚远。D和A之间的中介是由所有那些现实存在构成的，这些现实存在处于A的现实世界之中而不是D的现实世界之中。为简便之见，我们将继续根据这三种表现方式来进行解释。

这样看来，有三个感受来源：直接感受到D；通过与C的结合而感受到D；通过与B的结合而感受到D。因此，在A的合生的基本阶段，便会出现三种对材料D的摄入。根据第一个范畴，这些摄入不是独立的。合生的这种主体统一性引起了否定性摄入，因而直接感受到的D不是通过其完全的形式而被感受到的，而是由于排除了这类以B为中介和以C为中介而被感受到的与D不一致的摄入而被客体化了。因此，构成第一阶段的三种感受是一致的，因而可以进入第二阶段的整合，在这个阶段中便有了A对D的内在客体化过程的一种感受。由于D必然是自我一致的，那些不一致必定产生于通过B、C和A而直接摄入D的那些主体性形式。这些不一致导致A对D的全部摄入中的种种排除行为。

在这一过程中，影响排除的那些否定性摄入并非是可以忽略不计的。感受构成其自身的过程也会以完全性感受的主体性形式把自身记录下来。这些否定性摄入具有其自身为这一过程所贡献的主体性形式。一种感受总是带有自身出生的胎记，这种胎记作为一种主体情感，记忆着自身的生存斗争过程，保持着有关可能存在过但实际并不 227
存在的印象。正是由于这一原因，没有被现实存在当作感受材料的东西，或许是其重要的组成部分。现实的东西不能被归结为脱离潜在性的纯粹事实。

这一解释原理，同样也适用于以永恒客体为材料的概念性摄入的情形。在这种概念性摄入的第一阶段，就有这种永恒客体被感受为纯粹的抽象能力，能给物质性感受赋予确定性。但同时也有对无数现实存在进行客体化的感受。在这些物质性感受中，有一些感受表明这同一种永恒客体是提供其确定性的要素。这样对相同永恒客体便有了不同的摄入；而根据第一种范畴，这些各式各样的摄入必须是一致的，才能进入后继阶段的整合之中，从而在这种整合中有一种内在一致的复合感受，即对该永恒客体的概念性感受。这种对一致性的主体性坚持或许从一开始就用否定性摄入替代了肯定性感受。

第七节

在前一节的解释中，只有第一种范畴被明确地涉及到。现在则必须指出，其他那些范畴是如何被默示为预设前提的。

整合确实存在，这一事实产生于客体同一性范畴所表达的条件。

这同一个存在，不管它是现实存在还是永恒客体，都不能在一种合生的形式构成中被感受两次。各种未完成阶段对一种客体有许多感受，这只能根据它们对那一客体的一种感受的最终满足来解释。这样，客体的同一性要求把对那一种客体的诸多感受整合为对该客体的一种感受。对现实存在的分析只能是理智的分析，或者从更大范围上说，只能是客体性分析。每一种现实存在都是具有原子统一性的最小构成单位。但是在分析时，只能把它理解为一个过程，它也只能在作为一个过程时才能被感受到，也就是说，只有在流动中它才能被感受到。这种现实存在具有可分性，但它在实际上是不可分的。因此，这种可分性只能是指其超越自身的客体化过程。但是，这种超越是自我显现的过程。

第三个范畴是关于与单一性或“一”相对立的差异性。一个现实存在并非是单纯的一，它也是确定的复合体。但是，成为确定的复合体就要以确定的方式包含确定的不同要素。客体差异性范畴表达的就是这种无法改变的条件——一个复合统一体必须为其每一个成分提供实在的状态差异，这种差异性与其自身的实在具有同样意义的实在性，同时对其自身来说又是独特的实在性。换言之，一个实在的统一体不可能为其不同的成分提供虚假的状态差异。

228 这个范畴实际上只是对第二个范畴的特殊应用。因为“状态”毕竟是**某种东西**；根据客体同一性范畴，它不可能重复地起作用。因此，如果“状态”是**此种**状态，它就不能在同一意义上是**彼种**状态。禁止虚假的状态差异消除了关于特殊实体的“分类理论”，这个理论是由洛克犹豫不定地提出来的（《人类理解论》第二卷第二十三章第一节），休谟后来又予以强调（《人性论》第一卷第一部分第六节），并且一直被休谟的追随者所采用。因为类的本质就是不能使该类范围内各个成员的作用具有差异。类的成员通过单纯的逻辑析取可成为不同的成员。这样所求助的“类”只是纯粹的多样性。但是，在流行的关于类的讨论中，有人非法地把它转变为有关“聚合体”和“命题”的观念。要求一个类去从事一项有关特定存在的任务，这与要求一只想象的猎犬去吃掉一只真正的老鼠没有两样。

因此，处于合生过程中心的整合过程，是由主体统一性范畴、客体同一性范畴和客体差异性范畴这三个范畴施加在宇宙的合生的统一性之上的强烈要求。宇宙的单一性和宇宙中每一元素的单一性，在从创造物到创造物的创造性进展过程中，不断重复自身直到永远，每一种创造物在其自身中都包含着全部历史，并体现出事物的自我同一性及其相互的差异性。

第八节

这种状态差异性，若与其各种成分的实在的统一性相结合，便意味着在感受的客体性材料中，两种组成要素的真正综合必定会受到每一关联项的个体特殊性的影响。因此，如果这种综合达到了完成状态，就会表现出这一对关联项的共同特殊性，并且不可能与任何其他东西发生关联。如果一个复合存在的这种个体的确定性产生于永恒客体的规定性，那么这个复合存在可称为“对比”。一种对比不能脱离所对比的关联项。

通过把注意力完全集中在永恒客体上，就能找到有关对比的最明显的实例。蓝色和红色之间的对比不可能等同于任何其他一对颜色，或者任何一对声音，或者一种颜色与一种声音之间的**对比**。它只是蓝色和红色之间的对比，只是**那种对比**而不是任何其他对比。从这种对比中得到的某些抽象，其内在固有的某些价值，也可从其他对比中得到。但它们是**另一些**对比，而不是**那种**对比，因而这些抽象不是同一类型的范畴之间的“对比”。

在另一种意义上，一种“聚合体”与“对比”一词的意义也可归入一类，虽然我们应避免这样使用这个词。通常所说的“关系”就是从对比中得出的抽象。在许多对比中都可以发现关系，并且当它被如 229
此发现时，可以说它把那些相对比的事物联系起来了。如果有或者可能有两个以上的要素一起进行对比时，就要使用“多重对比”一词，并且这一事实有待引起人们的注意。我们可以把多重对比分析为构成成分的双重对比。但是，多重对比并非一些双重对比的单纯堆集，而是一种在其构成成分的对比之上的对比。认为不能把多重对比看作若干双重对比的单纯析取的这一学说是突现进化论的基础。这种学说认为，实在的统一体不只是各构成要素单纯的集合性析取。这种学说与反对特殊实体分类理论的学说具有相同的根据。这种学说是一种司空见惯的方法。

布拉德雷由于未能区分关系和对比，因而他对关系的讨论有些混乱。一种关系就是一种对比。因此，如果诸如“纯粹表象”中的“纯粹性”概念不能使他得到安慰，那么当他发现关系不能起到对比的作用，关系不能对比时，他将会很苦恼，或者有可能会很苦恼。因此，布拉德雷的论证实际上是证明了关系同其他事物一样是“纯粹的”；也就是说，关系是绝对的轻率表现，是对没有自洽性的实在性的模仿。

第九节

“对比”一词的用法之一是指一种联合统一体的特殊性，这种统一体产生于若干永恒客体所实现的共在性。但是“特殊性”还有另一种更通常的意义。这就是把“特殊”一词应用于现实存在的那种意义。

一种现实存在在其他现实存在中具有一种地位，这种地位不可能通过永恒客体的对比而完全得以表达。例如，古罗马帝国与欧洲历史的复杂关联就不可能完全用普遍性来表达。这并非是一种帝国的、罗马的、古代的城市与一种大陆的历史之间的对比，这个大陆海岸线曲曲弯弯，河流纵横交错，高山峻岭阻隔各个区域，并被巨大的陆地板块和茫茫海洋所包围，历经文明化、野蛮入侵、基督教化、商业化和工业化的历史。这一相关的关联确实包含着这种普遍性之间的复杂对比，然而，它还包含更多的东西。因为它是此时此地的**那个**罗马和**那个**欧洲的关联。单纯借助概念性感受，我们不可能意识到这种关联。这种关联是隐含在我们的物质性感受之中的，尚未进入意识之中。我们只是部分地意识到这种物质性感受，以及特殊现实存在之间相关联的那种特殊性。这种意识采取的形式是我们关于直接知觉到的事物之间那些特殊的空间和时间关系的意识。但是，正如在罗马和欧洲的例子中一样，就我们整个广泛的知识而言，所讨论的这些特殊现实之间的这种特殊关联，只有在结构上参照我们所意识到的那些物质性感受才能表现出来。

诸现实存在之间的关联所具有的独特的特殊性也可以用另一种方 230
式来表现。由于人们把概念性感受与知觉性感受灾难性地混为一谈，尤其是休谟造成的混淆，就把我们只能根据普遍性来**想象**这一自明之理，扩展为我们只能根据普遍性来**感受**。实际上并非如此。我们的知觉性感受能感受到特殊的存在物；也就是说，属于知觉者的物质性感受能感受到其他两个现实 A 和 B 之间的关联。它能感受到能感受 B 的 A 的感受，并能感受到能感受 A 的 B 的感受。它能整合这些感受，以使其各个元素的同一性统一起来。这些同一的元素所形成的因素规定着 A 和 B 之间的关联，这种关联同时也以其结合力保持着 A 和 B 的特殊差异性。

同时，那个知觉者会感受到，在他的现实世界中，诸多现实存在之间有一种更为复杂的多重关联。但是，这样感受到的这种关联，可以同那个特殊的知觉者相分离。它对所有知觉者来说是同一类关联，这些知觉者也把这些现实存在包含在它们的现实世界之中。这种多重关联就是在宇宙的所有后继的统一活动中，那些现实存在如何通过其实在的相互摄入所达到的客体永恒性而真正地结合在一起的原因。

因此，我们便达到这样一个概念：任何现实存在所组成的现实世界都是一个聚合体，这个聚合体的客体化使得那种现实存在的物质性感受的客体性材料达到了完全的统一。这种现实存在就是对那种关联的最初的知觉者。但是，任何其他现实存在，如果在其自身的现实世界中也包含着那个原初知觉者，那么它也就包含着那个先前的关联，并把它作为其自身的现实世界的一部分。这样，每个现实世界都是一个聚合体，在这个意义上这个聚合体独立于它的原初知觉者。每个现实世界都享有在未来超越自身的客体永恒性。

每一种聚合体都是一种由各种成分组成的聚合体，它首先在现实存在之合生的某个后期阶段完成，而此后便作为一种不可改变的事实在现实世界中保持其地位，在与其自身相联系的现实世界中有其时间和位置。如果在一种聚合体中有一种已经实现了的诸普遍性之对比，那么这种对比就位于它所属的现实存在之中，作为一种整体性感受中最初产生的对比。因此，每一种实现了的对比都有一个具体位置，这个位置因现实存在的特殊性而是独特的。这是一个已经实现的特殊复合事实，并且由于它的实在性，它又是必然产生创造性进展的每一个后继的现实世界中持续不变的条件。

正是每一个现实、每一个聚合体和每一个已经实现的对比所具有的这种完全的个体特殊性，成为主体统一性、客体同一性和客体差异性这三种范畴条件的根据。对于“事件”一词，有时我们是在若干现实存在组成的聚合体意义上使用它，有时则是在被普遍性客体化的聚合体意义上使用它。不论在哪一种意义上使用，它都是一种具有时限的确定事实。

231 一种复合感受的原初材料仅仅就其作为材料而言是“多”，虽然它们以某种模式的客体统一性被感受为“一”。因此，聚合体是一种已经实现了的原初材料的模式，虽然这一模式只是与表现很多材料的那些因素的感受相关。由于这些因素，这些材料才能在感受中获得其统一性。这便是上述“聚合体”一词的第二种用法。

因此，正如“作为一的感受”不能脱离其主体一样，“作为一的材料”也不能脱离感受着它的每一种感受。根据本体论原理，完全的聚合体是上帝的后继本性中的客体性材料；因为它事实上要存在于某

个地方，但却不是由于其自身的性质之必需，它就要包含于现实世界的任何确定的现实存在的感受之中。这个聚合体涉及到在某个地方的实现。这是“聚合体”一词的第一种用法。

感受的原初材料在两种极端情况下有其自身的统一性。一种情况是，这些材料归之于一种单一的现实存在，而不是归之于感受的主体；另一种情况是，这些材料归之于一种单一的永恒客体。这些都叫作“初始感受”。脱离主体的具体感受是毫无意义的。

因此，关于构成现实存在的复合性满足的感受，存在着两条规律：（1）一种存在只能被感受一次；（2）在同一个主体中，同一主体的不同感受作为材料，可以统一为一种感受，因而这些不同感受在对待被感受到的该存在时相互之间必定是相容的。与这种前定和谐相一致，“不相容性”应当从一开始就规定了某种“感受”要被否定性摄入所取代。

第十节

对于感受的主体性形式的讨论，最好与它们可能引起的不同类型的感受联系起来进行。这种不同类型的分类，应当关注的是各种感受在其原初材料、客体性材料及其主体性形式方面存在的差别，但这些差别的根源却是不能完全分开的。

一种感受就是对宇宙中某些要素的占用，把它们当作其主体的实在的内在构成中的成分。这些要素便是原初材料，这些原初材料是感受所要感受到的东西。但它们是在抽象状态下被感受到的。这种感受过程包含产生排除的否定性摄入。因此，这些原初材料是以感受的客体性材料为“视界”而被感受到的。

由于这种排除，那些复合的客体性材料的成分便成为“客体”，交织进该感受主体的构成之中。用数学物理学的术语来说，感受具有“矢量”性质。感受是一种推动力，其他事物在合生过程中就是依靠这种力量而被构成其主体的组成部分。各种感受也是关联性的构成因素，宇宙就是由于这种关联性才使自身的统一通过新的合生而不断更
232 新。宇宙永远是一，因为除了根据使它成为一体的现实存在以外，就不可能对它进行任何观察。同时，宇宙永远是新的，因为直接的现实存在就是各种感受的超体，这些感受本质上是新颖的东西。

感受的本质上的新颖性与其主体性形式有关。原初材料甚至作为客性体材料的聚合体，有可能会作为其他主体的另一些感受。但是这种主体性形式本身就是直接的新东西，它就是**那个**主体**如何**去感受那种客体性材料的方式。这种主体性形式不能与这种合生的新颖性相分离，它就包含在其直接当下的直接性之中。“感受固有的主体性形式”为“特殊实体固有的属性”概念提供了一个基本范例。如果我们从感受中抽掉这种形式，那么留给我们的就只有作为主体性形式之残余的永恒客体了。

我们可以根据感受的创生过程对感受进行发生学的描述，感受还有其否定性摄入，许多原初材料就是根据这种否定性摄入而成为复合的客体性材料的。在这一过程中，主体性形式得以产生，并且把它自身的历史带入该感受之中，转化为该感受的感受方式。这种感受方式表明了该感受是如何形成的。它体现着推动其前进的目的，也表现着它所遇到的障碍，以及由该主体的原初决定所消除的种种不确定因素。

根据感受所整合的原初材料的复杂性，以及根据其最终所感受的客体性材料的复杂性，世上有无数的感受。但是有三种主要的感受可进入所有更为复杂的感受构成之中。这三种感受是：（1）简单的物质性感受；（2）概念性感受；（3）转变后的感受。在简单的物质性感受中，原初材料是单一的现实存在；在概念性感受中，客体性材料是永恒客体；而在转变后的感受中，客体性材料则是诸现实存在的聚合体。简单的物质性感受和转变后的感受构成了这类物质性感受。

上述这些感受，如果从其原初的纯粹性而没有后来整合中增加的东西来看，其主体性形式中确实不包含意识。尽管在命题性感受中，

其主体性形式可能会包含判断，但是这个要素在该主体性形式中并不是必然存在的。

这种对感受的一般描述，还必须加上最后一个评论。感受是新的现实存在之合生中的一个成分。这种感受相对于其材料来说永远是新的，因为感受的主体性形式虽然与该材料的再生必定总是有一定关联，但并非完全由这些材料所决定。合生过程是由感受的主体性形式所控制的不断地整合感受的过程。在这种综合中，前一阶段的感受会沉淀到后一阶段更为复杂的感受的组成成分之中。这样，每一阶段都会增加新的要素，直到最终阶段达到一种复合性“满足”。因此，从形态学上看，现实存在通过其“满足”相对于组成 233
其感受的任何一个成分来说都是新的。它是以这些感受为前提的。但是反过来说，任何感受都既不能脱离其材料，也不能脱离其主体。从本质上说，感受就是以该主体为目的，并受这种目的所推动的。因此，这种主体性形式体现了感受的实效方面，因为其材料是以那种主体性形式来感受的，以便该主体能成为它本应成为的超体。

在对感受的分析中，任何把其自身呈现在感受面前的东西都是材料，任何把其自身唯一地呈现在感受之中的东西则是主体性形式，而任何把其自身既呈现在感受之中，也呈现在感受之后的东西则是“主体—超体”。这种关于“感受”的学说便是关于现实存在之生成的核心观点。在感受中，有选择地加以占用的那部分现实世界就是以之为条件的材料，这些材料不是无形式的，而是具有自身经过恰当选择并已实现了的形式，即是“被客体化的”材料。这种主体性形式就是以独特的新形式进入了新的特殊事实之中，并以其独特的方式与客体性材料相融合。这种主体性形式如果脱离感受就只不过是一种复合的永恒客体。在生成过程中，这种主体性形式遇到了从现实世界中选择的“材料”。换言之，这些材料已经“在形成中”。这里“在形成中”这个词暂且用作“在实现过程中”的同义词。

第十一节

主体性形式有两个因素，一是其质的类型，一是其量的强度类型。但是，我们不能把这两种类型的因素彼此完全分开来考察。因为在质的类型中，质的要素的相对强度也是构成质的类型的相关因素。也可反过来说，质的要素之间也有质的关系，并且质的要素还构成了质的关系的一种抽象的质的类型。强度的类型不仅是各式各样具有如此这般强度的质的要素，而且还是具有如此这般强度的各式各样的质的要素，正如其在如此这般抽象的质的类型中一样。因此，这两种类型实际上是不可分的。诚然，抽象的质的类型和抽象的强度类型都是存在的，但是在其混合类型中，抽象的质的类型会使自身进入种种强度之中，而抽象的强度类型则会使自身进入这些性质之中。

进而言之，这种主体性形式不可能绝对地与客体性材料相分离。主体性形式中的某些要素可能会因此而分离，构成与这种类型的客体性材料相分离的主体性形式，但是完全的主体性形式不可能脱离这一类客体性材料。理智上的分析并不等于实在的分离，而且主体性形式在其自身的初始元素中永远包含着对这种类型的客体性材料的再现。

234 举一个这样描述感受的简单例子，请考察一下有关声音的倾听过程。为避免不必要的复杂性，我们假定这种声音是一种确定的音调。听这个音调是一种感受。这种感受首先要有一位倾听者，他是这种感受的主体。但是如果没有这种感受，这位倾听者就不是本来意义上的倾听者了。

其次，还要有复杂有序的环境，这个环境由某些其他现实存在所组成，不论其多么模糊，都是由于这种倾听才能感受到。这个环境就是这种感受的材料，就是在这个感受中得到系统把握的外部世界。在这种倾听过程中，这个环境是通过模糊的空间关系而实现的客体化，并且是作为表现出来的音质而被感受到的。但是就意识而言，对这种感受材料的分析性辨别部分地是模糊的，部分地是猜测性的：这里有预先已经存在的人体生理功能，还有关于被呈现地点的直接表象。

这里还有一种情感性的感觉模式，其中的主体性形式较为确定，比较容易分析。而其中的音调，就其作为私人的感觉能力而言，则具有音高、音质和强度之分，可以把它分析为基调及其可选择的各种泛音。这种分析显示了某种抽象的质的类型，这一类型是基本的音调性质和所选择的泛音的音调性质的复合联系。如果某些泛音出自空间上分离的乐器——例如，来自音叉的空间类型，那么这种质的类型就可能包含也可能不包含空间类型的关系。

这种基调及其泛音都有各自的强度。这种强度类型可分析为各种音调的相对强度和总音量的绝对强度。这些相对强度的音阶成为该音调的最后音质，并有某些独立的绝对音量。

同时，这种音叉的空间模式和音乐厅的共鸣也会融入音质之中，但这些与感受材料也有关系。而且在这种整体感受中，我们还必须把来自身体各神经线对听觉在质和量上的增加包括进来。这样一来，我们的动物性身体作为外部世界的一部分，便在这类感受材料中占有特别显要的地位。而且在这种主体性形式中，我们还必须考虑那些在整体上伴随听觉的以及有差别地伴随不同听觉要素的欢乐与厌恶、欣赏与反感。在听者的较早阶段，听觉中没有这些欢乐与厌恶情绪。那些靠前的单纯听觉，就其自身性质而言，并不会规定增加这种限制。而随着听觉逐步成为更高综合中的要素时，这种限制便产生了，然而它依然是最终的感受成分中的要素。这样一来，这种听觉便通过与其他感受相整合获得复杂的主体性形式。此外，我们虽然能区分出三种模式，即材料模式、情感模式和情感强度模式，但我们在进行分析时，却不能把后两个模式中任何一个模式与材料模式完全分开，也不能把它们彼此完全分开。

该满足中最终的具体成分就是那种具有其主体、其材料及其最后 235
完成的听觉情感模式的倾听过程，这是一种不能与其任何要素相脱离的特殊事实。

第十二节

摄入并不是原子式的，相反，它们可以分为其他摄入，并且可以同其他摄入相结合。同时，各种摄入也不是相互独立的。它们的主体性形式之间的关系是由一种主体性目的所构成的，这种主体性目的指引着它们的形成。各种主体性形式之间的这种相互关系叫作摄入的“相互感应”（参见第一编第二章第三节第七种范畴性要求：“主体性和谐范畴”）。

处于分离状态的摄入只是一些抽象，每一种摄入从那种抽象的客体化来看都有其主体。现实性就是在进入具体统一性的合生过程中具有主体统一性的各种摄入的总体。

世界上有无数的摄入相互重叠、无限可分并且相互补充。可以发现摄入的原理是：首先在满足的客体性材料中取任何一个成分，这样在满足的主体性形式的复合模式中就会有一种成分与材料中的这一要素直接相关联。然后，在该满足中，便会以那种整体的主体性形式的成分，并作为其主体性形式对客体性材料的成分进行摄入。

因此，要从发生学上追溯这种摄入的发展过程，就要考察来自现实世界的那些材料的各种要素的传递，以及——在永恒客体的情况中——这些要素在概念性摄入中的产生。这样一来，随着这些主体性形式的整合、排除和对主体性形式的规定，摄入的发展便出现了。但是，那些整合之所以会有那些性质是由这些主体性形式的各个相继阶段所规定的，而这些规定则取决于该主体的统一性对这些摄入所强加的相互感应性。因此，从发生学上来考察，摄入决不可能摆脱它所属的现实存在不可克服的原子性。从该满足中选择一个从属性摄入——如上所述——会涉及一个假定的命题性观点。这个事实就是那种作为一的满足。从具有该主体性形式之成分的材料中选取成分，并根据一致性对它们进行考察，以便形成一种从属性摄入，这里有某种随意性，然而其合理性在于由此便可以对该发生过程进行分析。如果对这种从属性摄入的增长过程不能做出类似分析，那么就会产生对该满足的错误分析。关于满足与发生过程之间的这种关系，是在第八种和第九种说明性范畴中阐述的（参见第一编第二章第二节）。

第二章　原初感受

第一节

236 在一种主体中包含的“简单物质性感受”是一种以另一种单一现实存在为原初材料的感受，而客体性材料则是另一种由后一个现实存在所包含的感受。

因此，在简单的物质性感受中，有两种相关的现实存在。一种是这种感受的主体，而另一种则是这种感受的原初材料。这里还关涉到第二种感受，即简单物质性感受的**客体性**材料。这第二种感受就是为该简单物质性感受的主体而进行的主体的“客体化”。这些原初材料被客体化为作为客体性材料的该感受的主体：该客体化过程就是这些原初材料的“视界”。

简单的物质性感受是一种因果作用。作为原初材料的现实存在是“原因”，而这种简单的物质性感受则是“结果”，因而包含在这个简单物质性感受之中的主体则是以这种“结果”为条件的现实存在。这种“有条件的”现实存在也可叫作“结果”。所有复杂的因果作用都可归之于由这类原初成分构成的复合。所以，简单物质性感受也可叫作“因果”感受。

但是，同样可以说，简单的物质性感受是最原始的没有意识的知觉活动。作为原初材料的现实存在是被知觉到的现实存在，客体性材料是现实存在被知觉到的“视界”，而简单物质性感受的主体则是那种知觉者。这并不是有意识的知觉的一个实例，因为简单物质性感受的主体性形式并不包含意识，除非在随后的整合状态中它能获得。看起来在实践中，至少对人类来说，只有被改造过的感受才能获得意识，而简单的物质性感受决不会有意识。意识产生于更高级的整合阶段，并且会用更大的清晰性和明确性说明这些阶段。

因此，简单的物质性感受是能感受到另一种感受的感受。但是，这种被感受之感受的主体不同于对它进行感受的那种感受的主体。多种简单的物质性感受进入一个阶段的命题统一体之中，便构成了作为所有这些感受之共同主体的该现实存在之合生的第一阶段。主体统一 237
性的范畴条件要求每一未完成阶段的感受能和谐地相容，从而强制性地提出一种限制，被感受到的现实存在正是由于这种限制而分别被归之于它们自身的一种感受的视界。因此，在任何一种感受的产生中所涉及到的否定性摄入，都不能独立于其他感受。感受的主体性形式部分地依赖于否定性摄入。这种简单的物质性感受的初始阶段构成一种机制，使创造性得以超越这个已经具有现实性的世界，但依然受到这个以新的角度出现的现实世界的制约。

由于我们对复合感受进行的有意识的分析具有模糊性，或许我们永远不能有意识地分辨出一个孤立的简单的物质性感受。但是我们的所有物质性关系都是由这种作为其原子式砖块的简单物质性感受所构成的。物质性感受的主体性形式，除了其产生的历史过程所导致的那些抑制或增加、削弱或增强以外，不过是那种被感受之感受的主体性形式的重现。因此，新的主体通过其感受把原因重现为其自身的感受，但又与该原因不可分离。这里存在着一种感受的流动，但是这种重现是不完善的。合生的绝对要求是需要调整情感强度的模式。该原因在客体上处于结果的构成之中，因为该原因作为该感受的感受者，重现于具有部分相等的主体性形式的结果之中。同时，该原因的感受具有其自身的客体性材料及其自身的原初材料。因此，这种先前的原初材料此时以原因为中介而间接地进入结果的感受材料之中。

原因之所以客体性地存在于结果之中，就是由于原因的感受作为一种感受不可能与作为原因的主体相分离。原因这样流入结果之中，就是时间的累积性。时间的不可逆性就取决于这一特性。

须注意的是，"满足"中有一种对简单物质性感受的整合。任何简单物质性感受都不需要在意识中进行区分。物质性感受可与任何种类的、不论多么复杂的感受相融合。简单物质性感受具有双重特征，既是作为原因的感受，又可重现为作为主体的结果。但是，这种感受的传递会造成结果与原因部分地相等同，而不纯粹是那种原因的再现。它是宇宙的逐步累积，而不是宇宙的舞台剧。在简单感受中，关于现实世界存在着双重的特殊性，即特殊的原因和特殊的结果。用洛克的语言（《人类理解论》第三卷第三章第六节）来说，并带有其思想局限性，简单感受是心灵中"决定于这种或那种特殊存在"的一种观念。洛克在此表达的思想只有形而上学家才会怀疑。

由于简单感受中的这种双重性，便有一种矢量特性把原因转化为结果了。正是这种**源于**原因的感受获得了新的结果的主体性，同时又
238 没有失去其原因中原初的主体性。简单物质性感受体现着自然的再造性，也体现着过去的客体永恒性。由于这些感受，时间就是直面过去的直接在场。这类感受就是"保形的"感受。

作为结果的新的现实存在是过去的许多现实存在的再现。但是，在这种再现中，有对它们的各种感受的总体的抽象。这种抽象是通过新的统一体中相容性综合的范畴条件而获得的。由于现实存在的满足具有"可分"性，这种抽象的"客体化"便有可能被实施。由于这种"可分"性，因果性便成为感受而不是总体满足的传送者。而其他感受则被否定性摄入所消除，因为它们缺乏对范畴要求的顺从。

简单物质性感受有一种特征，这种特征一直被以不同方式描述为"再造"、"重现"和"构造"。这种特征可以根据所包含的永恒客体更

为精确地解释。有一些永恒客体规定着作为“原因”的客体性材料的确定性，而有一些永恒客体则规定着属于“结果”的主体性形式的确定性。当存在再造过程时，就会有一种永恒客体发挥双重作用，即部分地规定客体性材料，部分地规定主体性形式。在这种双重作用中，永恒客体一方面在原初材料另一方面在合生主体之间发挥着关联性作用，扮演着一种顺从客体同一性范畴的自我一致的角色。

物理科学是研究简单物质性感受的时空特性和数量特性的科学。现实世界的各种现实存在通过这些感受的关联而结合在一起。而且在这种创造性进展中，与先前的现实世界的恰当关联并没有被损毁，而是由那些既超越它又包含着它的诸多新现实中的新的感受纽带予以再现并增大。但是这些新纽带永远具有矢量性，因而物理科学研究的终极物质性存在永远是一些表示传递的矢量。在这个世界上没有任何事物是静止不变的。但是世界上存在着再现，并因而存在着作为秩序之结果及其原因的恒定性。然而，变化永远存在，因为时间不仅是累积性的，而且是再生性的，而“多”的累积并不是它们再生为“多”。

这一节对简单物质性感受的讨论，为探讨有机哲学的宇宙论奠定了基础。这种宇宙论包含着对各种终极要素的讨论，而对这些终极要素的讨论必定可以引出对物质世界即自然界的更完全的哲学讨论。首先，我们一直在致力于同样公平地对待笛卡尔强调的有关世界的观点和现代量子理论的原子论。笛卡尔把自然界看作一个广延的充满物质的空间，它通过时间而持续存在。现代物理学家把能量看作以一定量子形式传递的东西。这种量子论观点在新近的神经学中也有类似表现，这种观点认为，疲倦是累积性的表现，是物质性的记忆。此外，因果作用和物质性记忆出自相同的根源：两者都是物质性知觉。宇宙论必须同样公正地对待原子论、连续性、因果性、记忆、知觉、能量的质和量的形式以及广延性。但是到这里为止，还没有涉及有机体的终极振动性和自然界中的“潜在”要素。 239

第二节

概念性感受和简单因果感受构成两种主要的“原初”感受。所有其他感受，不论其多么复杂，都产生于从这些原初感受的一个阶段开始的整合过程。但是这两种原初感受是有区别的。在一个主体的现实世界中，一种现实存在**必定**会由于**某种**简单的因果感受而参与该主体的合生过程，不论这种因果感受多么模糊、多么微小和不甚明显。否定性摄入可能会消除它的特殊重要性，但是遥远的现实存在通过以某种方式对因果感受进行某种追踪也会被肯定地摄入。而就永恒客体的情形而言，则不存在任何这种必然性。在任何既定的合生中，它都有可能通过概念性感受而被肯定地包含其中，但是也有可能被否定性摄入所排除。诸现实**不得不**被感受到，而纯粹潜在性则有**可能**被消除。就它们作为客体的功能而言，这就是现实存在与永恒客体之间的重大区别：一个是不可改变的既定事实，而另一个则永远不会失去潜在性的“特色”。

在每一种合生中，创造性冲动都有其两个方面。一方面是简单因果性感受的产生，另一方面则是概念性感受的产生。这两个相对的方面可以叫作现实存在的物质极和精神极。任何现实存在都不会没有这两极，虽然它们的相对重要性在不同的现实存在中有所不同。而且概念性感受并非必然地包含意识，虽然任何有意识的感受不可能不包含作为综合要素的概念性感受。

因此，现实存在本质上是两极性的，既具有物质极，也具有精神极。甚至物质世界如果不同作为精神活动之复合的另一面相关联，就不可能得到恰当的理解。这些原初的精神活动就是概念性感受。

概念性感受就是去感受具有成为一个“客体”的这一基本形而上学性质的永恒客体，也就是说，去感受永恒客体成为一种被实现过程的决定因素的**能力**。内在性和超越性是客体的两个特征：作为一种已经实现的决定因素，它是内在的；而作为一种决定的能力，它是超越性的；在这两种角色中，它都与某种并非自身的东西相关联。除了唯一地由所选择的永恒客体规定以外，现实存在没有任何其他特征。这种现实存在的确定性产生于永恒客体作为决定因素的作用的唯一性。如果现实存在是**这个**存在，那么按照事物的本性，它就不是**那个**或**其他**存在。不相容选择这个事实就是确定的性质据以存在的终极事实。概念性感受就是永恒客体对于作为性质的决定因素的一般能力，因而也包含其排他能力的感受。用本书这些演讲中的专门用语来说，概念性感受就是以永恒客体为“材料”的感受。与此相类似，当否定性摄入的材料是永恒客体时，这种否定性摄入就叫作“概念的”摄入。在概念性感受中，并没有一种从“原初材料”向“客体性材料”的必然性进展。除非这些具有不同来源的概念性感受能获得整合，否则，这两种材料就可能是完全同一的。 240

各种概念性摄入，不论是肯定性的还是否定性的，都可构成属于现实存在之精神极的那些活动中的基本活动。

第三节

概念性感受的主体性形式具有一种“评价”的性质，这一概念现在必须加以解释。

概念性感受产生于其主体的某种非完成阶段，并可进入后继阶段对其他感受进行整合。在这种后继阶段中，永恒客体作为概念性感受的材料，是某种材料中的一个成分，而这种材料中的其他成分则是先前阶段中其他感受的客体性材料。这种新材料是经过整合的材料，它将会形成某种“对比”。由于第一种范畴条件，先前阶段的这些感受是适合于整合的。因此，相继进行的后继阶段并不包含由否定性摄入造成的排除，而合生主体中的肯定性摄入所引起的排除，则会把该主体分为众多主体，并且会把这些众多主体与超体分开。尽管不可能对作为整体的后继阶段作任何排除，但是却有可能排除只是作为该阶段一种成分的某种新的整合性感受。

但是，在形成这种整合性材料的过程中，必定存在着如下规定性：这种永恒客体究竟是**如何**进入那种材料之中，并与其他永恒客体和源于其他感受的现实存在相结合的。这种规定性是由作为构成成分的概念性感受的主体性形式所造成的。还需要记住的是，由于第一种范畴条件，这种主体性形式并不独立于先前阶段的其他感受，因此造成了这种规定性。而且这种整合性感受还有其主体性形式，并有其强
241 度模式。这种模式化的强度调节着在那种感受中被感受到的材料中每一种要素与众不同的相对重要性。对该永恒客体的这种强度调节，由于是在经过整合的材料中被感受到的，因而是由概念性感受的主体性形式所决定的。然而同时，通过参照第一种和第七种范畴条件，这种概念性感受的强度形式在这一方面也依赖于先前阶段的其他感受。因此，根据这种概念性感受的评价是“高”还是“低”，在经过整合的感受中被感受到的那种永恒客体的重要性就会或者得以增加或者得以减少。因此，这种评价既是定性的，它决定着永恒客体如何成为有用的；同时这种评价也是有关强度方面的，决定着那种用处具有何种程度的重要性。

因此，评价具有三个特征：

（1）根据主体统一性范畴和主体性和谐范畴，这种评价是建立在其产生阶段中的其他感受之上的。

（2）这种评价规定着永恒客体在何种状态下进入以物理方式被感受到并经过整合的聚合体。

（3）这种评价要么高，要么低，由此决定着该整合性感受给予永恒客体的强度的重要性。

整合性感受的这三个特征，由于都是从其概念成分中产生的，因而都可以概括在“评价”一词中。

但是，尽管这三个特征都包含在评价中，它们却只不过是这种主

体的主体性目的的产物，并决定着它本身在其自身过程中的那种超体的自身性质在整体上会成为何物。

第四节

意识与感受的主体性形式相关。但是，这种主体性形式需要一定类型的客体材料。脱离客体材料的主体性形式通常会失去其实在性，并沉淀到能够决定感受成为那种独特的确定性的永恒客体之中。但是，当这种永恒客体给感受“提供信息”时，只有与那些共同构成这种感受之确定性的其他成分相一致，它的活动才能起到这样的作用。这样一个并不重要的讨论的寓意现在必须运用到“意识”概念上。意识是感受中的一个要素，属于感受的主体性形式。但是，只有当客体性材料具有恰当的性质时，才可能有那种主体性形式。进而言之，只有当产生这种客体性材料的原初材料能够把这种客体性综合相互适应的种种可能性带入它们的个体性自我时，这种客体性材料才能具有这种性质。

就其最初的产生方式来看，纯粹的概念性感受中根本不包含意识。在这方面，纯粹的精神感受，不管是概念性的还是命题性的感受，都与纯粹的物质性感受相类似。无论哪一种原初感受或命题感 242
受，都只有通过多重联系，才能用意识丰富其主体性形式。

只要有意识存在，就会有某种程度的记忆。意识会从模糊的潜意识深处回忆起那些先前的阶段。很久以前，柏拉图在其回忆说中就肯定了这一真理。毫无疑问，柏拉图直接思考了那些徘徊在灵魂之中的永恒真理之光，这些永恒真理是从纯粹形式的永恒天国中产生的。如果确实是这样的话，那么从广义上说，意识就能启迪先于意识的经验，而如果把经验看作纯粹的材料，那么就可能会有没有意识的经验。

休谟断言了同样的观点，而对他的意义则作了相反的限定。他坚持认为，我们绝不能从概念上把握我们先前从来没有通过感觉印象经验到的东西。有机哲学把“感觉印象”的概念概括为“纯粹的物质性感受”概念。即便如此，休谟的断言根据休谟自己的说明也不能自圆其说。但是，不管对柏拉图还是对休谟来说，这种直接的观点都是意识与回忆的深层联系。

在此，我们所坚持的观点是，在分析任何有意识的感受的起源时，都会发现有某些成分的物质性感受；相反，不论何时只要有意识存在，就会有某种成分的概念在起作用。因为具体事实中的抽象要素恰恰是激发我们的意识的东西。意识就是产生于物质活动和精神活动的某种综合过程之中的东西。洛克在其观念学说中比休谟走得更远，在我看来，他更精确地表达了事实，而休谟则补充了某些被洛克所忽略的东西。

洛克坚持意识可直接把握“外部事物”（见《人类理解论》第二卷第二十一章第一节），在另一地方他称之为“外在事物”（见《人类理解论》第二卷第二十三章第一节），或称为“这种或那种特殊存在”（见《人类理解论》第三卷第三章第六节），并用一个保姆和一个母亲为例来说明（见《人类理解论》第三卷第三章第七节）。在有机哲学中，物质性感受所提供的那种关联是这种直接领悟的根据。有机哲学在这里所走的路线与笛卡尔和康德所采取的路线不同。这两位哲学家都接受了（笛卡尔有些犹豫，康德则毫无问题）传统的主体主义感觉论，特别地把对“外部事物”的直觉归之于理智。

休谟所做的补充在于，他以最大的明晰性表达和讨论了传统的感觉论教条。因此，在休谟看来，正如洛克想起根据这种观点来进行论述时一样，“印象”是对普遍性的有意识的把握。例如，他写道（见《人性论》第一卷第一部分第一章）：“我们在黑暗中所形成的‘红’的观念，同在阳光下触及我们眼睛的印象，只是在程度上的差别，没有性质上的不同。”这就意味着彻底的感觉论不能把知觉和概念相区别。休谟在心中并没有第四种解释性范畴（至少在进行哲学思考时是
243 这样，尽管他对其他类型的“实践”承认这一点），即任何存在都不

可能脱离其能力而在现实世界的过程中作为一个客体在发挥作用。“作为一个客体在发挥作用”就是“作为一个现实事件之确定性的决定因素”。根据有机哲学，纯粹的概念与意识无关，至少在我们人类的经验中是这样。意识是在综合感受整合物质性感受和概念性感受之时才产生的。传统哲学在说明有意识的知觉时仅仅把注意力固定在它的纯粹概念方面，因而在认识论上为自身造成了诸多困难。洛克以其素朴的良好感觉力设想，知觉所包含的内容不止这种概念性方面，虽然他没有认识到这种设想与极端主观主义感觉论并不一致。物质性感受构成了我们对自然界的意识中的非概念性要素。[①] 同时，所有意识，甚至是对概念的意识，至少都需要物质性感受与概念性感受的综合。在意识中，现实性作为某种事实过程是与潜在性相结合的，这些潜在性或者表明它是什么和可能不是什么，或者表明它是什么和可能是什么。换言之，如果同肯定和否定这样的确定性没有关联，就不会有意识。同时，肯定中也包含它与否定的对比，而否定中也包含它与肯定的对比。进而，肯定和否定如果不同特殊现实性的确定性相关联，同样毫无意义。意识就是我们如何去感受肯定与否定之对比的方式。概念性感受是对绝对否定的感受，也就是说，是对那种确定地排除了任何特殊实现的确定的永恒客体的感受。意识要求客体性材料应当包含（作为对比的一个方面）由某种确定情形所规定的有限制的否定。在后面（见第四章）将会发现，这一学说意味着，如果没有作为客体性材料中一个要素的命题，就根本不会有任何意识。

---

① 见《自然的概念》第一章。

第三章　感受传递

第一节

244　根据本体论原理，世界上的任何事物都不会是无中生有，空穴来风。现实世界中的任何事物都可从现实存在中找到原因。它要么是从过去的现实存在转化而来，要么是它属于其合生的那种现实存在的主体性目的。这种主体性目的既是本体论原理的实例，也是对这一本体论原理的限制。说它是实例的意思是指，这个原理在这里适用于这种直接的合生事实。主体在合生过程中通过对其自身的非完成阶段进行自我批判而完成自身。在另一种意义上，这种主体性目的通过其自身的自主性而限制着本体论原理。但是，它的目的的初始阶段是主体从事物的必然秩序中所继承的禀赋，是概念性地在上帝本性中实现的。这种合生主体的直接性是由其自我构成的生存目的所构成的。因此，这种目的的初始阶段植根于上帝的本性，而它的完成则依赖于主体—超体的自因作用。上帝的这种作用类似于希腊和佛教思想中的万物淡然的作用。这种初始目的最适合于绝路逢生。但是，如果这种最适合的目的是坏的，那么，上帝的淡然作用就可能会人格化为复仇女神埃特，把那些无价值的东西烧掉。上帝那里的淡然作用，其目的是对“秩序”作出评价，而“秩序”则意味着“集合体容许现实具有模式化的感受强度，这种感受强度源自经过调整的对比”。在这个意义上，上帝是具体得以实现的本源，即上帝作为一种现实存在，每一种现世的合生都可从中获得初始目的，而合生的自因作用就是以这种初始目的为出发点的。这个目的规定了永恒客体与概念性感受最初的关联等级，并构成了感受之初始阶段的自主性主体，这一主体具有初始的概念性评价，并有初始的物质性目的。因此，从现实世界向相关联的新合生的创造性转化，是以上帝无所不包的概念性评价与现实世界传递的特殊可能性的关联为条件的，并且是以同那些初始感受具有的初始主体性形式的各种可能性的关联为条件的。这样一来，便构成了在初始阶段具有不可分割的物质极和精神极这种两极构成的合生主体。

如果我们更喜欢如下说法，我们还可以说，上帝和现实世界共同 245
构成了新的合生原初阶段具有的创造性特征。这样构成的主体就是使自己合生的自主性主体成为主体—超体，使合生的主体性目的成为具有客体永恒性的超体。在任何阶段，它都是主体—超体。根据这种解释，自我决定就其起源而言永远有想象性。这种具有决定性作用的动力因，就是现实世界的流动，这种现实世界有其自身感受的恰当特性和自身强度的力量，新的合生主体能感受到并能重现这种力量。但是，这种重现具有与模式相一致的纯粹特征。主体性评价是新的概念性感受在起作用，并且与整合和再整合的复杂过程中所获得的重要性成正比，这种自主性概念要素改变着那个合生中感受的整个范围的主体性形式，并因此而引导这些整合。

因为只有极小的自主性能量，主体便只能接收到这些物质性感受，按照这个时期的“秩序”来确定对这些感受的评价，并根据其自身的客体永恒性来传递这些感受。主体自身闪现的自主性个体经验火花对科学来说是微不足道的，科学对感受传递的追溯一直要达到最终观察者的有意识的经验。但是一旦个体经验不是微不足道时，主体在调节其初始主体性目的方面的自主性就必须予以考虑。每一种创造性活动都是宇宙把其自身具体化为一的过程，并且在它之上没有作为最终条件的任何东西了。

第二节

前一节讨论的一般观点需要考察那些支配着感受传递，使之成为新合生的新感受材料的原理。由于任何感受都不可能脱离其主体，这种传递就只不过是另一种考察现实存在的客体化的方式而已。当感受材料包含着对其他现实存在的客体化时，这种感受将被称作“物质性感受”。在前一章我们讨论了“简单物质性感受”的特殊情形。属于这种特殊情形的感受仅仅把一种现实存在作为它的材料，并且这种现实存在仅仅被它的一种感受客体化。所有更为复杂的物质性感受的产生，都是在其各个后继整合阶段，通过各种简单物质性感受的相互整合及其与概念性感受的整合而实现的。但是，在进一步考察这些更为复杂的物质性感受之前，必须先考察一下简单物质性感受能否进一步划分。这些简单物质性感受可分为“纯粹的物质性感受”和“混合的物质性感受”。在“纯粹的物质性感受”中，作为材料的现实存在被它自身的一种物质性感受客体化了。因此，考虑到简单物质性感受之
246 主体性形式的特性是“重现”，我们——在较简单的现实存在的例子中——就有了物质世界中能量转换的一个例子。当材料是高度复杂的现实存在时，据之而被客体化为材料的那种物质性感受可能具有高度复杂的特征，因而那种认为某种能量形式会传递给新的主体的简单概念，就完全不能穷尽这种相关的纯粹物质性感受的重要方面。

在“混合的物质性感受”中，构成材料的现实存在是由一种它自身的概念性感受客体化的。因此，考虑到自主性要素是概念性感受之主体性形式的特征，我们——在更复杂的现实存在的情形中——便有了一个关于物质世界中能量来源和方向的例子。一般说来，这种混合

的物质性感受被简化的方面，并没有穷尽它在主体的合生中的作用。

有机哲学通过混合的物质性感受和转变的感受学说，避免了身心之间的灾难性分裂，而这是那些在所有重要方面都起源于笛卡尔主义的哲学体系的共有特征。通过这些方式，有机哲学使概念性感受进入物质性感受范畴。而且反过来，根据本章随后几节将要讨论的概念性评价范畴（范畴四）、概念性逆转范畴（范畴五）学说，物质性感受也会导致概念性感受的产生，而概念性感受又会导致其他概念性感受的产生。

根据主体性评价范畴，混合感受的重要特征之一就是从它当中产生的概念性感受具有强度。在下一节中，对“概念性评价”的这种范畴条件的考察，要联系所有物质性感受包含“纯粹的”和“混合的”感受一同来进行。本节只是提前讨论一下混合感受，这样，就可以阐述一下同这里相关的那一部分的一般范畴了。

混合性物质性感受为其主体产生了一种与先前主体的概念性感受具有相同材料的概念性感受。但是，这两种主体中的两种概念性感受可以分别具有不同的主体性形式。

在概念性感受的主体性形式构成中存在着一种自主性，这种自主性只能以第一、第七和第八种范畴条件中所要求的主体统一性为条件。这些统一的条件把混合感受的共鸣性主体性形式与具有相同主体的派生性概念性感受所具有的自主性主体性形式相关联。

显然，混合性感受有两个子类：一是能感受到时间性现实存在之概念性感受的那些感受；二是能感受到上帝之概念性感受的那些感受。

上帝在时间性主体中的客体化，是由以上帝的概念性感受为材料 247
的混合感受所造成的。上帝的那些被肯定地摄入的感受，是与从时间性世界中传递来的物质性感受具有某种相容性对比或者同一的感受。但是，当我们说明上帝时，我们就能不加任何限制地坚持休谟的原理，即所有概念性感受都产生于物质性感受。在考察概念性逆转范畴时，我们会揭示休谟这个原理的局限性（见本章第三节）。这种局限性将被解释为只是涉及到来自现实世界的传递，而对上帝则未加说明。如果没有上帝的干预，世界上就不可能有任何新事物，也不可能有任何秩序。创造过程将处于无效的僵死水平，所有平衡和强度将由不相容的逆流逐渐排除。源自上帝的那些新的混合感受，还有派生的共鸣性概念评价，它们都是进步的基础。

第三节

概念性感受首先源自物质性感受，其次源自它们自己的相互作用。在这个陈述中，没有考虑上帝的干预。如果考虑这种干预，所有概念性感受必定都源自物质性感受。不受限制的概念评价，即斯宾诺莎意义上的“无限”，在宇宙中只可能出现一次，因为这种创造性活动在客体上是永恒的，是以创造性活动为特征的一种不可避免的条件。

但是，除非另有说明，我们将只考察现实世界的时间性存在。我们必须讨论那些概念性感受从与时间性世界相关的物质性感受中产生的范畴性条件。通过主体统一性范畴条件——第一种范畴——物质性感受的初始阶段具有命题的感受统一性，这种统一性适合于把现实世界整合为一种感受。但是，这种最终“满足”的主体性形式要想完全确定，还有待概念性感受的产生，因为这些概念性引入了“评价”因素，即“评价高”或“评价低”。

因此，一个补充阶段在纯粹物质性阶段之后就会出现。这个补充阶段开始于两个从属的概念性产生阶段，然后进到整合阶段和再整合阶段，在这些阶段中可能会出现命题感受和理智感受。在本章，我们关注的是纯粹概念产生的前两个阶段。这些阶段不是概念性分析阶段，而是概念性评价阶段。随后出现的分析阶段涉及到命题感受，并且在某些条件下会出现意识。但是，在本章，我们只关注盲目的概念
248 性评价，以及这种评价对未来发生这类评价的现实存在以外的物质性感受的影响。

最初的问题是要发现一些原理，根据这些原理，某些永恒客体被肯定地摄入，而另一些永恒客体则被否定地摄入；某些永恒客体被感受到，而另一些永恒客体则被排除。

要解决这一问题，除了前面解释过的三个范畴性条件以外，还要再增加五个范畴性条件。这些条件所关注的是概念性感受的产生和协调。就其来自物质经验而言，这些条件支配着“概念性想象”的一般过程。

范畴Ⅳ：概念性评价范畴。从每一种物质性感受中都会产生出一种纯粹的概念性感受，这种概念性感受的材料就是表现为现实存在之确定性的永恒客体，或者表现为物质性地被感受到的关联。

这一范畴坚持如下一个古老的原理：精神产生于感觉经验。它坚持所有感觉经验都会产生精神活动的原理。然而，这并不意味着这些原初的精神活动不会产生其他精神活动，也不意味着这些精神活动包含着意识，意识是内部整合的产物。

精神极是作为物质极中各种活动的概念性对应物而产生的。这两个极从起源上说是不可分的。精神极开始于对物质极的概念性记录。根据感觉论学派的观点，这种概念记录构成了唯一的经验材料。这个学派的学者们完全忽视了物质极中发生的物质性感受。休谟的“感觉印象”和康德的感觉材料，都是根据仅仅应用于概念性记录的术语来考察的。因此产生了康德关于这类终极材料的混乱观念，休谟——至少在其《人性论》中——也只能发现“力量和生动性”之间的差别。

概念性感受的主体性形式是评价，这些评价服从于主体的统一性范畴。因此，概念性记录就是概念性评价，而概念性评价则引入了创造的目的。精神极则引入一个主体，作为其自身合生的决定因素。精神极就是根据永恒的评价原理而决定其自身理想的主体，这些评价原理在应用于其自身的物理客体性材料时能自主地得到修正。每一种现实存在就其物质极而言都是“适时的”，而就其精神极而言则是“滞后的”。它是两个世界即时间性世界和自主性评价世界的统一。每一种简单的物质性感受与其概念性对应物的整合，都会在后继阶段产生某种物质性感受，这种物质性感受再现的主体性形式，根据其在概念性感受中评价的高或低，获得其主体的强度或者失去其主体的强度。
249 到此为止，还只是存在着对各种主体性形式的主体性再调节。这就是物质性目的阶段。概念性感受的结果就是如此，迄今所能提供的只是，这种被修正了的主体性形式并非单纯产生于这个客体化现实存在的再现。而且在后继复杂的整合中，我们还发现，这种概念性的对应物也有一种同它从中产生的物质性感受相分离的作用。

范畴Ⅴ：概念性逆转范畴。概念性感受还有第二个来源，它的材料与作为构成精神极初始阶段之材料的永恒客体部分地相同，部分地相异，从而构成了精神极的初始阶段。这种相同和相异的决定性因素取决于主体性目的通过对比达到的强度层次。

因此，精神极的第一阶段是概念性复制，第二阶段是概念性逆转阶段。在这个第二阶段，相近的新事物在概念上被感受到。这是一个主体性形式在质的模式和对比强度上逐渐丰富的过程，这是肯定的概念性摄入使之成为可能的。① 物质性上的不容性有一种概念性对比。这里所说的这个范畴，似乎限制了柏拉图的回忆原理和休谟的记忆原理的严格使用。这个范畴也许同柏拉图这个原理的含义并不矛盾，但是它确实限制了休谟原理的严格使用。实际上休谟本人也承认有例外情况。正是这个范畴才使新颖性进入世界，因此，即使在稳定性状态下也绝对不会无差别地持续。但是，正如该范畴所说，逆转阶段由于必然包含着与先前阶段相同的感受要素而总是受到限制。根据主体的统一性范畴以及后面所要解释的第七种主体和谐范畴，所有感受的产生都是受主体具有的最后综合能力所支配的。同时按照客体同一性范畴，这种能力在自我同一性要素的双重作用中总是有其基础。因此，在综合中必定永远存在着**同一性的根据**和对比的目的。对比的目的产生于由对比所增进的强度层次。这种同一性的根据和这种对比目的的

① 关于这一问题的另一论述，参见我的《形成中的宗教》第三章第七节。

共同必要性，部分地在这种概念性逆转范畴中得到了表达。这种“对比的目的”表达了那种终极的创造性目的，因而每一种统一都会获得受制于其合生条件的某种最大深度的感受强度。这种终极目的是在第八种范畴中阐述的。

这个逆转范畴还有个尚未予以回答的问题：一种尚未实现的永恒客体如何能够，以及在什么意义上能够或多或少地接近于已经实现了进入的永恒客体——也就是说，能与任何其他未被感受到的永恒客体相比较。与本体论原理相一致，这个问题只能通过参照某些现实存在 250
来回答。每一种永恒客体都进入上帝的概念性感受之中。因此，一种更加基本的说明，根据第四种范畴，必须把时间性主体中的逆转性概念性感受归之于上帝的概念性感受，这种概念性感受产生于上帝经验中概念上有序关联的混合性物质性感受。以这种方式，通过认识到上帝的创造性活动特征，我们便获得一种更为完全的合理性解释。逆转性范畴这样一来就被废除了，而休谟关于从物质性经验派生概念性经验的原理则毫无例外地被保留下来。

第四节

前一节讨论的两个范畴关注的是纯粹的或混合的物质性感受的实效问题，即该物质性感受在其自身主体后继阶段中对概念性感受的产生具有的功效。本节则要考察“分散”在聚合体成分中的不同主体的类似感受。这里所考察的单一主体是在聚合体之后出现的，它把这种分散的感受多样性摄入为它自身的简单物质性感受之相应的多样性材料，其中有些是纯粹的，有些则是混合的。然后，本节要阐述这样一个过程：那种主体中这些不同感受之间的类似性——由一种不论多么复杂的永恒客体所构成，隐含在这些感受不同的类似材料中——通过一种继生的整合过程被转化为一种感受，这种感受把作为一种存在的聚合体与那个永恒客体之间的特殊对比构成其材料。这种对比就是人们所熟悉的永恒客体对那种聚合体的限制。这个整合过程的中间阶段，就是在最终主体中形成一种以永恒客体为其材料的概念性感受。这种概念性感受与上述各种关联成分的各种简单物质性感受具有同等的关联。正是概念性感受的这种同等关联，才导致这种整合，聚合体的许多成分就是通过这种整合而构成它们所组成的一个聚合体，而且在这个过程中，该聚合体与它们的相似性中出现的一个永恒客体形成了对比。

因此，这些纯粹的和混合的物质性感受产生了一个单独的概念性感受，这就构成了摄入主体中这种转变的预备阶段。对该主体中这些感受的整合，导致了被转变的聚合体的物质性感受，这是受作为那个概念性感受之材料的永恒客体所限制的。以这种方式，就可以从物质性上把世界感受为一种统一体，感受为可分为不同部分的统一体，即聚合体。每一种这样的统一体都具有自身的特征，这些特征产生于未
251 经区分的、作为该聚合体之成分的现实存在。在某些情况下，这种聚合体的客体化只是间接地与其个体原子现实性的特征相关。在这种情况下，客体化可能给世界引进新的要素，不管是有利的还是不利的。通常这种客体化都会带来直接的信息，以便该摄入主体能把自身构成为被摄入聚合体中普遍秩序的直接结果。转化是现实世界被感受为某种共同体的方式，并且是借助于其普遍秩序而被这样感受到的。因为转化是根据被摄入聚合体各成分之间的类似性，同时还要排除它们之间的差异而产生的。除非通过这种转化，否则，我们微弱的理智活动就不能深入到占主导地位的事物特征中去。我们只能通过抛弃而获得理解。转变依赖于某种范畴条件。

范畴Ⅵ：转化性范畴。当（与第四种范畴相一致，或与第四和第五种范畴相一致的）同一个概念性感受被摄入主体同等地从各种现实存在相似的简单物质性感受中产生时，在随后的整合阶段——这些简单的物质性感受与派生的概念性感受一起整合——摄入主体可能会把这种概念性感受的材料转变为与被摄入现实存在之聚合体的对比，或者与该聚合体某个部分的对比。因此，这样加以限定的聚合体（或它

的组成部分）就是这种摄入主体所接纳的感受的客体性材料。

把关于许多现实性的简单物质性感受转化为作为一体的聚合体的一种物质性感受，这种转化叫作“被转化的感受”。这种感受的产生依赖于强度、评价和有共同利益的排除。

为了理解这种范畴条件，我们必须注意，把简单的物质性感受整合为复杂的物质性感受，只是为被感受到的聚合体的现实存在提供了相互需要的分离的存在。我们必须说明一种聚合体的构成是如何代替作为其组成成分的那些现实存在的。这正是莱布尼茨在其《单子论》中所提出的问题。他是通过某种未经分析的“混乱”观点解决这一问题的。我们需要使用某种范畴来为聚合体提供一种物质性感受，把它当作一种具有其自身的存在范畴的存在。在最终的主体中，这样一种物质性感受是通过转化由聚合体各成员中接纳的各种类似的物质性感受与各种类似的概念性感受（以这些不同成员为主体）所产生的，而这些概念性感受是或者直接根据第四种范畴，或者间接地根据第五种范畴从这些物质性感受中产生的。各种物质性感受的类似性在于下述事实：它们的确定特征体现着有相同成分的永恒客体。而各种概念性感受的类似性则在于下述事实：这一个永恒客体，或从这一永恒客体产生的一种逆转，是由聚合体成员分别保持的各种相关的概念性感受。终极摄入主体摄入了聚合体的各个成员是通过如下方式进行的： 252
（1）通过“纯粹的”物质性感受，使这些成分分别被相似的物质性感受客体化；（2）通过混合的物质性感受，使这些成分分别地被这些相似的概念性感受客体化。

根据第四种范畴，在这个摄入主体中，这些类似的纯粹物质性感受会产生概念性感受；而根据第五种范畴，有可能会存在某种逆转的概念性感受。这样就只有一种直接的概念性感受会存在，因为简单物质性感受（在终极主体中），在表现相同永恒客体的意义上才是类似的。（如果没有逆转，这种相似性将会延伸到纯粹的和混合的物质性感受之中。如果存在重要的逆转，这种相似只会延伸到作为材料的逆转概念性感受的混合感受之中。这后一种情形只有在逆转的感受涉及主要的强度评价时才是重要的。）因此，这些不同现实性的诸多物质性感受在终极主体中产生了一种概念性感受。这种单一的概念性感受因而在整个聚合体的现实性中便有了同等的关联。就这个方面来说，聚合体中逆转概念性感受就成为微不足道的了，除非它们在整个聚合体中发挥着这种同等的关联作用。如果暂时排除对聚合体之现实性中的逆转感受的考虑，那么，摄入主体中的混合物质性感受，根据第四种范畴，也会产生一种具有同等关联的概念性感受；同时，它也与纯粹物质性感受（在终极主体中）所产生的概念性感受是相同的。因此，若没有任何逆转，混合物质性感受的影响就会强化产生于纯粹物质性感受之中的概念性感受之强度。但是，或许存在着需要考虑的逆转，也就是说，在整个聚合体中具有同等关联的逆转。这种逆转可能发生在分离的聚合体之现实性中，也可能发生在最终的摄入主体之中，或者存在着涉及这两种来源的双重逆转。因此，我们必须允许不同的逆转感受的可能性，每一种可能性都具有同等的关联。只要存在着协调和逆转占主导地位的情形，就会出现一种强化了的强度概念性感受。当这些不同的概念性感受中存在着不协调时，就会发生排除，并且一般说来不会有转化。但是，一旦从这些同等的概念性感受的某些（或全部）来源中出现了一种具有合适强度的主导性同等概念性感受，那么，转化将会随之发生。

因此，这种同等关联便被整体地或部分地转化为那个聚合体的物质性感受，同永恒客体形成对比。需要注意的是，这一同等的概念性感受是过程的本质要素，正是由此才产生了与整个聚合体的同等关联。否则，将不会有任何要素能把相对于诸多成分的特殊关联转化为与整体的一般关联。

253 在这种物质性感受中，标志这种聚合体特征的永恒客体可能是一个标志着类似物质性感受的永恒客体，它属于这种聚合体的所有成分或某些成分。在这种情况下，作为整体的聚合体会以某种方式产生属于其各种成分的特征。

同样，在已经转化的感受中，只有部分原有的聚合体可以被客体化，而永恒客体则可能会产生于原有聚合体其他部分的成分。这就是以“表象的直接性”为知觉方式的情形，我们在后面的一章还要对此进一步讨论（第四编第五章；还可参见第二编第二章第一节、第二编第四章第七节，以及第二编第八章）。

此外，永恒客体也可能是逆转的概念性感受的材料，而且只是间接地产生于这种原初聚合体的成分之中。在这种情况下，这种聚合体中那些已经被转化的感受便会产生新的东西，而在不适当的情况中，这种新东西可能会被称作“错误”。但是，同样地，这种被转化的感受，不论其转化的历史如何，都是那种终极主体用来摄入该聚合体的某种确定的物质性事实。例如，考察一下表象直接性的例子，可以把色盲叫作“错误”，但是，无论如何，它仍然是一种物质性事实。一种被转化的感受仍然在物质性感受的定义范围之内。

我们通常有意识地摄入世界的方式就是通过这些被转化的物质性感受来实现的。只有当我们有意识地觉察到异类的精神现象时，我们才接近于有意识地摄入一个单独的现实存在。我们将会发现，这些被转化的感受与命题感受非常相似，并且与连续整合中有意识的知觉和判断非常相似。模糊性也产生于这种被转化的感受。因为标志着聚合体所有成分相互摄入的那种性质，被转化为该聚合体的谓词。由重复的力量产生的强度使这种被转化的知觉成为显著的感受，并通过进一步整合而获得了意识，使意识成为其主体性形式中的一个要素。意识表现着整合过程中所造成的物质性感受的一种简化。

根据这一范畴，任何聚合体中所包含的概念性感受，都会把该聚合体的未来作用改变为物质性客体的材料。这个范畴支配着现实存在中的概念性感受转变为物质性感受的过程，这些物质性感受要么处于现实存在的随后阶段中，要么处于后来出现的现实存在中。先前属于概念性感受的东西，后来在扩大的角色中被感受为物质性的东西。因此，举例来说，一种新的“形式”通过逆转可在概念上突然进入，而在其他范畴条件允许时，则会在物质性上获得延迟的实例。

第四种范畴和第六种范畴的共同活动，导致所谓“喜欢”和“厌恶”。因为该聚合体各种现实的概念性感受，即根据第四种范畴所产生的概念性感受，与诸多物质性感受的客体性材料表现出相同的模式。如果在这些概念性感受中存在着向上的评价，那么，这些物质性
254 感受就会被传递到新的合生之中，并在其主体性形式中强度被增强。这就是“喜欢”。

但是，如果在概念性感受中存在着向下的评价，那么，这些物质性感受（在随后的合生阶段）就要么被排除，要么被以削弱的强度传递给它。这就是“厌恶”。因此，“喜欢”和“厌恶”是两种“决定”的类型。

因此，这种具有评价职能的概念性感受首先具有目的性特征，因为它是一种动因，根据这种动因，才能对其主体在其自身之外的客体化中的因果效验作出决定。但是，只有通过与产生它的物质性感受相整合，概念性感受才能获得这种目的性特征。这种整合在第五章论“比较性感受”时再加以考察。

显然，喜欢和厌恶，以及转化性范畴，只有在高级机体的情况下才有意义。它们构成了通向理智性精神的第一步，尽管它们就其自身而言还不能算作意识。但是，一种现实存在如果能包含这些活动，就必定会具有某种重要的概念性感受的强度，能够覆盖和融合这些简单的物质性感受。

对转化范畴的考察还表明，对智力的接近目的在于获得一种抽象能力，即排除掉大量无关的细节，把重点放在现实世界的系统秩序要素上。只要有微不足道的秩序，就必定会有琐碎的现实存在。对否定性摄入的正确协调是精神进步的秘密，但是除非该环境具有某种系统的关系性体系特征，否则，就不会有任何东西能够用来构成对世界的活生生的把握。低级有机体只不过是各种能量形式的累积而已，这些能量以各种各样的形式注入低级有机体之中。这些低级有机体接收和传递着这些能量，但是却不能把它们简约为可理解的系统。研究能量的结构化流动的物理学理论，必须处理简单物质性感受从个体现实到个体现实的传递。因此，在物理学中，我们可以预期某种与现存宇宙

秩序类型相关的量子理论。物理学关于能量相互替代的形式，以及从一种形式向另一种形式传递的理论，归根结底取决于以转化和逆转范畴的某种体现所规定的传递过程。

第五节

第七种范畴条件既在完成其自身的主体方面，又在其主体随后的合生中实现客体化的过程中支配着概念性感受的效用。这就是“主体性和谐”范畴。

范畴Ⅶ：主体性和谐范畴。对概念性感受的评价是根据它们是否 255
适合于成为主体所追求的满足中的共同要素而相互决定的。

应当把这个范畴条件与“主体统一性”范畴相比较，还应当与“概念性逆转”范畴相比较。在前一范畴中，内在的不一致，通常被称为“逻辑的”不一致，乃是前定和谐中的构成条件。在这个第七种范畴以及在逆转范畴中，对某种目的的审美性适应是前定和谐中的构成条件。这三个范畴表达了感受的终极的特殊性，因为超体既是它们的结果，同时也是在它们的产生过程中发挥作用的主体。它们创造了它们自身的创造物。需要注意的关键是，这种在其过程中处于尚未完全确定状态的现实存在，决定着其自身的最终确定性。这就是道德责任的全部要点之所在。这种责任是以材料的限度和合生的范畴条件为转移的。

但是，根据逆转范畴，在概念性感受的产生过程中，除非复杂性的程度达到了存在巨大能量的情况，否则，自主性乃是非常微弱的。这种逆转范畴必须同审美的和谐范畴联系起来进行考察，因为由逆转所造成的对比正是完成审美理想所需要的对比。除非存在着复杂性，否则，理想的多样性就会导致物质性上的不可能性，从而会导致贫乏。要把这些多样性展示为一致的对比，就需要一种复杂的构成。

正是由于这些主体统一性范畴和主体和谐范畴，这个过程才构成其产物的特征，并且反之亦然，对其产物的分析也可揭示这个过程。

第四章　命题与感受

第一节

256 对于意识的性质到此为止还没有给予恰当的分析。我们已经论述了那些原初的基本感受，包含物质性感受和概念性感受，并论述了它们最终综合为肯定与否定的对比。但是，在整合成为意识的开端与结束之间，还产生了一种“命题性感受”。一个命题性感受就是其客体性材料是一个命题的感受。这种感受本身并不包含意识。但是，所有意识形式都起源于命题性感受与其他感受（要么是物质性感受，要么是概念性感受）的整合方式。意识属于这类感受的主体性形式。

命题进入经验之中，成为存在，构成了产生于物质性感受与概念性感受之整合的复合感受的材料。① 而此时概念性感受同**这个**现实世界还没有关系，意思是说，**这个**现实世界的历史与概念性感受的材料还没有任何特定的关联。这种材料就是永恒客体，而永恒客体仅仅是指尚未确定的现实存在中**任何**纯粹一般的存在。就其本身而言，永恒

① 亦可参见第五章中论述的“物质性目的”。

客体不在种种现实或时期之间作任何选择。人们不可能仅仅通过思考红色的特性就知道什么是红色，而是只有通过在**这个**现实世界的物理经验中探寻，才能发现红色的东西。这一学说是经验论的最终根据；也就是说，那种永恒客体对于它们的进入没有提供任何线索。

但是，现在一种新的存在展现出其自身。这类存在是一些线索，它们也许能告诉我们一些有关特殊现实的情况。这类存在既不是现实存在，也不是永恒客体，也不是感受。它们是命题。一个命题必定是真的或假的。由此可见，命题不同于永恒客体；因为任何永恒客体都没有真假可言。命题与永恒客体之间的这种区别产生于这样一个事实：真和假永远建立在某种理由之上。但是，根据本体论原理（第十八种“解释性范畴”），理由永远是同确定的现实存在相关联的。而永恒客体本身则是同所有确定的现实存在甚至包括上帝相分离的。只是在“**任何**”一词绝对一般的意义上，它才同“**任何**”这类存在相关联。因此，不可能有任何理由可以当作永恒客体真与假的根据。正是 257
永恒客体的这种差异，才使它有理由在**这个**现实世界上发挥其各种各样的作用。

因此，如果致力于完全脱离**这个**现实世界来理解永恒客体，就会导致把它们归之于纯粹无差别的非存在。这便以一个具体实例说明了如下范畴原理，即要成为一种存在，其一般的形而上学特征就是“成为现实生成中的一个确定因素”。因此，永恒客体与创造过程每一实例之间无差别的关联性，要求在上帝的原初性质中达到概念上的实现。上帝没有创造永恒客体，因为正如永恒客体需要上帝一样，上帝的本性也需要永恒客体。这就是范畴类型的存在所具有的融贯性的具体体现。永恒客体相互之间的各种一般关系、各种差异性关系和模式关系，都是它们在上帝的概念性实现中的关系。没有这种实现，就只有同虚无不可区分的孤立存在了。

但是，一个命题既可以保持永恒客体的不确定性，也可以不完全脱离确定的现实存在。它是一种复合存在，在其各种成分中有一些确定的现实存在。这些确定的现实存在，如果从构成而不是从命题的抽象性上看，确实提供了确定命题真假的理由。但是，该命题本身除了诉诸这些理由，并没有为其本身提供任何根据；并且在这方面，它像各种永恒客体一样是不确定的。

命题性感受（如前所述）产生于一种特殊类型的整合，即把物质性感受与概念性感受相综合。物质性感受的客体性材料也是一种现实存在，即使这种感受是简单的，或者是现实存在之确定的聚合体，即使物质性感受更为复杂。概念性感受的材料则是一种（有可能）与任何现实存在有关联的永恒客体，这里的**任何**是绝对一般的，没有选择性。在这种被整合过的客体性材料中，物质性感受提供了一组确定的现实存在，它们是由被感受到的与该感受主体的物质性关系所表示的。这些现实存在就是该命题的逻辑主体。这种永恒客体中固有的“任何”概念所具有的绝对一般性，就在这种融合中被排除了。在该命题中，永恒客体在作为聚合体中一种确定因素的可能性方面，只限于这些逻辑主体。该命题的普遍性可能要限制在仅仅关涉所提供的这些逻辑主体中的**任何**一个；或者在作为永恒客体的复杂模式中，它可能单单关涉所提供的一组逻辑主体，把它们作为潜在的关联物，每一个都具有其指定的地位。在与那些逻辑主体的某种确定模式的有限关联中，作为确定性的一种确定因素，命题是永恒客体的潜在性存在。这个永恒客体就是命题的“谓词模
258 式”。这一组逻辑主体**要么**被完全挑选出来，作为**这种**谓词模式中的**这些**逻辑主体，**要么**被集合性地挑选出来，作为**这种**模式中这些逻辑主体的**任何**一个主体，或者**这种**模式中这些逻辑主体中的**某一个**主体。因此，物质性感受表示着这些逻辑主体，并分别地为它们提供了所必需的个别的界定，从而赋予每一个主体在该谓词模式中的假设性地位。概念性感受则提供了这种谓词模式。因此，在一个命题中，这些逻辑主体被归结为为可能性提供食物的地位，它们在现实性中的真正作用却被抽象掉了；除了要达到它们的物质性表示的目的，它们不再是事实中的要素了。每一种逻辑主体都成为现实

中一种单纯的指示代词“它”，与谓词之间只有被赋予的假定性关联。①

显然，这种概念性感受的材料作为谓词重新出现在作为完全的命题性感受材料的命题之中。在这种综合中，永恒客体的关联性所具有的绝对普遍性遭到排除，物质性感受的材料也遭到排除。因为真正由这种物质性感受所产生的现实存在的客体化也遭到了排除，除了需要它提供的那种表示以外。为了成为那种谓词的假设性食物，客体化仍然只能表示逻辑主体必定具有的那种确定性。逻辑主体的这种必然的表示作用需要把现实世界作为一种系统的环境。因为在纯粹的抽象中不可能有任何确定的位置。命题就是**那个**谓词以那种被指派的方式适用于**那些**逻辑主体的可能性。在每一个命题中，作为命题本身且在自身范围内，就其自身在命题性感受中的实现和关于其自身的真理性而言，只有完全的不确定性。然而，这些逻辑主体事实上在其已经实现的相互关系中都是确定的现实存在。因此，命题在事实上要么是真的，要么是假的。但是，它自身的真，或者它自身的假，都不是命题自身的事。这一问题只是与包含着命题性感受并以该命题为其材料的主体有关。这种现实存在叫作该命题的“摄入主体”。甚至摄入主体并非必然地要对命题做出判断。这种特殊情况已经在前面第二编第九章中讨论过了。在那一章中，“判断主体”一词是在广义的“摄入主体”意义上使用的。

对命题的一般性质的讨论可总结如下：命题与永恒客体都具有不确定性的特征，表现在两者都是确定的现实性的潜在性，在现实中都没有确定地实现。但是它们二者又有所不同，表现在永恒客体指的是具有绝对普遍性的现实性，而命题指的则是那些被表示出来的逻辑主体。真和假永远需要某种纯粹的既定要素。永恒客体除了位于某种既定事实中以外不可能表明自身是什么，而命题的逻辑主体则提供了真和假所必需的既定要素。 259

① 参见《自然的概念》第一章，对这种思想进行了另一种解释。

第二节

命题既没有感受的特殊性，也没有聚合体的实在性。命题是感受的材料，期待着主体去感受它。命题通过其逻辑主体而与现实世界发生关联，这使它成为对感受的诱导。事实上许多主体都可能以不同的感受去感受它，或者以不同种类的感受去感受它。人们首先从与逻辑的关系中考察命题，并且在道德上偏爱真命题，这个事实掩盖了命题在现实世界中的作用。逻辑学家仅仅讨论关于命题的判断。实际上，一些哲学家也未能区分命题与判断；而大多数逻辑学家则把命题仅仅看作是判断的天然领地。其结果便是假命题遭到不公正的对待，被扔进垃圾堆，无人问津。但是在实在世界里，更为重要的是一个命题是有趣的而并非它是真的。真理的重要意义在于可以增加趣味。这里所持的观点是，判断感受仅仅构成命题性感受的一个次要方面；命题性感受与其他感受的一种特殊的整合才构成判断感受。命题性感受的最简单例子并不是有意识的感受。意识仅仅产生于命题性感受是其被整合成分的某种整合之中。另一个需要注意之点是，物质性感受永远是完全的命题性感受发展史中的一个组成部分，它与相关命题并没有独特的关系，与那种感受主体也没有独特的关系，它也是摄入这种命题的一种主体。任何一个主体，只要它的物质性感受在其客体性材料中包含着必需的逻辑主体，那么在后继阶段中它就能接纳命题性感受，把该命题作为其材料。它只需要产生一种命题性感受，以必需的谓词模式作为其材料，然后就能把这两种感受整合为所需要的命题性感受。

显然，各种新命题会随着世界的创造性进展而产生，因为每一种命题都包含着其逻辑主体。除非那些逻辑主体就是这些作为逻辑主体的现实存在，否则，命题就不可能是其本来所是的那种命题。因此，如果现实存在的现实世界中不包含命题的逻辑主体，那么，任何现实存在都不可能感受到那个命题。“恺撒渡过了卢比孔河”这一命题，在汉尼拔（Hannibal）生活于这个地球上的任何情况下，他都不可能感受到。汉尼拔能够感受到与这一命题有某种相似性的许多命题，但他就是不可能感受到这一命题。此外还须注意的是，构成命题的词语形式也包含一种促使肯定的判断性感受产生的激励作用。在富于想象力的文学作品中，这种激励作用受到一般语境的限制，甚至受到重要 260
书籍的装帧和排版的限制。有时甚至还会设计某种词语形式，例如“很久以前”来限制判断性感受的构成。这些语词陈述还包含着用词语和短语来标志那些表示命题的逻辑主体所必需的物质性感受。但是语言永远是省略性的，语言的意义取决于说出语言的环境。例如，“恺撒”一词既可能是指一个温和的人，也可能是指一名黑奴，也可能是指罗马第一位皇帝。

如果一些现实存在的现实世界中包含着命题的逻辑主体，那么，就可以说这些现实存在位于该命题的“轨迹”之内，该命题可被它们摄入。在那些进入该命题轨迹的现实存在中，只有某些现实存在会肯定地摄入这个命题。有两种纯粹的命题性感受，即“想象性感受”和“知觉性感受”。这两类感受不能截然分开，但在某些极端情况下，它们的作用则大不相同。

第三节

命题性感受只能产生于摄入主体发展过程的后期阶段。因为它在早期阶段需要：（1）物质性感受的客体性材料包含必需的逻辑主体；（2）物质性感受在决定其材料的确定性的确定因素中包含某种永恒客体；（3）这种永恒客体的概念性感受，根据第四种范畴条件，必然地产生于上述第（2）项中的物质性感受；也许还有（4）根据第五种范畴条件，某种概念性感受作为前一个概念性感受之逆转，包含着另一个永恒客体，把它当作材料。

上述（1）中所说的物质性感受可叫作“指示性感受”；（2）中所说的物质性感受可叫作“物质性识别”。物质性识别是能够提供谓词模式的概念性感受的物质基础。

“谓词模式”或者是作为（3）中的概念性感受之材料的永恒客体，或者是作为（4）中的概念性感受之材料的永恒客体。在前一种情况下，第二个概念性感受，即（4）中的概念性感受，与对命题性感受的考察无关。不论在哪一种情况下，如果概念性感受的材料是那种谓词模式，那么，这种概念性感受就可以叫作“谓词性感受”。

在关于谓词性感受来源的说明这个问题上，我们总的说来赞同洛克和休谟的观点。他们认为，每一种概念性感受都有其物质性基础。但是，休谟提出一个原理，认为所有永恒客体首先都是从物质性上被感受到的，因而他只承认上述（3）中的谓词性感受的产生。然而他做了两个让步，这就破坏了他的一般原理。因为他承认在明暗度不等的颜色层次中，有些中间状态的“辨色”具有独立来源，并且也承认
261 新“方式”的模式有独立来源。这两种情况都是“逆转”原理所允许的，这就要求助于上述第（4）所讲的原理。命题性感受起源于“指示性感受”与“谓词性感受”相整合的后期阶段。在这种整合中，这两种材料都是通过对这两种材料的双重排除而综合起来的。那些包含在指示性感受材料中的现实存在，被归结为某种纯粹的多样性，每一种存在都是其中的一个单纯的“它”，因为它排除了构成那种聚合体的确定性的永恒客体。但是，这种整合通过把现实存在置于命题与既定的谓词性模式的统一体中，从而使它们从这种纯粹的多样性中摆脱出来。因此，那些首先被感受为纯粹事实的现实性被转化为一组逻辑主体，这些逻辑主体具有实现某种被指派的谓词性模式的潜在性。这种谓词性模式也受到排除的限制。因为作为概念性感受的材料，**绝对地说**，它对任何现实存在而言都有实现的可能性；但是在这个命题中，它的可能性只限于**这些**逻辑主体。

根据第七种范畴，命题性感受的主体性形式将取决于其面临的环境。它可能包含也可能不包含意识，可能包含也可能不包含判断，但

它会包含喜欢或厌恶，也就是说会包含决定。只有在“肯定与否定”的对比进入这种主体性形式之中时，它才会包含意识。换句话说，只有当那些感受是综合感受的成分，而这些综合感受的材料是一种聚合体与命题之间的对比，而命题根据其自身性质**否定**有关其真与假的决定时，意识才进入感受的主体性形式之中。命题的逻辑主体就是该聚合体中的现实存在，而意识则是感受那种实在的特殊聚合体的方式，即关于它的自由想象的对比。这种意识可能对于了解该实在事物是什么有意义，或者对于了解该想象是什么有意义，或者对于了解它们两者是什么有意义。

第四节

命题本身在其摄入主体之间是同等地起作用的，并且就其自身性质而言，命题也不会完全地决定这类摄入的主体性形式。但是，在不同的摄入主体中，尽管这些不同的命题性感受具有同样的命题作为其材料，根据它们在这些主体中的历史差异来看，它们却是相当不同的。可以把这些命题分为两个主要类型，在这里我们分别称之为“知觉性感受”和“想象性感受”。这种区别是建立在那些逻辑主体由以产生的“指示性感受”和谓词性模式由以产生的“物质性识别”相比较的基础上的。

这些物质性感受或者是相同的，或者是不同的。如果它们是完全 *262*
相同的感受，那么，由此所产生的命题性感受就可叫作“知觉性感受”。因为在这种情况下，我们将会看到，这个命题将会表明它的逻辑主体有一种特性，这种特性产生于逻辑主体被摄入主体物质性地感受到的那种方式。

如果这些物质性感受是不同的，那么由此所产生的命题性感受就可叫作“想象性感受”。因为在这种情况下，我们将要看到，这种命题将会表现出一种它的逻辑主体与这些逻辑主体的密切关联没有任何保证的特征。由于这些物质性感受是复杂的，因而它们之间的差异具有不同的程度。这两种物质性感受既可以在很大程度上截然不同，也可能是完全相同的。因此，这两类命题性感受之间的区别并不像可能有的那样截然分明。如果注意到三种不同情形能把这些知觉性感受区分为三种类型，并且它们之间还会相互遮蔽和相互转化，那么这种区别就更加模糊了。

虽然我们现在正讨论知觉性感受，但我们所掌握的只有一种同时具有指示性感受和物质性识别两种作用的物质性感受。首先，假定那种谓词性模式直接产生于上述第（3）个命题中的物质性识别，那么，这样就不会有任何逆转，而第（4）个命题则是与此毫不相关的。在这种情况下所派生的命题性感受就叫作“真正的知觉性感受”。这样一种感受借助其产生方式，可以把命题作为其材料，这个命题的谓词以某种方式在其逻辑主体实在的聚合体中得以实现。因此，被感受命题提出的谓词产生于这种实在的聚合体，并且不是由这种摄入主体折射来的。但尽管如此，这个命题以这种方式包含着具有谓词的逻辑主体，它不一定是真的。因为根据第六种范畴条件，该摄入主体对该聚合体最初的物质性感受可能包含着“转换”。在这种情况下，该命题把物质性地拥有一个具有确定谓词的聚合体归之于它的逻辑主体；而那种谓词可能只是**概念性地**由这些逻辑主体所拥有。因此，在该命题所提出的聚合体中，某种物质性事实实际上只是一种精神性事实。除非按其本来面目去理解，否则，就会出现错误。这种理解属于那种主体性形式。

但是，如果最初的物质性感受在任何阶段上都不包含逆转，那么，该命题的谓词就是永恒客体，它构成了那种聚合体的确定性。在这种情况下，该命题便是真的，没有任何限制。这样一来，这种真正的知觉性感受就可称为“直接的”知觉性感受。这样一来，便存在着“间接的”知觉性感受（当涉及“逆转”时）和“直接的”知觉性感受；这两种感受都可叫作“真正的”感受。当存在这种“真正的”感受的情况下，该谓词就可以在该关联中物质性地实现或者精神性地实现，这与该摄入主体毫无关系。

第三，也是最后一点，根据前一节第（4）项，这种谓词性感受可通过逆转在摄入主体中产生。在这种情况下，该谓词在自身中就有 263 了某些要素实际上会促进该聚合体的确定性，但也有一些要素与聚合体中相应的要素形成对比。后面这些要素已经被引入该摄入主体的合生之中。因此，该谓词的真实性被摄入主体的主体性所扭曲。这样一种知觉性感受可叫作“非真正的”感受。

非真正的感受产生于“受束缚的”想象，这样说的意思是指，整个来源只有一种物质性基础，也就是说，物质性感受既是“指示性”感受，又是“物质性识别”。这种想象被束缚在一种终极事实上。

第五节

想象性感受属于指示性感受与物质性识别彼此不同时的一般情况。但是，这种不同具有程度上的差异，可以从一种极端情况逐渐变化到另一种极端情况：一种情况是两个聚合体相距遥远，几乎没有联系，它们分别构成两种感受的客体性材料；另一种情况是两种聚合体几乎完全相同。但是，只要这些感受之间存在差异，就会有某种自由想象的痕迹。命题作为想象性感受的客体性材料具有一种来自（有逆转或没有逆转）某种聚合体的谓词，这个聚合体在某些方面不同于提供了逻辑主体的那个聚合体。因此，该命题是作为与其逻辑主体有关的想象性概念而被感受到的。该命题就其本性而言对于如何能感受到它并未有任何提示。在一种摄入主体中，它可能是知觉性感受的材料，而在另一种摄入主体中，它可能是想象性感受的材料。但是，这两种感受的主体性形式将会根据这些感受在各自主体的产生史中的差异而有所不同。

在命题性感受的主体性形式中居于主导地位的是评价而不是意识。在纯粹命题性感受中，各种逻辑主体仍然保留着它们被表示出来的特殊性，但是却失去了它们自身各种实在的客体化方式。这种主体性形式存在于纯粹物质性感受和能够领悟物质性感受与想象的可能性之对比的清醒意识之间相过渡的模糊地带。命题性感受就是要诱导超验的未来中发生创造性的突现。当它发挥这种诱导作用时，关于该命题的逻辑主体的命题性感受在随后的某个阶段，可能会促进一种决定，这种决定会涉及强化该聚合体中那些主体的某种物质性感受。因此，根据各种范畴条件，各种命题会进行强化、弱化、抑制或转化，但它们并非必然地要进入清晰的意识之中，或者必然会遇到判断。

264 由此可以说，为了求真，即使物质性感受也必须加以批判，因为它们的证据并不是不需要分析其产生过程的最终证据。这一结论只是肯定了所有科学研究中一种司空见惯的观点，即我们绝不能从独断的确定性出发。这种确定性永远是我们作为批判性分析结果而不断接近的一种理想。当我们确证了我们所依赖的是一种真正的知觉性感受，它的产生并不包含各种逆转时，我们就会知道，作为那种感受之材料的命题是真的。因此，除了对其产生模式进行批判性审视以外，由于命题性感受的产生模式，一个命题的真实性不可能有任何直接的保证。

这种感受必须是（1）知觉性的，（2）真正的，（3）直接的，在上一节我们已经对这些条件分别赋予了确定的意义。

然而，建立在直接的物质性感受之上的直接知识，其可靠性永远存在着一种局限，也就是说，创造性突现有可能把一些虚假的确定因素加进现实世界的物质性感受之中，而这些虚假的确定因素是从包含在那个现实世界的概念中产生的，而不是从那个世界的物质性感受中产生的。

这种错误的可能性特别明显地表现在属于“表象的直接性”模式的那一类特殊的物质性感受之中。

该命题作为想象性感受的材料可能是真的。除了命题性感受的产生方式以外，还有两个问题现在必须加以考察：一个是意识在感受的主体性形式中的起源问题，另一个是关于命题的直觉性判断的起源问题。

第六节

语言对于它所表示的精确命题来说通常总是含糊不清的。口头语言只不过是一连串声响而已。它的功能是：(1) 在摄入主体中唤起某种表示命题的逻辑主体的物质性感受；(2) 在摄入主体中唤起某种具有“物质性识别”作用的物质性感受；(3) 促使“物质性感受”升华为概念性的“谓词性感受”；(4) 促使指示性感受和谓词性感受整合为所需要的命题性感受。但是，在这种复合功能中，总是隐含着一种对话语发生的环境的参照。请考察下述传统的例子：“苏格拉底是会死的”。

这个命题可以是指“**他**是会死的”。在这种情况下，“苏格拉底”这个词在说出它的那个环境中，只是产生了一种物质性感受，表示这个“他”是会死的。

这个命题也可以是指“**他**是苏格拉底并且是会死的”；这里“苏格拉底”是这个谓词模式中的一个附加成分。

现在，我们回到表示谓词性模式的那几个词，即“会死的”，或 265
者“是苏格拉底并且是会死的”。稍做考察便可发现这样一个事实，即假定该命题只有一种逻辑主语，这纯粹是一种习惯。“会死的”这个词意味着同**这个**世界上那些现实存在构成的一般聚合体具有一种特定的联系，这种联系对任何一个现实存在来说都是可能的。“会死的”并不意味着“在任何可能的世界中都是会死的”，而是意味着“在**这个**世界上是会死的”。因此，他与**这个**现实世界有一种一般关系，因为这个现实世界展现出事物的框架体系，从而使得“会死的”在其中能够实现。

“苏格拉底”一词意味着“在雅典社会实现了作为谓词模式的苏格拉底”。这个词不是指“任何可能世界中的苏格拉底”，也不是指“世界任何地方的苏格拉底”，而是指“雅典的苏格拉底”。因此，这里所使用的“苏格拉底”是指诸多现实存在的集合体，该集合体实现了某种一般的系统属性，因而苏格拉底的属性可以在该环境中得以实现。同时“雅典社会”也要求这个现实世界具体表现为某种系统框架，以便“雅典主义”可以在其中得以实现。

因此，就“苏格拉底是会死的”这个说法而言，其一种意义是，它的逻辑主语是一个单称的“他”（苏格拉底）和这个现实世界中的各种现实存在，它们共同构成一个集合体，“会死的”在其中可以实现，并且包括前面的“他”。在另一种意义上，在这些逻辑主体中还包括组成雅典社会的诸现实存在。这些现实存在是实现“苏格拉底和会死的”这种谓词模式所必需的，并且也是被确定地表示出来的逻辑主体。它们也需要**这个**现实世界的一般框架是这个样子，以支持“雅典主义”与“会死的”相结合。

第五章　高级经验阶段

第一节

“比较性感受”是由整合造成的，它们的材料是一些类属的对比，266 对此我们还尚未予以考察。无数种类繁多和更为复杂的感受都可归之于“比较性感受”这个名目下来讨论。

我们现在先考察两种简单的比较性感受。一种简单的比较性感受产生于“命题性感受”与“指示性感受”相整合，命题性感受部分地就是从这种指示性感受中产生的。这种类型的感受可称作“精神性感受”。这种比较性感受又可分为两种：一种由“意识性知觉”构成，另一种由“直觉性判断”构成。直觉性判断的主体性形式也包含意识。因此，“意识性知觉”和“直觉性判断”同样是“精神性感受”。另一种类型的比较性感受可叫作“物质性目的”。这种感受起源于概念性感受与它从中产生（或者是根据第四种范畴条件，即概念性评价范畴而直接地产生，或者是根据第五种范畴性条件即概念性逆转范畴而间接地产生）的基本物质性感受的整合。但是，这种整合同那种从同样的基本物质性感受中产生的那些叫作“知觉”性感受的命题性感受相比，是更为原始的整合。这些物质性目的的主体性形式要么是“喜欢”，要么是“厌恶”。这些物质性目的的主体性形式并不包含意识，除非这些感受要求与意识性知觉或直觉性判断相整合。

第二节

现实存在的聚合体与具有该聚合体之逻辑主体成分的命题之间有一种类属性对比，精神性感受的材料就是这种类属性对比。在每一种类属性对比中，其统一性均产生于某些存在所具有的双重功能，这些存在是每一种对比因素中的成分。这种统一性表现了与第二种范畴条件（客体同一性范畴）具有一致性。这种共同“主体”由于包含着这两种感受而造成一种整合，凭借这种整合，这些现实存在中每一个现实存在都在那种类属性对比中获得其双重功能中的一种作用。作为该
267 主体中的一个要素，任何已经被客体化的现实存在都不能扮演两个相互分离的角色。只能有一个可分析的角色。因此，在类属性对比的两个因素中，凡是在起源上可以被分别地描述为每一种现实存在的两个不同作用方式的因素，都可以在主体中实现其双重作用的一种作用。这两个方面被统一为一种“对比”。这一种可分析的作用本身包含一种纯粹事实与纯粹潜在性的对比。这里的“纯粹事实”是指被客体化的相关现实存在向物质性感受中被客体化的聚合体所提供的东西；这里的“纯粹潜在性”是指同一种现实存在在命题实现的可能性中发挥着其在命题的谓词性模式中的规定作用。这种对比就是所谓“肯定—否定性对比”。这是对物质性感受中的客体化事实的肯定与命题性感受中对这种肯定予以否定的纯粹潜在性的对比。就**这个**现实世界中的特殊例子来说，这种对比是“实然”与“应然”的对比。意识就是感受这个对比的主体性形式。因此在经验中，意识依赖于精神性感受而产生，并与这类感受的种类和强度成正比。但是，根据第七种范畴条件（主体性和谐范畴），各种主体性形式由于是作为任何感受中的因

素而产生的，最终都在所有感受的统一中获得了满足。所有感受都会由于意识的辐射作用而获得一定份额的意识。

这一说明与我们的意识经验中的朴素事实相一致。意识之光忽隐忽现，即使在最闪亮时，也只会照亮经验的一小片中心区，而周围一大片经验区域则朦胧不清，只显示出一些模糊理解的强烈经验。清晰意识的简洁性无法表示完全经验的复杂性。我们的经验具有这样一种特征也表明，意识乃是经验的顶峰，只是偶尔才能达到，经验的必然基础并非是意识。

第三节

当感受的材料是一个命题，并且其主体性形式作为情感模式中的确定要素包含着某种形式或与某种等级的强度相联系的永恒客体时，这种感受可叫作“信念”，或者如通常所说包含着“信念”要素。这种永恒客体是“信念特征”。因此，当这种特征进入那种情感模式中时，根据所包含的强度，不管这种感受是否有可能成为其他任何东西，在某种程度上它都是一种信念。

洛克在其《人类理解论》（第四卷第十五章第三节）中坚持认为，这种信念特征在强度上会有变化。他写道：

> 心灵如果采纳了这类命题，那就叫作“信念”、“同意”或“意见”。所谓信念等等，就是，我们虽不确实知道一个命题是真实的，可是我们会因为各种使我们信以为真的论证或证明承认它是真的。由此我们可以看到或然性与确定性之间的差异。信念与 268
> 知识的差异在于，知识的每一部分里都有一种直觉，而且每一种直接的观念，每一步骤都与其有明显的和确定的联系：在信念方面则并非如此。

洛克区分了确定的知识与不确定的信念，这是令人钦佩的。然而，这种区分远不像看上去那么重要，因为我们通常所关注的并不是这种直接的直觉。我们只是在语词中记录下对这个区分的记忆，而关于这种记忆的语词记录是否会使我们的心灵回忆起一个真命题，这一定永远是一件极不确定的事。与此相应，当我们依赖不确定的记录进入一种不定状态时，我们对直接直觉的态度必定像古罗马格斗士的态度一样，即“将死的人向您致敬”。必须知道，我们并不是在谈论一个命题在表达它与其他某些命题的关系时在客观上具有的或然性。信念具有相对的坚定性，这是一种心理事实，它可能会由客体的证据证明为正当的，也可能证明不了。这种信念特征因为同产生于各种精神性感受的意识相融合，可以采取各种各样的形式。

第四节

意识性知觉是对与直接事实相关联的东西的感受，这种东西与潜在的无关联的东西形成对比。我们现在必须对这种一般描述加以详细阐释。

“意识性知觉”非常重要，因而值得我们对其整个产生历程重新审视。我们将会看到，这里会涉及其他一些产生方式，并且其中有些方式会导致各种错误的知觉。因此，对意识性知觉的批判与对于各种直觉性判断和推论性判断的批判具有同样的重要性。

首先，有一种基本的物质性感受，整个感受序列都是根据这种物质性感受而为这个相关“主体”而产生的。正是从这种物质性感受中，被称为“知觉的”命题性感受得以产生。这种意识性知觉是一种比较性感受，它是通过把知觉性感受与原来的物质性感受相整合而产生的。

在说明这种“知觉性”感受的产生时（第三编第四章第四节），首先，要把各种类型的这类感受区分为“真切的”感受和“非真切的”感受；其次，要把“真切的”感受再区分为“直接的”感受和“间接的”感受。如果不加限制，直接的知觉感受就会感受到它的逻辑主体潜在地带有一个谓词，这个谓词表达了作为该物质性感受原初材料的聚合体内在固有的特征；如果加以限制，这个陈述也适合于间接的感受。这种限制便是，由于逆转（参见第五种范畴条件）而包含
在聚合体中的从属性概念性感受被转化，从而在该“主体”（意识性 269
知觉的终极主体）中被感受到，仿佛它们一直是该聚合体中的物质性事实。当然，这种物质性感受的转化只有在不包含不相容的东西时才会产生。

因此，一般说来，被转化的物质性感受只有作为包含种种不相容性和抑制性的复杂过程的结果才会出现。除了只有在某些高级有机体中所发现的特别情况以外，转化只能说明那种强度极其微弱的物质性感受。然而，重要的是要注意到，即使真实的物质性感受也可能会由于把被感受到的概念转化为被感受到的物质性事实而扭曲所感受到的聚合体的性质。真实的知觉性感受能以这种方式把错误引入思想，而被转化的物质性感受则能把新的因素引入物质世界。这种新的因素既可能是有利因素，也可能是灾难性因素。但是关键在于物质世界中这些新的因素，以及真实知觉性感受中的错误，都是根据逆转性范畴而由概念的作用所造成的。

现在我们且把这些被转化的知觉性感受具有重要意义的情形搁在一边，先考察一下具有直接的知觉性感受的摄入主体。该主体具有其合生阶段，包含两个因素，即初始的物质性感受和派生的物质性感受。在前一个因素中，被物质性地感受到的聚合体，通过其自身恰当的物质性纽带而被客体化。在事实与被逆转的概念之间没有任何不相容性会造成衰退。因此，可以感受到这种客体性材料具有其自身合适的强度，并被传递到物质性感受的主体性形式之中。该整合中的另一个因素便是“知觉性”感受。这种感受的材料是一种命题，该命题以聚合体的现实存在作为其逻辑主体，同时该命题也有产生于这种聚合体的谓词。这种知觉性感受的全部产生过程都以这种物质性感受作为

唯一的基础，这个基础既有“指示性感受”的作用，也有“物质性识别”的作用（参见第三编第四章第三节）。

因此，把这两个因素整合到意识性知觉之中，便使作为事实的聚合体与从这种聚合体本身中产生、局限于其自身并在其自身中表现出来的潜在性相比较。这种比较是一种类属的对比，而这种对比是那种完全感受的客体性材料。这样一来，该主体性形式便以实现潜在性的方式呈现出对该聚合体实际上是什么有了生动直接的意识。用休谟的话来说，就是有一种极为强大的“力量和生动性”的“印象”。

所以，意识性知觉的正确性有两种直接的保障：一是休谟对“力量和生动性”的检验，二是由意识对该过程中所包含的各种感受的说明。因此，这种物质性感受并没有把概念转化为物质性纽带，这一事实还有待于考察。这两种检验都不是确实可靠的。还有一种滞后的检
270 验方法，即未来与这个假定所产生的期望相一致。这后一种检验只能由一种永久客体即恒久性知觉者生命历程中未来发生的一切来实现。

可以看到，这里值得怀疑的并非是对作为现实世界一部分的聚合体的直接知觉。值得怀疑的要素是被观察到的谓词对这个聚合体的界定。

当主体自身的概念性来源是其自身基本的物质性感受，并把其自身传递到造成这种逆转的概念性感受的从属阶段，以便发挥谓词性感受的作用时，一种非真切的知觉性感受就会产生于该主体之中。这种物质性感受由于起源于该聚合体中的概念性逆转，可能还会失去直接相关性。但是不论如何，由于其自身的逆转过程，该主体都会为其逻辑主体产生某种与该聚合体没有任何直接相关性的谓词，该谓词或者是这种聚合体中的物质性事实，或者是其中的概念性功能。这样，那种把物质性感受与非真切知觉性感受整合起来的比较性感受，由于其所具有的材料，便具有该聚合体与某个命题之间的一般对比，它的逻辑主体由聚合体中的现实性所组成，它的谓词部分地与表现在该聚合体中的复合模式相一致，部分地与之不一致。这种情形确实是对命题的意识性知觉，这种命题是在想象中达到的，它所关注的是聚合体，

而不是与事实相一致。这种情形实际上与第二种精神性感受即直觉性判断更相似。但是，由于使用了一种基本的物质性感受，在指示性感受和物质性记忆的双重功能中，比较性感受中的命题与同一感受中的聚合体将会具有某种生动的相关性，它产生于真切知觉情形之中。然而实际上，这种情形是一种直觉性判断，其中存在着关于某种错误命题的意识。

第五节

“判断”一词是指我们这里所关注的三种类型的比较性感受。在这些感受中，每一种感受的材料都是一种客体化的聚合体与一个其逻辑主体构成了该聚合体的命题之间的类属性对比。这三种比较性感受是：（1）“肯定形式”的感受；（2）“否定形式”的感受；（3）“存疑形式”的感受。

在所有这三类被感受到的对比中，由于对比双方的现实存在具有客体同一性，因此这些对比材料都有统一性。在“肯定形式”中，由于客体化聚合体的模式与谓词之间有同一性，因而便有了进一步统一的基础。在“否定形式”中，这后一种统一的基础被包含不相容差异的对比所取代。在“存疑形式”中，谓词与那种模式既不是同一的，也不是不相容的。它与客体化聚合体的模式是有差异的，但它们却是 271
相容的：这种聚合体，就其自身的“形式”存在而言，既可以在实际上体现这种模式和谓词，也可以不体现。因此，在这种比较性感受中，存在着模式和谓词之间的对比，却没有不相容性。

在直觉性判断中，如前所述，比较性感受是聚合体的物质性感受与其逻辑主体是该聚合体中的现实存在的命题性感受的整合。就这种一般描述而言，直觉性判断和意识性知觉是不同的，因而都可以归结为“理智性”感受。但是，在直觉性感受的情形中，存在着更为复杂的产生过程。有两种不同的物质性感受，即指示性感受和物质性记忆

（参见第三编第四章第三节）。这种指示性感受来源于物质性感受，它或者根据第四种范畴条件而直接地产生，或者根据第五种范畴条件间接地产生。谓词性感受与这种指示性感受相整合形成了“想象性感受”（参见第三编第四章第五节）。想象性感受是一种命题性感受，这种命题性感受的材料的各种逻辑主体起源于该指示性感受，其谓词性模式产生于该物质性记忆。这两种物质性感受就其起源而言可能相对地没有关联。因此，那种想象性感受在其主体性形式中对信念或怀疑可能没有偏见；或者即使有这类偏见，其情感强度也许是微不足道的。

直觉性判断是这样一种比较性感受：它的材料是由指示性感受中所包含的聚合体，与想象性感受中所包含的命题之间的一般对比所构成的。在这种一般对比中，每一种现实存在都有两种功能的对比。一种是在该聚合体的具体模式中的功能，另一种是在该命题的潜在模式中的功能。如果再加上这种具体实例和潜在性之间的对比，那么，就会存在模式和谓词的同一，因而根据客体统一性范畴，在其两种功能即具体化的和潜在的功能中，还会有一种单一的复合永恒客体。在这种情况下，该命题与该聚合体就是融贯的，这种融贯性就是其真理性。因此，“真理”就是在该聚合体的各种模式中，以及在其一般对比的命题模式中不存在不相容性，或不存在任何“物质性的对比”。与客体差异性范畴有关的唯一对比，只不过是那种存在于实例和潜在性之间的对比，并且在所有其他方面，这种融贯性都是由客体同一性范畴所支配的。

如果一种对比的产生在任何方面都不同于实例和潜在性之间的对比，那么，这两种模式就不是同一的。因而该命题在某种意义上，不论是重要的还是不重要的，都不会被感受为真的。

需要注意的是，就其主体性形式而言，直觉性判断与其材料中可以感受到的东西是一致的。因此，错误不可能产生于构成该判断的那
272 种整合的主体性形式中。但是，由于这种指示性感受，作为所要整合的因素之一，可能在其起源中包含着逆转，所以它也能得以产生。因此错误是由存在于意识之中的活动所产生的，虽然这些活动也可以进

入意识之中并有待于接受批判。

最后，直觉性判断与意识性知觉的区别是，意识性知觉是一种产生过程的结果，这种过程使它最大可能地限制于这样有意识地知觉到的事实。但是，它们两者的区别并不是绝对的。在那些意识性知觉中，我们可以发现一些转化，该聚合体中所包含的概念通过这些转化而被转化为该聚合体中的物质性感受；在这些意识性知觉中，我们还发现了一些非真切的命题性感受，一种具有“逆转的”谓词性命题在这种命题性感受中产生。这些情形是意识性知觉在其中呈现出各种直觉性判断的一般特征的情形。另一方面，这两种物质性感受的差异——当它们有差异时——也许是微不足道的。实际上，作为一种物质性感受之材料的聚合体与作为另一种感受材料的聚合体有可能是同一的。在这种情况下，直觉性判断近似于意识性知觉。

对直觉性判断的产生阶段可作如下简要分析：(1)“物质性记忆”和“指示性感受”；(2)“谓词性感受”产生于“物质性记忆”；(3)“想象性感受”产生于“谓词性感受”与“指示性感受”的整合；(4)“直觉性判断”产生于“想象性感受”与“指示性感受”的整合。

把直觉性判断的主体性形式描述为必然包含对命题的确定信念或怀疑，这是一个重大错误。有可能会出现三种情形：首先，会出现类属性对比，这种对比作为直觉性判断的材料，可能会把命题的谓词展示为客体化聚合体中的具体实现。在这种情况下，主体性形式将会包含着确定的信念。其次，该谓词可能会展示为与体现在该客体化聚合体中的永恒客体不相容。在这种情况下，其主体性形式将会包含着确定的怀疑。但是，还有第三种情形，这种情形实际上更为常见：该谓词可能被展示为与体现在客体化聚合体中的永恒客体在整体上无关或部分地无关。在这种情况下，其主体性形式需要展示的既不是相信，也不是怀疑。它有可能包含着这些决定中的这一个或那一个，但是它不必非得这么做。这第三种情形可被称作“存疑判断”的情形。因此，直觉性判断既可以是一种相信，也可以是一种怀疑，抑或是一种存疑判断。就最终的满足而言，推理过程的任务有时就是要把存疑判断转化为相信或者怀疑。

但是，精神性感受的主要功能既不是相信，也不是怀疑，甚至也不是把判断悬置起来。精神性感受的主要功能是提高情感的强度，这种情感强度伴随着对所包含的概念性感受以及纯粹的物质性目的（它
273 比任何精神性感受更为原始）作出评价。它们发挥这种功能的方式是非常鲜明的，即它们限制那些抽象的评价，以便表达与那些确定的逻辑主体相关的种种可能性。只要这些逻辑主体由于其他摄入而成为有趣的话题，该命题就会成为调节创造性活动的诱导。换句话说，它的摄入会造成对主体性目的的修正。

第六节

显然，肯定性直觉判断与意识性知觉非常相似。意识性知觉是一种非常简单的肯定性直觉判断，而直接的肯定性直觉判断则是意识性知觉的一种非常复杂的情形。这两者之间的差别在下述事实中有其根源：一种包含知觉性感受，而另一种则包含想象性感受。只有一组现实存在包含该知觉性感受的构成。这些现实存在是被感受到的命题的逻辑主体。但是，这两组现实存在都包含想象性感受的构成。在这两组现实存在中，只有一组提供了被感受到的命题的逻辑主体；另一组则最终在产生过程中被消除。知觉性感受和想象性感受——这两种感受的差别，因而并不在于被感受到的命题之中，而是在于这两种感受的情感模式之中。无论在这两种情况的哪一种情况下，这种情感模式都是由创生过程所派生的。在知觉性感受的情形中，情感模式反映着整个创生过程中谓词与逻辑主词的密切关联。在想象性感受的情形中，这种情感模式反映着谓词与逻辑主词之间原初的分离。这个例子说明，在感受的整合中，从整合性感受的质料中所排除的成分可能还会在其情感模式中留下它们的烙印。意识的胜利是伴随否定性直觉判断而来的。在这种情况下，对应然而非实然的东西会有一种有意识的

感受。这种感受直接地关涉到其主体所拥有的确定的否定性摄入。它是对不存在的东西的感受，并且它把这种不存在感受为是由对实际上存在之物的确定排除所产生的。因此，否定的明晰性是意识独有的特征，这种明晰性在此达到了顶峰。 274

直觉性判断的这两种情形，即肯定性直觉判断和否定性直觉判断，都是相当少见的。直觉性判断的这两种情形，再加上意识性知觉，相当于洛克所说的"知识"。洛克论述这个主题的那一节（第四卷第十四章第四节）非常短，可以全部引述如下：

> 所谓判断只是在未见其然时，假定其然。——因此，在真伪方面心灵便施用两种能力。第一就是知识，心灵借此可以确然认知任何观念间的契合或相违，对之深信不疑。第二就是判断，在这里，我们看不到各种观念的切实契合或相违；我们只是假定它们的契合或相违，并且从而在心中把它们加以分合。因此，所谓判断，就其本义而言，就是在未确知其然时，就假定其然。它在分合各个观念时，如果与事物的实际相契合，那就叫作正确的判断。

洛克所说的"判断"，在此我们把它叫作"推论性判断"。

存疑判断的产生过程包括：（1）"物质性记忆"和"指示性感受"；（2）"概念性想象"产生于"物质性记忆"；（3）"命题性想象"产生于"指示性感受"与"概念性想象"相整合；（4）"存疑判断"产生于"指示性感受"与"命题性想象"相整合，它使得正在进行客体化的谓词与想象的谓词的关系可以排除任何一种直接性判断。

如此看来，存疑判断就是由想象性感受与指示性感受的整合所构成的，在这种情况下，被想象的谓词不能发现它与那种把其他事物客体化的谓词具有同一性，或者与它的任何部分具有同一性；但是，却能发现与之相容的对比。这是关于一种对比的感受，即关于逻辑主体显然**是什么**与这些相同主体此外还**可能是什么**的对比的感受。这种存疑判断就是我们意识到客体化中包含种种限制。在想象性感受与事实相比较时，如果我们只知道何者存在和何者不存在，那么，我们就没有任何根据去发现客体化在造成事物形式化构成的省略中所完成的任务。正是在关于想象之物与我们物质性地感受之物的相容性方面额外增加的这些知识，才给我们提供了这种信息。我们不必通过把存疑判断解析为仿佛是一种否定性判断而把高级合生活动的形式构成过分简单化。在科学理论中，甚至在精细的直接观察中，我们的全部进步都依赖于存疑判断的使用。需要注意的是，存疑判断并不是或然性判
275 断，而是一种相容性判断。这种判断告诉我们关于逻辑主体的形式构成的额外信息可能是什么，这种信息既不包含在我们的直接知觉中，也不会被我们的直接知觉所排除。这是关于我们自身的事实判断。存疑判断是科学进步本质上不可或缺的武器。但是在直觉性判断中，情感模式可能会受到与真假无关的东西的支配。这样，我们便有了“意识性想象”。我们正是通过有意识地赋予想象的谓词——不管它们是真还是假——来感受这个现实世界的。

当我们把这三种直觉性判断（包含对真理的关注）与有意识的想象（包含对真理的漠视）相比较时，也就是说，与“赋予的感受”相比较时，我们注意到，除了在那些否定性判断的情形中以外，意识性想象的材料与相应的判断材料是完全相同的。尽管如此，这些感受在其情感模式中是极不相同的。一种情感模式是由对真理的漠视所支配的，另一种情感模式则是由对真理的关注所支配的。这种对真理的漠视可以另一种方式来表达，即随时准备排除相关物质性感受的客体性材料中所体现的真的客体化模式。但是，主体性形式中的这些情感要素并不是由这两种感受材料的任何差异性所规定的。因为除了在直接的否定性判断中以外，在这两种感受中，其材料都是相同的。感受的情感形式不能仅仅从所感受到的材料中演绎出来，尽管它与之具有密切关系。在任何一种感受的主体性形式中，其情感模式都产生于支配着整个合生过程的主体性目的。主体的其他感受可能被认为是催化剂。从理智上看，它们与相关感受是可以分离的。但是，那种感受事

实上是作为其轨迹的该主体的主体性目的的产物；而情感模式则是主体在其感受中用来肯定自身的一种独特方法。对情感模式的地位所做的这种解释，只不过是对下述观点的应用：一种感受占用了宇宙中其本身并不是主体的各种要素，并通过把这些要素综合到表现其自身主体性情感模式的统一体中，而把它们吸收到其主体的实在的内在构成之中。

这种感受的情感模式与同一主体的其他感受之间的相互依赖，可以叫作感受的“相互感应性”。这也是感受不可改变的“特殊性”的一个方面，意思是指，任何感受都不能脱离它的主体。

第七节

“物质性目的”构成一种比较性感受，这种感受比精神性感受更为原始。一般说来，精神性感受似乎是可忽略不计的，只是在极其例外的现实存在中才有意义。我们无法以任何重要的方法来检验这种假
定，然而人们通常都会做出这种假定。因此，可以假定有某种证据可 276
说服人们相信这一观点。然而，在事实上从来没有人以这样或那样的方式提出过任何证据。我们知道，在这个地球表面有一些存在具有精神性感受。就这些时间性存在而言，我们的知识也只能以此为限了。

就更为原始的比较性感受而言，进入这种感受自身的不确定性——这在精神性感受中是非常明显的——乃是被推入这种感受背景中的永恒客体的一个方面。在这种物质性目的中，物质性感受与概念性感受的整合并不包含把物质性感受的客体性材料归结为纯粹的逻辑主体的多样性。这种客体性材料仍然是原来的聚合体，表明正是永恒客体的进入构成了聚合体的确定性。此外，作为概念性感受的材料，永恒客体中也排除了其自身进入的不确定性。在整合的比较性感受中，材料就是概念性材料与客体化聚合体的实在性之间的对比。物质性感受是对实在事实的感受，而概念性感受则是对抽象或然性的估

价。新的材料则是被感受到的事实与作为感受材料的永恒客体二者之间的相容或不相容。纯粹抽象与实在事实在感受中的这种综合就是一种类属性对比。至于这些物质性目的，我们在这里提出的这种宇宙论体系要求我们坚持认为，所有现实存在都包含着物质性目的。物质性目的的恒定性说明了自然秩序的绵延，尤其是“永久性客体”的绵延。

产生一系列物质性目的的阶段要比精神性感受的情形简单一些：(1) 存在一种物质性感受；(2) 根据第四种范畴条件，物质性感受最初的概念性关联得以产生；(3) 物质性感受与其概念性关联相整合构成物质性目的。这类物质性目的叫作第一种类的物质性目的。

这种物质性目的中的材料就是在物质性感受中所感受到的聚合体与在概念性感受中所评价的永恒客体二者之间的类属性对比。这种永恒客体也表现为聚合体的模式。因此，概念性评价与非常接近于对种属性对比中的聚合体的感受，体现着被评价的永恒客体。这种与物质性感受相一致的评价赋予这种超验的创造性以喜欢或厌恶的特性。这种喜欢的特性保证了物质性感受的再现，再现为一种主体之外的客体化中的要素。这种再现可能会受到来自其他感受的不相容客体化的阻碍。但是，一种物质性感受的评价如果产生了“喜欢”作用，就会成为一种具有持续力量的要素，能超越其自身的主体而进入未来之中。
277 它会沿着各种发生组成的路径而被感受和重现，形成一种持续性客体。最后，这个传递链条会遭遇种种不相容的东西，因而被削弱或者被修改，或者被排除而不再能进一步持续。

当存在着厌恶而不是喜欢时，超验的创造性呈现出的特性便是以那种感受形式抑制或削弱该主体的客体化过程。因此，厌恶倾向于排除一种可能性，即主体自身可能因之而被客体化于未来的可能性。所以，喜欢作用促进稳定，而厌恶作用则促进变化，但又不显示任何变化。就其本身而论，厌恶作用促进内容的排除，促它失效，堕入虚无。

在第一阶段构成初始物质性感受的是纯粹反应式再现的单纯特

性，而在第二阶段，这种单纯特性却被物质性感受与概念性关联物相整合而产生的评价丰富了。以这种方式，合生经验的两极性在物质极中提供了来自外部现实世界的经验的客体性方面；而在精神极中则提供了经验的主体性方面，这是由与物质性感受有关联的主体性概念评价所派生的。精神活动具有双重职能。首先，这些精神活动在直接的主体中实现了主体的主体性目的，从而在其自身的原初材料中获得了满足。以这种方式产生于现实世界的决定，作为一种动力因，是由体现在主体性目的中的决定所完成的。其次，主体的各种物质性目的通过它们的评价而决定着各种感受的相对实效，即在超越主体自身的创造性进展过程中，各种感受进入那种主体的客体化进程中的相对实效。精神活动就是以这种功能决定着它们的主体具有动力因的特性。因此，精神极是赋予创造性以目的因和动力因这双重特性的纽带。精神极是由各种决定所构成的，各种事实正是凭借这些决定而成为创造性的特性。精神极与意识没有必然的联系，但是，凡是有精神性感受出现的地方，事实上就会有意识进入那些主体性形式之中。

第八节

这第二种物质性目的可归因于精神极中所产生的逆转。正是由于这第二种物质性目的，才使振动和节律在物质世界里占有支配性的重要作用。逆转是由对比的诱导所产生的概念，它是经验强度的条件。这种诱导可表述为一种范畴性条件。

范畴Ⅷ：主体性强度范畴。概念性感受据以产生的主体性目的，在以下两种情况下指向于感受的强度：（1）在直接的主体中；（2）在相关的未来中。

我们首先要注意到：（1）感受强度是由永恒客体所实现的任何进 278
入所造成的，因而当一种永恒客体是各种永恒客体已经实现的对比中的一种要素时，感受强度就会提高；（2）两种或更多的对比的共同进入可能是不相容的，也可能会共同地进入更高级的对比之中。

由此可以说，复合体的平衡乃是由这种主体性目的范畴所造成的。在这里，“复合体”是指实现了对比、实现了对比之对比，如此等等，以至无穷；而“平衡”则意味着不存在因对比的排除所导致的弱化，即不会在模式中引入一些要素，抑制另一些要素。

因此，这里便有一种迫切的要求，即要实现最大数量的永恒客体，就得使它们服从于必须处于对比条件之下的限制。但是，这种“对比条件”的限制就是要求保持“平衡”。因为“平衡”在这里意味着，任何已经实现的永恒客体都将不会排除其他已经实现的永恒客体之间潜在的对比。这种排除会削弱各种要素进入该模式所产生的感受强度。因此，就直接的当下主体而言，根据第四种范畴而产生的概念性评价，已经达到这样一种强调倾向，以至于可以使最有利于平衡产生的整体强度实现最大化。这种主体性目的就在既定材料中选择平衡。但是，在合生主体的直接感受中，有一种要素是由与直接事实有关的对超越未来的预期性感受所构成的。这就是对现实本性中固有的客体永恒性的感受。这种预期性感受包含实现上帝的原初性质中所决定的与各种永恒客体的关联。只要这些感受能在高级有机体中上升到具有重要意义的强度，就会对更为遥远的其他或然性产生有效的感受。这类感受就是因为同逆转性范畴（第五种范畴）相一致而产生的概念性感受。

但是，这里必须有“平衡”，这种“平衡”乃是为促使对比避免不相容造成的抑制而对各种同一和差异进行的调节。因此，这个第二阶段由于包含着未来而引入了逆转，并且服从第八种范畴。每一种被逆转的概念性感受都有其材料，这些材料与那些处于同一极且有关联的原初感受大体相同。以这种方式，综合的准备工作便得到推进。但是，在复合材料的某些要素中，引入对比是通过差异或逆转而实现的。这个范畴表达了一种规则：什么是同一的和什么是要被逆转的，这是由追求有利于平衡的目的所决定的。逆转的原因在于把达到复杂性的目的当作获得强度的一个条件。

当这种被逆转的概念性感受在其主体性形式中获得了向上评价的较高强度时，便会造成物质性感受、原初概念性感受和从属性概念性感受的整合，进而这种整合会产生一种比前一种情形中被逆转性概念 279
性感受可忽略不计时更为复杂的物质性目的。此时有一种物质性感受，由于同原初的概念性感受相整合、同与之相对比的从属性概念性感受相整合而获得重要价值，由于引进概念性对比而提高了主体性强度的等级，并且由于新的因素引入了对比而把这种被提高的强度集中在被逆转的感受之上。因此，这种物质性目的便提供了一种具有复合性质的创造性，这种创造性由下述范畴所支配：（1）概念性逆转范畴，从属性概念性感受通过这个逆转性范畴而产生；（2）转化性范畴，概念性感受就是根据这个范畴而作为物质性感受被传递的；（3）主体性和谐范畴，两种概念性感受的主体性形式通过这个范畴而被调整，从而适合于获得主体性目的；（4）主体性强度范畴，通过这个范畴决定了其目的是要从由于同一性相近而被整合、由于逆转而被对比的感受中获得平衡的强度。

因此，在持续客体的连续发生中，由于这种复杂的物质性目的支配着前后相继，被逆转的概念性感受传递到下一个发生之中，成为物质性感受，而原初的物质性感受模式此时则再现为该被逆转的概念性感受中的材料。因此，在这条生命发展史路线上，有一个连续发生的物质性感受相对比的链条。这个链条作为生动的物质性感受对比一代一代传承下来，并且在每一种发生中，都存在着带有原初评价的物质性感受与被逆转的概念性感受的对比。

因此，一个持续客体会从继承物和新结果的对比中获得感受强度的增强，还会从贯穿于生命发展史的稳定节律性构成的共同继承物中获得感受强度的增强。这种持续客体具有重复进行的重要性和对比的强度，并能在两种对比因素间保持平衡。从这一方面看，有节律的绵延与物理振动的联系就可以得到解释：它们产生于强度和稳定性的各种条件。其主体性目的是在一般设计的统一体内寻求对比的幅度。强烈的经验是一种审美事实，其各种范畴条件可以从各种特殊艺术的审美法则中概括出来。

上述各种范畴条件可以简要地总结如下[①]：

1. 新的结果必须分为相关的等级，从而保持特性与根据的某种同一。

2. 新的结果必须分为相关的等级，从而与根据在特性上的同一性保持某种对比。

280 这两个原理是从现实的事实是一种审美经验的事实这个学说中引申出来的。所有审美经验都是在同一中实现了对比而产生的感受。

如果把这里所作的这种说明加以扩展，还要增加第三个原理，即新的形式首先是作为概念性经验进入肯定的实现，然后被转化为物质性经验。但是概念性经验本身并不包含意识，意识的本质是评价。

在物质性目的和由精神性感受引入的意识性目的之间有一些命题性感受，这些命题性感受并没有因为与精神性感受相联系而在其主体性形式中获得意识。这类命题性感受标志着在纯粹的物理阶段和有意识的理智活动阶段中间有一个存在阶段作为中介。这些命题是对感受的诱导，并使这些感受具有愉悦和合目的性的确定性，而这种目的性在物质性感受进入物质性目的的单调评价中是不存在的。在这种单调的评价中，对于现实存在的构成成分，我们只能确定它们的比较性创造功效。在一个命题性感受中，相对于确定的逻辑主体来说，对谓词性模式的评价通常有一个“持续”——或者在其本来意义上叫作时期，而在其他情况下这些逻辑主体则会被感受为经验中的确定要素。围绕这种纯粹的可能性事实，还存在着情感模式的阻滞，会相应地获得相对于未来的明确性。这种超验的创造性——在其从主体到主体进展的意义上——是一种特殊的可能性，这种特殊的可能性已经被选择、被坚持，并被赋予情感。在这种存在阶段中，除精神性感受以外，命题性感受是至关重要的，这种存在阶段同柏格森的纯粹本能的直觉阶段可同等看待。因此可以说这里存在三个阶段：纯粹的物质性

① 见我的《形成中的宗教》第三章第七节。

目的阶段、纯粹的本能直觉阶段和精神性感受阶段。但是，这些阶段并不是截然分开的。在一些阶段中，存在着重要性程度不同的命题性感受，而在另一些阶段中，则存在着重要性不同的精神性感受。甚至在更高阶段上，还存在着感受的整个休息期，在最终的满足中这些休息期仅仅要求获得它们自身的恰当阶段即物质性感受阶段或命题感受阶段具有的特征。

第四编

广延理论

第一章　并列区分

第一节

把现实存在的满足区分为其组成成分的感受有两种不同方式，即 283
发生学区分方式和并列区分方式。发生学区分是对合生的区分，而并列区分则是对具体事物的区分。在“发生学的”方式中，各种摄入表现在它们相互的生成关系中。现实存在被看作一个过程，也就是从一个阶段发展到另一个阶段、从一种整合发展到另一种整合的过程，最后，达到一种由客体性材料构成的复合统一体，表现为一种由各种现实存在、永恒客体和命题组成的对比，并且可以被相应的主体性形式的复杂统一体感受到。这种从一个阶段到另一个阶段的发生学历程不在物理时间之中：恰好相反的观点则表现着合生与物理时间的关系。这一观点简要地说就是，物理时间表达了生长的某些特征，而不是某些特征的生长。最终完成的感受乃是“满足”。

物理时间在对“满足”的“并列”分析中表现出自己的存在。现实存在拥有一定量的物理时间。但是，发生学过程不是时间性的连续；这种观点恰恰是时间的分期理论所否定的观点。发生学过程的每一阶段都以全部总量为前提，每一阶段中的每一种感受也是如此。在这个过程中占主导地位的主体统一性禁止对支配主体性目的初始阶段的广延量作区分。而在合生中占主导地位的则是连续量如何现实化的问题。这种连续量是广延连续体中的观察点，它与最初来自上帝的主体性目的是一致的。在这里“上帝”是指世界上的一种现实性，由于有了这种现实性，才有了物理的“规律”。

在这个量中既有空间性要素，也有时间性要素。因此，这个量乃是一个广延域。这个广延域是合生以之为前提的决定性基础。这个基础支配着现实世界的客体化，使新的合生成为可能。满足的并列可分性就是从它同这个广延域的可分性关系上来考察“满足”的。

合生以自己的基本域为前提，而不是基本域以合生为前提。因
284 此，合生的主体统一性与这个域的可分性无关。在对这个基本域作区分时，我们通常会忽略主体统一性与这种区分的不一致。但是这个基本域毕竟是可分的，虽然从发生学的生长看它是分不开的。

这样一来，这种分不开的基本域的可分性便表现在满足的性质上。当我们要对满足作并列区分时，我们找不到实际上**是**分开的感受，但是这些感受却有**可能**是分离的。同样，对这个域的区分并不是**实际的**区分，而是**可能的**区分。对广延域的每一种这样的区分方式都会产生“广延量”：“广延量”还可以叫作“观察点”。关于“观察点”这个概念，现在必须给予简要说明。

这个概念与三个相关学说有关。首先，关于“现实世界”的学说，这个学说从直接合生的现实性中取得自身的规定。根据这一学说，每一现实存在都是从自身特有的现实世界中产生的。其次，关于每一个现实世界都是“媒介”的学说。根据这个学说，如果S是相关合生主体，A和B是其现实世界中的两个现实存在，那么，或者A处在B的现实世界之中，或者B处在A的现实世界之中，或者A和B是共时性存在。例如，如果A在B的现实世界中，那么，对直接的主体S来说，就有（1）A在S中的直接的客体化，和（2）由于存在着客体化的链条，就有A在B中而B在S中的间接的客体化。由

于A和S之间包含着许多中介性现实，这个链条可以无限地延伸。

最后，须指出的是，尽管有这些“被决定了的”条件，但由此并不能消除自由。这些条件只是限制了自由而已。永远会有某种偶然情况留待直接的决定，这个考虑具体表现在“这个现实世界”具有不确定性，现实世界要为直接的新的合生决定其存在的各种条件。关于它的确定性总有一些可能的选择，这要留待现实世界提出直接的决定。根据这种直接的决定，某些现实存在或者可能在确定的过去，或者可能在当下的聚合体中，甚至也有可能留待于未定的将来。连续不断的客体化所构成的各种间接链条还会根据这种选择而得到修正。因此，这些可能选择表现为为新的合生所选择的特殊广延量并非是经过决定而做出的。

第二节

满足的并列区分“有可能是处于分离状态的感受”，现在对这一说法的含义加以讨论。

每一个这样的并列区分都对应于基本域中一个确定的亚区域。它表明满足的成分从亚区域视界看具有现实世界的统一感受的特性。从这个受限视界来看现实世界的客体化，这种并列区分与现实存在并没 285
有任何区别。但是，只有现实存在的物质极才能进行这样的区分，而精神极则是无法改变的整体。因此，这种并列区分的主体性形式是从各种概念性感受派生的，这些概念性感受关涉完全的基本域，并非只限于相关的亚区域。换句话说，这些概念性感受关注的是完全的现实存在，而不是相关的并列区分。因此，并列区分的发生学起源所走过的全部历程，不可能根据支配着感受之合生的那些范畴条件来解释，因为这些感受起源于那些受到限制的客体性材料的纯粹物质性感受。而精神极的原创性能量则构成一种冲动，使其概念性摄入对主体性形式得以调节和再调节，从而规定了达到“满足”的独特整合方式。

显然，只要精神极对原创性是微不足道的，那么，在并列区分中无法解释的东西（被认为实际上是分离的）也就因此而成为微不足道的了。因此，对许多关于低级现实存在的抽象来说，这些并列区分接近于与产生它们的现实存在处于同一水平的那些现实存在的性质。

因此，要判断并列区分与真正的现实存在之间的区别是否与这些特殊论题有关，这是一个经验性的问题。如果它们之间没有关联，我们就是在讨论一种无限可分的广延性宇宙。

这样一来，并列区分就可以归属于类属性对比。这种对比的两个成分是：（1）作为亲本的现实存在；（2）作为超体之潜在性的命题，它起源于该受限亚区域的物理观察点。因此，这个命题是一种具有排除作用的潜在性，除了那些可以从那个观察点派生的要素以外，这个命题从亲本存在的物质极中排除了所有被客体化的现实世界，但却仍然保持着主体性形式的相关要素。

非限定性命题是虚假的，因为根据这种命题的假设，事实上在起作用的精神极就不再是精神极了。但是，对许多目的而言，命题的这种虚假性是无关紧要的。命题是非常复杂的，如果依据相关论题给命题加上相关的限定，那么命题就会表达真理。换句话说，不受限定的虚假命题是一种基式，从中可以引出无数真的限定性命题。必要的限定取决于相关的特殊论题，并且表现着把不受限定的命题应用于该论题的种种界限。

非限定性命题表征着现实世界的无限可分性，而这些限定则表
286 明，如果轻率地运用这个原理，世界的这些特征就会被忽略。现实世界是以原子形式存在的，然而在某些意义上它又是无限可分的。

第三节

原子式的现实存在以个体的方式表征着宇宙发生的统一性。世界通过自身反复发生的统一而不断扩展，每一次统一通过其自身的增加

而自动地重新创造这个新的多样性世界。

每一个原子式现实的无限并列可分性会导致另一种无限的多样性，这种无限多样性似乎表明，至少对某些特定目的来说，现实世界应当被看作某种纯粹的无限多样性。

但是这个结论要受到由此而来的“广延性秩序”原理的限制。由原子的多样性表现出来的原子式的世界统一性现在被广延连续体的聚合性所取代。这种聚合性不仅囊括了每一个原子式现实之内的并列区分，而且展示了所有原子现实相互之间在一种关系系统中的并列区分。

在前面的一章（第二编第四章第四节至第九节）中，我们曾讨论过在何种意义上可以把世界看作是传递各种影响的媒介。各种传递路线的这种有序安排是不同现实存在之间的广延性关系的基础，它使先前的现实 A 的多种可能的客体化可以为后继的现实性 B 的构成间接地予以接收。但是，这种外在的广延性关系系统能把自身同内在于各个现实存在的内在区分系统相联系。这样一来，就有了一种基本的广延联系系统，这种系统以一种统一的计划表达了：(1) 把各种原子式现实结合为聚合体的各种纽带所要符合的一般条件；(2) 把任何现实存在的满足中所包含的无数并列亚区分结合起来的纽带所要符合的一般条件。

作为第 (2) 种情况的一个例子，我们假定 P 是对一种现实发生 A 的并列区分。那么，P 可以被看作是一种现实发生，它有自身的现实世界，这种现实世界在现实发生最初的发生性起源第一阶段构成其原初材料。事实上，P 就是具有这种观察点的假设性合生过程所具有的假设性满足。A 的其他并列区分或者处于 P 的“现实世界”之中，或者与 P 是共时性的，或者是 P 的并列区分，或者同 P 具有复杂的关系，可以表现为下列属性：每一种并列区分都可以并列地区分为摄入 Q_1、Q_2……而其中每一个摄入都同 P 具有上述三种关系中的一种关系。

进一步讲，除了对满足进行纯粹潜在的亚区分，使之成为并列感

受以外，还有现实存在纯粹潜在地积聚为超级现实，真正的现实相对
287 这种超级现实而言只能发挥并列亚区分的作用。换言之，正如为了某个目的一种原子现实可以被当作许多并列现实性一样，以同样方式，为了其他目的，也可以把许多现实构成的聚合体看作一种现实。这就是我们在面对一个分子、一块石头或一个人的生存期的情况时所习惯的做法。

这种广延性就是世界上各类有机体的形态结构都符合的那种普遍的一般形式。这些有机体分为两类：一类由个体的现实存在所构成，另一类则由现实存在的聚合体所构成。这两类有机体通过共同的广延性而相互关联。如果我们把注意力集中于现实存在的亚区分再分为各种并列的部分，我们就会把广延性理解为纯粹来源于“整体和部分”的概念，也就是说，来源于“广延的整体和广延的部分”的概念。这就是我对这个主题的两项早期的研究所采取的观点。[①] 这一在出发点上存在的缺陷造成的损害表现在下列事实上：这些著作中提出的“广延抽象法”如果不借助于“绵延”理论，就不能对“点”做出界定。因此，那些本应是“绵延”的属性的东西却成为点的定义。通过这种研究方式，那些相互外在的现实存在的种种广延关系就被置于背景之中，尽管它们同样都是基本的关系。

自从那时以来，T·德·拉古纳教授[②]已经表明，可以采用更为一般的“广延联系”概念作为研究广延性的出发点，并且可以根据它来界定比较狭窄的“整体和部分”概念。正如拉古纳教授所指出的那样，以这种方式就可使我在给点下定义时的困难不借助于其他考虑而予以解决。

这一编的随后几章都是对这一问题进行探讨的。在这些章节中，我还要根据纯粹的广延性原理而不是借助于测量或绵延，对直线和

① 见 1919 年的《自然知识原理》和 1920 年的《自然的概念》，英格兰剑桥大学出版社。

② 见 T·德·拉古纳教授发表在《哲学、心理学和科学方法杂志》1922 年第 19 卷上的三篇论文，尤其是第三篇论文。

“平面”轨迹做出一般的界定。

第四节

就其作为物质性发生的性质而言，现实存在是对现实世界中其他物质性发生的一种盲目的知觉活动。当我们从形态学上考察这类发生时，作为一种既定的存在，由于其自身观察点的广延可分性，以及由于其他现实发生的广延可分性，这类知觉性联系纽带也是可分的。因此，我们便达到了一些知觉性联系纽带，包括知觉者基本域中的一个亚区域，以及被知觉者基本域中的一个亚区分。这些亚区域之间的关 288
系涉及到在传递过程中发挥中介作用的中间区域的地位。换言之，一个区域对另一种亚区域的视界依赖于下述事实：广延关系表征着以其媒介功能而赋予现实世界的各种条件。

这些广延关系没有确定被传递的是什么，但却确定了所有传递必须符合的条件。它们表现了产生每一现实发生的实在潜在性中所包含的系统体系，这个体系也包含在每一现实发生已达成的事实之中。这种“广延性的”体系只不过是那些内在关系的一般形态，这些内在关系把各种现实发生连接为聚合体，把对任何一个现实发生的摄入连接为一个并列区分的统一体。

在笛卡尔看来，物质实体的基本属性是广延性；而对有机哲学来说，物质性发生的基本关系则是广延性联系。这种终极关系是独特的，是不能加以定义或解释的。但它的形式属性则是可以阐述的。此外，从这些形式属性来看，还有一些可定义的派生性概念对于表达这种形态学结构是有重要意义的。并列可分性的某种一般特性可能是一种终极的形而上学特性，在物质性发生的每一个宇宙时期都是持续恒定的特性。因此，广延性联系的某些比较简单的特征，正如这里所说，或许是这类终极的形而上学必然具有的特征。

但是，当我们在下一章仔细考察这些特征时，很难在我们不能获得任何可替代物的那些一般特征与我们在想象中认为它们仅仅属于我们的宇宙时期的特殊特征之间划出一条分界线。相对于我们的能力来说，这样一个时期可能在时间和空间范围上都是不可测量的。但是，就事物的终极性质而言，它是一种有限的聚合体。在这个聚合体之外，在我们的经验中未实现的和我们的想象未曾预见的那些具有新关系的存在，将会使其自身显现出来，并把新的秩序类型引入宇宙之中。

但是，就我们的宇宙时期而言，有各种各样特征的广延性联系是基本的有机的关系，根据这种有机的关系才能恰当地把物质世界描述为一种共同体。在这种广延体系之外，不存在任何重要的物质性关系。要成为这个物质世界中的一种现实发生，就意味着这种相关存在是这种广延性联系体系中的一个关系项。在这个宇宙时期，这个体系界定着何物从物质上说是现实的东西。

这个体系的更加根本的方面，或许也是在形而上学上必不可少的方面，通过考察广延的整体和广延的部分之间相互包含的关系，立刻成为显而易见的了。如果你消除了整体，你也就消除了它的组成部分；而如果你消除了任何一个部分，那么，那个整体也就随之被消除了。

289 在对广延状态的这种一般性描述中，对于物理时间或者物理空间或者更为一般的创造性进展的概念未作任何说明。这些概念是以更为一般的广延性关系为前提的概念，它们表达了关于现实发生的一些新增的事实。空间的广延性实际上就是广延的空间化，而时间的广延性实际上就是广延的时间化。物质性时间表征着发生学的可分性反映到并列可分性之中。

就纯粹的广延性而言，空间也可能具有三百三十三个维度，而不是当下我们这个宇宙时期普通的三个维度。这种空间的三维性构成了种种物质性发生新增的事实。实际上，纯粹的空间维度，除了精确的维数以外，也是这样一种新增的事实，是纯粹的广延性概念中所没有的东西。同样，就时间序列来说，不管它是唯一的还是多重的，也不能从唯一的广延性概念中引申出来。

就作为有机的广延共同体的自然概念而言，它忽略了一个同样根本的观点，即自然界从来就没有完成。自然界永远在超越自身，这就是自然界的创造性进展。在这里我们遇到了时间问题。需要注意的直接相关要点就是，时间和空间都是以广延性体系为前提的自然界的特征，但广延性本身并不决定那些对物理时间和物理空间来说是真实的特殊事实。

第五节

对并列区分和发生学区分的考察提出一个比本章已经讨论过的任何问题都更为宽泛的问题。

"摄入"理论体现了对自然的"二元对立"的反对。它所体现的还远不止此：它所反对的是所有现实的二元对立。在分析现实时，公共性与私密性之间的对立在每一阶段都有所体现。有一些要素只有根据相关事实以外的东西才能理解，而有一些要素则表达了相关事实的直接的、私密的和个体的个别性。前一类要素表达了世界的公共性，后一类要素则表达了个体的私密性。

如果从事物的公共性方面来考察，一个现实存在便是一种"超体"；也就是说，它源于自己所发现的公共性，并且把自身增加到自己所传递的公共性之中。它是从被决定的公共事实发展到新的公共事实的过渡环节。就其性质而言，公共事实是并列性的。

如果从事物的私密性方面来考察，一个现实存在就是一个"主体"；也就是说，是自我享有的发生过程的一个环节。它是由源于物质材料的有目的的自我创造所构成的，所拥有的这些物质材料来自事物的公共性。

永恒客体同样具有这种双重关系。一个永恒客体如果从事物的公 290
共性方面来考察便是一种"普遍"；也就是说，就其自身性质而言，永恒客体与世界的一般公共事实有关，而对蕴含在事实之中的经验性细节则没有任何体现。作为一种存在，永恒客体的自身性质要求肯定地或否定地进入每一个具体的现实之中，然而它的性质并不揭示任何现实的私密性的细节。

一个永恒客体如果从事物的私密性方面来考察，便是一种“性质”；也就是说，就其自身性质而言，因为永恒客体体现在任何现实之中，因此它们便构成该现实私密的确定性的要素。永恒客体公共地表示自身，但却私密地享有自身。

摄入理论依据的学说是，不存在纯粹公共的或纯粹私密的具体事实。公共性与私密性的区分只是一种理性上的区分，而不是相互排斥的具体事实之间的区分。只有摄入才唯一地可称为具体的事实，只有根据这些具体事实，才可以对现实性进行分析；而每一种摄入都有其公共方面和私密方面。摄入的公共方面是由摄入的复杂材料所构成的，而其私密方面则是由主体性形式所构成的，通过这种主体性形式便给公共材料赋予了私密性。知觉性事实与情感性事实相分离；因果性事实与情感性事实和知觉性事实相分离；以及知觉性事实、情感性事实和因果性事实与目的性事实相分离，这些已构成复杂的二元对立，对恰当的宇宙论来说这些二元对立是致命的危害。自然的事实是各种现实，这些现实可分为各种事实，这些事实便是这些现实的摄入，具有其公共的来源、私密的形式及其私密的目的。但是这些现实是进入新的公共阶段的过渡环节；摄入的并列区分性因为能从私密性的发生过程中抽象出来进行考察，因而表征着世界的公共性。摄入是一项公共性的活动，然而它却天生地具有私密性。

第六节

根据永恒客体进入现实存在的主要方式，公共性与私密性之间的对立在永恒客体的分类上可反映出来。永恒客体在现实存在的合生中只能以下述三种方式中的一种发挥作用：(1) 它可能是某种客体的聚合体或者作为感受材料的单一现实存在的一个确定性的要素；(2) 它可能是某种感受的主体性形式的一个确定性的要素；或者 (3) 它可能是概念性感受或命题性感受材料中的一个要素。所有其他进入方式都源于以这些方式为前提的整合过程。

这里的第三种方式只不过是对潜在进入其他两种方式中某一方式的概念性评价。它是对现实的实在的进入；但是，它是一种受限制的 291
进入，以纯粹的潜在性抑制其提供确定性功能的直接实现。

因此，前两种进入方式构成了永恒客体非限制地实现其功能的方式。但是我们现在要追问的是，这两种方式是否都无差别地向每一种永恒客体开放。其答案是，永恒客体可分为两类，即“客体性的”永恒客体和“主体性的”永恒客体。

客体性的永恒客体只能以第一种方式进入，绝不能以第二种方式进入。在其非限制性的实现过程中，这种永恒客体永远是现实存在或聚合体的一个确定性的要素，属于相关主体的感受材料。

因此，这个类型的永恒客体的组成要素只能发挥联系性的作用：根据其性质的必然要求，它是在把一种现实存在或者聚合体引入另一现实存在的实在的内在构成之中。它的唯一职能是作为客体化的中介。它绝不可能成为主体性形式的确定性的要素。世界的协同性依赖于这种类型的永恒客体不可改变的客体性。这类永恒客体的组成要素不可避免地会把其他现实性引入这种直接的主体中。它赋予外部世界的确定性可能符合也可能不符合被客体化的现实的实在的内在构成。但是，不管它们是否符合，这就是该聚合体相对于现实存在的特性。这是一种实在的物质性事实，有其种种物质性后果。这种客体性类型的永恒客体就是数学上的柏拉图主义的形式，它们与作为中介物的世界有关。

但是，要描述上述感受材料（第二编第四章第三节），还将会涉及主体性类型的永恒客体的某些组成要素。

就其主要特征而言，主体类型的永恒客体的组成要素就是感受的主体性形式的一个确定性的要素，是感受能够用来进行实际感受活动的一个确定性方式。它是一种情感，或者是一种强度，或者是一种喜欢，或者是一种厌恶，或者是一种快乐，或者是一种痛苦。它规定着一种现实存在的感受的主体性形式。A_1 可能是 A 的构成中的成分，通过这种构成，A 客体化为 B。因此，当 B 感受到 A_1 时，它便会感受到“A 具有那种感受”。通过这种方式，使 A 的感受具有确定性的永恒客体，就成为使作为客体性材料的 A 在 B 对 A 的摄入中具有确定性的永恒客体。因而，永恒客体既可以客体地发挥作用，也可以相对地发挥作用；既可以是主体性形式中的私密要素，也可以是客体化的中介。从后一特性上看，它可能受到转化范畴的活动的支配，成为客体化为知觉者的聚合体的特征。

在 B 的物质性感受的第一阶段，B 的感受的主体性形式与 A 的感受的主体性形式是一致的。因此，B 的经验中的永恒客体将会有双
292 重的作用方式。它既是 A 对 B 的决定性要素，还是 B 同情 A 的决定性要素。物理能量的强度属于主体性类型的永恒客体，然而这种特殊的能量流则属于客体性类型的永恒客体。

例如，“红”可能首先是情感的一种确定性因素，它在 A 的经验中是一种主体性形式；然后它又成为 A 客体化为 B 的中介，因此 A 在摄入这种情感方面被客体化。但是，A 可能只是聚合体中的一个发生，因而它的每一个组成要素都会通过摄入某种具有类似的主体性形式而客体化为 B。这样一来，由于转化范畴的作用，该聚合体被客体化为 B，正如“红”的特征所说明的那样。该聚合体还可以由它的数学形式来说明，这种数学形式就是那种客体类型的永恒客体。

第七节

各种现实存在的并列区分引入的感受——或者更精确地说是准感受——消除了拥有这些感受的主体的本来地位，因为这些感受的主体

性形式只有通过源于主体统一性的范畴性要求才能得到解释。因此，现实存在的并列区分产生的一些感受的主体性形式部分地被消除，部分地则是不可解释的。但是，这种并列区分使得客体性类型的永恒客体引入的确定性要素保持着原状，没有被歪曲。

因此，只要这些感受的各种关系需要诉诸主体性形式才能得以解释，那么，就必须通过引入调节各种强度关系的随机的自然规律来填补这种不足。如果不是这样，这些主体性形式就会成为随机的副现象事实，虽然它们在物质性自然界中似乎有重要作用，但实际上并不起作用。

我们这个相关宇宙时期普遍存在的自然秩序，其本身表现为一种包含客体性类型的永恒客体的形态学体系。在这个体系中，最基本的要素就是这些永恒客体，并列区分本身的一般原理就是根据这些永恒客体而得以表现的。这些永恒客体表征着广延性理论最一般的方面。在这种理论中，彻底消除了现实存在各有其合生的私密性的原子性概念。这样，给我们留下的便只有关于整体和部分、点、线和面以及关于直线和平面的广延联系的理论了。

本章的主旨可以简要地概括如下：发生学区分关注的是现实发生的合生的直接性，而并列区分关注的则是现实发生的具体的客体性。因此，对于发生学区分来说，发生的基本事实是其原初的“指定的”状态；而对并列区分来说，其基本事实则是最终的“满足”。但是，随着这种“满足”的获得，终极原因的直接性就不存在了，而且这种
发生还会进入其客体的永恒中，由此构成直接的动力因。因此，在并 293
列区分中，我们是从动力因功能上来分析发生的复杂性。正是在这一方面，广延性的形态学体系获得了自身的意义。以这种方法，我们便可以根据以往世界的“满足”来获得对指定状态的分析。根据这些满足在另一个现实世界中的相对地位是否“一个整体”，可以系统地对它们加以处置。同时也可以把它们区分为各种摄入，当作在同一形态学体系中具有相对地位的准现实来对待。这个形态学系统从当下宇宙时期确定的特性中获得特殊的秩序，而广延连续体正是这些具体发生及其可分成的摄入所组成的特殊秩序性。

第二章　广延联系

第一节

294 在本章，我们要考察被称作“广延联系”的物理关系的主要特征，同时还要考察我们的物理经验中一些重要的派生性概念。这种重要性来源于所考察的那些特征。这些派生性概念的定义，作为纯粹的定义，同样适用于其他具有各种特征的任何关系体系。但是，只有这些相关的关系具有这里所考察的广延性联系的特征时，这些定义才是有重要意义的。

这里，我们并不打算把所考察的这些特征归之于逻辑的最小值，以便通过严格的演绎推演出其他特征。根本没有一个唯一的可以从中推论出其他特征的逻辑最小值的集合，而是有很多这样的集合。对于这类集合的探究具有重大的逻辑意义，并且在逻辑之外也有重大意义，但是这与我们这里的讨论目的毫不相干。

为了简洁方便，我们将用“联系”和“有联系的”这两个词替代“广延联系”和“广延上是有联系的”这两个词，将用“区域”一词表示在“广延联系”的体系中包含着相互关联。因此，根据这个缩略语，区域就是相互联系着的事物。

我们将用一组图表来说明由“联系”一词所指称的那一类型的关系。在每一个图表中，A 和 B 这两个面积都表示二者相互联系的一种情形。

这类图表很容易引起误解：一个原因是因为它们引入一些明显的特征，而我们的职责就是根据我们关于“联系”的基本概念对这些特征作出界定；另一个原因是因为这些图表所引入的特征是一张纸那样的二维空间广延性所特有的特征。

在第二节的图表中，A 和 B 两个面积是没有联系的；但是它们通过面积 C 作中介而相互联系起来。

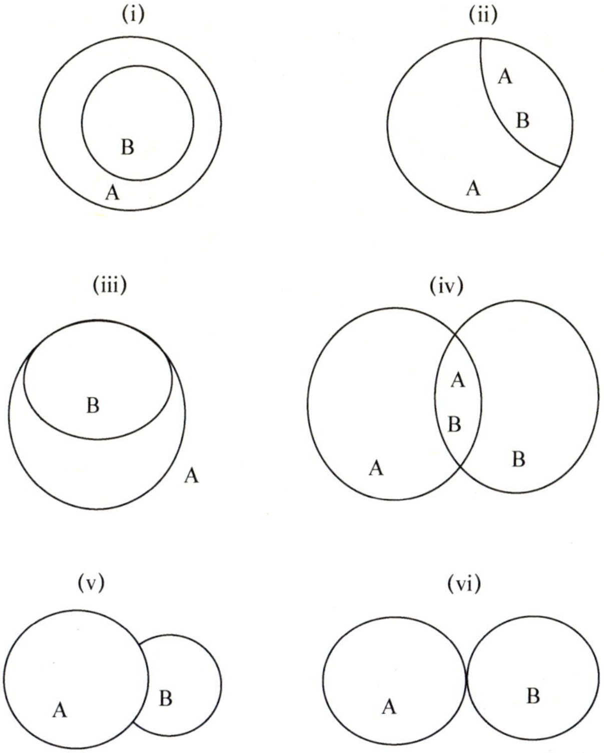

图表 I

第二节

定义 1. 当两个区域都与第三个区域相联系时，则这两个区域便是通过“中介”而联系起来的。

295 **公设 1.** 联系和中介性联系，两者之间属于对称关系；也就是说，如果区域 A 与区域 B 是有联系的，或者是通过中介而有联系的，那么，区域 B 与区域 A 就是相联系的，或者是通过中介而联系的。

显然，这个公设中关于中介性联系的那一部分，可以根据这个定义的条件而得到证明。在随后对定义和公设的讨论中，我们将不再关注这一类关于证明的可能性的例子。

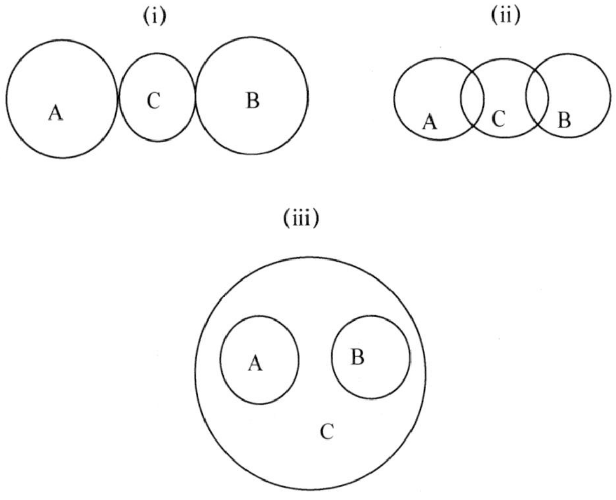

图表Ⅱ

公设 2. 任何一个区域都不会与所有其他区域相联系着，任何两个区域都是经过中介而联系起来的。

公设 3. 联系不是传递性的；也就是说，如果 A 与 B 相联系，而 B 与 C 相联系，并不会由此得出 A 与 C 相联系；尽管在某些情况下，A 与 C 碰巧是有联系的。

公设 4. 任何区域都不可能与自身相联系，也不可能通过中介而与自身相联系。

这一公设只不过是名称上的一种方便的安排。

定义 2. 当与 B 相联系的每一个区域也与 A 相联系时，可以说区域 A“包含着”区域 B。另一种说法是区域 B 是区域 A 的“部分”。

这个“包含”定义归功于德·拉古纳教授，这个定义是对广延性理论的重要补充。对于现在这类研究来说，这些定义实际上是这个主题至关重要的一部分。

公设 5. 当一个区域包含另一个区域时，这两个区域便是相联 *296*
系的。

公设 6. 包含关系是传递性的关系。

公设 7. 一个区域不包含其自身。

公设 8. 包含关系是非对称的；也就是说，如果 A 包含 B，那么 B 并不包含 A。

公设 9. 每个区域都包含着其他区域，因而包含在一个区域中的一对区域并不必然地相互联系。总是可以发现这样的两个区域包含在任何既定的区域中。

定义 3. 当两个区域都包含着第三个区域时，这两个区域可叫作“重叠的”区域。

公设 10. 重叠关系是对称的。

公设 11. 如果一个区域包含着另一个区域，则这两个区域是重叠的区域。

公设 12. 两个重叠区域是相联系的。

定义 4. 对任何既定区域 A 的“剖析”是由一些区域构成的集合，表现在：(1) 它的所有组成部分都包含在 A 之中；(2) 在它的组成部分中，任何两个部分都不会重叠；(3) 任何包含在 A 之中的组成部分若不是该集合区域的组成部分，则该区域要么是包含在该集合中的一个组成部分，要么与该集合中一个以上的部分相重叠。

公设 13. 任何既定区域都可以有很多剖析。

297 **公设 14.** 对一个区域的剖析并不是对任何其他区域的剖析。

定义 5. 一个区域可叫作两个重叠区域 A 和 B 的“交集”，当(1) 要么它包含在 A 和 B 两者之中，要么它是这两个区域之一，并且包含在另一区域之中；(2) 任何包含在 A 和 B 之中的区域，若没有包含在这个区域之中，就不能与之相重叠。

定义 6. 如果 A 和 B 两个区域只有一个交集，那么，就可以说这些区域与“唯一的交集”相重叠；如果有一个以上的交集，就可以说它们与“多种交集”相重叠。

公设 15. 任何区域若包含在两个重叠区域之中，且其本身不是一种交集，那么，这个区域便被包含在唯一的交集中。

公设 16. 如果 A 包含 B，那么 B 是 A 和 B 的唯一交集。

公设 17. 两个区域的交集，若不是这两个区域中的一个，那么，它就包含在这两个区域之中。

公设 18. 每一对重叠区域至少有一个交集。

定义 7. 当 (1) 两个区域有联系，且 (2) 不重叠时，则这两个区域就是“外在地”联系着。这一定义之所以可能，是从采用德·拉古纳教授的出发点即“广延联系”，而不是我原初的出发点即“广延整体和广延部分”[①] 所获得的另一个优点。外在联系是由图表Ⅰ中的图表 (v) 和 (vi) 来说明的。到此为止，我们还没有区分由这两个图表所分别说明的这两种情形，而外在联系概念则是通向我们还尚未触及的“平面”概念研究的重要一步。

定义 8. 当 (1) B 包含在 A 之中，且 (2) 存在着与 A 和 B 外在地相联系的区域时，则区域 B“相切地”包含在区域 A 之中。

定义 9. 当 (1) B 包含在 A 之中，且 (2) 不存在与 A 和 B 外在地相联系的第三个区域时，则 B“不相切地”包含在区域 A 之中。

在这一阶段，7、8、9 这三个定义的可能性，构成了由开始于

① 见我的《自然知识原理》和《自然的概念》。

德·拉古纳教授的“广延联系”概念所获得的优势。不相切的包含是由第一组图表中的图（i）来说明的；相切的包含的两种情形——尚未区分的——则是由图（ii）和（iii）说明的。

第三节

定义 10. 如果（1）一个集合中的任何两个元素中的一个不相切地包含另一个，且（2）没有任何区域包含在该集合的每一个元素之中，则由这些区域所组成的集合叫作“抽象集合”。

这一定义实际上是把抽象集合限制在我的《自然知识原理》（第 298
三十七节第六段）中称之为“简单抽象集合”的那些集合之上。由于每一区域都包含其他区域，并且由于这种包含关系是传递性的，因此每一种抽象集合显然必定是由无限的元素所组成的。

通过参照三维空间的这种特殊情形，我们可以看到，抽象集合可能有不同种类的收敛。因为在这种情况下，抽象集合既可以收敛于一个点，也可以收敛于一条线，也可以收敛于一个平面。但是，应当看到，我们还既没有给点下定义，也没有给线和面下定义，因此我们提出要根据抽象集合来给它们下定义。这样，我们就只能在不参照点、线和面概念的前提下给抽象集合下定义。

定义 11. 当集合 α 中的每一元素都包含集合 β 中的某些元素时，就可以说抽象集合 α“覆盖”了抽象集合 β。

需要注意的是，可以认为每个抽象集合都具有由包含关系所决定的序列秩序的元素。这种序列可以从任意大小的区域开始，并无限地收敛于越来越小的区域，没有任何限制性的区域。当集合 α 覆盖集合 β 时，则集合 α 中的每个元素都包含着集合 β 的敛尾中的所有元素，只要我们从集合 β 的序列排列足够远的地方开始。可以发现，尽管抽象集合必须从大的一端的某些区域开始，这些初始的大尺度区域绝不会进入我们的推理之中。我们的注意力总会集中在我们沿着该序列进行得足够远时会出现何种关系。如果这些关系从任何地方开始，那么唯一有趣的关系，便是那些继续贯穿于整个无限序列其余部分之中的关系。

定义 12. 当两个抽象集合中的一个集合覆盖着另一个集合时，就可以说这两个抽象集合是“相等的”。

因此，若 α 和 β 是两个相等的抽象集合，且 A_1 是 α 中的任意元素，那么，β 中就有某个元素，比如 B_1，包含在 A_1 中；同时，还有 α 中也有某个元素，比如 A_2，包含在 B_1 中；β 中也有某个元素，比如 B_2 包含在 A_2 中，如此永无止境。两个相等的抽象集合在它们的收敛方面是相等的。但是，只要这两个集合是有差异的，那么，在“相等的”一词的更为一般的意义上，就会有一些关系和特征使得这些集合成为不相等的。“相等的”一词所具有的这种特殊意义与物理属性的关系，在《自然的概念》第四章中有更为专门的解释。

公设 19. 抽象集合与其自身是相等的。这一公设只不过是一种术语上的方便安排。抽象集合显然满足这类反身相等的条件。

定义 13. 几何元素是一组完全的彼此相等的抽象集合，它与这
299 一组之外的任何抽象集合是不相等的。

公设 20. 相等关系是传递性的而且是对称性的。

因此，几何元素中的任意两个元素都是彼此相等的；而不属于该几何元素的抽象集合与那个几何元素中的任何元素都是不相等的。显然，每一抽象集合都属于一个唯一的几何元素。

定义 14. 抽象集合所属的几何元素叫作与该抽象集合“有联系的”几何元素。因此，几何元素是与其元素中每一个元素都有“联系的”。

公设 21. 任何抽象集合，若能覆盖一个几何元素中任何一个成分，也将会覆盖该元素中每一个成分。

公设 22. 任何抽象集合，若会被一个几何元素中任一成分覆盖，也会被该元素中每一个成分覆盖。

公设 23. 若 a 和 b 是两个几何元素，那么，要么 a 的每一个成分

会覆盖 b 的每一个成分，要么 a 的任何一个成分都不会覆盖 b 的任何一个成分。

定义 15. 当几何元素 b 的每一个成分都覆盖着几何元素 a 的每一个成分，但是 a 和 b 不是完全等同时，就可以说几何元素 a 是“附随于”几何元素 b 的。

公设 24. 几何元素不是附随于自身的。

这一公设不过是术语的方便安排。

当几何元素 a 附随于几何元素 b 时，就可以说 a 的成分比 b 的成分具有“更强的收敛性”。

定义 16. 一个几何元素中没有任何附随的几何元素时，这种几何元素就叫作“点”。关于“点”的这个定义相当于欧几里德的定义：“点是没有部分的”。

定义 16.1. 一个几何元素的成分相对于指定条件来说是“基本的”，如果（1）该几何元素的每一个成分都满足这些条件；（2）如果任何抽象集合都能满足那些条件，那么与它相联系的几何元素中每一个成分都会满足这些条件；（3）任何几何元素都不会有满足那些条件的成分，从而不会附随于既定的几何元素。

如果几何元素的成分在上述定义的意义上是“基本的”时，“基本的”一词也会适用于几何元素。

显然，在某种意义上，一个点是“绝对”基本的。事实上，这正是我们在这里所给出的定义与欧几里德的定义相一致的意义。

定义 17. 一个抽象集合若是一个点的成分，则可称之为“点状的”集合。

定义 18. 如果一个几何元素的成分相对于 P 和 Q 点所附随的条件是“基本的”，则这个几何元素就可叫作“P 和 Q 之间的线段”。

定义 19. 如果一个几何元素是两点之间的线段，则这些点就叫作这个线段的“端点”。 *300*

定义 20. 如果一个抽象集合是线段的元素，则这个抽象集合叫作“段式的”集合。

公设 25. 有许多不同的线段具有相同的端点，但是一个线段只有两个端点。

这一公设说明，相对于某些既定条件而言，可能有很多几何元素是基本的。然而，也可能有一类条件相对于其中任一个条件来说只有一种几何元素是基本的。例如，附随于一个几何元素的点的集合，唯一地界定了该几何元素。此外，在“平面”几何元素理论中还有另一种唯一性的例子，我们将在下一章进行考察。这类“平面”元素的特殊例子是由直线所提供的。整个几何学理论都依赖于发现唯一符合几何元素的各种条件。希腊人以其通常幸运的直觉在其直线和平面概念中碰巧发现了这些条件。然而，我们有各种理由相信，在其他时代，与这种属性极不相同的条件可能是重要的——可能在这个时代是更重要的。发现这些条件显然是头等重要的事。或许，我们最好把爱因斯坦对物理学的现代重建看作是发现了这样一些不同类型的条件本质上的相互交融。

第四节

定义 21. 如果一个区域是组成一个点的一个点状抽象集合中的一个成分，则可以说这个点“位于”该区域之中。

公设 26. 若一个点位于某个区域之中，那么，那些接近构成这个点的各种抽象集合的敛尾区域，就不相切地包含在这个区域之中。

定义 22. 如果一个点所在的所有区域与某个区域重叠但却不包含于其中，则这个点可以说位于这个区域的“表面”。

定义 23. 一个“完全的轨迹”是一个点集，它要么组成（1）所有位于某个区域之中的点，要么组成（2）所有位于某个区域表面的点，要么组成（3）与几何元素相附随的所有的点。

一个“轨迹”永远是指“点的轨迹”。

公设 27. 一个“完全的轨迹”，正如定义 23 所界定的那样，是由无限的点所构成的。

定义 24. 如果一个完全的轨迹是由所有位于一个区域的点所构成的，那么就可以称之为那个区域的“容积”；如果一个完全的轨迹是由某个区域表面所有的点构成的，就可以把该轨迹本身叫作这个区域的“表面”；如果一个完全的轨迹是由所有端点之间某个线段所附 301
随的点构成的，那么，就可以把该轨迹叫作这些端点之间的“线性伸展”。

公设 28. 在各个容积和区域之间，在各个表面和区域之间，在线性伸展和线段之间，以及在任何几何元素和附随于它的轨迹之间，都存在着一对一的相互关联。

公设 29. 若两个点位于既定的容积之内，那么，就存在着一些线性伸展连接着这两个点，这些线性伸展的点全都位于那个容积之内。

公设 30. 若两个点位于一个既定的表面上，那么，就存在着一些线性伸展连接着这两点，这些线性伸展的点全都位于那个表面上。

公设 31. 若两个点位于既定的线性伸展内，那么，就会存在唯一的以这些点为端点的线性伸展，它的点全部位于既定的线性伸展之内。

我们应当注意，“容积”和“表面”这些术语并不是指这些容积是三维的，或那些表面是二维的。在把这种广延理论应用于我们这个时代现存的物质世界时，容积是四维的，表面则是三维的，但线性伸展却是一维的。

为了弄清这个阶段的定义所要求的理论的发展，我们已经阐述了足够数量的公设，它们中有些是可以证明的，有些则是自明的公理。尤其是线性伸展中点的秩序概念此时可以根据“在……之间”概念的定义来加以阐明。但是，这类研究将会把我们过多地引向数学的几何原理。

在本章结尾，有必要用一段解释性的话语来阐明下述原理：区域概念，即关于现实化的实在潜在性的广延性观察点概念，需要某种确定的限制。一个区域的内部即它的容积具有完全的界限，这是对外在于它的广延性潜在性的否定。这种界限既适用于空间方面的广延也适用于时间方面的广延。凡是这种内部和外部界限的对比存在模糊不清之处，就没有恰当的区域。在下一章将会论述，所有椭圆，即一个椭圆类中所有的成分，都保持着这种界限属性，它们对每一个椭圆的意义都是一样的。因此，在椭圆几何的情况下（本书 330 页），任何椭圆都不可能包含半条直线。在本书 304 页，条件（7）表述得比较粗疏，因而只能适用于无限空间的情形，即适用于欧几里德几何学和双曲线几何学。

第三章　平面轨迹

第一节

现代物理学因为依赖于精确的数学概念都是以希腊几何学的基本 302
原理为出发点的。欧几里德的《几何原理》中第一个定义就是：

点是没有组成部分的东西。

第二个定义是：

线是无宽度的长度。

第四个定义是：

直线是与其自身的各点平行存在的任何一条线。

这些译文出自《希腊的欧几里德》第一卷，该书由托马斯·L·希思先生编辑并作了注释，此公是研究欧几里德《几何原理》一书最伟大的在世的权威。希思认为第二个定义“即使不是出自柏拉图本人，也是出自柏拉图学派”。对于译为英语“evenly”一词的希腊语，希思还提出另外一些译法，如“平等并列”、“均匀放置”、“没有偏斜”。

欧几里德的第一个“假设”是（希思的译文）：

> 试作如下假设：从任何一点到任何一点可画一条直线。

希思指出，这一假设的意思是指**存在**和唯一性。

随着这些陈述出现在希腊科学之中，在“形式”和具体的有形事物之间便出现了混乱。几何学是以探究有形事物的某些形式为宗旨而开始的，但是在其最初关于“点”和“线”的各种定义中，似乎直接假设了一些性质独特的有形的终极事物。当柏拉图本人（希思，上述引文）“反对把点当作单独一类事物”时，他似乎对这个混淆有怀疑。他本来应当更进一步反对所有的几何存在，即点、线和面，然而由于他需要“各种形式”，因而他便获得一些新的物理存在。

根据前一章，“广延性”应当根据“广延联系”来说明；也就是说，广延性是一个聚合体的诸现实性之间的一种关系形式。点就是由具有某种“形式”的诸现实存在所构成的一个聚合体；“线段”也是如此。从这个意义上说，几何学就是对各种聚合体的形态学研究。

第二节

303 欧几里德的直线定义存在的弱点是，从这个定义中推演不出任何结果。由“均匀地”或“均匀放置”这些术语所表达的概念要求给予界定，这种界定应当使两点之间直线线段的唯一性可以从中推导出来。但是这些要求无一得到满足，结果在现代“直线”的概念只能以测量概念为基础。在现代，直线被定义为两点之间最短的距离。而在古典几何学中所采用的程序则正好相反，测量是以直线为前提的。但是，由于这种现代定义，“最短距离”的概念反过来也要求给予解释。[1] 这个概念实际上被定义为是指作为某些物理事件路径的那一条线。

这一节将要表明，这个陈旧的古典理论中存在的这个缺陷可以得到弥补。直线将会根据前一章提出的广延概念来界定，连接两点的直线的唯一性将会根据上述各个定义得以证明。

首先，对于椭圆区域的类必须加以定义。现在，我们能用来做出这个定义的唯一武器就是与唯一的交集相重叠的区域概念（参见前一章定义 6）。一对椭圆只能与唯一的交集相重叠，这显然是一对椭圆的特性。但是，同样明显的是，某些不是椭圆的区域也能与唯一的交集相重叠。但是有些椭圆的**类**具有的特性是，并非其成员的任何一个区域也能使某些椭圆与多种交集相交，同时也可发现有些椭圆的子集能满足各种条件。

因此，我们可以继续界定一个类，它的各个区域之间以及与其他区域之间将会具有我们归之于椭圆的这些关系。换言之，我们不能对一个单独的椭圆下定义，而只能对椭圆的类进行界定。这样的一个类可叫作“椭圆”类。椭圆类的定义是靠列举所有那些由该类的单个成分或由组成该类的成分的子集的独特属性而进行的。在这种列举过程中将会发现，拥有某种椭圆类的广延连续体对于这个类来说是有维度的。因此，在广延连续体中，直线的存在与该连续体的空间特征具有密切的关系；并且这两个特征与该连续体中某个特殊的椭圆类区域是相互关联的。一个广延连续体只有一个椭圆类似乎是可能的。但是，我还没有成功地证明这个属性，对于这个论证来说这个证明也并非是必需的。

这里，初步给出一个定义是方便的：

定义 0.1. 一个“椭圆的抽象集合”的所有成员都属于所考察的 304

① 见第四编第五章论“测量”。

完全的椭圆类。

这些椭圆类的特征可划分为两组：(a) 非抽象条件组；(b) 抽象条件组。

定义 1. 如果一个区域的类能满足以下两组 (a) 和 (b) 的条件，这个类就叫作“椭圆的类”：

(a) 非抽象组

(1) 该椭圆类的任何两个重叠区域都有某种唯一的也属于该椭圆类的交集。

(2) 任何区域，当不属于该椭圆类的成分时，都同具有“多种交集”的类的某些成分相重叠（参见前一章定义 6）。

(3) 该椭圆类的任何一个成分都同具有多种交集的某些区域而不是那个类相重叠。

(4) 该椭圆类的任何一对外在地相关的成分，都有它们的这样一些表面，即它们要么在点的“完全的轨迹”上相接触（参见前一章定义 23 和公设 27)，要么在单独一个点上相接触。

(5) 任何不属于该椭圆类的区域，都外在地与该类的某些成分之间相关联，因此它们的表面在一组不构成“完全的轨迹”的点上相接触。

(6) 该椭圆类的任何一个成分都外在地与某些不属于该类的区域相关联，因而它们的表面在不构成“完全的轨迹”的点集中相接触。

(7) 任何确定数目的区域都共同地包含在该椭圆类的某些成分中。

(8) 若 A 和 B 是该椭圆类的成分，并且 A 包含 B，那么，就会存在一些该类的成分，它们包含着 B 并且被包含在 A 之中。

(9) 该椭圆类的每一个成分中都有一些小剖面（参见前一章定义 4)，它们从整体上构成该类的成分；同时，存在着从整体上或部分上构成不属于该类成分的小剖面。

(b) 抽象组

(1) 在构成任何点的那些成分中，都存在着椭圆的抽象集合。

(2) 若考察任何由二个、三个或四个点所组成的集合，那么，就有一些抽象集合对于以下两个条件来说是“基本的”：(a) 这些抽象集合覆盖着相关的点；(b) 这些抽象集合与椭圆的抽象集合相等。

(3) 存在着由五个点组成的集合，因此在以下两个条件下任何抽象集合都不是基本的：(a) 这些抽象集合覆盖着相关的点；(b) 这些抽象集合与椭圆的抽象集合相等。

根据后面这一组定义，这种相关的广延连续体可叫作“四维的”广延连续体。用类似方法，可对任何维度的广延连续体作出界定。在 305
这个宇宙时期，我们所关注的物理广延连续体就是四维的。需要注意的是，“有维度的”属性是相对于广延连续体中特殊的椭圆类而言的。有些“椭圆”类除“有维度的”条件以外可能会满足其他所有条件。同样，一个连续体或许相对于一种椭圆类有一种维数，相对于另一椭圆类则会有另一种维数。

以连续性为前提的那一类物理规律，很可能要依赖于两种或更多不同的椭圆类相融合的属性。

第三节

公设 1. 在现代宇宙时期的广延连续体中，至少有一种椭圆类具有前一节所述的 (a) 和 (b) 两组特征。

定义 2. 可用 a 来表示这样一种类型的椭圆类：所有定义都要相对于这个选定的椭圆类来界定。

关于是否存在其他可选择的椭圆类，这个论点是无关紧要的。如果存在这样一个椭圆类，那么，针对这个选定的类所界定的派生性存在，就与针对 a 而界定的存在完全不同。对于我们来说，有一个这样的类由于其物理关系的重要性而能使我们感兴趣，就已经足够了。

公设 2. 如果两个抽象集对于以下两个相同条件是基本的，即 (a) 覆盖着一组既定点，(b) 与**某种**椭圆抽象集合相等，那么，这两个抽象集合就是相等的。

由于这个命题的重要性，需要给出一个证明。

证明 两个抽象集合或者与相同的椭圆抽象集合相等，或者与不同的椭圆抽象集合相等。在前一种情况下，所要求的结论是明显的。在后一种情况下，设 μ 和 ν 是两种不同的椭圆抽象集合。这两个集合 μ 和 ν 每一个都能满足上述两个条件。我们必须证明它们是彼此相等的。设 M 和 N 分别是属于 μ 和 ν 的任何区域。那么，因为属于该既定组的各个点所组成的抽象集的收敛部分必须最终组成所有位于 M 和所有位于 N 中的区域，那么，由此可以推论出，M 和 N 相交。但是，作为椭圆，M 和 N 只有一种交集，并且所有有关的点必定位于这个交集之中，这种交集也是椭圆形的。因此，通过选择这种交集，可以发现第三个抽象集合，它能满足上述两个条件，并被 μ 和 ν 这两者所覆盖。但是，因为 μ 和 ν 相对这个条件来说是基本的，因而它们两者与这种第三抽象集合是相等的。因此，它们彼此也相等。证明完毕。

推论 由此可得出结论：所有对于这种类型的双重条件同样是基本的抽象集合都属于一种几何元素。

306 **定义 3.** 正如在公设 2 中所列举的那样，由两个点的集合所定义的单一几何元素，叫作那些端点的“直”线段。若该集合是由两个以上的点所组成的，那么这个几何元素则叫作“平面”。“直”线段也包含在“平面几何元素”的意义之中。

正如在公设 2 中所列举的那样，若点的集合界定了平面几何元素，那么有可能发生的是同样的几何元素由这些点的某种子集来界定。因此，我们具有下列定义：

定义 4. 规定着平面几何元素的点的集合，当它不包含规定着同样的平面几何元素的子集时，可以说它处在最低限度。

公设 3. 由确定数目的点所构成的两个集合，如果均处于最低限度，则它们都不能界定相同的平面几何元素。

定义 5. 伴随“直线段”的点的轨迹，叫作这个线段两个端点之间的“直线”。

定义 6. 伴随平面几何元素的点的轨迹，叫作该元素的“容量”，也可叫作“平面轨迹”。

公设 4. 若点的任何子集位于平面轨迹之内，那么，子集也界定着包含在既定轨迹之内的平面轨迹。

定义 6.1. 一条完全的直线是由无数点所构成的这样一个轨迹：（1）连接该轨迹上任何两个点的直线全部位于该轨迹之内；（2）该轨迹中的每一个子集都处于其最低限度，都是由两个点构成的；（3）如果不丢失（1）和（2）中的一个或两个特征，任何点都不能被加到这个轨迹之中。

定义 7. 三角形是由不在同一直线上的三个点所界定的平面轨迹。这三个点是该三角形上的角点。

定义 8. 平面是由非同线的点所构成的这样一个轨迹：（1）由该轨迹任何三个非同线成分所定义的三角形在整体上位于这个轨迹之内；（2）该轨迹上任何确定数目的点位于某个整体上包含在该轨迹中的三角形之内；（3）如果不丢失（1）和（2）的一个或两个特征，任何由点所组成的集合都不能增加到该轨迹之中。

定义 9. 四面体是由不共面的四个点所定义的平面轨迹。这四个点叫作四面体的顶角点。

定义 10. 三维平面空间是由不共面的点所构成的这样的轨迹：（1）由该轨迹的任何四个不共面的点所定义的四面体在整体上位于该轨迹之内；（2）该轨迹中任何确定数目的点位于整体上包含在该轨迹中的某个四面体之内；（3）如果不丢失（1）和（2）中的一个或两个特征，任何点的集合都不能增加到该轨迹之中。

对这些定义和命题作任何进一步推导，都会导致一些与我们的直接目的无关的数学细节问题。这已经充分证明，不必借助于任何测量，就可以在广延连续体中发现直线、平面和三维平面空间的特有属性。连续体的系统性取决于它拥有一个还是多个椭圆类。至此，我们 *307*
对“空间的”椭圆类的特殊情形考察完毕。

第四节

对“外在联系”概念的重要意义还需要作进一步的讨论。

首先，有一个纯粹的几何学问题需要注意。椭圆区域的外在联系理论阐明了欧几里德的“平面”概念。一对椭圆（参见第三节）只能外在地在一个“完全的轨迹”或一个唯一的点上相联系。我们现在来考察这些“完全的轨迹”，它们可以是外在联系着的一对椭圆表面共有的一些点。我们不考虑只有一个接触点的情形。这类轨迹似乎有希腊人以“平面”一词所指的意思。在这种轨迹的每一方面，都有一个椭圆的内部和另一个椭圆的外部，因此，就对立的概念“凹面”和“凸面”来说，这种轨迹是在“同一平面的”。假设所有“平的”轨迹都是“平面的”，并且所有“平面的”轨迹都是“平的”，这是一个多余的假设——根据所采用的那个主题的特殊的逻辑发展，这是可以证明的或者相反。

第二个需要讨论的问题涉及到“外在联系”在物理上的重要性。只要我们还未认清现实存在的原子特性，那么，运用芝诺的证明方法就很难理解在物理学中占主导地位的连续传递概念。但是，有机哲学中采用的“现实发生”概念则允许对物理传递作下列解释。

假如构成两个现实发生的“观察点”的区域外在地相互关联，那么这两个现实发生就可叫作“相邻的”发生。这样一来，由于缺乏中介性的现实发生，前一个发生在后一个发生中的客体化就特别地完全，因而会有一个先前相邻的发生的集合客体化在任何既定的发生之中；而伴随每一种客体化而出现的分离则只是为了使这些客体化获得必要的和谐。那些更遥远的过去的客体化将要被称作“间接的”客体化，而那些邻近的发生将会进行“直接的”客体化。那些间接的客体化将会通过这些连续的直接客体化的各种路径而得以传递。因此，科学中的连续传递概念必须由通过连续广延量路径来直接传递的概念所取代。这些广延量是连续的相邻发生的基本区域。对有机哲学来说，完全不必否认一种发生在后来与之不邻近的发生中可以进行直接的客体化。实际上，对这种学说来说，相反的意见似乎更为自然。假定物 308
理科学坚持对“超距作用”的否定，那么更为安全的猜测便是，直接的客体化除了对邻近的发生以外，实际上是可以忽略不计的；但是，这种实际上可以忽略不计的直接客体化正是当今这个宇宙时期的特征，这里没有任何形而上学的概括。同时这里还应当进一步引进一种区分，即物质性摄入可分为两类，这就是纯粹的物质性摄入和混合的物质性摄入。纯粹的物质性摄入是一个以先前的摄入为材料、针对其自身的一种**物质性**摄入而客体化的摄入。混合的物质性摄入则是一个把针对**概念性**摄入而客体化为一个先前发生作为其材料的摄入。因此，纯粹的物质性摄入是物质性感受的传递，而混合摄入则是精神感受的传递。

没有任何理由把混合摄入的条件等同于纯粹的物质性摄入的条件。实际上，相反的假设倒更为自然。因为概念极并不参与物质极的并列区分，而且广延连续体就产生于这种并列区分之中。因此，有关精神极的直接客体化和物质极的间接客体化学说，在应用于当下宇宙时期时与有机哲学似乎是最一致的。这一结论可以得到某种经验的支持，一方面有来自心灵感应的独特例子作为证据，另一方面有来自日常社会交往的感受调子的本能领悟作为证据。

但是，这种直接的客体化诚然还可以通过间接客体化的途径而得到强化或削弱。而且纯粹的和混合的摄入还可以相整合，因而会不可避免地被混合。因此，只有在例外情况下，直接的混合性摄入才会有足够生动的确定性去获得一种清晰意识关注的主体性形式。

第五节

我们至此已经追溯了那个实在潜在性的主要特征，物质性发生的第一阶段正是从这里产生的。这些特征在构成主体的整个自我形成的历险中仍然相互交织着。现实存在是物质极与精神极相互作用的产物。以这种方式，潜在性进入现实性之中，并且各种广延关系把质的内容和其他特殊性的客体化塑造成一种融贯的有限经验。

一般而言，意识是非常微弱的，即使在生动的命题性感受中，接近意识的情况也没有获得重要意义。盲目的物质性目的通常则占上风。如今显而易见的是，那些盲目的物质性摄入和精神性摄入是构成物质性宇宙的终极砖块。它们在每一现实之中由主体的目的统一性结合在一起，这种主体的目的统一性支配着它们共同的起源及其最终的
309 合生。它们也能超越其独特的主体局限而结合在一起，方法是一种主体中的摄入可以成为后一个主体的摄入的客体性材料，因而可以把先前的主体客体化为后来的主体。这两种相互联系的摄入本身结合在一起，成为一种共同的体系即广延关系。

正是通过“广延性”，使得连接摄入的纽带呈现出两个方面的联系，即一方面是内在关系，同时在一定意义上又是外在关系。显然，如果物理世界的协同性同对个别现实的描述相关，那么，这只能是由于相关关系的根本的内在性。另一方面，如果各种现实的个体分离性发挥举足轻重的作用，那么，在这些关系中就必定有一个方面可以把这些关系看作是外在的，也就是说，能够看作是联系相互分离的事物的纽带。广延体系能够发挥达到这种双重目的的作用。

笛卡尔的主体论在应用于物理科学时就成为牛顿关于物理实体是个别地存在并只有外在关系的假定。与笛卡尔不同，我们所坚持的观点是，笛卡尔所描述的物理实体的主要**属性**实际上是各种现实发生**之间**并且是各种现实发生**之内**的各种内在关系的形式。这样一种思想变化就是物理科学的基本观念从唯物论向有机论的转变。

用物理科学的语言来说，从唯物论向“有机实在论”——可以这样来称呼这种新的观点——的转变就是用流动的能量概念取代静止的质料概念。这种能量有活动和流动的结构，脱离了这种结构，这种能量便是不可设想的。这种能量还是以“量”的要求为转移的。这些就

是个体的摄入以及这些摄入所属的个体现实存在在物理科学中的反映。数学物理学把赫拉克利特的名言“万物皆流”翻译为自己的语言，这句话就成为“万物都是矢量”。数学物理学还接受了德谟克利特的原子论学说，并把它翻译为“所有能量流都遵循‘量子’条件”。

但是，从终极的科学概念领域已经消失的概念则是那种虚空中的物质存在概念，这种物质存在具有被动的绵延、基本的个体属性和各种偶然的历险活动。物理世界的某些特征可以用这种方式来表达，然而这种概念作为科学和宇宙学的终极概念则是不中用的。

第四章　张　　力

第一节

310 实在世界中没有什么纯粹的惰性事实，世界上的每一种实在都是因感受而存在的：实在既能引起感受，又能被感受。世界上也没有任何仅仅属于一种个别现实的私密的感受，所有原生的存在都是私密性的存在。但是这种原生的东西却都公开地存在于整个世界。因此，关于直线和平面轨迹的几何事实都是一些公共的事实，它们表征着现实存在都具有感受的特征，因而在这个宇宙时期有关这些事实的感受便具有极其重要的意义。如果一种感受在材料中表现出来的形式涉及到直线的和平面的几何轨迹，那么，就可把这种感受称作“张力”。在张力中，这些几何形式以外的质的要素把自身表现为包含在这些形式之中的质；而这些形式也是作为特殊聚合体之成分的形式，这些形式构成了相关物质性感受的客体性材料。需要记住的是，两个点决定一条完全的直线，三个非共线的点决定一个完全的平面，而四个非共面的点则决定一个完全的三维平面轨迹。

因此，张力具有一种几何意义的复杂分布。这里存在着由作为一定的点集轨迹的有限集合所组成的几何“坐标”。这些点属于规定着经验主体观察点的容积。张力是对那些更简单的感受的复杂整合，它把那些比较简单的感受包含在它的复杂性质之中，这些感受中的相关性质更具体地同这个坐标相关联。但是支配着张力增长的几何意义把这个张力坐标所规定的完全的线、面和三维平面提升到重要地位。在这种整合过程中，这些更广泛的几何元素便获得了源于更简单阶段的那些性质的意义。这个过程体现着转换范畴的作用，并且可由中介性的概念性感受的介入来解释。因此，这些广延区域由于相关几何元素的进入而通过源于更简单感受的性质和几何关系获得了客体化。这种客体化的特征表现为各种性质与确定的几何关系密切相关，这就是所谓感受材料的“投射”所赖以进行的基础。这种张力的感受材料的投射会根据各种张力之间的差异而采取多种形式。有时这种“坐标”保 311
持着自己的个体重要性；有时在最后的综合中，这种坐标在进入一种张力之中时几乎从最后的感受综合中被排除出去了；而有时这些更广泛的几何元素所表示的整个广延区域只是模糊地被几何化，在这种情况下，只有微弱的几何表示：张力因而采取了感受某些模糊的外在性质的模糊形式。有时，这种广延区域被几何化，但却没有相应地排除这种坐标的任何重要性。在这种情况下，就存在着双重参照，一是参照**这里**的坐标，一是参照**那里**的某种客体化区域。**“这里”**通常是动物身体的某个部位，而被几何化的区域则可能是在有关动物身体的内部或者外部。

显然，重要的张力感受涉及到复杂的合生过程，因而这些感受只能存在于比较高级的现实存在之中。它们无论在任何方面都并非必然地要包含意识，甚至也不会包含与生命相联系的接近于意识的东西。但是，我们将会发现，持续物理客体的行为只有参照它们的张力的特性才是可解释的。另一方面，虚空中发生的事件则不需要过多地强调任何独特的张力秩序。但是，有序的物理复杂性的增长则取决于张力之间的有序关系的增长。数学物理学中的基本方程，比如麦克斯韦电磁方程，所表达的就是贯穿于整个物理宇宙之中的各种张力的秩序性。

第二节

直接表象就是我们通过感官对共时性世界的知觉。它是一种物质性感受，然而却是一种复杂的物质性感受；在这一感受的形成过程中，概念性感受、更为原始的物质性感受和转化都在整合过程中发挥着各自的作用。它的客体性材料是确定地体现在某些性质和关系之中的当下各种事件的聚合体：这些性质和关系被源于原始物质性感受的主体性形式所摄入，因此也成为我们的“私密的”感受。最后，正如在所有物质性感受的情形中一样，这种复杂的派生性感受与其在概念性实现中固有的评价相整合而获得一种经验。

朴素的常识坚持认为，首先，“主体”拥有这种感受；其次，秩序可分析为如下成分：（1）共时性世界中作为材料的各种区域；（2）从这种材料中产生并能说明这种材料的各种感觉；（3）包含这些元素的完全感受；（4）有鉴赏力的主体性形式；（5）有解释力的主体性形式；（6）有目的性的主体性形式。但是，这种对直接表象的分析
312 并没有穷尽感受的全部内容，因为我们是**用身体**来感受的，而且身体还可以进一步具体化为特殊的感觉器官；但是，无论在任何情况下，**身体的“接触”**总是我们直接表象的知觉中一个常在的要素，尽管是一个难以把握的要素。这种“接触”是产生相关感受的线索，由这种感受深藏在自己的主体性形式及其客体性材料之中。但是，这种“身体的接触”在最后的“满足”中可以作为一种感受成分而独立出来。从这一观点看，身体或身体的感觉器官成了感受成分的客体性材料，并且这种感受还具有自身的主体性形式。这种感受也是物质性的，因此我们必须寻找一个永恒客体，作为决定身体的确定性的客体性材料。这种感受成分可叫作身体效应的感受，它比它所产生的直接表象的感受更为原始。无论在常识中还是在心理学理论中，这种身体效应

都是直接表象以之为前提并且导致直接表象产生的成分。因此，在直接的主体中，通常认为直接表象产生于后期阶段，通过身体效应的感受与其他感受相综合而形成。现在我们就得考察其他感受的性质，以及在身体效应感受中关涉到的复杂的永恒客体。

首先，这种永恒客体必定与直接表象的最后感受中的永恒客体部分地是相同的。关于这两种感受相互联系的全部关键之点在于，这种直接表象是从身体效应中产生的。当下的知觉严格地是从先前的身体功能中继承下来的，否则，所有的心理学学说都要被统统抛弃。这两种永恒客体都是高度复杂的，而第二种永恒客体的复杂要素必须至少包含前一种永恒客体的复杂要素。

这种复杂的永恒客体可以分析为感觉材料和几何模式。在物理学中，这种几何模式表现为作为感受主体的身体中现实发生的张力状态。但是，最终知觉者的这种身体效应感受是通过身体中先前的现实存在对先前感受的再现。因此，在这种先前的存在中，存在着与同一感觉材料和高度相似的张力状态相关的感受。这种感受必定是前一节所界定的那个意义上的“张力”。现在这种张力涉及一种几何化的区域，在这种情形下还会涉及作为自身之一部分的“焦点”区域。这种“焦点”区域是由“坐标”所界定的直线的密集事件区域。这就是有所谓“投射”投射于其中的区域。

这些直线是通过整合主要同该模式的“坐标”有关的更简单感受的过程而进入感受之中的。这些直线具有决定这些感受的双重功能，即既能界定感受者的“张力”，又能界定因此而与感受者相联系的焦点区域。如果我们只考察一种抽象的模式，我们所讨论的就是一个抽 313
象的永恒客体。但是，作为具体知觉者的具体感受的决定因素，我们所处理的感受是要把其主体（包含它在容积中的“坐标”）与其自身之外确定的空间区域（焦点区域）相联系。这种确定的当下焦点区域便是作为客体性材料一部分的聚合体。因此，身体效应的感受就是感觉材料的感受，这些感觉材料一般地包含在继承的张力几何地规定的（先前“坐标”和焦点区域的）整个区域之中。这种模式化的区域尤其会受到感受者身体中最终的“坐标”和最终的“焦点”区域所支配。因此，感觉材料具有一般的空间关系，其中两个空间区域是决定因素。这种类型的感受是由许多联系纽带从先前的身体神经系统中继承下来的。但是，在考察一种确定的直接表象的感受时，这些传递身体效应的多条联系纽带，在它们最后传送到最终知觉者中时，将会汇聚到由诸多身体“张力”所挑选的同一个焦点区域。

在整合这些感受的过程中，可以达到一种双重的转化活动。因此沿着身体的神经通道会有连续的现实存在的传递，在所传递的这些连续的感受中，每一种感受都有两种主要的有关区域，并且在它们之间还存在着一种由该模式的联系纽带所选择的直接区域构成的关系。这两个区域一个是已讨论过的焦点区域，另一个是构成其几何观察点的直接主体中的坐标。终极现实存在的“张力”规定着这个“坐标”、“焦点区域”、中介区域以及整个更加模糊的“被呈现的”空间。这种身体张力的最终感受——在前一节界定的“张力”意义上——是类似感受路径中最后的感受，它们是沿着身体中某一根神经或其他通道而进行的一系列身体性事件而相互承继的。还有一些由这类类似感受组成的平行路径，这些路径最后因为同时发生的强化而汇聚在一个单独的发生或者各种发生的路径上，这就是那个终极的知觉者。

每一个这样的身体张力感受都规定着自身的坐标、自身的焦点区域及其中介性要素，而感觉材料则模糊地同这样感受到和被规定的外部世界相联系。但是，因为这类感受要么是在身体内部逐渐地被“转化”，要么是在临界点被“转化”的，因此便会逐渐发展出一种特别的强调。此时强调就是评价，并且只能由重新评价来改变。但是评价产生于概念性感受之中。这些物质性感受的概念性对等物可以被分析为许多概念性感受，并能把感觉材料与各种由张力所规定的区域相联系。这种概念性感受由于同确定的区域相关，因而属于可被称为“命题性感受”的从属性感受。一种并列性命题性感受能把感觉材料与感受者的“坐标”相联系，把另一些感受材料与感受者的“焦点”区域相联系，把另一些感受材料与感受者的中介区域相联系，把另一些感

受材料与神经路线先前要素的坐标相联系，如此永无止境。感觉材料 314
与时空的整体联系可分析为与当前的和先前的确定区域具有多种令人迷惑的联系。一般说来，除了高级有机体以外，感觉材料的这种时空联系都被整合为一种意义模糊的外在关系。对组成成分的评价在这种情况下不能把自身区分为不同级别的强度。但是，在直接表象非常明显的高级机体中，通常会发生如下三种情形之一。或者（1）感觉材料与感受者在某些先前集合的坐标中的联系被特别地强调；或者（2）感觉材料与最终知觉者的焦点区域的联系被特别地强调；或者（3）感觉材料与先前感受者的坐标和直接感受者的焦点区域二者之间的联系被强调。

但是，我们不能脱离一般的时空连续体来把握这些区域。摄入一个区域总是在摄入直接感受者的坐标与有关区域之间那种广延性联系中的系统要素。当这些评价得到实现时，转换范畴就给这种感觉材料所限定的（例如相对比的）区域提供了向后继的感受主体传递的途径。在第一种情况下，只有纯粹的身体感觉；在第二种情况下，则有一些“投射的”感觉，包含着身体以外当下的空间区域；而在第三种情况下，则既有身体感受，也有外部投射的感觉。因此，在所有感官感受中，都存在着从最初的私密性概念强调转化为公开的物质性感受的过程。

因此，以转换范畴为中介，便会有两种其客体性材料是无差别的聚合体的感受。第一种感受是“因果效验”感受，第二种感受则是“直接表象”感受。在第一种感受中，身体的聚合体构成的各种现实的不同感受中的类似要素被转换为一种感受，这种感受可归之于作为一种存在的身体的聚合体。在第二种感受中，这种转换更为复杂，它把有关的聚合体从先前的身体聚合体（例如“坐标”）转化为当下的焦点聚合体。

这两种类型的感受都是作为高级现实存在之特征的复杂过程整体简化的产物。它们显然对于构成虚空中的现实发生只有无足轻重的作用，但是，它们在属于持续有机体——不论是无机的还是有机的都一样——的生命史的那些物质性感受中，则具有支配性的重要性。

就感觉材料而言，在它们沿着传承的路径从一种发生达到另一种发生，最后达到某种终极的高级知觉者时，它们的功能会发生一种逐渐的转化。它们以其最原始的功能形式被物理地感受为能在情感上享
315 有其纯粹的个体本质。例如，红色可以被感受为能情感地享有其纯粹的红。在这种原始的摄入中，我们具有一些原初的物质性感受，主体通过这些物质性感受而感受到自身正在享有红色。这就是休谟所说的剥去了与其他这类印象之间的所有空间关系之后所剩下的"感觉印象"。就它们以这种最初的原始方式出现而言，用休谟的话说，它们"是由一些不知道的原因在心灵中产生的"。但在事实上，我们绝不能把这些终极的非理性因素独立出来。在我们的经验中，因为有清晰的分析，物质性感受永远产生于先前的知觉。发生 B 摄入了作为先前主体的发生 A，并把它经验为具有情感强度的感觉材料。同时，B 的情感的主体性形式与 A 的主体性形式也是一致的。因此，感觉材料就有一种从 A 到 B 的情感感受的矢量传递。这样，B 就感受到这些感觉材料是从 A 中产生的，并且感受到这些感觉材料的情感形式同样是从 A 中产生的。这是因果效验感受的最原始的形式。在物理学中，这是一种能量形式的传递。在高级动物机体中，当进行从发生到发生的身体传递时，这些感觉材料的功能有一个逐步的修正过程。动物体内最初发生的事情，就其最原始的功能来看，它们是对情感的限制——用物理学的语言来说，是对能量的限制；而就它们对这个路径终端的高级经验发生所具有的最终作用来看，它们是被呈现的当下聚合体"固有"的性质。在最终的知觉者中，对于这些感觉材料的原始情感功能通常根本不存在任何有意识的感受。但是，情况并不总是如此，例如，对一件红色斗篷的知觉通常可能与对红色的刺激感受相联系。

为了回到休谟关于"感觉印象"是由不知道的原因造成的学说（见《人性论》第三部分第五节），首先有必要把逻辑优先与物理优先区别开来。无疑，感觉印象从逻辑上说是最简单的物质性摄入。正是

这个有知觉的发生感受到这些感觉材料在参与其自身的合生。这就是享有了一种私密的感觉。

这样一种感觉在逻辑上具有简单性，使它成为最初的原始物质性感受。但是，对于休谟赋予它们的物理优先性的观点则有两种反对意见。首先，有一种经验上的反对意见。休谟认为，可以把印象的复合理解为预设了一个共同的物理世界，而这一理论同朴素的经验完全相反。我们发现我们自身在共同世界中同时扮演着能动者和受动者的双重角色，而有意识地认知那些感觉印象则是复杂的精心思虑的结果。这也是洛克在其《人类理解论》第三卷和第四卷中提出的观点。儿童先是能模糊地说明一些特殊事物的复杂的外形，表现出对确定性形式的混杂不清，然后他才能把他关于这些形式的印象区分开来。一个年轻人并非是通过感觉印象而开始其跳舞的经验，然后再去猜想舞伴是 316
谁。他的经验途径恰恰相反。源于休谟的哲学学派的非经验特征绝不可能为人们经常地坚持下去。真正的经验学说认为，各种物质性感受从其起源来看都是一些矢量，并且合生的发生过程还会引入一些能够增强私密性的要素。

其次，休谟的学说必然地是非理性的。因为如果感觉印象是由不知道的原因所造成的（见《人性论》第三部分第五节），那么，对合理的宇宙论的理性主义探究就会中止。这种宇宙论要求，形而上学应当提供一种能使形式与它参与的任何发生之间具有相互联系的学说。如果没有这种学说，关于达到合理的世界观的所有希望皆会落空。

休谟的学说除了能够使其支持者高兴以外，没有任何可取之处。

有机哲学通过两种学说提供了这种联系：(1) 关于上帝体现了欲望的基本完满性的学说；(2) 关于每一合生都影响着包含上帝在内的宇宙的合生的学说。因此，通过概念性再现范畴，对上帝欲望和其他发生的矢量性摄入产生于概念性摄入的精神极之中；通过这一精神极与纯粹物质性摄入相整合，便产生了感觉材料的原初物质性感受，并具有其情感的和目的性的主体性形式。这些感受具有原始的简单性，但由于那些矢量摄入与概念性欲望的整合造成了这种简单性的排除，因此这些感受彼此区分开来。这种原始感受不可能与它们的主体性形式相分离，而这种主体也绝不会失去其作为接受者、受动者和能动者的三重性质。对于这些原始的感受，我们已经在“物质性目的”的题目下（参见第三编第五章）考察过了。这些原始感受相当于休谟的“感觉印象”，但它们不会产生经验过程。

我们知道，直接表象感受的产生是由于把身体效应中产生的概念性感受与纯粹区域感受相整合所造成的，这种区域感受也是复杂的身体效应感受的成分。同时，这种纯粹区域感受由于一般区域感受成为我们对共时性世界**直接的**物质性感受的总体而得到增强；而概念性感受由于物质性目的的产生也得到增强。这种整合采取的形式就是，把作为身体效应成分的复合永恒客体创造性地归于在张力感受中感受到的某种当下焦点区域。同时这种主体性形式也是从概念性评价和派生的“物质性目的”中传递过来的。但是，这种主体性形式正是适合于身体效应并从中得以产生的东西。因此，这个纯粹区域由于具有被赋予的永恒客体，仿佛也感受到对它的效应有一种感受。但是，共时性
317 区域之间不存在任何相互效应。这种主体性形式的传递叫作“符号传递”。①

一种新增的概念性感受连同其评价会从直接表象的这种物质性感受中产生出来。它就是对**这样**描述的一个区域的概念性感受。这是一种适合于直接表象的纯粹客体性材料的审美评价。但是，这种评价不是原始的，而是通过符号传递从概念性摄入中获得的。原始的主体性形式包含着一种评价，仿佛这种共时性区域由于其自身恰当的构造能因果性地影响知觉的主体。这种从属性的评价是对纯粹事实的审美性鉴赏：这种纯粹事实只不过是被**如此**限定的**那个**区域而已。因此，由感官所感受到的共时性世界，由于其自身的缘故，是通过后来的概念性感受而得到评价的，然而因其起源于先前的效应，它也是通过来自先前的概念性感受与派生的“物质性目的”相结合这样一种转换而得

① 见我在弗吉尼亚大学的三次“巴伯-佩奇讲座”：《符号论：其意义和效果》（纽约，麦克米伦出版公司，1927；剑桥大学出版社，1928）；亦见本书上述第二编第八章。

到评价的。

但是，任何这样的活动都不可能与自然界相分离，从而成为主体的私密的心灵。精神活动和物质活动不可避免地会相互交织，并且两者都会导致公共性和来自于公共性。摄入的这种矢量特性是根本性的。

第三节

高级有机体的标志乃是通过否定性摄入排除环境中无关的偶然因素，同时极大地关注各种各样的系统秩序。为了达到这一目的，转换范畴成为主要的原理。在这一原理的作用下，高级有机体根据每一聚合体自身元素之间的相似性，或根据其他与之相关的聚合体的元素之间的相似性来摄入每一个聚合体。以这种方式，高级有机体既抑制了事物的纯粹多样性，也为自身设置了对比物。艺术的准则不过是以各种特定的形式表达了对经验的深度要求而已。道德原理与艺术准则相类似，表现在道德原理以另一种联系表达着同样的要求。根据共时的现实存在都是相对独立地出现这个原理，共时的现实存在所组成的聚合体特别适合于把这种系统性质从其他聚合体传递到它们自身中来。因为当要把一个聚合体的诸现实存在中普遍存在的一种特征传递到另一个被当作统一体的聚合体中时，转换范畴的作用中就会出现困难。318
这种困难在于，接受这个特征的那个聚合体中的诸个体现实也要分别地由系统化特征客体化于该知觉主体之中，而这些系统化特征同样也要求向它们自身的聚合体转化；但是，这个聚合体是应当接受其他转化的聚合体。因此，便有一些相互竞争的性质竭力要影响这同一个聚合体的客体化，其结果就造成衰减和排除。

当这种接受性的聚合体是由与知觉主体共时的存在所构成时，这种困难就消失了。因为共时的存在并不通过它们自身任何感受的客体化而进入知觉主体的构成之中。因此，它们与该主体唯一的直接联系就是它们都包含在同一广延体系之中。这样一来，由各种现实存在所构成的聚合体，因为与该知觉主体是共时的，便不会提出任何其他特征来阻止先前聚合体的特征向自身转化。

一个高级感知者必然是持续客体历史路径中的一个发生。如果这个路径想要使自身成功地扩展到未来，那么，首先必须做到，它在这种直接发生中的各种决定应当与各种共时性发生中同时出现的事件具有最密切的关联。因为这些共时性存在在不久的将来会构成这种持续客体的未来体现的“直接的过去”。这种“直接的过去”具有压倒一切的影响，因为所有来自更遥远的过去的传递路径都必定要通过它。因此这些共时性发生虽然还未产生任何影响，然而它们对这种持续客体的生存仍具有极大的重要性。

知觉主体经验中的这种裂痕是由直接表象来弥补的。这种类型的经验就是把有关过去的教训反映在当下，比较重要的共时性发生是那些邻近的发生，它们的现实世界实际上与知觉主体的现实世界相同。知觉者以从其自身的过去继承下来的永恒客体为中介摄入诸共时性发生组成的聚合体，同时它还选择了由张力效应这样摄入的共时性聚合体，这些张力效应的焦点区域是那些聚合体的过去之中的重要因素。因此对成功的机体来说，直接表象——虽然它还没有产生有关共时世界的直接经验，并且虽然在不利情况下它所产生的经验可能是无关的——所产生的经验确实能表达这个共时性世界事实上是如何从其自身的过去中出现的。

直接表象的有效性建立在下述原理之上：直接表象能更好地获得关于共时性世界的信息，即使它偶尔会产生误导。

第四节

深度经验是通过特别地强化环境的系统性结构体系，同时舍弃掉那些个别的变异而获得的。这样，系统结构的每一个要素都得以强
319 化，而每一种个别的偏离要素则被放入背景之中。追求的变化绝不是

个体的变化，而是结构的变化。例如，与结构的系统性聚合体相比，我们通常会忽略虚空，因为这种聚合体才是持续客体的历史路径。那些比较高级的机体都会以各种可能的方式来简化自己的经验，从而来强化那些系统结构要素具有紧密性的聚合体。

在努力实现这一原理的过程中，由这种高级机体的各种张力几何化的区域，不仅存在于共时性世界之中，它们还会联合起来，以便使这个共时性世界的一种统一的轨迹得以强化。这种被选择出来的轨迹充满了各种直线、平面和与张力相连的三维平面轨迹。这个轨迹就是持续客体历史路径中一个发生的“张力—轨迹”，而这个发生就是我们所要考察的那个直接的知觉主体。每一个这样的发生都有其自身的一个张力—轨迹，这一轨迹为所有张力发挥着作用。各种张力的焦点区域全部位于这种张力—轨迹之内，并且一般说来都是各不相同的，但是作为一个整体，这种张力—轨迹对所有张力来说都是共同的，而每一种发生都存在于其自身的张力—轨迹之中。

“静止”一词的含义就是一个发生与其张力—轨迹之间的关系，如果有这种关系的话。一个发生若没有统一的张力—轨迹，就没有能与它构成“静止”关系的主导性轨迹。一个发生“静止”在自己的张力—轨迹之内。这就是为什么追问虚空中的一个发生相对于某个轨迹是不是“静止的”是毫无意义的缘故。因为既然这些发生没有张力—轨迹，“静止”关系对它们来说就不适用。张力—轨迹就是由这些知觉性发生的张力感受完全几何化的轨迹，这个轨迹的属性必定受制于直线和所有维度的平面轨迹。因此，张力—轨迹的范围将是互不相交的三维平面轨迹。张力—轨迹近似于三维平面轨迹，但因为它有时间密度，因而事实上它是四维的。

第五节

回顾一下本章前面几节和第二编第四章中几节的讨论，我们就会注意到，关于任何一个现实的发生 M，有七个不同的方面（只需参见第八节）界定了由其他现实发生所构成的轨迹。首先，有三个轨迹是由以下因果效验界定的，即 M 的“因果的过去”、M 的“因果的未来”和 M 的“共时性存在”。一个现实发生 P，因其属于 M 的**因果的过去**，由其自身（即 P）的感受性质和感受强度的视界表象客体化为 M。从 P 到 M 既有量的也有质的矢量感受流，这样一来，在主体性上属于 P 的东西此时在客体上则属于 M 了。一个现实发生 Q，因其属于 M 的**因果的未来**，同与 P 的关系相比，与 M 具有逆向的关系，因为构成这种因果的未来的那些现实发生，将要把 M 作为其各
320 自的因果的过去。现实发生 R 和 S，因与 M 具有共时性，是一些既不存在于 M 的因果的过去，也不存在于 M 的因果的未来之中的现实发生。M 的共时性轨迹的独特性就是，它的任何两个成分如 R 和 S，彼此不必是共时的。它们有**可能**是共时的，但不是**必然的**。显然，根据“共时性”的定义形式，若 R 与 M 是共时性的，那么，M 与 R 则是共时性的。M 的共时性轨迹的这种独特性——即 R 和 S 可能与 M 都是共时性的，但它们二者却不是相互共时性的——指出了另一个轨迹的集合。一个“持续”就是由诸现实发生构成的一个轨迹，因而（α）这个轨迹的任何两个成分都是共时性的；（β）任何不属于这个持续的现实发生，都处在这个持续某些成分的因果的过去或者因果的未来之中。

持续是由“生成的一致”或“合生的一致”过程中各种现实发生所构成的一个完满的轨迹，是世界的过时的“当下状态”。相对于一个既定的持续 D，现实世界可分为三个相互排斥的轨迹。一个轨迹是持续 D 本身，另一个轨迹是由 D 的某些成分的过去之中的现实发生所构成的：这种轨迹就是“持续 D 的过去”。剩下的一个轨迹则是由存在于 D 中的某些成分的未来中那些现实发生所构成的：这种轨迹就是“持续 D 的未来”。

依据持续的定义，一个持续如果包含某种发生 M，就必定会存在于 M 的共时性轨迹之中。根据相对论出现以前的古典时间概念，

只会有唯一的一种包含 M 的持续，并且还会包含所有 M 的共时性成分。根据现代的相对论观点，我们必须承认有许多包含 M 的持续——事实上有无数的持续，因而它们中没有一个包含所有 M 的共时性成分。

因此，持续 D 的过去包含着属于 D 的任何现实发生的所有过去，例如 M；同时它还包含着 M 的**某些**共时性成分。同样，持续 D 的未来也包含着 M 的整个未来，此外也包含着 M 的**某些**共时性成分。

到此为止，从现实发生 M 开始，我们发现了六种类型的轨迹，它们完全是由“因果效验”派生的概念所规定的。这六种轨迹就是：M 的因果的过去、M 的因果的未来、M 的共时性成分、M 所定义的持续的集合，以及最后，取任何一个我们称之为 D 的这类持续为典型，还有 D 的过去和 D 的未来。因此，由 M 唯一界定的确定的轨迹有三种：因果的过去、因果的未来和共时性成分；M 界定的还有持续的集合，以及还有“持续的过去”的集合和“持续的未来”的集合。这个由现代相对论引入的悖论是双重的：首先，现实发生 M，作为所有现实发生的一般特征，并没有定义一种唯一的持续；其次，这样一种唯一的持续，如果得以界定，却并不包含 M 的所有共时性成分。

但是，在各种持续的集合中，却可能有一种持续唯一地与 M 相 321
联系。因为这种直接表象方式能把一种特殊持续中的诸现实存在客体化为 M。这是“被呈现出来的持续性”。这种被呈现的持续是“持续的物理客体”性质中内在固有的因素，它实际上与张力—轨迹是相同的。这种轨迹说明了为什么在静止、速度和加速度概念中会有某种绝对性。因为这种被呈现的持续就是物理客体在其中处于**静止状态**的空间化的世界，至少对其发生 M 暂时是静止状态的空间化的世界。这种空间化的世界是由 M 自身有限范围的感受调子所造成并为 M 而进行的客体化，而这种感受调子是从相关现实发生即 M 的因果的过去承继而来的。因此，这种被呈现的持续是现实发生的性质中具有独特生动性的部分。诸现实发生构成的历史路径，因其每一个都具有被呈现的持续，便构成了物质性客体。

就知识产生于各种感官而言，我们关于被呈现的持续的客体化所具有的部分意识，构成了我们关于共时性世界的知识。只要记住客体化构成了现实发生（M）据以开始其连续的感受阶段的客体性条件，我们就必须承认，在最一般的意义上，这些客体化表征着外部世界用来形成有关现实发生的因果性。因此，被呈现的持续的那些客体化表现为，它的共时性成分在 M 的规定中重新获得一种非常实在的效应。确定无疑的是，造成这种客体化的那些永恒客体属于 M 从过去产生的感受调子。但是，正是过去在很大程度上是与 M 共有的并且是与被呈现的持续共有的。因此，以这个过去为中介，被呈现的持续的效应在产生 M 的过程中发挥了作用。这种效应并没有违背共时性发生的独立性原理，因为被呈现持续的共时性发生只有通过其渊源中的感受调子，而不是通过它们自身直接的感受调子，才能发挥其效应。

因此，就柏格森把世界的“空间化”归咎于由理智造成的扭曲而言，他是错误的。这种空间化是持续的物质客体生命史中每一现实发生的物质构成的实在因素。对所谓“虚空”中的诸现实发生而言，没有任何理由相信，任何持续都是为空间化而被挑选出来的；也就是说，直接表象模式的物质性知觉对于这类发生是无关紧要的。持续的物质性客体的静止和运动是否具有实在性，取决于这些发生在其历史路径中的这种空间性。被呈现的持续就是持续性客体相对于它暂时处于静止状态的那种持续。这种持续正是那种发生在持续客体生命史中的张力—轨迹。

第五章　测　量

第一节

张力—轨迹与持续的同一只是建立在经验证据之上的某种近似，322 它们的定义是完全不同的。持续是现实发生的一个完全的集合，因此，其所有组成要素都相互地具有共时性。这一属性可以表达为如下陈述：它的成分享有“共同的直接性”。这种完全性在于下述事实：任何其他现实发生，如果尚未失去这种共同的直接性，就不能增加到这种集合之中。这个集合之外的每一种发生都处在该集合的要素的过去或未来之中，并且与该集合的其他成分是同时性的。按照一个发生处于一个持续某些成分的过去或未来，就可以把这个发生看作处于该持续的过去或未来。

任何发生都不能既处在持续的过去，又处在其未来。因此，持续在世界上就构成过去和未来之间的屏障。由各种发生构成的任何一条路径，其中相邻的成分都是连续的，因而包含着持续的过去的成分、未来的成分，必定也包含着那个持续的一种或多种成分。这就是已经作过解释的持续的概念（参见第二编第四章第八节和第九节）。

对张力—轨迹的界定（参见前一章）完全取决于一些几何元素，这些几何要素是包含着相关经验性发生的聚合体客体化过程中有关几何形式的一些要素。这些要素包括：(1) 点的集合，它们处于经验性发生的区域观察点的容积之内；(2) 直线的集合，这些直线由所有这些成对的点所界定。这些点的集合就是张力的“坐标”，而直线的集合则是“投射线”的集合。充满了“投射线”的完全区域就是张力—轨迹，张力—轨迹是以两个“平”的三维平面为边界的。当该坐标的某些成分具有张力感受的特殊功能时，那些连接这些成对的点的投射线就可以界定张力—轨迹的从属区域，这种从属区域叫作“焦点区域”。

现在这个宇宙时期的张力—轨迹似乎局限于它们的经验发生的同时性成分。而事实上，“张力—轨迹”是作为直接表象方式中基本的
323 知觉成分而出现的。在这种知觉方式中，每一个这样的经验者只有唯一的张力—轨迹。静止和运动可以参照实在的和潜在的张力—轨迹来界定。因此，可以假定，那些对于构成力学学科非常重要的物质实体的分子具有唯一的与其摄入相联系的张力—轨迹。

对持续和张力—轨迹理论作这样的扼要说明，会造成把它们的定义完全分开。从这些定义中找不出任何理由能够说明，在由经验的发生构成的张力—轨迹与其成分中包含该发生的任何持续之间竟然能存在任何密切的联系。一个经验的事实是，人类总是把呈现出来的世界理解为是由这种持续所构成的，这就是由感官直接感知到的共时性世界。但是，密切的联系并非必然地是指没有限制的等同。在构成一种与科学理论相一致的宇宙论时，可以允许我们假定张力—轨迹和呈现的持续二者有联系并不是指它们就是同一个广延区域。根据意识性知觉的观点来看，两者的偏离可能是微不足道的，尽管这对科学理论来说是重要的。

第二节

有一些观念导致这样一种说法，即那些“被投射出的”感觉材料

是“第二性的质”。这些观念是由“张力—轨迹”同与其相联系的“呈现的持续”之间具有基本差异的观点所产生的。张力—轨迹完全是由相关感知者所决定的。虽然它要受到那些完全处于该感知者观察点的广延区域内的几何元素所规定，它却可以无限地扩展到该感知者以外。这种张力—轨迹的“坐标”，作为这个区域内的一个点集，借助那些叫作“投射线”的直线，足以形成这个完全张力—轨迹的定义。这些直线是一些聚合体，它们的几何关系是以这些聚合体作为材料的张力感受中作为其构成成分的诸形式。直接表象起源于张力感受与“物质性目的”相整合，因此，根据转换范畴，“物质性目的”中所包含的感觉材料被投射到由投射线所界定的某个外部焦点区域之中。

需要注意的是，这种直接表象学说和张力—轨迹学说完全取决于根据纯粹广延性对直线所下的定义。如果这个定义依赖于感知者之外现实的物质性发生，那么，这个感知者就应当发现，构成他的环境的那些现实的物质性结构，对于他向这些结构以外的焦点区域的“投射”，要么是一种障碍，要么是一种帮助。而直接表象中感觉材料的投射完全取决于大脑的状态和表征着大脑特征的那种系统的几何关系。大脑是如何兴奋起来的，是通过眼睛的视觉刺激，还是通过耳朵的听觉刺激，是通过过量地喝下酒精，还是通过歇斯底里的激情，这 324
都完全一样；只要对大脑有适当的刺激，那么，感知者就会知觉到由被投射的感觉材料所表现的确定的当下区域。不能夸大直接表象对环境中的当下现实的表现没有差异。只是幸好由于感知者和这些当下现实依赖于某种共同的过去，才使直接表象不至于成为一种空洞的审美展示。直接表象确实在展示着某种东西，即共时性世界实在的广延性。它涉及到当下的现实，然而却只是使它们受到广延关系的制约而把它们客体化。它展示了一个世界普遍存在的系统，这个世界既包含也超越了感知者。它生动地展示了系统的实在潜在性，既包含了感知者，进而又超越了感知者。由于直线只能根据测量来定义，需要特殊的现实发生来进行测量，因此几何学理论缺乏与特殊的物理事实的必要分离。因此那些必要的几何形式只能在考察了测量所要求的个别现实发生之后才能引进。但是，上述“投射”理论要求，完全的直线定义必须在逻辑上先于广延环境中的个别现实。这个要求已经由前面的直线理论所提供（参见第三章）。投射线确实依赖于一个经验的发生。但是，即使这种依赖也只不过是要求那种发生中作为其构成成分的感受，还应当参与到它们的材料以外的某些几何元素中，即参与到点的集合以及由它们所定义的直线中。因此，根据这一解释，直接表象就是一种方式，根据这种方式，共时性几何关系的生动感受，通过特别地强调某些“焦点”区域，进入经验之中。

这一学说就是常识往往采取的观点。当我们看到一个有颜色的形体时，这个形体有可能是一个实实在在的人，也可能是个影子，或者是镜子里的映像，或者是一种幻觉，但不管是什么，它总是**在那里**，向我们显示着外部空间的某个区域。即使我们凝视一千光年以外的一片星云，我们也并非是向后看一千年。这样一些说话方式是一些解释性的说法，是要把注意力从直接经验的基本事实即从观察天空当下一片明亮的斑点移开。在哲学上，最重要的是要当心语言产生的解释性妄想。而且，那些明亮斑点的大小完全取决于所使用的望远镜的放大能力。这样通过望远镜所看到的亮点，同观察者的直接目光“投射”所限定的较小亮点之间的相互关系，也是需要给予科学解释的一个问题。这一块较小的亮斑被**说成**是由于使用望远镜后“放大”了。我们**亲眼看到**的是较大的斑点，而通过理论计算我们则把它与较小的亮斑联系起来。这种科学的解释忽略了望远镜的作用以及实际所看到的较
325 大亮斑，把它们看作只是工具性的中介物。它把注意力集中在当下那块较小的亮斑上，最后甚至放弃了有利于说明过去一千年另一区域的那块亮斑。这种解释只是说明了所谓直接观察陈述归根结底不过是对简单的直接经验的解释性陈述而已。当我们说我们看到了一个人时，我们可能是指我们看到了一个颜色斑块，我们认为这个斑块是一个人。在这种情况下，我们的全部相关经验可能要多于那种单纯的视觉经验。用笛卡尔的话说，我们关于外部世界的经验不仅包含对相关摄

入中“**客观实在**”的“**观察**”，而且包含使用这些摄入以外的我们的全部经验所作的“**推断**”。对这种“直接表象”学说即假定直线的定义不依赖于外部现实的反对意见，已经因为在第三章中提出那样一个定义而被消除了。当然，这个定义的要点是试图证明，除了广延连续体被原子化到其中的个别现实以外，广延连续体在其系统结构中还包含着由直线所表达的那些区域之间的关系。这些关系就是**在那里**为人知觉到的。

第三节

笛卡尔关于直接表象的“客观实在性”的学说被有关私人心理领域的现代学说完全否定了。洛克的“第二性质”学说是这种现代观点的折中方案，并且实际上笛卡尔自己的观点整体上看也是如此。笛卡尔对这一点的看法有些含糊不清，可以把它解释为是与有机哲学相符合的。但是，洛克把感觉材料看作纯粹是精神附加到物质自然上的事实。这两位哲学家都把物质世界看作**本质上**独立于精神世界，尽管这两个世界具有难以说清的**偶然**关系。根据有机哲学，物质活动和精神活动是难解难分地相互交织在一起的；我们还可以发现，感觉材料以各种形式在发挥作用，参与一个发生矢量地摄入另一个发生的活动；最后，在探索直接表象的起源时，我们发现精神活动改变了感觉材料的功能，从而把它们从因果摄入的参与者转化为表象摄入的参与者。但是，就整个过程而言，感觉材料同任何其他东西一样参与到自然之中或者说分有着自然。精神的作用正是要修正永恒客体的物质性参与或分有：表象性摄入的情况只是一种显著的例子罢了。关于精神的全部学说——从上帝往下——精神是一种不断修正的动因。但是，笛卡尔和洛克两人都抛弃了感觉材料的“客观实在性”（但是对笛卡尔来说，在《形而上学的沉思Ⅰ》中他讲道：“同样确定无疑的是，构成这种东西的那些颜色必然是真实的。”），并希望在广延关系方面来挽

326 救客观实在性。这是一种不可能的折中，因而被贝克莱和休谟轻而易举地抛在一边。（见休谟《人类理解研究》第一部分第十二节。休谟在这里显然正确地指出了贝克莱是这一系列论证的首创者。）关于"私人心理学领域"的现代学说是休谟学说合乎逻辑的结果，尽管休谟"作为提出者"拒绝接受这一结果。这种现代学说给现代科学解释提出一个巨大的难题，因为所有精确的观察都是在这些私人心理领域中进行的，这样一来，谈论工具、试验室和物质能量便无济于事了。真正观察到的是颜色感觉在私人心理空间中的狭窄色感带，而集合性地构成这个完全私人经验的感觉印象则"是由不知道的原因在灵魂中产生的"。分光镜是个虚构，辐射能量是个虚构，观察者的眼睛是个虚构，观察的大脑是个虚构，观察者在纸上记下的试验报告也是个虚构。数月之后，当他向某个学术团体宣读他的笔记时，他又在其新的私人心理领域中对白纸黑字产生了新的视觉经验。同样，这些经验也是"由于不知道的原因"在他的灵魂中产生的，只是"习惯"才使他把早期的经验与后来的经验相联系。

根据这一理论，全部精确的测量都是这种私人心理领域中的观察。

休谟本人"作为提出者"拒绝接受这一学说。结论就是休谟对经验的说明过于简单化了，而这正是有机哲学所接受的结论。

但是，从这个讨论中凸显出一个重要的事实：所有精确的测量都同直接表象模式的知觉有关；并且这类观察仅仅涉及环境的系统几何形式，这些形式是由投射线根据张力"坐标"所界定的形式，而同构成环境的各种现实无关。世界的共时性现实与这些观察毫不相关。所有科学测量仅仅同产生这些现实的系统的实在潜在性有关，这就是物理科学仅仅同世界的数学关系有关这个学说的意义之所在。

这些数学关系属于广延性的系统秩序，这种秩序是我们生活于其中的宇宙时代的表征。那些持续客体诸如电子、质子、分子和物理实体所组成的集合体既能保持这种秩序，同时也从这种秩序中产生。因此，直接表象中所包含的数学关系既属于这个被感知的世界，也属于感知者的本性；它们既是公共的事实，又是私密的经验。

从一种意义上说，直接表象的知觉模式是贫乏的。除了符号传递以外，就它所揭示的共时性世界而言，这种客体化的世界缺乏所有构 327
成主体性形式的那些情感的、鉴赏的和有目的的要素。那些把客体化的聚合体联系起来的纽带只能展示这些数学关系的确定性。

但是，在另一种意义上，这种知觉模式具有极其重要的意义。它展示着那些系统的复杂的数学关系，这些关系参与或分有着我们的宇宙时代（在该词最广泛的意义上）的所有的聚合体。这些关系是这个时期特有的表征，因为它们在支配这个时期的那些由各种发生构成的集合体的直接经验中具有基础作用。因此，我们便发现了发生的集合体与自然规律之间相互作用的学说的一种特殊的应用。直接表象的知觉模式是构成叫作物理实体的聚合体的那些集合体的确定特征之一。同时在某种比较微弱的强度下，它也属于虚空中的电磁性发生。从单一感知者的观点来看，这种模式揭示了支配着该环境的系统关系。但是，因为构成那些集合体的诸个体发生的经验，该环境也是由这些关系所支配的。

正是由于对终极系统的这种揭示，才使我们有可能理智地把握这个物质性的宇宙。在所有相关事实中都存在着一种系统的体系，只有根据这个体系，丰富多彩的世界上各种变化万千、种类繁多、飘浮不定和不断凋谢的细节，才能通过它们与宇宙系统的共同方面的联系而展现出自身的相互关联。各种音质彼此不同，声音与颜色的性质不同，颜色的性质又不同于有节奏的一阵阵情感和疼痛的搏动，然而所有这些又都是周期性的，有其空间关系和波长。发现直接表象揭示的数学关系具有真正的联系，这是理性征服自然的第一步，精确的科学就是由此而产生的。如果没有作为自然事实的这些关系，科学便是毫无意义的，无异于痴人说梦。例如，一位著名的天文学家可以根据他对感光板的测量而猜测我们的恒星系演化的周期大约为三亿年，然而这种猜测只有根据这个时期普遍存在的系统几何关系，才能获得其意义。但是，即使他要对儿童玩的陀螺的旋转周期作类似的陈述，他也需要有同样的系统参照，而且这两个周期也可以根据这个系统进行比较。

第四节

测量要依赖于计算和持续性。然而，问题在于计算什么？什么是
328 持续的？所要计算的东西是一根金属直杆上的英寸，即一根码尺。而且这个持续的东西就是与世界的几何性质既有内在关系又有某些广延关系的一根码尺。首先，这一根金属杆须是直的。因此，测量取决于这根量杆的直，而不是量杆的直取决于测量。对于这一陈述，现代的回答是，测量是无穷小的比较，或者是向无穷小接近的比较。对于这一问题的回答是，根本不存在无穷小，因而也不可能有向无穷小的接近。在数学中，所有关于无穷小的说法不过是一个伪装的关于一类有限物的陈述。自 19 世纪中叶维尔斯特拉斯时期以来，这个学说一直是数学理论中的定论。而且对于任意两个端点之间的线段来说，所有弯曲的曲率都是可能的。

当然，在所有测量中，我们都假定存在着向码尺的接近，但这是接近于直。而且，鉴于直线的系统几何学以及由金属杆所展示的那种类型的接近，所使用的量杆长度越小，量杆的直的缺陷所导致的百分比误差就越是可以忽略不计。但是，除非直的概念具有相对于广延关系的确定意义，否则，实际测量中的这一整个过程就成为毫无意义的了。没有什么东西能把两个端点之间的一段弯曲线段与这两个端点之间另一段弯曲线段区别开来。一段弯曲线段并不比另一段弯曲线段更直一些，而且它们的长度之间还可能存在着任何百分比的差异。

此外，由于这些英寸是全等的，并且是沿着直杆与端点相比照的，因此它们才是可计算的。而任何计算都不可能与这些英寸完全重合，计算本质上同非重合的直线有关。对长度的数值测量表示这

样的事实：这根码尺是一根可分为 36 个全等的一英寸长线段的直杆。

有一种现代理论认为，“全等”**意味**着有可能重合。如果情况真是这样，那么，当出现这种可能性时，全等的重要性就显现出来了。另外，这种可能性也可能是由于作为进入主体性目的的一种诱导而成为重要的。如果后一种可能是真的，全等就会以倾向于合并成重合的物体或抵制合并成重合的物体的形式发挥作用。实际上可能会有顺从或抵制合并的情况，当然这个观点是荒诞不经的。再回到前一个可能，码尺上 36 英寸的重要性依赖于下述事实：这些英寸**不是**重合的，并且直到码尺杆损坏为止，它们也绝不会重合。这根量杆具有一种已实现的属性，即它是 36 英寸长。因此，尽管“重合”可用来作为检验全等的**标准**，它并不是全等的**意义**。

现在，我们必须考察如何把“重合”当作一种标准来使用。全等的检验要么通过把一把钢码尺从与一个物体相重合传递到与另一个物体相重合，要么通过某种光学手段，借助于使用光学仪器，使一系列 329
波的连续波长相重合，要么通过某种其他振动仪，借助于类似原理来检验。

这里马上就显现出，所有这些检验都取决于对持续性的直接的直觉。这种“持续性”是指所使用的各种工具，即码尺、光学仪器或其他类似工具的“全等的持续性”。例如，当这根码尺从一个位置移到另一位置时，我们假定它与其自身的先前状态保持着全等。仅仅直觉到它仍然是同一个物体是不够的，有些物体发生了很大变形也能保持这种自我同一。所要求的属性是那种自身全等的属性，而物理条件的微小变化都会使码尺发生微小的变化，而且感官知觉也决不是绝对精确的。但是，除非“精确性”有一定意义，否则，“微小的变化”和“精确性的微小缺陷”这些概念就是无意义的。除了这种意义以外，有关这根码尺存在的两种情况就成为不可比较的了，除非通过另一种依赖同一原理的试验。这类试验的数目只能是有限的，因此最终我们要依赖于这些直接的判断。

不论对工具的检验和对诸如温度之类的物理因素的变化所作的校正能达到何种程度，最终总要依赖于相关环境不变这些直接的直觉。这些工具在一分钟一分钟地、一小时一小时地、日复一日地使用着，其唯一的保证是有先前的检验和相关环境不变的**表象**。

这种“表象”永远是以直接表象模式产生的知觉。如果这种知觉在任何意义上都是“私人的”，与“公共的”一词的相关意义相对立，那么，科学测量所依赖的这些知觉就只能阐明个别观察者的私人心理，没有任何“公共的”意义。

这样一种结论非常明显地与我们关于公共世界的真正现实之间的交往信念相抵牾，因此，鉴于所有科学和哲学的最终检验标准是以经验作为共同的基础，我们可以把这个结论作为一种归谬论题予以抛弃。当这类陈述似乎给陈述的简洁性提供了一种捷径时，许多现代科学哲学就重新回到这种“私人性”理论上来，而另一方面，当这个概念对于表达科学在日常经验中的地位是必不可少的情况下，这些科学哲学又重新使用观察公共世界的概念。科学要么是一种有关观察日常世界的系统理论的重要陈述，要么是一个爱好讲述白日梦的孤僻智慧头脑的幻想。但是，从一种观点到另一种观点摇摆不定，这不是真正的哲学。

第五节

330 最后，必须考察一下“重合”作为张力—轨迹中两个几何元素之间的关系有何意义。这里我们只要根据两条直线线段来思考这个意义就够了，因为我们可以把所有的其他意义看作是从这个意义中派生的。

张力—轨迹是由普遍存在于自身范围内任何一个有限区域中的“投射线”所规定的。这样一种轨迹是一个系统的整体，它独立于能使之原子化的各种现实。在这一方面，它区别于一定要依赖于其**物质**

内容的“持续”。张力—轨迹仅仅依赖于其自身的**几何内容**。这种几何内容可由任何恰当的“公理”集合来表达，从这些公理可引申出它所包含的直线和点的系统的相互联系。这个结论要求张力—轨迹的几何关系具有系统的一致性，但是还要涉及进一步的经验观察，以发现这个一致系统的特殊性质。例如，关于一条完全的直线是一个由连续的点所构成的“封闭”轨迹还是“开放”轨迹的问题，就完全是一个这样的发现问题。通过对那些相互竞争的理论在阐明被观察事实方面的能力进行比较，我们就能发现那个唯一的决定。

唯一同直线有关的属性有：(1) 它们的完全性；(2) 它们包含的点；(3) 所包含的任何两个点的唯一确定性；(4) 它们在一个单独的点上相交的可能性。那些表达系统几何理论的附加公理一定不能参照长度或全等，因为这些概念都是从这个理论中引申出来的。因此，这些公理一定只能参照相交的直线，以及它们包含或排除其他相交直线所表示的点。数学家们对这些公理的集合了如指掌。有许多这样的集合，它们分别地构成了不同的几何理论。而且，若假定有一种能构成确定的几何理论的公理集合，就可以轻而易举地获得彼此等价的不同的公理集合，意思是指，所有的其他集合都可以从任何一个公理集合中推演出来。所有这些等价的集合都能产生相同的几何理论。等价的集合有其自身的重要性，但对现在的探究则没有意义，所以我们在此可以不考虑它们，而**不同的**公理集合则是指那些构成不相容的几何理论的公理集合。

有许多这样的集合，具有各种各样的独特属性。然而，有三种这样的集合能把特殊的简单性与观察事实最一般的一致性相结合。这些集合能分别给出三种几何理论的非几何属性，这三种几何理论就是数学家已知的椭圆几何学理论、欧几里德几何学理论和双曲线几何学理论。给出三种公理集合对于我们的目的没有任何作用，但是我们很容易解释这些理论的主要不同点，同时又不至于偏离哲学讨论 331
太远。

首先，可以给出这三种理论共同的“平面”定义。本编第三章给出的定义已经足够了，但是另一种可能的定义可以这样来表述：若A、B、C是任意三个非共线点，且AB、BC、CA分别表示包含A和B、B和C、C和A的三条完全的直线，那么，分别与这三条线中任何两条线相交但不是相交于A或B或C三个角的任何一个的那些直线，将会通过构成一个平面上的所有的点，并且在这些直线上的点都是属于这个平面上的点。

因此，平面可以定义为至少附属于一组这样的直线上的所有的点所构成的轨迹。这些公理就是要使这个定义与第三章的定义相等。而且这些公理可以保证通过一个平面上两点的任何直线，其本身完全属于这个平面。同时从这个平面的定义还可以得出，一条线段L和不属于L的一个点P是共面的。

这三种几何理论之间的区别此时可以借助这样三个几何要素的组合来加以解释，即一个点P、一条不经过P的线L以及P和L所属的平面π。试想所有通过P并属于平面π的线。那么，在椭圆几何学理论中，所有这些线都与线L相交；在欧几里德几何学理论中，除唯一的一条线即通过P而与L平行的线以外，所有这些线都与线L相交；而在双曲线几何学理论中，在这个平面上通过P的线可分为两类，一类是与L相交的线，另一类是与L不相交的线，且每一类都包含无限数量的线。而凯利和冯·施塔特①证明了线段的全等和其中包含距离的数值测量是可定义的。最简单的例子就是欧几里德几何学的情形。在欧几里德几何学中，基本的事实是平行四边形的对边相等，而要界定不平行的线段之间的相等，则有更复杂的要求。但是就这里要达到的目的来说，不必要具体解决这一数学难题。

但是，由平行四边形的对边全等的特殊例子所提供的说明，使得全等概念所依据的一般原理得到解释。如果包含在两个线段中的直线的系统模式所具有的功能具有一定的相似性，那么这两个线段就是全等的。

---

① 见凯利：《关于齐次多项式的第六篇论文》，载《皇家学会会报》，1859；冯·施塔特：《位置几何学》，1847及《论位置几何学》，1856。

对这种相似性所下的定义就是根据非测量几何学对全等所下的定义。我们可能会发现不同的相似性所给出的全等定义相互不一致。如 332
果哪个定义能够以重要的作用进入占主导地位的集合性存在的内在构成之中，那么这个定义对于这个相关宇宙时期就是一个极其重要的定义。

现在对于整个广延连续体的测量就成为可能的了。这种测量是建立在这个宇宙时期占主导地位的集合体之上的一种系统方法。当给出一种测量形式时，就可以定义出与这种最初形式有确定的数学关系的其他形式。从数学方法上说，这样一个系统与任何其他系统都是等效的。唯一需要记住的要点是，每一个“坐标”系统同构成全等的相似性一定具有自己可定义的关系。

第六节

物理测量如今已是可能的了。由爱因斯坦引进的现代方法是对“最小作用力”方法的引申。这种方法就在于考察时空连续体上任意两点之间的任何连续线，并致力于把场的物理属性表达为这条连续线的积分。这些被设定的测量就是构成各种相关点坐标的几何测量。各种物理量作为有关“常量”进入相关的代数函项，而这些常量则依赖于那些使广延连续体原子化的现实发生。这些介质的物理属性则表现为由这个积分所满足的各种条件。

通常，我们以距离要素来称呼这个积分的“无穷小”要素。但是这个名称虽然作为一个技术用语差强人意，却完全有可能使人误解。关于这个路径根本不可能有不同要素全等的理论，重合概念并不适用。任何系统的理论都是不可能的，因为所谓“无穷小”距离取决于整个环境中的现实存在。表达这种所谓距离的唯一方法就是利用假定的几何测量。这种错误所以会产生，是因为物理学家的思想无意识地受到从亚里士多德到康德所流传下来的假定的影响。亚里士多德把

“量”作为其范畴之一，并且没有区分外延的量和内涵的量。康德作了这种区分，但是他把它们两者都看作是范畴性概念。在凯利和冯·施塔特的著作（见同上引文）之后，人们公认，外延的量已成为一种构造。流行的物理学理论假定了各线段之间所谓长度的比较，但却没有任何理论作为这种比较的根据，并且忽略了如下事实：所有精确的观察都属于直接的表象方式。此外还忽略了一个事实：根本没有任何
333 无穷小量，因而需要的是有限线段之间的比较。由于这种原因，就解释而言，最好是放弃对这种积分使用“距离”一词，而以诸如“动量”之类的名称给它命名，表示其物理内涵。①

不过，需要注意的是，这个讨论所得出的结论并不意味着否定以微分几何问题形式出现的基本物理规律的现代处理方式。积分的动量是一种广延量，一种“长度”。动量的微分要素是以相关环境的个体特殊性来衡量的系统长度的微分要素。整个物理场理论就是以系统几何学为背景的现实发生的个体特殊性的密切结合。这种系统几何学表达了整个巨大无垠的宇宙集合体固有的最一般的“实体性形式”，它构成了决定合生过程的实在的基本潜在性。② 在这一观点上，有机哲学非常接近于笛卡尔的哲学。

全部论证可以概括如下：

（1）现实发生是不可移动的，因此重合理论是无意义的。

（2）外延量是一种逻辑构造，表达的是全等单位的数量，这些全等单位是：(a) 非重叠的，(b) 穷尽了有关的聚合体。

（3）全等只能定义为在包含两个全等要素的复合系统中某种确定

① 参见本人著作《相对性原理》，剑桥大学出版社，1922。

② 这种有关全等因而也是关于测量所需要的基本一致性的起源理论，应当同耶鲁大学的 F. S. C. 诺思罗普教授的两篇深刻而有趣的论文中的理论相比较，这两篇论文是：(1)《相对论与科学的第一原理》，(2)《宏观原子论》，载《哲学杂志》第 25 卷。我不可能修改他关于“宏观原子”的观点，以适应我的宇宙学观点。如果我的“微观原子发生”学说被人接受的话，这个概念似乎也不是必需的。但是如果我的这种理论被抛弃，诺思罗普教授的理论看来就是唯一可选择的理论。我深表遗憾的是，直到我的这部著作最终修改交付出版时，我才注意到这两篇文章。

的类似功能。

(4) 所有实验性测量最终都涉及对所使用工具早期状态和晚期状态之间相重合的直觉。

(5) 所有**精确的**观察都是由直接表象方式的知觉作出的。

(6) 若这种知觉仅仅涉及私人心理领域，科学就成为没有任何公共意义的个人幻想。

(7) 直接表象方式的知觉唯一地依赖于“身体”的“使用”，并且仅仅体现着外部的共时性世界与该“身体”之间系统的几何关系。

第五编

终极解释

第一章　理念的对立

第一节

哲学的主要危险在于证据材料选择的狭隘性。这种狭隘性源于文 337
明史上特定的理论家、特定的社会集团、特定的思想学派和特定时代的特异秉性与畏惧心理。由于个人的气质秉性、社会集团的地域褊狭和思想体系的各种局限，哲学所依赖的证据材料便受到各种任意偏见的不良影响。

由这种证据材料的扭曲所导致的弊端，最严重地表现在本书最后一编这个探究所要考察的主题——终极理念问题上。在着手研究这个题目时，我们必须力求毫无偏见地去阐述各个时期各个地方流行的那些一般的伟大理念。我们无偏见地进行选择的标准一定要注重实效：所选择的那些典型阶段一定要因其自身的内在意义，或者它所产生的结果的内在意义，而使人们不得不对它们予以关注。例如，在罗马共和国早期的历史阶段，罗马农民严格的自我约束造就了罗马帝国的伟大时代；在新英格兰，早期清教徒严格的自我约束造就了新英格兰文化的鼎盛时期；而苏格兰的神圣盟约时代则造就了现代文明归之于苏格兰的深刻印象。无论罗马的农民、美洲的清教徒还是缔结神圣盟约的缔约者，都未能完全地获得拥戴，而且他们也各有不同。但是不论在哪一种情况下，都有一些伟大之处。与这个例子相反的是，我们还发现了审美文化繁荣的古希腊时代、罗马的奥古斯都时代、意大利的文艺复兴时代、英格兰的伊丽莎白时代，以及英国和法国的复辟时代，还有盛行了几个世纪的现代世界比如现代巴黎、现代纽约的条顿文明。道德家对这些社会中的某些社会颇有微词，然而，在对人们的生活作任何批评性的评论时，绝不能忘记这些成就。对于这些不同的例子无论对哪一种作评价，纯粹的蔑视便意味着盲目。在每一个这样的例子中，都有令人肃然起敬的因素。那些创造了宗教制度的人物，他们的生活中都有着伟大之处，这些伟大体现在他们的行动、观念和自我约束上，体现在几个世纪发展的一个又一个事例中。在摧毁这些
338 制度的叛逆者身上也存在着伟大：他们是在天庭掀风鼓浪的巨人，充满着激情和忠诚。也许这种反叛只是年轻人在宣称他们拥有适当的辉煌权力，宣称他们拥有及时欢乐这种终极的善的权力。也许哲学不应忽略世界的多样性——在这个世界上，小精灵在跳舞，而基督则被钉上了十字架。

第二节

人的各种不同气质控制着不同时代各种精神的形成。在前面有一章（第二编第十章）我们已经注意到，“与我同住吧”的圣歌中包含着持续性的意义，而随后一句“黄昏已来临”则包含着流动性的意义。各种理念本身就是围绕着恒定和流动这两个观念形成的。在不可避免的流动中，总是有某种恒定不动的东西，而在压倒一切的恒定性中，总有某种要素进入流变之中。只有从流变中才能抓住恒定，而流过的瞬间只有归于恒定，才能找到自己合适的强度。谁要想把这两种元素分开，谁就对这些明显的事实不会作出任何解释。

在佛罗伦萨美第奇教堂中，米开朗基罗的雕塑杰作——日神、夜神、暮神和黎明神这四个象征性人物，表征着时间流变的永恒性要素。这四尊塑像矗立在教堂里，置于周而复始的连续事件之中，永恒地表现着事物本性的本质意义。完美的实现不仅仅体现着抽象的永恒存在，而且还体现着把永恒植入本质上流动的东西之中。完满的瞬间在时间的流逝中是永不消逝的，时间此时已经失去自身“永恒消逝”的本质，成为“流动的永恒形象”。

第三节

还有一种对比对理解这些理念同样是根本性的——这就是造成卓越的秩序同阻止生命更新的秩序二者之间的对比。这种对比在教育理论中可以看到。造就卓越就是要对技能进行全面训练，而纯粹的技巧一定会超越有意识的训练范围，还必须呈现出下意识的习惯性。取得优异成绩的第一个条件、第二个条件和第三个条件都是要有广义上的学问，包含知识和必需的控制活动的能力。

有一个悖论摧毁了许多著名的教育理论，这个悖论就是：训练能产生技巧，但也很容易浇灭想象的热情。技术要求重复，想象的热情则伴有冲动。在一定程度上，每一种技术进步都为想象开辟了新的道路，但每一种个别的程式化训练，其自身的有用性都有一定的限度，
超过这个限度，就会发生退化：“田野的百合既不会耕耘，也不会纺 339
织”。

人类社会发展史展现出一些伟大的组织机构，它们在发挥着不同的作用，既能为进步创造条件，也能阻碍人性的地步。地中海沿岸国家以及西欧的历史，就是一部各种政治组织、宗教组织、思想体系和抱有宏大目标的社会机构祈福和降灾的历史。一代又一代最杰出的精英人物为之祈祷、为之奋斗、为之牺牲而获得统治权的那个时刻一旦到来，就成为由祈福到降灾转折点的标志。这时便需要有一些新

的原理来使人振奋。进步的艺术就是在变化中保持着秩序，同时又在秩序中保持着变化。生命拒绝以防腐剂来保持活力。在单调僵滞的系统秩序中，停滞不前的时间越长，僵死社会的崩溃造成的冲击就越大。

同样的原理也体现在艺术中，单调僵滞地流行一种时尚会使人乏味厌倦。欧洲各地到处是珍贵的哥特式建筑，已使几代人感到餍足。这些令人沉闷厌倦的时代，似乎已经使这些美好珍品的独特形式失去了全部意义，而那些仅存的微妙感受仿佛需要某些新的要素从过时的制度中拯救它们的巨大遗产。光有秩序是不够的，世界还需要更为复杂的东西，这就是秩序要不断更新，从而使宏大的秩序不致退化为单纯的重复，因此在系统的背景中永远要反映出这种新颖性。

但是，这两个要素实际上是不能相互割裂的。世界已确立的秩序应当宽容地对待另一时代那一缕微弱的不协调之光，这正是世界的优秀品质。而且当秩序在新条件下沉淀到背景中时，仍会有自己的各种需求。旧的主导因素应当转化为稳固的基础，使新的感受能在这一基础上产生，从系统与新鲜感受之间微妙的对比中获得自己的强度。在这两种情况下，不管哪一个情况过度了，是过去完全消失了抑或过去占据了主导地位，都会削弱当下。这是亚里士多德“中庸之道”学说唯一的一种应用。这种把因果效验转化为直接表象带来的教益就是，伟大的目的是由现在的生命达到的；生命是新鲜的和直接的，然而其自身的丰富性却是通过充分继承高度组织起来的动物身体而获得的。正是通过这种动物性的身体及其自身奇迹般的秩序，才使过去环境的珍宝涌入各种生命的发生之中。各种生命发生的最终知觉通道也许是大脑缝隙“虚空”中游弋的一丝偶发事件，它既不耕耘，也不纺织；它从接收过去而来，然而却生活在当下；它受到自身那些不同强度的喜欢和厌恶的私人感受的刺激。这种肉体生命发展的最终结果，便是依次把自身作为一个新要素传递到身体的各个通道。它对身体的唯一用处便是自己生机勃勃的原创力：它是创造新生要素的器官。

第四节

这样一来，世界便面临着一个悖论：至少在世界的高级现实中，340
世界在竭力求新的同时又唯恐失去过去，因为过去有熟悉和钟爱的一切。世界致力于摆脱时间的“永恒消逝”的性质。新年的快乐部分地就是希望旧的季节不断轮回，并保持着稳定的事实——友谊、爱情和昔日的同伴。然而，与这种唯恐失去过去相联系的是，当下作为仅仅是对过去单调乏味的保持，却呈现出恐惧过去、拒绝过去的叛逆性：

> 不管死亡是注定的还是获得的，
> 残酷的折磨还要从头再来。

每一个新时代都要向作为自己直接先驱的审美诸神发动无情的战争，以此开启自己的事业。然而，有意识、有理性的生命所要实现的最终事实，绝不是要把自己看作短暂的欢乐和过眼烟云。在物质世界的秩序中，生命的作用是由它引入多少新颖性所规定的。但是，正如在物质性感受中充满着对因果性的模糊坚持一样，在高级理智感受中也充满着对另一种秩序性的模糊坚持，这里没有波涛，没有航行，没有海难：“这里海洋也不复存在。”

这就是当宗教在文明化社会中达到高级阶段时逐渐形成的难题。对这个宗教难题最一般的表达就是，暂时性世界的过程是否能形成另一种具有新秩序的现实，根据这种秩序，新生事物出现不再意味着失去。

在暂时性世界中，终极的恶比任何具体的恶更加深重。这种恶就在于这样一种事实：过去在逐渐消失，时间在“永恒地消逝”。客体化过程包含着排除。当下的事实不能以任何充分的直接性使过去包含于自身之中。时间的过程把过去掩蔽在不同的感受之下，而在当下各种事物中则有一种共同的生成。为什么不能既有新颖性，同时又不失去事物中这种共同的直接性呢？在暂时性世界上，过程必有所失，过去是抽象的现在，这是一个经验的事实。但是，对于任何终极的形而上学普遍性而言，没有任何理由能够说明为什么这就应当是全部真相。恶的本质就在于各种事物的性质相互干扰，因此生命的奥秘要求有一个选择的过程。但是，这种选择就是排除，是走向另一暂时性秩序，把阻碍方式降到最小的第一步。这样，选择便成为对恶的衡量，同时也是逃避恶的过程，意味着在事实上抛弃那些阻碍因素。事实上没有任何因素的作用等于零：因此与恶作斗争的过程，就是通过提供一些中介要素，引入一种复杂的和谐结构，从而建立一种互利方式的过程。某种秩序在重建过程之初弱小平凡，但表征着这样一个事实，即各种现实都是产生出来的，虽然它们就其自身恰当的直接“目的”
341 性质来看是弱小平凡的，然而对于一个既明晰又有内在直接价值的世界的突现则是恰当的“手段”。

从传递方面来看，世界的恶是一些半透明要素，其本身是无足轻重的；而那些具有个体分量的要素，由于它们之间相互冲突，给生动的直接性提出了隐没到黑夜中的要求。“他给予他所爱之人的是——长眠。”

所以，在我们的宇宙学建构中，还留下这样一些最后的对立，即喜与忧、善与恶、分与合——也就是说，多合为一——流动与永恒、伟大与渺小、自由与必然、上帝与世界。在列出的这些对立中，除了最后一对对立以外，每一对对立在经验中都有一定的终极直觉指向。上帝与世界需要进行专门的说明，它们体现着根据基本的形而上学观点对创造性起源的性质即概念性欲望和物质的实现而对这种宇宙学难题所作的解释，而这个论题则构成了宇宙论的最后一章。

第二章　上帝与世界

第一节

只要把世俗世界看作是创造性活动的自足的完成，把它解释为源 342
于一个终极的本原，既明显地是实在的，又是一个不动的推动者，那么由此所得出的必然结论就是：我们对这个混乱世界充其量所能说的只是“因此，他给予他所爱之人的是——长眠”。这是佛教式的宗教启示，并且从某种意义上说也是正确的。我们在这最后一章的讨论中必须要问，这些形而上学原理是否强加给人们一种信念，要人们相信它完全是一种真理？世界的复杂性一定要反映在对这个问题的回答中。如果以“世界是由什么构成的”这样一个天真的问题切入思考，那是幼稚可笑的。理性的任务是探寻事物多方面越来越深的奥秘。对于那些意义深远的问题，我们一定不要指望有简单的答案。不论我们的目光能穿透多远，永远会有一些高峰挡住我们的视线。

上帝是“不动的推动者”这个概念源自亚里士多德，至少就西方思想来说是如此。上帝“显然是实在的”这个概念是基督教神学最喜爱的学说。把这两个概念结合成为如下一种学说，即造物主是原初的、显然是实在的和超验的，根据这个造物主的律令，才形成了这个世界，并且世界要遵从造物主所强加的意志。这种学说是一种谬误，正是这种谬误把悲剧注入了基督教和伊斯兰教的历史。

当西方世界接受基督教之时，正是恺撒占统治地位的时候，因为西方神学所接受的经文是由恺撒指派的法学家们编纂的。查士丁尼法典和查士丁尼神学这两部文献表达的是人类精神的一种运动。生存时间不长的加利利人谦逊温和的目光在整个这些时代不确定地闪烁着。在官方对这种宗教的论述中，采取了一种平凡的形式，只是把这种宗教归之于犹太人喜欢一种关于救世主弥赛亚的错误概念。但是，在根据埃及人、波斯人和罗马帝国统治者的形象塑造的上帝中更深的偶像崇拜却被保留下来了，基督教会把唯一地属于恺撒的品性赋予了上帝。

在有神论哲学形成的伟大时期——这个时期随着伊斯兰教的兴起
而终结——经过与同时期文明共同发展之后出现了三个思想流派，除
了许多细节不同以外，它们分别把上帝塑造成罗马帝国统治者的形
343 象、一个道德力量人格化的上帝形象、一个哲学的终极本原的上帝形
象。休谟的《自然宗教对话录》无可辩驳地批评了这三种解释世界体
系的方式。

这三个思想流派可以分别与神圣化的恺撒、希伯来的先知和亚里士多德联系起来。但是，印度和佛教的思想先于亚里士多德的思想，希伯来先知的思想可能要追溯到更早的思想线索；伊斯兰教和神圣化的恺撒只不过代表了所有时代和一切地方最自然和最明显的偶像崇拜的有神论象征而已。

有神论哲学的历史表明，处理这个难题的三种不同方法在不同阶段的结合方式不一样。然而，在产生于加利利人的基督教中，还有与上述三种主要思想流派中任何一种都不大相同的另外一种思想。这种思想既不强调统治者恺撒，也不强调冷酷无情的道德论者，此外也不强调那个不动的推动者。这种思想强调的是世界的柔和因素，这些因素通过爱而缓慢宁静地起作用；它在不属于这个世界的当下直接的王

国中找到了目的。爱既不主宰一切，也并非不动，对道德规范也不大在意。爱并不寄希望于未来，因为爱在直接的当下得到了自己的奖赏。

第二节

除了参照现存宗教的现状或者其应然状况以外，我们还必须冷静地研究这里所提出的形而上学原理在这些点上对于上帝本性的要求。这里没有任何东西本质上需要证明，只需要使理论体系同一定的事实描述相对照。但是，如果对于事实的记录不是完全系统的，那么这种记录本身就是非常有争议的，而且我们也得承认这个系统是不恰当的。因此，在这个特殊的思想领域，根据这个思想系统作出的推论，只能被看作关于这个问题如何依据该系统加以改造而提出的建议。其结果不过是试图给休谟的《自然宗教对话录》这部杰作增加了另一位对话者而已。任何有说服力的论证，都完全取决于怎样阐明我们的有意识的经验中那些有点儿独特性的要素——这些要素大体上可归结为宗教的和道德的直觉。

首先，不能把上帝看作是全部形而上学原理的一种例外，人们可祈求他来挽救这些原理，使之免遭瓦解。上帝就是这些形而上学原理的主要体现。

如果把上帝看作原初的存在，那么他就是绝对丰富的潜在性无限制的概念性实现。在这一方面，他并不是**先于**一切创造物，而是与所有创造物**同在**。但是，作为原初的存在，他还远非“显赫的实在”，因而他还是处于这种抽象状态的“不完全的现实”——这表现在两方面。首先，他的感受只是概念性感受，因而缺乏充分的现实性。其次，除了与物质性感受复杂的整合以外，这些概念性感受的主体性形式中尚缺乏意识。

因此，当我们作出理性的区分，并以原初现实的抽象方式来思考 344

上帝时，我们应归于上帝的一定既不是充分的感受，也不是意识。他是事物根基中概念性感受无条件的现实。因此，由于这种原初的现实，在永恒客体与创造过程的相互联系中有一种秩序。上帝统一的概念性活动是一种自由的创造活动，不受任何特殊的事物进程的约束。这种创造性活动不会因为对事实上出现的一切有爱或者有恨而偏离方向。现实世界的一切特殊事物都以这种创造性活动为前提，而这种创造性活动只是以创造性进展的一般形而上学特征为前提，它就是那种特征的原初体现。上帝的原初性质就是通过原初性质的创造性活动而获得的。

上帝的概念性现实既体现着又确立了这些范畴性条件。构成上帝原初性质的那些概念性感受，以其主体性形式体现了它们的相互感应性及其主体性目的的主体统一性。这些主体性形式就是规定着永恒客体与每一现实发生相互联系的各种评价活动。

上帝是对感受的诱导，是欲望的永恒动力。他与每一种创造性活动的特殊的关联源于其自身在世界上有条件的观察点，因而构成了他的原初的“欲望对象”，确立了每一种主体性目的的原初阶段。引自亚里士多德《形而上学》[①] 中的一段话，表达了与这一思想路线的某些类似与差异之处：

> 既然动与被动的事物是居间的事物，这就必须有某种致动而不被动的永恒事物，这种永恒事物为实体亦为现实。欲望的对象和思想的对象也以这种方式致动，它们致物于动而自己不动。欲望与思想的基本对象相同。欲望所求对象为外表的善，而理性期望的对象是真实的善。但是，思考既为起点，欲望则应后于意见而不是意见后于欲望。思想因思想对象而动，相反的两方面中的一方本身就是思想的对象……

① 《形而上学》1972a 23-32，W. D. 罗思教授译。F. J. 卡尔森教授使我注意到这段引文与我的观点有一致性。

亚里士多德没有区分概念性感受与精神性感受，只有精神性感受才包含意识。但是，在上述引文中，如果以“概念性感受”及其主体性评价形式来代替“思想”、“思考”和“意见”，那么，就与我们的观点完全一致了。

第三节

上帝的本性还有另一方面是不能忽略的。在对有机哲学的全部论
述中，我们一直在考虑上帝对世界的基本作用。从这个观点来看，上 345
帝是具体性的本原——依据这一本原，从某种情境中才会产生一种确定的结果，否则这种结果就会模糊不清。因此，到此为止有关联的还只是上帝本性的原初性质方面。

但是，上帝的本性不仅是原初的，还是继生的。上帝既是开端又是终结。说上帝是开端并不是说他存在于世界上所有成分的过去，而是说他是概念性活动以之为前提的现实，与每一种其他的创造性活动处于共同的生成之中。因此，由于所有事物的相关性，世界对上帝也有反作用。上帝本性的完满性可进入充分的物质性感受之中，这是由世界在上帝中的客体化所引起的。上帝与每一种新的创造分享着自己的现实世界；而在上帝将这个现实世界客体化的过程中，合生的创造物则被客体化为上帝中的新生要素。上帝对每一种创造物的这种摄入既是以主体性目的为指导，又赋予这种创造物以主体性形式，这完全源于上帝的包罗万象的原初性评价。上帝的概念性本质因其终极的完满性是不变的，但是上帝的继生本性则是世界的创造性进展的产物。

因此，与所有现实存在相类似，上帝的性质也是两极的。他既有一种原初性质，又有一种继生本性。上帝的这种继生本性是有意识的，它是现实世界在统一的上帝本性中通过上帝的智慧转化而实现的。这种原初性质是概念性的，而继生本性则是上帝的物质性感受与原初概念相组合而形成的。

上帝本性的一个方面是由其自己的概念性经验构成的。这种经验就是世界上的原初事实，不受它以之为前提的任何现实的限制。所以，它是无限的，没有任何否定性的摄入。上帝本性的这一方面是自由的、完满的、原初的、永恒的、缺乏现实性的和无意识的。上帝本性的另一方面则是由源于世俗世界的物质性经验所产生的，然后又与那个原初方面获得了整合。它是被决定的、不完满的、继生的、“永恒持续的”、完全现实的和有意识的。上帝的必然的善表征着对他自己的继生性质的规定性。

概念性经验可以是无限的，但是它属于有限的物质性经验的性质。世俗世界的现实存在应当被视为是由物质性经验所产生的，它的完成过程是由源于上帝的继生性概念经验所推动的。上帝则可以被看作是由概念性经验产生的，他的完成过程是由最初源于世俗世界的继生性物质性经验所推动的。

第四节

上帝的主体性目的的完满性源于他的原初性质的完满性，这种完
346 满性产生了他的继生本性的特征。这种继生本性中没有任何缺失，也没有任何障碍，世界就是在这种共同的直接性中被感受的。把创造性进展与保持相互直接性相结合的属性，就是上一节所说的“永恒持续”的意思所在。

主体性目的的智慧摄入了一个完善系统所能包容的每一种现实——它的痛苦、它的悲哀、它的失败、它的胜利、它的当下欢乐——通过正确的感受把它们编织为和谐的普遍感受，这种普遍感受永远是直接的，永远是多，永远是一，永远向新生事物进展、向前运动而永不消逝。那些纯粹利己的恶的破坏性反抗则被消解为无足轻重的纯粹的个别事实要素；然而它们在个体的欢乐、个体的悲伤、在进步所需要的对比的过程中的确获得了的善，由于同完成的整体之间具

有联系，因而依然得到了拯救。这种善的形象——只是一种形象而已——并且是使上帝本性的有效增长可以得到最好理解的形象，就是那种亲切关怀且不丢失任何东西的形象。

上帝的继生本性就是他对世界的判断。在世界进入他自身的直接生命时，他拯救了世界。正是这种亲切的判断不会失去任何可以被拯救的东西。上帝的判断还是一种智慧的判断，这种判断使暂时性世界中的纯粹毁弃之物得到了利用。

要理解上帝的继生本性还需要另一种形象，这就是上帝的无限宽容。宇宙包含三重创造性活动，这种活动是由下列因素构成的：（1）一个无限的概念性实现；（2）自由的物质性实现在世俗世界中的多样性聚合；（3）多样性的现实事实与原初的概念性事实最终实现统一。如果我们能够认识到，第一项和最后一项的统一与中间的世俗世界中多样的自由物质性实现相对立，我们就会认识到上帝的宽容，他是以自身本性的完满而慈爱地拯救了中间这个充满混乱的世界。事物的纯粹的力量存在于这种中介性的物质过程之中：这就是物质性的创生能量。上帝的作用不是这种创生性力量与创生性力量、破坏性力量与破坏性力量之间的斗争，上帝的作用在于他的概念性和谐的强大理性所具有的宽容作用。上帝并不创造这个世界，他只是拯救这个世界；或者更准确地说，他是这个世界的诗人，具有慈爱的宽容精神，并以他对真、善、美的洞见来引导这个世界。

第五节

错误地割裂流动性与恒定性会导致这样一种概念，即完全静止的、具有明显实在性的上帝与完全流动的、缺乏现实性的世界相对立。但是，如果这种静止的和流动的对立一旦作这样的解释，以便分别来描述这些不同现实的特征，那么，要解释这种稳定事物与流动事物之间的相互作用，就会在每一步上都包含矛盾。这一类哲学一定会

347 把“假想”的概念——“**纯粹**表象”的概念——作为基本原理。这正是柏拉图主义最棘手的难题。

毋庸置疑，希腊人和希伯来人的直觉以及基督教思想中，都同样体现着这样一些概念：一个是俯视世界的静止的上帝，一个或者完全流动或者偶然静止而最终却是流动的世界——“天和地终将逝去”。而在另一些思想流派中，通过假定从世界中选择一些成分从这种最终的流动性中去掉，从而能保存某种静止，以此来减轻世界的流动性。但是这种假定并没有划出任何确定的界限，能使我们把选择出来的这些成分与其他类似成分分开。此外，他们对保存下来的成分是根据最终的一对对立范畴来解释的，即对有些成分是幸福，对有些则是不幸。

这些思想体系有一个共同特征，就是都以我们试图表达的基本直觉为出发点，同时又把它们自身纠缠在各种语言表达式之中，因而所造成的结果同原初对流动中的恒定性和恒定性中的流动性的原初直觉相偏离。

但是，文明化的直觉虽然模糊却总是要抓住这个问题的两面而不是一面。这个问题并不纯粹是一个流动性**与**恒定性的问题，而是一个双重的问题：具有恒定性的现实需要有流动性才能使自己完满，而具有流动性的现实则需要有恒定性才能使自己完满。这个问题的前一半涉及到，通过从暂时性世界中产生上帝的原初性质，而实现上帝原初性质的完满。这个问题的后一半涉及到，通过每一种流动的现实发生的客体性永恒存在的作用，摆脱“永恒消逝”，也就是说，“永久持续”，从而实现每一种流动的现实发生的完满。

这个双重问题不能分割为两个不同的问题。问题的每一方面只能通过另一方面才能得到解释。上帝的继生本性就是这个流动的世界通过在上帝中的客体永恒性而成为“永久的持续”。而且现实发生的客体永恒性也要求上帝的原初恒定性，因而创造性进展通过赋予由上帝与进化着的世界之间的关联性所造成的原初的主体性目的，而不断地重建其自身。

但是，暂时性世界中的客体永恒性并没有解决精细的宗教直觉的穿透力提出的问题。“永久持续性”已不复存在，而“永久持续性”乃是精细的宗教直觉赖于建立的洞察力的内容——即那种最终的统一体持续不断地吸入的“多”。上帝的流动性和流动的经验的永久持续问题，只能由宇宙中的同一个因素来解决，这个因素就是暂时性世界，它通过自身的接收和改造而不断完善，以实现作为所有秩序之基础的原初欲望。上帝就是以这种方式，通过个体的、流动的有限事实的满足来不断完善自身，而暂时性世界发生的各种事件则是通过其自身的永久持续同经过改造的自我相联合而不断完善，与作为终极绝对“智慧”的永恒秩序融为一体。最后我们只能以一组反题来进行总结，348
它们所以具有明显的自相矛盾，就在于忽略了不同的存在范畴。在每一个反题中，都有一种意义的流动可以把这种对立转化为对比。

上帝是永恒的而世界是流动的，这样说是正确的，正如说世界是永恒的而上帝是流动的，同样也是正确的。

上帝是一而世界是多，这样说是正确的，正如说世界是一而上帝是多，同样也是正确的。

与世界相比，上帝显然是现实的，这样说是正确的，正如说与上帝相比，世界显然是现实的，同样也是正确的。

世界内在于上帝之中，这样说是正确的，正如说上帝内在于世界之中，同样也是正确的。

上帝超越世界，这样说是正确的，正如说世界超越上帝，同样也是正确的。

上帝创造了世界，这样说是正确的，正如说世界创造了上帝，同样也是正确的。

上帝和世界是相比较而存在的对立，上帝的创造性根据这种对立完成了其自己的最高任务，把具有诸多对立性差异的分离的多样性转化为具有诸多对比性差异的合生统一体。在每一个现实中，都有实现合生的两极——“享有”和“欲望”，也即“物质极”和“概念极”。对上帝而言，概念极先于物质极，而对世界而言，物质极先于概念极。

物质极就其自身性质而言是排他的，受到矛盾的限制；而概念极就其性质而言则是涵盖一切的，不受矛盾限制。前者从无限的欲望中分有无限，而后者从排他性的享有中分有有限。因此，由于上帝欲望的先在性，上帝只能有一种原初性质；而由于物质世界的诸多现实享有的先在性，因而在物质世界中一定会有诸多现实的历史。

上帝和世界相互对峙，表达着这样一个终极的形而上学真理，即欲望的想象和物质性享有都要求先有创造活动。但是，任何两个现实都不能割裂开来：每一个现实都是完全的。因此，每一个时间性发生都体现着上帝，同时也在上帝中体现出来。在上帝的本性中，恒定性是原初的，流动性是从世界中派生的；而在世界的本性中，流动性是原初的，而恒定性则是从上帝中派生的。而且世界在本性上乃是上帝的原初材料，而上帝在本性上则是世界的原初材料。当创造活动达到自己最终的阶段永久持续——世界的神圣顶峰时，便获得了恒定性与流动性的协调一致。

各种对立要素在相互需要中相互对峙，在自身的统一中相互约束或者相互对比。上帝和世界就处于这种既相互对立又相互需要的对峙之中。上帝是所有精神活动的无限的基础，是寻求物质多样性的统一
349 的洞见。而世界是诸多有限构成的多样性世界，寻求的是现实的不断完善的统一。无论上帝还是世界，都不能达到静止的完善，两者都受制于终极的形而上学根基，即不断地向新生事物创造性进展。上帝和世界，两者都互相为对方提供实现创新的工具。

无论在每一个方面，上帝和世界在自己的过程中都是彼此相对运动的。上帝从原初性质上说是一，也就是说，是诸多潜在形式相关联的原初统一体；在这个过程中，上帝获得了自己继生的多样性，其原初性质把这些多样性吸收到自己的统一体之中。而世界在原初性质上则是多，即多种具有自身物质性界限的现实发生；世界在自己的过程中获得了继生的统一体，这种新的发生被吸收到多样性的原初性质之中。因此，应当把上帝看作一和多，而在相反意义上，应当把世界看

作多和一。宇宙论研究的这个主题是一切宗教的基础，这个主题就是把世界的动态劳作变成永久持续的统一体的历程，也是通过吸收世界的多样性劳作而把上帝洞察力的静态威严变成实现自己完满目的的历程。

第六节

上帝的继生本性就是通过吸纳现实的多重自由，实现其自身现实化的和谐，以此使自己的经验达到完成。这才是真正现实的、弥补了纯粹概念性现实之缺陷的上帝。

世界上的每一种范畴类型的存在都是以可以对它作出解释的其他范畴类型的存在为前提的。因此，如果把多种永恒客体看作纯粹孤立的多样性，那么这些永恒客体就没有任何存在的特性了。这些永恒客体需要通过上帝对它们的概念性实现，把有关它们的概念转化为有实效的存在。

但是，如果根据一种空洞贫乏的永恒假设来设想上帝的概念性实现，这种概念性实现就成为毫无意义的了。正是上帝的概念性实现在宇宙的多样性统一中发挥着有效的作用，这种统一才能自由地创造那些源于被决定的情境的诸多现实。同时，这种不一致的诸多现实事物既相互需要又相互忽略，既相互利用又相互排斥，既不断消亡又需要生命作为顽强的事实，这就需要把理解扩大到包含事物性质的另一阶段。在这个后期阶段，诸多现实性成为一种现实，而一种现实就是诸多现实。每一种现实都有自己现实的生命及其直接进入新生状态的通道，但是这个通道并不是通向死亡。在上帝的本性中，这一最终阶段的转变一直在扩大自身。在这个阶段，对直接的欢乐与痛苦的完全调节达到了创造的最后目的。这个目的就在于作为手段的完全统一的调
节，在于获得个别类型的自我存在的完满的多样性。作为手段的功能 350
不能与作为目的的功能相分离。超越自身的价值意义被直接地享有，

成为个别的自我实现中压倒一切的要素。直接的悲伤和痛苦正是以这种方式被转化为一种胜利的要素。这就是通过人世间遭受的苦难来获得救赎的观念，这个观念可以把它的很小的表现概括为艺术中冲突的审美价值。

因此，鉴于宇宙自身有自由与必然、多样性与统一性、不完善与完善等各种各样的对立，应当把宇宙看作获得积极的自我表达自己的各种对立的过程。所有这些“对立”都是事物本质中的要素，不可移易和不可替代。“上帝”概念正是我们用来理解这种难以置信的事实的方法——这种事实似乎不可能存在，然而又确实存在着。

第七节

因此，上帝的继生性质是由具有个体的自我实现能力的多种要素所构成的。这种继生性质既是多样的，又是统一的；既是一种直接的事实，又是一种不断超越自身的进步过程。因此，上帝的现实性还必须理解为创造过程中现实成分的多样性。这就是上帝在天国中的作用。

暂时性世界中每一种现实都可以被接纳到上帝的性质之中。上帝性质中相应的要素并不是暂时性的现实，而是把这种暂时性现实转化为活生生的、永恒存在的事实的过程。暂时性世界的持续个性就是各种发生的路径，那些具有某种独特完满性的后继发生就是通过这个路径而整合它们先前的各种发生的。上帝性质中的这种相互关联的事实，在这些要素构成的链条中，是更为完善的生命统一体，对于这个链条来说，连续性并不意味着失去直接的一致性。上帝性质中的这种要素继承了暂时性世界中相应的要素，根据暂时性世界中同样的原理，未来继承了过去。因此，正如现在的发生就是**此时**的个体，然而他还有自身的过去，在同样意义上，上帝中相应的发生就是上帝中的那个个体。

但是，这种普遍相关性原理不应该停留在上帝的继生性质上。这种性质本身也要根据与各种合生的发生相关联的等级而进入暂时性世界之中。因此，宇宙完成其现实性有四个创造阶段。第一个阶段是概念性原创阶段，它在现实性上不完善，然而在其对评价的调节上则是无限的。第二个阶段是物质性创生的时间阶段，具有多种多样的现实性。在这一阶段上，宇宙获得了充分的现实性，但是各个个体彼此之间的协同性却仍嫌不足。这一阶段从第一阶段中获得了自己的决定性条件。第三个阶段是完满的现实性阶段，在这个阶段上，多成为永恒的一，无论个体的同一性还是统一体的完满性，都没有失去任何限制。在永久持续性方面，直接性与客体永恒性是一致的。这个阶段从 351
先前的两个阶段中获得自身生成的条件。在第四个阶段，这种创造性活动完成了自身。因为这种完善的现实要返回到暂时性世界之中，并且限制着这个世界，因而每一种暂时的现实都把作为直接事实的相关经验包含于自身。因为天国此时与我们同在。第四阶段的作用就是上帝对世界的爱，这种爱是对各种特殊发生的特殊天道。这个世界所做的一切转变为天国的实在，而天国的实在又返回到这个世界。由于这种互利关系，这个世界上的爱可以成为天国中的爱，并可重新充满这个世界。在这个意义上，上帝是伟大的伴侣，一个患难与共、相互理解的伴侣。

在这里，我们发现了客体永恒学说的终极应用。在每一种现世创造物的生命中，通过各种消逝的发生，那些厌恶与愉悦、事物性质产生的判断、救世主或灾祸女神的内在根源，就是在上帝的存在中永久持续存在的创造物自身的转化。以这样的方式，坚持不懈的追求就是正当的——这种坚持不懈地追求生存的热情，被我们持续存在和永不衰竭的重要的直接活动不断增添活力，我们的直接活动虽然不断消逝，但却永恒地存在着。

附录Ⅰ　主要概念和人名对照

abruptness 突然，突然性
absolute and phenomenal world 绝对与现象世界
absolute and relations 绝对与关系
absolute duration and place 绝对的持续与地点
absolute freedom 绝对自由
absolute idealism 绝对唯心主义
absolute motion 绝对运动
absolute of Bradley 布拉德雷的绝对
absolute qualified by universals 受普遍限制的绝对
absolute self-realization 绝对的自我实现
absolute 绝对
abstractions 抽象概念
abstraction 抽象，抽象化，抽象作用，脱离
abstractive set 抽象集（合）
acceleration 加速度
accident 偶然性

act of becoming 生成活动
act of causation 因果活动
act of experience 经验活动
act of perception 知觉活动
act 活动
action 行为，作用
activistic philosophy of process 活动过程哲学
actual bound 现实界限
actual entity normally excludes God 通常排除上帝的现实存在
actual entity prehending thing 摄入事物的现实存在
actual entity present in others 表现在他物中的现实存在
actual entity（-ies）：现实存在
actual infinite 现实的无限
actual occasion 现实发生
actuality 现实，现实性
actual 现实的，实际的
ad hoc［拉］特别地（的），专门地（的）
advantage 优势，利益
adversion 厌恶
aesthetic 审美的
affective tone 情调
affirmation-negation contrast 肯定—否定对比
affirmation 断言，主张，肯定
agency 作用，力量
agent 作用者，能动者
agitation 搅动
aim 目的，目标
all-encompassing 涵盖一切的，包罗万象的
alternatives 可供替代之物，另外的选择

ambiguity 暧昧，模糊不清
amplification 放大
anticipation 预期
appeal to history 诉诸历史，求助于历史
appearance 现象，显象，外观
appetition 欲望
applicability 适用性
application 应用
apprehension 领悟，把握
appropriation 占有，利用
approximate 近似
arbitrariness 独断性，随意性
argument 论点，论证
Aristotle 亚里士多德
association of ideas 观念的联想
association 关联，联系，联想
assumption 假定，假设
atomic events 原子事件
atomicity 原子性
atomic 原子的，以原子形式存在的
atomism 原子论
atoms 原子
audition 听觉，听能，听
authentic feeling 可信的感受，真实感受
authentic individual 真实个体
aversions 喜欢
axiom 公理
becoming 生成
being together 共在，在一起

Bergson 柏格森
bifurcation 分叉（点）
Bradley 布拉德雷
Buddhism 佛教
Caesar 恺撒
Cartesian 笛卡尔主义的
categoreal obligation 范畴性要求
categoreal scheme 范畴体系
categories of explanation 说明性范畴
causa sui［拉］作为原因的原因，自因
causal action 因果作用
causal dependence 因果从属
causal efficacy 因果效验
causal independence 因果独立
causal prehension 因果摄入
causality 因果性
causation 因果关系，因果性
cause 原因
Cayley，Arthur 亚瑟·凯利
cell 细胞
certainty 确定性
chain of events 事件之链，事件序列
chain of heritage 继承链条，继承序列
change 变化
chaos 混沌
characterization 特性化
character 性质，特性，本性
chemical 化学的
Christianity 基督教

civilization 文明
clarity and distinctness 清晰性和明确性
class 类
closed texture 封闭结构
coalescence 合并
cognizance 认识
coherence theory 融贯论
coincidence 符合
colours 颜色
common sense 常识，共同感觉
communication 沟通
comparative feelings 比较性感受
comparison 比较
compatibility 相容，相容性
complement 补体，补充
complete locus 完全的轨迹
completed state of affair 完全事态
completeness 完全，完全性，完满
complexity 复杂性
complex 复合体，复合的
component elements 分量元（素），组成要素
component events 分量事件，作为组成部分的事件
component forms 组合形式
component 分量，组分，成分
composition 合成
compress 阐述
compulsion 强制，强制力
concavity and convexity 凹状和凸状
conceptual analysis 概念分析

conceptual feeling 概念性感受
conceptual imagination 概念性想象
conceptual origination 概念性创新，概念性起源
conceptual prehension 概念性摄入
conceptual reaction 概念性反应
conceptualism 概念论
concordance 和谐，一致
concrescence 合生
concrescent unison 合生的一致，合生的统一
concrete implication 具体蕴含
concreteness 具体
concrete 具体的，具体物
concretion 具体化，具体化过程
condition of character 特性的条件
condition of efficacy 效应条件
conditionality 条件性
conditioned actual entity 有条件的现实存在
conditioning 制约
conditions of exclusive limitation 特别限制条件
conditions of relative status 相对地位的条件
conformal feelings 完全的感受，共形感受
conformal reception 完全的接纳，共形接纳
conformal 完全的，共形的
conformation 一致性
conformity 一致，符合
confusion 混乱，混淆
congruence 一致性，和谐
conic sections 圆锥剖面
conjunction 结合

connectedness 联系，联系性
connecting principle 联系原理
connection（=connexion）关联，关联性
conscious imagination 有意识的想象
conscious perception 有意识的知觉
consciousness 意识
consequent nature 继生性质
consequent 继生的，后现的
consideration 考虑，思考，考察
consistency 一致性，连贯性
constants 常数，恒量
construction 建筑（物），结构
constructs 建造，构造
contemporaneousness 共时性
contemporaries 共时存在，共时因素
contemporary events 共时事件
contemporary images 当下意象
contemporary occasions 共时发生
contemporary world 共时（性）世界，暂时性世界
content 内容，容量
contiguity 相邻性，邻近，接近
contingency 偶然，可能性
continuity of nature 自然的连续性
continuum 连续体
contradiction 矛盾
contrary 相反的，相反物
contrasts 对比物
contrast 对比
contributions 归属，促成作用

contributor 归属者，促成者
conviction 信念，确信
coordinate division 并列区分
coordinate 并列的，同等的，［复］坐标
coordination 协调，协调性，协调活动
corporate action 共同行动
corporation 集团
corporeal substance 个体质料
corpuscular society 粒子（性）集合体
correction 矫正，校正
correlate 关联，相互关联的人或事
correlation 相互关联，相互关系
correlative 相互关联的，相互依存的
correspondence theory 符合论
cosmic epoch 宇宙（新）时期
cosmological argument 宇宙论证明
cosmology 宇宙论
cosmos 宇宙
counting and measurement 计算与测量
count 计算
creation 创造（物），创造过程
creative act 创造活动
creative advance 创造性进展
creative urge 创造性冲动
creative 有创造性的，创造的
creativity 创造性
creatures 创造物
critical adjustment 批判性调节
critical judgement 批判性判断

critical philosophy 批判哲学
criticism 批评，批判，评论
critique of pure feeling 纯粹感受批判
cumulation 累积
customary status 传统地位
custom 习惯，风俗
cutting-off 截断，切掉
cut 切口
daily life 日常生活
datum（data）材料
de Laguna 德·拉古纳，T
dead 死的，没有生机的
decadence 堕落
decay 腐朽，衰退
decision 决断，决定
deduction 演绎
defining characteristic 确定特征
definiteness 确定性
definition 定义，界定，确定性
deism 自然神论
deity 神性，神
delineation 描画
delusive perceptions 虚假知觉
democracy 民主
Democritus 德谟克利特
depth 深度
Descartes 笛卡尔
descriptive generalization 描述的普遍化
determinant 决定因素，决定性的，限定性的

determinate identity 确定的同一性

determinateness 确定性，规定性

determination 规定性，决定过程

determinism 决定论

Dewey，John 杜威

difference 差异

differentia 种差

dimensions 维度（数）

dipolar 两极性的，偶性的

direct perceptive feelings 直接的直觉感受

discord（ance）不一致

discover 发现

discreteness of actual 现实的离散性或不连续性

discrimination 辨别（力）

disjunction 分离

disorder 无序

display 展示，表现

dissection 解剖，切开

distance 距离，远处

divergence 发散，分叉，背离

diversity 多样性，杂多，差异

divisibility 可分性

division 区分

doctrine of perspective 视界学说，视界原理

dogmatism 教条主义，武断

domain of relevance 关联域

dominance of order 秩序的优势，居支配地位的秩序

dominant character 主宰特性

dominant（central，presiding）occasion 占支配地位的（核心的，

主导的）发生

drops 积淀，积淀物

duplicity 两重性

duration 持续，持续性

dynamic perspective 动态视界

dynamics 力学，动力学

education 教育

effected difference 实际差别

effectiveness 有效性

effect 结果，效果

efficacy 功效，效验

efficient cause（causation）动力因，动因

efficient 有效的

ego 自我

Einstein，Albert 爱因斯坦

Electromagnetic 电磁学

electrons 电子

element of givenness 给予性要素

elemental stuff 基质

elimination 排除

elliptic geometry 椭圆几何学

emergence 突现，自然发生

emergent 突现的，自然发生的

emotional tone 情感调子

emotion 情感，情绪

emphasis 强调，着重，重点

empirical whatness 经验所是，经验的东西

empiricism 经验论，经验主义

empty space 虚空

endurance 持续（性），持续过程
enduring objects 持续客体
enduring 持续的
end 目的
energy 能量
enjoyment 享有
entirely living nexus 完全有生命的聚合体
environment 环境
envisagement 设想，想象
epiphenomenal 副现象的，副现象性质的
episode 一个事件，插曲
epistemology 认识论
epoch （新）时期
epochal theory of time 划时代的时间理论
equations 等式，方程式
equivalent sets 等价集（合）
error 错误
essence 本质
eternal object 永恒客体
eternity 永恒，永久
ether 以太
ethics 伦理学
Euclid 欧几里德
evenness 平稳，平面
event 事件
everlastingness 永恒性，持续性
evidence 自明性
evil 恶，罪恶
evolution 进化

exactitude 精确，严格，严密
example 事例，实例，例子
excellence 卓越，优秀
excessiveness 超出
excluded determinations 被排斥的决定，排斥性规定
exclusion 排除，除外
exclusive limitation 独有的限制
exclusive realization 排斥性实现
exclusiveness 排外性，专有性，唯一性
exemplification 实例化，实例，具体体现
existence 存在
experience 经验
experiencing self 经验的自我
experiment 经验的，感知的，感知者
explanation 说明
exposition 阐明
expression 表达（式），表征
extension 广延，广延性
extensive abstraction 广延抽象
extensive connection 广延联系
extensive continuum 广延连续体
extensive order 广延秩序
extensive perspective 广延视界
extensive property 广延特性
extensive quantity 广延量
extensive quantum 广延量子
extensive region 广延区域
extensive relationship 广延关系
extensive scheme 广延体系

extensive society 广延集合体
extensive whole and part 广延的整体和部分
extensiveness 广延性
externality 外在性
externally free 外在自由
Ezekiel 以西结
fact approach 事实进路
factuality 事实性
fact 事实
faculty 官能
fallible 可错的，易谬的
false proposition 虚假命题
family 族
fatigue 疲乏，疲劳
feeler 感受者
feeling tone 感受调子
feeling 感受
final cause 目的因，终极因
finality of actual entity 现实存在的终结
finite limitation of infinitude 无限的有限限制
finitude 有限性
first principle 第一原理，第一本原
flat loci 平面轨迹
fluency 流动（性）
fluent world 流动的世界
flux of energy 能的流动
flux of thing 事物之流变
focal region 焦点区域
force 力，力量

foreground 前台
foresight 预察，预见
formal cause 形式因
formal existence（formaliter）形式存在
formalization 形式化
formation 构成，组成物，形成方式
formative elements of actual entity 现实存在的构成要素
forms of definiteness 确定性的形式
form 形式
four dimensions 四维
freedom 自由
Freud，Sigmund 弗洛伊德
function 功能，作用，函数
future occasions 未来发生
future 未来
Galilei，Galileo 伽利略
general ideas 一般观念，普遍观念
generalization 一般化，普遍化，普遍性概括
general 一般的，普遍的
genera 类
generic 一般的，类属的
genetic division 发生学区分
genetic relations 遗传关系，发生学关系
genetic 发生的，遗传的
geometrical perspectives 几何视界
geometry 几何学
germaneness 关系密切，恰当性
given wholes 既定整体
givenness 既定（性），给定（性）

given 给予的，既定的
God as absolute 作为绝对的上帝
God 上帝
good 善
gradation of relevance 关联等级或层次
grade of experience 经验层次
grades of actual entity 现实存在的等级或层次
grade 等级，层次
greatness 伟大
ground 根据，基础
growth 生长，增长
habit 习惯
hallucination 幻想，幻觉
happening 事件，发生的事情
harmony 和谐
Hebrew 希伯来人
Hegel（ian）黑格尔（主义的）
Heraclitus 赫拉克利特
hierarchy 等级，等级制度
high-grade 高级
historic route 历史路径或进路
history 历史
homology 相同，同族关系
human body 人体，人类身体
Hume 休谟
humility 谦逊
Husserl 胡塞尔
hybrid entity 混合（性）存在
hybrid feelings 混合（性）感受

Hyperbolic geometry 双曲线几何学
idealism 唯心主义，唯心论
ideal 理念，理想，理念的，观念的
idea 观念
identification 同一（化），等同，认同
identity-amid-diversity 多样性中的同一性
identity 同一性，认同
idolatry 偶像崇拜
illusion 幻觉，幻想
illustration 举例说明，具体表现
imagination 想象
imaginative insight 想象的洞察力，想象性洞见
immanence 无处不在，内在性
immanent law 内在规律
immediacy 直接性
immediate existence 直接存在
immediate experience 直接经验
immediate future 直接将来
impartial feelings 公正的感受
imperfection 不完善，有缺陷
impetus 推动力，促进
implication 蕴含
implicit forms 隐性形式
importance par excellence 卓越的重要性
imposed law 规律外来学说，外来规律
imposed will 强加的意志，外来意志
imposition 强加
impossibility 不可能性
impression of sensation 感觉印象

impure feelings 非纯粹感受
impure potential 非纯粹潜在性
impure prehension 非纯粹摄入
in being 处于存在之中，存在着
incertainty 不确定性
incompatibility 不相容性
inconsistency 不一致性
indefinite 不确定的，未定的，不明确的
independence 独立，自主
indecision 未决断，未决定
indeterminacy 不确定性
indeterminateness 不确定性
indetermination 非确定性，未决定性
indication 指示，表征
indicative system 指示系统
indirect perceptive feeling 间接知觉感受
individual actuality 个体现实性
individuality 个体性
individual 个体，个别，个体的
individuation 个体化
induction 归纳
inductive judgement 归纳判断
indwelling 内在的
inert fact 惰性事实
inertia 惰性，惯性
inexorable valuation 不可改变的评价
inexplicable 不可解释的，无法说明的
inference 推理，推论，（逻辑上的）结论
inferential judgment 推理判断

inferential 推理的，推论的
infinite regress 无穷回归
infinitesimal 无穷小，无限小
infinite 无限的，无穷的
infinity 无限性
informed 被赋予形式的
ingression 进入
inherence 内在性，固有性
inheritance 继承，遗传
inhibition 禁止
initial aim 原初目的，初始目的
initial datum 原始材料，初始材料
initiation 创始，发起
inorganic 无机的
input 投入
insight 洞察力，洞见
inspectio［拉］探究
instability 不稳定性，动荡
instance 实例，事例，例子
instantiation 例示
integral feeling 综合感受
integration 整合
intellectual feeling 理智的感受
intellect 智力
intelligence 智能
intelligibility 可理解性
intensification 强化
intensity 强度
intensive continuity 强度的连续性

intensive zero 零强度
interconnection 相互联系
interdependence 相互依赖，互依性
interest 利益，兴趣
intermediate issue 中间结果
internal relatedness 内在相关性
internally determined 内在决定的
internal 内在的
interpretation 解释
intimacy 密切，亲密，亲近感
intrinsic importance 固有的重要性
introspection 内省
intuition 直觉
involved in process 被卷入过程中
involvement 卷入
irrelevance 非关联性
irreversibility 不可逆性
isolation 孤立，隔绝
item 项，事项
James，William 詹姆士
Jehovah 耶和华
joy 欢乐，愉悦
judging subject 判断主体
judgment-feelings 判断感受
judgment 判断
justification 正当化，正当理由，合理性证明
Justinian 查士丁尼一世
Kant 康德
Keynes，J. Maynard 凯恩斯

kingdom 王国，天国，领域
knowledge 知识
language 语言
law as immanent 规律内在学说
law as imposed 规律外来学说
law as statistical 统计即规律的学说
laws of nature 自然规律
law 规律，法则
least action 最小行为
lecture 讲座，演讲
Leibniz 莱布尼茨
length 长度
life 生命，生活
light 光
limitation 限制，限定
limits 界限，极限
living activity 有生命的活动
living immediacy 活的当下
living person 有生命的个体
living society 有生命的集合体，生命集合体
localized energy 定域能量
locomotion 运动，移动
locus of energy 能量轨迹
logical subject 逻辑主体
logic 逻辑
Locke，John 洛克
love 爱
Lucretius 卢克莱修
lure of feeling 感受的诱导

lure 诱导

Macroscopic 宏观的

Mahometanism 伊斯兰教

manner 方式

many 多，许多

man 人，人类

massiveness 巨大，扩大

material bodies 物质实体

materialism 唯物主义，唯物论

mathematical 数学的

mathematics 数学

matrix 矩阵

matter of fact 事实

matter 物质，质料

Maxwell，Clerk 麦克斯韦

meaning 意义

means and ends 手段和目的

measurability 可测量性

measure of efficacy 效应量度

measurement 测量

mediation 中介

medium 媒介

member 成员，成分

memory 记忆

mental operations 心理活动

mental originality 精神的原创性

mental pole 精神极

mental prehension 精神性摄入

mental progress 精神进步

mentality 精神
metaphor 隐喻
metaphysical 形而上学的
metaphysician 形而上学家
metaphysics 形而上学
method 方法
microcosm，microcosmic 微观
microscopic process 微观过程
microscopic 微观的，微小的
Mill，John Stuart 穆勒
Milton，John 密尔顿
mind 心灵，思维
mode of affinity 亲和（性）样式
mode 方式，样式
molecular theory 分子理论
molecule 分子
monadic character 单子性
monadic derivative 单子衍生系数
monads 单子
monism 单子论，一元论
morality 道德
morals 道德，道德规范
morphology 形态学
motion 运动
multiplicity 多样性
mutual determination 相互规定，相互决定
mutual immanence 相互内在性
mutual unison 相互和谐
narrowness 狭度

natura naturans 能动的自然
natura naturata 被动的自然
nature of things 事物的自然
nature 自然（界）
necessary causation 必然因果（关系）
necessary connection 必然联系
necessary 必然的
negation 否定
negative judgement 否定（性）判断
negligible 可忽略不计的，微不足道的
neurology 神经学，神经病学
neutral stuff 中性材料
Newton 牛顿
nexus 聚合，聚合体
nomenclature 命名法，术语
non-actual entity 非现实存在
non-entity 非存在
nonsense 无意义的
non-temporal actual entity 非暂时性现实存在
non-temporal 非暂时性的
Northrop，F. S. C. 诺思罗普
not-being 非存在
not-given 非给予的，非既定的
notion 概念，观念
novelty 新颖性，创新性，新生事物
novel 新颖的，新创的，新的
Nunn，T. P. 纳恩
objectifications 客体化，客体化存在
objective actuality 客体现实性

objective content 客体内容
objective datum 客体性材料
objective diversity 客体差异
objective existence 客体存在
objective identity 客体同一性
objective immortality 客体永恒（性）
objective lure 客体性诱导
objective 客体的
objectivism 客体主义
objectivist principle 客体主义原理，客体性原理
objectivity 客体性
object 客体，对象
observation 观察
obviousness 明显性
occasion of experience 经验的发生
occasion 发生
occurrences of becoming 生成的事件
occurrences of causation 因果事件
occurrences of experience 经验事件
occurrences 显相，事件
one genus of actual entity 一个种类的现实存在，一类现实存在
oneness 一元性
one -substance world 一个实体的世界
one 一
ontological principle 本体论原理
ontology 本体论
operation 活动，活动方式
opposites 对立物，对立因素
order of nature 自然秩序

ordering 秩序的，有序的，有序安排
orderlineness 秩序性，有序性
orderly 有序的
order 秩序
organic realism 有机实在论
organism 有机体
original contract 原始契约
originality 原创性，创新性
origination 起源，创新，原创
originative phase 原创阶段，创造阶段
otherness 他性，他人性
ovate regions 卵形区域
overintellectualism 过分理智主义
overlapping 重合，重叠
overstatement 夸大，言过其实
parallelograms 平行四边形
participation 分有，参与
particularity 特殊性
particulars 特殊，特殊因素
passage 流动性，流变
past 过去
pathology 病理学
pattered contrast 模式化对比
patterned nexus 模式化聚合体
pattern 模式，方式
peculiar datum 特殊材料
perception 知觉
perceptive feelings 知觉感受
perceptual acceptance 感性接受

percept 知觉的对象
percipient 感知者，有感知能力的
perfect knowledge 完满的知识
periodicity 周期性
perished 消逝
permanence 恒定（性），恒久（性）
person 个体
personality 人格，个性
personal society 个体性集合体
perspective 视界，视角
phase 阶段，状态
philosophy of organism 有机哲学
physical elements 物质要素，物理要素
physical feeling 物质感受，物质性感受
physical field 物质领域，物理领域
physical nature 自然
physical pole 物质极
physical prehension 物质性摄入
physical realization 物质性实现
physical recognition 物质性认知
physical science 自然科学
physical time 物理时间
physical world 物质世界
physiology 生理学
place 地点
planes 平面
Plato 柏拉图
plenum 充实，充满
pluralism 多元论，多样性，多元文化

plurality of actual entity 现实存在的多样性

plurality 多元论

poet 诗人

points 点

polemic 攻击，辩驳

position 位置

positive prehension 肯定（性）摄入

possibility 可能性

postulate 假定，基本原理

potential difference 潜在的差异

potentiality 潜在性

potential 潜在的

power 力（量），能力

practice 实践

pragmatic 实效的，实用的

predicate 谓词，谓项

predicative feeling 作出断言的感受

predicative pattern 谓词模式

predicative 作出断言的，肯定的，谓词性的

pre-established harmony 前定和谐

prehending subject 摄入主体

prehension 摄入

prepositional function 命题的作用，命题函数

prepositional imagination 命题性想象

presence 存在，在场

presentational immediacy 表象的直接性，直接表象

presentational objectification 表象的客体化

presented locus 被呈现的轨迹，呈现轨迹

present 现在，在场，存在的

presiding occasion 占主导地位的发生
primacy 首要性
primary and secondary qualities 第一性质和第二性质
primary feelings 原初感受
primary phase 起始阶段（状态）
primary substance 第一实体
primordial actual entity 原初现实存在
primordial nature of God 上帝的原初性质
primordial nature 原初性质
primordial 基本原理
principle of universal relativity 普遍相关性原理
principle 原理，本原
priority 优势，优越性，在先
privacy 私密性
private 私密的
probability 概率，或然性
process 过程
projection 投射
projector 投射器
proportion 比例
proposition 命题
protons 质子
pseudo 假的
psychology 心理学，心理状态
publicity 公开性
pure conceptual feeling 纯粹概念性感受
pure conceptual prehension 纯粹概念性摄入
pure feelings 纯粹的感受
pure potentiality 纯粹潜在性

puritan 清教徒
purpose 目的，意图
Pythagoreans 毕达哥拉斯
qualitative 性质上的，定性的
quality 质，性质
quantitative analysis 定量分析
quantitative intensity 量的强度
quantity 数量
quantum ［复 quanta］ 量子，总量，定量
quasi-feelings 准感受
rationalism 理性主义
rationality 理性
rationalization 理性化
rational 理性的
real internal constitution 实在的内在构成
real potentiality 实在的潜在性
realism 实在论
realitas objectiva ［拉］ 客体实在
reality 实在，实在性
realizable 可实现的
realization 实现
really real 真正实在的
real 实在的
reason 原因
recapitulation 重演，反复出现
receptacle 容器
reception 感受，接受
receptive 感受的
receptivity 感受性，接受性

reciprocal 相互的
recognition 认识，识别
recollection 回忆
reconciliation 一致，和谐，调和
re -creation 再创造
reducible 可还原的
reductionism 还原论
re -enaction 重演，重现
reference 参照，涉及，关联
referent 所指
reformed subjectivist principle 经过改造的主体性原理
refreshment 活力恢复
region 区域
regnant nexus 居支配地位的聚合体
regularity of patterns 模式的齐一性
regulative 调整的，调节的
relatedness 关系性
relativity 相关性
relevance，relevancy 关联，关联性
Religion in the Making 形成中的宗教
religion 宗教
religious experience 宗教经验
reminiscence 回忆，怀旧
repetition 重复
representational immediacy 表象的直接性，直接表象
representation 表象
reproduction 再现，重现
repudiation 拒斥
res vera(e) ［拉］真实的事物，实在的事物

responsibility 职责，责任
responsive phase 回应阶段或状态，反应阶段或状态
rest 静止
reversion 逆转
rhythm 节奏
sampling 取样，样本
Santayana，George 桑塔亚那
satisfaction 满足
scalar 标量
schematization 体系化
scheme of thought 思想体系
scheme 体系
scholium 注释
Science and Modern World 科学与近代世界
science 科学
seat 场所
segment 段，片段
self 自我
sensationalism 感觉论
sensationalist doctrine 感觉论学说
sensationalist principle 感觉论原理
sensation 感觉，感觉过程
sense-data 感觉材料
senseless forces 无情的力量
sense-perception 感官知觉
sense-reception 感觉接受
sensible world 感觉世界，可感知世界
sensitivity 敏感性
sensum，sensa 感觉材料

separation 分离
serial order 连续秩序
seriality 连续性，序列性
series 连续体
settled fact 既定事实
shape 形状，形态
Sheffer，H. M. 谢弗尔
simple location 简单位置
simple physical feeling 简单的物质性感受
simpliciter［拉］简单的
simplicity 简单性
simplification 简化
Smith，Norman Kemp 史密斯
social order 集合（性）秩序
social 集合的
society 集合体
sociology 社会学
solidarity 协同性
solidarity of universe 宇宙的协同性
solipsism 唯我论
something becomes 某物生成
something 某物
some 某些
soul 灵魂
space-time 空间—时间，时空
space 空间
spatial relations 空间关系
spatialization 空间化，空间性
specialization 专门化，特殊化过程

species 种，种类
specific 特殊的，种的
speculative philosophy 思辨哲学
speech 言语
Spinoza 斯宾诺莎
spontaneity 自发性
stability 稳定性
stage-play 舞台表演
stage 阶段
standpoint 观察点，观点
static 静态的
stationary 固定的
statistic average 统计平均数
status 地位，身份
straight lines 直线
strain loci 应变轨迹
strain-feeling 应变感受
stream of experience 经验之流
strength 力度，力量
structured society 有结构的集合体，结构性集合体
stubborn fact 不可改变的事实
subjective aim 主体性目的
subjective form 主体性形式
subjective harmony 主体和谐
subjective immediacy 主体的直接性，直接主体
subjective intensity 主体（性）强度
subjective unity 主体统一性（体）
subjective valuation 主体（性）评价
subjectivism 主体论

subjectivist bias 主观主义偏见，主体论偏见
subjectivist doctrine 主体性学说，主体性理论
subjectivist principle 主体性原理
subjectivity 主体性
subject-predicate form 主—谓形式
subject 主体，主词，主项
subordinate societies 从属的集合体，从属性集合体
sub-region 从属区域
subsequent nature 继生性质
subsistence 生存
substance-quality 实体—属性
substance 实体
substantial form 实体形式
suffering 苦痛，受难
super-actuality 超现实性
superject 超体
superseding event 后续事件，继生事件
supplemental phase 补充阶段，补充状态
supplementary feeling 补充感受
surface 表面
survival 幸存
suspended judgement 存疑判断
symbolic reference 符号参照
symbolism 符号论
sympathy 同情
synthesis 综合，合成
tangency 相切
Taylor，A. E. 泰勒
tedium，fatigue 沉闷，单调，厌烦

teleological process 目的论过程

telepathy 心灵感应，感应

temporal series 时间性连续体，暂时性连续体

temporal 时间性的，暂时性的，暂时的

tenderness 温情，温柔

Tennyson，Alfred 丁尼生

tensors 张量

tetrahedron 四面体

that which acts 作用者

that which is acted upon 被作用者

theism 有神论，一神论

theology 神学

theories 理论

things 事物

thinking substance 思维实体

thought 思想

timeless 永恒的

time 时间

togetherness 共在

tone 调子

totality 全体，总体

tradition 传统

train 顺序，序列

transaction 相互作用

transcendence 超越

transference 传送，传递

transformation 转化

transition 转变，转化

transmission 传递

transmutation 转换，转化
triangle 三角形
triviality 平凡，渺小，琐碎
truth 真理
ultimate 终极的，最终的
unauthentic perceptive feelings 不可信的知觉感受
unconscious，subconscious 潜意识的，下意识的
understanding 理解
uniformity 一致
unifying control 统一控制
unifying principle 统一原理
uniqueness 唯一性
unison of becoming 生成的一致
unity 统一体
universal of universals 诸普遍之普遍
universality 普遍性，一般性
universals 普遍
universe of discourse 论说的宇宙
universe 宇宙
unmoved mover 不动的推动者
unrest 不安，动荡
urge 冲动
vacuous activity 空洞的现实性
validity 有效性
valuation 评价
value 价值
variable 变量
variation 变化，变更，变动
vector character 矢量特性

vector 矢量
vegetables 植物
velocity 速度，周转率
verification 确证
vibration 振动
viscera 内脏
vision 先见之明，视觉
visual perception 视知觉
volume 容积，体积
von Staudt，Karl G. C. 冯·施塔特
wave-length 波长
waves 波
way 方法
Weierstrass，K. W. T. 维尔斯特拉斯
Whewell，William 惠威尔
whole and part 整体与部分
width 宽，宽度
withness 使用，接触
womb 发源地
Wordsworth，William 华兹华斯
words 词，词语
working hypothesis 有效的假设
world about to be 可能世界
world 世界
yard-measure 码尺
Zeno 芝诺
zest 热情

附录Ⅱ　术语解释

小约翰·科布（John Cobb. Jr.）著

前　言

写作本术语表的目的是为研究《过程与实在》提供参考。《过程与实在》是一本非常难读的著作，但是我们许多人认为这部著作内容深刻，极富启发意义。这部著作告诉我们要以一种新的方式认识世界。我们中有些人发现，这个新方式阐明了许多以往含糊不清的问题。《过程与实在》把许多在现代世界中被分割为碎片的东西重新整合起来。简而言之，这部著作显然是值得研究的。

能否使这部著作更容易被人理解？的确，以非常简单和容易理解的语言来表达这些新观察方式的观念是有可能的。若干年前，达纳·舍巴姆（Donald Sherburne）为了使学生更容易理解这部著作，曾撰写过一本《过程与实在》的简写本。他在这本书中还撰写了一个简短的术语表。罗伯特·梅斯里写过一本怀特海导读，这使怀特海的思维变得非常容易理解（参见《过程—关系哲学：阿尔弗雷德·诺思·怀特海导论》，基地出版社，2008年版[①])。而且，有关神学和其他相关领域中也出版了很多论著，这些论著以相当简洁的术语发展了怀特海思想元素的应用。梅斯里其人就是最受读者欢迎的导论作者（《过程神学》，查里斯出版社，1993年版）。当然，在这些简化性论著中，怀特海思想的丰富性和精确性部分地被丢掉了。尽管如此，他们还是做了许多沟通工作。这类著述仍然多多益善。

但是，倘若人们想要自己掌握怀特海的思想方式，就仍然需要阅读怀特海本人的论述。归根到底，研究《过程与实在》没有任何其他可替代物。由于阅读这本著作的障碍之一是面临大量专业术语，借助术语表是有帮助的。这就意味着需要有一本术语表比舍巴姆提供的术语表多一些术语，这本术语表应能更加完整地解释怀特海的许多专门术语。目前这部著作就是回应这个需求的一种尝试。

在撰写这本术语表时，我试图尽我所能忠实于怀特海撰写《过程与实在》时的原意。然而，关于第二手文献通常所需要的警觉在此同样适用。对原著的任何说明同时也是解释，这种说明要受解释者的理解的限制，并受解释者本人观点的影响。为了检验解释中是否有个人的特质，我尽力采用的方法是邀请其他怀特海学者来对我所做的一切进行批评。我有合理的自信认为，我所写下的一切，在他们的帮助下，具有合理的精确性。

读者根据这种术语表来理解原著可能会有所助益，但从长远看，当他们研究原著时，他们可以而且实际上应当逐渐达到他们自己的解释。即使人们不能判断我做出了惊人的错误理解，然而毫无疑问，存在着这样的细微差别，即我所忽略或遗漏的东西或许是重要的——甚至其重要性比我正确地发现的意义更重要。有时新鲜的洞见进入术语中能够具有广泛的衍生力。

进一步而言，如果假定怀特海使用的每一专门术语在每一次使用中的意义都完全相同，这是愚蠢的。怀特海是一边写作一边思考，新

---

① 中文版为《过程—关系哲学》，周邦宪译，贵阳，贵州人民出版社，2009。

的洞见不断涌现于他的脑海之中。他并非总是根据这些洞见重新写作他以前写下的东西。通常这些新洞见是对他先前写下的东西所做的补充而不是修正，但是即使是补充也会改变全部语境。意义在不断变化的语境中不可能保持不变。刘易斯·福特（Lewis Ford）下了很大力气，试图分析怀特海在写作这部著作时各个阶段上的思想。他的某些判断是无可争议的，但是其关于怀特海在写作本书时经过几个理解阶段的总观点则并非没有异议。

最后，怀特海是最终阐述其著作的最后权威，这要求他不断地反思和修正。我个人的判断是，迄今为止，任何其著作的修正者都没有真正掌握怀特海的洞见，更不用说以任何一般方式超越这些洞见了。在做出这一陈述时，我尤其是指我本人提出的一些修正意见。我和其他人在一些具体观点上可能是正确的，但是我们中还没有人能达到接近于在更宏大、更有说明力的背景中涵盖他的著作。

这并不意味着超越他的成就的努力应当停止。试图使得理解怀特海的著作更容易的理由之一是，这会有可能让学生更快地准确掌握他所提出的观点，进而真正地譬如在物理学方面超越他。我们这一代人进行的大多数努力都被理解的艰辛消耗殆尽。我们提出的大多数超越观点都是建立在不适当地掌握怀特海本人所成就的理论之上的。

重要的是，要以更为深刻的方式认识到一个术语表能够做什么。那些想帮助人们理解怀特海的人有时会假定，问题只不过是怀特海选择了以一种难以理解的专业语言来表达自己的观点。他们认为，全部必要的工作就是把这种语言翻译为他们所理解的语言。

这是一个严重的错误观点。任何原创性的深刻思维都不能以现有的语言来恰当地表达。这种恰当语言只有在以特殊方式看待世界的人们中间才会发生作用。原创性的深刻思想会导致观察世界的不同方式，这种思想不得不以不同于现有语言之意义的方式来发挥作用。它不得不把读者或听众吸引到去关注经验的那些迄今为止一直尚未显现的特征。它不得不引起意识去关注那些一直由现存的概念化和社会化所压抑的模糊直觉。人们不可能把这种新的观点翻译为旧观点所使用的语词。用耶稣的话说，这将是旧瓶装新酒。

这就说明了为什么怀特海与英语世界中的主流哲学形式格格不入的原因。英语世界中的主流哲学把日常语言当作自己的研究对象。它致力于澄清这种日常语言，但其使用的语言恰恰就是这种语言。换言之，它已经假定有意义的沟通仅仅使用日常语言就能达到。相反，怀特海认为，实在完全不同于日常英语所发展的那些阶段中所理解的方式。在这种语言中包含着许多智慧，但是有一些真理不能用这种日常语言来直接表达。

什么是不可能的？两千多年前，佛教徒面临着同样问题。他们所达到的洞见与怀特海今天所达到的异常相似。他们发现他们的洞见表明，构成他们的语言的那些概念化内在地会引人误入歧途。这些概念把那些事实上是流动的东西凝固化了。它给予人们的印象是，事物本身的存在是相互分离的，尽管事实上它们只能在关系中存在。他们的判断是，他们的新洞见具有巨大的心理学和精神价值。然而，他们的结论是这些洞见不能用语言来表达。因此，他们开发出一些冥想技巧，这些技巧打破了有关语言和概念的思想具有的力量，并打开了通向自然发生之事的思想大门。

显然，怀特海并未追随这种方式。根据西方传统，哲学家们表达新洞见经常是部分地依靠现存语言，部分地依靠创造新的术语。这些新术语在读者方面要诉诸新洞见，但是哲学家在讨论这些术语时通常要用更为熟悉的语言，以便有助于达到这种新洞见。怀特海继承了这一传统。

然而，怀特海观点的创新性可能比他的前辈更大，或者至少更加明显地与后继的语言不一致。他的任务是使用一种语言来指出与日常语言通常传达的完全不同的洞见。他引入一些新术语和新概念来表达这些洞见，在某些意义上，用这些新术语和新概念来固定这些洞见。显然，一种术语表不能只是把所有这些术语翻译为日常语言。

但是，倘若这是不可能的，那么什么是可能的呢？简单的可替代方法是在术语表中，通过每一术语与其他术语的关系来界定每一术语。当然，这对掌握这个体系是有用的，甚至是必要的。但是这样一来，人们便可能会在没有真正掌握使其具有重要意义的洞见的前提下来学习这个体系。我对推进这类怀特海研究丝毫没有兴趣。怀特海思想的发展是对真正的**存在**是经验这样一种不断增长的确信的探究，或者说是植根于这种不断增长的确信之中的探究。整个概念化必定在经验中以及在根据这种经验而对事物的解释中有其样本。如果学习或掌握这些概念只是根据没有这种经验内容和基础的词语的定义，那么对他的哲学的研究就只是一种游戏而已。然而，达到观察世界的新方式绝非一种游戏。这种新方式是对存在的变革——正如佛教徒很久以前所看到的那样，同时也正如希腊人所理解的那样。

与这些难题作斗争，会使人同情佛教的解决方式。弥漫于旧语言中的具体化和实体主义意蕴在新语言中并非消失了。如果没有不断地求助于基本的直觉，这种新的概念化就不能弥补这种断裂。这部分地是怀特海本人的斗争。他的直觉经常超出于他的概念，而他的概念只能达到部分地表达这些直觉。概念确实有可能内在地像佛教徒所认为的那样具象化，而怀特海本人的概念不能摆脱这种倾向。没有某种冥想，一个人就不能进入佛教的视界或者怀特海主义的视界。

我相信一个独具特色的怀特海主义冥想自有其用武之地。这种冥想在直觉的词语表达与检验其价值的经验探究之间徘徊。这种冥想不应当终结于一个人做出结论说他理解了怀特海在说什么，但这种理解本身是重要的一步。怀特海的主张召唤着连续不断的以经验为基础的检验和永无终结的进一步发展。但是就现在而言，仅仅达到一个基本的理解就是目的。

直觉与经验相关联而受到检验。这种经验的范围在怀特海的理论中比在佛教中迄今为止要宽泛得多。怀特海认为，对世界的经验研究的结果也必须得到考虑。他的某些直觉就产生于他试图理解他那个时代的物理学经验材料，而不是直接的现象学探究。他的某些直觉是关于如何把这两个思想领域结合在一起。怀特海不能同意放弃概念思维的原因之一是，没有概念思维，就不能进行科学研究。同时，他断定，科学的不断进步会受到不恰当的后继概念的力量的阻碍。不论直觉产生于何处，对怀特海来说，直觉一定会不仅在人的自身经验的现象学考察中得到检验，也会在科学中得到检验。

对这种情形的这种理解正是我对如下问题不断探讨的背景：何种术语表可能会被证明为是真正有用的。我的答案是，有助于读者把怀特海的专业术语与其自身经验相关联的术语表。在此，最重要的是他们的直接的个人经验，而他们的经验也包括他们对其他哲学家和当代科学状况的反思。显然，在这些领域，经验各不相同，彼此差异很大，我对它们的假定很少。

编排辞典或术语表的标准方式是按字母排列。但我决定不这样做，因为这样做难题很多。例如，感受就有各种类型的感受，每一种感受都应当以字母顺序排列在术语表中吗？或者它们都应当在感受一词之下组成一组吗？抑或它们应当按照字母顺序在感受之下组织成小标题或以更为合理的方式排列吗？

在最终，我决定尝试寻找一种以更为合理的方式来组合这些术语的方式。我以最基本的术语开始，随后解释与这些基本术语相关的术语。一般而论，在讨论每一术语时，我尽量不使用尚未解释的术语。譬如，如果一位读者查找“符号参照”，并且在说明中发现了在那一部分尚未解释过的其他不熟悉的术语，那么，这些术语应当在先前的部分中找到。

这种结构意味着本书要求一种不连贯的字母顺序术语列表，意在表明这些术语主要是在哪里讨论的。怀特海的阅读者若发现一个专业术语并且想寻求帮助，可以直接按照这本字母顺序术语表找到讨论这些术语的页码。若加上这一做法，本书可具有辞典的功用。

在过去人们通常认为，很少有人能富有成效地就其本身来研究《过程与实在》。要达到对这部著作的理解，一直以来都是两代以上学者的共同任务。人们要研究它，就要首先有一个从这种研究中受益的人做向导。这种局限并不适合于怀特海的其他任何著作，因此决不排除对怀特海思想的独立研究。

阅读他的其他著作，诸如《科学与近代世界》和《观念的历险》，是要特别推荐的。但是我个人并不鼓励人们包括哲学家阅读《过程与实在》本身。

然而，或许借用这一怀特海专业术语指南，某些学生可以从两代以上解读《过程与实在》本身的集体解释工作中受到足够的益处。这是一个雄心勃勃的宣言，但是我希望这个宣言能得到检验。因为在美国如今很少有地方提供有关怀特海著作的研讨班，因而越来越重要的是，应当有其他进入他的思想的最成熟和具有延续性的分析方法。

本术语表或许还有第二种用途。因为这些术语的介绍和说明是以某种合理的序列而不是按照字母顺序排列的，这本书可以从头到尾地阅读，以作为一种新的尝试，一种《过程与实在》的导论。这不同于那些以前从未研究过怀特海的人所写的著作，这部著作也不是旨在于作为圈外读者的导论。对于圈外读者，我强烈推荐由梅斯里所写的那本小书。但是读过梅斯里那本书的读者可能会发现这是有用的下一步。那些对怀特海的思想有一般了解但需要有序地说明其基本观念的人会发现这本书是极有助益的。尽管如此，这本书的基本用途应当是研究原著的伴侣书。

在准备这本术语表的过程中，我一直在寻找，并且在继续寻找来自其他怀特海学者的批判性评论。现在这个版本要归功于约瑟夫·布赖肯（Joseph Bracken）和里蒙·麦肯里（Leemon Mchenry）。我们希望本书的使用者将会享有纠正和改进未来版本的建议。

詹尼·斯赖托姆（Jeanyne Slettom）准备了整个出版事宜并补充了索引，若没有这些索引，本书的使用将会受到严重限制。

术语表

思辨哲学

怀特海把他的哲学描述为**思辨**哲学。不幸的是，“思辨”的名声不好。在许多情况下，这个词是指提出了一些未经恰当证明的观念。显然怀特海并非提倡这个意义上的思辨。然而，他认为在所有思想中都有某种思辨成分，并且应当承认和小心谨慎地抑制这种思辨。

在20世纪早期，英语世界中的哲学家们开发了种种综合性的思想体系，这是对科学中各种进步的回应。在20世纪晚期，对这种思辨努力的反动又获得了某种综合，这种综合相当地不可靠而且异类。它被分析的哲学运动取代了。分析哲学致力于澄清分析，但没有提出观念的综合。在欧洲大陆，思辨性综合的最好样板是G. W. F. 黑格尔的著作。那些反对黑格尔的著作家们通常转向了现象学，把现象学作为对经验的仔细描述和分析的形式，没有对经验与其他事物的关系作任何思辨。

怀特海认为，即使那些竭尽全力使自身摆脱任何思辨假定的人，实际上都没有取得成功。在任何情况下，他的兴趣都在于综合性的探究。他认为物理学中的新发现所提出的问题，现存的语言和现有的物理学假定以及日常语言，都不能加以解决。有必要对现代哲学提出的假定从根本上进行反思。这种反思要求仔细地分析经验和仔细地使用语言，但是仅仅有这些还不够，还需要发展新的假定，这些假定能依据各个领域中的材料来检验。这些新假定是一些思辨，并且没有某种思辨，科学就不能前进。怀特海想在哲学中采用同样的方法。

要把自己的哲学确定为思辨的，就是要着重地声称，这种哲学不是由确定无疑的结论或具有确定性的学说构成的。它是由人们目前能够提供的最好的和最充分地加以检验的假定所构成的。这种检验的一部分是这些假定所共同适合的那种方法。这些假定的内在一致性就像它们能够说明人类经验和知识各个领域中材料的恰当性一样重要。

对怀特海而言，在科学中任何事物都不能超越可能的修正需求。的确，这对哲学来说也是如此。因此，他的哲学是思辨的。当然，在科学中某些假定得到彻底的检验，因而强调其思辨性在实际上是不重要的。其他理论面对为它们设计的新实验时通常是有很大争议的。它们显然地和彻头彻尾地是思辨的。在哲学中这种不同也适用。因此，怀特海偶尔也会呼吁特别关注某些假定与其他假定相比没有得到很好的检验这一事实。所有理论在某种程度上都是思辨的，但是某些理论比其他理论更具有思辨性，意思是指有利于它们的证据远不是最终的或决定性的。

完美辞典之谬误

一部完美的辞典应当是某些词组得到了清晰明确的界定，而其他词组都能根据这些词组来加以界定。我们因而会有可能毫无歧义地沟通，也就是说，不存在歪曲理解我们的意思的可能性。怀特海的观点是，这是不可能的，因为给术语增加越来越多的精确含义会达到其极限。有时我们会被迫求助于其他意义而达到**直觉性**的跳跃。这甚至在日常交谈中也是如此，但是怀特海非常清醒地认识到，当他深刻地思考实在的本性时，他能仅仅使用那些鼓励他的读者在同一方向观看和看到某些非常类似于他所看到的东西的词语。他不能根据熟悉的词语来界定他所看到的东西。如果有人把这本术语表当作《过程与实在》中使用的术语的“完美辞典”，将会大失所望。但是，就其本身而言，这并不是这本术语表的失败。伟大的哲学家通常会要求我们以一种不同的方式观察世界。《过程与实在》就是这样一种要求。这本术语表试图帮助人们达到那个目标。

完美辞典之谬误与今日所谓其批评者所说的“基础主义”密切相关。建造一个体系的可靠基础要求那些基本的术语是含义明确的或固定不变的。逻辑实证主义竭尽全力发展出一种完美的辞典，以便在此基础之上建造一种完全可靠的哲学体系。那些认为哲学的任务在于澄清日常语言的人通常认为，在这种背景下就有可能获得精确的意义。怀特海认为这是不可能的。

误置具体性之谬误

怀特海认为抽象是最为重要的。他本人是数学家，并且他以多种方式揭示出，抽象的数学研究会导致对世界的新发现。他经常被批评为对抽象物给予太多的关注，并赋予其太大的作用。

但是，怀特海非常清醒地认识到抽象和具体之间的区别。在他看来，抽象经常被赋予它们不可能具有的功能。抽象经常被当作仿佛是具体来对待。譬如，考察一下如下陈述：佛教说所有事物都是暂时的。当然，人们可以用它作为如下事实的简短陈述：大多数自称佛教徒的师傅都可以确定这一点。然而，人们也可能会忘记，它是某种他物的速记，并开始思考存在这样一种像佛教的事物，它有其自身的本质，能以这种或那种方式行动，并能被精确地描述为具有或缺乏特定的特征。

同样，当一个人追问为什么一个物体在高处放下就会落到地面时，某人可能会回答，这是因为引力，或者甚至会说因为引力定律。进一步说，如果这是各种物体相互吸引的陈述的缩写，这并无害处。但是如果人们开始认为除了相互吸引的存在物之外还有其他某种被称为引力的东西，或者甚至还有引力定律，人们就是犯了**误置具体性之谬误**。这会导致科学和形而上学的混乱。

正如其他哲学家所评论的那样，地图并不等于风景。

怀特海是一位数学家，他看到了许多数学家常常犯误置具体性之谬误。在具体经验中并没有任何点。我们所经验到的任何事物都有某种广延性。关于点的观念是一种抽象。他认为，对点加以界定，表明它是如何通过抽象而从经验中产生的，这是极其重要的。

某些哲学家反对在抽象和具体之间作出这种区分，认为具体的概念本身是一种幻觉。怀特海则确证说，这样的经验是完全具体的或现实的，能与从它之中产生的抽象进行比较。因此，他把世界描述为是由“现实发生”所构成的。

存在的范畴

哲学的任务部分地是确定何种事物“存在”。当然，这取决于哲学家所使用的“存在”是什么意思。对某些哲学家来说，存在意味着像特殊的具体物一样是完全现实的。怀特海保留了存在的这种模式，把它看作是“现实的”东西。存在意味着具有不论何种的实在性。任何能够被思考或被想象的事物都是“存在的”，正如任何种类的事物的组合一样是存在的。尽管如此，在所有这些存在的模式中，现实的存在具有某种优先性。

现实存在

怀特海使用这一术语并不是指仅仅由他自己的体系所解释的事物。相反，它意在作为一种跨越不同体系的指称方式。每一种形而上学都以某种方式区分了什么是现实的，什么只是可能的或潜在的。想象一些事物是不同的并不意味着其现实性有所改变。

人们可能会问笛卡尔现实存在是什么。其答案可能是物质**实体**和精神实体。如果有人询问柏拉图的观点，在其一些对话中或许“理念”是真正现实的存在。在休谟的著作中，其答案可能是颜色和声音的类型就是这种现实事物。在康德和黑格尔的著作中，可能会说客体精神（Geist）是真正的现实存在。对斯宾诺莎来说，其答案可能是，唯一的现实存在是那种被确证为自然或上帝的整体。对希腊原子论者来说，原子是现实存在。对莱布尼茨而言，现实存在是单子。怀特海认为，决定何种存在是真正具体的或现实的，是哲学的基本任务，并且这个任务与物理学也有相当的关联性。

怀特海的判断是，那些构成世界的现实存在是所有的“现实发生”。这就意味着，它们是现实的发生、出现或者**事件**，而不是历经时间而保持不变的实体存在。瞬间的人类经验是这类发生的一个例证。说明什么是完全现实的和人类经验如何出现，是怀特海哲学的中心任务。

怀特海曾经说过，有一种现实存在，其本身不是发生。相比较而言，它是持久的，并且在某些方面是永恒的。这个现实存在就是“**上帝**”。因为在怀特海看来上帝不是存在范畴的例外，而是它们的理想范本，因而在上帝与现实存在之间存在许多相似性。在许多方面追随怀特海的某些人认为，最好是把上帝看作一系列现实发生。怀特海喜欢在与世俗世界由之构成的不断**灭亡**的发生有重大对比的意义上看待上帝。但他并不认为这就使得上帝在现实性上多于或少于这些发生。因此在他看来，现实存在的等级是由上帝加上所有构成世界的现实发生所构成的。

现实发生

现实发生就是现实存在，世界就是由它们构成的。这样说的意思是指，这个宇宙和任何其他有可能存在的宇宙，现在可能是或将来可能是由它们构成的。这对大多数西方传统和我们的语言谆谆教导于我们的“日常感觉”来说是一个重大挑战。当我们说，“那只狗在叫”或“地毯是蓝的”时，我们大多数人都（只）把狗和地毯看作是现实存在。

怀特海不同意这些传统观点。为理解他的思想，我们必须从给予大多数名词譬如“狗”和“地毯”所指称的东西的优先权，转移给听到狗叫或看到地毯蓝颜色的人的经验。狗的狂叫和地毯是蓝色的，这是从听或看的个体经验中得出的抽象。正是个体的经验才是真正现实的。

然而，一旦当我们理解了何种事物是现实的，我们就能发现现实性也存在于狂叫的狗和蓝色的地毯中。对狂叫的狗来说，这更容易理解。日常感觉告诉我们，那只狗不是由观察者倾听狂吠声而使其筋疲力尽的。这只狗也有某种观察点。在任何既定时刻，既有狗的经验，也有观察者的经验。狗的经验，在每一时刻，正如人类观察者的经验一样，也完全是现实发生。如果我们超越这一问题进一步思考，我们就会进入物理学和化学这些在不同背景中得到最佳处理的问题，进入量子物理学的问题。

在怀特海看来，世界上也存在量子事件。这些量子事件也是现实发生。由于任何事物都是由量子事件构成的，任何人只要相信确实存在一个世界，就必定会把它们当作现实性。怀特海肯定量子事件是事件，但他需要把它们具体化为现实发生，因为事件的发生是有大小的。战争是一个事件，谈话也是一个事件。但是战争和谈话可以被分析为构成它们的更小的事件。怀特海相信，把较大事件打碎，把它们分成组成它们的较小事件，必定会在某个地方达到终点。他有时用这些术语来描述电子和质子发生。但是更为一般的是我们应当把一个能量子当作我们能达到的终点。量子如今是不可再分的单位这种原初意义上的“原子”。

这样看来，最清楚明白的两个现实发生的例子是瞬间的经验——不论这种经验是人类的还是某些其他动物的经验——和能量子。通过赋予它们同样的名称，怀特海意在呼唤人们注意它们拥有的共同点，同时并不丢掉它们的所有差别。

首先，我们可以指出它们不是什么。它们不是古希腊的或现代意义上的“质料”。也就是说，它们不是被动的形式容器或活动。它们能动地把它们自身构成它们所要生成的东西。

其次，它们在既定世界中成为它们所要生成的东西。它们是什么在很大程度上是其他事物是什么的某种功能。就量子的情况而言，它是什么在很大程度上取决于它在其中出现的量子场。就人的瞬间经验而言，它是什么在很大程度上取决于先行的人类经验和人脑中神经元事件的特征和内容。但是有关量子的不确定性原理和我们对要素选择的意识表明，不论过去的限制有多大，现实发生确实决定着它将要生成什么。而且，在这两种情形中，它们生成什么还会传达给未来的现实发生。现实发生既是被作用的对象，其自身在综合其材料时也能动地发挥作用，并且还会能动地作用于未来发生。“现实的”一词具有丰富的意义。

“发生”一词也能把怀特海的现实观与许多其他观点区分开来。大多数语言引导其使用者假定，行动要求有与该行动可区分的行动者。行动者通常被认为可以多次从事行动。这意味着，行动者“自身”可持续地经历时间，并把自身表现为连续的行动。同样地，从**过去**接收影响的事物被认为是某种不同于这些影响本身的东西。**能够被作用和主动起作用的实体观念很难从我们的思想中消除。**但是怀特海号召我们的正是这种消除。一个发生不是某种实体性的可被作用和主动起作用的东西。它是作为接收活动和自我构成的活动而成为存在的。在量子中，我们不能超越能量事件而达到一种被作用或主动起作用的粒子。如果存在一种“粒子”，它也是由连续的现实发生构成的。物质性的事物，譬如石头或大树，最终是由现实发生构成的。它们不是终极的行动者，而是现实发生许多个体活动的结果。

同样，人类经验的发生也不能被理解为某个个体在经验。正在进行的经验之下或背后根本不存在这种个体。把**过去**纳入考虑之中并以某种**未来**观点构成其自身的活动**正是**这种现实发生。这种个体是作为一系列长长的这类发生而构成的，这类发生彼此从对方之中并且从身体之中成长起来。

存在着不同于能量子和动物经验的现实发生吗？从怀特海的观点看，这是一个事实问题，并且很难确定怀特海是如何思考这个问题的。他清楚地谈论过处于“**虚空**”中的发生，但是或许这些可包含在能量子之中。他明确地谈到过电子发生，但是如果可证明电子能被分析为更小的量子，这种可能性他曾预言过，即使是被迫的，那么他将有可能收回那种说明。他关于分子的某些说法似乎表明存在着分子发生。但是这可能只是缺乏精确性而已。

最有趣的问题是细胞发生是否存在。怀特海最初对此予以否认，但是随后在发展出**混合性感受**概念之后，他似乎也允许这种发生的存在。他的大多数追随者相信，怀特海思想的全部意义表现在，他承认存在着单细胞现实发生。

怀特海知道，我们谈论的大多数事物是不同种类的“共同体”或“集合体”，也就是说，现实发生的组合。集合体的某些特征产生于构成它们的发生的特征，但集合体是可分的，因而它们不是现实发生。

怀特海的研究者们对这些问题争议很大。有些人认为，不管在何种层次上我们能发现整合性很好的个体，譬如电子、原子和分子，我们就应当在这个层次上确定现实发生。科学家似乎难以避免把因果效验归之于那种在整体上并非起源于构成它们的量子存在。这意味着要么这些**集合体**与怀特海归之于它们的特征相比具有更多的个体发生特征，要么现实发生存在于不同的层次之中。

对怀特海来说这些是经验问题。现实发生是唯一有效的原因。如果在最终归之于原子的**因果性**可根据构成它的量子的因果性得到彻底的说明，那么原子就能被理解为是得到很好整合的量子的**集合体**。如果不是这样，那么，要么就必须做出结论说，一种非同寻常的集合性的因果性，即不是由怀特海所描述的因果性，可以在不同的层次出现，要么一些新型的现实发生在这些层次出现了。

经验发生

“**经验发生**”是现实发生的另一名称。因此，上述关于现实发生所论述的一切都适用于经验发生。然而，这一术语却把怀特海最有争议的一个论断推向前台。对多数人来说，在认同动物的瞬间经验是经验发生时几乎没有问题，但是许多人发现要以这种方式描述量子则是令人困惑不解和难以置信的。这样讲的意思是什么，为何怀特海要采用这一步?

首先，这样讲的意思**不是**什么？这并不意味着量子是**有意识的**。即使说它们有经验，这种经验也是**无意识的**。这确实并不意味着它们能思考或者具有感觉经验。感觉经验依赖于感觉器官。思想和意识要求有大脑。所有这类事物在量子中显然都缺乏。如果我们采用来自我们自身“经验”的意义并把其一般化，我们就必须首先仅仅思考我们的前意识甚或无意识的经验，然后再思考其最一般的结构。我们将要达到的将会非常类似于我在上面描述的——考虑**过去**，构成自身和影响**未来**。威廉·詹姆士谈到过“经验”。但是为什么要使用“经验的搏动”这一术语呢?

一种回答是，我们只有两种概念的源泉。许多概念是从我们的感觉经验的对象中抽取出来的。科学主要地就是这样进行研究的。但是这些概念全都依赖于观察者。科学描绘出所观察之物或所测量之物的特征。科学并未告诉我们，不管是否有观察者，存在本身是什么、什么是真实的。**“客体”**世界显然并非独立于观察者。客体世界是向观察者显现的东西，它是显现的或现象的。

但是对怀特海来说，必须把独立的现实性归之于现实发生。**现实世界**不能只是由显现构成。我们所直接知道的现实性的唯一聚焦点是我们自身的经验，即作为**主体**的我们自身的经验。那种**客体的**、现象的存在物仅仅是**为**主体而存在的。

进一步而言，只有主体是被作用的或者能够主动起作用的。因此，上面的描述是关于主体的描述。量子的存在要么是自为地存在，要么只是为观察者而存在。怀特海选择的观点是，量子是自为的存在。在有任何人类或实际上任何动物生命以前很久就已经有了量子事件。确实，在人类能够在任何意义上观察量子事件之前很久，这些量子事件就已经存在了。

如果量子是**主体**，也就是说，是不论被观察与否都会出现的受动者和动因，那么把它们叫作经验就不是一个大的跳跃。实际上经验提供给我们的仅仅是接收某种被作用的和主动起作用的事物的线索。这看上去或许是奇特的，因为有关因果性的各种概念在仅仅处理现象的科学中已经深深地得到保护。但是大卫·休谟是正确的。在**客体的**现象中仅仅有**暂时的**连续性。只有在经验中我们才有线索表明**过去**是如何给现在传递信息的。

换句话说，关于造成感觉的**原因的**唯一概念是**内在关系**。结果是受到原因影响的，但它并非完全是由原因构成的。在经验中，这是一个有意义的概念。除经验以外，它没有任何意义。实际上，怀特海断言，除经验以外不**存在**任何事物。如果量子是现实的，它们就是经验的发生。这一判断为进一步分析和思辨敞开了大门。

理解怀特海为何把经验归之于量子的另一种方式是，假定**有意识的经验**是进化的产物。具有有意识的经验的存在产生于那些其经验是无意识的存在，怀特海认为，这是相当可理解的。我们在自身中可经验到意识的程度逐渐消退于无意识的经验之中。怀特海有把握地认识到，即使当我们的意识最灵敏之时，许多在我们的经验中运行的东西我们也意识不到。但是假定（譬如）对过去的内化和自我构成这类经验是从客体现象中产生的或出自于在虚空中运行的纯粹物质的原子，这并非是无意义的。进化要求潜藏在间断性之中的基本的连续性。**主体**不可能从仅仅是由客体构成的世界中进化出来。动物的经验不能产生于纯物质地或机械地理解的神经元复合体之中。

某些怀特海主义者把怀特海称作“泛心理学家”，尽管怀特海从未使用过这个术语来描述他的哲学。有时该术语只是意味着主体性的普遍存在，在何种情形中它可以正确地应用于怀特海。然而，对怀特海而言，“灵魂”仅仅出现在中枢神经系统之中，而“灵魂”是拉丁词“心理”的英语翻译。心理经验相对罕见的发生与量子经验巨大数量的发生存在着极大差别。因此，“泛心理主义”一词对怀特海试图阐明的思想而言具有误导性。某些怀特海主义者建议以“泛经验主义”或“泛主体主义”作为合适的标签。对怀特海来说，现实的就是经验的并具有主体性。但是他并没有使用任何这类术语来描述他的观点。

现实世界

“现实世界”就是现实地由任何现实发生所给予的世界。现实世界完全是由**过去**的现实发生或经验发生所构成的，并包含着所有这些发生。实际上，它是现实发生的过去并为这种现实发生而存在的。

怀特海在理解**现实世界**时受到了相对论的影响。在相对论出现之前，人们通常假定存在着唯一的“现在”，它把所有**事件**区分为过去、现在和将来。因此，任何两个同时出现的事件将会有共同的现实世界。然而，怀特海认识到，当人们理解了**过去**是由那些对现在的发生具有**因果效验**的现实发生构成的时候，任何两个现实发生都不可能有完全相同的现实世界。此时离我十英里远发出的雷鸣之声在几秒钟内并不成为我的现实世界的一部分。此时从太阳射出的光在到达地球之前并不成为地球上各种发生的现实世界。正如爱因斯坦所认识到的那样，如果任何事物都不如光的传播速度快，那么，许多我认为是我过去的事件并不是我的现实世界的一部分。

怀特海指出，我的现实世界中的每一个发生对我当下的经验都有某种影响。显然，过去发生的绝大多数结果都是可以忽略不计的，但它们并非是零。所发生的一切都会影响未来将要发生的一切。实际上，发生的**未来**可被界定为将要被发生所生成的东西因果性地所造成的东西。

事件

怀特海没有以专业的方式使用**“事件”**一词。他使用这个词的意思与人们一般地在使用这个术语时所理解的意思一样。电子是一个事件；暴风雨也是一个事件；交谈也是一个事件。他对事件的理解，与西方思想中占主导地位的对事件的理解，其差别在于对事件与形成事件的事物之间的关系有不同的理解。对大多数现代西方人来说，事件是人或动物或其他自然活动物所做的和发生在它们身上的一切。也就是说，真正的现实存在被认为是人或物，它们或他们能够能动地发挥作用，或者能被其他人或物相作用。事件被认为具有次要的地位。在这类思维方式完全彻底的例证中，事件完全被解释为运动中的一片片**质料**。

怀特海把这种静止不变的存在与事件的关系颠倒过来了。静止不变的存在最终是由结构复杂的量子事件所构成的。可以非常具体地把这些事件分析为构成它们的较小事件。那些不能被分析为较小事件即“原子”事件的事件，就是上面讨论过的现实发生或经验发生。

譬如，倘若我们把上面提到的交谈当作一个例子，除上面的分析以外，还可以把它分析为参与者的经验。每一参与者的经验都可被分析为**暂时的**经验发生序列。这种暂时被扩展的经验瞬间就是一种单独的经验发生。可以用各种各样的方式把它分析为组成部分，但是不能把它分析为完整的发生。在这个意义上，那种瞬间的经验发生是原子式的发生。

永恒客体

在怀特海列出“**存在范畴**”之后，他确定了其中两个范畴具有“某种终极性”。我们已经以相当的篇幅讨论了其中的一个，即“现实存在”。另一个就是“**永恒客体**”，现在我们就来讨论这一范畴。

为了切中要害，我们可以从坚持数学形式和公式是永恒客体，并且坚持其所有属性是永恒客体入手进行分析。$E=mc^2$ 是一个永恒客体，确定的黄色斑块也是一个永恒客体。这些永恒客体可以在我们的世界中直接得以说明——以极为不同的方式。任何能够从经验中抽象出来进而能够复现的东西都是永恒客体。还存在着从未被现实化和从未存在过的永恒客体。一个七维空间也是一个永恒客体，表现在数学家可以对这种空间进行想象。

大多数自然科学和社会科学都在处理永恒客体，尽管科学必须不断地复现于经验，并且能对这类经验作出预言。譬如，以仔细发展的理论为基础，人们能预言，如果可以获得某种特殊类型的条件，某一片设备的观察者将会看到指针的尖端指向确定的数字。数学家可以在抽象领域再停留更长时间。每一种哲学必定会找到怀特海称之为永恒客体的用武之地，并对其地位给予某种说明。

怀特海本人给出如下意义相同的术语：“**事实的特殊决定性的纯粹潜在性**”和“**确定性形式**”。他偶尔会使用“抽象可能性”一词，因而研究者经常对作为纯粹可能性的永恒客体与作为拥有完整现实性的现实存在进行对比。然而，怀特海一般地是把可能性与有可能现实地发生的事物相联系。最好是与他的语言保持更近的距离。永恒客体是**纯粹潜在性**，因而这意味着这些形式在原则上能对某些现实事物赋予特征，但是在其本性上，这对于这些形式是否或将要赋予任何现实事物以特征是无关紧要的。

最好是问一下怀特海为何发明“永恒客体”这一术语，而不是坚持使用更为熟悉的用语**潜在性**和形式。首先，“**客体**”是依赖于**主体**而确定其地位的。客体仅仅是为主体而存在的。它们可以被感知，它们不能感觉。就其本身而言，它们不能能动地发挥作用。它们实际上是被动的。

我们可以假定所有这些将能在诸如“形式”这样的词中听到，但是哲学史警告我们事实并非如此。希腊人在广义上思考形式和**质料**。他们认为，任何现实事物都能被理解为被形式化的质料。但是根据他们的理解，“质料”是被动的。能动性是形式而不是质料的功能。因此，柏拉图给形式赋予极其重要的作用。

进一步而言，对形式进行的大多数讨论都是关于现实事物的形式和规范的讨论。使用形式是为了进行分类，因而有这样一种意思，即存在着客观真实的事物类型，正像存在着由负载价值的词语所确证的真实规范一样。怀特海想找一个不负载任何这些内涵的符号或标签。作为客体，任何一种形式都不比任何其他形式更为优越或可取。任何一种分类体系都不比另一个更好。根据复杂性存在着形式的等级，而根据**价值**则不存在这种形式的等级。

怀特海也想避免把他的现实存在与永恒客体的区分同传统上关于殊相和共相的讨论相联系。对他来说，每一种永恒客体都是殊相，表现在它正是其所是，并且区别于每一种其他永恒客体，但是每一种永恒客体也是共相，表现在它是潜能，能赋予任何现实发生以特征。同样，每一种现实发生既是殊相也是共相，因为它正是其所是，区别于每一个其他现实发生，并且还是潜在性，因为它参与了构成任何未来的现实发生。

有时永恒客体被解释为抽象。这也容易引起误解。它暗示了永恒客体的最初地位是在现实事物之中，并且它们只是存在于那里或者作为我们从这些事物中抽象出来的东西而存在。这类抽象的确出现了，但是它对永恒客体的特征或地位没有丝毫影响。尽管如此，坚持认为永恒客体完全是抽象的或许是有助益的。

实际上，对大多数人来说，在极为抽象的层次上思考并理解永恒客体是或不是什么，这是极为困难的。查尔斯·哈特肖恩批评过永恒客体的概念。他的反对意见之一是，永恒客体的"存在"破坏了具体存在的**创造性**和新颖性。如果每一种事物在其现实化之前可以**潜在地**存在，那么**上帝**将会预先知道人类的所有创造物。在这种情形下，莫扎特的音乐创作及其管弦乐队之演奏在上帝面前都是被了如指掌的。

从怀特海视角看，这反映了对永恒客体不充分的抽象观念。确定无疑的是，曾经创作或演奏过的每一首交响曲中所展示的每一种模式，都永远是作为永恒客体而存在的。实际上，由于没有任何交响曲在两次演奏中完全相同，我们必须指出，在每一次演奏中，其模式**要素**都有轻微差异，并且由于任何两位听众都不会以完全相同的方式欣赏演奏，因而对每一位听众来说，在每一次欣赏的发生中，都有轻微的不同模式。但是这些仅仅是模式。作为模式，它们与其他数千万模式的地位没有差别，但是当它们被莫扎特选中，并被管弦乐队把这些音乐现实化之后，它们则有了差别。

在任何情况下，作为永恒客体，它们并非是声音的模式。声音只有被听见才存在。甚至**上帝**只有在与其创造物共同聆听这种音乐时，才能听到这种声音，否则，上帝也听不到。同样，如果造物主没有眼睛，上帝也不会有视觉经验。

“永恒”一词的选择或许是不幸的。在许多人看来，它有宗教的意义，或者至少具有受人尊敬的含义。在柏拉图的影响下，很久以来人们一直认为，永恒的事物不论如何都优越于**暂时的**事物。但是对怀特海来说，所有价值都存在于现实性之中，所有现实性都是暂时的，或者在上帝的情形中，是由暂时性派生的。

对怀特海来说，“永恒”意味着只不过是非暂时的。这是另一种坚持“永恒”客体本身没有任何现实性的说法。它们并不进入存在，因而它们也不消失。就它们自身的本性而言，它们以同样方式与每一种**暂时的**瞬间相关联。

然而，它们中有些成为现实事物中的**要素**。对分析世界而言，这是至关重要的。对理解这类永恒客体来说，则没有任何差异。

为达到思想的种种目的，永恒客体的典型样本是“**简单的**”。一个简单的永恒客体不能再进一步进行分析。一个特定的黄色阴影是一个简单的永恒客体。当然，在现实经验中，我们处理的几乎永远是“**复合**”的永恒客体。当我睁开眼睛时，我看到的是以特定模式排列的多样性色彩。同样的经验瞬间包括声音、气味和触觉感受以及情感、记忆和预期。所有这些都有形式，也就是说，所有这些都是由永恒客体赋予特征的。在任何时刻都把我的经验描述为整体的永恒客体实际上是非常复杂的。

这个区分是容易理解的，但是这种简单的观念，显然是指原子式的永恒客体观念，提出了一个划分不同过程思想家的问题。怀特海的许多阐述似乎包含着存在有限数量的不同黄色阴影的观念。哈特肖恩坚持认为，各种颜色在连续体中彼此是关联的，其中阴影的数量是无限的。从哪一种理论中都可能抽象出令人困惑的结论。怀特海没有讨论这一问题。

聚合体

在**存在范畴**中，怀特海把**主体性形式**与**聚合体**作为一对范畴。主体性形式是发生**感受**过去的**方式**，是“**事实的私人事务**”。聚合体则被他等同于“**事实的公共事务**”。

聚合体是由多种彼此聚合在一起的发生构成的。我的桌子是一个分子发生的聚合体，或者如果不存在分子或原子发生的话，是能量子的聚合体。

所有日常的经验对象都是聚合体：木棍与石头，行星与恒星，山川与树木，都是聚合体。我们通常所说的**事件**也是聚合体。但是，这一术语的内涵可以延伸到更为宽泛的地方。房间中的空气和整个行星的大气都是聚合体。在“**虚空**”中聚集的发生也是聚合体。存在着一种包括所有发生的聚合体，这种聚合体构成了任何发生之过去的整体性，也就是，构成了它的**现实世界**。

因此，把这一术语的应用作一下引申，扩展到其不适用的范围，这可能会使我们更容易理解。首先，单独一个发生不是聚合体。聚合体是许多发生通过其内在联系而凝聚在一起的。其次，一组发生，譬如一组全部是红色的客体，或一组狮子狗，不是聚合体。这些存在物之间的内在关系并不能进入它们作为一种类型的同一存在物。

聚合体的观念对于怀特海与大多数其他哲学体系之间的双向互译极为重要。许多其他人称作“现实存在”的东西，怀特海称之为“聚合体”。这对那些与日常语言保持密切联系和把日常经验的对象看作现实存在的哲学来说，是最为明显的。但是这对大多数过程哲学来说也是如此，这些哲学把事件看作原初的。在怀特海看来，大多数这样看待的事件是聚合体，也就是说，它们是由多重现实发生构成的。

聚合体以两种方式发挥作用，因而以两种方式存在。怀特海称之为**“客体的”**和**“形式的”**。作为客体的东西，聚合体为观察者而存在。桌椅对人来说是客体的聚合体，我们在日常语言中谈论的大多数东西都是事物或客体。

但是聚合体是由个体的现实发生构成的，它们并非仅仅是为观察者而存在的。它们自身也会**形式地**作为吸纳**过去**并因而构成它们自身的过程而存在。聚合体也可以根据其**形式构成**而进行讨论。在聚合体中从形式上看有许多东西并不存在于客体上任何理解的主体之中。

怀特海有时会区分发生的“原初材料”和“客体性材料”。原初材料在**形式上**构成被摄入的聚合体，也就是，具有所有原初存在物的全部特征。作为整体之发生的客体性材料是新发生摄入聚合体的方式。以形式方法所理解的聚合体的许多丰富性消失在其**客体化**之中。

这与怀特海的哲学和其他哲学之间的翻译也有关联。有些哲学家把现实存在当作他们经验到的聚合体，因为他们经验到了它。有些哲学家则试图进入观察者所看到的世界背后，达到被观察的世界本身，也就是，达到其**形式**完整性的聚合体，按其本来面目来观察它。

集合体和虚空

集合体对**聚合体**的关系正如现实发生与现实存在的关系。我们所考察的大多数聚合体是集合体。也就是说，它们具有“集合体秩序”。但是也存在着“非集合体”的聚合体，这意味着，聚合体也具有非集合体的秩序。

具有非集合体秩序的**聚合体**的主要例子存在于**虚空**之中。虚空不是现实发生的虚空。在怀特海看来，某些事物会到处运行，即使在虚空中也是如此，那里存在着能量。但是在虚空中没有任何事物在持续或经历时间。因此，没有任何东西在运动，也没有任何东西可测量。虚空之中的发生与先前发生之间的关系对其存在来说是极其重要的，正如与构成集合体的这些发生之中的过去发生的关系一样，但是它们并没有产生集合体秩序。虚空是作为集合体之虚空的空间。

集合体在发生中的某些特征由其他发生所继承时才成为存在。这些特征历经时间之持续构成了发生的多样性，这些发生继承并把这些特征转变为“集合体”。集合体的成分具有某些共同性，并且与一组或一类中的成分不同，它们因其对同一集合体中先前成分的**感受**而共同拥有这一特征。集合体能在时间中持续，而现实发生只会出现并消退于过去之中。因此，集合体可以改变位置，而作为个体的现实发生则不能改变位置。但测量它们是如何起作用的则是可能的。

怀特海在谈到我们通常所说的人类时偶尔会使用“集合体或社会”（society）这一术语。人类可以隶属于不同的集合体或社会。他举的例子是那些了解希腊人的人。他们构成一个集合体或社会，因为他们中甚至有许多人相互并不认识，然而他们拥有共同的特征，这是他们从其他社会成员那里继承而来的。许多小城镇或小城市的居民也构成集合体或社会，表现在这些成员共同拥有他们从其他城镇成员或居民那里继承而来的特征。

然而，怀特海对“集合体”一词更多地是在与非人类组织、非动物性客体或**事件**之**聚合体**有关的方面使用的。这些集合体具有多样性。

可持续客体或个体秩序集合体与粒子集合体

从概念上说，**集合体**的最简单形式是在一定时间只有一个成分的集合体。我们自身有关自我的个体经验就是这种集合体。一种经验跟随着另一种经验，这另一种经验又跟随着另一种经验，而每一种经验都与先前的经验具有紧密的关联。这就是**个体秩序集合体**。与虚空中的个体发生相比——我们先前看到它们缺乏**集合体秩序**——个体秩序构成了可在**时间**中持续的集合体。因此，它也可叫作**“可持续客体”**。

它的持续可以是一秒也可是一百万年。

虽然根据最严格的界定，所有可持续客体都是个体秩序集合体，但根据怀特海的实际用法，这一术语有时被用于宏观客体，这些客体即使在系列上有秩序的存在物不是现实发生而是这类存在物的**集合体**时仍然在持续着。他把分子当作可持续客体。如果我们严格按照他的界定，这将会支持如下论断：在任何时刻都存在着单个的分子发生。但是他也在其他观点上表明分子是“**结构性集合体**”。可做出的结论是，怀特海认为结构性集合体也可是或具有单一发生。但是，可能性更大的是，怀特海对“可持续客体”的使用要比他的定义所表明的更为松散。

我们所处理的许多物质客体可以被分解为分子。如果我们把分子当作可持续客体，那么我们可以说这些日常物质客体能被分析为可持续客体。怀特海把这些大型客体叫作“**粒子集合体**”。许多客体在其他哲学家看来可被当作“实际上何物存在”的客体，在怀特海看来，则属于“粒子集合体”。石头、气体和液体全都是粒子集合体。

结构性集合体

不幸的是，为了概念简洁起见，无论是活的系统还是大多数科学感兴趣的对象都不像**可持续客体**和**粒子集合体**那样在成分上非常简单。可以认为一块石头是由分子构成的粒子集合体，因为这些分子即使在石头被击碎而彼此分开时也具有非常相同的物质特性。但是这些分子不能同样地被击碎为原子。分子的构成并不局限于其中的原子的共同存在。从与整体相分离的部分来看，分子的整体完全不同于其部分的总和。因此分子是一个**结构性集合体**，而不是一个粒子集合体。大概原子也是这样，或许电子和质子也是这样。

怀特海把结构性集合体界定为包含“**次级聚合体**”的集合体，其中有些是“**集合体秩序**”，有些则不是。后者是**非集合性聚合体**，我们把它看作是**虚空**。作为生物之基本单位的细胞是结构性集合体的特别有趣的例证。怀特海对此提供了一个复杂的分析。细胞包括其本身是结构性集合体的分子。就其与细胞的关系而言，它们是**“次级集合体”**。正像石头中的分子一样，它们可以不依赖细胞而存在。怀特海把重点也是集中在细胞中的虚空上，这些虚空缺乏任何集合体秩序，考虑到这一点对作为整体的细胞的行为来说极为重要。正是这种缺乏集合体秩序使得新颖性成为可能。正是在这里怀特海确定了细胞的生命。这个虚空构成了**“主导聚合体”**。大概这里说的“主导”是指作为整体的细胞以新颖的方式对刺激作出反应，因而这些聚合体成为可能。

集合体与非集合性聚合体之间最明显的区别是建立在传授基础之上的，因而集合体关系是由形式的重复所构成的。根据这种理解，任何新元素，即有可能进入集合体成为其成分的元素，并不影响作为整体的集合体，也就是说，它不是可由后继者所重复的。因为生命是以新颖性而著称的，因而它不可能具有集合体的特性。这样看来，它属于非集合性聚合体，而这对发生来说意味着发生处在**虚空**之中。

然而，这一分析并非怀特海的最后定论。显然，当他在撰写本书时，一种新观念出现在他的脑海之中。他并未返回修改他已经写下的东西，但是这一观念被证明为是特别富有成效的。然而，关于他的充分发展的对生物的理解，参见下面对**“活的个体”**的讨论。

摄入

至此为止我一直非常艰难地避免使用**“摄入”**这一术语。这一术语所表达的观念不可能回避，而下面要讨论的“感受”一词则不得不承担重担。摄入或许是怀特海哲学中唯一最重要和最富原创性的概念。

“摄入”不仅存在于**主体性形式**之中，也存在于**客体性材料**之中。客体性材料正是所要摄入的**东西**。主体性形式则是指**如何**摄入。在最简单的情形下，我们可对单一现实发生有一个摄入，因而其客体性材料就是那个发生中被摄入的方面。但是大多数发生的材料是某种**聚合体**。譬如，尤其在有意识的经验之中，我摄入一块石头，不是其中的单个分子（如果存在的话），更不是其中的单个量子。因而作为整体的这种发生的客体性材料永远是一个聚合体，即发生的**现实世界**。

摄入是存在于**那里**的某物成为这里的**某物**的那种方式。摄入是两个现实发生之间的纽带。过去的发生共同存在于新发生的构成之中。从这个视角看，我们可以说那里的某物成为这里的某物。这就是过去发生对新发生的**因果效验**。而回到这种新发生的观点看，我们可以说这种新发生把过去发生吸收到自身之中。这样一来，同一个关系可以被视为**过去**的因果效验或在当下之中的摄入。

摄入是一种**内在关系**。也就是说，就摄入的发生来说，摄入是内在的，而就被摄入的发生来说，摄入则是外在的。摄入并未改变所摄入之物，但是摄入的主体成为通过其摄入而成为之物。这种关系是不对称的。后面的发生进行摄入，因而它部分地由前面的发生所构成。前面的发生不进行摄入，因而不受后来的发生所影响。怀特海经常谈到事物之间的相互关系。当所讨论的事物是集合体时，这通常严格地说正是如此。例如，在植物和吃这些植物的动物之间存在着广泛的相互关系。但是正如哈特肖恩已经弄得相当清楚的那样，任何两个发生在相互关联方面都是不对称的。通常，一个发生处于另一发生的**过去**。现在发生与过去发生之间的关系从来不是对称的。过去发生对现在发生施加了**因果效验**。现在发生摄入过去发生。这是怀特海的观点，但是他的语言有时模糊了这种关系性的非对称性。

虽然怀特海对作为**主体**的发生作了重要强调，但他明白仅仅使用这一词是有危险的。它给人的印象是，发生是对**过去**之摄入活动中唯一能动的活动者。许多解释者受到这一引导，把过去发生当作新的主体由之构成自身的被动**材料**。

为考察这一印象和强调先前发生的因果能动性，怀特海使用了另一术语。他告诉我们，发生是其自身摄入的**"超主体"**。它的摄入使其进入存在。换言之，它并非首先存在然后再摄入过去。它的存在是由其对**过去**之摄入构成的。就大部分而言，它是过去发生在它之中所产生的东西。

被摄入的东西有许多，相应地摄入也有很多种。但是对怀特海研究者来说最重要的是掌握这种摄入概念。由于这个概念不是西方哲学史上一直不断得到发展的概念，它只能作为对于事实上在所有经验中所发生之事的洞见或认知而被掌握。在这一部分我们将集中论述对这种一般概念的交流或沟通，更为专业的讨论留在后面进行。

为获得对怀特海所说的意义更加清楚的感觉，人们可以考虑自己的经验。你听到了最后一段音乐的和音。但是为什么你听到的是一段音乐的最后的和音？这是有意识地回顾过去的经验吗？显然并非如此。除非先前的经验发生还在当下起作用，否则，就只会有一连串不连续的或间断的声音。过去的经验流变到当下。它并不构成当下的经验发生总体，因为必定会有最后的和音在补充。但是这种**过去**在当下是活的。而且，人们可经验到来源于有关过去的经验即最近有关过去之经验的那种先前和音的存在。这是通过现在正在生成的经验而摄入过去经验的一个例证。过去的经验成为当下的经验，但是，它是起源于那种过去的当下。

摄入解释了因果性，也解释了直接的记忆。它提供了一种不仅理解我们与我们自己直接的过去之关系，而且理解我们与我们自己身体之关系的方法。我知道我是在**用**我的眼睛在看，**用**我的耳朵在听。我还知道，当我牙疼时，我感受到的疼痛来源于牙齿上的疼痛。从现象学上看，我不能走得太远，但是如果我把生理学的基本知识与我来之不易的摄入观念相结合，我就能提出令人难以置信的理论，以此来说明我是如何在大脑中摄入神经元发生，并且通过它们而摄入身体其他部位的**事件**。

这表明身体对怀特海来说极其重要。有意识的经验在我们的哲学中会对我们有误导，因为它把注意力的焦点放在外部环境与我们的关系上。根据进化论的术语，这是相当容易理解的。为了生存，更为重要的是关注外部环境中的食物和危险，而不是关注内在的身体状况。我们倾向于我们所看到的而不是眼睛本身的感受。但是没有眼睛的摄入，就没有对外部世界的视觉经验。把一堆颜色看作经验的原初**材料**是一种错误。原初的材料是过去的个人经验和神经元经验。其次是其他身体经验。外部世界则是第三。尽管如此，重要的是要认识到，我们确实也在摄入那个世界，不只是一堆堆颜色，而是构成那个世界的现实发生。

怀特海根据摄入观念也能说明量子事件。显然，量子理论既是复杂的也是未完成的。然而，我们可以假定，发生在一个量子**事件**中的一切在很大程度上决定于在其他量子事件中所发生的事件。实际上它的能量起源于**过去**，并被传递给**未来**。摄入观念适合这种有关量子的客体知识。过去进入当下，然后变成传递给未来的那种过去的一部分。此时量子作为它对其他量子之摄入的统一体而成为存在。

感受

前面的讨论所处理的只是一种类型的**摄入**，即一种现实发生参与另一发生之构成的方式。这种类型的摄入与更为复杂的摄入之间的区别将会分别加以考察。但是首先我们强调，我一直在描述的那种最基本的摄入也可叫作“**感受**”。实际上，在前面介绍摄入的内容中，我已经谈到了感受。“感受”与“摄入”的关系非常类似于现实发生与现实存在的关系。有一种现实存在不是现实发生，即上帝。同样，有一种摄入不是感受，它叫作“**否定性摄入**”。这是某物由于在构成现实发生中发挥了作用而被排除的东西。怀特海对摄入的绝大多数谈论是关于“**肯定性摄入**”的，即**过去**的某物通过它而被包含在当下发生之构成中的那种摄入；因此，感受与摄入的完全等同只是偶尔会引起误解。

我在前面针对摄入所说的一切也同样适用于感受，并且我对感受将要说的一切也同样适用于摄入。我感受到我的身体的发生并通过它们而感受到外部世界。我感受到我过去的经验。量子感受到先前的量子。

有关感受的最简单例证是对单一现实发生的感受。每一种感受都有某种**材料**。材料对那种发生来说是**“客体”**，所以怀特海称之为**“客体性材料”**。但是，重要的是要认识到，这种客体性材料，在这种情形下，在瞬间之前，是**主体**。客体性材料主要是由感受组成的。世界在很大程度上是由感受之感受的感受所组成的。

客体性材料是这种感受所感受之物，是被给予的东西，也就是说，是它的材料。感受也有某种**“主体或主体性形式”**。这是材料如何被感受的方式。它是纯粹主观意义上的感受，而不是怀特海使用这个词的那种关系意义上的感受。

在有些情况下，这种**主体性形式**的一部分是**意识**。其他类型的主体性形式则是**目的**、**评价**、**喜欢**和**厌恶**。但是感受的主体性形式中占优势的元素是**情感**。现实发生可被认为主要地是情感的搏动，在绝大多数场合，是无意识情感的搏动。因此，就大部分而言，发生从情感上说可以感受到它们的先前情感感受之先前发生的情感感受。

再回到关于音乐的说明，我们可能会满意地或失望地或期望听到这种音乐的和音。人们可以不重视或**“低估”**这种音乐，尽力把注意力转向其他事情，或者人们可能看重它或**“高估”**它，尽力克服其他吸引。一般而言，人的主观感受形式在一瞬间会在很大程度上重复先前时刻的主体性形式，但是改变甚至激烈的改变是可能的。

在这一点上，怀特海进行了大胆的思辨，这表明了他是如何认真地想克服把世界分为**客体世界**和**主体世界**的二元论的。他证明了我们在主观上认为是情感的东西可以在客体上作为能量来测量。情感感受之情感感受的情感感受可由物理学描述为能量的矢量传递。

主体和超主体

当谈到能进行感受活动的个体存在时，怀特海通常说到作为**“主**

体”来感受的现实发生。实际上，有关现实存在、现实发生、摄入和感受的许多讨论，都是关于主体的讨论。当主体与客体相对照时，这是异常清楚和极为重要的。

然而，怀特海指出这种语言也可能会引起误解。我们习惯于把主体看作活动的动力。把现实发生叫作主体可能容易给人以这样一种印象，即似乎那种正在生成的现实发生在它感受之前就已经存在了。解释者有时会十分强调这种发生的能动性在摄入**过去**之中的作用，因而那些过去发生似乎只是等待这一能动作用的被动材料。这不是怀特海的观点。

在大多数情况下，发生及其所有摄入表达的是过去发生的**因果效验**。最好是把摄入理解为表达了它们在新发生构成中的因果效验，这种因果效验只是因为这些摄入在其中的整合而成为存在。为抓住新发生出自于旧发生在它之中发挥作用的这种突现，怀特海有时把这种新发生叫作**“超主体”**。

如果他试图用超主体来完全取代主体，他的观点在相反方面将会被歪曲。它将成为决定论的。当下将会被看作只是由过去长成的。“主体”这一术语和主体从过去构成其自身的活动的分析是至关重要的。当怀特海最为仔细地表述其观点时，他把发生叫作其摄入的主体/超主体。

怀特海也不时地谈到过发生的**超主体性**。此时他在头脑中具有发生在构成其他发生的活动中的作用。正如发生需要被看作其自身感受的超主体一样，也应当认识到它在构成随后的发生中的作用。

否定性摄入

感受是**肯定性摄入**。**“否定性摄入”**是从被感受到的宇宙中消除掉某些东西的摄入。它是现实发生摄入大多数**永恒客体**的方法。然而，任何过去的现实存在都不能以这种方式被完全消除掉。这就意味着对新发生来说，决不可能仿佛是在它的过去中存在着完全的空白点。然而，构成大多数过去存在物之现实性的大多数感受**确实**被消除掉了。譬如，尽管过去包含着罗马帝国和所有构成罗马帝国的事件，出现在那个帝国之中的大多数现实发生的大多数感受，已经从当今人类经验之发生的**客体性材料**中被消除了。

怀特海的阐述有时听起来仿佛每一种发生今天都**否定性地摄入**了所有那一切。对他的理论的另一种理解是，大多数这类感受已通过一代一代的现实发生而从这些**材料**中被逐渐地消除掉了。在每一现实发生中的否定性摄入则构成对过去增加的元素之感受的进一步消除。

由于比较容易理解我们不仅只是感受**过去**之整体的很小一部分，而且只是感受纯粹潜在性之领域的很小一部分，人们感到奇怪的是，为什么怀特海对**否定性摄入**作了这么多论述。其答案是：他认为构成过去之整体的所有存在以及所有永恒客体都是相互联系的。任何一个事物都与其他特征万物具有某种关联，虽然这种关联是渐进的并且越来越弱，直到可以忽略不计。假定存在这种关联性，不包括某物只不过是不做任何事。它是一种积极的排除。这种行动可归之于新发生的**主体性形式**。

有一种类比可能是富有启发的。在深层心理学中有一种感觉是，发生在我们身上的一切，即使在我们的有意识记忆中只剩下一点点，仍然是在我们之中的。我们的某些遗忘行为是对我们身体中那些竭力避免羞辱或羞愧感受的部分发生的作用。这就排除了这些被压抑的事实或经验直接参与到我们当下的经验之中。但是与它们的这种压抑活动相关，存在着某种强烈的**主体性形式**。当然，实际上，绝大多数否定性摄入的主体性形式是微不足道的。

在任何情况下，人类经验的每一发生都面临着比它能够综合的更多的**材料**。为了能够从环境中同化这些新材料，必须排除掉某些有可能是从其个人之过去中继承下来的东西。没有这种排除，新颖性就不能进入，但是我们不应当把这种损失减小到最少。不难理解这种排除会涉及到**主体性形式**。

概念性摄入和回复性摄入或感受

前面对感受的讨论已经涉及到**物质性感受**。物质性感受是对过去发生的**摄入**和对过去发生的**聚合体**。但是我们在前面已经注意到除了现实发生，还有**永恒客体**。某些永恒客体也是被积极地摄入或感受的。

概念性感受是对**永恒客体**的摄入。这些是“**纯粹潜在性**”。许多这类潜在性是物质性感受对象中的要素，但是，只有当它们与它们在物质性感受对象中的现实化相区分，并且因而在它们作为纯粹潜在性之不同地位中被感受时，它们才能成为概念性感受。在这种地位中，它们是被作为现实化的种种可能性，而不是作为过去世界中的要素而被评价的。与此相应，**概念性感受**的主体性形式永远是**估价**，因而概念性感受也永远是**概念性评价**。怀特海有时写作“**欲望**”。**纯粹潜在性**从未受到中性的对待，它们是出于某种原因而从**物质性摄入**中抽取出来的。

物质性摄入和**概念性评价**存在于所有现实发生之中。譬如，考察一下你对一瞬间之前的经验之一瞬间的摄入。其中有许多连续性，但是这种新的经验并不完全地重现先前的经验，其中有变化。先前经验的某些特征被强化了，其他特征则被弱化。你对过去发生的物质性感受摄入了过去发生的**主体性形式**，也就是，作为在其中存在的**要素**的**永恒客体**。但是这种发生也会感受到这些为再扮演其自身而作为纯粹潜在性的永恒客体。怀特海说它有时对这些作为材料的永恒客体的价值评价高，而有时则评价低。

“**概念性回复**”有时会发生，有时不会发生。“**回复性感受**”是某种与从有关过去发生的**物质性感受**中抽取出来的东西紧密相关但又有所不同的可能性。这同一种可能性或许经常被现实化在过去之中。绝大多数对某个与其摄入之过去相关联的发生来说是新的东西，对作为整体的宇宙来说并不是新的。但是它并不是通过摄入它过去是其**要素**的先前发生而进入现在的经验之中的。它进入是因为它与该发生的纯粹物质经验中所给予的一切有关联但又有所不同。

这在人类经验中非常容易描述。假定我对某人与我说的某件事非常愤怒。在下一瞬间我感受到我刚刚过去的愤怒的**过去**。我的倾向是再产生那种愤怒。然而，这并非只是一种自动的过程。我会区分作为**可能性的**愤怒与产生于过去的**现实的**愤怒。我会以某种否定的方式对其做出**评价**，用怀特海的术语来说，**向下**的评价。我也会意识到另一种**情感**，这种情感可能会涵盖我对先前愤怒的感受。对过去愤怒之摄入的这种主体性形式无疑将会继续包含着愤怒，但是可能也会包含着对那种刺激的过度反应的困窘或羞辱要素。在很短时间内，对于由回复所接收的可能性之现实化可能会在相当大的程度上改变我的物质性感受的**主体性形式**。

但是，为什么怀特海称之为“**回复**”？我的猜测是他这样做是因为他发展出这一观念首先与基本的物质现象有关。他评论说，在我们的世界中实在更多地是由“振动的”现象而不是由纯粹的连续发生之重复所构成的。振动是他用来描述通常叫作波的现象的术语。或许他喜欢这个术语是因为振动是一个并不直接意味着像波一样需要某种媒介的事件。他懂得振动在两种状态之间出现连续发生时就会出现。它从 a 变化为 b，然后再回复到 a。怀特海的推测是，这种变化与纯粹的形式重复相比，会支持某种更大的情感“强度”。

显然，在振动现象层面，由回复引入世界之中的新颖性是非常轻微的。然而，在人类经验中回复可以积累。我们在讨论**活的个体**时会再回到这个话题。

永恒客体的客体类型和主体类型

永恒客体的作用是为新**主体**而把过去的现实存在和**聚合体**客体

化。这些新发生的主体性形式也是由永恒客体来赋予其特征的。通常这些永恒客体同样也会发挥赋予**客体性材料**及其主体性形式以某些特征的功用。例如，在一瞬间我会感受到我的焦急经验的先前发生。这种感受的主体性形式很可能是焦急。焦急属于**“永恒客体的主体类型”**。

还有一些**永恒客体**不能使发生具有**主体性形式**的特征。客体性材料可以由正方形来赋予其特征，但是看到一个方形物体的主体性形式则不能是正方形。正方形，正像一般的数学形式一样，属于**“客体类型”**。

然而，还有一些**永恒客体**很难被客体化。譬如，一个给定的黄色阴影在我看来可以描述为构成一幅图画之一部分的**聚合体**。感受这种永恒客体的主体性形式也能是“黄色”的吗？无疑在直接的感觉意义上并非如此。人的经验之主体性形式不能像那幅画的一部分一样同样是黄色的。

尽管如此，怀特海并不把颜色作为客体类型的**永恒客体**的例证。显然颜色表达的是有关它把其客体化的**聚合体**的某种东西，这种聚合体在接收性的发生中再现出来。查尔斯·哈特肖恩发展出一种理论，在其第一部著作《哲学和感觉的心理学》中，他对这种观念的正当性作了证明。他证明了情感质量同样可以通过各种感觉材料来表达，可以被人类经验和被感知的世界来享有。在《观念的历险》中，怀特海指出我们正确地根据一种基本的信念在生存，即在显现与实在之间有真正的连续性。这个思想在此意味着，在事物的颜色与它们的**主体性形式**之间存在某种情感的连续性。

永恒客体的进入

永恒客体使现实发生具有某种特征。除了这种特征化过程，不可能有任何现实性。虽然现实发生从未由赋予其特征的永恒客体所穷尽，然而现实发生只有在永恒客体的实现中并通过这种实现才能成为现实。

怀特海把这一过程描述为永恒客体生成为现实发生的**成分**的过程。这一成分或许存在于现实发生的材料中，譬如作为视觉特性而存在，或者在它们的**主体性形式**之中，如作为情感而存在，或者存在于两者之中。这种生成为其成分的过程，他称之为“**进入**”。

说永恒客体进入现实发生会给人以行动依赖于永恒客体的印象。根本不存在这种现象。永恒客体并不会主动行动。行动是现实存在的行动。

永恒客体的受限进入和非受限进入

起初，**永恒客体**要么**进入**摄入物即经验的**客体性材料**之中，要么进入它是**如何**被经验到的那种方式，即经验的主体性形式之中。如果我看到一条绿地毯，那么绿色的特性就“**无限制地**”**进入**我的经验发生中。同样如果我感受到不舒服，不舒服的特性就会无限制地进入。这些不受限制的进入模式在前面已经讨论过。

但是**永恒客体**也可以是**概念性感受**的**材料**。概念性感受可以各种方式同物质性感受相整合。通过回复它们也可导致其他概念性感受，并以人类思想中极为复杂的模式与它们相整合。怀特海把永恒客体的**进入**叫作**概念性摄入**或者感受的材料或者思想“**受限进入**”的材料。如果一位数学家正在思考等边三角形的属性，这个三角的形状和其中确认的属性在数学家经验的现实发生中就有了限制性的进入。如果她正在观看一个三角形的物体，那么这种进入是受到限制的。

物质极和精神极

物质性感受是对现实发生的感受，它们为每一个新的现实发生的发展提供基础。但是所有发生也有**概念性感受**或对**潜在性**的感受。其中最简单的是对**纯粹潜在性**或永恒客体的感受。这些感受是概念性感受。还有物质性感受和概念性感受的结合物。

在多数现代哲学中，物质和精神一直被严格地区分。笛卡尔教导我们要对物质和精神进行不同的形而上学思考。对怀特海来说，忽视这种区别将会误入歧途，但是应当把这种区别看作每一发生、每一聚合体、每一集合体以及每一事件的两个方面，这种区别不是区分两种存在的基础。

可以强调，这意味着怀特海拒斥形而上学的二元论。但是，这并不意味着他否认精神和物质的区别。每一发生都包含着物质性和精神性。这样说并不是二元论而是**偶极性**。怀特海偶尔会用**"两极性"**来代替。发生可以在思想中区分为**"物质极"**和**精神极**，前者由其物质性感受构成，后者由其概念性感受构成。在这种区分中所有更为复杂的整合了物质性感受和概念性感受的感受形式，都可被当作精神极的一部分。

精神性在有些发生中发挥的作用极小，而在另一些发生中精神性则是主导因素。还有另外一些发生处于这两极之间。这种两极性有助于我们理解二元论思维是如何产生的，但是它们没有证明自身是正当的。偶极性思维是怀特海整个哲学的根基。

简单（因果）物质性感受和被改变的感受

上述对**摄入**和感受的初步讨论集中在**简单感受**上。它们也可叫作**"因果的"**感受。一种发生感受到先前发生的情感并因而占有这种情感。其中有能量流从一种发生流到下一个发生，这便是世界上因果性存在的基础。

这是一个极其重要的观点。自休谟以来，大多数现代哲学在解释一个事件现实地或因果地受到另一事件的影响这一观念时困难重重。

休谟表明，如果人们把感觉经验当作唯一直接进入外部世界的通道，日常感觉和科学的**因果性**观念就不能得到正当的证明。康德回应说，人类的头脑必然地以因果方式组织这些经验。在这两种情况下，除了人类头脑的构建以外，我们对世界上的因果关系本身都尚未触及，但是，我们别无选择，只能以这些术语去思考出现在我们面前的一切。许多哲学讨论仍然被困在休谟的感觉经验和康德的建构唯心主义之间不能自拔。怀特海则坚持因果发生参与构建其他现实发生，这种主张从根本上改变了这种讨论。根据他的观点，发生是通过成为**因果感受**的**材料**而参与其中的，这些材料共同构成了许多新发生。我们知道，世界上之所以有因果性，是因为它在构成我们的所有经验中发挥着相当巨大的作用。

尽管如此，大多数人类感受不是怀特海称之为因果感受的那种感受。这些感受没有作为其材料的个体现实发生。我们生活在一个集合体秩序的世界之中，这个世界是由山川、海洋、建筑物和树木、花草构成的。我们经验不到任何这些众多构成它们的量子。我们经验到的都是那些巨大的、相对地结合得很好的对象。这在感觉对象中显然是真实的。但是这在我们对自身的经验中也是真实的。即使在牙痛中，正是作为整体的牙齿在痛疼，而不是量子**事件**在痛疼，甚至也不是构成它们的单个神经元事件在痛疼。怀特海需要解释为何我们有关世界的现实经验非常不同于**简单的物质性感受**本身产生的东西。

怀特海把从许多对微观存在物的简单感受向大型客体的经验转变描述为“**转变**”。同样的**永恒客体**从许多个体中抽取出来，然后把它们应用于一切存在之中。由许多发生构成的**集合体**因而被感受为一个存在。大多数哲学把**被转变的感受**材料当作通向一般实在的线索，或者至少通向物质实在的线索。怀特海没有这样做，但是这决不降低被转变的感受的重要性。

纯粹摄入和混合性摄入或感受

到此为止，我们一直在主要地考察“**纯粹物质性感受**”。纯粹物质性感受是对先前发生的物质性感受之感受。这些是**因果性感受**，这些感受把能量从一种发生传递给另一种发生。然而还有另一种物质性感受，这种感受也是一种对先前发生的感受。但是，它感受的是发生的**概念性感受**而不是发生的**物质性感受**。

怀特海在撰写《过程与实在》的大部分内容时头脑中并没有这种可能性。他把**物质性感受**看作是传递能量和构建因果关系，这些感受解释了世界的稳定性。它们使之成为可能的所有重要的集合体秩序也是共同性和重复性的表现。譬如，他论证说，个体身份不过是终生重复某些不变的模式而已，因而对刺激的神经元反应中出现的新颖性依赖于那里存在一个处于细胞**真空之**中的**非集合性聚合体**。问题在于，这种**集合体秩序**与反应的原创性是有矛盾的。

一旦怀特海认识到物质性摄入能够把概念性摄入作为其材料，他对细胞和个体以及许多其他东西就有了一种新的理解方式。由**回复**引入一种发生之中的新颖性成为这种新发生的物质性摄入的一部分，并且能够通过物质性摄入传递到未来发生之中。如果新的感受在一个瞬间不能被此后的混合摄入感受到，它们就可能不会有连续效果。但是事实上我们知道动物会学习。用怀特海的话来说，一种发生的概念性感受通过混合感受媒介而在未来发生中被“**打通了**”。

区分混合感受和纯粹物质性感受在其他方面也是有助益的。怀特海强调，发生的整个过去或现实世界在其构成中都有作用。在怀特海的阐述中并不总是十分清楚的是，他的意思是否是指更为遥远的**过去事件**是通过其后继者而达到当下存在物的中介。有时相当清楚的是，这种关系也不能无中介。但是，如果我们假定能量能够从一个过去发生传递给后继者不止一次，那问题就出现了。

在撰写这部著作的晚期，怀特海提出**纯粹物质性摄入**可能依赖于时空关联。更为遥远的过去之**因果效验**是由直接的事件为中介的。另一方面，混合物质性摄入并不依赖于这种邻近。当代对信息传递的强调非常适合于他的混合性摄入观念。他将也会以这些术语来理解物理学中不断增长的关于遥远发生之纠缠的证据。他清楚地指出了混合性感受在心理现象中的解释性作用。

活的个体

具有人文主义情怀和宗教情感的怀特海读者通常会抱怨人类消失在这些微小现实存在的矩阵之中了。这是一个误读。怀特海确实认为微小的现实存在、量子活动的发生对宇宙学来说极其重要。但是他同样清楚地阐述了人类经验的种种瞬间不可被分析为这些**事件**。实际上它们根本不可以被分为更小的现实存在。人类经验要按其本来面目还原地对待它。因为人类经验的瞬间具有成为现实发生的资格，这种瞬间的**因果效验**不能被忽视，而这在科学中典型地是这样处理的。怀特海绝不是要把人类消失在量子事件的矩阵之中，相反，他是把人的完整的现实性当作其许多哲学分析的出发点。

尽管如此，在怀特海发展出混合感受概念之前，他有关个体的概念已经被穷尽了。个体是现实发生的**个体秩序集合体**。但是个体秩序只不过意味着存在着一系列随后发生，每一种都从其前面的发生中继承了某种共同特征。电子和分子同样具有作为个体秩序集合体的人类性质。一切都能同样地被称为**"持续客体"**。

换言之，怀特海至此一直把**个体秩序**理解为**集合体秩序**的形式，并且他根据共同形式来源于群体中的先前成分来界定后者。混合摄入引入了某种新的集合体的可能性。因为他没有通过重新界定"集合体"来对此加以说明，我们可能不得不说，一个**活的个体**不是一个集合体。我宁愿说它是一种不同的集合体，但是这要求提供更为宽泛的定义。虽然确实存在着具有传递从发生到发生的相同形式的个体秩序，但也有另外一些集合体具有活的个体秩序。在这些集合体中从发生到发生的传递引入了新颖性。

这些集合体毫无疑问地可在具有中枢神经系统的动物中发现。这些动物的大脑产生了统一的经验，这些经验非常不同于归之于它的所有神经经验的补充。作为人类，我们知道，这种经验最直接地表明我们是谁。怀特海把这些瞬间的经验叫作“**最终的理解发生**”或“**主导性发生**”。这些发生的序列，他称之为“**活的个体**”。

活的个体像其他**个体秩序集合体**一样确实从他们先前的人那里、通过他们的纯粹物质性感受而继承那些共同形式要素。但是他们也从前人的**概念性摄入**中继承。在这些概念性摄入中有些摄入只是重复**过去**的要素，但是还有一些摄入则引入了新颖性。先前的发生可能会获得并不存在于其前辈之中的信息。新的发生通过其**混合**摄入可能会占有这种新信息。它可能会进一步对其予以补充。换言之，在活的个体中存在着学习。

这种新颖性的突现并未对过去中的重复之物弃而不顾。新颖性和过去重复之物这两种东西的整合对两者都会有所改变。假以时日，它们几乎就没有任何共同的形式要素了。一个3岁小姑娘与她长成60岁的女人之间可能几乎没有任何共同的形式要素。但是，这并不是说她不是同一个活的个体。构成这个活的个体的种种发生综合了所有不断成长的过去，而不只是重复那种过去。在《观念的历险》中，怀特海把“活的个体”概念转变为更为传统的语言“**灵魂**”。

在许多场合，关于人类个体提出的一个问题是他们的具体化。有人会说，一个个体就是他或她的身体。柏拉图的或笛卡尔的哲学把个体分为**灵魂**和与之完全不同的身体。怀特海的观点位于这两种极端观点之间。严格地说，个体不同于身体。作为灵魂或心理，其本身并不是这样的身体器官。我们既能够谈论这个人（个体），也可以说这是个“具有心理和生理结构的有机体”，后者包含这个人及其身体。

但是，怀特海通过他的哲学强调，每一现实存在，或每一**事件**，在很大程度上都是由它与先前事件的关系，或者由它对先前事件的摄入构成的。终极的有感知能力的发生在很大程度上是由它接收什么所构成的，尽管它把这些知觉整合为一个单一模式。在很大程度上，活的个体总是在概括发生在身体内部的东西，并因身体状态良好而发挥作用。进一步而言，重要的是不要忘记，不论在柏拉图那里还是在笛卡尔那里，灵魂从形而上学观点看总是不同于身体，对怀特海来说，则不是这样。身体是由经验发生构成的，灵魂或活的个体也是由经验发生构成的。它们之间存在着区别，但是确实不存在二元论所说的那种情况。

怀特海的追随者讨论的问题是，除了具有中枢神经系统的动物大脑某处以外，在哪里能找到其他活的个体。或许主要的候选者是单细胞有机体。怀特海本人叩开了通向这个假设的大门，但显然他并没有通过这个大门。对怀特海主义者来说，这类问题是由证据来决定的。大多数怀特海主义者现在认为能证明单细胞有机体会学习的证据足以让我们确证他们是活的个体。

怀特海把构成**活的个体**的发生描述为由**非集合性聚合体**所环绕的大脑缝隙周围的结构。他的语言在此似乎与他在引入**混合性感受**之前思考活的个体的方式有关。然而，这是他提出的唯一思辨。

纯粹和非纯粹概念性摄入或感受（命题性感受）

至此为止，我们是把**纯粹物质性感受**与**混合性**感受相对比。在这一部分，我们将“**纯粹概念性感受**”与“**非纯粹**”或“**命题性感受**”相对比。怀特海偶尔会谈到“**纯粹**”感受，但我们没有弄清他在头脑中在比较什么。读者对此应当予以注意，但不要因此而烦恼。对“纯粹”的这种两重使用会引起一些问题，但上下文通常会使我们弄清其含义。

纯粹**概念性感受**是对这类**永恒客体**的感受。这是我们在这一部分论及上述这一论题时所看到的唯一概念性感受形式。

这里的比较是针对“非纯粹概念性感受”的，怀特海有时说，它同样可以被当作**非纯粹物质性摄入**。这也可以叫作“**命题性感受**”。这种感受的**材料**是概念性感受的材料与“指示性感受”的材料之“**比较**”，所谓指示性感受也就是剥去其现实特征的物质性感受。这个比较是一种“**命题**”，它也可被称作“**具体确定事实的非纯粹潜在性**”，以区别于**永恒客体**，后者是**纯粹潜在性**。

命题

命题的界定与**永恒客体**非常相似。其区别在于永恒客体是**纯粹潜在性**，而命题是**非纯粹潜在性**。永恒客体与现实性是没有关联的，而命题与现实性则是有联系的。命题伴随现实性而成为存在。永恒客体则并非如此，它们是真正永恒的。

使用“**命题**”这一术语表明了命题与逻辑有联系。怀特海强调，命题在经验中发挥的巨大作用超过了它们在逻辑中发挥的作用，但是逻辑或许是好的起点。我们可以从一个日常的陈述开始，譬如“这只狗是棕色的”。“狗”在我们看来是指怀特海所描述的非常复杂的“现实发生”之“**集合体**”。“棕色的”对我们来说是指“**永恒客体**”。这个陈述把这些因素都弄到一起了。

现在我们注意到，对怀特海来说，这个陈述指示给我们的是**潜在性**。这种潜在性不是那个陈述，而是棕色的狗本身。**命题**在现实世界中是作为怀特海称之为“**对感受的吸引或感受吸引物**”而存在的。某些命题在世界上得以实现，某些没有实现。也许可以把后者称为**假的**，但是，“假”命题或许比**真**命题还重要。譬如，它们可以描述事物**应当**如何，因而会推动我们去行动。

对命题的这种理解与日常感觉非常相符，这在怀特海哲学中给更为精确和有力的解释敞开了道路。“这只狗是棕色的”——这一命题所存在的问题是，其逻辑主语已经包含了描述者。假定我们认为是一只狗的东西事实上是一只狼，这样，判断这样一个命题就非常困难了。对这个命题的更为精确的陈述是，“那个东西像狗一样或者它像狗一样，并且是棕色的”。“那个”和“它”只不过是表示我们想要谈论的那个存在，即这个命题的**逻辑主语**。人们把某些永恒客体与这个存在相关联，不管这种存在是什么，怀特海称之为“**指示模式**”。人们一直坚持这种可能性，即它们赋予这个客体以特征。**潜在性**的符号或注脚仍然存在，但是**指示模式**的**摄入**却与某种特定存在相联系，或者与之相整合。

然而，这却不同于简单地整合**物质性感受**和**概念性感受**，这里出现了另一种抽象。**物质性感受**是具有多种复杂性特征的“现实存在”的感受。“命题”并不会把这种**摄入**与“**永恒客体**”的摄入相整合。相反，命题从“物质性感受”中剥去了标志其**材料**的所有“永恒客体”，这种指示性感受便与概念性感受整合在一起了。这种整合给我们提供了对“**非纯粹潜在性**”的摄入，也就是，对具有非纯粹的或命题的感受之潜在性的摄入。

理解性命题和想象性命题

命题有两种主要类型：“**理解的**”和“**想象的**”。它们的差别以某种一般方式就很容易理解。在理解性命题中，归之于逻辑主语的指示模式是一种起源于现实发生的模式，这些现实发生是物质地被摄入的，并且逻辑主语由此也得以产生。如果这种物质性感受是有关一只棕色狗的感受，并且这个命题把棕色和狗的特性与逻辑主语相联系，那么我们便有了一个理解性命题。相反，如果我们把我们正在看到的东西看作一只猫或黑色，那么我们便有了一个想象性命题。

然而，这种简单阐述在多个方面必须是经得起推敲的。譬如，严格地说，问题不是**指示性模式**是否与**物质性感受**剥去的东西相同，而是指示性模式是否起源于**物质性感受**。譬如，同样的指示性模式可以起源于先前经验。从中产生的物质性感受因而可叫作“**物质性认知**”。显然，如果这种物质性认知是不同的，同样有可能是这种**指示性模式**也是不同的，因而我们就会有一个想象性命题的简单例证。但是，它有**可能**是相同的。这将不会使得该命题是可理解的。

理解性命题必须是**真的**，这是可能的。但是，实际情况并非一定如此。事实上，在棕色狗的情形中，现实是非常复杂的。在各个阶段上，在构成那只狗以及在传递给我们的光线中，最后在从**因果效验中的知觉**到**呈现的直接模式中的知觉**的运动中，都有**回复**。在视觉经验中，这将会总是出现。怀特海相信，在可见之物与这种事物如何向我们显现之间必定存在着真正的关联，但是，在我们所看见之物的现实特征与我们以**表象的直接性**投射于这些特征之上的指示模式之间，也存在着重大差别。我们具有理解性命题，这一事实根本不能保证精确性。

当这种命题是关于人自身过去的经验而不是外部世界的对象时，很少会涉及到**回复**。这里没有任何回复的必要。人们有可能知觉到自己先前的经验中包含着对美味食物的享有。如果当下没有任何回复，这种理解性感受将是“可信的”，这个命题是“**真的**”。

一种想象性命题也有可能是**真的**。其差别表现在，没有任何东西能够对其产生的方式给出任何使人相信它是真的理由。科学假设是典型的想象性命题。其中有些成为成熟的理论。但是，这是建立在复杂的试验而不是直接经验的证据之上的。

真理

关于真理的观念在近年来的哲学中面临重重困难。传统上，真理一直被理解为与人们所说、所写或所想的实在相一致。然而，许多哲学现在缺少语言或思想能够与之相一致的独立实在观念。即使存在这样一种实在，对许多哲学家来说，似乎也无法认识这种实在。如果我们漠然地无视实在，那么宣称一种有关实在的陈述是真或**假**，这将是毫无意义的。最终，语言和思想并不是那些能够与不是由语言和思想构成的实在相一致的事物。

进行这种反思会导致许多这类仍然想谈论“真理”的人转向真理

的融贯论或者内在一致论。一种观念如果与其他经受住时间检验而被很好地接受的其他观念相一致，它就可以被接受为真的。另一些人则提供了实用主义的真理观。如果接受一种观念的结果是积极的，人们就会认为这种观念为真的。我将认为，如果以这种信念来引导，那么在这面墙上若确实有裂缝，我就可以成功地穿过这面墙。

怀特海认识到了融贯性和实用效果在试图决定什么是真的方面的重要性。然而，他对真理的界定却回到了一致性。正如我们所看到的那样，他相信，我们生活在一个由现实发生构成的真实世界上。与此相应，上述第一种反驳没有任何作用。他相信我们会摄入这些现实发生；因此上述第二种反驳不是障碍。然而，他赞同语言和思想不是那种能够与这个真实世界相一致的东西。

鉴于这个原因，回顾一下对怀特海来说命题并非是一种语言，这是极为重要的。语言通常唤起人们对命题的注意，但是在语言和任何特殊命题之间决不存在一一对应的一致。命题是某种现实发生或现实发生的**聚合体**可能是什么的方式。如果现实发生在事实上只是以这种方式存在，那么这种**命题**就是**真的**。这里的一致并非是语言或思想与实在之间的一致，而是某物可能如何与它实际上如何之间的一致。

我们在前面的论述中已经看到，**摄入**如果没有**回复**包含其中，就可能会直接地提供真理。这就留下这样一个问题，即人们如何知道其中没有**回复**。因此，认为某些摄入提供了有关真实世界的真信息，这种**信念**并没有提供任何具有这类真理的宣称已经得到正当性证明的保证。还需要其他检验来证明任何有关真理的宣称的正当性，没有任何检验是一劳永逸和确定无疑的。确证存在着真理，并不提供真理是什么的确定性。

另一方面，认为某些命题是真的信念，并不使得对真理的追求是有意义的。许多对真理的诉求或追求可能会遭到反驳。其他人则抵挡住了反驳中的努力。其中某些是高度有说服力的。就实践的目的而言，我们可以有相当的自信，相信我们在许多事情上接近了这种真理。

真理和语言之间的关联仍然是重要的。人们想用语言来表达他们认为是真理的东西。根据怀特海的理解，这意味着他们想找到那种指导人们关注真**命题**的语言。然而，语言充其量将会抽出一堆在很大部分上能覆盖演讲者或写作者头脑中具有的命题的命题。在这两堆命题之间决不会有完全的同一性。

难题在于语言并不能完全地控制由它所概括出来的**命题**。最好的情况是上一段提到的，即人们所说或所写之物能引起感受命题，它们能够广泛地覆盖那些人们之所想的命题。通常沟通都是不太精确的。概括出来的某些命题可能会与演说者或写作者的意向非常不同。怀特海写出的东西是这样，其他人的情形也是这样。我一直在尽力概括读者与怀特海意欲表达的命题相一致的命题。我所期望的最佳结果是能够在很大程度上与之相重合。

尽管真理对怀特海来说是重要的，但在不止一种场合，他认为更为重要的是，命题是有趣的而不是真的。显然，一个**“假”命题**可能会吸引我们改变糟糕的境况，或发明某种所需要之物。扩展想象力可能比确定过去的精确情形还重要。我们想引起人们关注重要的和相关的命题，以一种能引起反应的方式来这样做。那就是为何“兴趣”是至关重要的原因。

尽管如此，真理会给人增加兴趣。纯粹幻想这样看来只能增加兴趣，但是由包含真理所确证的相关性会使观念更为有趣。真理包含着其重要性。

除了在命题和实在之间如何能有一致性这个一般问题之外，还有一个具体问题，即关于**过去**如何能有真理。因为怀特海坚持过去是客体永恒，上面对这个一般问题所给出的解决办法能覆盖这些问题的一部分。有关拿破仑在某个特定时间的计划这样一个命题，可能或不可能与拿破仑在那个时间所计划的内容相一致呢？

但是，历史学家所作的许多陈述轻易不能这样对待。考察一下关于法国和德国在19世纪第一个十年丰收的小麦产量的讨论。这种陈述能与何种**过去事件**相一致？然而无疑，有关这个话题的某些**命题**要比其他更接近真理。这个问题既然如此，真理一定存在。怀特海断言真理是万物共存于上帝之中的那种方式。历史学家的陈述或多或少与此相一致。当然，这对如何确定哪些命题更接近真理没有多少指导意义。它只是解释了对真理的这种断言如何可能是有意义的。

作为类属对比的精神性感受和物质性目的

对比在现实发生的构成过程中具有极其重要的意义。许多对比是不同**聚合体**和现实发生的对比。这就是说，这些对比是物质性感受的整合。但是，还有现实发生与**潜在性**（**纯粹**的和**非纯粹**的潜在性）的对比。由于我们能够把现实性和潜在性看作不同的类，怀特海把这些叫作**"类属对比"**。我们将首先考察在前面讨论过的**命题**与现实发生的类属对比。这样我们会看到，在**永恒客体**与现实发生之间存在着非常简单的类属对比。怀特海把对这些对比的摄入叫作**"物质性目的"**。

命题性感受剥去了**物质性感受**的所有特征，在把它与其**指示性模式**的**概念性感受**相整合之前，把它转化为**指示性感受**。与此相应，还需要另一层次的整合。在上面我们曾用"像狗一样的和棕色的**它**"作为命题的例子。这必须与物质地感受到的东西相比较。这就是说，命题性感受必须与物质性感受相整合，**逻辑主体**的指示性感受就是从这种整合中产生的。这种整合使得我们在日常生活中能感知到那只棕色的狗。怀特海称之为**"精神性感受"**。

这似乎绕得太远了。我们难道不能一开始就看到那只棕色的狗吗？怀特海认为不能。为了知觉，我们必须把某物是什么与不是什么区分开来。他称之为**"肯定或否定性对比"**。我们必须确认事物可能不仅仅是呈现出来的那个样子。如果一个人从未经验到任何颜色，只经验过棕色，那么对他来说，就很难知觉到这只狗是棕色的。这是因为人们清楚地知觉到那只狗不是黑色的，也不是白色的，然后才清楚地知觉到它是棕色的。

这种精神性感受是**"有意识的知觉"**。它与物质性感受相整合而形成的命题性感受在上面的部分里被解释为**知觉性感受**。在知觉性感受中，被感受到的命题的逻辑主语及其指示模式起源于同一物质性感受。也就是，构成狗的属性和棕色的那些永恒客体是作为那个“它”的同一物质性感受，这个“它”是被剥去其被感受到的特征的东西。我有意识地知觉到一只棕色的狗。

与**物质性感受**相整合的**命题性感受**也可以是**想象性感受**。在这种情况下，**指示模式**起源于某些其他源泉，而不是提供逻辑主语的**物质性感受**。这种**类属比较**叫作“**直觉判断**”。**直觉判断**的某些**主体性形式**将是“**信念**”、“**非信念**”或“**存疑性判断**”。例如，指示模式可能是柔软的毛皮类的东西。这是我可能想象的狗是有皮毛的和柔软的，这以我对其他类似于狗的东西的经验为基础。我可能会做出判断说，情形就是这样或不是这样。或者我可能只是感到奇怪。

这一分析适用于一般的有意识的经验。使得这些经验成为有意识的是该物是什么与可能是什么的对比。正如我们已经看到的那样，这要求某种从它是什么中进行抽象的复杂过程，然后把有关这种存在物可能是什么的命题与它当初被感受的方式相对比。一种高级发生，譬如动物的经验，在这种精神性感受中可能会达到完整。

它可使这种**肯定或否定性对比**获得**意识**，并且这只会发生在**精神性感受**方面。这是指所有意识在其中发挥作用的经验要素在精神性感受中是统一的吗？怀特海并不作这种假定。我们大脑中的大多数神经元感受不是以这种有意识的方式来处理的。没有任何这些**摄入**是有意识的。

这样一来，如何能把各种感受整合起来呢？怀特海把另外这种终止形式叫作“**物质性感受**”。这些感受像是**命题性感受**，不同的是它们能直接移向**物质性感受和概念性感受**的整合而没有通过**指示性**感受和命题性感受阶段。它们把从物质性感受（或者也许是**回复性感受**）材料中抽取的**永恒客体**与物质性感受的**客体性材料**相比较。被摄入的发生通过这种整合而使用它们的**因果效验**。我们现实地经验到的东西多数起源于这些神经元。但是我们从未意识到它们。这种关系只不过是原因和结果的关系，虽然这样一来，我们在最终的**满足**中把这些众多物质性目的与**精神性感受**整合起来了。

那么，关于量子的情况又怎么样呢？作为量子事件的经验难道与我们的经验完全相同，因而足以正当地称之为“经验”吗？怀特海认为可以这样。他认为量子也有物质性目的。它们通过整合**概念性感受**和**物质性感受**可以获得对它们来说是可能的张力。这并不是要把它们引入肯定或否定对比的层次。它们没有任何**命题性感受**，不是有意识的。因为它们只是等同于我们经验中没有意识的那一部分，那些把经验等同于有意识的经验的人将会反对把“经验”一词扩展到这些部分。然而对怀特海来说，**意识**是某些高级经验发生的摄入的**主体性形式**。它根本不会这样给经验划界。在量子发生自我构建过程中发生的一切，与我们中所发生的多数发生是相同的。

因果效验模式的知觉和直接表象

有意识的知觉，我们已经看到，是**命题性感受**与物质性感受的整合。这可以是对个人自身过去经验的知觉。但是就其大部分来说，有意识的知觉是我们对我们的周围环境的经验。其中大多数是视觉。对我们如何以这种感觉来知觉我们的世界进行分析有些复杂。

这种分析也是以**物质性感受**开始的。在视觉经验中，这种感受是对外在于身体的某物的感受。当然，它是高度依赖于中介的。譬如，房间中某处发生的事件把光线反射到我的眼睛上，在这里光线转化为刺激，这些刺激通过神经而传递给我大脑中的某个部位。我从这里抽取出某些**永恒客体**，然后我再把它们投射到那个空间**区域**，这个区域在瞬间之前把这束光线反射给我。我看到当下的空间区域是一团颜色。

然而，实际上这不是真的。我把它看作是一面有颜色的墙。换言之，我是把构成那面墙的现实发生**转变后的物质性感受**与我对给定的颜色的**概念性感受**整合到一起了。在其他说明中所缺乏的是**物质性感受**的高度中介特征，被投射在墙上的**永恒客体**是从它这里抽象出来的。

在那个相对远的**区域**中所发生的**事件**对我的冲击，怀特海称之为**“因果效验模式的知觉”**。我的感受起源于大脑的特定部位，而后者是接收了眼睛传递的刺激，而眼睛的刺激则源于那一部分墙面反射的光线。但是当我从我的经验中抽象出某种颜色时，它在我看来，它此时就存在于那里。它与对我来说是因果效验的事件是什么关系，这很难测定。但是我现在看到那个空间区域具有某种颜色，这是无可怀疑的。我实际地经验到那个颜色是那个墙面的特征，也是无可争议的，虽然由此要得出结论说那里真正存在的是什么是相当危险的。在任何情况下，怀特海都把**命题性感受**与**物质性摄入**的整合叫作**有意识的知觉**。

最重要的是，这种说明废除了**直接表象模式的知觉**的首要性。大多数哲学都假定这是并且仅仅是我们进入外部世界的通道。长期以来，哲学家们跟随着日常感觉不仅把**永恒客体**分布给空间地点而且分配给位于那里的物质客体，例如墙面。他们认为他们自己看到了人、马和房子，而不是一团颜色。但是当他们更为严格时，他们就纯粹地把注意力集中于直接表象，也就是，直接给予的感觉材料。在这种模式中，我们接收的只是表象或现象，并且这仅仅意味着**永恒客体**。

怀特海同意在纯粹的直接表象模式中我们只能经验到现象。但是他强调，这种纯粹模式起源于因果效验模式的知觉。这种知觉是由**物质性感受**构成的，而物质性感受则是使我们与现实发生相联系而不是与当下瞬间中的我们自身相联系的东西。

这样分析经验具有巨大的哲学意义。许多哲学家一直以来都假定，在经验基础上，我们不能超越我们的感觉经验而确定世界的实在性。这使得许多哲学家越来越远离感觉经验。对他们来说，我们要么停留在我们自身的私人经验世界之中，要么被迫做出结论说，我们是在构建世界而不是在发现世界。对怀特海来说，这种常识性观点是正确的。我们知道，有一个世界存在于我们自身之外是因为我们经验到它是这样。当然，日常感觉可以导致有关这个世界的朴素观点，怀特海对此并不认同。怀特海对这个世界的理解是根据物理学形成的，物理学告诉我们，现实与现实向我们显现的样子非常不同。但是外部世界拥有日常感觉所假定的那种现实性，并且怀特海推测被感受之物与现实地存在之物之间具有某种真实的联系。

符号参照

在上述讨论知觉时所描述的**命题性感受**与**物质性感受**的整合需要有“**符号参照**”。以**直接表象模式**的**知觉**给予的**永恒客体**或**指示模式**是指现实发生或**集合体**，它们是在因果效验模式的知觉中被给予的。因此日常感官知觉可以叫作**符号参照模式的知觉**。

根据怀特海的观点，许多哲学家探讨的最基本的知觉形式已经涉及到符号论。这表明符号论在他的思想中具有极端的重要性。显然，知觉决不是唯一的例子。所有语言都涉及到符号及其参照。一个词可能是其他词的符号，而这些词同样可以是这个词的符号。一个词可以是一个物质客体如一棵树的符号，但是树也可以是指称这个词的符号。还存在着非语言的符号，譬如一面旗子或宗教活动中的熏香。

经验是彻头彻尾的符号。

另一方面，同样具有重要意义的是，怀特海谈论的主要是**符号参照**。由于这个参照通常是指**现实的**存在，我们就不能把这个参照归结为唯心主义或唯一地由符号构成的世界。许多哲学家做了“语言学转向”，他们论证说，语言确实是我们拥有的一切，一些语言仅仅可以指称另一些语言。怀特海对语言的重要性做了非常有力的陈述，并且大多数语言主要是其他语言的符号参照。这本术语表在很大程度上就是这样一种其他术语的术语参照。然而，在解释术语时，我经常要求读者把术语与他们的经验中那些非语言的方面相联系。如果这些参照无效，根据怀特海主义的观点，整个这个项目就会毁掉。

不仅语言可以用符号来指称超越语言的东西，而且诸如现实发生和集合体这样的非语言存在也能发挥符号功能。进一步说，当这些存在在知觉者的经验中作为符号发挥作用时，它们自身具有独立于这种功能的现实性，并且它们不仅因果地而且符号地发挥作用。世界并不限于符号。

主体性原理和经过修正的主体性原理

许多现代西方哲学接纳了怀特海所说的“**主体性原理**”。这使得经验在直接表象模式中成为首要的。当这样看待经验时，感觉成为最初经验中的基本要素。怀特海证明了如下观点：纯粹的感觉接收是所有**感觉论原理**的经验基础。

主体性原理是非常相似的。它假定经验材料就是其在**直接表象**中所给予的那个样子。这就是说，它能完全地根据**永恒客体**来分析。除此以外，什么也不存在。当这一原理被接受时，感觉论教条就会把整个世界转化为仅仅是显现或现象。

怀特海拒斥这两种原理。发生不是被动的感觉接收者，而是能动的感觉产生者。发生把它们的感觉包括在部分地起源于**永恒客体**的**主体性形式**之中，它们就是依靠这种永恒客体并且部分地依靠**因果效验模式**中潜在的**知觉**而把那些材料客体化的。

不仅如此，这些经验材料主要地还是通过**因果效验模式**而感受到的现实发生。正是这些现实发生而不是**直接表象**把它们客体化的**永恒客体**，构成了**现实世界**。这样一来，怀特海便与这些原理在其中发挥着如此显著作用的传统彻底决裂。

尽管如此，他还是一位主体论者。他的主体性原理是“**经过修正的**”。他的理论观点是，除了**主体**以外什么都不存在。在没有主体把客体客体化的地方根本不存在客体。这对**永恒客体**和**广延连续体**来说也是如此。脱离了现实性，根本不存在潜在性。怀特海的**“经过修正的主体性原理”**与他所反对的“主体性原理”之间的区别是，世界主要地是由当下的主体摄入其他主体而构成的，而不是由仅仅摄入永恒客体的主体构成的。

本体论原理

当我们寻求解释包含知觉和符号的世界时，我们不能从**永恒客体**开始。永恒客体能够描述，但它们不能解释。任何发生成为其所是的**理由**要在现实存在中去寻找。本体论原理乃是指只有现实存在才能发挥作用，只有现实存在才是世界上发生的一切事件的**理由**。

这似乎可能是太显而易见了，以致不需要详细阐述。但是事实上，许多说明采取了不同的形式。科学家通常借助于“规律”来“说明”。事件按其实际所发生的样子来发生被说成是因为它遵循着物理学的规律。这通常是一个方便的表达，其方向可能是正确的。但是，这也容易引起误导，通常会鼓励人们有理由犯**误置具体性之谬误**。“规律”是普遍化或抽象。规律没有**因果效验**，不能主动地发生作用。规律不是任何事物的**理由**，个别的发生并不遵循这些规律。一个完整的和恰当的说明必须把任何发生之任何特征的**原因**或理由追溯到某种现实存在。

以这种形式来陈述，本体论原理有可能被理解为会导致完全的决定论。如果合生发生中的任何事物都可以由其现实世界中的现实存在来说明，那么，现实发生的结果就完全是被决定的。然而，对怀特海来说，合生的发生本身是其自身的**理由**之一，这种发生还会做出**决定**，因而一种发生究竟会生成什么最终决定于这种发生本身。这是与这种本体论原理相一致的。

主体性目的和决定

几个世纪以来，西方科学一直致力于从自然界中排除目的论，也就是，排除任何形式的目的。随着自然界被扩展，尤其是通过进化论，扩展到包括人类，便出现一种同时也贬低甚至否认人类经验中的目的性的倾向。说明应当唯一地根据有效的因果关系或特殊事件受一般规律支配来进行。已经证明，这是对那种中世纪思想家有时所满足的毫不费力的目的论说明的重要修正。

怀特海赞同这种认为有效的原因或他所说的**因果效验**具有重要意义的常识观点。他使人确信，只有现实存在才能发挥因果效验的作用，现实存在是唯一的“**理由**”。换言之，任何发生的内容和形式都是由现实存在来说明的。任何说明如果缺少展示哪一些现实存在使得发生具有其所具有的形式，就是没有完成这种说明的任务。说我们有一个心脏，以便泵出血液使之在身体中流过，并没有提供心脏存在和发挥功能的理由。

尽管如此，怀特海相信，现代思想在拒斥目的论方面已经走得太远。对怀特海来说，所有经验都是有目的的。每一发生的“目的”都是获得某种**价值**。实际上，它的目的是在自身中实现自身的价值，同时还要给未来发生赋予某种价值。每一种发生都有这种“**主体性目的**”。

发生的目的并不是为了一般价值，而是为了实现在那种情况下是可能的某种特殊价值。一般而言，价值是通过产生和提升“**对比**”而获得的。在过去中有许多差异是最容易通过划界来处理的。但是在某些情况下则有可能通过在更高的综合中把它们合并而包含差异。这些不同的特征因而就可以相互对比。在过去给予之物和在**概念性感受**中新感受到的相关可能性之间也存在着对比。上面讨论过的**回复性感受**成为存在以便把更大的强度给予满足，并以这种方式来增加当下实现的价值。在正常的人类经验中我们能够发现许多对比，甚至还有对比之对比。

不用说，大多数发生的目的是完全没有意识的。甚至在有意识的发生中，这种目的一般地也是意识不到的。尽管如此，这种目的影响着**合生**的整个**过程**。

所有发生在其起源上都有某种不确定性。它们的现实世界并不完全决定着它们将会成为什么。它们的**概念性感受**能够包含着这样引起的作为可替代物的**回复性**感受。它们能够“**高估**”和“**低估**”其所继承的部分东西。它们如何处理那些不确定的东西，这是受这种目的所影响的。

然而，发生能把自身完成为某种完全地是确定的东西。这涉及到切掉其他所有可能性，只留下一种可能性。这就是它的“**决定**”。这种决定是其自身做出的。它不是由过去发生或由**上帝**决定的。与此相应，坚持一种发生赖以生成的每一种理由存在于某种现实存在之中的本体论原理，并不否认每一种发生也包含自我决定的因素。怀特海使用拉丁语“*causa sui*”（自因）来表达这一观念。每一种发生部分地都是自因的。发生的决定是其自身的行动，并且遵循着所有先前发生和上帝的决定，它说明了为什么发生是其现在这个样子。

现实发生的并列区分和发生学区分

认识到现实发生事实上在原子的本来意义是“原子的”，这是极为重要的。也就是说，不可能把现实发生区分为更小的存在。所以，“区分”这一术语，怀特海在这里使用这一概念，是容易引起误解的。把区分说成是对现实发生的分析，将会引起较小的误解。

这种分析可以用两种方式来进行。怀特海所谓“并列区分”可分析为构成它的摄入。这些摄入会经过**合生**的过程。每一种摄入，就像作为整体的发生一样，具有它的**材料**和它的**主体性形式**。这些材料可能是另一种现实发生或**聚合体**，也可能是**永恒客体**，也可能是对这些客体的整合形式。在任何情况下，这种摄入也是有**主体性形式**的，是与所有其他摄入一起被整合到**满足**之中的。

当物理学家研究能量通过时间传递时，他们可能对作为整体的发生不感兴趣，而只对这些传递所讨论的能量摄入感兴趣。因此对某些目的来说，摄入被整合到现实发生中的方式可能不是重要的。并列区分产生所要求的存在。

这种分析的另一种形式叫作**“发生学区分”**。《过程与实在》的大部分内容在讨论这个问题。它可能适用于个体性**摄入**，并且这主要是在前面的段落中讨论摄入时做过的。但是关于发生的发生学区分从整体上说包含的东西还不止这些。发生学区分可以从一个新发生的创生一直追溯到其在**满足**中的完成。它根据合生的**过程**来处理这些**阶段**，我在后两个问题中将对之加以阐述。

合生与时间

合生只不过是生成“具体”的过程。具体意味着完全地成为现实，并且这意味着某种完全的现实发生。使用“合生”一词意在强调这样一种观念：即使是怀特海称之为现实发生的这些现实的瞬间闪光也是**过程**。在生成过程中存在着现实发生，并因而存在着已完成的发生。怀特海把这种完成叫作**“满足”**。这一术语强调这一生成过程具有**主体性**特征，其中有**主体性目的**、**主体性形式**、**决定**和满足。但是一旦这种发生获得满足，它就生成为后继发生的**客体性材料**。

通常，思考某个过程就是思考该过程先前的和后来的各个片段。怀特海不时地使用这种语言。但是他警告我们，不要以某种**暂时性的**方式来解释这种语言或合生本身。在重要意义上，它们全都会同时发生。从外部来看，发生要么作为被摄入的材料，要么不是这样的材料，发生决不会部分地存在。而且，合生过程中发生的一切都会以作为其结果的统一性为前提。如果我们以暂时性的术语来思考，这是没有意义的。人们可能会说，尽管如此，这个过程是“暂时的”，但不是在物理学或日常语言中发挥作用的钟表时间的意义上。它可能是一种特殊的暂时性，怀特海称之为微观过程。因此，尽管怀特海使用诸如“先前的”和“后来的”这些时间性语言，他却否认合生的各个**阶段**是暂时的或在时间上是相互联系的。根据他所说的时间观点，发生都是同时出现的。时间源于连续的发生。

在这个语境中，“先前的”只是意味着“后来的”先决条件。纯粹物质性摄入和纯粹概念性摄入必定存在，以便它们能被综合。这并不是指当这两种摄入分别存在时有一种**时间**，它们统一在**物质性目的**中时有另一种时间。可以说，它们只能在它们的统一体中才能发现。尽管如此，这些感受作为相互可区分的东西是由它们的综合预先假定的。

为了对此有某种直觉感，我建议人们反思一下一位驾驶员突然发现她自己处于危险之中时的经验和对这种危险的反应。这可能会在“一瞬间”中发生。她看到一辆轿车向她冲来，并看到了其他汽车的位置和运动状况，并且还看到了只有刹车和急转向才可以避免碰撞。支撑这种决定的客观情形和推理是极为复杂的。要解释她为什么这样行动可能要耗费一些时间。但是，事实上这个决定几乎是同时做出的。所涉及的复杂计算包括几个**阶段**。某些部分会以其他部分为前提。但是它们全都是同时出现的。问题在于一个复杂的过程虽然可以分析为几个阶段却能在瞬间发生。

合生阶段

即使合生从时间上说都是同时发生的，要理解合生也需要把合生的生成分析为几个阶段或**环节**。《过程与实在》中有许多内容是对这些阶段的说明。可以从发生学上以不止一种方式对合生进行分析，这样便可以从不同方面对之命名和考察。假定这些阶段没有任何分离的存在，我们就不会有正确的和不正确的分析。为了达到不同目的，我们可以稍有不同地分析合生。怀特海把这种分析叫作对发生的**发生学分析**。我们对结果的追溯一直要追到源头。

一种简单的分析是分为最初阶段或“保形”阶段、**补充**阶段和**满足**阶段。保形阶段是新发生在其中重演过去的阶段。这是其他现实存在为了当下合生之发生的**因果效验**。物质性感受，不管是**纯粹**的物质性感受还是**混合**的物质性感受，就发生在这个阶段。在世界上多数地方，这是占主导地位的因素，这种因素确立了事物的持续性。

尽管如此，任何发生都不只是重演**过去**。一个原因是，即使处于**持续客体**（即在一定时间内只存在一个成分的集合体）之中的发生，其大部分内容虽然都是起源于其自身直接的前一个发生，它也会摄入其他发生。它会考虑自己的整个**现实世界**，并且这还不能完全地与自己先前的发生相同。这种新发生一定会整合自己从许多来源中接收的内容，但是它能这样做，只有在它占有这些可选择的资源时才成为现实。因此，即使构造过去也会引入新的标准。

补充阶段以**概念性感受**开始。**纯粹潜在性**或**永恒客体**，这些赋予**物质性感受**的材料以特征的东西，不仅被感受为它们进入了或被现实化在过去的发生之中，而且被感受为**纯粹潜在性**。**纯粹潜在性**在新发生中可能会像在旧发生中一样发挥同样的作用，但这不是必然的。新发生可能会**强化**或降低它在过去的发生中重演那个发生中多数情况下它感受到的那种感受的作用。这就是上面讨论过的**高估**或**低估**。

譬如，假设在一瞬间我在某个竞争者的不幸中获得某些满足。在下一瞬间这种满足可能被同情所限制。我并不注定要保持同样的有关不确定感受的**主体性形式**。

概念性感受起源于物质性感受的重要性在日常感官知觉中是显而易见的。我看到一片黄色。只有最朴素的实在论者会假定客观地和独立地出现在我看到黄色的那个区域中的东西与我看到那里存在的黄色完全一样。在我眼睛中出现的东西或我的大脑神经元中的东西与之也不完全相同。在外部那个区域和我眼睛中以及神经元中存在的东西主要地是物质**事件**。但是**直接表象模式**给予我的东西则是**永恒客体**。

这个例子是从高级经验中获得的，但怀特海给人留下的印象是这些可持续的基本存在典型地是**振动性的**。它们看上去在两种状态之间转换，而不是只是重复其中的一个。这不是稍显不同的**现实世界**的功能。相反，它涉及到**概念性感受**，这种概念性感受不是起源于现实世界而是起源于**永恒客体**的秩序。这些感受是**回复性感受**。

我集中关注的是**补充**的比较简单的方面：**概念性感受**和**回复性感受**。在随后的小阶段中，在**补充阶段**的宽泛标题下，我们能增加**物质性目的**，在更为复杂的发生中，能增加**命题性感受**和**精神性感受**。

所有这些和更多的感受在这种发生的**满足**中达到顶点。这是那个发生的完成，也是其在构成后继发生中活动的开始。

直接主体性和意识

合生的过程是发生的自我创造。它是过去的**因果效验**的**主体**或接收者，并且它是整合和转变其所接收之物的主体。它接收客观地给予之物，并把自身构成为新的主体。在其**合生**的瞬间，它享有了其自身的经验。这并不意味着它摄入了那个经验。怀特海使用“享有”这一术语来强调其不是其他某物的**材料**，而是这个发生本身的实在，是其自在的实在，也是其自为的实在。这一术语表明，以这种方式存在是某种积极的事物。它不排除痛苦或苦难。关键在于在合生中存在着“**直接的主体性**”。

我们都知道**直接的主体性**是什么。它是我们的经验在所有时代对我们来说进行感受的方式。但是当我们思考它时，我们几乎必然地在头脑中具有**有意识的**直接主体性。为了理解怀特海，我们必须掌握实际上还存在着无意识的直接主体性，绝大多数这种直接主体性不是有意识的。

我们可以通过认识到许多时间内我们是意识不到我们自身的**情感**而开始。其他人可能会看到我们陷入困境或生气，而我们可能会予以否认。当然，有时这种否认可能是撒谎，但是有时却表现为不知。心理学家可以训练我们关注我们的情感。关键在于情感只会存在于直接主体性之中，不论我们是否意识到这一点。

在这个例子中，我们讨论的是作为有意识经验之一部分的**情感**，尽管不是意识本身。而且我们也在讨论意识可以直接指向的情感。但是我们应当注意到对这些情感成为有意识的，至少根据怀特海的观点，是立刻对先前发生的情感变得有意识。任何发生都不能意识到其本身，发生不能摄入其自身。发生在很大程度上是由它对其他发生的**摄入**所构成的。发生的直接主体性可以包括意识，但是，这决不是关于其自身的意识。发生决不会采取意识的形式或依赖于意识。

意识依赖于“**肯定或否定性比较**”。意识到某物存在显然包含着觉察到它可能会不存在。意识到我自己的感受是觉察到了有可能会有不同的感受。在**合生的诸阶段**中，这种对比开始对精神性感受起作用，即**命题**与发生或聚合体相对比，其**逻辑主体**就是从对比中产生的。这些对比对人类经验是极为重要的，一般地说，对其他具有神经系统的动物的经验来说也是极为重要的。它们在其他地方是否会出现还是一个问题。在任何情况下，绝大多数发生会与各种**物质性目的**一起完成其自身。它们的感受在主体方面是直接的，但是它们是没有意识的。

因此，在进化过程中，最有可能的场面是，当中枢神经系统发育到一定关节点时，最终的认知发生意识到了自己经验的某些要素。在这些发生中，除了继续这些无意识的物质性目的以外，有些刺激会产生**命题性感受**和**精神性感受**。这些涉及到**肯定或否定性**对比，并在它们的**主体性形式**中包含着意识。当然，包含有意识感受的这些发生的经验仍然是无意识的。

我把“意识”用作一种方便的阐述方式，用它来谈论随着中枢神经系统的发育而突现的性质或特征。在怀特海看来，重要的是这一术语不是用来确证任何其本身是现实的事物。它指向于关于某些现实发生之某些**摄入**的**主体性形式**之一。它不像人类的经验那样是对经验的命名。我们不应当把意识与物质性的实在并列，而这是当物质实在被假定为是由“**物质**”构成时经常发生的。那些主体性形式包含着意识的摄入，即那些有意识的感受，部分地是由**物质性感受**构成的。

客体永恒性

一种发生作为另一种直接主体性的状态就是**客体的永恒性**。在一种发生获得满足时，这种发生就成为其他发生的**材料**，并立刻开始在这些其他发生的主体性自我构成过程中发挥作用。在这个**过程**中，这种发生即使在不同的后继者中发挥着不同的作用，并且由它们加以不同的解释，也不会有什么变化，而是永远保持着自己所生成的状态。这种发生就其本身作为客体给予其他发生的东西而言是“永恒的”。

有时，人们会误解“客体”的概念。人们会认为，我们从**直接表象**给予我们的东西中得到我们的“客体”感觉；成为一种客体就是要成为某种诸如石头或一个建筑物之类的东西。但是成为客体的那些现实发生是一些瞬间的经验，这些发生的主要特征是情感。从客体上说是永恒的东西，最好是被当作过去的情感迸发。当它们被感受到或者被摄入到它们的客体永恒性中时，在这种新发生的某个部分上便有了与它们的情感相一致的东西。直接主体性与客体永恒性之间的区别在很大程度上是当下情感与过去情感的区别，这种区别位于有情感和把情感传递给另一个情感之间。

当然，这有点过于简单化了。对怀特海来说，发生的**主体性形式**是不能由**情感**来穷尽的。但是，怀特海提到的多数其他要素——**估价**、**目的**、**喜欢**和**厌恶**——都与情感密切相关。此外，一种发生的情感永远是其他发生和永恒客体之摄入的主体性形式，并且这种情感在新的发生中就是这样被感受的。如果我们从这些情感的主体性形式的感受材料中抽去情感，我们就会误解这些情感。尽管如此，这种过分简单化要比通常的客体自然观对理解有更好的引导。在客观上永恒的东西就是感受。

“永恒”一词也会引起误解。在古典世界中，永恒与神圣在本质上是同义词。在怀特海看来，永恒并没有这种含义。他的观点是，不论什么东西出现，都永远是新的发生从中产生的**过去**的一部分。这种东西不再**享有直接的主体性**。在这个意义上，作为**主体**，它**消逝**了。但是在这个**消逝**的、客体性状态中，它仍然毫无变化地保持着其出现时的那个样子。

微观过程和宏观过程

“**过程**”是关于所有正在进行的东西的一个综合术语。过程并不涵盖整个实在。除了过程以外，还有各种各样的潜在性，尤其是**纯粹潜在性**或者**永恒客体**。怀特海这部代表作的标题是《过程与实在》。但是，一切现实事物都在过程之中。脱离了这些现实事物，也就没有任何**潜在物**，**永恒客体**甚至都不再是“实在的”了。

不难理解，“多”成为一种瞬间发生，这是一种**合生**，这种合生与作为我们的习惯经验的宏大的**事件**之流之间存在着巨大差别。只要我们接受存在着不同的经验发生这样一种观念，我们就会看到这种差别。显然，它们的生成不同于一棵树或一个人的生成。接下来我们就需要澄清这种差别。

根据怀特海的术语，并非所有过程都是**时间性的**。**时间**依赖于宏观过程，这涉及到从一种作为原因发挥作用的发生“转变”为其后继者，后继者是受之影响的。**合生**的**宏观过程**不是**时间性的**。这种明显的区别是十分清楚的。

然而，在具体地理解这种微观和宏观、**合生**和**转变**的关系方面，还存在着困惑和混乱。这个问题就是我们的思维习惯，由于与宏观过程有关而构成，想要一个清楚的**时间性的**结果，同时具有转变开始之前完成的合生。我们想说，这第一个合生获得了**满足**。仅仅在这一点上新的合生**“时间”**开始了。然而，怀特海把一种发生的这种满足描述为在它的后继者的构成中发挥着**因果**作用。这样一来，一种发生的满足就已经是一种新合生的开端。

尽管如此，怀特海仍然区分了“多生成一”的**过程**与生成另一发生的新发生作为多的一部分在其中发挥作用的过程。多生成一是由获得特定确定性的**目的**所引导的。这一宏观过程是目的论的。从过程的目标转变为一种对未来过程的要求，从目的论转变到有效的因果作用，就是这种宏观过程。当然，过程的每一个方式都会以另一个方式为前提，它们是不可分割的。

作为终极物的创造性

“合生”主要关注的是单个发生之生成的内在动力，它假定存在着其他发生，并在未来将有新的发生。**“创造性”**同样把注意力放在合生和**转变**上。在每个例子中，“多”或者巨量的“多”正在无数的发生中生成为“一”。在这些发生中，每个发生的生成都给这个无数的发生增加了某个新的发生。而“合生”则集中关注个体的主体性生成活动，“创造性”则总是关注永不停息的**过程**，宇宙是通过这种过程而持续存在的。创造性正是表达如下终极事实的方式：“多生成一并由一而长”。

怀特海把**创造性**等同于**“终极物”**。正是创造性使得每一现实存在都成为一个例证。创造性在怀特海哲学中所扮演的角色相当于托马斯思想传统中“存在本身”所扮演的角色。根据这个传统，存在就是成为存在的一个实例。在怀特海哲学中，现实的就是创造性的一个实例。在托马斯主义中存在本身是超越所有特征的。同样，在怀特海哲学中，创造性并没有其自身的特征，意思是指创造性对任何和所有**永恒客体**都是同样开放的，并且其本身不由任何东西赋予特征。

对终极物使用不同的标签，就其本身来说，并不会决定存在着形而上学的差异。托马斯把“存在本身”等同于“存在的活动”。人们可以把怀特海的著作看作说明了存在的活动即是把“多”统一起来的活动。托马斯主义可能并不排除这种可能性。然而，“存在本身”这一术语很容易表示某些更为稳定和更具有实体性的东西，也就是以所有差异性和特殊性**为基础**的东西。在某些学说中，存在本身似乎即使没有具体体现在特殊的例子中也能存在。“多生成一”不可能以任何事物为基础，并且无疑只有在特殊例子中，它才可能存在或出现。

也许对终极物的讨论在印度比在西方有更大的作用。婆罗门（Brahman）是传统的印度教终极物，与存在本身非常相像。佛教徒发现婆罗门的理解是实体主义的，因而他们对之加以拒绝。在一种重要的佛教形式中，他们确定了万物是从属性起源（*pratitya samutpada*）的一个实例。这一观点与怀特海的创造性有惊人的相似之处。

怀特海本人的比较是把由某些他的同时代人确证的“中性材料”与亚里士多德传统中的“原初质料”作对比。换言之，使用“终极物”一词的意思是指，所有事物都是由它构成的。它是亚里士多德意义上的终极“质料因”。但是对怀特海来说，这种“质料因”绝对不是**质料**。从形而上学上说，并且同样从物理学上说，“质料”在根本上是被动的。对怀特海来说，可以把创造性当作活动本身。创造性更接近于物理学家所说的能量，而不是他们所说的质料。

在任何情况下，人们都不能超越创造性而达到其物质的**原因**或任何其他原因。人们可以描述它是如何表达其自身的，但是不能有意义地追问为什么创造性而不是其他某种东西是世界存在的方式。创造性是没有“**理由**”的。

有时怀特海的读者喜欢把超出怀特海所希望的东西投射于“创造性”之中。怀特海确实引起我们对所发生的一切感到惊奇，即从旧发生中产生出新发生的过程一直在继续不断。创造是基本的和持续发生的，永远有某种新东西。但是新东西可能并不比旧东西好。出现在衰退过程和大型有机体例如人类的死亡之中的发生，也是创造性的例证，这与那些把新的生命带入存在是完全一样的。创造性从道德视角看完全是中性的。相互屠杀构成的创造性实例与创作交响乐构成的创造性实例是一样的，而且人们也不能说哪个创造性多，哪个创造性少。像其他传统中的终极性一样，创造性超越善恶或任何量化的东西。

上帝

在 20 世纪的思想家中，怀特海非同寻常地看到了**上帝**在说明世界上发生的事件方面的巨大作用。这种理解在其哲学发展的后期才出现。“上帝”首先出现在 1925 年洛威尔讲演中，这些讲演稿收在后来出版的《科学与近代世界》一书中。

怀特海发现，不论是**创造性**还是个体发生都不能说明**永恒客体**在构成新发生之中所起的作用。新发生并非只是在重演起源于现实世界的永恒客体。我们看到合生的补充阶段比这种新发生更为复杂。它假定永恒客体中的特殊秩序不是由永恒客体本身是什么来说明的。

例如，存在着**回复**。即使每一种照片上的发生都可以回复到倒数第二个特征，这也会要求有一种**永恒客体**的秩序。当考虑到更多的复杂性时，情况也是这样。没有永恒客体中的秩序，被当作自然规律的规则性就不可能获得。新颖性和规则性都要假定这样一种秩序。永恒客体中的秩序使得世界中的价值增加成为可能。

根据这种**本体论原理**，这样的**永恒客体**并不是它们自身在世界上发挥作用的**理由**。这种理由必须在现实存在中去寻找。这种现实存在必定是发挥着其自身功能的宇宙。怀特海称之为**上帝**。上帝是一种不是现实发生的现实存在。

在前面的论述中，我们考虑了现实发生是有目的的这一事实。现实发生的**目的**在于获得它们自身的某些**价值**，并通过它们对其他价值的影响而获得这些价值。现实发生的这种有目的的特征不能由**创造性**

或由**发生的现实世界**来解释。**永恒客体**是由上帝为在世界上引出更大的价值而秩序化的。现实发生为了以此方式把它们自己实现为有秩序的而**摄入纯粹潜在性**。这样，它们便在这种情形下从上帝之中导出实现可能性的“**原初目的**”。

这样，上帝为永恒客体规定秩序便为世界上的规则性奠定了基础，为新颖性奠定了基础，并且为目的性奠定了基础。怀特海相信这种秩序化是现实存在的职责。现实存在会引起人类的敬仰，因而这会使人们公正地称之为“上帝”。然而，怀特海意在强调人们归之于上帝的某些特征在某些有神论传统中不能通过这种说明来证明其正当性。譬如，上帝不是那种“**终极**”物。上帝是**创造性**的一个例子。在每一个事件中所发生的事都有许多“**理由**”，上帝永远只是这些理由中的一个理由；那就是说上帝从来没有单方面地决定所发生的事。而且上帝永远是这些理由中的一个，是那个呼唤实现最适合的**价值**并使这种实现成为可能的理由。

我们在上面注意到**创造性**是**终极物**。上帝并未出现在怀特海的范畴框架之中。他宣称“上帝”是个“派生概念”。而且他把上帝描述为某种“创造物”，甚至描述为**创造性**的“意外事件”或者说“事故”。这似乎是要严格地区分他所说的“上帝”与通常根据亚伯拉罕传统所理解的“上帝”。

西方对上帝的主流理解与怀特海的理解确实大相径庭，但是这些区别不应当被过分地强调。虽然怀特海没有把上帝描述为“终极物”，而把这种地位给予了创造性，但他确实断定了上帝原初地给**创造性**提供了某种“特征”。没有这种特征，任何现实发生都不能成为存在，并且当然除了现实发生，不存在任何创造性。因此，上帝在形而上学上对创造性的必要性，正如创造性在形而上学上对于上帝的必要性一样。这种明显地轻视语言的重要性是要强调上帝不是任何现实发生的单方面原因，更不是作为整体的世界的单方面原因。在《科学与近代世界》中，怀特海强调如果上帝是终极存在，上帝将为世界上可怕的恶负责，正如他要为善负责一样。对怀特海来说，这样的上帝将不会引起崇拜。

怀特海在柏拉图的理论和耶稣的生活中看到了不同于控制力或强制力的劝导力量。他的判断是大多数有关神圣力量的观点，包括亚伯拉罕传统中大多数人的观点，是投射在君王特征构成的宇宙之上的。他认为，发现上帝显示在这种控制力之中，曾经给人类历史造成巨大的伤害。他要避免任何有关上帝的语言将会把他的上帝观与这种广泛流传的有神论形式相联系。

上帝的原初性质和继生性质

怀特海把上帝为实现世界上的**价值**而对**永恒客体**的秩序化叫作上帝的**“原初性质”**。他认为，这种秩序化是一种单独的非时间性活动，它在每个现实发生之前，并且是它们的前提。“原初”的意义在此与通常的术语“永恒”非常相似。上帝没有开端，也没有终结。

然而，怀特海对上帝的原初性质的思辨不是要穷尽上帝是什么。根据本体论原理，为了使上帝是世界上任何事物的理由，上帝必须是现实存在。可以把上帝的原初性质理解为上帝的**概念极**。但是对现实发生来说，概念极就其本身来说不是现实的。凡是现实的都是偶性的发生，既是物质的发生又是概念的发生。除非上帝是现实的，否则上帝就不可能是潜在性事物的秩序的**原因**，而这种秩序反过来则会给这个世界提供秩序和新颖性。但是，因为上帝是现实的，因而似乎就会要求上帝不仅是**概念性感受**，而且是**物质性感受**。怀特海思辨到，这些物质性感受将是并且现在就是上帝对现实发生的摄入。这些摄入构成了上帝的**“物质极”**和完整的上帝。上帝的这一方面受到发生在世界上的一切事物的影响。正是在这一意义上“继生的”来到这个世界上。怀特海把上帝的这种物质极称为**“继生性质”**。

虽然怀特海提出了所有现实存在包括上帝具有基本的相似性，譬如偶极性，但他推测上帝还是明显地不同于现实发生。这些现实发生起源于**现实世界**和上帝的构成。因此它们的第一阶段是其**物质极**。这开始于**补充阶段**，并与**概念性感受**相整合。因此发生只有通过其**概念极**才能达到满足。另一方面，上帝起源于**概念性感受**，后者构成了**精神极**或**原初性质**。这是永远不变的。上帝的**物质性感受**与概念性感受交织在一起，因此构成了**“继生性质”**。这种继生性质不能与原初性质分离开来。实际上，上帝在每一瞬间是什么样子，正是施加于世界上各种事件的结果，也就是上帝的继生性质永远包含着原初性质。在现实发生中，正是把概念性感受附加给物质性感受并且由于这种附加使得**对比**成为可能，才导致了意识的产生。在上帝中，正是把物质性感受附加给概念性感受才导致了意识的出现。

另一个区别是现实发生作为主体的存在只是瞬间的，然后它们就转化为**客体永恒性**。在**活的个体**之中，一种发生的**主体性感受**是重演在其具有某种直接性的后继者之中的，但是这会迅速消退。**上帝**是永远存在的。继生性质包含着所有在整个直接性中进入其中的东西。这样在世界上获得并迅速丢失的价值便在上帝中得到永恒。正是现实发生中这种感受的直接性是上帝中的客体永恒性。

在怀特海著作中大多数对**上帝**的论述都是关于**原初性质**的。这发挥着某种形而上学的核心作用。怀特海认为他对**继生性质**的说明是可信的和合理的，是对其哲学的内在一致性的补充。在这里对这种哲学的说明中，正如怀特海一样，我要强调的是这些理论的**思辨**性质。由于怀特海把他的整个概念体系描述为思辨的，这种描述本身并没有把他对上帝的继生性质的说明处于什么地位的概念与其他概念区分开来。然而，怀特海认为，他的许多理论可以在经验中加以检验，并且一般地说，这些理论通过了经验的检验。对上帝具有继生性质的观念加以检验是非常困难的，也很难说是可靠的，虽然怀特海认为有许多宗教**直觉**和宗教经验的特征支持这种观念。

这个学说非常有限的基础并不意味着对怀特海来说这种继生性质就一定是可有可无的。对此存在着强有力的实效支持。对怀特海来说，如果要发现生命是有意义的，那么，相信世界的短暂价值被保持在上帝之中是必需的。

永恒消逝

对怀特海来说，上帝的继生性质的存在或宗教意义产生于他对作为“**永恒消逝**”的现实发生的观点。这一观念需要更加充分的澄清。表面上看，这个观念似乎与**客体永恒**的概念有些冲突，也与在**活的个体**中过去发生被综合在当下发生之中的观念有些冲突。

因此，在集中论述永恒消逝之前，我们应当进一步考察怀特海在**过去**的地位是什么这一问题上的观点。我们应当从考察怀特海关于过去是“现实的”观点开始。他谈过“现实世界”和“过去的现实发生”。由于“现实的”包含着积极的行动，他的某些解释者就以为这是怀特海的疏忽大意之处。他们论证说，摄入和决定是唯一的积极行动形式，因而只有**合生**的发生才会有积极活动。

然而，怀特海并不同意这种观点。合生是多生成一的例子，并且在这个**过程**中，“多”的活动与“一”完全一样。无论发生了什么事情，都会在这种新发生的生成中发挥一定作用。对这种发生来说，这样做就是现实的。

有些人会问怎么会是这样。他们想知道过去此时在“哪里”。对这些提问者来说，“哪里”具有突出的空间内涵。而“此时”则意味着这个空间必须在当下之中。但是对怀特海来说，“哪里”应当从四维的角度来理解，其答案是过去的发生处于**广延连续体**的过去部分之中，就在它们出现的那个地方。这意味着怀特海关于过去是完全的实在论者。过去在完全停止存在的意义上并没有消失。相反，过去变成了**客体永恒性**。

那么，什么是永恒消逝？其答案是现实发生的“**直接主体性**”一发生就不再存在了。然而，即使这一点也应当是有限制的。在**活的个体**当中，那种最近的过去仍然在当下具有自己的**直接性**。一段音乐先前的部分，在人们听到新乐符，并把听音乐的主体性形式与先前的主体性形式相整合时，仍然在发挥着它们的主体性形式的作用。这种**直接性**并没有消失，虽然其主体消失了。尽管如此，这种直接性会消退，并且会迅速消失。

发生的固有**价值**，即**感受**的**强度**，存在于其主体性形式之中。即使在活的个体的特殊场合中，其中某些个体会继续存在片刻，然后就迅速消失。凡是有价值之物的消失，似乎都有决定力量。对怀特海来说，以及对其他许多人也一样，**所有那些似乎值得获得之物的消失消除了那种获得物的价值**。永恒消逝是终极的恶，不是在其是最坏的意义上，而是在其是事物终极性质的一部分的意义上。

对这种恶的反应便是上帝保持着现实发生中获得的**价值**。也就是说，上帝保持着每一个发生的**直接性**。这就像人类经验的一个发生部分地保持其前辈的直接性。在这种情况下，存在着不同**主体**，也就是一个发生迅速地被一个又一个发生所继承。先前发生中直接的**享有**在新发生中得以继续，但是由于所有的新刺激，它在从一种发生到另一种发生的转变中迅速地衰减。上帝同样保持着对这种发生的享有。但是现实存在的上帝是永恒的。直接性在人类经验中如此迅速消失的理由在此并不适用。我们可以相信，在上帝之中，直接性并不消失。所有那些永恒存在的价值丰富着这种神圣的生活。在那些创造物的存在中获得的价值会持续下去。

原初目的

怀特海确认，所有发生的主观存在的特征都是由目的性所赋予的。它们的**目的**全在于创造性综合由它们的物质材料所产生的那些**摄入**。这一目的并非产生于构成其现实世界的现实发生，虽然它指向于那种可能的给予发生之现实世界的特殊价值。它产生于**纯粹潜在性**的秩序化，其神圣目的在于**强度**的实现。发生摄入某些可能性，按照它们在**上帝的原初性质**中被感受到的样子，也就是说，目的在于它们的实现。这种实现只能作为一种特殊的整合，即对发生的现实世界的摄入的整合。

原初目的可以被更为精确地描述为主体性目的的最初**阶段**。主体目的不仅受到其来源于上帝之原初性质的最初起源的影响，而且受到发生从其**现实世界**中的整体继承的影响。这种目的在发生的**满足**中将会是什么，不能由它起源于上帝来解决。

我们可以假定，在构成世界的大量发生中，主体性目的的最终形式在任何重要方面都将会不同于其最初形式。然而，在人类经验中，尤其是在有神论者之间，这种差异感是相当重要的。在《形成中的宗教》一书中，怀特海写道："事物中的正确性部分地实现了，部分地丢失了"，并认为这种断裂在人类社会中许多人都能感受到。人们感受到这些断裂受到了对批评持开放态度之人的召唤，但实际上人们的反应具有自卫性。人们感受到有人在呼唤他们原谅那些小伤害，但他们却在继续愤恨。也就是说，在任何人类经验瞬间仍在起作用的那些冲动中，有神论者有可能把某些冲动理解为起源于上帝，把另一些冲动理解为起源于人的社会背景，起源于过去，起源于人的身体。怀特海的分析加强了这一思维方式。当然，要理解什么东西真正地起源于上帝并不容易。

解释者们在某些观点上并不一致。原初目的永远在一个特别的**满足**之中或它对**价值**实现是一种更为一般的吸引吗？它包含着**上帝**在发生中的整个**吸引**吗，抑或它与特殊**概念性回复**的吸引有所不同？可以有把握地说，上帝就是这种理由，因而从物质材料中不只会产生一种结果，上帝的目的是实现可能的更大价值。

强度

我已经一般地谈到过上帝的**目的**是要在作为**"价值"**的世界中增

加什么东西。这是许多情形之一，其中一个共同世界既必然地指向所要讨论的东西，也指向不恰当的东西。在许多哲学中，价值是人类估价事物的一种功能；因此，核心在于人们想要什么或**应当**要什么。在经济学中，任何事物的价值就是其在市场上产生的价格。只要把世界理解为是由运动中的物质客体构成的，对人类欲望的这种关注本质上就是不可避免的。

另一方面，对怀特海来说，人的价值评价决不是核心工作。世界是由现在和过去的主体构成的。要成为一个主体就是要成为某种自为之物或其自身。成为其自身的方法有好有坏。因此，人的欲望与事物本身的基本**价值**毫不相关。每一种现实发生都是具有其过去拥有的价值的东西。人们也可以谈论分配给后来发生的价值，这也是相当地独立于人类的欲望的。

发生的价值在许多方面各不相同。这些差异之一可以根据多少来描述。但是一种发生的何种特征可以使其比其他发生更有价值？在《过程与实在》中，怀特海使用了“**强度**”一词。一种发生的感受比另一种感受具有更大的强度，并且给后继发生中的感受分配了更多的强度。上帝原初地给纯粹潜在性赋予秩序的方式，就像引起世界上感受的强度增加一样。进化论向中枢神经系统的前进是一种进步，因为中枢神经系统使得人们比没有神经系统具有更为强烈的经验成为可能。

怀特海对于增加强度的**合生**过程中出现的东西给予相当的关注。最简单的回答是，这是由**对比**完成的，并且在这些简单对比之外，还存在着对比之对比、对比之对比的对比等等。但是怀特海还提供了更为具体的分析。他表明，最强烈的经验要求“和谐”，这种和谐产生于“**宽度**”和“**狭度**”的正确结合。宽度是指发生材料中的多样性需求。在这个宽度内需要集中和聚焦，而这是由狭度使之成为可能的。这种狭度是由环境中许多社会秩序获得的。变形使得忽略社会中更大的多样性成为可能，并把其客体化为单一存在物。这需要构成社会的许多发生的摄入具有**模糊性**。

那些非集合性的**聚合体**构成“**混沌**”。因为它们的作用在于停止每一个对比，而不是使对比成为可能，它们对发生的作用是“**细微性**”。经验的强度要求细微和模糊来支持**宽度**和**狭度**。

要点在于各种简化对任何经验强度的生成都是必要的。变形把集合体的经验简化了，而集合体构成了环境中极其重要的部分，这给予了所需要的秩序。但是为了使新事物繁荣发达，环境中必定还会有一部分在这方面是没有秩序的。**混沌**也有其自身的贡献。

关注一下怀特海在其后期著作中继续寻求专门术语，并以此来给**价值**提供某种标准或测定，或许是有益的。《观念的历险》第四部分是其对价值理论最精心地提供的贡献。在那里“美的力量”最直接地回应了《过程与实在》中“强度”的含义，但是它没有穷尽什么是有价值的。在《思想方式》中，怀特海提出了“重要性”概念。

张力感受

在**直接表象模式**中存在着**知觉**，这是毫无争议的。它主导着**意识**并给我们提供了有关我们经验中最清晰的那一部分。在经验中其首要性可能会被否认，但是必须对它做出解释。

怀特海写道，在大多数情况下所有感受似乎要么是**物质的**，要么是**概念的**，要么是这两者的某些结合。但是“**张力感受**”并不适合这种分类。物质性感受把我们与刚刚发生的事情，与直接的**过去**联系起来，并且通过这种联系把我们与更为遥远的过去联系起来。但是在直接表象中我们并不回头看过去。这里肯定会涉及到概念性感受，但是就我们目前对它们的讨论而言，它们与**物质地感受**到的事物有关联，而后者是过去。在视觉上，直接表象模式里最生动的知觉情形，即永恒客体，位于相对远的空间点上，而不是大脑中最直接地产生它们的**区域**。直接表象所处的时空区域与正常视觉中物质刺激产生的时空区域并不完全等同。怀特海认识到这一点，因而他引入了所谓“**张力感受**”。这些感受是对直接表象中永恒客体投射点的感受。

张力感受在空间上对我们加以引导。康德曾经论证说，空间和时间以及因果性是人类头脑不自觉的创造物。怀特海作为一个实在论者相信，现实发生之间的联系构成一种四维时空**连续体**。这是先天地给予我们的。作为一个几何学家他还能定义**直线**。作为一位形而上学家，他必须表明人类经验的现实发生能在各个方向投射直线，因而能获得如何操作所需的知识。可以假设其他动物也能这样做。这些直线在其惯性系统之内为发生界定了现在。

一旦张力感受成立，与这些感受相一致的永恒客体的投射至少在一般方式上可以得到理解。因为几乎没有疑问的是这些事情会发生，我们除了相信增加给人类经验的这种奇迹以外，别无选择。怀特海在具体的经验中为张力感受的产生奠定了根基。

张力感受最明显的作用是能作为直接表象的基础，而直接表象主导着我们的有意识的经验。然而，它们还有其他功能。所有由发生的张力感受所界定的张力都提供该发生的**“张力—轨迹”**。我们可以把这当作发生本身所处的空间。这个基础不仅是主体经验静止和运动的基础，也是其物质效果的基础。个体的现实发生不运动，但是持续客体则运动。这种运动对构成持续客体的发生来说是物质性事实。它依赖于张力度感受来界定它们存在于其中的空间或张力点。与那个空间有关，持续客体可以处于运动之中，也可以处于静止状态。当我们谈论的是不同的惯性系统时，运动是相对的，但是在惯性系统内部，它是一种物质性事实。

张力提供直线的意义。直线的经验是通过测量来预示的，因而不能由它来界定。这对科学和数学来说是根本的。把直线定义为两点之间最短的距离是以测量为前提的，测量以直线为前提。怀特海提供的定义基本的几何术语的方法并不以测量为前提。

广延连续体和广延区域

“广延连续体”是怀特海对大多数物理学家所说的**“时间—空间”**

的命名。怀特海使用不同的专业术语的理由是，当我们说时间—空间时，就会使我们想起这些术语已经诞生了好几个世纪，而他认为我们应有一种更为根本的反思。时间和空间可以被理解为具有独立于发生的存在，然后发生在其中成为存在。怀特海拒斥这种观念。爱因斯坦的时间和空间具有物质特征如弯曲。怀特海的广延连续体作为潜在的而不是现实的是非常抽象的，它们没有这些特性。他对此问题的思考是通过其几何学著作来阐述的，对于那些不精通数学的人来说，这是不容易完全理解的。在《过程与实在》第四部分，怀特海根据**广延关系**的特征发展出几何要素的定义。广延关系充斥着我们的经验。

现实发生可以**共时地**分析为它们的摄入，也可以**历时地**分析为**合生的阶段**。但是，它们不能在物质上分割为这些部分或任何其他部分。这意味着现实的东西不能是连续体。它是由现实发生构成的，而每一个现实发生都有确定的广延。

尽管如此，这些发生在“广延上是有关联的”。这些广延的联系不是现实性，但它们是由现实发生所实现的潜在性。这些潜在性不是实现它们的现实发生那种方式上的原子。相反它们构成了连续体。这就是广延连续体。广延连续体的存在依赖于现实发生的存在，但是假定它们的现实性是给定的，那么广延连续体也会构成对所有未来发生的限制。对现在的和过去的发生来说以及分别对它们来说，它们必须存在于**连续关系**之中。

我们所认识的世界是四维的。然而，这种维度形式是一个偶然特征。或许这样的维度是偶然的。对**广延连续体**来说必然的只是所有发生在广延性上是有关联的。

广延关系的这种必然性也意味着这种连续体可以被分析为**区域**，每一种区域都具有广延的特征并与所有其他区域具有广延关系。由于我们处理的是连续体，任何一种分割都不比任何其他分割更为恰当。然而，事实上，现实发生以特殊方式把连续体现实化。每一种发生都在其内部有其“**观察点**”。现实发生的许多特征都依赖于其区域**观察点**。例如，这一观察点决定着究竟哪些发生是它要摄入的。这种广延连续体不受现实发生存在或不存在的影响。

过去、现在和未来不是这种广延连续体的特征。它们是根据摄入关系来界定的。任何发生的“过去”是一切对它具有因果效验的东西。**未来**是由那些**在因果性上**受其影响的发生构成的。**“共时的”**世界是由所有那些既不是在相关**发生**中具有因果效果，也不是因果上受其影响的发生构成的。也就是说，共时性的东西是那些彼此互不影响的发生。这些暂时性的特征作为它们摄入的结果属于现实发生，并且不是广延连续体的独立特征。

几何学是对区域的研究。这些区域与由发生现实化的区域关系并不进入几何学之中。但是几何学关于这类区域所掌握的一切都适用于现实发生的**区域观察点**，并因而适用于发生本身。在《过程与实在》第四部分，怀特海通过研究区域的关系发展了几何学原理。他对术语的定义是非常精确的。只是在一些观点上，他的数学工作在第四部分与该书的其他部分发生了矛盾。在这本术语表中重复他的定义将不会有任何有益的目的。

区域存在于其中的广延连续体的无差异成为现实发生的**观察点**，其作用是增加原初目的。在每一瞬间**过去**都会留下恰当的路线，以便新发生将会把这种广延连续体现实化。准确地说，哪一些区域将会成为现实发生的观察点是不确定的。然而这类决定不能留给新发生的决定。这种观察点决定着究竟哪些东西包含在发生的**现实世界**中。既不是现实世界也不是新的发生能够做出这个决定。怀特海提出这是由纯粹潜在性的原初秩序性决定的，也就是说，是由上帝的原初性质通过每一种发生的原初目的而决定的。

持续

在有关**过去**的主导性世界观中，一直假定存在着有关“现在”的唯一意义，并认为它也同样地适合于整个宇宙。相对论摧毁了这个观念。尽管如此，从任何惯性系统视角看，现在都有某种确定的意义。它将永远存在于**持续**之中。

持续是一组贯穿于整个宇宙的邻近发生，其中所有东西都是所有其他东西的当下状态。也就是说，在持续中，任何发生**在因果性上**都与任何其他发生相关联。由于某种特殊因果关系的存在或不存在是发生的物质特征，具有持续的东西从任何观点看都是从所有观点看的持续。对于这类持续不存在任何相对的东西。

任何现实发生都是许多持续的成分。为了对此加以理解，思考一下你与一颗星球的关系。那个星球上很久以前发生的事件现在仍然在影响着你，因为它发出的光到达了地球。但是在那个星球上后来发生的许多事件迄今为止对你没有任何影响。其中每一个都是持续之一的成分，你现在的经验也是其中的成分。但是它们中大多数就像其他大多数成分一样并不是这些持续的成分。大多数是暂时地或早或晚地组织起来的。因此你的经验在这一瞬间，正像任何发生一样，是许多不同的持续的成分。

当我们追问这些持续中哪些持续构成了现在时，相关性就开始发挥作用了。对我们来说，这是“现在的持续”，对应于我们的**张力—轨迹**。我们有一种活生生的感觉，即这些当下事件中有一些发生在过去，将会有许多未来事件，我们对它们不会产生影响。根据我们现在的持续，这是确定无疑的。但是假定这种持续是客体的现在，并且对任何观察者来说都是客体的现在，这是错误的。有证据清楚地证明，情况并非如此。界定我们关于现在的感觉之物是张力—轨迹或惯性系统，我们是在其中发现自身的。对于在其他惯性系统中的观察者来说，其他持续则构成了现在。怀特海不仅构成了他的特殊的相对性理论，而且围绕多种时间系统构成了他的广义相对论。

我不仅论述了呈现的持续，而且论述了**张力—轨迹**。它们密切地相互适应，但是并不完全等同。张力—轨迹是**广延连续体**的一个**区域**，呈现的持续则构成一组现实发生。

附录Ⅲ 概念译名索引*

本概念译名索引是大卫·格里芬

(David Ray Griffin) 制作的

* 概念后的数字为原著页码，即本书边码。——译者注

图书在版编目（CIP）数据

过程与实在：宇宙论研究/(英）怀特海（Whitehead，A. N.）著；杨富斌译. —修订本. —北京：中国人民大学出版社，2013. 1
（当代世界学术名著）
ISBN 978-7-300-16839-5

Ⅰ. ①过… Ⅱ. ①怀…②杨… Ⅲ. ①过程哲学-研究 Ⅳ. ①B089

中国版本图书馆 CIP 数据核字（2012）第 304039 号

当代世界学术名著
过程与实在（修订版）
——宇宙论研究
[英] 怀特海（Alfred North Whitehead） 著
杨富斌 译
Guocheng yu Shizai

出版发行	中国人民大学出版社		
社　　址	北京中关村大街 31 号	**邮政编码**	100080
电　　话	010－62511242（总编室）		010－62511398（质管部）
	010－82501766（邮购部）		010－62514148（门市部）
	010－62515195（发行公司）		010－62515275（盗版举报）
网　　址	http://www.crup.com.cn		
	http://www.ttrnet.com（人大教研网）		
经　　销	新华书店		
印　　刷	北京东君印刷有限公司		
规　　格	155 mm×235 mm　16 开本	**版　　次**	2013 年 5 月第 1 版
印　　张	43.5 插页 2	**印　　次**	2013 年 5 月第 1 次印刷
字　　数	603 000	**定　　价**	99.90 元